ROBERT STEINER-ISENMANN
GAETANO DONIZETTI
SEIN LEBEN UND SEINE OPERN

HALLWAG VERLAG BERN UND STUTTGART

Das Umschlagbild und die Illustrationen auf den Seiten 1, 159, 219 und 313 (1, 2, 3) basieren auf Fotos, die von Philipp Marfurt im Donizetti-Museum in Bergamo aufgenommen wurden. Alle übrigen stammen aus dem Archiv des Autors und des Donizetti-Museums.

Umschlag und Gestaltung: Otto Juditzki

© 1982 Hallwag AG Bern
Gesamtherstellung: Hallwag AG Bern
ISBN 3 444 10272 0

*Meiner lieben Mutter zugeeignet,
die die ersten Donizetti-Freuden mit mir teilte.*

INHALTSVERZEICHNIS

Vorwort 11

SEIN LEBEN

1. Kapitel
EINE EULE UNTER VIELEN

1. Eine beständige Figur in wechselhafter Kulisse *(1789—1825)*
   Leben und Wirken Giovanni Simone Mayrs: Opern und
   Zeitgeschichte 19
2. Eine Eule erwacht *(November 1797 bis Dezember 1817)*
   Kindheit und Jugend Donizettis; erste Opern: *Pigmalione,
   L'Olimpiade, L'Ira d'Achille* 29
3. Die Eule versucht zu fliegen *(Januar 1818 bis Mai 1821)*
   *Enrico di Borgogna, Una Follia, Le Nozze in Villa, Piccoli
   Virtuosi di Musica ambulanti, Il Falegname di Livonia* 39
4. Der erste Beutezug *(Juni 1821 bis Oktober 1822)*
   *Zoraide di Granata (Fassung 1), La Zingara, La Lettera anonima,
   Chiara e Serafina* 46

2. Kapitel
DER LANGE WEG ANS LICHT

1. Zwischen Romantik und Absurdität *(November 1822 bis März 1825)*
   *Alfredo il Grande, Il fortunato Inganno, Zoraide di Granata (Fassung 2),
   L'Ajo nell'Imbarazzo, Emilia di Liverpool* 61
2. Sizilianische Opernfolklore *(März bis Oktober 1825)* 69
3. Zweierlei Monde *(November und Dezember 1826)*
   Alahor di Granata 75
4. Adler und Eulen *(Januar bis Dezember 1826)*
   Elvida, Gabriella di Vergy (Fassung 1), Olivo e Pasquale 81
5. Kurz vor dem ersten Ziel *(Januar 1827 bis Januar 1828)*
   *Otto Mesi in due Ore, Il Borgamastro di Sardaam, Convenienze
   ed Inconvenienze teatrali, L'Esule di Roma* 90

3. Kapitel
FRUCHTBARKEIT IM WAHNSINNSSCHATTEN

1. Ein Machtkampf in Genua *(Januar bis April 1828)*
   Alina Regina di Golconda 100
2. Ein Gewitter kündigt sich an *(Mai 1828 bis März 1829)*
   Gianni di Calais, Il Giovedì Grasso, Il Paria 106

3. Das Gewitter findet statt *(April bis August 1829)*
   Il Castello di Kenilworth 113
4. Fruchtbarkeit im Regen *(August 1829 bis Frühling 1830)*
   Il Diluvio Universale, I Pazzi per Progetto 116
5. Ein Machtkampf in Mailand *(Frühling bis Dezember 1830)*
   Imelda de Lambertazzi, Anna Bolena 122

4. Kapitel
DAS GERANGEL UM DEN ERSTEN RANG
1. Ein Rückfall und ein Wiederaufstieg mit Schikanen *(Februar 1831 bis Januar 1832)*
   Francesca di Foix, La Romanziera e l'Uomo nero, Gianni di Parigi, Fausta 131
2. Ein zweiter Machtkampf in Mailand *(Januar bis Mai 1832)*
   Ugo Conte di Parigi, L'Elisir d'Amore 137
3. Die erste Drehung einer Spirale *(Mai bis November 1832)*
   Il Furioso (1. Teil), Sancia di Castiglia 141
4. Die zweite Drehung der Spirale *(November 1832 bis April 1833)*
   Il Furioso (2. Teil), Parisina d'Este 146
5. Tanz der Operngeister *(April bis August 1832)*
   Torquato Tasso 152
6. Die dritte Drehung der Spirale *(September 1833 bis März 1834)*
   Lucrezia Borgia, Rosmonda d'Inghilterra 163
7. Eulen-Diplomatie *(April 1834 bis April 1835)*
   Maria Stuarda, Marino Faliero, Gemma di Vergy 170

5. Kapitel
DER SKLAVE SEINER OPERN UND DER TOD
1. Tag für den einen, Nacht für den andern *(April bis Oktober 1835)*
   Lucia di Lammermoor 178
2. Jeder Vater stirbt seinen Tod *(Oktober 1835 bis März 1836)*
   Belisario 185
3. Ein Sündenerlaß in eigener Regie *(März 1836 bis Februar 1837)*
   Il Campanello, Betly, Pia de Tolomei, L'Assedio di Calais 192
4. Die große Wende *(März bis September 1837)*
   Roberto Devereux 200
5. Schaffenskrise *(September 1837 bis Februar 1838)*
   Maria Rudenz 207
6. Menschlicher Aufschwung *(März bis Juni 1838)*
   Gabriella di Vergy (Fassung 2), Poliuto 216

6. Kapitel
OPERN, GELD UND EHRE
1. Beim Buhlen um den Goldenen Ring *(Mai bis Oktober 1838)* . . . 222

2. Vom Goldenen Ring umbuhlt *(Oktober 1838 bis Juli 1839)*
   Les Martyrs, Le Duc d'Albe 227
3. Kontrapunkte *(Juli 1839 bis Juni 1840)*
   La Fille du Régiment 235
4. Die Zurückgewinnung Bergamos *(Juli bis September 1840)* 245
5. Schwebend über dem Goldenen Ring *(September bis Dezember 1840)*
   La Favorite, Adelia 248
6. Die Zurückgewinnung Roms *(Dezember 1840 bis Februar 1841)* . . 255
7. Der Sieg des Goldenen Rings *(März bis Juni 1841)*
   Rita 258
8. Ikarus und Samson *(Juni bis August 1841)*
   Maria Padilla 263

7. Kapitel
WELTBÜRGERLICHER VAGABUND
   1. Heimatlos in der Heimat *(August 1841 bis März 1842)*
      Linda di Chamounix 268
   2. Beim Vater des Goldenen Rings *(März bis Juli 1842)* 275
   3. Die Zurückgewinnung Neapels *(Juli bis September 1842)* 288
   4. Krönung eines Lebenswerks *(September 1842 bis Januar 1843)*
      Don Pasquale, Caterina Cornaro, Maria di Rohan 292
   5. Das Ende des Ikarus *(Januar bis Dezember 1843)* 298

8. Kapitel
NUR NOCH EIN MENSCH
   1. Erholung im Schnee *(Dezember 1843 bis Januar 1844)* 308
   2. Erholung in der Sonne *(Juli bis Dezember 1845)* 317
   3. Das Ende Samsons *(Januar bis Juli 1845)* 326

9. Kapitel
WAHNSINN
   1. Hinter der Mauer des Schweigens *(August bis Oktober 1845)* . . . 334
   2. Neffe und Onkel *(Oktober 1845 bis Februar 1846)* 341
   3. Hinter der Mauer aus Stein *(Februar 1846)* 345
   4. Der Neffe allein *(März bis Oktober 1846)* 351
   5. Erlösung aus Wien *(Oktober 1846 bis September 1847)* 357
   6. Ende *(September 1847 bis April 1848)* 362

Bibliographie 366
Anmerkungen zur Biographie 369

SEINE OPERN

Vorwort zum Opernführer 401

OPERNFÜHRER 405
Die Opern in der chronologischen Folge ihrer Entstehung 499
Übersicht über die stilistische Entwicklung 514
Interpretation nach handschriftlichen Partituren von Alun Francis . . 516

DISKOGRAPHIE 521

Opern-Gesamtaufnahmen 523
Opern-Querschnitte 529
Opern-Fragmente 529
Arien, Rezitals 530
Opern-Ouvertüren 530
Gesammelte Ballettmusik 530
Lieder 530
Geistliche Musik 530
Instrumentale Kammermusik 531

ANHANG

Instrumentalmusik, Kirchenmusik, Lieder 533
Fachwörterverzeichnis 537
Register 553

VORWORT

1. Donizetti heute

Ist Donizetti ein Unbekannter? Als Künstler zweifellos nicht. Sein *Don Pasquale* bildet mit Mozarts *Figaro*, Rossinis *Barbier* und Verdis *Falstaff* das immergrüne vierblättrige Kleeblatt der heiteren Oper italienischer Prägung. Seit anderthalb Jahrhunderten spielt seine tragische Oper *Lucia di Lammermoor* in Literatur und Vorstellung des Publikums die Rolle der italienischen Liebesoper schlechthin. Das melancholische Geplauder seines *Liebestranks* klingt auf den Opernbühnen aller Kontinente ebenso vertraut wie Don Giovannis Champagnerjubel und Lohengrins Huldigung an den Schwan. Die *Regimentstochter*-Märsche sind für französische Ohren immer noch der Inbegriff von Militärmusik aus alter, glorreicher Zeit (und müssen deshalb, wie die Franzosen hartnäckig glauben, von einem der Ihren stammen).

Die Chancen sind gering, daß Opernfreunde von heute weder die *Anna Bolena* noch die *Lucrezia Borgia* noch die *Maria Stuarda* noch eines der übrigen tragischen Werke des Komponisten, die erst in jüngster Zeit — im Zuge einer eigentlichen Renaissance — zu neuem Leben erwachten, über die Bretter einer Bühne gehen sahen. Von den genannten drei tragischen Opern liegen mehr Studioeinspielungen auf Schallplatten vor als von den meisten frühen Opern Verdis, während die *Lucia*-Fluten schier nicht zu dämmen sind. Und Donizetti ist vor allem jener Opernkomponist, von dem die größte Anzahl Opern überhaupt auf Platten festgehalten wurde, sei es in Studio-, sei es in Live-Gesamtaufnahmen, nämlich 40!

Und unaufhaltsam steigen neue, unnachahmlich inspirierte Werke — die freilich immer auch die Stigmen ihrer hastigen Entstehung tragen — aus ihren Gräbern. Der Siegeszug des Horrorstücks *Maria de Rudenz*, das in den Tagen Donizettis wegen seiner «allzu» plakativen Grausigkeit verworfen wurde, ist heute ebenso fulminant wie zehn Jahre früher der Triumph des realistisch-düsteren *Roberto Devereux*. So romantisch sind die Zeiten, in denen wir heute leben — sie scheinen gar romantischer als jene Donizettis selbst!

Und das ist wohl der tiefste Grund der aktuellen Donizetti-Renaissance und mithin auch der Grund für das Erscheinen dieses Buches: Donizetti, der radikalste Vertreter romantischer Liebes- und Todesideen unter den Opernschöpfern des Südens, Donizetti aber auch als

Sklave von Arbeitszwängen, als Sklave des Geldes und des Erfolgs, als Sklave zügelloser erotischer Wünsche, ja Perversionen, Donizetti als Idealist und Donizetti als Opportunist... dieser zutiefst gespaltene (und schließlich wahnsinnskranke) Donizetti ist ein Mensch von heute, den heutige Menschen deshalb verstehen — und lieben können.

Doch Donizetti als Person, ja selbst sein abenteuerliches Leben, so romanhaft beide waren, sind, zumal in deutschen Landen, gänzlich unbekannt geblieben. Bei keinem anderen Komponisten klafft zwischen der Beliebtheit seines Werks und der Bekanntheit seines Lebens ein so erstaunlicher Graben.

2. Die früheren Biographien

Die Gründe für das anderthalb Jahrhunderte währende Schweigen der Biographen — immer vor allem im deutschen Raum — liegen indessen auf der Hand. Ein Lebenswerk, das siebzig stilistisch und qualitativ heterogene Opern umfaßt, ist schwer zu klassifizieren. Zudem boten die italienischen Biographien des letzten Jahrhunderts — oft aus der Feder von Verfassern, die den Komponisten selber kannten oder zumindest dessen Zeitgenossen geistig nahestanden — ein schwerdurchdringliches Gemisch von Wahrheit und Legende, das vor allem Donizettis menschlich zweifelhafte Züge übertünchen sollte. Es entstand das Trugbild eines frommen, ritterlichen Menschen (der er zum Teil, doch nur zum Teil, auch wirklich war), eines moralischen Halbgotts schier — ein Bild, das desto unglaubwürdiger erschien, als sich Gerüchte über seine Sexualexzesse, seine oftmals dubiosen Freunde und sein radikales Karrieristentum hartnäckig hielten. Doch eine wissenschaftliche Basis zur Trennung von Dichtung und Wahrheit war bis zum Ende des Zweiten Weltkriegs schlechterdings nicht vorhanden.

Da erschien in Bergamo, der Geburtsstadt des Komponisten, endlich ein Buch, das mit kometenhafter Plötzlichkeit zu einer seriösen Donizetti-Forschung führte. Der Musikprofessor Guido Zavadini hatte in jahrzehntelanger Kleinarbeit eine erstaunliche Menge von Briefen des Meisters und an den Meister zusammengetragen und legte nun die Dokumente peinlich exakt und unzensuriert den bisher nicht gerade aufgeklärten Donizetti-Freunden vor. Daß seine Lage angesichts der immer noch großen Menge von Puritanern, die ihren Heiligen Gaetano unbedingt heilig erhalten wollten, alles andere als komfortabel war, bezeugt die kurze Biographie, mit der Zavadini die Sammlung eröffnete. Darin skizziert er scheinbar unbekümmert das alte, fade, insgesamt falsche Bild vom «noblen Ritter» Donizetti, dem die nachgeschickten Briefe dieses «Ritters» ständig widersprechen. Doch dieser Kompromiß war eine Notwendigkeit: Er machte eine sukzessive Umbesinnung möglich, die weder alten noch neuen Freunden des Meisters den Umgang mit ihm verdarb.

Mitte der sechziger Jahre war es soweit: Zwei Forscher aus dem angelsächsischen Bereich ergänzten die Wissenslücken, die immer noch offengeblieben waren, und publizierten unabhängig voneinander zwei englische Biographien. Herbert Weinstocks *Donizetti* (1964) ist im ganzen eine kommentierte Sammlung neuentdeckter und bereits im *Zavadini* oder anderswo veröffentlichter Dokumente. Während Weinstock in wahrhaft verbissener Skepsis die wichtigsten Unterlagen (außer Donizettis Briefen) andauernd in Frage stellte, gelangte er doch — anscheinend einzig von der Fülle der Belege überzeugt, die er im einzelnen verdammte — zum unvermeidlichen Resultat: Der Charakter Donizettis kann nicht kritiklos als «nobel» bezeichnet werden; von einem mehr als konventionellen Katholizismus kann nicht die Rede sein; im politischen Bereich verhielt er sich opportunistisch, und seine Sexualexzesse sind zum Teil präzis belegt.

William Ashbrooks Sicht des Menschen Donizetti (sein Buch erschien bereits im Jahre 1965) erwies sich als stärker von Zavadinis versöhnlichem Vorspann zu seiner Briefausgabe geprägt. Die Schwächen des Meisters werden zwar nicht bestritten, aber durch massives Lob auf Donizettis Tugenden zu stark gedämpft, als daß das Augenmerk des Lesers darauf gerichtet würde. Dafür ist das Buch im Gegensatz zu Weinstocks *Donizetti* kein primär von Kampfgelüsten gegen andere Autoren inspiriertes Mosaik, sondern ein farbiger, organischer Lebensbericht von nicht geringerer wissenschaftlicher Glaubwürdigkeit.

3. Die neue Biographie

Weinstock bemerkte im Vorwort zu seinem Buch, das Studium von Partituren allein könne den Eindruck der Werke in klingender Form schwerlich ersetzen, und es erlaube — besonders im Falle von Bühnenmusik — ein gültiges Urteil kaum. Weinstock und Ashbrook aber waren in der wenig angenehmen Lage, nur gerade Wiedergaben von Werken wie *Anna Bolena* und *Furioso* erlebt zu haben. So ließen sie sich verständlicherweise dazu verführen, diese auf der Bühne imposanten Werke über Gebühr zu loben und dafür an manchen Juwelen, die dramaturgisch ebenso überzeugen, musikalisch aber deutlich inspirierter sind, achtlos vorbeizugehen. Auch war es damals äußerst schwierig, eine Gliederung des ganzen Opernschaffens Donizettis vorzunehmen, wie dies bei Verdi längst geschehen war. Es war zu jenem Zeitpunkt ausgeschlossen, die erstaunlich dichten biographischen Zusammenhänge zwischen Werk und Leben Donizettis aufzuspüren — denn von den Opern war allzu wenig bekannt. Und es war schon gar nicht möglich, einen Gesamtüberblick über die Wechselwirkungen zwischen dem Schaffen aller Opernkomponisten des Belcanto zu entwerfen, da auch Rossini, Bellini und Mercadante, ja selbst der frühe Verdi erst nach dem Erscheinen der Bücher von Weinstock und Ashbrook *Renaissancen* erfuhren.

Das Buch des Belcanto, das damals geschlossen war, liegt heute offen vor aller Augen. Daß ich suzessive darin las, weil ich mit jedem neuen Lebensjahr zehn «neue» Opern des Belcanto als Live-Aufnahmen der Erstaufführung in neuerer Zeit in meinem Plattenschrank bergen konnte, war keine besondere Leistung; ich habe nur das Glück, später als Weinstock und Ashbrook geboren worden zu sein.

Es war von Anfang an mein hochgestecktes — möglicherweise unerreichbares — Ziel, dem Wissenschafter und dem Laien gleich zu dienen. Daß das erste Donizetti-Buch in deutscher Sprache alle erreichen sollte, welche Donizettis Opern lieben, war der Grundgedanke hinter dem Projekt. Aber auch die Donizetti-Renaissance der letzten Jahre sollte darin einen relevanten Spiegel finden. Vor einen ähnlich krassen Zwiespalt stellten mich die Briefe Donizettis selbst, die mir — zusammen mit seinen Opern — exklusiver als Grundlage dienten als meinen englischen «Amtsvorgängern». Erstens sind sie über weite Strecken in einem prosaischen, schnauzigen Ton gehalten, der Donizettis künstlerischer Sehnsucht nach paradiesischen Glückszuständen irritierend schlecht entspricht. Zweitens beweisen Vergleiche verschiedener Briefaussagen des Komponisten, daß man sie nicht für bare Münze nehmen kann, weil sie sich widersprechen. Donizetti war auch als Mensch ein Mann des Theaters; er setzte sich Maske um Maske auf und führte die Empfänger seiner Briefe systematisch hinters Licht. Um aber diese Manöver offen zu analysieren, hätte ich bei Zitaten ganzer Briefe jeden Satz in gleicher Länge kommentieren müssen. Dies hätte sowohl die Dimensionen des Buches gesprengt als auch das Interesse breiterer Kreise auf die Dauer strapaziert.

So entschied ich mich für eine Form direkten Redens *über* Donizetti, aber *aus* Donizetti *heraus*, vermischt mit indirekter Rede und Direktzitaten: eine Mischung, wie sie Erzähler des Realismus gern gebrauchten, um in äußerlich einfacher Form verschiedene Ebenen zu verschmelzen. Dem fachlich interessierten Leser aber soll die Unterscheidung verschiedener Ebenen des Berichts (hier beispielsweise: Brief Donizettis — Kommentar des Biographen) gleichwohl ermöglicht werden. Darum sind in der Quellenliste im Anschluß an die Biographie sämtliche Texte des Komponisten oder seiner Zeitgenossen, die — in welcher Form auch immer — für diese Arbeit verwendet wurden, belegt, in für die Forschung wichtigen Fällen als italienische Originalzitate.

4. Dank an die Helfer

Ich habe das Zustandekommen meiner Arbeit selbstverständlich nicht allein dem Glücksfall einer «pünktlichen Geburt» und der Bekanntschaft mit den vorhin angeführten Büchern zu verdanken, sondern vor allem auch der jederzeit freundlichen Hilfe vieler kompetenter Donizetti-Kreise und der Förderung durch andere Personen, die ich hier erwähnen will.

Die wohl entscheidendsten Gespräche über Donizetti führte ich mit dem Berner Musikwissenschafter Urs Schaffer, der mich Donizetti auch in seinen nicht so lupenreinen Eigenschaften kennen und verstehen lehrte. Doch auch Kontakte mit den großen Donizetti-Dirigenten Nello Santi, Zürich, Bruno Rigacci, Florenz, und Alun Francis, London (von welch letzterem das aufschlußreiche «Nachwort aus der Praxis» dieses Buches stammt), erteilten mir starke Impulse. Daß mir der Neapolitaner «Ausgrabungsmeister» Rubino Profeta für Gespräche zur Verfügung stand und daß sein künstlerischer Erbe Patrick Schmid von «Opera Rara», London, schon den Wissenshunger des in Sachen Donizetti reichlich ahnungslosen Jünglings stets auf dem Briefweg geduldig stillte, erfüllt mich mit Stolz und Freude. Ebenso glücklich bin ich darüber, von Redaktor Rudolf Merker, Baden, das technische Rüstzeug bekommen zu haben, um scheinbar Kompliziertes so zu sagen, damit es verstanden wird.

Weniger ideell, doch um so konkreter — durch die Vermittlung von wichtigem Material — half mir der deutsche Musikwissenschafter Hans-Josef Irmen, dem herzlicher Dank gebührt. Ebenso freundlich half mir die ganze Belegschaft des Konservatoriums Bergamo — vor allem der Leiter des Instituts, Valeriano Sacchiero —, ferner der Leiter der Brüsseler Konservatoriumsbibliothek, Paul Raspe, sowie ein «guter Geist» von der Konservatoriumsbibliothek Neapel, Francesco

Viscione. Ähnlich bedeutsam war die Unterstützung der beiden einzigen europäischen Donizetti-Vereine in London und Wien. Ein Beitritt empfiehlt sich indessen nicht nur für Leute, die über Donizetti Bücher schreiben: Gegen ein geringes Mitgliedsgeld erhalten die Angehörigen beider Vereine regelmäßig Opernanalysen, Aufführungsrezensionen sowie die Termine kommender Aufführungen der Werke von Donizetti, Rossini, Bellini, Verdi und anderen Meistern. Zu danken habe ich vor allem Odo Aberham, Haslingergasse, Wien — Vorstandsmitglied des dortigen «Vereins der Freunde der Musik Gaetano Donizettis» — sowie dem Sekretär der «Donizetti Society», John R. Carter, Harbut Road, London. — Übrigens: Theaterintendanten, die Werke von Donizetti aufführen möchten, finden in London für alle Fragen ein offenes Ohr und Hilfe in allen (Quellenermittlungs-)Nöten.

Noch eine Spur konkreter war die Hilfe Walter Oberleitners, Seebahnstraße, Zürich (Disc Import), bei der Erstellung der Diskographie für alle Live-Aufnahmen. Für die entsprechende Hilfe des Zürcher Musikhauses Rena Kaufmann, Fraumünstergasse, bei der Erstellung der Diskographie für alle Studio-Einspielungen gilt die gleiche Feststellung. Und Christoph Marfurt, der Luzerner Fotograf, war unermüdlich auf der Pirsch nach selten zu sichtenden Dokumenten...: Auch ihm gebührt mein ganz persönlicher Dank.

Doch ohne Alex Hügi, Mettmenstetten, wäre es kaum zu diesem Buch gekommen. Daß er aus seiner Sammlung von Stichen und Dokumenten — neben der des Dirigenten Richard Bonynge wohl die größte in der Schweiz — alles erdenkliche Material zu meiner Verfügung stellte, ist nicht so entscheidend wie der Umstand, daß *er* mir vor Jahren den Zugang zum Werk Donizettis erschlossen hatte. Jede neue Opern-Gesamtaufnahme, die in seine Hände fiel (und war sie noch so schwer erhältlich: jede fiel in seine Hände), wurde sofort gemeinsam angehört. Jenen Novembertag, an dem ich das mir völlig unbekannte Meisterwerk *Maria di Rohan* zusammen mit der ebenfalls noch nie gehörten *Parisina* einträchtig vereint in seiner Schublade entdeckte, werde ich nie vergessen.

Wieviel ich aber meiner Frau verdanke, die die Entstehung des Buches täglich begleitet hat... darüber schweigt des Sängers Höflichkeit. Es hängt — zum Beispiel — mit Donizettis Ankündigung der Proben seines *Assedio di Calais* zusammen: «Somit beginnen die Ärgernisse, die Wutanfälle, die Seufzer und Ängste...» Nun — meine liebe Véronique verdient den wärmsten Dank.

Dietikon, April 1982 *Robert Steiner-Isenmann*

SEIN LEBEN

Erstes Kapitel
EINE EULE UNTER VIELEN

1. Eine beständige Figur in wechselnder Kulisse
1789—1825
Leben und Wirken Giovanni Simone Mayrs[1]
Opern- und Zeitgeschichte

Am Rande der Lombardei, nordöstlich des nahen Mailand und nordwestlich des entlegeneren Venedig, liegt auf einem jener Hügel, welche die erste Vorhut der Alpen bilden, die Stadt Bergamo. Die fensterlose, ratzekahle Torre di Gombito, die wie ein Schornstein in die Höhe ragt, erinnert an einen uneinnehmbaren Horst schweigsamer Sonderlinge. Allerdings neigten die Bewohner Bergamos, so zäh sie sich, genötigt durch die Unfruchtbarkeit der Berge, als Handelsleute bewährten, seit jeher zu einer aufgeräumten, herzhaft-derben Fröhlichkeit. Schausteller, Tänzer und Harlekine wurden hier seit Jahrhunderten von der Bevölkerung empfangen, reichlich verpflegt und applaudiert. Die Figur des Arlecchino — eine jener typisierten Hauptpersonen der Commedia dell'arte, deren Identität nur schon durch Schminke und Requisiten für groß und klein leicht zu erkennen war — soll in der Ortschaft Oneto, unweit von Bergamo, ersonnen worden sein.

Seit dem Jahre 1428 stand die Provinz unter der Herrschaft der Stadtrepublik Venedig, lebte aber kulturell und administrativ verhältnismäßig unbelastet vor sich hin. Bartolomeo Colleoni, der berühmte Söldnerführer in venezianischem Dienst, schenkte der Stadt ein architektonisches Kleinod von Rang und Namen. In seinem Auftrag wurde 1472 und in den folgenden fünf Jahren an die dreischiffige, romanische Basilika Santa Maria Maggiore nach Plänen Giovanni Antonio Amadeis eine Kapelle gebaut, die Colleonis sterbliche Hülle behüten und seine abenteuerliche Existenz der Nachwelt auf seltsame Weise bezeugen sollte: in einem Hort der Stille. Giovanni Battista Tiepolo wurde beauftragt, Fresken zu schaffen, und schmückte das Innere der Kapelle mit Szenen aus dem Leben Johannes des Täufers aus. Die Kirche ihrerseits birgt Gemälde, deren Entwürfe von Lorenzo Lotto stammen. Doch jenseits des Reviers von Santa Maria Maggiore verliert sich die Spur Venedigs.

Indessen kann der junge Bayer Johann Simon Mayr[1] doch ein Relikt der Stadtrepublik Venedig, das etwas außerhalb des Zentrums liegt, nicht übersehen, als er im Jahre 1789 in Bergamo eintrifft, um durch den Kapellmeister Carlo Lenzi, den musikalischen Leiter von Santa Maria Maggiore, ausgebildet zu werden. Dieses Relikt ist eine Ringmauer um die Stadt, welche Venedig gegen den Willen der Einwohnerschaft zu deren Schutz errichten ließ. So heftig war der Unmut der Bevölkerung, weil sie von ihren Herren eingeschlossen wurde und eine erkleckliche Anzahl Häuser dem Ungetüm jener Mauer zum Opfer fiel, daß die venezianische Regierung 15 000 Soldaten nach Bergamo schickte, um einem Aufstand vorzubeugen. Wie wenig auch das Joch der Seerepublik den einzelnen drückte: es kränkte ihn doch.

Johann Simon Mayr, geboren am 14. Juni 1763 in Mendorf bei Ingolstadt, ist eigentlich über das Alter hinaus, in dem man gewöhnlich das musikalische — in seinem Fall: das kompositorische — Handwerk erlernt. Den Normen seiner Zeit entsprechend, sollte er mit seinen 26 Lenzen schon mindestens fünfzehn Opern oder an die fünfzig Kirchenstücke geschrieben und mehrere Ämter als Theater- oder Kirchendirigent bekleidet haben. Aber Mayr hat sich vorgenommen, die Öffentlichkeit nicht eher mit seinen Werken zu überfallen, als bis er den Kontrapunkt und seine wichtigsten Formen, Kanon und Fuge, gründlich beherrschen würde. Denn er bewundert Johann Sebastian Bach und die Errungenschaften der deutschen Musik. Von Station zu Station seines bisherigen Lebens trieb ihn die Suche nach einem fähigen Lehrer, der ihn von Grund auf in die Musikwissenschaft einführen würde. Diesen Lehrer aber fand er weder an der Ingolstädter Jesuitenschule, noch fand er ihn später im bündnerischen Poschiavo, wohin ihn ein Mäzen, Baron Tomaso Francesco Maria von Bassus, entführte. Immer wieder sah er sich gezwungen, autodidaktisch nachzuholen, was er mangels des ersehnten äußeren Drills versäumte, aber ohne seine hochgesteckten Ziele zu erreichen.

Aus Bayern brachte der Baron nicht nur den jungen Mayr mit, sondern auch eine Druckmaschine, die im abgeschiedenen Puschlav als unerhörte Neuigkeit Furore machte. Aber noch viel mehr erhitzten sich die Gemüter bei der Lektüre der Schriften, die Herr von Bassus alsbald vertrieb. Die Publikationen, die teils leidenschaftlich, aber undogmatisch katholisierten, teils das jakobinische, freiheitliche Gedankengut verbreiteten, das gegenwärtig in Paris den Thron des Bourbonenkönigs unterminierte, drangen auch nach Bergamo. Dort wurden sie von heimlichen Opponenten gegen die Herrschaft des Stadtstaats Venedig angeregt gelesen. Diese Kontakte des Barons mit Bergamo führten zu Mayrs Einzug in das alte Adlernest am Rande der Lombardei.

Im erwähnten Carlo Lenzi findet Mayr einen neuen Lehrer, der ihn nur ungenügend unterweist, in einem gewissen Pesenti aber, dem Domherrn der Kirche, auch einen neuen Gönner. Er finanziert ihm einen Aufenthalt in Venedig, wo er bei einem Opernkomponisten und Kirchenorchesterleiter, Ferdinando Giuseppe Bertoni, weiterstudiert. Doch der schon recht betagte Herr beschränkt sich auf eine Art Großvaterrolle, indem er ihm aus seinem Erfahrungsschatz bald diese, bald jene Perle vermittelt; von systematischem Unterricht kann nicht die Rede sein. Und Mayr beugt sich über neue Bücher, büffelt neue Theorien, geht neue Streichquartette und Fugen durch und bleibt so eremitisch weisheitslüstern wie zuvor.

Was er jedoch auf seiner Pilgerreise nach solider Bildung an pädagogischen Miseren erfahren mußte, beschäftigt ihn nicht nur aus Eigenliebe, sondern auch aus Mitleid mit dem ganzen Volk. Gibt es nicht ein Recht auf Bildung, wie es ein Recht auf Freiheit gibt? Sagen das nicht die Jakobiner in Paris, sagen es nicht die übrigen Republikaner in ganz Europa, und treffen sie nicht den Nagel auf den Kopf? Sollen nur die Adelssöhne gute Komponisten werden dürfen? Ist es nicht Allgemeingut, was die Bach und Haydn schufen? Nicht nur die Kirchenschätze sollte man liquidieren und dem Staat, dem Volk zugänglich machen, auch die geradeso von der Elite mit Beschlag belegten Bildungsschätze! Er wird in eigener Regie versuchen müssen, etwas in dieser Richtung zu unternehmen.

Anderseits öffnet Mayr Auge und Ohr für den verwirrend bunten Lebensstil Venedigs. Er lernt den Komponisten Nicola Piccinni kennen, der, mittlerweile mehr als sechzigjährig, die neuere Operntradition Neapels mit begründet hat. 1776 war Piccinni nach Paris gekommen, um die Musik des Opernreformers Christoph Willibald Gluck mit eigenen Werken in italienischem Stil zu konkurrenzieren. Dort hatten auch ihm die jakobinischen Vögel ihre Freiheitslieder ins Ohr gepfiffen, so daß er sich nun mit Mayr wunderbar versteht.

Aber noch immer herrscht in Europa das alte System absolutistisch regierter Staaten. Noch ist im Kirchenstaat, zwischen Bologna, Ancona und Rom, der Papst der König und hockt der Klerus auf Geld und Ämtern. Noch gibt es Staaten wie das Königreich Savoyen-Piemont: von den Alpen entzweigeschnitten, doch eine Einheit auf dem Papier. Noch ist die Lombardei angeheirateter Boden des Hauses Habsburg, noch ist man in Mailand in Österreich, wo der Kaiser regiert. Noch existiert das Land Italien erst in den Köpfen derer, die sich mit dem Gedanken an einen Umsturz tragen. Noch sind die Vertreter des Widerstands, des «Risorgimento», die sich einen freien Einheitsstaat erträumen, der genauso lang und breit sein sollte wie seine seit Jahrtausenden von der Natur gegebenen Formen, stark in der Minderheit.

Mayr begräbt die letzte Hoffnung, von einem anderen Lehrmeister als sich selbst weitergebildet zu werden, und schickt sich mißvergnügt zu komponieren an. Zwei Oratorien hat er geschrieben und in Venedig uraufgeführt, da ruft ihn sein Gönner, der Domherr Pesenti, in die Provinz zurück. Nun will er für seine Hilfe den Lohn, und von den Fähigkeiten seines Schützlings soll die Kirche profitieren, der er vorsteht: Santa Maria Maggiore. So schlägt Mayr in Bergamo den einen der beiden ihm offenen Wege, den eines Kirchenmusik-Vielschreibers, ein. Doch Monsignor Pesenti stirbt nach einer kurzen Frist, Mayr ist wieder frei — und wechselt sofort die Spur. In die Lagunenstadt zurückgekehrt, beginnt er, 31jährig, mit der Opern-Vielschreiberei. Acht neue Opern führt er 1799 in drei Theatern Venedigs und eine neunte in Parma auf. Nur drei von ihnen sind freilich abendfüllende Werke, die übrigen sechs sind Schwänke in einem Akt.

Diese sogenannten Farcen zeichnen sich durch eine unanstrengende Aufführungsdauer, eine unbelastend derbe Komik und einen eher größeren Anteil leicht zu verfolgender Cembalo-Rezitative als ausgetüftelter, melodisch orientierter und vom Orchester begleiteter Stücke, sogenannter Nummern, aus. Die Aufführung einer ernsten Oper hingegen, die Opera seria heißt und in der Regel über zwei Stunden dauert, gilt zwar als wichtigeres Ereignis, aber eben auch als Prüfstein der Geduld. Da ist die abendfüllende komische Oper (Opera buffa), die man als «kultivierte Farce» bezeichnen könnte, schon bedeutend leichter zu verdauen.

Daneben gibt es eine Mischform namens Semiseria, die öfter als die Buffa in der Sphäre höherer Gefühle schwelgt, doch immer einen oder mehr als einen buffonesk — im festgelegten Buffa-Stil — vertonten Part enthält und immer glücklich endet. Das vermittelt den Aristokraten in ihren Logen nicht bloß den Eindruck einer heilen Welt, den sie außerhalb der Opernhäuser allmählich vermissen dürften. Es macht es auch möglich, daß «einfache Leute» unter den tragenden Bühnenfiguren wie Bediente oder Bauern, die zum Lachen reizen sollen, also stets in Buffa-Rollen aufzutreten haben, bisweilen auch ein düsteres Schicksal erleiden wie ihre adeligen Gegenüber der Opera seria, allerdings nur bis kurz vor dem verlangten heiteren Schluss der Semiseria. Und das gefällt den vornehmen Logengästen. Sollten sie etwa zusehen müssen, wie auf der Bühne einer ihresgleichen Kammerjungfern vergewaltigt und deren Freunde enthaupten läßt? Nein, in der Oper sind nicht nur die großen Gefühle, es ist auch das Sterben ein Vorrecht der Oberschicht.

Doch die Prüderie des Publikums und der Zensoren des jeweiligen Monarchen erlaubt es sogar bei Seria-Opern selten, daß auf der Bühne etwas wirklich Trauriges geschieht.

Am bequemsten freilich ist es allemal, sich Farcen oder Buffa-Opern anzusehen. Das Publikum erwartet Opernmusik, zunächst Berieselung mit animierten Klängen, zu denen es schwatzt. Die Logen, die den Reichen vorbehalten sind, dienen als Treffpunkt für Familienbesuche während der Vorstellungen. Die Opernkomponisten gelten bestenfalls als Lieferanten von Genußartikeln. Bald werden sie mit Beifall überschüttet, bald aber auch respektlos ausgelacht. Ihr Platz am Cembalo, wo sie die ersten drei Aufführungen der eigenen, neukomponierten Opern zu leiten haben, gleicht eher einem Pranger als einem Fürstenstuhl. Die Sänger hingegen sind zusammen mit dem Publikum die Herren im Hause. Vor ihnen fallen die Barone und Marchesen in die Knie, vorausgesetzt, daß sie sich das durch Können (namentlich im technischen Bereich) verdienen.

Jahrelang wirkt Mayr als Prügelknabe von koloraturensüchtigen, launischen Primadonnen, strahlenwollenden, launischen Helden- und Buffatenören und einer bornierten, launischen Zuhörerschaft an den Theatern Venedigs. Und wahrlich: Will sich ein Opernschreiber auf jeder Bühne der Stadt mehrmals Gehör verschaffen, geht selbst bei einer Schaffensfülle von Mayrschen Gnaden gut und gerne ein Jahrzehnt darauf. Da gibt es das Teatro San Luca, das Teatro San Benedetto, das Teatro San Angelo und das Teatro San Moisè, dazu das wichtige Teatro La Fenice. Allen diesen Bühnen ist es eine Ehrensache, vorwiegend neue Opern herauszubringen, die diese Eigenschaft bereits am zweiten Abend unwiederbringlich verloren haben und nur im Falle schlagender Qualitäten je wieder auf einem Spielplan erscheinen werden.

Das Opernkomponieren ist ein deprimierender Beruf.

Auch in Mailand, am Teatro della Scala, das mit dem La Fenice in Venedig und dem San Carlo in Neapel einen erbitterten Wettstreit um den Rang der ersten Bühne südlich der Alpen führt, sichert sich Mayr zu Beginn des neuen Jahrhunderts ein bleibendes Wirkungsfeld. 13 Jahre später stößt er nach Neapel vor. Die Hauptvertreter der dortigen Opernschule sind nicht mehr aktiv: Domenico Cimarosa ist tot, Giovanni Paisiello steht am Ende seines Schaffens, und Nicola Zingarelli wurde kürzlich zum Direktor des Musikkollegiums ernannt — ein Amt, in das er seine ganzen Kräfte investiert. Mayr füllt deshalb eine Lücke, als er 1813 im San Carlo debütiert und mit *Medea in Corinto* das besonders unberechenbare Publikum sofort bezwingt. Er und die wichtigsten Vertreter seiner Generation sind jetzt die «starken Männer» der italienischen Opernszene. Doch Mayrs Weggefährten zogen es vor, Italien zu verlassen und sich im Ausland lukrative Ehrenämter zu ergattern. Luigi Cherubini, ein Florentiner, wirkte in Paris am Konservatorium. Seit sieben Jahren ist er einer schöpferischen Atempause hingegeben, genauer: der Botanik und der Malerei. Den Parmitaner Fernando Paër berief Napoleon, der mittlerweile das politische Parkett beherrscht, in seiner Eigenschaft als selbsternannter Kaiser nach Paris. Seit einem Jahr leitet Paër das dortige Italiener Theater und dient dem Vaterland in der Ferne, indem er die Opern seiner Kollegen in der Muttersprache inszeniert. Vor ihm betreute Gaspare Spontini dieses Amt, ein Sohn Anconas aus der gleichen Generation. In seinen kriegs- und kraftverherrlichenden Opern *La Vestale* sowie *Fernando Cortez* wand er dem zum Diktator gewordenen Feldherrn üppige Kränzchen, für die er dann auch üppig entschädigt wurde.

Jeder auf seine Art, versuchten die vier — der Deutsche Mayr, der sich aber längst Giovanni Simone nennt, sowie das Trio Cherubini-Paër-Spontini —, Wiener Klassik und italienische Oper zu synthetisieren. Alle standen sie im Bannkreis des entscheidenden Duells zwischen Gluck und Piccini, das sie zu eigenen Versuchen inspirierte, die beiden kulturellen Welten musikalisch zu versöhnen. Doch außer Mayr sind sie alle emigriert, und Mayr ist nicht der Löwe, dessen Gebrüll die Opernfesten zwischen Mailand und Palermo fruchtbar erschüttern könnte. Seine *Medea* ist schon die fünfzigste Oper, die er innert dreißig Jahren schuf, und zusammen mit der 49., *La Rosa rossa e la Rosa bianca» (Die rote Rose und die weiße Rose)*, ist sie die einzige mit Überlebenschancen. Quantitativ ist seine Leistungskurve am Verflachen. Nein, neues Leben für die Oper ist von ihm nicht zu erwarten. Windstille herrscht im Lande, wo die Romanzen und Duette blühn. Irgendein Ätna oder Vesuv sollte dringend erwachen...

Oder ist das etwa schon geschehen? Am 6. Februar des gleichen Jahres 1813, in dem sich Mayr in Neapel einen Namen machte, wurde im Teatro La Fenice zu Venedig ein Seria-Werk namens *Tancredi* uraufgeführt. Sein Schöpfer ist ein scheinbar unbeschwerter, hübscher Mann von 21 Jahren aus Pesaro, nahe Bologna, auf den die Lorgnetten der schönen Gesellschaft seit der Premiere gerichtet sind. Was sind denn das für Klänge? Ist Mozart wiederauferstanden? Aber nein — mit Mozart hat das doch nur am Rande zu tun. Terzen und Sexten, die süßesten aller Akkorde, sind bei beiden Komponisten massenhaft zu finden, und deshalb könnte man den *Tancredi* übereilt für einen Gruß des seligen Mozart halten. Doch der Geist ist nicht derselbe. Und auch die Melodien klingen anders: es sind im *Tancredi* italienische Volksmelodien.

Liegt aber der Unterschied nicht hauptsächlich in den Formen? Lapidar gesagt: Bei Mozart erscheint ein Stück als ein Stück, doch bei Rossini ist jedes Stück im Grunde genommen aus zweien zusammengesetzt. Auf einen verträumten ersten Teil folgt ein energisch nach außen gewandter zweiter, dessen Melodieverlauf zu einem Dacapo führt.

Zwar läßt auch Mozart innerhalb der Nummern des öfteren rasche, energische, extrovertierte Teile mit ruhigen, lyrischen, introvertierten wechseln. Dabei sind die Teile aber nahtlos verwachsen, während Rossini zum extrovertierten Teil, der stets an zweiter Stelle folgt, mit einer deutlich abgesetzten sogenannten «Brücke» überleitet. Auch findet sich für Rossinis Dacapo-Bau dieser zweiten, extrovertierten Teile mit einer Überleitung zur Wiederholung, die oft die schönste Melodie enthält, bei Mozart keine wirkliche Parallele.

Mit welcher Regelmäßigkeit und dabei welchem Schwung erhebt sich bei Rossini die Musik von Gipfel zu Gipfel, vom lyrischen Liebesgesang zur federnden Cabaletta! Und diese (immer wiederholten) Cabaletten oder Stretten (so heißen sie dann, wenn mehrere Solosänger beteiligt sind) bestehen aus winzigkleinen Partikeln und diese wiederum aus winzigkleinen Notenschritten. Zusammen mit der Doppelnummer-Periodik ist es letztlich der Partikelbau der Melodien, der es so einfach macht, sich die Musik ins Gedächtnis einzugraben — nein, man muß das nicht einmal tun: sie gräbt sich von selber ein!

So martialisch ist der *Tancredi* in seiner Wirkung und dabei so sanft in seiner Gestalt! Die Orchestrierung ist silbrig-leicht; die Opernfiguren erklären einander Haß und sinnliches Verlangen piano und pianissimo, aber wie lärmen die Leidenschaften! Und wenn im unterdrückten, allerdings immer körperlich spürbaren Strudel der Triebe plötzlich, von den Instrumenten angezettelt, ein Crescendo keimt, wenn die beklemmend kleinen Melodiepartikel, oft nur vier Töne, ins «Schwirren» geraten und immer größer zu werden scheinen, dann entdeckt der Zeitgenosse in der Musik Rossinis eine nie geahnte Kraft.

Doch seine Melodien rütteln nicht nur auf, sie sind auch durchdringend süß. Die Stimmen der beiden Liebenden im *Tancredi* umschmiegen sich unersättlich — und es sind zwei Frauenstimmen, weil der Part des Titelhelden eine Hosenrolle für die Mezzosopranistin ist. In der Cimarosa-Zeit betrugen sich solche Zwittergeschöpfe (beispielsweise Mozarts Cherubino) in ihren Duos mit gleichgeschlechtlichen Partnern zweifellos um einiges gesitteter. Und noch verdichtet wird die erregende Atmosphäre der neuen Oper durch das Moment der Todesschwärmerei. Wurde je von einem Komponisten Sehnsucht nach dem Sterbendürfen so unmißverständlich gelassen, fast freudig wiedergegeben wie in den kärglichen, aber bestimmten Streicherakkorden der letzten *Tancredi*-Szenen?

Mayr indessen reagiert mit Unbehagen, als er im Lauf der nächsten Jahre etliche Rossini-Opern kennenlernt, die sich im Nu in ganz Europa verbreiten. Offen kritisiert er nur die Form, was man ihm wirklich nicht verargen kann, nachdem Rossini Mayrs jahrelang verfolgte Absicht, deutsche, kontrapunktisch strenge Tradition mit italienischer Musizierlust in Einklang zu bringen, über den Haufen geworfen hat. Denn was der Wirbelwind eines *Tancredi* beiseite fegte, ist letztlich vor allem die deutsche Tradition.

Ein Merkmal der Rossini-Schule, das Mayr besonders ärgert, ist die Durchmischung stilistischer Elemente weltlicher und geistlicher Musik, eine Tendenz, die dazu führt, daß Messen mit lauter Crescendos und Cabaletten geschrieben werden. «Auf der Bühne klingt es wie im Conzert-Saal, und in der Kirche ist es nicht anders. Überall Mengerey und also etwas Wirres, wild Aufgeregtes. Dadurch müssen wir notwendig ärmer werden. Das muß ein schlechtes Ende gewinnen», stöhnt Mayr in der drückenden Gewißheit der nahen Apokalypse.[1]

Ganz ohne Schuld an dieser Entwicklung ist er freilich selber nicht, da seine eigenen Werke Rossini als Vorbild dienten. Und siehe da: Rossinis typisches Crescendo, eine schwelgerische, unverändert, aber immer lauter repetierte Melodie, ist ausgerechnet auf Mayr zurückzuführen, der es in seinen Opern oft gebrauchte und vielleicht sogar erfunden hat. Ähnliches gilt für die Rossinische Cabaletta. Und auch die exzessive Süßigkeit des Klangs erzielte Mayr früher als Rossini. Der Unterschied liegt aber darin, daß Rossini seine ganze Kunst auf diese Spezialitäten stützt, während sie Mayr nur als eine kleine Gruppe spezieller Ausdrucksmittel neben vielen anderen verwendet. Und diese anderen Mittel sind eben die Mittel der deutschen Tradition, die Formen der Wiener Klassik.

Letztlich aber wendet sich Mayr gar nicht so sehr gegen die Formen Rossinis und anderer frühromantischer Komponisten — Formen, die er selber auch schon in sich trug — wie gegen ihren Geist. Zu Recht empfindet er die sozialen Kämpfe zwischen dem Bürgertum, das sich emporarbeitet, dem untergehenden Adel, der sich dagegen wehrt, und der von beiden Schichten gleichermaßen unterdrückten Arbeiterschaft als menschliche Katastrophe. Zu Recht empfindet er das frühe Industriezeitalter als prosaisch, materialistisch, hektisch und brutal. Aber er kann in den Gefühlsexzessen Rossinis und seiner Gefolgschaft nicht eine Notwehr gegen die Zwänge der Umwelt sehen, sondern versteht sie als Abbild, ja als Verherrlichung dieser Zwänge.

«Je größer das Keuchen, je ärger das Klopfen der Brust, je stärker das Stampfen, je größer die Lust»[2], notiert er giftig, hält sich aber, statt Namen zu nennen, an die Form der unverbindlichen Sentenz. In einem trotz fleißiger Goethe-Lektüre nicht mehr rundum einwandfreien Deutsch wettert er in der stillen Kammer vor sich hin. Die Klavier-Etüden eines Moscheles und Hummel hält er für «wahrhaft klassische Werke»[3], versichert, daß sie ewig bleiben und künftigen Zeiten beweisen würden, zu was die heutige Zeit auf diesem Gebiet fähig gewesen sei. Die Klavier-Etüden Chopins aber, die zu tadeln er sich hütet, verlocken ihn doch zur allgemeinen Betrachtung, heutzutage sei das Pikanteste bald einmal nicht mehr pikant genug, man wolle nach rascher Gewöhnung noch Seltsameres hören.[4] «Ja nicht denken und empfinden!» ist in seinen Augen die Devise der Operngänger von heute; «unbedingt unerhörte Accorde mit hübschen Romanzen und Barcarolen» müsse man ihnen liefern.[5] Selbst Beethoven gegenüber hält er sich auf Distanz. In Haydns Quartetten, heißt es im Tagebuch, leuchte der Mond, in jenen Beethovens künstliches Licht von Fackeln.[6] Über die Quartette Haydns — fährt er fort —, welche «so einfach und dennoch fröhlich, originell und humoristisch» seien, werde längst keine Silbe mehr verloren, Beethoven aber, in dessen Quartetten «Lärm der Ekstase» tobe, sei den fernsten Völkern ein Begriff.[7]

Was ihn selbst betrifft, zieht Mayr alle nötigen Konsequenzen. Nach dem ersten Siegeszug Rossinis durch Italien schränkt er sein Schaffen unauffällig ein und läßt es 1825 nahezu ganz ersterben. Persönlich ist er dabei frei von Neid auf andere Komponisten. Schon vor dem Erscheinen Rossinis verzichtete er auf vielversprechende Ämter in Wien und Paris, womit er bewies, daß ihm die 1802 von seinem Lehrer Lenzi übernommene Kapellmeisterstelle zu Santa Maria Maggiore und seine 1804 geschlossene zweite Ehe wichtiger waren als Ruhm und Geld. Er ist verankert: in Bergamo, das ihm zur Heimat wurde, in seiner Familie, seinem Beruf und seinen Prinzipien. Seine sanften Klagen über das Geächze in den politischen und musikalischen Scharnieren Europas behält er für sich — nein, doch nicht ganz: er teilt sie seinen Schülern mit.

Zwar haben ihn die Revolutionen, von denen er sich einen Umbruch verkrusteter Schollen in eine gerechtere Welt erhoffte, durch ihre lange Dauer, ihre Blutigkeit und ihre vorerst bescheidenen Resultate zutiefst enttäuscht. Doch jene stille Revolution, die er als unbefriedigter Musikstudent für nötig befunden hatte — den Umsturz des bestehenden Musik-Erziehungssystems: sie führte er im winzig kleinen Raum der Hügelstadt am Alpenrand getreulich durch.

Im Jahre 1805 gründete Mayr mit dem Segen und dem Geld des Kirchenrates von Santa Maria Maggiore eine Chorsängerschule für Knaben, die sich bereit erklärten, in den verschiedenen Kirchen der Stadt zu singen. In einer älteren Form war diese Schule ausschließlich für Sängerknaben von Santa Maria Maggiore bestimmt gewesen, was Mayr für opportunistisch hielt. Ferner erweiterte er das Bildungsprogramm von Santa Maria Maggiore und führte — nebst einem Grundkurs in Literatur — Geigen- und Cembalostunden ein. Davon profitierte wiederum die Gönnerkirche, deren Orchester Zuwachs erhielt. Aber auch Kinder ärmerer Bergamasken, die ohne Mayr zeit ihres Lebens Instrumente nur von fern zu sehen bekommen hätten, zogen daraus Nutzen.

Lehrer wurden angestellt, und schließlich war unter der Hand ein eigentliches Konservatorium entstanden. Den Trägerverein, die Congregazione di Carità (Brüderschaft der Barmherzigkeit) bewog der unerbittliche Reformer Mayr, sich ihres Namens würdig zu erweisen und ihre Geldressourcen anzuzapfen. Nimmermüde setzte er Gesuche auf, um auch solchen jungen Leuten Zugang zu seinen Lezioni Caritatevoli zu verschaffen, die weder durch die Finanzkraft der Eltern noch durch die Aussicht auf baldigen Einsatz als Sänger oder Orchesterspieler Pfeiler des Instituts zu werden versprachen.

Doch schon für einen der ersten Bewerber um Aufnahme in die Schule, der außerdem zu einem der ärmsten Geschlechter der Stadt gehörte, für den achtzehnjährigen Giuseppe Donizetti, kannten die gnädigen Herren keine Gnade, da er den Stimmbruch erlitten hatte und als Sängerknabe nicht mehr zu gebrauchen war. Dagegen wurde sein halb so alter Bruder Gaetano mit seiner frischen Stimme anstandslos aufgenommen. Daß man Giuseppe nicht infolge mangelnden Talents zurückgewiesen hatte, konnte er freilich daraus ersehen, daß ihm Mayr unentgeltlich neunzehn Privatlektionen gab. Nun mußte er also auf den Unterricht des zartgebauten Weisen aus dem Norden mit den strengen Zügen und dem grauen Haar doch nicht verzichten! Haydn über alles (so lautete seine Doktrin), Mozart über alles außer Haydn, Beethoven mit Maß — und von Rossini die Finger weg!

2. Eine Eule erwacht[1]
November 1797 bis Dezember 1817
Kindheit und Jugend Donizettis; erste Opern: *Pigmalione, L'Olimpiade, L'Ira d'Achille*

Zur Welt gekommen waren die Geschwister Donizetti im Haus Nummer 10, Borgo Canale, und zwar Giuseppe als ältester Sohn im Jahre 1788, Maria Roselinda zwei Jahre später, Francesco 1792, Maria Antonia drei Jahre später und schließlich Gaetano als jüngster Sohn am 29. November 1797; ein weiteres Mädchen, Maria Racchele, hatte sein Geburtsjahr 1800 nicht überlebt.

Als Gaetano das Dunkel der Welt erblickte — der traurig konkrete Sinn dieser Umschreibung wird gleich zu erklären sein —, hatte Napoleon mit seinen Truppen gerade die österreichischen Stellungen in Italien überrannt. Dazu war es so gekommen: Nach der Enthauptung des Bourbonenkönigs in Paris im Jahre 1793 ließen die neuen französischen Herrscher, die jakobinischen «Menschenrechtskämpfer», die Absicht erkennen, die alte monarchische Ordnung Europas durch ein System gewaltsam eingerichteter republikanischer Trabantenstaaten Frankreichs zu ersetzen. Dem wirkte das Reich des österreichischen Kaisers, das seine zum Teil entfernten Gebiete durchaus nicht an Frankreich verlieren wollte, kriegerisch entgegen; die Begründung lautete, daß die Verwaltung Europas durch wenige Königshäuser Gottes Wunsch entspreche.

Die Schlachten auf dem halben Kontinent verliefen bald zum Vorteil Frankreichs, bald zum Vorteil Österreichs, bis das strategische Genie Napoleons das Blatt zugunsten Frankreichs wenden sollte. Nun hatte das Habsburgerreich in Norditalien sein Spiel verloren. Durch den in Campoformio ausgehandelten Frieden war Bergamo am siebzehnten Tag des Vormonats von Gaetanos Geburt in neue Hände übergegangen. Die Herrschaft des von Österreich geschätzten Kleinstaats Venedig war nach jahrhundertelangem Bestehen plötzlich beendet worden, was etliche bergamaskische Freiheitsschwärmer — die gleichen, die einst die Schriften des Herrn von Bassus verschlungen hatten — rauschend feierten, als wäre es ihr Verdienst.

Napoleon formte Italien um: Die winzigen, aber historisch glorreichen Staaten Genua und Venedig löste er auf und machte sie zu Teilgebieten einer neugeschaffenen Ligurischen bzw. Cisalpinischen Republik. Zu dieser gehörte mit der ganzen Lombardei auch die Stadt Bergamo. Weiter südlich, im Bannkreis Bolognas, folgte die Cispadinische Republik. Die Könige von Piemont-Savoyen und von Süditalien — dem sogenannten Reich beider Sizilien — bestimmte der siegreiche Feldherr, auf Sardinien und Sizilien ein unwillkommen geruhsames Dasein als Inselherrscher zu fristen. Dafür trug die Gegend um Neapel jetzt die stolze Bezeichnung Partenopäische Republik und wurde von einem Gefolgsmann des Korsen als Vizekönig regiert, der plötzlich nicht mehr Marschall Murat hieß wie vor der Amtsübernahme, sondern Gioacchino Napoleon. Die Flucht des Papstes schließlich öffnete Tür und Tor für die franzosenfreundlichen Verwalter einer Römischen Republik.

Allenthalben lernten die italienischen Bürger seltsame Neuerungen kennen: die Gleichberechtigung der Juden, Aufstiegschancen für junge Leute, die weder aus dem Adel noch aus dem Klerus stammten, Schulreformen, eine Beschränkung der polizeilichen Spitzelei und das in Frankreich angewendete, weniger restriktive Zivilgesetz. Zwar bewegte sich die Zeit im ländlich abgeschiedenen Bergamo nicht merklich eiliger als früher, als die Uhren von den Herren in Venedig aufgezogen wurden. Aber aus der Ferne hörten Mayr und seine Gesinnungsfreunde doch das ersehnte Tropfen geschmolzenen Eises.

Allein schon der Umstand, dass die Familie Donizetti bei der Geburt ihres Jüngsten außerhalb der Mauer wohnte, bewies ihre schlechte finanzielle Lage; wer nämlich etwas auf sich hielt und es sich leisten konnte, wohnte in der Operstadt. Nun waren indes die Räume, in denen sie hausten — zwei dunkle, muffige, hangwärts und unterhalb des Straßenniveaus gelegene Zimmer — mit einer Wohnung kaum, mit einem Keller oder Kerker aber nah verwandt. Allenfalls eine Eule hätte sich mit soviel Dunkel angefreundet; Menschen hingegen schätzen in der Regel einen höheren Komfort...

Doch mit Staubigkeit, Armut und Enge war Vater Andrea seit seiner Jugend auf vertrautem Fuß gestanden, und wenn er nun im selbstgegründeten Haushalt, in seinem eigenen trauten Heim, im Doppelkeller am Rande von Borgo Canale, bald mit seiner Frau Domenica, geborene Nave, bald mit einem seiner fünf lieben Kleinen zusammenstieß, war das für ihn nur noch ein Nachgeschmack des früher Erlebten. Geboren 1765 wie seine Frau und bergamaskischer Herkunft wie diese — mit zwanzig Jahren hatte sie beschlossen, seinen nicht vorhandenen Besitz mit ihm zu teilen —, war er eines von dreizehn Kindern bedürftiger Bauern und damit einer von mindestens sieben Essern zuviel gewesen...

Im Jahre 1800 wurde er Pförtner im städtischen Pfandhaus. Vier Jahre später rückte er beruflich höher, wobei es schwierig ist, die nur um Millimeter abgesetzten Sprossen der Karriere eines Pfandhausangestellten einleuchtend zu definieren. Jedenfalls erschien ihm selbst sein Aufstieg glänzend genug, um 1806 die Mauer zu überspringen und sich — nach zwanzigjähriger Ehe — im oberen Stockwerk (oder doch im Erdgeschoß und nicht mehr im Keller) des Hügels von Bergamo, der städtischen Gesellschaft und des von ihm gewählten Hauses einzumieten.

In diesem für die Donizettis segensreichen Jahr wird überdies ihr Jüngster in die Schulgemeinschaft Mayrs aufgenommen — man stelle sich vor, er wird zum Zögling eines so großen Mannes! Allerdings ist Gaetanos Stimme kein besonders imponierendes Organ. In den Rapporten, die Mayr zu Handen der «Gnädigen Herren» verfaßt, wählt er sogar den Ausdruck «Defekt», betont indessen schon im Frühling 1807, daß der noch nicht neuneinhalbjährige Knabe sämtliche übrigen Schüler durch seine Fortschritte übertreffe.

Im nächsten Jahr bezieht Andrea mit den Seinen eine ihm von Amtes wegen zugestandene Wohnung im Pfandhausgebäude. Trotz dessen übelriechend armengenössigen Namens Palazzo della Misericordia verfügt die siebenköpfige Familie in ihrem neuen Reich neben dem immer noch auf zwei Zimmer beschränkten Wohnraum über den Luxus einer Küche.

Im Jahre 1809 scheint die Entlassung Gaetanos aus der wohltätigen Schule in Anbetracht des zu bescheidenen stimmlichen Nutzens Realität. Doch Mayr versteht die Klippe mit dem Hinweis auf die Leistung seines Schülers als Orchesterspieler wiederum zu umschiffen.

Wieviel er sich von Gaetanos Talent verspricht, beweist er 1811, indem er aus Stücken verschiedener Opernschreiber zu einem eigenen Text eine Farce zusammenstellt. Die Titelrolle des *piccolo Compositore*, also eines jungen Komponisten, überträgt er seinem besten Zögling Donizetti. Da setzt sich nun Gaetano vor den versammelten Eltern der Konservatoriumsschüler in der Aufführung an das Klavier und hat zu zeigen, wie er einen Walzer improvisiert und auf dem Notenpapier sogleich der Nachwelt überliefert. Die Erleichterung, den Walzer schon vorher geschrieben zu haben, gestand ihm Mayr zu. Nichtsdestoweniger ist Donizetti in der Lage, eine erste eigene Schöpfung öffentlich vorzutragen, und zur Belohnung darf er nach vollbrachter Tat die schmeichelhaften Verse singen, die Mayr für ihn zur Krönung des Auftritts gedichtet hat. Weiß Gott, mit dieser Komposition werde er sich einen weltumfassenden Erfolg erringen, heißt es im Text. Lobeshymnen in den Zeitungen werde er lesen, ja sich unsterblich machen. «Bravo, Maestro!» werde man ihm sagen, was er indes mit höchst bescheidener Miene und gesenktem Kopf zur Kenntnis nehmen werde ...

In der Karnevalssaison der Jahre 1813/1814 wirkt der Sechzehnjährige als Buffa-Bariton der zweiten Garnitur im städtischen Teatro della Società. In dieser Spielzeit (die in ganz Italien am Stephanstag beginnt und vor den Fasten endet) führt das Opernhaus zwei Werke Mayrs auf: *Amor non ha Ritegno (Liebe kennt keine Zurückhaltung,* ein typischer Mayr-Titel, steif klassizistisch in der Form, romantisch im Inhalt) sowie *La Rocca di Frauenstein (Der Felsen von Frauenstein).* Dabei kann Gaetano — vielleicht noch nicht ganz, aber zum Teil — durchschauen, wie einer das Wunder fertigbringt, die zahlreichen Fäden zu verknüpfen, die eine Oper als Gerüst durchziehen.

Unerträglich unpoliert wird Donizettis Stimme nicht geklungen haben, wenn man bedenkt, daß er im Herbst des Jahres 1814 von Antonio Capuzzi, Violinprofessor am Mayrschen Institut, zur Vorbereitung eines weiteren Auftritts als Sänger (diesmal im zweiten Theater der Stadt namens Riccardi) von einem Teil des Unterrichts entbunden wird, obwohl er eben noch durch «außerschulische Aktivitäten und unregelmäßigen Lebenswandel» seine Pflichten als Lehrer der jüngsten Schüler vernachlässigt hatte. Ob damit Saufereien, Geschäfte im zweifellos blühenden Mädchenhandel und andere Streiche gemeint sind oder vielmehr seine Versuche als Komponist, die etliche Stücke für Klavier, vokale Parte und kleines Orchester zu Tage brachten, entzieht sich der Kenntnis späterer Leser des moralischen Appells.

Im Jahre 1815 überlegt sich Mayr, wohin er seinen Lehrling schikken könnte. Nach Venedig, in die Praxis? Das wäre noch zu früh. Gaetano hat den Kontrapunkt noch nicht als schlüpfrige Schlange und schwer zu domptierenden Bären fürchten gelernt. Darum wird er sich später bei ihm bedanken, wenn er ihn in die Hände eines strengen, ganz vom Glauben an die Grösse streng kontrapunktischer Kirchenmusik durchdrungenen Lehrers gibt. Padre Mattei, ein Franziskaner-

Ohne den Komponisten Giovanni Simone Mayr *(rechts)* hätte es leicht geschehen können, daß Donizettis geniales musikalisches Talent zeit seines Lebens unerkannt geblieben wäre. An dem von ihm in Bergamo gegründeten Musikinstitut erzog er den mittellosen Gaetano mit unermüdlichem Eifer zu technischer Könnerschaft im Stilbereich der Wiener Klassik, was ihm sein Schüler später nie vergessen sollte.

Als Mayr erkannte, daß er Gaetano im begrenzten Rahmen seiner wohltätigen Schule nicht mehr entscheidend fördern konnte, vermittelte er ihm die Aufnahme in das berühmt-berüchtigte Institut des Franziskanermönchs und Kirchenkomponisten Stanislao Mattei *(links)*. Hier, am Lyzeum, unter der Fuchtel des sitten- und regelgläubigen Padre, mußte Gaetano ohne Unterlaß Kanons und Fugen schreiben. Das tat er zwar reichlich ungern, lernte aber doch Entscheidendes hinzu.

mönch von 65 Jahren, an dessen Lyzeum in Bologna einst Rossini unterrichtet wurde, ist der rechte Mann. Dieser fromme Pater würde eine Oper wohl auch dann für eine Sünde halten, wenn sie sein höchstes Vorbild geschrieben hätte: Johann Sebastian Bach. Seine Erziehungsmethoden sind einfach und drastisch. Stanislao Mattei sitzt schweigend neben den Studenten, die auf irgendeinem Instrument verzweifelt fingerstrampeln. Er gebietet schweigend Einhalt, wenn sie eine Regel übertreten haben (denn Kunst ist ein System von Regeln wie das Leben eines Franziskanermöchs), und spielt den regelwidrig ausgeführten Passus regelrichtig nach.

Der junge Donizetti soll nach Bologna! Vorerst muß Mayr allerdings verschiedene Helfer mobilisieren. Einen Bologneser Komponisten namens Francesco Sampieri ersieht er zum Mentor und erwähnt in seinem Brief an ihn Gaetanos «guten Charakter»[2]. Seinem Verleger, Giovanni Ricordi, der seinen Geschäftssitz in Mailand hat, entlockt er die Einwilligung, den erstmals über eine nennenswerte Strecke kutschenfahrenden Jüngling in der nervösen Großstadt zu betreuen und ihm eine Karte für die Weiterreise nach Bologna zu besorgen. Diese solle «so billig wie möglich» sein.[3] Denn natürlich steckt in Mayrs hochfliegenden Bildungsplänen ein finanzieller Haken. Und aus diesem Grund nimmt er es auf sich, einmal mehr die Congregazione di carità an ihre Bestimmung zu erinnern und anzupumpen.

Hier spart er noch viel weniger an leuchtenden Farben in der Beschreibung der in Gaetano schlummernden Kräfte — und an entsprechend dunklen, um die Mittellosigkeit der Eltern darzulegen. «Man» habe schon einiges Geld gesammelt, heißt es in seinem Gesuch. Freilich genüge es nicht, um Lebensunterhalt und Schule für die Dauer zweier Jahre in Bologna zu bezahlen. Anderseits handle es sich beim Unterricht des «Padre Maestro Mattei» um den «solidesten und perfektesten» in ganz Italien. Und die Hoffnung sei begründet, daß Gaetano seine Dankbarkeit durch zähes Lernen bekunden werde. Später, als berühmter Komponist, werde er die ihm von seinem Vaterland (das heißt: der bergamaskischen Provinz) erwiesene Ehre vergelten: durch seinen Ruhm.[4]

Am 28. Oktober 1815 entführen die Rosse der Diligenza Bergamo—Mailand Gaetano dem Elternhaus und traben mit ihm in eine neue Welt. Neu ist sie aber nicht für ihn allein, sondern für ganz Italien. Das heißt: verhältnismäßig neu. Die «einfachen Leute» zucken mit den Achseln. Es ging mit dem König, dem Papst und dem Kaiser, es ging auch mit Napoleon... Jetzt wird es wohl auch wieder mit dem

König, dem Papst und dem Kaiser gehen. Andere hingegen reagieren anders: jene, die mitten in einer Karriere standen, die früher für sie undenkbar gewesen wäre, jene, die es schätzten, laut zu denken, ohne eingesperrt zu werden, oder jene, die ihre Kinder trotz fehlenden Kleingelds nicht in eine Schule schicken mußten, deren ganze Wissenschaft das Beten und das Prügeln war. Sie alle, die unter der Herrschaft der Republikaner würdiger lebten, versorgen jetzt mit feuchten Augen die Bilder Napoleons zuunterst in ihren Truhen — jedenfalls dort, wo sie die österreichischen und päpstlichen und königlich-piemontesischen Agenten nicht entdecken werden.

Die Winkelzüge des Erneuerers der absolutistischen Machtpolitik des Hauses Habsburg, Staatskanzler Metternich, machten es möglich, daß die Trabanten des österreichischen Kaisers ihre an Napoleon verlorenen Sessel wieder besteigen konnten. Der korsische Feldherr wurde in der Völkerschlacht bei Leipzig von der Metternichschen Allianz außer Gefecht gesetzt. Fürst Metternich hat seinen persönlichen Traum verwirklicht: Er stellte das alte Landkartenbild Europas, aufgeteilt in Territorien, die jenen souveränen Herrschern unterstehen, die der Stammbaum dazu auserwählte, wieder her. Einfachheitshalber und zur besseren Regierbarkeit des Ganzen wurden gewisse kleinere Löwen, die früher im Chor der Stimmen brüllten, nicht zu einem neuen Dasein aufgeweckt, so die Staaten Genua und Venedig. Venedig ist nun Bestandteil des von Österreich verwalteten Lombardo-Venetianischen Königreichs, das sich von Mailand bis Triest erstreckt und Bergamo einschließt. Genua schlugen die Rechenkünstler des von Fürst Metternich abgehaltenen Wiener Kongresses dem Herschaftsreich Vittorio Emanueles, bestehend aus Sardinien, dem Piemont und später noch Savoyen, zu. Und Ferdinando, der König «beider Sizilien», wird in Neapel wirklich wieder über beide herrschen.

Wie eine kirchliche Glasmalerei prangt das italienische Festland wieder in den verschiedensten Farben, nur nicht in denen der republikanischen Trikolore. Die Fassung der bunten Scheiben windet sich wieder kreuz und quer über den ganzen «Stiefel», den die Natur mit solcher Eindeutigkeit zur Einheit bestimmte. Doch was soll die Natur, was soll die — allerdings immer noch dumpfe — Sehnsucht des Volkes nach nationaler Vereinigung, was soll der Widerstand der lombardischen Intelligenz? Die Glasmalerei des Wiener Kongresses durchleuchten die Strahlen der päpstlichen Huld! Daß Metternichs Kunstwerk dem Papst gefällt, ist auf die Scheibe zurückzuführen, die ihm und seinen Priestern zugesprochen wurde, auf den Kirchenstaat. Und diesem

Kirchenstaat frisch einverleibt ist jenes Bologna, das der junge Donizetti im November 1815 zweifellos bangen Herzens betritt, um sich die Regeln des Padre Mattei anzueignen.

Betrübliche Tage für Donizettis älteren Bruder Giuseppe! Der nämlich war ein aktiver Bonapartist. 1808 schrieb sich Giuseppe in die Armee des Napoleonischen Königreiches Italien ein und nahm im siebten Regiment zunächst an einem Feldzug gegen Österreich, sodann, von 1811 bis 1813, am Spanienkrieg und namentlich an der Belagerung von Saragossa teil, die durch die Beschreibung des Dichterlords der Romantik, Byron, unsterblich wurde. Später jedoch versetzte man Giuseppe als Flötisten einer Militärkapelle auf einen weniger ereignisträchtigen Schauplatz, auf die Insel Elba. Nach einigen Wochen der Langeweile leistete ihm freilich kein Geringerer Gesellschaft als Napoleon, der hierhin ins Exil verwiesen worden war. Als sich die wiedereingesetzten Fürsten am Wiener Kongress bei Bällen und Schlittelfahrten vergnügten, womit sie Fürst Metternich zu Konzessionen hinsichtlich der künftigen Grenzverläufe erweichte, packte Napoleon, von seinem Zwergstaat auf der Insel Elba unbefriedigt, seine Koffer, um sich Paris und später — so sein Projekt — Europa zurückzuerobern. Und Giuseppe Donizetti war abermals mit von der Partie. Auch die zweite, nur hundert Tage während Napoleonische Ära sah ihn als Verteidiger des ausgeglühten Kriegsgenies, das sich der Übermacht der gegnerischen Allianz durchaus nicht beugen wollte. Und auf dem Schlachtfeld von Waterloo, wo das Gespensterreich des Korsen endgültig vernichtet wurde, war Giuseppe ziemlich sicher ebenfalls dabei und stellte seinen Mann, obwohl er nur die Flöte blies und seinen Fahnenbrüdern eine Niederlage nicht ersparen konnte.

Aber Giuseppe Donizetti war ein flexibler Mann. Er trat gelassen in die Armee des Zöpfchen-Perücken-Königs von Sardinien-Piemont, Vittorio Emanuele, ein. Die Belohnung erfolgte rasch: Am 26. Oktober 1815, zwei Tage vor der Abfahrt Gaetanos aus Bergamo Richtung Bologna, wurde er zum Musikdirektor des piemontesischen Provinzregiments im Ort Casale am Ligurischen Meer ernannt. Mit seiner Frau Angela, geborenen Tondi, einer Bürgerin Elbas, die er vor kurzem in Portoferraio, der Hauptstadt der Insel, geheiratet hat, richtet er sich an seiner Wirkungsstätte, nah bei Genua und fern von Bergamo, für eine erholsame Zukunft ein.

Er hat den Absprung vom sumpfigen Boden des Elternhauses geschafft. Er ging aus seinen Abenteuern ungebrannt hervor. Sollen sich die Jüngeren an ihm ein Beispiel nehmen!

Aber Francesco, der mittlere Sohn, ist das berufene Stiefkind des Glücks. Ein Ausflug in den Fußstapfen seines Bruders als Mitglied einer Militärkapelle in die Welt führt rasch zum Ausgangspunkt zurück. Da sitzt er nun, ein liebenswerter, aber unbrauchbarer Tischgenosse, der das Brot der Armut teilt.

Die Mutter sowie die jüngere Tochter Maria Antonia sind laut dem städtischen Bevölkerungsregister «Näherinnen» — wieviel sie verdienen mögen? Maria Roselinda, die ältere Tochter, starb 1811 mit einundzwanzig Jahren an Tuberkulose.

Gaetano muß sich dringend dankbar zeigen für das Geschenk, bei Padre Mattei studieren zu dürfen. Er muß der Vaterstadt die Ehre mit Ehre und der Familie sein Überleben mit Geld vergüten. Er muß sich an Giuseppe ein Beispiel nehmen. Er muß zuerst so rasch und viel wie möglich lernen, dann so rasch und viel wie möglich schreiben und Geld verdienen. Das ist die Hypothek, mit der er die Vergünstigung genießt, in dem vom Papst geknebelten Bologna unter dem Knebel des Padre Mattei den Kontrapunkt fürchten zu lernen.

Er wohnt im dritten Stock des Hauses Viario Pepoli 1133 als Untermieter des Maestro di Musica Tomasso Marchesi. Am 2. November beginnt er ein Tagebuch, das späteren Lesern beweisen wird, wie angeregt und abwechslungsreich er am Lyzeum lebte. Es handelt sich um eine Sammlung seiner kontrapunktischen Versuche, die vor dem schweigenden Angesicht des Padre Mattei entstehen. Von einem entspannenden Intermezzo legt der Eintrag Zeugnis ab, daß Padre Mattei vom 14. März des Jahres 1816 bis zur Fuge Nummer 23 in den Ferien gewesen sei; sobald der Padre wieder eingetroffen ist, scheint sein Student die Zeit nur noch in Fugen messen zu können. Gleichzeitig beschert das Wiedererscheinen des Meisters Gaetano das Abenteuer, von bloßen kontrapunktischen Episoden zur vollständig durchgeführten, doppelstimmigen Fuge überzugehen. Schon Nummer 29 (die Spannung steigt) weist eine dritte Stimme auf, und mit der Nummer 42 ist ein entscheidender Bann gebrochen: der Kandidat zum Hohenpriesteramt im Tempel der vom bösen Geist Rossinischer Cabaletten unbefleckten Musik betritt zum erstenmal das Allerheiligste der vierstimmigen Fuge.

Ein weltlicher Jubelschrei setzt einen Kontrapunkt zum kontrapunktischen Gefüge Nummer 49: «5. September, 10 Uhr 30 abends. Mein Lehrer (Mayr) sollte diesen Monat kommen. Juhui!» Und Donizettis Kommentar zur Fuge Nummer 50 offenbart, daß jenes glückliche Ereignis mittlerweile eingetreten ist. Die dadurch freigesetzten

Kräfte hinterließen ihre Spuren in einer einaktigen Oper *Pigmalione**. Der Inhalt dreht sich um den Fabelkönig der Insel Kreta, den keine weibliche Schönheit verführen konnte, bis er sich sein Ideal in einer Plastik selbst erschuf. Diese begann wie weiland Eva plötzlich zu atmen, schlug die Augen auf und liebte auf der Stelle den Gebieter, der vor ihr stand. Solche Unterwürfigkeit von seiten des schwachen Geschlechts gefiel dem jungen Komponisten offensichtlich gut und forderte ihn zu einer stimmungsvollen Darstellung durch kleine Arien und ariose Elemente mit einem großen Anteil Deklamation heraus.

Die psychologische Genauigkeit der vom Orchester sparsam begleiteten Rezitative ist nur mit einer bemerkenswerten Immunität gegen die Weisheitslehren des Lyzeums zu erklären. Die prickelerregend sinnlichen Töne, welche die Fleischwerdung der Frauenplastik illustrieren, drängen dem Hörer auch die Frage auf, was der Student des Padre Mattei in seiner Freizeit so alles trieb. Aber auf welchen Gipfel des Parnaß die Blicke Donizettis anbetend gerichtet sind, obwohl sich in seinem Innern die Wolken romantischer Stürme zusammenballen, das zeigt ein Vergleich des *Pigmalione* mit den bisher geschaffenen Opern Rossinis, die sich als Modelle angeboten hätten, klipp und klar: auf den Gipfel der Wiener Klassik.

Und Donizetti komponiert, so viel wie möglich, so rasch wie möglich und so weit wie möglich nach dem Geschmack des Padre Mattei: ein *Gloria*, ein *Kyrie*, ein *Tantum ergo* und wie die liturgischen Texte heißen, die er vertonen darf. Vertonen darf? Bezeichnenderweise ist sein bester Freund kein Büßer und Beter, sondern ein schwungvoller Idealist, der, wie es scheint, der Kirche und ihrer Kultur, die am Lyzeum heilig sind, bald einmal seine Gefolgschaft kündigen wird: ein Mitstudent des Komponisten, Piero Maroncelli.

Selbstverständlich wird das Tagebuch des Kontrapunkts trotz der Gymnastik, die Gaetano im relativ freien Schaffen betreibt, weitergeführt, doch nach der 62. Fuge, die er im März des zweiten Lehrjahrs 1817 niederschreibt, besteht es nur noch aus losen Blättern. Gleichzeitig neigt sich seine Lehrzeit in Bologna langsam dem Ende zu. Aber nach einem Ausflug in seine Heimat während des Sommers erreicht er doch noch den fünften und sechsten Himmel der entsprechend vielfach intonierten Fuge. Als Handlauf bei diesem schwindelerregenden Gang dient ihm die Arbeit an verschiedenen Orchestersinfonien, die mit deutschen Werken dieses Namens ziemlich wenig gemeinsam haben, sondern eher Ouvertüren und Divertimenti sind. Am Stephanstag entsteht — bereits in Bergamo — sein erstes Streichquartett. Und zwei neue Opern, wiederum aus dem stofflichen Umkreis der griechischen Mythen, *L'Ira d'Acchille* und *L'Olimpiade*, sowie die Sinfonia *La Partenza*, mit der er Abschied von Bologna nahm, runden die musikalische Ernte des Jahres ab.

Nun ist er, zwanzigjährig, wieder daheim — ein liebenswerter, aber unbrauchbarer Tischgenosse, der das Brot der Armut teilt. — Was soll aus ihm werden?

3. Die Eule versucht zu fliegen
Januar 1818 bis Mai 1821
Enrico di Borgogna, Una Follia, Le Nozze in Villa, Piccoli Virtuosi di Musica ambulanti, Il Falegname di Livonia

Sein Äußeres, so, wie es jetzt erscheint, könnte bereits erwähnenswerten, im Ausland erfochtenen Siegen Pate gestanden haben. Er ist groß und schlank, mit einem kühnen, aber dennoch weichen Ausdruck auf seinem ovalen, hübschen Gesicht. Zwar wirkt er noch nicht verstädtert, aber schon distanzgebietend elegant. Er tritt denn auch mit einer gewissen Reserve, aber bei weitem nicht hochnäsig auf.

Die künstlerische Stellung allerdings, die dieser verheißungsvollen Visitenkarte entspricht, ist nur gerade jene eines Meisterschülers seines Lehrers Mayr, die er, genaugenommen, schon vor elf Jahren innehatte. So nimmt er an den wöchentlichen kammermusikalischen Zusammenkünften eines exklusiven Kreises von Berufs- und Laieninterpreten im Hause des vornehmen Bergamasken Alessandro Bertoli teil, wo man die Streichquartette Haydns und Mozarts spielt. Diese Ausrichtung des Programms verrät den Namen dessen, der bei Bertoli mit entrücktem Ausdruck die Bratsche streicht: Giovanni Simone Mayr. Gaetano wirkt als Geiger mit, tut dem Bedürfnis des Ensembles nach einer beschaulichen Retrospektive auf unverdorbene Zeiten aber auch Genüge, indem er alle paar Wochen ein selbstkomponiertes Streichquartett «alla Haydn» aus seiner Tasche zaubert. «Tüchtig, tüchtig, der junge Mann», loben die Blicke der verträumten Humanisten, die examinierend über die Noten schweifen. «Ein Meisterschüler, fürwahr!»

Doch der Gleichmut Gaetanos ist eine Maske. Eingemauert vom Schutzwall des nicht mehr bestehenden Stadtstaats Venedig, weiß er, daß in der Ferne an Bühnenkulissen gehämmert, an Bühnenkostümen genäht, an Bühnenmusik geschrieben und hinter den Bühnen an Sängerinnen das Recht der Bühnenkönige — seien es Komponisten oder Unternehmer — auf straffreie Liebe angewendet wird.[1] Und diese Träume locken ihn weg von seinem Geigenpult in Mayrs Haydn-Runde. Die Karnevals-Spielzeit 1817/1818 im heimatlichen «Teatro della Società» gießt mit der Ankunft des Bassisten Giuseppe de Begnis und namentlich seiner nicht sehr treuliebenden Frau, der Sopranistin Giuseppina Ronzi-de Begnis, Öl ins Feuer. Nicht nur von ihrem Giuseppe läßt sich Giuseppina zärtlich «Beppa» nennen, und in die umfangreiche Gemeinde ihrer Verehrer schleicht sich nun auch Gaetano ein. Zur Belohnung empfängt er den Rat, sich während der kommenden Frühjahrssaison, die jeweils nach der Fastenzeit beginnt, dem Ehepaar de Begnis in Verona anzuschließen. Da es dort singen wird, könnte es Donizetti zur Gelegenheit verhelfen, selber eine Oper zu komponieren. Sicher ist das freilich nicht, doch auf gut Glück unternimmt er die Reise und kreist in Verona beflissen um die Gestirne, die ihn beleuchten und der Nacht der Anonymität entreißen könnten.

Aber der Fixsternhimmel zwinkert anderen Trabanten zu. Und als zentrale Sonne prunkt nicht die unbeständige Beppa mit ihrem Gemahl am Firmament, sondern der Impresario, Paolo Zancla. Impresario müßte man sein; dann könnte man sich als Opernschreiber selbst das Wort erteilen! Denn in der Regel schließt der Impresario im Auftrag der seßhaften Direktion eines bestimmten Opernhauses die Verträge mit den Komponisten, den Sängern, Librettisten und Verlegern der Klavierauszüge, die die Opern später in die bürgerlichen Stuben bringen, ab. Von Fall zu Fall sieht die Verteilung der Rechte und Pflichten zwischen den Impresarios, den Komponisten, den Verlegern und den Opernhausbesitzern wieder etwas anders aus, und dem Himmel sei's gedankt, wenn diese Verteilung zuvor schriftlich geregelt wurde!

Da stellen sich jedesmal die gleichen kniffligen Fragen. Wer entschädigt den Textbuchautor: der Impresario, das Opernhaus oder der Komponist? Wem «gehören», um die Theatersprache zu verwenden, die originale Partitur beziehungsweise die von den Kopisten des uraufführenden Opernhauses einzeln herausgeschriebenen Stimmen für die Notenpulte der Sänger und des Orchesters? «Gehört» die Partitur dem Komponisten, dem Verleger der Klavierauszüge oder dem Unternehmer — oder sind die Rechte unter ihnen aufgeteilt? «Gehören», das bedeutet schließlich mehr als eine Ehre; wem etwas gehört, darf etwas dafür verlangen. Und namentlich im Falle erfolgreicher Opern spielt es eine große Rolle, wer von der Verbreitung des Werks durch Zweitaufführungen oder durch den Absatz der Klavierauszüge profitiert.

Das trübe Wasser aufzuhellen oder zu seinem Vorteil noch mehr zu trüben, um die dicksten Fische selbst zu angeln, das ist die Hauptbeschäftigung des Impresarios. Daß er im allgemeinen pfiffiger als seine Untergebenen, die Künstler, ist, denen er ihre Laufbahn ebnet und die ihm deshalb ausgeliefert sind, liegt auf der Hand. Doch er ist zumeist auch pfiffiger als seine Vorgesetzten, die Direktoren. Wenn sie es merken, ohne einen ehrlicheren und fähigen Ersatzmann bereit zu haben — vor allem einen fähigen, denn ehrlich ist keiner —, müssen sie ihn behalten. Sonst aber geben sie ihm den Laufpaß wie dem Vagabundenschwarm der Sänger und Komponisten, der unaufhörlich von Bühne zu Bühne, von Stadt zu Stadt, von Spielzeit zu Spielzeit flattert. Während sich die einen Impresarios dank ihrer für das Unternehmen lukrativen Politik jahrzehntelang an einem bestimmten Theater behaupten können und die eigentlichen Direktoren völlig in den Hintergrund verdrängen, müssen sich die andern, weniger geschickten, spielzeitweise engagieren lassen und wechseln das Theater nicht viel seltener als ihre Kleider. Doch wenn sie einmal irgendwo beschäftigt sind, und sei es nur für ein paar Wochen, diktieren auch sie Aufstieg und Niedergang der Künstler, wie es ihnen gefällt.

So auch Paolo Zancla in Verona. Donizettis heißen Wunsch, ein Bühnenwerk für ihn zu schreiben und von seiner Truppe uraufgeführt zu sehen, will er nicht erfüllen. Aber Donizetti heftet sich an seine Fersen. Zwar kehrt er unverrichteterdinge ins Pfandhaus zurück, schreibt aber dort aus eigenem Antrieb eine Oper und schickt sie dem Unternehmer. In der Tat: der Blitz schlägt ein. Zancla beschließt, sich dieser Arbeit für die Herbstsaison am frischrenovierten Teatro San Luca in Venedig, die er als sein nächstes Abenteuer vorbereitet, zu bedienen. Das Textbuch hatte ein Schulfreund des Komponisten, der drei Jahre ältere Bartolomeo Merelli, in Bergamo für ihn geschrieben. Wie gut er seine Sache machte, ist eine andere Frage...

Die Handlung des Werks *Enrico di Borgogna (Heinrich von Burgund)* geht davon aus, daß sich ein Schurke namens Guido unrechtmäßig — durch die Ermordung des früheren Throninhabers — zum Burgunderkönig machte. Doch abseits der Regierungsstadt, in einer Hütte am Alpenrande, zog Pietro, ein treuer Gefolgsmann des toten Monarchen, dessen Sohn Enrico heimlich auf, damit er einst das Erbe seines Vaters übernehme. Die unvermeidliche Liebesgeschichte der Oper kam dadurch ins Spiel, daß eines Tages die fürstliche Hoheit Elisa an der entlegenen Hütte vorbeispazierte, wobei sich zwischen ihr und dem vermeintlichen Hirten Enrico zarte Gefühle regten. Obwohl sie weiß, wie fruchtlos es wäre, ihn ihren Eltern als Schwiegersohn zu empfehlen, und obwohl sie selbst von Guido, dem teuflischen «illegitimen» König, manchmal fast ins Bett gezwungen wird, bleibt sie Enrico treu. Das macht sich schließlich auch bezahlt: Bevor ihre Keuschheit leiden mußte, schaltet Pietro den Verbrecher aus, der «legitime» König steigt auf den Thron — und siehe da, es ist ihr Schatz Enrico, der vermeintliche Prolet! Die Trauung kann vollzogen werden.

Ein einwandfreies Textbuch für die österreichische Zensur, die in Venedig ihres Amtes waltet! Hochgradig sittlich und beispielhaft in der Tendenz! Recht so: Weg von den Thronen mit den auf keinem Stammbaum gereiften, nicht-«legitimen» Fürsten! Recht so: Die adeligen Herzen, die füreinander geschaffen sind, müssen sich finden! Was das Libretto auf die Bühne stellt, ist in der vom Wiener Kongress geregelten Welt glücklicherweise Realität. Dank der väterlichen Umsicht und den Geistesblitzen von Fürst Metternich.

Leuchte, leuchte, goldener Ring in der Ferne, Ring der Kongresse, Schlittelfahrten, Börsenspekulationen, Ehrenorden-Übergaben, Beifallsorkane, Blumen, Weine und nicht so genannten Vergewaltigungen in den Hinterzimmern der Schönen Gesellschaft! Diesmal lockst du Gaetano nach Venedig. Doch deine Spur schimmert auch anderswo im Gestrüpp, das Metternich auf die verkrusteten monarchischen Böden pflanzte. Du strahlst auch über den Höfen der französischen Bourbonen in Paris, der spanischen Bourbonen in Neapel und über dem Hofe Metternichs in Wien. Möglicherweise prallt Gaetano hier in Venedig erst einmal von dir ab. Doch kann er nicht später einen zweiten Anlauf unternehmen, vielleicht in Neapel, vielleicht in Paris, vielleicht in Wien? Nur gibt es leider zu viele Eulen, die nach dir gierig sind!

Als Donizetti im Oktober 1818 in Venedig eintrifft, um erstmals eine eigene Oper an einem Theater einzustudieren, sieht er sich als «Donzelletti» angekündigt, was für einen jungen Künstler, der sich einen Namen machen will, mehr als ein kleiner Schönheitsfehler ist. Ist es sogar ein böses Omen? Am 14. November, bei der Premiere, wirkt das Publikum beeindruckt... von der geglückten Verjüngung des Teatro San Luca, eines der ältesten Opernhäuser Venedigs, das von der Familie seiner Besitzer zum Wohl der Allgemeinheit so geschmackvoll wiedereingerichtet worden ist. Die Besucher schauen sich das teure Wunder an, während auf der Bühne ein paar Drittklaßinterpreten Donzellettis Oper in die Runde krähen. Ganz hübsche Musik, neuartige Ideen, manchmal wie von Rossini, interessant! Aber vor allem interessierte die Frage nach dem Kostenpunkt der Renovation. Auf welche Summe würde die Contessa, der Dottore, der Marchese tippen? Sind die Besitzer wirklich so reich, wie sie sich geben, oder haben sie den Bogen überspannt? Halt, rasch unterbrechen, höflich Applaus gespendet für Donzelletti hinter dem Cembalo und für die Sänger. War das der Schluß? Es scheint. Na, endlich versteht man wieder sein eigenes Wort!

Die Presse gibt das Bild des Abends folgendermassen wieder: «Superbes Spektakel anläßlich der Neueinrichtung des Hauses. Frisch, wenn auch nicht neu der sogenannte Dichter, tatsächlich neu der Komponist, der sich, versehen mit guten Talenten, zum erstenmal auf diesem heißen Handwerkspflaster exponiert.» Das ist alles — wenig, zweifellos. Dem gleichen Publikum setzt Donizetti im nächsten Monat eine Farce *La follia (Die Verrücktheit)* vor, doch da sich der Effekt der Renovation bereits verbrauchte, ist die Stimmung flau. Dann kehrt der Komponist nach Bergamo zurück.

Vater Andrea sagte es ihm voraus: Er solle sich bescheiden, solle zu Hause bleiben, er werde den Durchbruch doch nicht schaffen[2]. Sei es so! Hier kann man ihn wenigstens brauchen; nicht so sehr am Familientisch wie in der Streichquartettrunde und als bestaunten Rekordzeitschreiber von Gelegenheitsmusik. Nach seiner Rückkehr aus Verona beispielsweise erfuhr er vom Tod des Geigenlehrers Capuzzi. Flugs manifestierte er seine Gefühle in einer sogenannten Trauersinfonie, Mayr kopierte die Stimmen aus und brachte das Opus zu Gehör. Jetzt, anfangs 1819, ist es eine Feuersbrunst in Bergamo, die Donizetti den Impuls zu einem ähnlichen Ausbruch seines Genies vermittelt; am 19. März erklingt das Orchestergemälde im Teatro della Società. Der Meisterschüler läßt von sich hören ...

Auf neue Merelli-Texte entstehen zwei Buffa-Opern, beide in einem Akt. Die zuerst geschriebene, *Le Nozze in Villa,* verschwindet in der Schublade, die zweite, *Piccoli Virtuosi di Musica ambulanti* (kleine herumzigeunernde Musikvirtuosen — ein Titel, der die komplizierte Sprache Mayrs spricht, was die vereinzelt geäußerte Theorie einer gemischten Autorschaft erhärtet), wird früh im Sommer 1819 aufgeführt, anläßlich eines Schulkonzerts in Bergamo. Ende Jahr ist Donizetti wieder in Venedig, diesmal als Auftragskomponist des Teatro San Samuele. Die durch das Sprechtheater bekannt gewordene Posse um den russischen Zaren Peter den Großen, der unter erborgtem Namen als Schreiner in einer Werft die europäische Zivilisation studiert, kam ihm als Textbuch eines Herrn Gherardo Bevilacqua-Aldovrandini in die Hände, und er vertonte sie unter dem Titel *Il Falegname di Livonia*

(Der Zimmermann von Livland). Doch die Resonanz ist diesmal nicht nur schwach, sondern auch schlecht. Die Sänger — um die früher komponierte Buffa zu zitieren — streunten tatsächlich in letzter Minute aus allen möglichen Rattenlöchern zusammen, verdienten allerdings den Ausdruck «Virtuosen» kaum. So schicken sie, gefolgt von Publikum und Presse, ein Werk bachab, das nach dem Schattendasein Donzellettis und seines *Enrico* nur geringe Chancen hatte, zu gefallen.

Und immer enger wird der Kreis der Eulenflüge Donizettis. Während der Karnevalssaison der Jahre 1820/21 reist er mit den von ihrem Staub befreiten Notenblättern der *Nozze in Villa* nach Mantua: eine Studentenfahrt, kein Künstlerabenteuer für den Dreiundzwanzigjährigen, der seine besten Karten (wenn auch ohne nennenswerte Schuld) verspielte. Und auch die Spuren dieser Expedition enden im Sand. Gaetano und Francesco Donizetti, Bergamo-Rückkehrer wider Willen, geraten sich im Pfandhaus mit dem immer noch passenden Namen «Palazzo della Misericordia» weiterhin in die Quere. Gleichzeitig glänzt ihr älterer Bruder Giuseppe an der ligurischen Küste nicht bloß als Musikdirektor eines Regiments, sondern auch als Vater eines Knaben namens Andrea, der bei Fanfarenschall und klingender Münze scheinbar musterhaft gedeiht.

Gaetano aber komponiert in Bergamo Klaviersonaten, Streichquartette und Kirchenmusik — Kirchenmusik vor allem, weil diese in der ganzen Stadt benötigt wird. Doch auch die Kammermusik erweist sich eines Tages unverhofft als wahres Kapital. 1820 zieht die österreichische Regierung junge Lombarden in den Wehrdienst ein, und auch Gaetano müßte daran glauben. Doch da erinnert sich die adelige Bergamaskin Marianna Pezzoli-Grattaroli, daß ihr der junge Komponist nicht erst auf diesen kritischen Zeitpunkt hin, sondern seit längerer Zeit Instrumentalarbeiten gewidmet hat, und kauft ihn frei.

Ja, in die einstige lombardische Armee des Kaisers Napoleon wären die jungen Bergamasken lieber eingetreten als in das heutige österreichische Heer. Für die Lombardei zu streiten und zu sterben, darüber könnte man reden, aber für den fernen Hof in Wien...?! Dazu betrachten die meisten von ihnen nicht einmal die Lombardei als ihre Heimat, sondern nur gerade die Provinz, in der sie geboren wurden. Dieser Winkelpatriotismus ist in der Zeit des wachsenden Widerstands gegen die Österreicher immer noch weit verbreitet. Deshalb gelang es Mayr, mit dem Hinweis auf die Ehre, die Gaetano später für sein Vaterland einlegen würde, die Congregazione zu gewinnen, denn Vaterland hieß Bergamo und Bergamo allein.

Und auch Gaetano selber ist ein solcher Winkelpatriot. Dabei sind die Großraumpatrioten, die sich den Zusammenschluß Italiens zur Nation erträumen, in Bergamo ebenfalls gut vertreten. Diese Gruppen halten heimliche Zusammenkünfte ab, die sich zwar eher harmlos-turbulent gestalten, aber von der städtischen Regierung auf österreichischen Druck mit harten Strafen geahndet werden: Gefängnis oder Exil. Zwar fühlt sich Donizetti von den aufgeschlossenen, idealistischen Verschwörern stärker angezogen als von den braven Bürgern, die in der Herde traben. Doch hütet er sich ängstlich, diese Sympathien an den Tag zu legen, verschweigt sie nach Möglichkeit auch vor sich selbst und präsentiert sich als Herdentier. Das fällt ihm um so leichter, als sein Interesse an den Kämpfern des Risorgimento keineswegs politisch, sondern nur menschlich begründet ist.

Dieses Verhalten wurde ihm von seinen Eltern eingeimpft. Leute wie die Donizettis sind der Kirche und der Obrigkeit bedingungslos ergeben, da sie den Trost der Priester und die Nachsicht der Behörden brauchen, um dem Druck der Armut standzuhalten. Immerhin, man sieht: ein Schneemann, der sich für Metternich hinschmelzen lassen würde, ist Gaetano (vorläufig) nicht. Doch ebensowenig ist er bereit, Hand anzulegen, um das Eis mit Dynamit zu sprengen. Piero Maroncelli aber, sein Lyzeumskamerad, wurde inzwischen in Mailand als Staatsverräter verhaftet. Sein ganzes Verbrechen sind Kontakte zum Mailänder Risorgimento-Blatt «Il Conciliatore» («Der Vereiniger»). Nun sitzt er hinter Kerkermauern und wird verhört. Allenfalls ist für ihn das Staatsgefängnis Spielberg bei Brünn mit seinen hochmodernen Folterkammern der geeignete Aufenthaltsort; das wird sich zeigen.

In Wien wird getanzt, in Brünn wird gefoltert, Metternich hat zwei Gesichter, und Gaetano denkt an sein eigenes Glück. Wer wollte es ihm verargen? Eine Eule unter vielen...

4. Der erste Beutezug
Juni 1821 bis Oktober 1822
Zoraide di Granata (Fassung 1), La Zingara, La Lettera anonima,
Chiara e Serafina

Im Juni 1821 aber nimmt Gaetanos Korrespondenz plötzlich zur Überraschung seiner Umgebung geheimrätlich schillernde Züge an. Sobald er der Familie die ganze Wahrheit eröffnet hat, kommt es zum unvermeidlichen, melancholischen Pingpong der Glaubenssätze und Argumente zwischen ihm und seinem Vater.

«Du kannst nicht nach Rom», lautet das Lieblingsdogma des Herrn Andrea. «Aber doch, ich kann», hüpft das entsprechende Gaetanos stracks zurück; vorlaut tönt es in Andreas Ohren. «Unsereiner muß sich mit dem wenigen begnügen, das er bekommen kann», serviert der Vater einen neuen Ball, «sonst wird er gar nichts bekommen.» — «Nach den Trauben muß man schnappen, wo sie hängen. Jammern kann man später immer noch, wenn man sie nicht erwischt», so ungefähr pariert der Sohn.

Und als die Sendung aus Rom mit dem im Doppel angefertigten Vertrag des Impresarios Giovanni Paterni eintrifft — ein Vertrag, der Donizetti verpflichtet, für das Teatro Argentina eine Karnevalsoper zu komponieren —, muß er trotzdem damit rechnen, daß sein Vater feierlich und düster bei seiner Ansicht bleiben wird: «Daraus wird nichts.» Gaetano aber, glänzend vor Freude, setzt seine Unterschrift auf den zur Rückerstattung bestimmten Bogen. Das Libretto muß er zwar selbst bezahlen (er will es wieder von Merelli schreiben lassen), doch das Honorar Paternis, 500 römische Scudi, wäre auch größere Opfer wert.

Wieder bekommt er von Mayr einen Empfehlungsbrief mit auf den Weg: ein Schreiben an den 37jährigen Römer Textbuchautor Iacopo Ferretti, der sich als Mitarbeiter Rossinis, durch seine sprühende, ironische Phantasie und seine ebenso weitausholende Dramaturgie einen bedeutenden Ruf erworben hat. Keine Libretti weit und breit bürden den Komponisten soviel Arbeit auf wie die Ferrettis, weil sie selbst in gesprochener Form einen kompletten Theaterabend ergeben würden.

Doch abgesehen von dieser Neigung zu barocker Fülle ist der Literat ein wendiger Theaterfuchs und unermüdlicher, effizienter Helfer von Sängern und Komponisten in jeder Situation. Halbtot vor Müdigkeit saß er am Weihnachtsabend 1816 nach vergeblichen Versuchen, für eine neue Buffa-Oper, die in vierzehn Tagen abgeliefert werden mußte, einen Stoff zu finden, neben dem Bett, in dem sich Gioacchino Rossini, der nominierte Komponist des Auftragswerks, bereits gewissenlos dem Schlaf entgegenräkelte. Aber plötzlich war der Einfall da: das Märchen vom Aschenbrödel *(Cenerentola).* Rossini unter breitem Gähnen: «Bringst du mir morgen die Verse des ersten Stücks?» Ferretti mit zerquälter Miene: «Ja, wenn es mir gelingt, die Augen offen zu behalten!» Und Rossini entschlummerte sanft. Ferretti aber setzte sich an den Schreibtisch und rang sich japsend die verlangten Verse ab. So einer war er 1816, so einer ist er auch heute, 1821, noch, und Donizetti kann sich glücklich preisen, dank Mayr unter seinen Schutz gestellt zu sein.

Anfang Oktober reist er ab, und diesmal gilt es ernst. Wenn sich Andrea in seiner Deutung der Sterne wieder nicht verrechnet hat, wenn ihm, Gaetano, die Kugel des Künstlerglücks wieder entgleitet, dann kann er sich nach seiner Rückkehr in der Heimatstadt als Meisterschüler einbalsamieren lassen.

Doch wie sollte er in Rom sein letztes Spiel verlieren? In dieser frischen, klaren Luft, umgeben von den in Stein gehauenen Taten der notorisch unbezwinglichen Cäsaren, überragt von einem Himmel, der, in ein ungemischtes, bärenstarkes Blau gehüllt, nichts anderes ist als ein Triumphbogen für die Cäsaren der Gegenwart? Hier, wo die Equipagen über blendend weite Plätze rollen, die alle Gegenstände aufzuschlucken scheinen, die Eiswasserbuden und die Kaffeehaustische an ihre Ränder verdrängen und nur den einen, Auserwählten, der vor ihnen steht, einladen, sie zu durchschreiten?[1]

Hier sollte er unterliegen, wo man sich so geborgen in lauter Größe und Stille, halb wie im Mausoleum, halb wie im Dorfe fühlt? Hier, wo die wechselhaften Läufte der vergangenen beiden Jahrzehnte Papst Pius VII. das Vergnügen nicht verderben konnten, im Vatikan zu residieren und der Fürst im Kirchenstaat zu sein? Hier, wo Rossini zu Beginn des gleichen Jahres, 1821, trotz entsetzlichster Begleitumstände bei der Premiere seiner bitterbösen Semiseria *Matilde di Shabran* einen fidelen Karneval verbrachte? Erst mußte Ferretti unvorbereitet das Libretto der *Matilde* schreiben, da es einem Stümper aufgetragen worden war, der schmählich versagte, dann mußte der Komponist Giovanni Pacini wegen der dadurch entstandenen Zeitnot Rossini beim Schreiben der Oper helfen, dann erlitt der Dirigent während der Proben einen Schlaganfall. Ihn ersetzte der Rossini-Freund und Teufelsgeiger Paganini, der bei der Premiere erst noch den Part des nicht vorhandenen Hornisten auf der Viola spielte. Und er, Gaetano Donizetti, sollte ausgerechnet hier, wo nichts so unverwüstlich scheint wie der Erfindungsgeist des Menschen und wo die Engel unbeschwert mit den Dämonen Ringelreihen tanzen, unterliegen?

Oh, er fühlt sich wunderbar! Zum erstenmal kann er das Leben in vollen Zügen genießen. Niemand bedrängt ihn mit moralischen Geboten, weder sein Herr Vater noch seine Herren Lehrer noch die Herren Priester seiner Vaterstadt. Man sperrt ihn weder in einem Pfandhaus noch in einer Klosterschule noch in einer Kirche ein. Und er will nur eines: kompensieren. Sein Durst nach Liebe und Wärme, nach körperlichem und seelischem Behagen wurde während mehr als zwanzig Jahren nicht gestillt. Hier in Rom will er nun Freundschaften schließen, sprechen, wie ihm der Schnabel gewachsen ist, die Verse Merellis so vertonen, wie es ihm gefällt... vor allem aber will er Frauen bei sich haben, und zwar nach Möglichkeit im stillen Kämmerlein.

Fast am stärksten zieht es ihn zu sinnlichen Matronen hin. Den denkbar größten Eindruck macht ihm Anna Carnevali, das mütterliche Oberhaupt einer musikbeflissenen Familie. Ihr lockeres Verhalten ihm gegenüber ist ganz und gar kein Ausnahmefall; auch im Verkehr mit anderen, noch nicht seit langer Zeit erwachsenen Gesellschaftslöwen zeigt sie sich entgegenkommend. Ihre beiden Töchter Clementina und Edvige aber stehen in der Blüte ihrer Jahre, sind für Arien im allgemeinen und für die der Freunde ihrer Mutter speziell zu haben und singen sie zauberhaft.

Weniger verzehrend sind die Kontakte, die er mit Ferretti und Antonio Vasselli unterhält. Der melancholisch-fröhliche Ferretti und Donizetti, die lebensgierige Eule, passen perfekt zusammen. Auch ist es unvermeidlich, daß der Librettist, bei seiner Menschenkenntnis und seinem Bühneninstinkt, die einzigartige Begabung seines jungen Freundes rasch entdeckt. Noch melancholischer veranlagt als Ferretti, noch aufgeschlossener für den romantischen Geist der Zeit ist der gewöhnlich Toto genannte Vasselli, ein 26jähriger Wundarzt beim Militär. Der Vater ist ein prominenter Rechtsgelehrter, und die Familie gehört zum selbstbewußten Römer Bildungsbürgertum. Im Hause Vasselli droht dem Seelenfrieden des von seinen sexuellen Wünschen dauernd strapazierten Komponisten keinerlei Gefahr. Die Mutter, Rosa Vasselli, ist eine sittsame, religiöse, dabei um das Wohl der Ihren warm besorgte Frau, kurz, alles andere als eine Anna Carnevali. Und Virginia, die Schwester Totos, die eine hübsche, häusliche, dem Rollenverständnis der patriarchalischen Umwelt ergebene Dame zu werden verspricht, ist erst ein scheues dreizehnjähriges Mädchen.

So erlebt Gaetano menschliche Geborgenheit in allen möglichen Formen. Und wenn man noch den stärkenden Einfluß des sonnigen Rom auf sein provinzbeschattetes Gemüt in Rechnung stellt, ist es ein leichtes, vorauszusagen, daß seine neueste Oper ein Treffer wird. Das Textbuch Merellis, *Zoraide di Granata,* ist insofern eine Seria, als Buffa-Einlagen fehlen, endet aber wieder — wie es die Zensoren lieben — mit Händchenhalten des gottgefälligen Paars und mit der Sicherung des Thrones für das legitime Scheusal, das daraufgehört. Denn diesmal ist der angestammte Herrscher in der Tat ein Scheusal, was das Libretto den Theatergästen mit aller Drastik unter die Nase reibt. Dadurch erscheint die Metternichsche Stammbaumpolitik nicht unbedingt im besten Licht, was aber die Geistlichen von der Zensur, die Eminentissimi Revisori, nicht zu merken scheinen. Die Saubermacher des Papstes erlauben die Aufführungen nach gründlicher Prüfung dessen, «was die Religion und guten Sitten anbelangt». Den tragischen Opernschluß, aufgedrängt durch die Zeichnung der Charaktere und den Verlauf der Handlung, aber gefährlich als Opium für das Volk, gibt es ja in der *Zoraide* nicht, und damit ist den päpstlichen Moralbegriffen Genüge getan.

Dafür darf Donizetti das von Angst durchflackerte Genießerleben am Hof des Königs Almuzir im mittelalterlichen Granada mit seinen Liebesszenen in üppigen maurischen Gärten, hinter deren Blumenhekken Spitzel und Mörder lauern, unbekümmert gestalten. Er tut es mit prallen Orchesterfarben und orientalisch gewundenen Melodien. Von Rossini übernimmt er nicht nur die «schlager»haltige Doppelnummer mit lyrischem Teil und Cabaletta, nicht nur ein Kolorit, das Mozarts Vorstellungen von klanglicher Süße weit übertrifft, sondern auch die dazugehörige Liebes- und Todesphilosophie. Das Libretto aber ist wieder entsetzlich schlecht.

Die Figuren der Oper sind mohammedanische Mauren. Diese Glaubenskrieger aus Nordafrika stießen im Mittelalter nach Europa vor, wo sie in Spanien (Hauptort: Granada) und auf Sizilien (Hauptort: Palermo) eigene Reiche gründeten. Ihre Absicht war es, von hier aus Europa zu islamisieren. Doch natürlich setzten die spanischen Könige alles daran, sie nach Nordafrika zurückzuwerfen.

Die dunkelhäutigen Mauren, die in Granada in zwei Parteien zerfielen, welche einander erbittert konkurrenzierten: die Zegri sowie die Abencerraghen, sind Lieblingsobjekte der frühromantischen italienischen Librettisten. In den Personenlisten durchaus freundlich Mohren genannt, fächeln sie einen Hauch Exotik in die Theater. Vor allem aber führt die legendäre Sinnenschwelgerei der längst verschwundenen maurischen Herrscher wie auch die Todesnähe, in die sie durch ihre ständigen Kriege und Zwiste gerieten, geradezu zwingend zur Behandlung der rossinischen Thematik von Liebe und Tod. Doch die Belcanto-Literaten der Rossini-Zeit sträuben sich noch gegen die Unmoral, die sie im Grunde genommen predigen, indem ihnen nur die Sexualität und die Zerstörung interessant erscheint. So hauen sie denn, ähnlich wie Mayr, der ähnlich gespalten ist, gleichzeitig fleißig auf die Pauke der Moral. Und auch dabei leisten ihnen die seligen Mauren einen famosen Dienst. Die eine der beiden Stadtparteien des alten Granada können sie getrost zu Sündenböcken stempeln. Zufällig wählen sie zu diesem Zweck immer die Zegri aus. Nun schieben sie den armen Zegri alles Böse in die Schuhe, das sie, die Librettisten, selbst genüßlich erfunden haben, und prangern es in den Versen der Abencerraghen an.

Diese Zusammenhänge präsentieren sich im Falle der *Zoraide* folgendermaßen: Almuzir, der König von Granada, unterstützt die bösen Zegri, liebt die schöne Zoraide und haßt die edlen Abencerraghen. Aber selbstverständlich liebt die schöne Zoraide einen der edlen Abencerraghen und haßt den bösen Almuzir. Um seinen Rivalen loszuwerden — unglücklicherweise ist es ein glorreicher Feldherr in seinen eigenen Diensten namens Abenamet —, schlägt ihm der König unter Androhung des Todes eine Versetzung nach Afrika, ins maurische Stammreich, vor. Abenamet aber weigert sich stolz: Lieber den Tod als eine Trennung von seiner Geliebten! Der König will ihm diesen Wunsch erfüllen, da meldet ein Bote den soundsovielten Anmarsch des spanischen Heeres gegen das Maurenreich. Damit braucht er plötzlich wieder Abenamets Kopf als Denkapparat, nicht abgehauen im kühlen Grab. Der treue Diener unterwirft sich seiner Pflicht und kehrt als Sieger zurück, wird aber vom König durch einen Betrug um seinen Triumph gebracht. Ein Gehilfe Almuzirs entwendet ihm das Königsbanner, auf dessen Verlust die Todesstrafe steht. So kann der Herrscher Zoraide zwingen, seine Frau zu werden, indem er ihr als Gegendienst Abenamets Begnadigung verspricht.

Der Feldherr aber, kaum befreit, sucht seine Geliebte auf. Dabei ertappt ihn Almuzir und spricht ihn wiederum des Todes schuldig — diesmal wegen Ehebruchs. Doch nun erpreßt ihn seine Frau: Sie droht ihm mit Selbstmord, wenn er ihren Freund nicht augenblicklich laufen lasse. Knurrend verzichtet Almuzir auf seine Beute, ist aber dann der Ansicht, daß sie gerade deshalb den Tod verdiene. Doch einem schönen mittelalterlichen Brauch gemäß darf keine Frau enthauptet werden, wenn sich ein Ritter anerbietet, ihre Unschuld dadurch zu beweisen, daß er einen zweiten Ritter von der Partei des Klägers im Zweikampf besiegt. Ein solcher Erlöser tritt denn auch in voller Rüstung auf, und niemand kennt die Züge, die sich hinter dem Visier verbergen; bis der Turniervertreter des Königs (dessen bisheriger Hauptkomplize) geschlagen im Staube liegt und alle Missetaten, die Geschichte mit dem Banner inbegriffen, beichtet. Da öffnet der Sieger sein Visier: es ist das Opfer all dieser Streiche, der edle Abenamet. Doch weil er so edel ist, verzeiht er dem König und überschwatzt sogar das aufgebrachte Volk, den gottgewollten Herrscher auch in Zukunft zu verehren.

Rossinis sündhaft zynische *Matilde* scheint auf der Opernszene Roms weitere Unglücksfälle nach sich zu ziehen. Bei der Saison-Eröffnungspremiere im Teatro Argentina am Stephanstag versucht der zweite Tenor in einem Quintett der uraufgeführten Oper *Cesare in Egitto* des Sizilianers Giovanni Pacini, eine gerade vom Star des Abends, dem bergamaskischen Tenor Domenico Donzelli, gesungene Phrase, die er zu wiederholen hat, ebenso markerschütternd hinauszuschmettern, um sich die Achtung des Publikums zu erwerben — da bricht er zusammen. Die übermenschliche Anstrengung ließ eine Ader platzen. Tage später ist er tot. Der furchtbare Gott, zu dem die Opernkünstler beten und dem sie jedes Opfer bringen, der Gott namens Ruhm, schreckt nicht einmal vor diesem Tribut zurück.

Donizetti aber schreibt ein «Miserere». Er hat den Kreuzweg überschritten und seinen Pfad gewählt. Dieser ist von Schweiß und Tränen überschwemmt. Es wühlen in seinem Morast die Impresarios, Direktoren, Verleger und Journalisten, die Schicksal spielen und sich bereichern. Es säumen ihn schwangere Bäuche, verstoßene Kinder, betrogene Sängerfrauen, alkoholgezeichnete Versager, verbrauchte Genies, Hängebacken und Totenschädel. Aber er hat ihn gewählt, er führt ihn zum Ziel — dort grüßt ihn von fern das Gleißen des goldenen Rings.

Er ist erschüttert, das gewiß; er schreibt ja ein *Miserere*. Er legt sich Rechenschaft darüber ab, daß ihm die Tätigkeit des Opernkomponisten als das «unglücklichste Gewerbe» überhaupt erscheint. Anderseits bringt er es fertig, trotz seiner Erschütterung und Enttäuschung, trotz Probenhast und Probenstreit und trotz seiner Sorge um die Zukunft der *Zoraide,* die seine eigene Zukunft ist, ein *Miserere* zu komponieren. Dieser Mann ist bärenstark wie die Bläue des römischen Himmels.

Donizettis *Zoraide* wird durch den Tod des Sängers auch dadurch in Mitleidenschaft gezogen, daß der Verstorbene in diesem Werk, wie vorher in Pacinis *Cesare*, neben Donzelli eine große Rolle hätte übernehmen sollen. Und da es in den römischen Theatern nicht nur an Orchesterspielern, sondern auch an Sängern fehlt, muß Donizetti den verwaisten Part für eine zweite Primadonna transponieren. Dabei kommt er nicht darum herum, drei Nummern völlig auszuwechseln. Doch am Premierenabend vom 28. Januar des Jahres 1822 im Teatro Argentino wird er reich belohnt. Das Publikum ist absolut begeistert. Und nach der dritten Aufführung wird er von einer Militärkapelle auf fackelbeleuchteter Route dorthin geleitet, wohin er sich jetzt noch sehnen kann: in eine Trattoria!

Glücklicherweise steigt ihm der ganze Rummel nicht in den Kopf. Das Freundschaftswedeln des gleichaltrigen Rivalen Giovanni Pacini, der dank Sensationserfolgen, die er in früher Jugend erzielte, bis zum Uraufführungstag der *Zoraide* einen Karrierevorsprung von zehn Jahren auf ihn hatte, scheint ihn kalt zu lassen. Ob ein Pacini Freundschaft wedelt oder Feindschaft faucht, was geht es ihn an? Er mag ihn nicht. Er hält den Komponisten aus Catania — einen Berufscharmeur, der beispiellosen Anklang bei den Frauen findet — für einen verschlagenen Opportunisten, vor dem man sich hüten sollte. Darin täuscht sich Donizetti kaum, wohl aber in der ebenfalls negativen Bewertung seines Talents, zeigt doch Pacini als Melodiker der jungen Rossini-Schule offensichtliches Genie.[3]

Gaetanos auch sonst gelassene Reaktionen zeugen von weiser Voraussicht auf kommende Tage. Soll er sich heute mit der *Zoraide* brüsten, um beim nächsten, unvermeidlichen Fiasko desto schadenfroher ausgelacht zu werden? Soll er heute seinem Vater, der seine Möglichkeiten verletzend herunterspielte, mit versteckter Ironie erzählen, wie er von der Gesellschaft auf Schultern getragen wurde, um ihm beim nächsten Mal berichten zu müssen, daß er der Steinigung durch das empörte Publikum nur dank dem Schutz der Polizei entgangen sei? Er macht sich doch keine Illusionen! So schreibt er denn Mayr nach Bergamo, daß er sich über den Erfolg der *Zoraide* nicht verbreiten wolle; er, Mayr, wisse ohnehin aus zweiter Hand Bescheid. Dafür beklagt er sich bei seinem Lehrer, daß er auf seine beiden bisherigen Briefe an ihn noch keine Antwort bekommen habe, und bittet ihn, ihm über die Landesgrenzen hinweg seine Protektion nicht zu entziehen. Denn Heimweh hat er freilich schon ein wenig, und auf Mayrs indirekte Unterstützung durch Liebe und gute Wünsche fühlt er sich angewiesen.[4]

Mitte Februar verläßt Donizetti Rom in Richtung Neapel, um seine gegenwärtige gute Position an einem neuen Ort mit einer neuen Oper auszubauen. Dabei verspricht das Reich des Impresarios Domenico Barbaja die fettesten Pfründen. Bereits sind Wahrheit und Legende an der Geschichte vom Aufstieg dieses gnomenhaft häßlichen, unnahbaren und diktatorischen Mannes nur mit Mühe zu entwirren. Als Tellerwäscher oder Kellner soll er begonnen haben, dann aber erfand er die Barbajada, eine Süßigkeit aus Rahm und Schokolade, und wurde unermeßlich reich. Dazu verhalf ihm mittelbar die Barbajada, unmittelbar der Einsatz des mit ihr verdienten Geldes in einigen der Spielsalons, die an die großen Opernhäuser angegliedert waren. Als Impresario betreut er jetzt nicht nur die Königlichen Theater Ferdinandos, des Herrschers beider Sizilien, sondern er hat auch die Scala in seiner Zange und streckt gerade seine Hände nach dem Wiener Kärntnertor-Theater aus. Dorthin will er seine Ex-Geliebte, die Sopranistin Maria Colbran, und deren heutigen Intimverehrer, Gioacchino Rossini, in Bälde entführen. Das heißt aber nicht, daß damit die Bühnen Neapels für lange Zeit in fremde Hände übergehen werden. Barbaja und Neapel: mit dieser Doppelhürde müssen die Jungkomponisten weiterhin rechnen.

Neapel, die flimmernde, wirre, keuchende Metropole mit ihren braungebrannten Fischern, derben Lastenträgern, brüllenden Verkäufern, listigen Tagelöhnern, halbnackten Kindern, bettelnden Matronen und gräßlich verstümmelten Invaliden kommt Donizetti, dem Provinzler aus dem Norden, nicht ganz geheuer vor. Tagaus, tagein fegt der Schirokko den Himmel rein, der grell vor Licht und bleich vor Hitze über den Treppengassen mit ihren Wäschegirlanden und dunklen Gestalten in den Hauseingängen, über dem Toledo mit seinem stockenden Strom der Kutschen und Straßenstrolche, über dem Golfbezirk mit seinen Tropenpflanzen und sorgsam herausgeputzten lustwandelnden Aristokraten und über dem Hafen klebt. Dort ist manchmal das von König Ferdinando 1818 auf die Jungfernfahrt geschickte Dampfschiff zu bestaunen. Denn beim Allmächtigen: Was dem Bourbonenhof zur Ehre gereicht, sei es ein Dampfschiff oder ein Opernhaus, wird aufgestellt und unterhalten. Aber Bettler zu verköstigen, Invalide zu pflegen und Kinder aus Armenvierteln zu kleiden ist eine solche Ehre sicher nicht.

Daß die Armen diese Ansicht teilen, verleiht dem Hexenkessel Neapel Stabilität. Wenn die Armen reich geboren worden wären, würden sie sich so verhalten wie heute die Reichen, und sie geben das auch gerne zu. Schon gar keine Sünde ist es in ihren Augen, als Aristokrat geboren worden zu sein — genauso wenig, wie es eine Sünde ist, als

Straßenstrolch geboren worden zu sein. Und wenn in Neapel diese Alternative bei der Verteilung der Neugeburten die einzige ist, kann man es ändern? Eine Mittelschicht, ein Bürgertum, hat sich hier kaum entwickelt.

«Ist man nicht dort am besten gebettet», fragt sich der fatalistische Durchschnittsbewohner der Stadt, «wo man nach angenehmem Schlaf erwacht?» Und in der Tat: die einen dösen auf dem Sofa im Speisezimmer, die andern dösen in Gottes freier Natur (wenn das verwilderte Neapel so bezeichnet werden kann); wo ist da der Unterschied? Kopfweh vom Schirokko haben beide, Lust an der Arbeit und etwas zu tun keine der beiden Parteien. Lärmig ist es überall, auf dem Toledo und im San Carlo, wenn das Orchester spielt. Opern anzuhören ist ermüdend, Fische zu verkaufen ebenfalls. Die Sonne brennt, die Fliegen summen, der Golf ist lang, das Meer ist weit. Schlafen, nur schlafen; so haben es alle gut.[5]

Und Donizetti lernt Rossini kennen, der hier seit 1815 in Barbajas Diensten steht. Während sich Gaetano unbewußt gezwungen fühlt, die Lehren Mayrs in den Wind zu schlagen und unter das hektische Strahlengeprassel der Sonne Rossinis zu treten (was der Stil der *Zoraide* deutlich zeigte), ist dieses heimliche Vorbild seinem Bewußtsein immer noch als Symbol für etwas Ungesundes, Destruktives eingeprägt.[6]

So tritt er dem Meister verkrampft entgegen, und ein Zufall will es, daß Rossini ein szenisches Oratorium Mayrs, *Atalia*, einstudiert, das eigens für die San-Carlo-Bühne geschrieben wurde, allerdings vor drei Jahren! Bis der Gesandte Mayrs, Donizetti, in Neapel eingetroffen war, hatte niemand Lust verspürt, es aufzuführen, auch Rossini nicht. Jetzt kann Gaetano feurig Stellung für Mayr und gegen Rossini nehmen und sein Gewissen erleichtern.

Da steht er, der große Rossini, der neben Geld und Würden auch Speck ansetzte, sollte die Proben leiten, nachdem er das Werk drei Jahre lang liegengelassen hat, und unterhält sich mit den Primadonnen! Er kritisiert die Sänger, dazu bequemt er sich, aber auf welche Art: charmant und ölig, mit einer Menge gewählter Worte, wie ein Jesuit! Und diesen Ausdruck wählt Gaetano denn auch, als er Rossini in einem Brief an Mayr verpetzt.

Aber natürlich weiß Rossini, welche Stunde es geschlagen hat, wenn Mayrs Liebling seinen Einsatz für die *Atalia* mit finsterem Blick verfolgt. Deshalb strengt er sich an, wirklich nur jene Stücke zu eliminieren, die durch den Vortrag der Sänger glattweg verstümmelt würden. Ferner spannt er Donizetti in die Arbeit ein, und auch das ist weise, lenkt er doch so den heiligen Eifer des jungen Mannes auf seine eigene Mühle.⁷

Ach, Rossini hat im hinter ihm liegenden ersten Jahrzehnt seiner Karriere zu viel gesehen und ist zu sehr ein heiterer Dulder, um noch irgendeinen Mißstand der Theaterwelt oder der Welt überhaupt beheben zu wollen. Die Menschen gehen ihren Weg, die Dinge nehmen ihren Lauf, Rossini ist im Bilde, hält seine Beobachtungen in seinen sarkastischen Buffa-Opern getreulicher fest als irgendeiner, aber ändern mag er die Gegebenheiten nicht. Wenn niemand Mayr singen oder hören wollte — hätte er die Leute dazu zwingen sollen? Wenn er als Donnerer und Moralist keinen Respekt genießt — sollte er donnern und moralisieren?

Doch auch Gaetanos Vorhaltungen sind bedenkenswert. Tatsächlich müßte man als Künstler seine Ideale glühender vertreten, als es Rossini tut, um sich und seinem Schaffen zu Ansehen zu verhelfen — namentlich wenn man für Italien, das große Opernfabrikgelände, Opern fabrizieren muß. Ehrgeiz und künstlerische Leidenschaft in einem Übermaß müßte ein Maestro zeigen, um zu erreichen, daß seine Opern in diesen Theatern als geistiges Gut geachtet würden. Ob Donizetti das jetzt oder später gelingen wird?

Festangestellter Librettist der Königlichen Theater Neapels ist ein gewißer Tottola — ein Name, der, besonders nach dem Studium einiger seiner Libretti, die Zeitgenossen zur Bildung des Reimworts «Nottola» (Schleiereule) unwiderstehlich reizt. Rossini, eines seiner bevorzugten Opfer, bildete für ihn den expressiven Übernamen «Torototela». Kürzlich versah Rossini Andrea Leone Tottolas katastrophales Textbuch *Zelmira* mit einer Musik, die überraschend beethovenartig wirkte, als sie am 16. Februar im San Carlo erstmals erklang. Die Wiener werden geschmeichelt sein, Rossini und Barbaja bei der vorgesehenen Lancierung des Werks am Kärntnertor-Theater als Vertreter ihrer eigenen Kultur kennenzulernen. Ja, Rossini ist schlau ...

Laut einem Kontrakt vom 26. März bildet der Librettist im Auftrag des lokalen Teatro Nuovo mit Donizetti ein neues Gespann. Nun braucht sich Tottola noch etwas weniger Mühe zu geben, da es ja diesmal lediglich auf den Geschmack der Neapolitaner Rücksicht zu nehmen gilt. Und ihnen dürfte es gefallen, wenn eine Zigeunerin bald durch Erschleichung sachdienlicher Mitteilungen, bald durch echte Hellseherei — je nach Vermögen des Librettisten, die Handlung plausibel weiterzuführen — dem spanischen Fürsten Don Ranuccio Zappador hinter die Schliche kommt und seine Missetaten vereitelt!

Als erstes Kapitalverbrechen hält dieser Herr den edlen Greis Sebastiano Alvarez gefangen, um Antonio Alvarez, dem Neffen des Opfers, nützlich zu sein. So konnte dieser seinen Onkel Sebastiano für tot erklären und in der Folge beerben, ohne ihn erst ermorden zu müssen. Als Gegendienst verlangt Ranuccio von Antonio die Liquidierung seines Oberherrn Alziras, der ihm einen ehrenvollen Posten vorenthielt. Doch die Zigeunerin ist über beide Machenschaften orientiert. Dem dümmlichen Hausangestellten Pappaccione entlockt sie die Kerkerschlüssel und befreit den edlen Greis Sebastiano Alvarez aus dem Verlies, während der Bruder des von Ranuccio «gastlich» empfangenen Fürsten Alziras diesen auf ihre Anweisungen vor dem Mordanschlag bewahrt. Am Ende aber verschlägt es auch ihr die Sprache, als sie erfährt, daß Sebastiano ihr leiblicher Vater ist! Und Tottola darf in der Ansicht schließen, nun wirklich jedem Wunsch des Publikums von Neapel entgegengekommen zu sein.

Ob es sich auch mit Donizettis Wünschen so verhält? Distanzlos schwärmen wie in der *Zoraide* kann er angesichts der Blödeleien, die den Inhalt dieser Oper bilden, nicht. Außerdem führt die Fülle des Stoffs zum Zwang, drei Viertel des Geschehens in Rezitativen abzuwickeln statt in Doppelnummern. Die Fülle der Personen setzt die Zahl der Arien herunter; also sind die detaillierten musikalischen Charakteranalysen und die melodisch stets besonders reichen Auftrittsstücke der Solisten schwach vertreten. Und weil der Konflikt nicht, wie gewöhnlich in den Opern der Rossini-Schule, im Finale des ersten Aktes ausgetragen wird, wo er sich in einem inspirierten doppelteiligen Ensemble niederschlagen könnte, fehlt auch an dieser Stelle ein Impuls. Tottola behalf sich mit einem großformatigen, statischen Volksbild und viel Geschwätz vorab aus Papacciones Papageno-Plappermund. Von einer romantischen, auch nur halbernsten Oper kann nicht die Rede sein. Dafür umfaßt das Textbuch mehr als siebzig Seiten ...

Doch Donizetti kennt seinen eigenen Stil eben noch nicht genug und schätzt die chaotischen Resultate von Mayrs Versuchen, Gegensätze zu verschmelzen; genau das gleiche unternahm er jetzt in der *Zigeunerin*. So ist er mit dem Librettisten eigentlich sehr zufrieden. Tottolas «brillanter Zeichnung der Charaktere» schreibt er es zu, daß die Zigeunerin der ersten Stunde, Giacinta Cannonici, die früher in der Saison als Mauerblümchen wirkte, jetzt von sich reden macht. Das dürfte in der Tat auf Tottola zurückzuführen sein, aber aus einem anderen Grund: weil er durch seine abstrusen Anweisungen bewirkte, daß sie unablässig auf der Bühne steht.

«Das Publikum verlor fast den Verstand», berichtet Donizetti von der Premiere, die am 12. Mai des Jahres 1822 über die Bretter des Teatro Nuovo ging. Doch relativiert er gleich: Diese Behauptung gelte dann, wenn man die Schwäche des gewohnten Beifalls der Theatergäste von Neapel in Erwägung ziehe.[8]

Er sehnt sich zwar nach Rom zurück, zu seinen lieben Freunden Anna Carnevali, Toto und Ferretti.[9] Auch kann ihn die Hektik, das Elend, der Dreck Neapels immer noch nicht für diese Stadt begeistern. Doch Umgang mit interessanten Leuten pflegt er auch hier, so mit dem zwei Jahre älteren Komponisten Saverio Mercadante aus Altamura, der Zingarellis Konservatorium im Jahre 1819 mit dem Bühnenwerk *Apoteosi d'Ercole* schwungvoll verlassen hatte. Flott segelt er seit diesem Tag im nicht erschlaffenden Rossini-Wind, wie seine Kollegen Pacini und Donizetti.

Ebenfalls eine gute Beziehung knüpft Gaetano in Neapel mit einem überaus vornehmen Mann, dem Prinzen von Salerno, Leopoldo, an. Seine Mutter, die Gemahlin Ferdinandos, ist eine Kaiserstochter aus dem Hause Habsburg — eine Schwester jener Marie-Antoinette, die ihren Kopf durch «Volksgericht» und Henkersbeil an Frankreich verlor!

Arme österreichische Erzherzoginnen! Jetzt schickt man sie wieder aus, Bourbonenkönige in Spanien, Italien und Frankreich entweder verliebt zu machen oder zur Vernunft zu bringen und mit dem Haus Habsburg zu liieren. Nicht nur, daß sie niemand nach den Wünschen ihres Herzens fragt, bevor sie an den bestmöglichen noch freien Herrn Bourbon vergeben werden, nicht nur, daß sie in die Fremde ziehen und den erquicklich gemütvollen Klang der österreichischen Sprache entbehren müssen: Seit der Pariser Revolution schwebt ihnen erst noch das Schicksal ihrer in ähnlich trostloser Lage von den fremden Untertanen auf das Schafott geführten Blutsverwandten Marie-Antoinette vor Augen! Und sie müssen lächeln, müssen Unterhaltungsbrücken schlagen (auf spanisch, italienisch oder französisch), müssen hoheitsvoll und dennoch guter Dinge sein und damit zeigen, daß ihre Rolle als Metternichscher Königsfamilienkitt der europäischen Menschheit dient.

Völkerverbindend und wahrhaft christlich ist ihre Rolle; jede ihrer Neugeburten führt ein bißchen näher zum Paradies. Hat sich ein solches Glück ereignet, werden Komponisten beigezogen, um es zu besingen. Auf diesem Weg geschah es denn auch, daß Donizetti Leopoldo kennenlernte. Anlaß zur Bestellung einer Festkantate war die Niederkunft der prinzlichen Gemahlin — einer österreichischen Erzherzogin — mit Töchterlein Maria Carolina. Der Inhalt des am 6. April im Teatro San Carlo uraufgeführten Werks ist passenderweise eine Unterredung zwischen dem Genius von Neapel und dem der Donau. Die beiden hochgesinnten Geister verstehen sich ausgezeichnet, und Donizettis Klänge erwecken sogar den Anschein, als ob sie sich vor Liebe fast verschlingen würden. Ja, so berufene Hofkomponisten, die selbst Geburtstagskantaten für Thronfolgerinnen mit ihrem Herzblut schreiben, entdeckt man nicht jeden Tag.

Für Donizettis Aufenthalt in Neapel sieht sein Terminkalender noch ein Ereignis vor: die Uraufführung einer Farce, *La Lettera anonima**, im Teatro del Fondo. Das Textbuch verfaßte Giulio Genoino, ein in der absolutistischen Zeit verwurzelter Geistlicher, der dem Theaterleben als Autor von Stücken Flügel verleiht, die Flügel des Theaters aber als Zensor des Königs stutzt...

Musikalisch präsentiert die kleine Oper Rossinis Ideen in weiterentwickelter Form. Rhythmische Zellen brechen hervor, melden die Nummern an und untermalen diese bis zum Schluß, wie bei Rossini. Die Rhythmen Rossinis aber sind autonomer, kümmern sich weniger um den Gesang; bei Donizetti tragen sie in erster Linie die Melodien. Die Haltung der Musik ist lyrischer. Die klangliche Süßigkeit eines *Tancredi*, eines *Otello* und anderer stark romantischer Seria-Opern Rossinis bleibt mitunter unerreicht, wird manchmal aber auch übertroffen — was zweifellos niemand für möglich gehalten hätte!

Nachdem die Farce am 29. Juni 1822 im Teatro del Fondo, am übernächsten Tag auch in der «Zeitung des Königreichs» mit Komplimenten bedacht worden ist, hat Donizetti in Neapel vorläufig nichts mehr zu tun. Doch winkt ihm bereits ein neuer Auftrag. Angesichts seiner Erfolge im Süden ist nun das Publikum der heimatlichen Lombardei bereit, ihm auch einmal sein prüfendes Ohr zu leihen. Und das ist wahrhaft ein Geschenk! Der Weg der italienischen Komponisten zu europäischem Ruhm führt nämlich in der Regel durch die schmale Pforte der Mailänder Scala. Und deren Besucher sind sich bewußt, daß es in ihrer Macht und nicht in der des Publikums von Neapel steht, über die Zukunft eines Donizetti zu entscheiden. Deshalb ist der Vertrag, mit dem er sich verpflichtet, die dritte Premierenoper für die Herbstsaison der Scala zu komponieren, ein klassisches Beispiel für eine Katze, die man im Sack erwirbt.

Der piemontesische Librettist Felice Romani erhält den Auftrag, das Textbuch zu schreiben, was Donizetti zweifellos auch mit Skepsis erfüllt. Der lau und wandelbar republikanisch gesinnte Aristokrat Romani mit seiner langen, knotenreichen Nase, seinen kühlen blassen Augen unter schweren Augendeckeln, seinem verkniffenen kleinen Mund und seiner Gelehrtenstirn gilt zwar als unschlagbare Kapazität, aber auch als verheerend unzuverlässiger Partner in Operngeschäften. Sämtliche Daumenschrauben, die ihm die Impresarios anzulegen versuchen, brechen an seinen Händen. Wenn er jetzt darauf behaftet wurde, sein Textbuch für Donizetti innert sieben Wochen anzufertigen und spätestens am 20. September abzuliefern, glaubt niemand ernstlich, es dann zu sehen. Letztlich enden alle Versuche, von Romani Pünktlichkeit zu erpressen, in der tief empfundenen Erleichterung, daß er den Komponisten viel zu spät, aber doch noch bedient.

Die Sonne geht am 20. September auf und wieder unter, das Libretto beschien sie nicht. Dann ist der Monat der dritten Saisonpremiere, der Oktober, da, nicht aber der zweite Librettoakt, während der erste, kaum von Romani freigegeben, schon in Donizettis Noten prangt. Wahrhaftig: An den Noten liegt es nicht, daß in der Scala schlechte Laune und auf dem Spielplan Verwirrung herrscht! Daß man den Abend verschieben muß, ist jedermann klar, und nur Gaetano, der mit den Zähnen fletscht, will es nicht akzeptieren. Sein selbstbewußtes, aber nicht besonders würdiges Benehmen trägt ihm den Namen «Maestro Orgasmo» ein. Ist das nun die neue Methode der Komponisten, auf ihre Bedeutung hinzuweisen?

Romani aber fährt ungerührt fort, an seinen wie immer vornehm und klassizistisch gedrechselten Versen zu pützeln. Dem Geschehen seiner Semiseria hingegen, *Chiara und Serafina* oder *Die Piraten*, wäre mit der Sprache eines Abenteuerbuches für maximal dreizehnjährige Kinder besser gedient, denn haargenau aus dieser Sphäre ist es gegriffen.

Da wurde Don Alvaro, ein spanischer Schiffskapitän, zusammen mit seinem Töchterchen Chiara nach Algerien verschleppt. Sein zweites Töchterchen, Serafina, wuchs beim bösen Don Fernando in der Heimat auf. Bös ist er deshalb, weil er das ihm anvertraute weibliche Pfand heiraten will, um das Vermögen des Vaters an sich zu reißen. Doch Don Alvaro wird in Afrika befreit, schifft sich mit Chiara ein, fährt spanienwärts, gerät in einen Sturm und wird an Land gespült — richtig geraten, an das Ufer seiner Heimat! Also sind sie wieder da und können Don Fernando Mores lehren. Doch infolge von Intrigen, die zu durchschauen Kopfweh bereitet, wechselt der Schauplatz bald aufs neue.

Einige der Hauptpersonen (ohne den bösen Don Fernando) geraten in ein unterirdisches Höhlensystem und dort in die Gefangenschaft von Piraten. Einer dieser Ehrenmänner namens Picaro macht Serafina weis, daß er ihr Vater sei, und da sie Don Alvaro, ihren echten Vater, seit ihrem Wiegenalter nie erblickte, schenkt sie ihm Glauben. Aber Chiara klärt sie über ihren Irrtum auf. Die beiden schwergeprüften Kreaturen reden mit vereinten Kräften auf Picaro ein. Nun wird der Schurke windelweich, schwört Besserung und läßt sich von Chiara und Serafina versprechen, daß sie ihn droben vor Gericht verteidigen würden, wenn er sie dorthin brächte. Die beiden Schwestern sind perplex. Sollte er sie wirklich aus der Gruft befreien und, was er ebenfalls gelobt, seine Komplizen der Polizei ausliefern wollen? Um das zu glauben, braucht es ein gerüttelt Maß Naivität, zumal er so zynisch denkt und spricht wie vor seiner Wandlung. Allein, die Schwestern glauben es. Und Picaro ... führt sie ans Tageslicht, stellt sich der Polizei, hilft die Piraten fangen, rückt auch dem in der Oberwelt verbliebenen Bösewicht Don Fernando zu Leibe und wird begnadigt.

Der Mißerfolg ist vorprogrammiert und tritt denn auch ein, ohne sich allerdings am 26. Oktober, bei der Premiere, oder bei einer der folgenden Aufführungen in offenem Unmut des Publikums zu manifestieren. Aber nach dem letzten Abend mit *Chiara und Serafina* sind nur noch die wenigsten Gäste der Scala an Donizetti interessiert.

Nun ist es geschehen. Vater Andrea darf in gewichtiger Schwermut jene Kalendersprüche zitieren, welche den Armen ihre Armut als Geschenk begreiflich machen. Ach, Junge, Junge, was suchtest du an der Mailänder Scala? Das ist ein Ort für andere Leute als unsereinen! Nur gleich zu gleich gesellt sich gern, und wer zu hoch hinaus will, fällt auf die Nase.

Doch wäre die Schlappe für seinen Sohn vermeidbar gewesen, wenn er sich nicht ins Bockshorn hätte jagen lassen — unter anderem gerade dadurch, daß er sich erstmals vor den Augen des pessimistischen Vaters bewähren wollte? Wie dem auch sei, die ritterliche Haltung, mit der er den Erfolg der *Zoraide* über sich hat ergehen lassen, kehrt nach verlorener Schlacht in ihn zurück. Er wendet seiner Heimat, die ihm einmal mehr die kalte Schulter zeigte, seinerseits die kalte Schulter zu und reist nach Rom.

Zweites Kapitel
DER LANGE WEG ANS LICHT

1. Zwischen Romantik und Absurdität
November 1822 bis März 1825
Alfredo il Grande, Il fortunato Inganno, Zoraide di Granata
(Fassung 2), L'Ajo nell'Imbarazzo, Emilia di Liverpool

Das Tröstungsangebot der Ewigen Stadt ist überwältigend. Die Freundschaft Donizettis mit Antonio Vasselli wird immer herzlicher und freier. Der Librettist Iacopo Ferretti erweitert dieses besinnliche Paar zum geistvollen, quicklebendigen Trio. Und im Hause Carnevali sind die Töchter mittlerweile nochmals etwas reifer, Mutter Anna nochmals etwas überreifer geworden. Ferner ernennt der Papst Donizetti zum «Knecht des Goldenen Sporns». Fast noch im grauen Mittelalter war diese Ehre dem Komponisten Orlando di Lasso zuteil geworden, später Wolfgang Amadeus Mozart; ja, Donizetti, der erst fünfundzwanzigjährig ist, darf sich geschmeichelt fühlen. Und schließlich wartet das Heilige Rom mit allerlei mehr oder weniger christlichen Festen auf: Weihnachten, Silvester und Karneval. Der letztere fällt nirgends in Europa so ohrenbetäubend, augenblendend und überhaupt sinnenverwirrend aus wie hier.

Voll wird für Donizetti der Becher des Glücks, als ihm Paterni die Chance bietet, für «sein» Theater, das Argentina, und ebenfalls für das Teatro Valle, beide in Rom, zu komponieren. Zwei Jahre *Zoraide*-Abstinenz in Rom machen es unausweichlich, das Werk in Bühnen-Neuauflage herauszubringen. Indessen hat das Publikum trotz seiner erklärten Liebe zu den vertrauten Stücken einen legitimen Anspruch auf ein paar unvertraute, weil letztlich doch das Neue stärker reizt, vor allem in Italien, dem Land des unstillbaren Kantilenhungers. Bekannte Opern bei Zweitaufführungen mit neuen Stücken zu ergänzen, ist deshalb eine Standardpflicht der italienischen Komponisten. Wirklich neu wird Donizettis Oper für das Teatro Valle, und ihr Libretto — das ist das Schönste — wird von Ferretti sein.

Von diesem Projekt ist er erfüllt, als er, gezwungen, Geld zu verdienen — denn seine Verpflichtungen gegenüber Paterni treten noch nicht so bald in Kraft —, abermals nach Neapel fährt. Das schönste aller Sujets, die er auf Lager habe, müsse er für seine Oper reservieren, beschwört er den Dichter Ferretti brieflich am 1. April. Die *Zoraide* solle er demgegenüber so weit wie möglich unangetastet lassen. Nur der mündlich in Betracht gezogene Austausch der krönenden Cabaletta finale liegt ihm am Herzen; «affektreich und erschreckend» stellt er sie sich vor.[1] Jetzt weiß er, was er will: die schauernmachende, erschütternde, glutvolle, ausweglos tragische Oper, die Nervenfolter, den Gefühlserguß.

Um so verführerischer ist die Perspektive, die Anregungen für seine demnächst zu schreibenden Werke von Tottola zu empfangen, ganz zu schweigen von den gleichfalls in Aussicht gestellten Diensten des in der Hierarchie der Neapolitaner Textbuchautoren offiziell tieferklassierten Giovanni Schmidt. Am 30. Mai wird im San Carlo *Aristea*, eine szenische Kantate oder Azione pastorale auf ein Libretto von Giovanni Schmidt, uraufgeführt; die zweite Wiedergabe ist aber bereits die letzte. Wenigstens klimpert das damit verdiente Geld — wenn auch nicht übermäßig laut — in seiner Tasche. Auch schoß zur Überraschung kompetenter Kreise ein verhältnismäßig lobender Artikel aus dem Boden, den Donizetti mit dem Auftrag, ihn seinen Eltern zu überreichen, Mayr schickt. Nichts ist ihm wichtiger, als daß sein Vater an seine Karriere glaubt! Andrea hat ihn allzu schwer verletzt. Doch seinem Lehrer gegenüber legt er seine Karten auf den Tisch: Über das Können Schmidts wolle er schweigen; er, Mayr kenne ihn ja selbst ... [2]

In Arbeit hat er jetzt ein Textbuch Tottolas für eine zweiaktige Opera seria, *Alfredo il Grande*, in der die Göttin des glücklichen Zufalls mit überschäumendem Temperament den Karren zieht. Nicht bloß das Finale, sondern jede dritte Szene beschert den bangenden Theatergästen die Behebung der gerade hängigen Gefahr ... Offenbar verdiente sich der englische König Alfredo das Beiwort «der Große» dadurch, daß er im Laufe eines Krieges gegen die Dänen inkognito in der Hütte des Inselbewohners Guglielmo Zuflucht fand. Doch eines Tages überrascht ihn der Besuch seiner geliebten Gattin Amalia und seines treuen Freundes Edoardo, der seine von ihm verlassenen Truppen befehligt. Stracks erscheinen auch die Dänen, die Guglielmos Haus umzingeln. Aber diese rustikale Bleibe weist einen Geheimgang auf, durch den Amalia und Alfredo, hineingeführt von ihrem Wirt Guglielmo, entrinnen. Indes, am anderen Ende der Höhle lauern bereits die Dänen und nehmen die beiden in Empfang. Doch während der König mit seiner Trauten durch die Finsternis tappte, sprengte der senkrechte Kerl Guglielmo mit einem Haufen Soldaten auf ebener Erde ans gleiche Ziel, um das erlauchte Paar aus seiner (offenbar von ihm vorausgeahnten) Drangsal zu befreien.

Jetzt steht einem offenherzigen Zusammenprall der feindlichen Heere nichts mehr entgegen, und Alfredo, glücklich wieder an der Spitze seiner Behelmten, legt durch heroische Reden den Eindruck nahe, daß er sich nur aus Idealismus, nicht aber aus Anhänglichkeit an seine heile Haut vom Schauplatz des Waffengeklirrs zurückgezogen hatte. Schade, daß Amalia den gutgemeinten Rat ihres Gemahls mißachtet und aus Besorgnis um das Wohl der Ihren auf dem Schlachtfeld spazierengeht; gleich kapern sie nämlich die Dänen. Aber da braust Guglielmo wieder herbei und sorgt für Ordnung, wie sich auch abseits das Fußvolk Alfredos wacker schlägt. Die Dänen verlieren, das Spiel ist aus.

Und Donizettis Tagesinhalt besteht in der Vertonung dieses Geschehens! Vorbei sind die Tage, da er Tottola und der *Zigeunerin* den Rang von Dichter und Dichtung gönnen zu dürfen glaubte; jetzt resigniert er vor Tottola und *Alfredo il Grande*.[3]

Die Rechnung des San-Carlo-Publikums vom 2. Juli 1823 ist denn auch so gesalzen, wie es zu erwarten war. Eine dritte Aufführung erlebt auch der *Alfredo* nicht. Wenigstens erreicht die Buffa-Oper auf ein Textbuch Tottolas, *Il fortunato Inganno (Die glückliche Täuschung)*, zu deren Vertonung Donizetti irgendwann auch noch innere Widerstände zermalmte, eine, aber auch nur eine Wiedergabe mehr als *Aristea* und *Alfredo*, nämlich gerade drei.

Das neue Buffa-Werk ist höchstens insofern von Interesse, als es sich um eine Operntruppe dreht und Donizettis eigene Berufsprobleme recht detailliert beleuchtet. Doch die Szenen aus dem Probealltag von Belcantosängern sind in das gleiche Allerweltsgemisch von Liebeleien und Intrigen eingebettet, aus dem die komischen Opern fast immer gesponnen sind.

Mit dieser letzten Premiere der Reihe am 3. September 1823 ist Donizettis Neapolitaner Strafarbeitspensum bewältigt, sein Portemonnaie leidlich gefüllt. Der Weg zurück nach Rom, wo das Libretto Ferrettis, die Milde des Publikums, das seinem Talent vertraut, sowie die Umsicht seiner Freunde Erfrischung verheißen, liegt offen zu seinen Füßen. Doch Donizetti bleibt in Neapel. Liebt er allmählich diesen Treibhausboden, diese Treibhausluft?

Dabei hätte er in der Ewigen Stadt entweder tüchtig Blauen machen oder die Arbeit Ferrettis, die Vorkehrungen Paternis für seine beiden Premieren beschleunigen können. Das kann er aber auch hier, indem er den Säumigen drängende Briefe schreibt. Endlich erhält er wenigstens Ferrettis Verse für die neue *Zoraide* — die ihn erst recht empören. Von einer neuen Cavatina war die Rede, wenn er sich nicht täuscht, von jenem neuen, «affektreichen und erschreckenden» Rondò finale, aber, Hand aufs Herz, doch nicht von einer neuen Oper?! Soll er die alte *Zoraide* plötzlich für Unkraut halten, das mit Stumpf und Stiel verschwinden muß? Und die Arbeit, die ihn das kostet? Hat sich das jemand in Rom gefragt? Und die Bezahlung, wenn er diese Frage selber schüchtern stellen darf? Erhält er nicht 500 Scudi, keinen Scudo mehr als für die *Zoraide* Nummer 1, und zwar für beide Auftragskompositionen, für diese Überarbeitung, die eine neue Oper ergibt, und für die wirklich neue zusammen?[4]

Schlechter geworden ist das Textbuch durch Ferretti freilich nicht. Alle drei Protagonisten haben eine Auftrittsarie in psychologisch interessanter Situation zu singen und eine zweite, ähnlich aufschlußreiche Doppelarie im Folgeakt. Das Ensemble (Concertato) am Ende des ersten Aktes bündelt die Konflikte auf dem Höhepunkt ihrer Entwicklung; der Nummernbau der frühromantischen Rossini-Oper entpuppt sich wieder als sinnvoll ordnender klassischer Bogen. Und da auch die Besetzung blendend ist, zuckt Donizetti mit den Achseln und setzt sich, wie man es von ihm erwartet, zum Komponieren an das Klavier.

Am 6. Januar des Jahres 1824 findet im Argentina in Rom die Uraufführung statt. Da der französische Dichter Stendhal, ein großer Kenner der italienischen Oper, dem Organ Rosmonda Pisaronis, des laut Sängerliste männlichen Führers der Mohren, rettungslos verfallen ist, sitzt er im Publikum, und da er der Musik Rossinis ähnlich rettungslos verfallen ist, erscheint ihm das Werk des andersgesinnten Meisters häßlich wie die Nacht. Aber auch mit den Verehrern der erstgeborenen *Zoraide* ist an diesem Abend nicht zu spaßen. Ihre teils zwillingsgleiche, teils gar absonderlich anders geratene jüngere Schwester wird als Wechselbalg empfunden und nur aus Rücksicht auf Donizetti nicht geradezu gesteinigt. Stendhal hingegen könnte, wenn überhaupt, höchstens ein Sündenerlaßgesuch seines Idols Rossini selbst beschwichtigen und daran hindern, folgende Feststellungen der Nachwelt zu überliefern: «Donizetti ist ein breiter, hübscher, kühler junger Mann ohne jedes Talent.»

Diese Erkenntnis drängt sich dem so beurteilten Künstler indessen allmählich von selber auf. Wie lange wird noch der Pleitegeier über seinen Uraufführungen kreisen? Wenn nicht einmal mehr die *Zoraide* Anklang findet und nicht einmal mehr an diesem Ort?

Aber immer noch ist eine jener wundervollen letzten Karten, mit denen das Schicksal Leute wie ihn ständig versorgt, in seiner Hand: die zweiaktige Opera buffa *L'Ajo nell'Imbarazzo** (*Schulmeister in Verlegenheit*). Da will Don Giulio, ein Marchese, Enrico und Pipetto, seine beiden Söhne, vor dem Biß der Schlange Eva schützen und hält sie in seinem goldenen Käfig unter Verschluß, als ob sie zwei hypersensible exotische Vögel wären. Doch Jüngling Pipetto bändelt hinter seinem Rücken mit der alles andere als semmelfrischen Dame Leonarda an, die der Marchese unklugerweise als Haushälterin beschäftigt. Und Seniorsohn Enrico schleicht seit einem vollen Jahr schlaff und mit schuldbewußt gesenktem Haupt durch die Gemächer, was für jeden Kenner nur mit einer ähnlichen, wenn auch beträchtlich tiefer schürfenden Erfahrung zu erklären ist. Schließlich zieht Enrico den Hauslehrer, Don Gregorio, ins Vertrauen, und in der Tat, die Sache sieht böse aus. Das Früchtchen ist nicht nur verliebt — was noch entschuldbar, weil kurierbar wäre —, sondern seit dem erwähnten Jahr standesamtlich vermählt; nicht nur hat er seine Keuschheit — Donnerwetter, legitim! — verloren, sondern er ist auch stolzer — nein, zerknirschter — Vater eines Wickelkindes. Hätte bloß der jahrelang bewährte Pädagoge, dem sein Herr uneingeschränkt vertraut, nie, nie von dieser Tragödie etwas erfahren! Nun ist er es, der dem Marchese die traurige Wahrheit eröffnen und ihn mit seinem erweiterten Nachwuchs, diesem Symbol des unvorstellbaren Sündenfalls von Musterknabe Enrico, versöhnen soll!

Das Publikum des Teatro Valle ist an der Premiere vom 4. Februar des Jahres 1824 nicht viel weniger verblüfft als jenes am La Fenice bei der Premiere von Rossinis *Tancredi* zwölf Jahre früher.

Holprig, müde und doch verzückt wirkt schon die erste Kantilene in der Ouvertüre: drehorgelhaft, zuckerbestäubt. Schwerblütig und rührend unbeholfen muten die Gesänge des Marchese an. Keine Spur von Karikatur in der Musik, und dabei schnitt Ferretti die Texte des Frauenhassers eindeutig für eine ironische Interpretation durch Donizetti (alla Rossini) zu! Nichts dergleichen: grabesernst, in einer — letztlich raffinierten — Sprache kindlicher Unschuld enthüllt der Komponist die Tiefendimensionen der Angst Don Giulios vor dem Weibe.

Süß hingegen schmeckt der Schrecken vor dem Frauenkörper im Gaumen des jungen Pipetto. Schon Ferretti tat alles, ihn zu betonen. Durchaus gewagte sexuelle Anspielungen unterscheiden diesen Librettisten kraß vom prüden Tottola. Köstlich, daß Donizetti ausgerechnet in Rom die Schäferstündchen einer brünstigen Matrone mit einem jungen Schürzenjäger lustvoll in gluckernder und perlender Musik besingt! Anna Carnevali ...

Doch die Oper nimmt sich überhaupt wie ein Stück Autobiographie in mehr besinnlichen als übermütigen und doch von Daseinsfreude getragenen Tönen aus. Es ist die Daseinsfreude des Romantikers, der das Leben nur genießen kann, weil es voller Traurigkeit und zweckloser Sehnsucht ist, vergänglich und immer gefährdet, der zwar manchmal gern ins Jenseits fliehen würde, aber nicht um den Preis, das Diesseits nie mehr zu betreten.

So schwingt sich denn die Mehrzahl der lyrischen Melodien des *Ajo nell'Imbarazzo* weit über den Textbuchalltag hinaus, dem sie entsprungen sind. Dieser Alltag entspricht weitgehend der Jugendwelt Donizettis, welche Ferretti mit großem Gespür rekonstruierte. Da ist die Enge des Elternhauses, der strenge, verschlossene Vater, der Lehrer, der zum zweiten Vater wurde; da sind die Partnerinnen verbotener, banger Küsse. Manchmal beschreiben Donizettis Melodien diese Figuren und ihr Verhalten mit rossinihaftem Realismus, öfter jedoch schweifen sie davon ab, in ein erträumtes, schöneres Paradies.

Besonders schwach ist die Beziehung der Musik zum Inhalt im Duett Don Giulios mit Don Gregorio. Als der Lehrer dem Marchese devot empfiehlt, er möge doch seine Söhne wenigstens bisweilen ins Theater gehen lassen, löst diese Bemerkung seltsamerweise eine lange, ungenügsam vorwärtsdrängende und schmerzlichsüße Weise aus. Ferrettis simple Worte — etwa: «Schick doch deine Söhne an die frische Luft!» — werden von Donizettis «inwendigem Blick» als philosophische Chiffre gelesen — etwa: «Könnte doch der Mensch aus seiner Körperhaft entrinnen!» — und musikalisch demgemäß gedeutet. Dies ist der wahre Donizetti; jetzt steht er da, so wie er ist. Und sein Erfolg ist überwältigend. Ein Ausdruck im Steckbrief Stendhals war jedenfalls falsch gewählt — gottlob der musikalische. Jetzt wissen das die Römer.

Doch in Neapel, wohin er zurückkehrt, nachdem er die ersten drei Aufführungen des *Ajo nell'Imbarazzo* geleitet hat, sieht alles wieder anders aus. Niemand scheint hier von seinem Triumph zu wissen. Und Neapels Impresario Nummer drei, fünf oder sieben, Francesco Tortoli vom Teatro Nuovo, hält sich in jeder Hinsicht an das Beispiel, das ihm Paterni gab. Er bestellt bei Donizetti eine neue Semiseria einschließlich «leichte» Anpassungen des *Ajo nell'Imbarazzo* an den Geschmack des Neapolitaner Publikums, dessen gewiefter Kenner bekanntlich Torototela ist. In erster Linie wird Tottola vom Impresario gebeten, die Titelrolle — und diese allein! — ins Neapolitanische zu übertragen.

Die Theatergäste mögen eben hier fürs Leben gern eine Bezugsperson, die sie verstehen können, ohne erst nachzudenken. Auch wärmen sie sich dankbar die Hände am heimischen Herd, zumal wenn eine Oper, wie die neue Donizettis, im nebelumflorten, unwirtlichen England spielt. Deshalb wird das Mätzchen einer Dialektpartie gleich auch für diese vorgesehen. Doch wer wird in England Neapolitanisch sprechen? Ein Blick ins wirkliche Leben löst das Problem im Nu: ein schwerreicher Graf, der es sich leisten kann, zu keinem konkreten Zweck in ganz Europa herumzubummeln, und deshalb mit ebensogroßer Wahrscheinlichkeit in seiner Heimatstadt Neapel wie in Brüssel oder eben Liverpool zu finden ist. Die neue Oper heißt *Emilia di Liverpool*.

Emilia, die Titelheldin, hätte nach dem Willen ihrer Eltern den besagten Grafen aus Neapel heiraten müssen, brannte jedoch mit einem Verführer, Kolonel Villars, durch, worauf ihre Mutter das Zeitliche segnete (Todesursache: gebrochenes Herz), der Vater von Unbekannt beim König verleumdet wurde (Ergebnis: Sklavendasein in der Türkei) und der verruchte Kolonel seine Geliebte sitzenließ (Hintergrund: andere Frauen). Emilia, verwaist und ledig und an beidem selber schuld, widmet sich auf einem Berg im Rücken Liverpools der Nächstenliebe, indem sie ein Hospiz betreut und so für ihre eine Sünde tausendfache Buße leistet.

Zu Beginn des Werkes spuckt ein Gewitter folgende bunt zusammengewürfelte Reisegesellschaft in Emilias karitative Stube: Vater Claudio in Sklaventracht, Kolonel Villars, der sich gerade wieder zwecks unverbindlichen Lustgewinns auf Freiersfüßen bewegt und deshalb provisorisch Tomson nennt, und den gehörnten Grafen aus Neapel, der im Gegensatz zu den erwähnten Herren sowohl an seiner Kleidung als auch an seinem Namen, insbesondere aber an seinem Mundwerk leicht zu erkennen ist. Sein Dialekt ergießt sich mit Naturgewalt über die Wirtin Emilia, weshalb der Graf tatsächlich der erste ist, den sie erkennt. Doch auch die übrigen Personen setzen einander in Duetten und Ensembles, hauptsächlich aber in Rezitativen so lange zu, bis ihnen zu heiß wird und sie die Maske lüften. Schließlich weiß jeder, wer jeder andere ist, und damit hat der erste Akt sein Ziel erreicht.

Im zweiten Akt sind nur noch drei Nummern fällig. Zunächst beschimpft der Vater seine Tochter, um dann angesichts der Tränen, die er provozierte, weich zu werden und sie in Liebe an seine Brust zu drücken. Dann fordert er Mister Tomson alias Villars, den er zu Recht als Mörder seiner Frau betrachtet, zu einem Duell heraus, das dieser verzögert, bis Emilia erscheint und ihren Vater um Erbarmen bittet.

Schließlich, nach langem Hin und Her, gibt dieser nach. Und da er sich jetzt auch — zum ersten Male — daran erinnert, daß ihn der König begnadigt hat, ist plötzlich alles gut.[5]

Weil das Textbuch nicht im gleichen Maß wie das Libretto des *Ajo* verführt, gute Musik zu schreiben und nebenher an einer alten Oper herumzuschnipseln, zahlt Tortoli denn auch — weniger als Paterni. Der Komponist erhält nach Ablieferung der ersten Hälfte seiner Semiseria *Emilia di Liverpool* die erste Hälfte seines Honorars, 150 Dukaten (prost auf die Inspiration bei der Vertonung des Rests!), und damit sind auch die Änderungen am *Ajo* bereits vergütet. Von Paterni bekam er in Rom für eine ähnliche Doppelleistung 500 römische Scudi!

Das Neapolitaner Publikum scheint am Premierentag, dem 28. Juli 1824, die *Emilia* nach Liverpool zu verwünschen. Eine Kombination des Schicksals will es, daß der Komponist Saverio Mercadante eingeladen wurde, in Wien ein eigenes Werk uraufzuführen, und nun Gelegenheit hat, die Österreicher auch mit einer Oper seines jüngeren Kollegen bekannt zu machen: durch eine Inszenierung der *Emilia!* Um den Plan zu ändern, ist es zu spät. Am besten, Donizetti rettet, was noch zu retten ist, schickt Mercadante für jene Stücke, die im Teatro Nuovo von ungewöhnlich viel Husten begleitet waren, einen Posten Austauschware nach Wien und macht ihm deutlich, daß er mit allem verfügbaren Material beginnen und lassen könne, was ihm von Vorteil für das Ganze scheine. Er, Mercadante, kenne ja seine Art zu schreiben, wisse, daß manchmal Tempowechsel nötig seien und andere bescheidene Manipulationen — er solle sie nur vollziehen! Übrigens: Er hatte es nicht versäumt, den Damen Carnevali die frohe Botschaft von seinem, Saverios, letztem Premierenerfolg sporstreichs zu übermitteln! Und wie sie sich zusammen darüber freuten ... davon mache er sich in Wien keinen Begriff![6]

Donizetti selber kann sich bei den drei Carnevalis allenfalls brüsten, wenn die Rede auf den *Ajo* kommt. Doch dieser Triumph verwehte mit der Zeit. Nicht einmal ein neuer Auftrag blieb zurück. Die *Ajo*-Nachpremiere mußte verschoben werden, das Geld für diese Arbeit hat er bereits kassiert. Kein Impresario auf weiter Flur winkt ihn herbei. Das heißt, Paterni war in Neapel und deutete so etwas wie die Absicht an, mit ihm zu verhandeln. Doch weil Donizetti mit Fieber — leider mit nicht ganz gewöhnlichem Fieber, sondern mit jenem, das Syphiliskranke periodisch überwältigt — unter der Decke lag, begrub der Opernfürst das Projekt und reiste wieder nach Rom, ohne mit ihm ein Wort gewechselt zu haben.

Als sich Ferretti überraschend anerbietet, den durch die Latten gegangenen Römer Vertrag mit einer List herbeizuzaubern, springt ihm der Komponist in seinem Antwortbrief inbrünstig an den Hals. Von ganzem Herzen begrüße er diesen Einfall! Jawohl, mit einer List! Und er solle es mit jeder Finte versuchen, Paterni hereinzulegen, um ihn so richtig dröhnend aufs Kreuz zu legen, ihn, der sich nicht schäme, das gleiche Verfahren nach Lust und Laune an den armen Künstlern zu praktizieren. Und auch sonst käme er gern! Er würde, eingedenk der geringen Distanz zwischen Rom und Neapel, gar für ein Trinkgeld kommen![7]

Was nützt ihm seine Ernennung zum Ehrenmitglied von Bergamos «Philharmonischer Union»? Was nützt ihm seine Eigenschaft als «Knecht des Goldenen Sporns»? Was nützt ihm das Lob des Hofjournals von Neapel, der Zeitung des Königreichs, für seine Kantate zur Inthronisierung des neuen Königs beider Sizilien, Francescos I.? (Vater Ferdinando starb am 4. Januar des Jahres 1825.) Was nützen ihm die schwülstigen Worte, er habe durch seine «expressive Harmonik die Gefühle, welche alle Neapolitaner heute für den König hegen, schön symbolisiert»? Was nützt ihm seine «expressive Harmonik» selbst, wenn niemand nach ihr verlangt, der sie bezahlen kann? Was nützt es ihm, sein ganzes Talent im *Ajo nell'Imbarazzo* gezeigt zu haben, wenn seine Zukunft trotzdem verrammelt ist? Er braucht die Unterschriften von Unternehmern und Brot, um zu leben.

Deshalb wählt er schließlich einen radikalen Ausweg; er zieht als Sklave in den Orient.

2. Sizilianische Opernfolklore
März bis Oktober 1825

Freilich heißt es, in den Orient zu wandern, wenn ein Opernkomponist Sizilien zu seiner Wirkungsstätte aussieht. Der einstige Herrschaftsbereich der Mauren glänzt (wenigstens an der Küste) in den Farben euphratischer Fruchtbarkeit und hängt in kultureller Hinsicht mit dem Festland so lose zusammen, wie dies das Kartenbild suggeriert. Wenn für einen Komponisten die Opern-Hauptstädte Europas, Wien und Paris, sogar von Mailand aus schwer zu erreichen sind, jedenfalls nicht mit einem Katzensprung, wäre nicht einmal ein Märchentiger in der Lage, sich vom Teatro Carolino in Palermo abzusetzen und im Kärntnertor-Theater oder in der Opéra zu landen. Und freilich verdingt sich einer als Sklave, der, wie nun Donizetti, für ein Gehalt von 45 Dukaten im Monat eine so morsche und lecke Galeere wie das Teatro Carolino mit dem vollends zum Wrack verrotteten Nachen des Conservatorio del Buon Pastore im Schlepptau rudern und lenken muß. Die angeheuerte Primadonna, die sich Donizetti beigesellen wird, Elisabetta Ferron, ein ausschlaggebender Faktor für den Premierenruin der Oper *Alfredo il Grande*, wird aufgerundet zwölfmal mehr verdienen.

Hier behauptete das Mittelalter gegenüber jeder jüngeren, elastischeren Ära seinen Platz, sehr zur Zufriedenheit der Bourbonen, die diese Entwicklung nach Kräften bestärkten. Zwar mußte Ferdinando selig 1812 auf öffentlichen Druck die Wirtschaftsstruktur des Feudalismus in einem Dekret verbieten. Aber er tat es im Wissen, daß auf Sizilien ein Dekret einer Orange gleicht, die, wenn man sie nur in Ruhe läßt, unbeachtet verfault. Und so geschah es auch. Das Mittelalter und der Feudalismus blühten weiter. Die Ländereien der Großgrundbesitzer ertrinken im Überfluß der Natur, den Pächtern und Bauern aber winkt für ihre Arbeit keine andere Belohnung als das vertraglich fixierte Almosen — und die Entlassung, falls sie zu tüchtig (und damit zu mächtig!) werden. Den Herren ist es gleich, was dieses Elendsvolk den lieben langen Tag auf ihren Feldern treibt, ob es durch seinen Schweiß ihren Besitz vermehrt, auf den sie ohnehin nicht angewiesen sind, oder ob es ihn durch Nichtstun schmälert. Und natürlich trifft im allgemeinen nur die zweite Variante zu. Entläßt der eine Herr die Bettler und Diebe, die er beschäftigte, stellt sie der zweite wieder an, und das für eine Summe, die sie weiterhin zum Betteln und Stehlen im Nebengewerbe zwingt. So wird im ganzen Inselreich gefaulenzt und betrogen, bis das Sterbeglöckchen läutet, von den Herren wie von den Knechten. Jeder lebt auf die Rechnung des andern und auf die Rechnung des Lieben Gottes, der im Naturparadies der sizilianischen Küste sein eigener Gärtner ist.

Haargenau gleich verhält es sich im sizilianischen Operngeschäft. Der Vizekönig, der auf der Insel als Vertreter Francescos I. schläfrig mit der Peitsche spielt, die königlichen Theateraufseher, die in der Loge dösen, die Direktoren, die am angenehmsten träumen, wenn sie die Honorare für die Künstler in ihrer Bettstatt geborgen wissen, und die Impresarii gehen von der Gewißheit aus, daß sich der Blumengarten Oper hierzulande selbst bewässert und kultiviert. Gewohnheitshalber verpflichten sie gleichwohl Sklaven wie Donizetti, alte Pflanzen umzutopfen, neue aufzupfropfen, aber bitte ja im untertänigen Bewußtsein der langen Tradition sowie der hohen Werte des bestehenden Systems der Selbstregulation! Wer nämlich das herrschende Chaos stört — sei es, indem er allzu laut auf seinem Lohn beharrt, mit Lästerworten gegen Vorgesetzte um sich schlägt oder sogar das Ungeziefer moderner Ideen in anderer Leute Kragen steckt —, wird augenblicklich eingesperrt. Nirgendwo ist man vom Opernhaus so bald in den Kerker versetzt wie auf Sizilien!

Nachdem die Bourbonen das Aushängeschild ihrer Wohltätigkeit, das Konservatorium des Guten Hirten, ein Internat für unterbemittelte Schüler, jahrzehntelang vergessen haben, entsinnen sie sich ausgerechnet 1825 wieder seiner Existenz, als die Lehrerschaft um einen Kameraden aus Neapel namens Donizetti reicher und der finanzielle Kuchen des Hauses um ein Stück ärmer wird.

Der Fonds des Instituts ist seit Jahrzehnten bestürzend leer. Die Motten in den Kleiderkästen und die Mäuse in den Vorratskammern darben mit den Menschen um die Wette. Mager wie die Bäuche der Gesangsstudenten sind ihre Stimmen, lumpig wie ihre Kleider sind die Talente. Doch da die Bourbonen kürzlich erfahren haben, dass es im Guten Hirten von Risorgimento-Wanzen wimmle, finden sie es endlich angebracht, das Haus mit einem solchen Hirten auszustatten. Und dieser ist die Polizei, die sich zusammen mit Donizetti in der Spelunke etabliert.

In Begleitung des Ersten Tenors, Berardo Vinter, und der Zweiten Primadonna, Caterina Liparini, fährt der frischgebackene Musikdirektor des Teatro Carolino, Donizetti, am 6. April an Bord des Dampfers San Ferdinando im Bestimmungshafen ein, um die Pflichten seiner Amtszeit aufzunehmen. Diese hat peinlicherweise schon vor drei Wochen begonnen, am 15. März. Die dringlichste Pflicht ist nun die Eröffnung der Opernsaison, die fünf Tage später, am 11. April, stattfinden soll. Dazu braucht es freilich neben Vinter und der Liparini noch ein paar andere Sänger, die aus dem Norden erwartet werden. Doch die kommen ja, sie kommen ja! Mit jeder neuen Einfahrt eines Dampfers aus Neapel wird die Gesellschaft, die die Herren vom Teatro Carolino an ihren Tisch gebeten haben — eigentlich alle auf den gleichen Zeitpunkt —, etwas umfassender und kompletter. Dieser Vorgang wird einerseits dadurch verzögert, daß nicht gerade jeden Tag ein solcher Dampfer eintrifft, anderseits dadurch beschleunigt, daß die Zahl der geladenen Gäste eher bescheiden ist.

Noch fehlt die Erste Primadonna, die Ferron, noch fehlt die Dritte Primadonna, Marietta Gioja-Tamburini, noch fehlt ihr Gemahl, der

Erste, wenn auch nicht einzige lyrische Bariton. Nun, mit dem Stellvertreter des lyrischen Baritons, mit Vinter als Tenor und mit der Zweiten Primadonna Liparini läßt sich ein mehr oder minder glücklicher Wurf des damals einundzwanzigjährigen Pacini, *Il Barone di Dolsheim*, mehr oder minder glücklich inszenieren. Aber das Publikum ist verdrossen, weil die Premiere erst am 4. Mai statt wie versprochen am 11. April über die Bühne geht. Es hagelt derbe Kritik: erst aus den Logen, dann aus dem Mund des Generalleutnants und effektiven Vizekönigs Ugo della Favare. Aus dieser mißlichen Lage erlöst Donizetti das Hupen des Dampfschiffs und die Entladung seiner Passagiere, inbegriffen beide Tamburinis. Jetzt wird es möglich, die Flinte mit schärferem Schrot zu laden, mit Rossinis gutgelaunt-sarkastischer *Italienerin in Algier*. Und da die Besetzung der komischen Opern Rossinis im großen ganzen stets dieselbe ist, erschließt sich der Truppe ein Repertoire, das während der Übergangsphase bis zum Erscheinen der Ferron ausreichen sollte, die Leere des Spielplans zu überbrücken.

Doch als sie immer und immer noch nicht erscheint, fährt Donizetti höchstpersönlich nach Neapel, um sie aufzuspüren und wenn nötig mit Gewalt an ihren Arbeitsort zu schaffen. Schließlich entdeckt er sie in einer Ortschaft nahe Neapels, erholungsbedürftig und sentimental, denn eben brachte sie ein Kind zur Welt. Gewiß ist sie indisponiert, die Reise nach Palermo anzutreten; doch der Musikdirektor bleibt unerbittlich, und da betritt sie nun Sizilien mit einem Baby auf dem Arm sowie im schmeichelhaften Glauben, heiß ersehnt zu sein. Doch wieder wollte es ihr Unstern anders. Von ihrer Abwesenheit profitierte die Truppe durch die Erarbeitung von Rossinis *Barbier,* im Mittelpunkt stehen die Tamburinis und der Humor, nicht sie, die Ferron, und ihre Tragödien. Doch der ursprünglichen Absicht gemäß ist ihre Ankunft für die Carolino-Leute das Signal, die aus dem Festland importierte Seemannstruhe mit Seria-Opern (selbst bringt Sizilien nahezu nichts dergleichen hervor) nach der geeignetsten Klamotte zu durchsuchen. Schließlich entscheiden sich Donizetti und seine Mannschaft für Rossinis frühe Seria *Aureliano in Pamira*.

Mit Riesenschritten naht der Geburtstag der Gattin Francescos I., Königin Maria Isabellas, der 7. Juni, der wegen der Verpflichtung des Theaters, diesen Glücksfall für ganz Palermo mit einem Galaabend zu feiern, als einziger Termin für die Premiere zur Debatte steht. Mit Zwergenschritten aber eignet sich die Truppe ihre Rollen an, und niemand wagt mehr zu bezweifeln, daß die Erweiterung der Menschheit durch den Sprößling der Ferron die Leistungskraft der Diva wirklich entscheidend verringert hat und daß sie deshalb doch mit Vorteil in der Klausur geblieben wäre. Es kommt, wie es kommen muß: Die Unvereinbarkeit der Probengeschwindigkeit mit der des Kalenders bewirkt das erneute Verschwinden des *Aureliano* in der Kiste. Jetzt erscheint als ideale Oper einfach die, der die Ferron gewachsen ist, und man entschließt sich für die gute alte Buffa Cimarosas, *Il Matrimonio segreto (Die heimliche Ehe)*. Gekoppelt wird sie mit der Farce Mayrs, *Che Originali! (Was für Originale!)*, die freilich zu wenig gediegen wirkt, um einer Königin zu ihrem Geburtstag zu gratulieren. Aus dieser Erwägung werden dem Ding musikalische Handschuhe und Gamaschen aus anderen Opern und erst noch der Frack eines neuen Librettos übergestülpt — schon heißt es *Il Trionfo della Musica*. Bloß ist der Galaabend immer noch nicht lang genug, und auch der Modewert des Arrangements könnte bezweifelt werden, wurde doch der *Matrimonio segreto* 1792, die Farce Mayrs 1799 uraufgeführt. So schreibt ein Tonkünstler aus der Gegend exklusiv für das Teatro Carolino und den Feiertag Maria Isabellas eine Kantate *Der Minerva-Tempel*, und alle Probleme sind gelöst.

Gute vierzehn Tage nach der verdienstvollen Aufführung dieser drei Werke will der Generalleutnant persönlich im gleichen Umfang gewürdigt werden, weil er nach Neapel fährt, um mit Francesco Einzelheiten seiner Politik zu diskutieren, und weil er annimmt, daß es seine Untertanen schmerzen würde, sich sang- und klanglos von ihm zu trennen. Ja, im gleichen Umfang will sich der Landesvater die Liebe des Volkes erklären lassen, aber wenn immer möglich nicht mit den gleichen Stücken. Da kann nur einer helfen: der Spezialist für Blitzinspirationen, der Musikdirektor selbst, der an das erprobte Gespann der *Heimlichen Ehe* und des *Triumphs der Musik* mit einer Kantate aus eigener Feder immerhin ein neues Schlußlicht heftet. Die sizilianische Filiale der Hofzeitung von Neapel lobt denn auch zwei Tage nach dem neuerlichen Galaabend, in ihrer Nummer vom 25. Juli, die «Lebhaftigkeit» der Muse von «Dorizetti». Und der von Stolz geblähte Generalleutnant entschwindet gemächlich auf dem Meer Richtung Neapel. Wenigstens wird der Rapport über den Opernbetrieb am Carolino, den er dem König erstatten dürfte, nicht übertrieben realistisch sein. Und wenigstens ist Donizetti einen Vorgesetzten los.

Indes, es bleiben zwei: ein nicht-titeltragender, aber tatsächlicher Generalüberwacher des Carolino sowie ein nichttatsächlicher, der aber diesen Titel trägt. Diese unverwechselbar sizilianische, geradezu folkloristische Einrichtung kam dadurch zustande, daß Giuseppe Branciforti (Herzog) seinen Superintendantentitel an Francesco Morabito (Doktor, Professor, Maestro oder Advokat wie alle bessergestellten Sizilianer, die keinen Adelsausweis haben) abtrat, um seiner Verantwortung ledig zu sein. Gleichwohl bleibt er der Hängemann, nachdem ihn der König einmal zum Chef ernannte, während der Strohmann weiterhin den Titel trägt, nachdem er ihn einmal erhalten hatte. Ein Appell des Herzogs an den König in Neapel, den leider eben nicht von diesem, sondern von ihm selbst ernannten Morabito abzusetzen, fruchtete nichts. Jetzt ist die Lage so: Vermöge seiner Kompetenzen ruiniert der Strohmann das Theater, für dessen Schicksal der Partner hängt. Entsprechend wild und lärmig schwirrt das Kriegsbeil zwischen den verkrachten Kumpeln durch die Luft, wobei es die ganze Truppe in Lebensgefahr versetzt. Die Abwesenheit des Generalleutnants wirkt nur enthemmend, und im August entwickelt sich das Feuerwerk zum lichterlohen Brand. Primärer Anstoß ist der Sachverhalt, daß nicht nur die Königin, sondern auch ihr Gemahl einmal im Jahr Geburtstag hat und daß die Pflicht der Opernhäuser, dann mit einem Galaabend aufzuwarten, doppelt verbindlich ist. Bei dieser Gelegenheit, am 14. August, kreiert Musikdirektor Donizetti den inzwischen doch noch fertig einstudierten *Aureliano* mit der Ferron . . .

Das Publikum tobt. Die Sänger verfallen in Depressionen, und wie sie daraus erwachen, gelüstet es sie, den Zahltag zu sehen. Aber Morabito will nicht zahlen oder kann nicht zahlen und wird für vierundzwanzig Stunden eingesperrt; ein erzieherischer Schritt, von dem sich jene Besserung versprechen, die zur Ansicht neigen, daß er nicht zahlen wolle. Wochen später freilich weiß die entgegengesetzte Gruppe, die einen Bankrott vermutet, die Wahrheit auf ihrer Seite.

Der Generalleutnant, der wieder im Lande ist, läßt sich von Kennern der Situation empfehlen, die administrative Leitung des Theaters auf den Grund des Meeres zu versenken. Er nimmt den Rat mit Wohlgefallen auf, hält es jedoch für unvermeidlich, erst eine neue Leitung zu etablieren. Wohl weilen im Gebäude des Carolino Menschen verschiedensten Aussehens und Berufs — doch haben sie eines gemeinsam: daß sie Gläubiger des Hauses sind, das ihnen ganze Monatslöhne schuldet (so Donizetti zweieinhalb). Darum erscheint dem Generalleutnant ein Dreierteam von Konkursverwaltern fachlich und menschlich prädestiniert, als Direktorium zu amten.

Er macht die Probe aufs Exempel, und die Bilanz ist recht zufriedenstellend. Wenn es auch unter den neuen Herren nicht gerade aufwärtsgeht, geht es doch weiter, was durchaus nicht zu erwarten war.

3. Zweierlei Monde
November und Dezember 1825
Alahor di Granata

Donizetti aber bleibt von abgrundtiefer Bitterkeit erfüllt und fühlt sich — gerade als gläubiger Christ — von Gott verlassen. Warum wurde er vom Schicksal ausersehen, Opern zu schreiben — Opern für Menschen, die sie singen müssen, damit man sie hören kann?! Opern für Menschen, wie? Menschen sind diese Wölfe, diese Hyänen.

Was für ein Horrorkabinett ist diese Insel Sizilien und ihr Musikbetrieb! Lümmelnde Sänger, zeternde Primadonnen, fluchende Direktoren. Von seinen Kollegen, den Maestri am Konservatorium, wird er verachtet, weil er ein Vertreter des Theaters ist, und am Theater wird er verachtet, weil er ein Maestro ist. Die Ballerinen des Opernhauses erhalten 1250 Dukaten im Monat, um bei Gelegenheit die Zehenspitzen zu erklimmen und im Kreis herumzutrippeln; er, der die Grobiane und Einfaltspinsel, die auf der Bühne prunken, mit Noten versorgt, nicht einmal 45. Der bloße Gedanke an das Inferno, in das er geraten ist, treibt ihm den Schweiß aus allen Poren, wenn er am Abend unter dem rötlichen sizilianischen Mond, bei einem Becher Wein, einsam von Bergamo und Rom, von Mayr und Vassalli träumt. Welch eine Erniedrigung![1]

Und auch Mayr hat sich von ihm abgewandt! Er schreibt ihm ja nie! Nun, er hat die Hoffnung, die die Seinen in ihn setzten, nicht erfüllt. Mit seinen 28 Jahren steht er abgeschoben, brotlos, eine Null, am Rande der Welt. Seine Eltern darben — er, der ihr Los verschönern sollte, auch. Und Mayr versetzte Berge, um ihm emporzuhelfen! Jetzt ist er wieder unten, tiefer als je. Was wird im nächsten Jahr geschehen, wenn er diesen hexenhaften Landstrich endlich verlassen kann? Wird man ihn im Norden engagieren, nachdem er ein Jahr verschwunden war, obwohl man ihn nicht einmal engagierte, nachdem er den *Ajo* gegeben hatte? Der rötliche Mond weiß keine Antwort.[2] Doch er will Mayr schreiben, ihm etwas erzählen... Ganz kann er ihn nicht verstoßen! Er wird sich rühren lassen, wird ihm ein paar Zeilen schicken! Er ist doch immer noch so etwas wie sein Sohn! Und sollte Mayr zufällig in Bergamo auf der Straße Vater Andrea sehen, muß er ihm sagen, ihm, Gaetano, gehe es gut...

Der Stoff der neuen Oper, die er entwirft, einer zweiaktigen Seria *Alahor di Granata**, ist wie ein Spiegel, der ihm seine Züge zeigt. Es ist der richtige Zeitpunkt, nochmals, wie in der *Zoraide*, Schwelgerei und

Brutalität der alten Mauren-Fürsten zu beschwören. Er atmete ja jetzt selbst die fruchtigen Dünste des Blühens und der Verwesung, welche in ihrem Reich in Spanien und auf Sizilien die Luft durchtränkten.

Aus dem Exil zurück, muß Alahor, der Titelheld, vernehmen, daß seine Schwester Zobeida seinen Todfeind liebt. Wie ein schwarzer Dämon aus der Wüste fährt er ins Puppenhaus der Liebe seiner Schwester ein. Im Namen ihres toten Vaters, den er rächen will, verlangt er von ihr, tatenlos zuzuschauen, wie er ihren Freund ermorden werde, und dann zusammen mit ihm zu fliehen... Nun, Donizetti selber kann diese Situation zweifellos gut verstehen. Wie garstig knapp bemessen war der Lebensraum, der Freiheitsraum für seine eigenen Schwestern! Sie hatten keine Chance, sich zu entwickeln, und seit zwei Jahren ist auch die eine tot, die, eingekeilt zwischen Francesco und ihm, Gaetano, den Starrsinn zeigte, die Grenze des zwanzigsten Lebensjahres zu überschreiten, Maria Antonia, die farblose Näherin. Keine Klagen der Familie über ihr stilles Entschwinden ins Grab sind überliefert. Eine Näherin näht ja noch immer, Mutter Domenica...

Und Donizetti selber ist so heimatlos wie Alahor. Auch seine Ideale sind zerbrochen, auch er ist nicht passiv dabei geworden, aber menschenfeindlich, ziellos ungestüm, verwildert. Gleichzeitig erkennt auch er als einzigen Ausweg aus seiner Verkümmerung den Rückzug in menschliches Glück.

Ob auch ihn ein Mädchen durch seine Geduld und Aufopferung erweichen, «entwildern» wird? Was für ein Mond wacht über seinen Träumen, wenn er schläft? Kein rötlicher und heißer, soviel ist sicher; nein, ein marmorheller, kühler, aber auch ein lieblich-runder, einer, der immer staunt und lächelt und trotzdem den Anschein erweckt, als wüßte er viel.

Wie verzaubert still fallen Virginias schwarze Haare auf ihre weißen Schultern! Wie ebenmäßig ist ihr Gesicht, wie gleicht ihre Stirn einem zarten römischen Bogen, wie behutsam zeichnen ihre Brauen die Konturen ihrer Augendeckel nach. Virginia Vasselli, sechzehnjährig, ist geschaffen worden, Kummer zu erleichtern, nicht zu bewirken. Die Gequälten, die sie liebt, muntert sie auf; ob ihrer eigenen Qual verkneift sie den Mund und lächelt. Und sie wacht in Rom als sanfter Mond über Gaetano.

Im Banne eines heißen sizilianischen Mondes steht aber ein anderer in Neapel. Ihn hat, im Gegensatz zu Donizetti, das unheilvolle Fluidum des rötlichen Gestirns seit der Geburt in seiner Gewalt; er ist ihm so verfallen, daß er es in seinem Innern eingeschlossen hat und täglich, stündlich von ihm zehrt. Es ist sein Brot, sein Elixier, sein Talisman und seine Waffe. Es ist die Gegenkraft, das Gegenlicht, das Gegengift zum höllischen Sonnenflimmern Rossinis. Mit diesem Fluidum im Netz will er die Sonne Rossinis verhängen. Mit einem Donnerschlag, mit einer Sonnenfinsternis, will er den Opernstaat Italien erschüttern und das Zepter an sich reißen. Als brüderlicher Diener des sizilianischen Mondes will er darüber herrschen — auf die Gefahr hin, daß man ihn verlacht, weil er sich anmaßt, Priester zu sein und alle übrigen Komponisten für Laien zu halten; weil er den Mond zu seiner Schwester aussersieht; weil er das Publikum durchaus im Zweifel läßt, ob er dem Mond nicht selber eher eine Schwester als ein Bruder sei, von solcher Weiblichkeit ist seine Erscheinung, seine Musik.

Seine Nase scheint auf Schritt und Tritt Unrat zu riechen; ihr Ausdruck ist überanstrengt, die Nüstern sind hochgezogen oder gebläht. Seine wässerigen, müden Augen blicken wie hinter Glas hervor, in dem sie sich selbst zu betrachten scheinen. So demonstrativ nach innen gekehrt, verletzlich, von der Gewißheit seines Werts durchdrungen wie sein Gesicht ist sein Benehmen. Man könnte ihn für einen Neffen Felice Romanis halten. Die andern müssen ihn umwerben, nicht er die andern. Und er meint es tödlich ernst mit seinen künstlerischen Zielen.

Dieser junge Mann von vierundzwanzig Jahren aus Catania, der Sizilianer Vincenzo Bellini, den Zingarelli, der Konservative, an seinem Neapolitaner Internat erstaunlich duldsam betreut, ist von Erfolg gekrönt, bevor er begonnen hat, nach ihm zu greifen, derart leidenschaftlich sehnt er sich danach. Dieses Rigorose, diese Gier, die Donizetti mit Abscheu im scheinbar so schläfrigen Volk der Sizilianer entdeckte, schafft sich Zugang durch jede Pforte. Das ist der Komponist unter den Künstlersöhnen Rossinis, der deren Ideen verbreiten wird! Es sind zwar die gleichen wie jene der *Lettera anonima*, des *Ajo nell'Imbarazzo*. Aber Donizetti fehlte etwas, um sie durchzusetzen: der Fanatismus des Missionars. Und über diesen Fanatismus verfügt Bellini im Übermaß. Noch ist er erst Student am Konservatorium Zingarellis, noch hat er erst — im laufenden Jahr — am Schultheater eine Oper aufgeführt, *Adelson e Salvini*. Doch wer ihn kennt, ist sich im klaren, daß er für die Richtung des Belcanto der Erneuerer der nächsten Stunde ist, und duckt sich vor seinem Ehrgeiz, vor dem Mondlicht in seinem Innern, vor seinem Talent.

Aber auch Bellini schwitzt in Strömen, wenn er an die nächste Zukunft denkt, hat ihm doch, wie weiland Mercadante, die Stellung eines Meisterschülers Zingarellis das Vorrecht verschafft, für das San Carlo

Der Komponist Vincenzo Bellini, ein Sizilianer, ist der große Rivale des jungen Donizetti. Jeder sucht vom andern künstlerische Elemente in sein eigenes Werk zu übernehmen. Seine volle schöpferische Freiheit erreicht Donizetti erst nach Bellinis Tod.

Virginia Vasselli, Tochter einer gehobenen römischen Advokatenfamilie, Schwester von Donizettis Freund Toto, heiratet den Komponisten und wird zum bedauernswerten Mittelpunkt von dessen persönlicher Tragödie.

zu komponieren, ohne zuvor in anderen Theatern Lehrgeld gezahlt zu haben (eine Bedingung, auf der diese Bühne gewöhnlich beharrt). Nun vertont er, während Donizetti Ende 1825 in Palermo am *Alahor* feilt und sich vor der Premiere fürchtet, weil er glaubt, zu «intelligente» Musik für diese Sänger, dieses Publikum geschrieben zu haben, das Textbuch eines Librettisten namens Gilardoni, *Bianca e Fernando*. Und wenn er den Triumph erzielt, nach dem er lechzt, wird er den Süden, dessen Sohn er ist, sofort verlassen, um die Scala zu bezwingen... während Donizetti, Sohn des Nordens, den das Versagen Felice Romanis und sein persönlicher Mangel an Durchschlagskraft in den Süden verbannte, nur schon für einen Vertrag Paternis Tränen des Danks vergösse...

Donizetti bedarf der Freunde. Er könnte nur mit Mühe Opern schreiben, wenn er seinen Wissens- und Erfahrungshorizont nicht ständig erweitern würde, wenn er nicht zusammen mit Menschen leben und leiden könnte. Bellinis Künstlertum hingegen speist sich allein aus seiner eigenen Substanz. Ihm genügt der bleiche Strahlenkranz des Mondes, um das Gewebe seiner langen, schweren Melodien zu entspinnen, die so schmerzlich einsam, so begierig auf sich selbst bezogen, so verderblich in sich selbst verliebt in ihrer Umgebung ruhen. Bellini ist ein Heimatloser, wenn man nicht seine Innenwelt als Heimat betrachten will.

Seine schon jetzt im höchsten Grad charaktervolle Sprache fand Bellini, indem er das Vokabular Rossinis feindselig und angewidert um alles kürzte, was ihm daran mißfiel, und das war eine Menge. Was übrigblieb, färbte er anders und baute es aus, so daß es nur bei einer näheren Betrachtung an den erinnert, der es erfunden hat. Bellinis formale Leistung ist eigentlich destruktiv, aber das ästhetische Gefühl und die Verbissenheit, mit der er eine noch nicht dagewesene dunkle Sexual- und Nachtromantik verwirklicht, entkräften jede Kritik.

Seine sich stetig entwickelnde Eigenart, die Melodien schier unüberschaubar weit zu dehnen, sie durch die Langsamkeit der Tempi und durch Verzögerungen fast aus dem Gleichgewicht zu heben, dann aber — nur an ausgewählten Punkten — mit einem Schuß Orchestersüße aufzuputschen, ist schon in der Arie «Bell'alme generose» aus Rossinis *Elisabetta* perfekt verwirklicht worden. Das für Bellini typische einförmige Auf und Ab der Streicher-Begleitfiguren, diese Wellenbänder unter den Stimmen, sind auch ein Merkmal fast jeder lyrischen Nummer aus Rossinis *Donna del Lago*. Aber gerade die Beschränkung auf diese und andere Elemente wie auch die Radikalität der Botschaft, die sie tragen, machen Bellini zum Messias einer neuen Kunst.

Grundsätzlich sagt er das gleiche wie Donizetti und mit dem gleichen Mittel: der vom Orchester unterwürfig, wenn auch äußerst klangschön («süß») begleiteten Melodie. Das Leben ist wunderbar, geheimnisvoll und traurig (namentlich durch die Liebe), noch wunderbarer, geheimnisvoller und trauriger aber ist das Sterben! Wenn man sich nur ungehindert zwischen Hier und Dort, Diesseits und Jenseits bewegen könnte! Bellini sagt es mit Fanatismus, Donizetti mit Scheu, Bellini zieht es offenbar stärker zum Jenseits hin, er sehnt sich stärker nach dem Tod als Donizetti, und im gleichen Ausmaß stärker klammert sich sein Körper-Ich ans Dasein, an materielles Glück und an den Erfolg.

Wie ein Mond, der sich von nichts erschüttern läßt, was in der Tiefe geschieht, wacht aber über die bösen Träume, die Ängste und Aggressionen Bellinis nicht eine Frau, sondern ein Freund. Es ist Francesco Florimo, welcher an Zingarellis Musikinstitut zusammen mit ihm studiert. Und wie Virginia dazu geboren wurde, von einer Sonne bestrahlt zu werden und dankbar zu lächeln, weil das überhaupt geschieht, so auch Bellinis Freund. Seine größte Freude ist Bellinis gute Laune, seine größte Labsal Bellinis Musik, sein größter Wunsch Bellinis Erfolg. Er lebt allein für Bellini — wie Virginia allein für Donizetti leben wird.

4. Adler und Eulen
Januar bis Dezember 1826
Elvida, Gabriella di Vergy (Fassung 1), Olivo e Pasquale

Mittlerweile neigt sich auf Sizilien die jüngste Spielzeit des Teatro Carolino ihrem Ende zu. Die Zugvögel aus dem Norden schicken sich an, heimwärts zu fliegen. Die Diva Ferron verläßt das Eiland als eine der ersten. Begleitet von vier Dienern und ihrem Wickelkind, besteigt sie das Schiff, wie eine abgetakelte orientalische Fürstin eines modernen Märchens.

Am Vortag ihrer Abfahrt, am 25. Januar des neuen Jahres 1826, hißte das Carolino die Segel der frischinszenierten Oper *Trancredi*, nachdem der *Alahor* am 6. Januar zum erstenmal gegeben worden war. Die damit abgesteckte Aufführungszeit des Donizetti-Werks vermittelt nicht so recht den Eindruck eines zünftigen Erfolgs... Doch zur Entschädigung bereitet der Papst dem Maestro eine erhebende Überraschung: Leo XII. verlängert die Weihefrist des von der Kirche «heilig» erklärten verflossenen Jahres, und König Francesco ordnet untertänig eine Schließung aller Bühnen seines Landes nach den ersten Fasten an. Das bedeutet, daß Donizetti schon vor dem 15. März seiner Pflichten enthoben ist, nämlich am 19. Februar — und schon am 14. dieses Monats zuckelt der Dampfer «Leone» mit ihm an Bord weg von Palermo, zurück ins Leben, heimwärts zu seinen Lieben, in die alte Welt.

Am Abend des 30. Mai erlebt er in Neapel, im San Carlo, den Sieg der zweiten Oper Bellinis. Er anerkennt die Überlegenheit des jüngeren Kollegen auf der Stelle. «Schön, schön, schön», murmelt er aufgeregt und durchaus neidlos, fügt indessen melancholisch bei: zu schön in Anbetracht seiner eigenen Oper, die er in vierzehn Tagen am Teatro Nuovo geben wird: das *Ajo nell'Imbarazzo*.[1] Noch weniger verspricht er sich von seiner neuen Auftragsoper für das San Carlo selbst, *Elvida*.[2] Erstens ist es eine Seria in einem Akt — nur Buffa-Opern weisen hin und wieder einen so beschränkten Umfang auf und nennen sich dann bescheiden Farcen —, zweitens versteckt sich dahinter eine Kantate — abermals zum Geburtstag der Königin! —, und drittens stammt das Textbuch von Giovanni Schmidt.

Zwei Mohren treten auf die Bühne, Amur und sein Sohn Zeidar, und stürzen sich ohne rezitativische Vorbemerkungen in folgenden ersten Teil eines Duetts:

Der Vater zum Sohn: «Allmählich verwandelt sich deine Liebe in Feigheit und Schwäche.» — Der Sohn zum Vater: «Gib nach, mein Herr, gib nach! Denk an deine Gefahr!» — Der Vater zum Sohn: «Ich will sie bestrafen.» — Der Sohn zum Vater: «Vorher ermorde mich! Gib sie zurück!» — Der Vater zum Sohn: «Verrückter! Und liebst du sie?» — Der Sohn zum Vater: «Mehr als mich selbst.» — Der Vater zum Sohn: «Und wünschst...?» — Der Sohn zum Vater: «Mit dir den Staat zu retten.»

Nun werden sich die Gäste des San Carlo zweifellos entgeistert fragen, was das bedeuten soll, und dankbar das Vorwort des Librettisten zu Rate ziehen. Diesem Text — durchaus nicht dem Libretto selbst — ist folgendes zu entnehmen:

Amur, der maurische Fürst von Granada, hat die Geliebte seines Gegners, des spanischen Prinzen Alfonso, gefangengenommen. Nun belagert dieser seine Stadt, ist in der Lage, sie zu erobern, erklärt sich aber zum Waffenfrieden bereit, wenn Amur Elvida, seiner Geliebten, wieder die Freiheit schenke. Amur weist das Angebot empört zurück:

seine Gefangene ist ihm wichtiger als sein Thron, und das aus reiner Sturheit. Zeidar, sein selbstloser Sohn, versucht ihn, obwohl er Elvida liebt, zu überreden, sich von ihr zu trennen. Amur verspricht ihm ihre Hand. Das aber paßt dem zartbesaiteten dunkelhäutigen Jüngling auch wieder nicht, denn ihre Gefühle für das edle Europäerweiß von Prinz Alfonso sind ihm heilig.

Deshalb eröffnet der Vater eine Attacke auf seinen Stolz: «Allmählich verwandelt sich deine Liebe (nämlich zu Elvida) in Feigheit und Schwäche.» Deshalb beschwört ihn der Sohn: «Gib nach, mein Herr, gib nach» und schließt (im Hinblick auf den vor den Toren säbelrasselnden Alfonso) die Ermahnung an: «Denk an deine Gefahr!» Deshalb droht der Vater unerschüttert: «Ich will sie bestrafen» (nämlich Elvida). Deshalb versetzt der Sohn: «Vorher ermorde mich!» und wiederholt, diesmal im Klartext, seine Ermahnung: «Gib sie zurück!» (nämlich Elvida an Alfonso, dem sie gehört). Der Vater versucht es erneut mit Hohn: «Verrückter! Und liebst du sie?» Der Sohn beteuert, weil es die Wahrheit ist: «Mehr als mich selbst.» Der Vater will weiterfahren: «Und wünschst du sie dir zur Frau?» oder, ironisch: «Und wünschst du sie als Frau Alfonsos?», bringt allerdings nur den Anfang der Frage hervor: «Und wünschst...?», da führt der Sohn den Satz als Antwort zu Ende: «Mit dir den Staat zu retten».

Die rosenwangige Elvida, die sich ihnen beigesellt, bringt Amur so viel Haß entgegen, daß er sie in einen rattenhaltigen und nicht besonders warmen Kerker steckt. Dort ist das altbekannte Trio ein paar Szenen später glücklich wieder vereint und wirft sich haargenau die gleichen Dinge an den Kopf wie ein paar Szenen früher — bis Alfonso das Gefängnis stürmt. Amur gönnt ihm seine Freundin weniger denn je und will sie rasch ermorden, doch Zeidar verhindert die Katastrophe. Zwar bekommt er das Paradepferd des «weißen Mannes», die süße Elvida, nicht, aber sein schwarzer Hals und selbst der Hals von Vater Amur bleiben ungekürzt — wahrlich ein schöner Lohn.

Indessen empfindet es Donizetti als Spießrutenlaufen und würdiges Nachspiel der in Palermo erlittenen Schmach, mit dem rassistischen Seria-Zwerg *Elvida* gegen das abendfüllende, kassenfüllende, textlich und musikalisch substanzreiche Drama seines jüngeren Rivalen, *Bianca e Fernando,* anzutreten. Doch beißt er tapfer auf die Zähne. Seine von ihm am meisten geliebte Oper[3], die ihn noch nie im Stich gelassen hat, der *Ajo* (mit dem Titel *Don Gregorio,* der neuen Dialektpartie für diese Figur und ein paar neuen Stücken), wird wenigstens kein Fiasko machen. Und am San Carlo wird im Anschluß an die *Elvida* sein *Alahor* fröhliche Urständ feiern — fröhliche, so Gott will. Geld wird er wenig bekommen für seine Mühen: für die Revision des *Ajo* wider Erwarten doch noch 40 Dukaten, für die *Elvida* deren 200 (und damit, grob gerechnet, 100 weniger als seinerzeit für die *Emilia*, 300 weniger als nochmals früher für den *Ajo*), und wenn er für die Anpassungen des *Alahor* an die Erfordernisse der Truppe anstelle von Geld, das nicht zu erwarten ist, ein «Dankeschön» erhält, wird er sich selbst, durchaus erfreut, weil überrascht, dafür bedanken. Doch was schert ihn das Geld! Ehre und Anerkennung, der Beifall des Publikums und die Verbreitung seines Rufs liegen ihm mehr am Herzen.[4]

Und die *Elvida* von Signor «Smidt» (so schreibt ihn Donizetti)[5]: Kann sie ihm schaden, wenn sie ihm auch nichts nützt? Gilt nicht an Galaabenden im Beisein der königlichen Familie das strikte Verbot, bei offener Szene zu applaudieren, auch für den König selbst (es sei denn, daß er es durchbrechen wolle wie im Falle von Bellinis *Bianca*?) Hat es sich der König nicht verboten, die Sänger zu applaudieren, die offiziell zum Hofkapell-Corps gehören? Und auch die Premierensänger der *Elvida*, Sänger der italienischen Spitze, will er natürlich nicht mit Beifall inkommodieren. Nun ja, daß ausgerechnet die Elite der italienischen Sänger, die Europabummler unter ihnen, die wichtigsten Werbeträger der Komponisten, versammelt sind, um die *Elvida* uraufzuführen, gibt der ganzen Angelegenheit trotzdem ein ernstes Gesicht.

Da ist die Primadonna Henriette Méric-Lalande, geschmeichelt von ihrem Erfolg als Interpretin Biancas, angetan vom verwirrenden Wesen des Burschen Bellini. Da ist der bergamaskische Tenor Gian Battista Rubini, weit einfühlsamer in der Wiedergabe lyrischer, weicher, ersterbender Töne als seine singenden Kompatrioten vom gleichen Fach, Domenico Donzelli sowie Giovanni David. Mit Donzelli, den er als Gestalter für ein Rauhbein hält, steht Donizetti auf du und du — Rubini muß er erst näherkommen. Bellini aber setzte für Rubini in der *Bianca* lyrische, weiche, ersterbende Töne zuhauf... Und da ist schließlich der gigantisch begabte Charakterdarsteller und Baß mit dem gigantischen Bauch, Luigi Lablache. Im Lager der Wiener klassischen und frühromantischen Komponisten, welche die Belcanto-Oper in der Regel scheel betrachten, genießt dieser Star so viel Respekt und Sympathien, als hätte er immer brav Mozart und Cherubini gedient, Rossini aber für vulgär erklärt. Er sang in Mozarts *Requiem*, als Haydn zur ewigen Ruhe gebettet wurde; Beethoven, der Disziplinierte, würde wohl ebenfalls gern mit einem Abschiedsgruß aus seiner Kehle bestattet werden, und Schubert widmete ihm drei *Italienische Lieder*...

Und solche Größen der Belcanto-Oper, alle höchlich eingenommen von Bellini, warten nun also auf die Verteilung der Parte des Weihespieles *Elvida*. Aber ... wenn es ihm gelingen wird, das Publikum mit der Cavatina Rubinis und mit dem Quintett zu «schnappen», wird er — das gelobt er sich — zufrieden sein.

Je schlechter es Gaetanos Karriere geht, desto bescheidener scheint er zu werden. «Mehr als glücklich» nennt er sich über die Erstaufführung des umgemodelten *Ajo* vom 11. Juni.[6] An der Premiere der *Elvida* vom 6. Juli erscheint ihm in der Erinnerung der Schlußapplaus des Königspaars bemerkenswert, obwohl es offensichtlich seinetwegen das Verbot, die Handlung zu unterbrechen, nicht übertrat.

Weitaus am knifflichsten als Anerkennung deutbar ist indessen das Echo des Publikums auf die Premiere des *Alahor di Granata* vom 19. Juli. Lediglich die Ouvertüre, die Cavatine der Primadonna, die Arie des Tenors und das Rondo finale hätten gefallen, teilt er dem Vater mit und kommentiert, in Neapel genüge das eben nicht, hier müsse eben alles ausgezeichnet sein.[7]

Diese Äußerung klingt nur beim ersten Hören überheblich; tatsächlich sagt sie aus, daß Donizetti eher die Qualität der verworfenen Stücke bezweifelt als die Qualifizierung derer, die sie verwarfen. Dennoch schließt er die Bilanz aller drei Aufführungen in Dur: Es sei ein Segen, daß man ihn nicht ausgepfiffen habe... Und in einem Brief an Anna Carnevali (worin er sich zum größten Teil mit ihrem Gatten auseinandersetzt, der seine, Donizettis, Vorzugsstellung bei ihr, der «Heiligen Anna», gefährde, so daß er hoffen wolle, bei seinem nächsten Römer Aufenthalt wenigstens abwechslungsweise mit ihm «das Feld zu behaupten»), spricht er die Ansicht aus, dank seinen «relativen» Neapolitaner Opernsiegen der Protektion des Hauses weniger unwert geworden zu sein.[8]

Dafür befallen ihn wahre Depressionen, wenn er an seine Heimat denkt. Als hätte ihn Bellini angesteckt, quält ihn der Argwohn, daß sich dort Feinde gegen ihn verschworen hätten, die die Erinnerung der Städter an seine Person mit Lügen beflecken würden — während er anderseits in Abrede stellt, daß es in Bergamo jemanden gebe, der sich an ihn erinnere. «Grüßen Sie jene, die von mir sprechen», trägt er Mayr auf, oder: «Grüßen Sie meine Freunde, von denen ich glaube, daß es wenige sind»[9], und genau dieselbe versalzene Art von Grüßen hält auch der mit Erfolg verwöhnte, aber desto menschenscheuere Bellini zum Gebrauch bereit. Jedes Gerüchlein aus dem Norden, das Donizetti Kunde bringt von dem, was Bergamasken über ihn reden, wenn sie Polenta essen, wird in seiner Nase zum Gerücht. Eben jetzt, so Donizettis Überzeugung, durchbraust die Gassen Bergamos ein Gerücht, er habe zwei Landsleute, die ihn besuchten, mit einem Elendsmahl beehrt. Mehr als zehn Dukaten hat es ihn gekostet, einen knappen Viertel des in Palermo bezogenen Lohns! Ein Elendsmahl? Da sieht er es. Man haßte ihn früher, dann ging er weg, und heute, nach so vielen Jahren der Trennung, haßt man ihn immer noch.[10]

Daß aber Bergamos «Philharmonische Union» ein Porträt von ihm bestellte und es im Rahmen eines Konzerts mit Werken aus seiner Feder an den auserwählten Nagel hängte, schlägt doch dem Faß der Absurditäten den Boden aus. Der Gefeierte sitzt in Neapel, ohne von diesem Ereignis zu profitieren. Wer hat da wem was zu verdanken? Das Vaterland ihm Ehre? Daß er nicht lacht! Und er dem Vaterland die weihevolle Montur jenes Gemäldeschinkens? Hätte er sie nur verdient. Doch es ist ja recht... seine Eltern werden angenommen haben, es widerfahre ihm Gerechtigkeit, und werden ergriffen gewesen sein.[11] Zieh nur mit stolzen Schritten durch die Stadt, zeig deine Uniformaufschläge und blas in die Röhre, Bruder Francesco, du Posaunenengel! Du gründetest eine Blaskapelle, traktierst die Trompete und gibst dein Bestes. Mehr, als du geben kannst, wird nicht von dir erwartet, und so genügst du allen, auch dir selbst.[12]

Zu keinem Zweck, nur so aus Spaß, wie er Mayr verrät, skizziert Donizetti neue Musik.[13] Weil ihn kein Unternehmer darum ersuchte, ist auch kein neues Libretto da. Indessen, eine Oper mußte es sein, und so «beraubte» Donizetti den zehn Jahre älteren Komponisten Micchele Enrico Carafa, einen Neapolitaner, um das Libretto seines Bühnenwerks *Gabriella di Vergy*. Zehn Jahre sind es her, seit diese Oper gegeben wurde; nun liegen die Noten irgendwo an einem vermutlich staubigen Ort, so daß sich Donizetti ohne weiteres im stillen Kämmerlein am gleichen Stoff versuchen kann. Doch seine Krise erstreckt sich auch auf sein Handwerk. Wie in den Tagen des *Enrico di Borgogna* steht er an der Stelle, wo die Wege Mayrs und Rossinis auseinandergingen, ja er kann sich zwischen verspielter, epigonaler Klassik à la Mayr und Crescendo-Rausch à la Rossini schlechter entscheiden als während der Arbeit am *Pigmalione* unter den Fittichen des Padre Mattei. Die Instrumentierung ist bald wechselhaft und äußerst farbenprunkend, wenn auch befremdlich aufgesplittert, bald ernüchternd kahl.

Nur nach etwas forscht man in der Partitur vergebens: nach einem Einfluß von Bellinis *Bianca*. Just was der Sizilianer aus der Formenwelt Rossinis zum persönlichen Gebrauch herausfiltriert und was der Ber-

Die Armut seiner Eltern *(oben: Vater Andrea und Mutter Domenica)* vermochte Gaetano nie zu verschmerzen; so verbot er ihnen kategorisch, an seinen Premieren im Opernhaus zu erscheinen, und schloß sie auch von seiner Hochzeit mit der wohlhabenden Bürgerstochter Virginia Vasselli aus. Der Makel, außerhalb der Stadtmauer Bergamos, in einem Keller im Viertel von Borgo Canale *(unten)* geboren worden zu sein, lenkte sein ganzes Leben mit tragischer Konsequenz dem Abgrund zu.

gamaske selber früher oft verwendet hatte, warf er in den Abfalleimer, obwohl es der Goldstaub ist. Könnte es seine Absicht gewesen sein, mit allem aufzuräumen, was er seit der *Zoraide*-Zeit begonnen hatte? Könnte ihn der Ärger, daß ihm plötzlich einer sein Patentrezept entwandte und auch gleich die Technik aus dem Boden stampfte, um es wirkungsvoller anzuwenden, als ihm dies selber je gelungen war, bewogen haben, es zu zerreißen?

Jedenfalls lehnt er es ab, sich künstlerisch von den Impulsen Bellinis leiten zu lassen, und sucht statt dessen einen möglichst neuen, eigenen Weg.

Einzig die letzte Szene der *Gabriella* geht unter die Haut (ist aber auch nicht bellinihaft). Sie zeigt die Heldin in einem Alptraum, der von der Wirklichkeit bestätigt, weitergesponnen und an Grausamkeit noch übertroffen wird. Zweifellos wurde der Komponist gerade von diesem Ende zur Vertonung angeregt. Er durfte ja nie Tragödien mit erschütterndem Ausgang vertonen, weil das die Zensur verboten hätte ... Donizetti aber inspirieren ausgerechnet die brutalsten Szenen zur wirkungsvollsten Musik. Erst wenn — wie in der *Gabriella* — der Preis für sexuelle Lust in Folterqualen und im Tod besteht, können die Liebenden darin schwelgen. Darum ist Donizettis Musik scheinbar so hell und fröhlich, auch wenn ihr Inhalt so düster ist. Je finsterer die Schatten des Todes, desto strahlender das Licht der Liebe. Liebe zum Preis des Todes, das ist das Thema, das er gestalten will. Und das er wohl auch leben muß, um es gestalten zu können.

Er reist nach Rom.

Dort befaßt er sich ebenso engagiert mit einer völlig entgegengesetzten Opernfigur, dem pfiffigen, zugleich sensiblen, leicht in sich selbst verliebten, aber mit der Umwelt immer äußerst rücksichtsvollen, reichen Gewerbetreibenden Monsieur Le Bross. Dieser fährt — laut Ferretti, der das Libretto zu *Olivo e Pasquale* geschrieben hat — als Bräutigam nach Portugal. Die Braut heißt Isabella und ist die Tochter seines Lissaboner Handelspartners Olivo, der ihn aus finanziellen Gründen dringend mit ihr vermählen will. Aber der Hecht erweist sich als schwer zu ködern. Eine Heirat, ja, die würde er nicht verachten, doch mit einer Unbekannten? Nein! Schön und häuslich sollte sie sein, aber bitte keine gar zu anspruchslose Stubenpflanze! Sie sollte Charakter haben und ihn verstehen. Warmherzig sollte sie sein, lieben sollte sie ihn. So betritt Le Bross den Hafen Lissabons durchaus als lediger Mann und ohne auszuschließen, daß er ihn auch als lediger Mann wieder verlassen könnte.

Donizetti aber hat Rom betreten und der siebzehnjährigen Virginia Vasselli eine von seiner Hand geschriebene Partitur geschenkt. Es ist ein Potpourri für Violine und Klavier mit 27 Themen aus seinen Opern. Das mitgelieferte Quellenverzeichnis ist eine Liste seiner Bühnenwerke, eine gewichtige Bilanz seines bisherigen Theaterschaffens. Wenn jeder Operntitel Kennwort für ein Möbelstück oder ein Sparkassenkonto wäre, ergäbe sich ein Voranschlag für eine Mitgift, die selbst ein kaltes Schwiegervaterherz erweichen müßte.

Und Donizetti vertont die Reflexionen des Monsieur Le Bross sehr inspiriert. Die Läufe des Tenorgesangs schäumen und brodeln bei der Erinnerung an den durchlittenen Sturm, worauf dem Schicksal für die Rettung kindlich vergnügt gedankt wird. Dann, mit der Hinwendung seiner Gedanken an seine unbekannte Geliebte, erreicht Le Bross den Boden äußersten Ernstes. Stampfend setzt die Cabaletta ein; wie ein Löwe scheint er auf und ab zu gehen und sich die Sache zu überlegen. Wenn er der Kleinen und die Kleine ihm gefällt, wird sie die Seine, ansonsten: Adieu!

Nun aber löst sich eine zweite Cabaletta aus der ersten, eine lichte, sanfte, süße. Der zwitschernde Jubel der Bläserstimmen, die erregten Melodien im mittleren Teil, die freudenwirren Überschläge des Tenors am Schluß — du liebe Zeit, ist Herr Le Bross laut Donizetti wirklich so unentschieden wie laut Ferretti? Hat er diese Isabella wirklich noch nie gesehen?

Laut Ferretti sind sich die beiden fremd, und als der Vater seine Tochter zur Besichtigung durch den allein von ihm begehrten Bräutigam herbeizitiert, fällt sie entsetzt in Ohnmacht, als wäre Herr Le Bross mit seiner feinen Bildung ein zottiges Dromedar. Er allerdings verliebt sich sofort in sie, schwört aber insgeheim heilige Eide, daß er sie niemals zwingen werde, ihm ihre Hand zu reichen. Aus seiner schmerzlichen Gespaltenheit wächst der Entschluß, herauszufinden, wer sein begünstigter Rivale ist, sich einen Vers darauf zu reimen und wieder heimzufahren. Hinter verschlossener Tür sagt sie es ihm: der Hungerleider Camillo, einfacher Fakturist im Dienst des Vaters! Herr Le Bross erstickt seine Wünsche und bietet sich ihr als Helfer an. In der Tat gelingt es ihnen mit vereinter List, den alten Geizhals Olivo zur Vernunft zu bringen. Der güterlose Fakturist Camillo wird der Schwiegersohn des mäßig reichen Herrn Olivo, und der wirklich reiche Herr Le Bross segelt als Junggeselle nach Hause.

Der Hungerleider Donizetti aber schenkt Virginia Vasselli, Tochter eines prominenten, gutbestallten Römer Rechtsgelehrten, am

29. November 1826, seinem 29. Geburtstag, ein Frauenduett, «Sarà più fida Irene» («Irene wird treuer sein»). Ob diese Irene wirklich Irene heißt, das ist so ungewiß wie die Frage, ob die Isabella in der Oper wirklich Isabella heißt. Sicher ist aber, daß Donizetti das Duett des nicht mit irdischen Gütern gesegneten Hochzeitsanwärters Camillo mit dessen Geliebten schwelgerisch und elegisch in Terzen und Sexten taucht. Und sicher ist gleichfalls, daß Herr Le Bross für seine Bereitschaft, die Vermählung durchzusetzen, von Donizetti in einem mit Isabella gesungenen, sinnlichen Freundschaftsduett ähnlich prunkvoll gefeiert wird. Immerhin verfügt der Maestro selber über einen Freund, der in der Lage ist, in einer solchen Sache zu vermitteln, und der dies auch gerne tut: Antonio (Toto) Vasselli, der Bruder Virginias.[14]

So wird die neue Oper, die er in Rom für das Teatro Valle schreibt, *Olivo e Pasquale**, eine Buffa in zwei Akten, zu einem besonders authentischen Zeugnis eines Abschnitts seines Lebens. Wieder bewies Ferretti bei der Wahl und der Bearbeitung des Stoffes ein erstaunliches Sensorium gerade auch für die tragischen Untertöne. Denn die Einstellung Olivos jenen Leuten gegenüber, die gleichsam im Keller geboren wurden, ist genau der Stachel, der Donizetti das Leben im allgemeinen und jetzt das Freien um die Hand Virginias so erschwert. Was wird geschehen, wenn seine Eltern, mißtrauisch, ungeschickt und verlegen, im allzu deutlich als Unikate aus ihrem Kleiderschrank erkennbaren Feststaat und mit verhärmten Gesichtern im vornehmen Haus des Advokaten Luigi Vasselli zur Hochzeit erscheinen werden? Was könnten die Folgen sein, wenn Nacht- und Sonnenvögel die Nester zusammenlegen?

5. Kurz vor dem ersten Ziel
Januar 1827 bis Januar 1828
Otto Mesi in due Ore, Il Borgomastro di Sardaam, Convenienze ed Inconvenienze teatrali, L'Esule di Roma

Am 7. Januar des Jahres 1827 wird *Olivo e Pasquale* erfolgreich uraufgeführt.

Wenige Tage nach der Premiere fährt Donizetti wieder nach Neapel, das er immerhin im Laufe des letzten Augusts, vor einem knappen halben Jahr, verlassen hatte und wo man deshalb nächstens versucht sein könnte, ihn der Fahnenflucht zu zeihen. Um so mehr beeindruckt sein Wiedererscheinen einen der städtischen Unternehmer, und zwar gerade den wichtigsten, Domenico Barbaja. Er verpflichtet Donizetti, für die drei Stadttheater Fondo, Nuovo und San Carlo nicht weniger als ein Dutzend Opern zu komponieren. Daß es sich dabei um eine Langzeitbeschäftigung und keine temporäre Arbeit handelt, ist selbst Barbaja klar, sosehr es ihn freuen würde, jedes Wochenende eine neue Oper einzustecken. Deshalb verspricht er Donizetti als Entgelt für seine künstlerischen Höhenflüge wie Hinz und Kunz ein festes Salär: 200 Dukaten im Monat. Das kann dem Komponisten nur willkommen sein, eben wie Hinz und Kunz, die sich mit dem Gedanken tragen, ihren Zivilstand bald zu ändern. Mit weiteren 50 Scudi im Monat soll er für Hausarbeiten am Teatro Nuovo — für so geistabtötende und trotzdem nervenkostende Verrichtungen wie die Verteilung, Einstudierung und Umarbeitung von Rollen — entschädigt werden, und da ein Scudo schwerer wiegt als ein Ducato, lohnt sich Virginia zuliebe auch diese Mühe.

Der *Bianca*-Librettist, Domenico Gilardoni, verfaßt das Textbuch für die erste Oper der Serie. Der Auftrag, Donizetti mit Stoff zu versorgen, ist offenbar für die Theaterautoren Neapels immer noch das Aufbruchsignal zur fröhlichen Jagd nach Absurditäten ... und Gilardonis Beute ist sehr ergiebig. Er tauft sein Werk *Tragedia romantica*; darin spürt man den Einfluß Bellinis, indessen leider nur in diesem Punkt. Die spätere Bezeichnung des Poems, *Otto Mesi in due Ore (Acht Monate in zwei Stunden)*, als *Melodramma storico spettacoloso* wird seinem wahren Wesen sehr viel gerechter werden.

Ein Großmarschall und ein Gehilfe namens Iwano verleumdeten den Grafen Potoski beim russischen Zaren; dieser verbannte ihn und seine Frau Fedora nach Sibirien. Doch eines Tages beschließt ihre Tochter Elisabetta, auf eigene Faust nach Petersburg zu fahren und den Zaren von der Unschuld ihres Vaters zu überzeugen. Bei Nacht und Nebel schließt sie sich Micchele an, der die gefährliche transsibirische Strecke als Postillion bereist. Doch infolge eines im Libretto ungenannten Zwischenfalls trennen sich ihre Wege; jetzt muß das arme Mädchen schutzlos und allein die mörderische Einsamkeit durchwandern. Schließlich trifft sie Iwano, den Mitverleumder ihres Vaters, der als Fährmann auf dem Flusse Kama tätig ist. Der Tod seiner Tochter Lisinska ließ ihn reuig werden, so daß er der Tochter des Grafen, den er verriet, mit Tränen in den Augen seine Schuld bekennt. Kaum hat sie ihm die Absolution erteilt, erscheinen frauengierige Tataren, doch der Anblick von Elisabettas Kreuz erschreckt sie zu Tode; sie beschließen, ihr ihre Börsen zu überlassen, und verziehen sich. Da droht bereits die nächste Katastrophe: eine Überschwemmung. Während der Fährmann (dessen Element das Wasser ist) von eilig zusammengeströmten Bewohnern der nahen Berge gerettet wird, wirft sich Elisabetta auf den Sarg Lisinskas, der von den Wogen wie ein Kahn getragen wird.

Kaum hat Elisabetta Petersburg zu Fuß erreicht, trifft auch Micchele mit der Kutsche ein. Schon beim Fährmann an der Kama war er nach ihr eingetroffen, gerade früh genug, um Iwano sterben zu sehen und sich von ihm ein Briefchen an den Zaren mit der Rechtfertigung Potoskis anvertrauen zu lassen. Doch das Dokument erweist sich bald als wertlos: erklärt doch der Zar, die Unschuld Potoskis sei ihm bekannt, und das schon seit Wochen ... aus anderen Dokumenten. Diese Behauptung beweisen die Eltern Potoski durch ihre persönliche Gegenwart. Sie müssen, kaum begnadigt und nach Petersburg bestellt, mit wahrer Windeseile hergeflogen sein!

Stürmischer Jubel des Publikums im San Carlo an der Premiere vom 13. Mai des Jahres 1827. Die Meinung ist: Der Komponist, der Librettist, die Bühnenausstatter und der Maschinist schlugen sich ausgezeichnet. Die Fahrten auf der Kama, die Überschwemmung und die neue Funktion des Sarges von Lisinska wirkten täuschend echt. Die «recht präzise Führung der Maschinen» unterstreicht auch Donizetti selbst und schätzt sie um so höher ein, als sie aus seiner Sicht im Mittelpunkt des Interesses stand. Doch auch sein eigener Beitrag — so ergänzt er seinen Rapport —, die «mit all dem geschmückte Musik», habe sehr gut gefallen.[1] So ist er endlich wieder in die Würden eingesetzt, die ihm vom Publikum Neapels als Belohnung für die *Zigeunerin* zuerkannt worden waren: den Ausschlag gab erneut ein Bilderbogen des Grauens, der Einfall «Gruselkabinett im Opernhaus».

Gleichwohl ist Donizettis Innenleben nicht gerade aufgeräumt, als er knappe vierzehn Tage später seinem Vater schreibt. Hoffentlich sei er jetzt weniger unzufrieden, da er den Namen des Mädchens kenne, das er, Gaetano, «vielleicht» heiraten werde.[2] (Er hat sich soeben verlobt!) Nun soll der Vater aber nach dem Namen seiner Freundin auch erfahren, was deren Eltern bei einer Heirat Lumpen wie ihnen, den Donizettis, zu bieten hätten; wollen einmal sehen, ob er dann noch aufbegehrt. 2000 Colonaten (an die 2500 Dukaten), zahlbar in zwei Jahren, würden die Vassellis ihrer Tochter mit in die Ehe geben. Hausrat im Wert von weiteren 1000 kämen hinzu. Zwischen den beiden Zahlen erteilt Gaetano seinem Vater einen Wink mit dem Zaunpfahl, indem er bemerkt, es stehe ihm frei, das Geld in dieses oder jenes Portemonnaie zu leiten (also zum Beispiel auch ins Portemonnaie des alten Herrn Andrea). Es dünke ihn — faßt er zusammen —, daß ein mittelloser Mann wie er sie heiraten könne. Wie viele andere Töchter seien schon reicher? Und ob es denn so sicher sei, daß er, Gaetano, nie mehr am gleichen Ort wie seine Eltern wohnen werde? Das Mädchen wäre zu allem bereit; es mache, was er wolle. «Also?» schließt er triumphierend.[3]

Die Blütenlese von Virginias Qualitäten, die er für seinen Vater trifft, kann höchstens einem männlich-derben Trivialgeschmack willkommen sein. Da findet sich das schon zitierte, zweifelhafte Lob «Sie macht, was ich wünsche» nebst einem knappen Hinweis auf ihren allgemein guten Charakter und der Betrachtung, daß er nicht von Schönheit reden wolle, da diese nur von kurzer Dauer sei. Sein Herz ist überall, bloß nicht auf seiner Zunge, während er beim Vater für seine Verlobte wirbt. Ganz anders schreibt er Wochen später seinem zweiten Vater, Lehrer Mayr. Virginia sei seiner «mehr als würdig». Sie sei die Tochter von «ausgezeichneten Eltern». Erzogen worden sei sie «da Signora» («wie eine Herrin»), mache aber «keinen Pomp daraus». Sie gewöhne sich an alles, nur nicht an eine Rolle als Gesellschaftsstern. Nie habe sie von sich reden gemacht! Ihn respektiere und liebe sie nah und fern. Ja, sie verdiene es, geschätzt zu werden![4]

Derzeit erlebt Donizetti Respekt und Liebe seiner Verlobten in der zweiten Variante, aus der Ferne. Als nächste Meisterprobe für das Expertenauge Barbajas entsteht denn auch eine Art «Fernweh-Olivo», wiederum eine zweiaktige Opera buffa mit Schwergewicht auf der gemüthaften Seite: *Il Borgomastro di Sardaam** *(Der Bürgermeister von Sardaam)* mit einem Textbuch von Gilardoni. Pietro ist ein armer Zimmermann im Arsenal von Sardaam. An seiner Seite in der Werft schlägt einer Nägel ein, der ebenso wenig begütert scheint und ebenfalls Pietro heißt, in dessen Taschen aber Märchenschätze schlummern. Es ist der russische Zar, der — die Legende war bereits der Gegenstand von Donizettis Jugendoper *Il Falegname di Livonia* — in europäischer Arbeitertracht Anschauungsunterricht in europäischem Arbeiterfleiß genießt. Plötzlich setzt, von Diplomaten eingeleitet, eine fieberhafte Suche nach dem Zaren ein. In diesem Unternehmen will der Bürgermeister (der nicht einmal weiß, worum es geht) seine politische Beschlagenheit beweisen, indem er alle Fäden an sich zieht, um den Gesuchten selbst zu finden. Prompt lenkt er den schmeichelhaften Verdacht, kein Zimmermann, sondern ein Zar zu sein, auf Pietro den Deserteur. Und dessen Geliebte Marietta wagt ihm nun kaum noch die Hand zu küssen, weil sie ihn für einen Zaren hält...

Auf die Schwierigkeit der gegenwärtigen Verfassung Donizettis, dem Geld und Ehre verschlossen sind und der sich eher selber scheuen müßte, Virginia die Hand zu küssen, deutet die Monotonie und durchaus grobe Kraft der Rhythmen während der ganzen Oper hin. Auch erscheinen die Formen der ganzen und halben Nummern eigensinnig auf engem Raum; Ariosi, lyrische Teile, Brückenpassagen und Cabaletten sind häufig stark verschmolzen.

Endlich hat sich der Einfluß Bellinis bemerkbar gemacht: nicht durch die Nachahmung von dessen zerbrechlich-lyrischen Formen, sondern im Gegenteil durch die Entwicklung eines robusten Alternativmodells. Die Orchesterrhythmen bilden keine Wellenbänder, sondern klopfen linear und regelmäßig den Takt zu handfesten «Schlagern». Die Melodien sind kurz (aber auch nicht so abgehackt und rudimentär wie oft bei Rossini). Die ganzen Stücke sind kurz, und weil es deren wenige hat, ist auch die ganze Oper kurz statt lang wie bei Bellini. Die «Oper der neuen Kürze»!

Nach dem soliden Premierenerfolg des *Borgomastro* am 19. August erlangt er eine epidemische Beliebtheit, die es je länger, desto mehr verbietet, ihn vom Spielplan abzusetzen. Doch Donizettis Laune ist immer noch schlecht, denn das Problem der Heirat (nämlich der Verschwägerung der beiden Sippen) ist nach wie vor ungelöst.

«Ich hoffe euch nächstens eine erfreuliche Ankündigung zu machen, basta, wir werden sehen», hält er am 30. Oktober seinen Vater auf dem laufenden — soweit er das damit wirklich tut. Mittlerweile ist er fast seit einem halben Jahr verlobt, aber die Meldung der nahen Hochzeit an seine Eltern bleibt ihm im Halse stecken. «Ihr braucht Geld», heißt es im weiteren in diesem Brief, «und ich hoffe Euch so bald wie möglich zu befriedigen.» Was das bedeutet, erhellen die folgenden Sätze: Ein Mittelsmann in Mailand soll den Eltern vier Luigi überweisen; das sei zu wenig, führt er aus, als daß es sich lohnen würde, Bergamo zu verlassen und den Betrag an Ort und Stelle in Empfang zu nehmen. Immerhin berechtigt ihn die Summe, barsch zu verlangen: «Schreibt (mir) mehr.» Nicht einmal Mayr antworte ihm, knurrt er im Anschluß an diesen Befehl. Und besonders stenographisch wird die Botschaft bei den Abschiedsgrüßen...[5]

Wenigstens kann er seinen Kropf vom täglichen Berufsärger leeren, indem er das närrische Treiben zwischen dem Vorhang und den Hinterzimmern der Musiktheater in einer großen Farce karikiert, wie seinerzeit in *Fortunato inganno*. Auch das Libretto stammt aus seiner eigenen Küche: *Convenienze ed Inconvenienze teatrali** (frei übersetzt: *Freuden und Leiden der Bühnenmenschen;* noch freier übersetzt: *Viva la Mamma).* Kaum eine Schikane, die er je im Umgang mit Sängern und Funktionären der Oper ertragen mußte, läßt er in dieser gallebitteren Abrechnung außer Betracht. Manchmal wendet sich das Werk sogar gegen sich selber, etwa wenn es ein überladenes Koloraturenstück, das anderseits mit einer ausgesprochen donizettihaften, sensitiven Melodie versehen ist, verulkt. Es wäre undenkbar, die Oper konzertant wiederzugeben, da sie allein von ihrem letztlich tragikomischen Geschehen lebt.

Premiere ist am 21. November 1827. Natürlich sind die Gäste des Teatro Nuovo, ohnehin der leichten Muse zugeneigt, ganz aus dem Häuschen vor Vergnügen an der bärbeißigen Mamma Agata, die, von einem Buffo-Bass verkörpert, die Ansprüche ihrer singenden Tochter, einer Seconda donna, gegen die der Primadonna mit Bestechung und Radau verteidigt. Und natürlich ist es ihnen mehr als recht, daß Donizetti einmal die drolligen Seiten seines Gewerbes in den Vordergrund, den ernsthaften Schein der Bühnenkunst nach hinten stellt. Nur ist diese Drolligkeit selbst wieder Schein. Doch das will keiner wissen. Das Publikum lacht, die Kasse klingelt, Barbaja grinst. Soll er Donizetti mehr bezahlen als bisher? Dick hinter den Ohren hat es der Kerl! Jede seiner neuen Sachen ließ sich verkaufen wie frisches Brot! Aber — zu darben scheint er ihm nicht. Seine Ironie ist eine viel zu gute Kost, die wird ihn erhalten. Lassen wir ihn!

Nicht nur gesunde Ironie, auch die Kalendersprüche seines Vaters richten ihn auf. Darauf deutet wenigstens seine Erklärung hin: «Nur der, der seine Wünsche bezähmen kann, lebt glücklich auf dieser Welt.» Er selber darf — im Gegensatz zu anderen Personen — füglich behaupten, dieser bescheidenen Sorte Mensch anzugehören. Er hat — im Gegensatz zu anderen Personen — kein Bedürfnis, Millionär zu werden. Er kommt — im Gegensatz zu anderen Personen — mit dem wenigen aus, das er verdient, lebt ohne Schulden und ist glücklich, nein, sogar sehr. Trotzdem wünscht er ihm von Herzen alles Gute, dem Herrn Ex-Musikdirektor eines ligurischen Regiments, Bruder Giuseppe. Freilich sind seine Soldaten unzweifelhaft ziemlich enttäuscht, ihn zu verlieren, doch wer wird sich durch alberne Treuebegriffe abhalten lassen, dick zu verdienen? Sicher nicht Giuseppe! Der ist ein Mann der Vernunft, ein Mann der Tat, ein Mann der Moderne.[6] Nun, seinem Vater will Gaetano trotzdem nicht verschweigen, daß er Giuseppes Absicht, in Konstantinopel Oberleiter der Militärkapellen des türkischen Sultans Mahmud II. zu werden (eine Stellung, welche ihm der Muslem-Kaiser am 7. November schriftlich versprach), entschieden mißbilligt — nicht so sehr wegen der Anhänglichkeit seiner bisherigen Schäfchen als wegen der Unsicherheit der Zeiten, in denen sie alle leben.

Auch das Osmanenreich ist ein Koloß auf bebenden Bronzefüßchen. 1821 begannen die Griechen gegen die türkische Herrschaft, den Sultan, aufzubegehren. Daß er in der Lage wäre, ihren Widerstand zu brechen, bewies der Sultan 1825/26 mit Strömen von griechischem Blut. Das aber rief im Jahre 1827, das jetzt zu Ende ging, die Russen auf den Plan, welche gemeinsam mit England und Frankreich in der Seeschlacht vor Navarin die türkisch-ägyptische Flotte schlugen. Wie wird es weitergehen? Sicher nicht gemütlich! Aber gewiß, 800 französische Franken im Monat (das sind beinahe 2000 Dukaten und also zehnmal soviel wie das Gehalt Gaetanos) wiegen auch die schönste Garantie für Leib und Leben auf.

Im Mittelpunkt von Donizettis eigener Provinzkarriere steht derzeit die Arbeit an einer zweiaktigen Opera seria auf ein Libretto Gilardonis für das San Carlo, *L'Esule di Roma** *(Der Verbannte von Rom).* Es ist seit zwei Jahren, seit dem *Alahor,* das erste halbwegs düstere abendfüllende Drama, das er als Auftragswerk vertont. Sein Bedürfnis, Menschen in ausweglosen Konflikten und um so leidenschaftlicheren Gefühlsaufwallungen zu porträtieren, war durch die *Gabriella* nur mäßig befriedigt worden. So schreibt er sich jetzt Hals über Kopf ins Reich der zuckenden Licht- und Schattenchimären, des chaotischen Schwarz-Weiß-Getümmels, ins Reich des Folterglücks verbotener Leidenschaften hinein, das ihn seit vielen Wochen innerlich beherrschte. Dabei wurde er vermehrt zu einer Beute von Aggressionen, die er sich selbst mitnichten eingestand. Die kritische Durchleuchtung der dunklen Mächte, die mit ihm ringen, ist seine Sache nicht; statt darüber nachzudenken, läßt er sich von ihnen treiben und wird sie deshalb nur beim schöpferischen Übersetzen in tragische Opern los.

Er ist gespalten zwischen seiner Liebe zu Virginia und einer Spielart des Hasses auf seine Eltern. Er ist gespalten zwischen dem ehrlichen Drang nach häuslichem Glück und dem Vollzug des Unglücks, das ihn bereits gezeichnet hat.[7] Er ist gespalten zwischen der Sehnsucht, Schauerliches zu artikulieren, und dem «Bellini-Schock». Er ist gespalten zwischen der Gewißheit, im *Olivo* und im *Borgomastro* wiederum eine Orientierung gefunden zu haben, auf einem guten Weg zu sein und mit Applaus belohnt zu werden, und seiner dennoch sarkastischen Einstellung gegenüber dem Opernbetrieb. Und schließlich ist er gespalten zwischen seiner Überzeugung, anspruchslos und mäßig anerkannt leben zu wollen, und seinem Erfolgsneid auf Giuseppe.

Bei so vielfacher Gespaltenheit ist es verständlich, daß Donizetti zum erstenmal Musik für eine wahnsinnskranke Bühnenfigur gestaltet, Wahnsinnsmusik.

Das Opfer dieser Krankheit ist ein Senator im Alten Rom, Murena, der den Volkstribun Settimio, den Freund seiner Tochter, beim Kaiser verleumdete, worauf ihn dieser unter Androhung des Todes aus der Stadt verbannte. Doch im Exil gelangte Settimio in den Besitz von Dokumenten, die das Vergehen Murenas und seine eigene Unschuld einwandfrei belegen, so daß er die Rückkehr wagt. Argelia, seine Geliebte, der er die Papiere anvertrauen kann, bevor man ihn entdeckt und in die Todeszelle führt, steht vor dem Entscheid, ihren Geliebten vor der völlig unverdienten oder ihren Vater vor der immerhin laut dem Gesetz verdienten Hinrichtung zu bewahren. Murena, über die Lage orientiert, müßte sich schuldig bekennen, um den von ihm verratenen Settimio zu retten. Doch da er schon vor Settimios Rückkehr unter der Belastung seiner Schuldgefühle den Verstand verlor, wirkt es plausibel, daß es ihm jetzt — nach diesem Beweis seiner moralischen Größe — an Kraft gebricht, sich selber zu denunzieren.

Die Gegenmacht zu diesen Schicksalszwängen ist der heroische Wille der Opfer, das menschlich Beste zu tun. Settimio verzichtet darauf, den Vater seiner Freundin anzuklagen, und ist aus Rücksicht auf sie zum Hinrichtungstod bereit. Argelia verleugnet ihre Liebe und zerreißt die Dokumente, die ihren Vater überführen, ihren Freund hingegen vor dem Tod bewahren würden. Murena selbst bezichtigt sich schließlich doch seines Verbrechens, aber zu spät, so daß Settimio eigentlich sterben müßte. Mit dieser Lösung könnte Gilardoni Donizettis Wunsch nach einem brutalen Opernende erfüllen, wobei der Komponist auf die moralischen Gebote eines Mayr, eines katholischen Priesters oder seines Vaters gleichwohl Rücksicht nehmen könnte. Doch weil das ersehnte brutale Ende immer noch verboten ist, führt Gilardoni einen Löwen ein, mit dem Settimio in der Verbannung Freundschaft schloß und der ihn nun verschont, obwohl er ihn nach dem Willen der Richter verspeisen müßte ...

Ist nun aber Gilardoni fähig, so komplizierte geistig-psychische Phänomene, wie sie für Wahnsinnskranke bezeichnend sind, in seinen Versen wiederzugeben? Er bewältigt das Problem hinlänglich zufriedenstellend ... sofern man bedenkt, daß letztlich das Sagen an der Musik, an Donizetti ist. Gilardonis Beitrag beschränkt sich darauf, unlogische Satz-Bruchstücke zusammenzustellen. Die im Part Murenas reichlich eingelegten Pausen, die sein Delirium signalisieren, gestaltet Gilardoni mit Gedankenstrichen. Donizettis Freiheit aber, zu jedem beliebigen Wort jene Musik zu finden, die ihm für Murenas momentanen Zustand angemessen scheint, könnte gar nicht größer sein.

Der Einzug des *Esule* ins Repertoire am 16. Januar des Jahres 1828 ist triumphaler als jede Premiere, die Donizetti bisher bestritt. Stilistisch stellt er ein Alternativmodell zur Mondschein-Oper Bellinis vor, das kürzer, von kräftiger, doch keineswegs grober klanglicher Süße und cabalettafreudiger ist. Aber die Begeisterung des Publikums ist nicht nur damit zu erklären. Offenbar fiel auch ein Funke des Themas auf entzündliches Gedankengut, das sich in vielen Köpfen angesammelt hatte ...

Wahnsinn: Vergessen zu können, was einen bedrängt, es aber doch nicht eigentlich zu vergessen, sondern so zu erleben, als ob es die Bedrängnis eines Fremden wäre! Und auch zu leiden, aber nicht so sehr am eigentlichen Übel wie am Wahnsinn selbst! Gestraft zu sein, indem man seine Fähigkeit verloren hat, mit der Gesellschaft zu kommunizieren! Ist Wahnsinn nicht traurig und wunderbar wie die Liebe?

Schade ist nur, daß Gilardoni den vom Gang der Handlung her unerläßlichen tragischen Schluß wieder vermieden hat. Donizetti ist denn auch entschlossen, im nächsten Jahr in einer neuen Oper mit einer feierlich-brutalen Sterbeszene aufzuwarten, mit einem «Tod auf seine Weise», wie er das nennt, den ersten Akt hingegen mit einem Quartett zu krönen, nachdem im *Esule* an dieser Stelle ein Terzett von fulminanter Wirkung war. «Beifall und Tränen» habe es dem König abgerungen, versichert er Mayr und ergänzt, man sage ihm in Neapel, wenn er sterben müßte, unter Umgehung der Naturgesetze «in den Leib von Frau Domenica zurückkehren» könnte und wiedergeboren würde, wäre er niemals in der Lage, ein ebenso gutes Terzett zu schreiben. Er aber, wendet er ein, fühle sich fähig, Größeres auszurichten.[8]

Soviel Glück hat sich nun plötzlich über ihn ergossen! Murena wurde von keinem Geringeren als Lablache, Settimio von Rubini und Argelia zwar nicht von der Dritten im *Bianca*-Bunde, der Méric-Lalande, verkörpert, aber von einer ebenso fähigen Diva, Adelaide Tosi. Die menschliche Würde, die Donizetti seinen Figuren verlieh — eine Noblesse mehr noch im Fühlen als im Verhalten, die sich in ungemein pathetischen, jedoch auch hier von Sinnlichkeit erfüllten und damit stilgerechten Melodiefiguren äußert —, mußte diesen Interpreten Eindruck machen. Damit konnte auch er der italienischen Sängerelite ein schillerndes Bild von seinen Veranlagungen und seiner Potenz vermitteln. Seine Beziehung mit Lablache, dem Krösus der Bässe, knüpfte er überdies dadurch enger, daß er für ihn die Ugolino-Episode aus dem 33. Gesang von Dantes «Göttlicher Komödie» als Kantate vertonte und sie ihm schenkte.

Der seine Geldvorräte zynisch hütende Barbaja hält es jetzt doch für angebracht, dem Komponisten in Zukunft für jede Oper 500 Dukaten separat zu zahlen. Gleichzeitig unterbreitet er ihm einen Detailvertrag zur Regelung der beiden nächsten Uraufführungen noch im gleichen Jahr. Sodann erweist dem Maestro sein schwindelerregend höhergestellter Freund, der Prinz von Salerno, die Ehre, ihm einen Brief zu zeigen, welchen Seine Hoheit dero Schwester geschrieben hatte, der Königin von Sardinien-Piemont. «Das schmeichelte mir sehr!» gesteht Donizetti schelmisch frohlockend, wenn er sich an diesen großen Tag erinnert. Auch ist es nunmehr beschlossene Sache, daß er dem Töchterchen des Prinzen, für das er schon die Begrüßungsmusik zu seinem Eintritt ins Leben geschrieben hatte, Musikunterricht erteilen wird, sobald es die nötige Reife zeigt.[9]

Drittes Kapitel
FRUCHTBARKEIT IM WAHNSINNSSCHATTEN

1. Ein Machtkampf in Genua
Januar bis April 1828
Alina Regina di Golconda

Zwar sollte er in allernächster Zukunft vor dem piemontesischen König Carlo Felice erscheinen und im neuen genovesischen Theater, das den Namen des Monarchen trägt, ein weiteres eigenes Bühnenwerk uraufführen. Die Einweihung des Hauses freilich obliegt Bellini, der für diesen Anlaß seine *Bianca* revidiert. Doch Ende Januar hat Donizetti das Textbuch noch nicht zu Gesicht bekommen, und das erhellt mit aller Deutlichkeit, daß der Verfasser Felice Romani ist.[1] In den gleichen Schwierigkeiten steckt allerdings auch Bellini, dem für die neuen *Bianca*-Nummern ebenfalls Romani als Textautor zugeteilt wurde. Einerseits ist er sogar noch etwas schlechter dran, weil seine Oper eben als erste ins Repertoire einziehen wird. Anderseits kann er sich damit trösten, daß er sich einer ganz besonderen Gunst des literarischen Olympiers erfreut. Diese Ungleichheit der Voraussetzungen, wie gewohnt zu Donizettis Schaden, spiegelt sich in zwei Briefen, die der souveräne Dichter, derzeit in Venedig, den beiden beklommen harrenden Maestri zuzustellen geruht.

Innert Tagen komme er nach Mailand, schreibt er Bellini, der dort bereits am Komponieren ist — einstweilen ohne Verse, doch das ist insofern nicht von Belang, als dieser Opernmeister seine Melodien ohnehin zu sammeln pflegt, bevor er ein neues Textbuch erhält, und sie erst dann zum ganzen Bühnenwerk vereinigt. Er werde also innert Tagen kommen, tröstet Romani seinen Freund Bellini, und sei bereit, alles zu tun, was er von ihm verlange.[2] Donizetti aber, dem er eine prompte Lieferung des Textbuchs versprochen hatte, teilte er mit, er habe es noch nicht geschrieben, aber den Stoff gewählt. Es handelt sich um eine feuchtfröhliche Märchenschnurre in morgenländischem Kleid, die freilich nichts so wenig garantiert wie psychologischen Tiefgang und latente Unheilssüßigkeit.

Donizetti schöpft sofort Verdacht, doch für die Ausübung eines Mitspracherechts ist es zu spät. Um sich wenigstens privat schadlos zu halten, schwört er Romani (sehr abstrakte) Rache. Er werde in Genua «Himmel und Erde durchwühlen», verheißt er Mayr in einem Brief.[1]

Gegenwärtig hält er auf dem Weg zum Schauplatz dieses Titanenkampfes Feldlager an der Via della Muratte, in einem Palazzo in Rom namens Gavotti, dem Elternhaus seiner Verlobten.

Mit von der Kutschenfahrt zerschlagenen Gliedern, gezeichnet von einer schlaflosen Nacht, sonst aber entspannt erreicht er Genua am 28. Februar, während Bellini immer noch in Mailand und Romani in Venedig ist. Aber Donizetti hat jetzt wenigstens das neue Textbuch — «ein richtiges Pfuschwerk» in seinen Augen, wie von ihm vorausgeahnt.

Unter dem Titel *Alina, Königin von Golconda* glänzt es mit folgenden Geistesblitzen: Zwei Freundinnen und zwei Freunde, aus denen Amor ein erstaunlich mathematisch konstruiertes vierblättriges Kleeblatt machte — die sanfte Alina liebt den leidenschaftlichen Volmar, die stachelige Fiorina ist die Frau des trägen Alkoholikers Belfiore —, werden vom Schicksal rabiat getrennt. Piraten kapern Alina und verschleppen sie nach Indien, wo sie die Frau des Königs von Golconda wird. Die ihrem Geliebten geschworene Treue hat sie indessen kaum gebrochen, da ihr Gemahl nach kürzester Frist ins Jenseits überging. Nun wird Fiorina ebenfalls von Piraten gekapert und nach Indien verschleppt; die Königin-Witwe, hocherfreut, sie wiederzusehen, ernennt sie zu ihrer ersten Gesellschaftsdame. In Frankreich setzt das Schicksal schließlich auch die beiden Freunde wieder in das gleiche Boot, nämlich in eine königliche Fregatte, die unter dem Befehl von Kapitän Belfiore Volmar, den Botschafter Frankreichs, nach Indien bringen soll, damit er am Hofe von Golconda eine französisch-indische Allianz gegen das Bündnis des frankreichfeindlichen England mit einem indienfeindlichen Pascha schmiede.

Für sein Erscheinen ist es höchste Zeit geworden, denn seine Geliebte kann sich des Ansturms ihrer Berater, die sie zwingen wollen, einem ihr genehmen Freiersmann die Hand zu reichen, kaum noch erwehren. Am meisten drängt sie Seide, der Grosswesir, der in sich selbst den idealsten Herrscher sieht. Als sie zum Schrecken aller patriotischen Gemüter den eben hereingeschneiten Franzosen zum indischen König ernennen will, fällt es Seide leicht, eine Palastrevolte zu entfesseln, die aber von Volmar und seinen Leuten niedergeschlagen wird. Der ritterliche Freund Alinas greift zum Zepter, der Pantoffelheld Belfiore, der seine Fiorina ungern zurückerlangte, wird zeit seines Lebens zur Flasche greifen.

Romantische Gefühle sind bei so prosaischen Zusammenhängen wahrlich fehl am Platz. Zu allem Elend ist Donizettis Ruf als Komponist in Genua angeschlagen, nachdem im Januar der *Borgomastro* an der Mailänder Scala eine bedenkliche Abfuhr erlitten hatte. Bellini ging nicht einmal hin; Probenbesucher hatten ihm versichert, daß das Fiasko unvermeidlich sei, und dieser Einblick in die Oper seines Konkurrenten hatte seinen Wissensdurst bereits gestillt.[3]

Wieder richtet sich vor Donizetti die Schranke zwischen den Opernbetrieben des Nordens und des Südens auf. Die Buhs der Scala-Aristokratie für eine unbedarfte Buffa-Oper erschallen im ganzen Revier; der tosende Beifall des Publikums vom San Carlo für eine geschliffene Seria-Oper mit weltanschaulichem Hintergrund verhallen ungehört.

Oh, er möchte schon am ersten Abend seines Genoveser Aufenthalts wieder verreisen! Dennoch schreibt er Vater Andrea in ruhigem Ton und fragt ihn ohne richterliche Prüderie nach dem Berufsentscheid Giuseppes, dem er nun zum erstenmal in seiner Wahlheimat Ligurien begegnen könnte.[4] Aber am 7. November des Vorjahrs ist sein erfolgreicher Bruder mit seiner Gemahlin Angela nach Konstantinopel abgefahren. Nun, Gaetano stößt sich im Augenblick nicht daran.

Bellini erscheint im frühen März mit einem Haufen Arien ohne Worte und einem Haufen Empfehlungsbriefen, deren Adressanten, wie er stolz berichtet, «Häuser erster Klasse» Mailands, deren Adressaten Häuser erster Klasse Genuas und deren Gegenstand er selber ist.[5] Ferner erscheint er in der Überzeugung, daß es der Star der fulminanten *Esule*-Premiere, Adelaide Tosi, darauf abgesehen habe, ihn zu verderben. Das dürfte ihr — vorausgesetzt, sie wolle es wirklich — mühelos gelingen, da sie auch den Primadonnapart der neuen *Bianca* übernehmen wird...

Daß sie tatsächlich verärgert ist, hat einen konkreten Grund, der unter anderem mit einer Hauptfigur der Mailänder Opernszene, dem Grafen Gaetano Melzi, zusammenhängt. Dieser verwendet seine schöngeistigen Interessen und seine viele freie Zeit zu einem großen Teil auf die Intrigen der Komponisten. Nun hatte ihm Bellini in Mailand von Vorgängen in Neapel erzählt, Vorgängen um Pacini, Donizetti, dessen *Esule* und eben die Tosi. Doch da Bellini diese Neuigkeiten allesamt von Florimo bezogen hatte, der sich bekanntlich hütet, seinen Freund mit den Erfolgen anderer zu belasten, erschienen die genannten Größen nicht im besten Licht.

Melzi jedoch griff prompt zur Feder und teilte Maestro Pacini des langen und breiten mit, was er soeben von Maestro Bellini erfahren hatte. War das nicht sein gutes Recht, als generöser, unparteilicher Betreuer all seiner Kücken, der sich Sorgen um das Wohlergehen seiner Lieben in Neapel machte? Nein, eine ungerade Absicht leitete ihn nicht. Was aber unternahm Pacini? Er steckte den Brief in seine Westentasche, bummelte zum San Carlo und zeigte ihn stracks der Tosi. Da hat Bellini nun den Dreck. Er ist zutiefst betreten. Welch ein Lügner sei dieser Melzi, wenn auch sein großer Gönner, meint er in einem Brief an Florimo. «Lügner» war aber kaum das richtige Wort, wie er sogleich gesteht: Da habe er dem Grafen freundschaftsselig Geheimnisse anvertraut, und Melzi, die Schlange an seinem Busen, habe sie ausgebracht! Nun, sein Gönner ist er nach wie vor, und deshalb will er ihm verzeihen, aber nicht ohne sich zu geloben, daß er künftig seine allzuschnelle Zunge hüten wird.[6]

Aber jetzt diese Tosi! Jetzt, da er sich mit ihr befaßt: Wie überrascht sie Bellini! Welche Wärme, welches Feingefühl! Sie bringt ihm eine Sympathie entgegen, die nicht zu beschreiben ist! Mit einer rührenden Beharrlichkeit verlangt sie jeden Tag, am gleichen Tisch wie er zu speisen! Unter dem Siegel der Verschwiegenheit berichtete sie ihm, daß es Pacini gewesen sei, dem es beinahe gelungen wäre, sie zu entzweien! Daß es ihm aber nicht gelang, berechtigt seinen Nebenbuhler jetzt zu schöner Zuversicht im Hinblick auf die *Bianca*. Bellini und die Tosi: ein unzertrennliches Paar!

Donizetti aber geht seine eigenen Wege. Er denkt an beklemmende Bühnensituationen in seinen künftigen Opern, denkt an Virginia, denkt an Neapel und unterzieht sich der Pflicht, die Schnurre Romanis mit Noten auszustaffieren. Aus sizilianischen Vetternwirtschaftmethoden macht er sich nichts, selbst wenn er ihr Opfer ist.

Hätte er nicht ebenfalls die Journalisten kaufen können, wie dies Pacini tat, bevor er seine Oper *Margherita* am San Carlo uraufführte? (Indessen: Hätte Donizetti über das Geld und über den Einfluß verfügt?) Ist es aber, überlegt er weiter, sinnvoll, das Publikum zu betrügen? Kommt man künstlerisch voran, wenn man die Werke hindert, für sich selbst zu sprechen?[7]

Er weiß, die Rezensenten Mailands und vor allem jener Prividali, der sich von Zeit zu Zeit als Impresario versucht und regelmäßig ein paar Wochen später wieder auf der Straße landet, haben ihn auf die Abschußliste gesetzt. Doch was soll's! Mögen sie knallen! Ihm geht es einzig um die Qualität. Eine Oper will er schreiben wie die Mayrsche *Medea in Korinth,* ein solches Meisterwerk. Das ist sein Ziel, und wenn er es einst erreicht haben sollte, würde er getrost ans Sterben denken können.[8]

Ein solches Endziel hat Bellini zweifellos bereits erreicht: wenn nicht mit seiner ersten öffentlich gespielten Oper *Bianca*, dann mit seiner zweiten, *Il Pirata*, die auf Sizilien spielt und trotz ihres Schwungs und ihrer Cabaletta-Freudigkeit die Mondscheinwelt des Komponisten stärker profilierte als sein bisheriges Werk. Die Premiere am 27. Oktober des letzten Jahres an der Mailänder Scala hatte Bellini auch prompt zum Halbgott des Mailänder Stammpublikums gemacht, das, intellektuell und auf ästhetischen Genuß erpicht, von solcher Art Kunst in ungewohntem Maß befriedigt wird. Es sind wohl nicht nur die Journalisten, die Donizetti den Zugang zur Scala erschweren, es ist nicht nur der bescheidene äußere Rahmen des *Borgomastro*, der dessen Durchfall bewirkte. Es ist wohl ebensosehr die Haltung Donizettis, seine Tendenz nach einer zwar ästhetischen und auch ätherischen, aber vor allem populären Kunst. Diesen Unterschied zu Donizetti hat Bellini längst erkannt und trachtet danach, ihn auszunützen. So ist er stolz darauf, wenn seine Gegner meinen, daß man seine Opern mehrmals hören müsse, um sie zu verstehen. Gerade dieser intellektuelle Anspruch macht es ihm ja möglich, sich in Norditalien, der Basis gesamteuropäischen Ruhms, allein zu behaupten, während Donizettis schlichte, stechend süße Cabaletten und das Modell, zu dem sie gehören, dieses unmittelbar bühnenwirksame Modell der «Oper der neuen Kürze», in seinen Augen der richtige Schlangenfraß für das vulgäre Publikum des Südens sind.

Seine erste Reaktion auf die Eroberung der Scala durch den *Piraten*, den bei ihm üblichen, leicht diabolischen Freudenrausch, ersetzte die ebenso typische Sorge, nun nie mehr etwas Vergleichbares schaffen zu können und von Publikum und Kritik nie mehr so hoch gepriesen zu werden. Deshalb ist für ihn die Aufführung der halbneuen *Bianca* am Carlo Felice ein Testfall von tödlichem Ernst, und sterben will er um so weniger, je deutlicher er merkt, daß keine Gefahr besteht, gerade bei diesem Anlaß über die Klinge springen zu müssen. In Genua verbreite sich das Gerücht, meldet er Florimo am 2. April, er habe eine «göttliche Musik gemacht». Den Dirigenten und ersten Violinisten, einen — laut Bellini — bravourösen Kontrapunktiker und schlimmen Kritikaster, der die Leuchtkraft seines Geistes namentlich dadurch bewies, daß er bei einer Unterredung mit Bellini die Namen Rossinis und «anderer Komponisten» gar nicht hören mochte, habe die *Bianca* in Ekstase versetzt. Er habe befunden, sie sei «durchdacht und voller Philosophie». Und auch die Sänger, auch das Orchester: alle seien begeistert. Sein Herz sei in Frieden und prophezeie ihm Glück. Wie viele

Feinde würden nicht platzen vor Wut! Gott denke an alles; er, Bellini, aber sei in seiner Hand. «Sei fröhlich, ich wiederhole es Dir: Dein lieber Bellini wird vielleicht auch diesmal über seine neiderfüllten Feinde triumphieren.»[9]

Die Einweihung des taghell beleuchteten Hauses mit der revidierten *Bianca* findet am 7. April des Jahres 1828 statt. Jede Schönheit Genuas sitzt laut Bellini in ihrer Loge, und die ganze Stadt versinkt mit Mann und Maus in einem Meer der Wollust. Diese Mitteilungen muß Florimo in Neapel all denen zugänglich machen, die sich darüber freuen könnten, aber ebenso «unseren Feinden, damit sie krepieren».[10]

Zufällig vergaß er in seinen Bericht mit einzubeziehen, daß auch ein *Inno Reale*, ein Hymnus zum Lob des Königs und des neuen Stadttheaters, aus der Feder von Kollege Donizetti uraufgeführt und mit Genuß vernommen wurde. Doch zitiert er einen Ausspruch Donizettis über die gute Akustik des Hauses, welche die Stimme der Tosi effektvoll trage. Nun, die Tosi hat er ja für sich gebucht, das Gold aus ihrer Kehle fließt allein auf seine Mühle, ihr Lorbeer ist auch der seine. In Donizettis neuer Oper aber, in der *Alina*, wird an ihrer Stelle die vom Glanztenor Rubini allen Unternehmern aufgedrängte singende Gemahlin dieses Stars, Adelaide Comelli-Rubini, als Primadonna wirken, notabene nicht im Schlepptau ihres Mannes, der anderweitig verpflichtet ist.

Nein, von seiten der *Alina* hat Bellini für die *Bianca* wenig zu befürchten, doch um so mehr von seiten des Rossinischen *Otello*. Die Aussicht auf die Einstudierung dieser Spitzenoper mit den «Bianca»-Sängern drückt auf seine Leber. Er zweifle, ob die Tosi und der Tenor David mit der Rossini-Partitur auf ihre Rechnung kämen, meint er bedauernd in einem Brief vom 19. April an Florimo.[11] Im Brief vom 26. April ist es bereits ein größerer Kreis, der das bezweifelt, nämlich seine «Freunde», und die begründen es sogar: Die Vorstellung, daß nach der *Bianca* ein anderes Werk «einschlagen» könnte, sei vollständig irreal.[12] Der König, der «arme König», war ja an einer der letzten Aufführungen der «Bianca» nicht mehr imstande, sich an die Hofvorschriften zu halten, und klatschte zweimal zuviel! Und David «jubelt wie ein kleiner Bub», so liegen ihm die *Bianca*-Stücke.[13]

Bellini findet einen Ausweg aus seinen Nöten: Er flüchtet sich vor dem weiteren Saisonverlauf nach Mailand und liest dort darüber, was ihm seine Freunde schreiben. Daran hat er recht getan, denn Donizetti pflanzte auf dem Abfallhaufen, den das Bianca-Dioskurenpaar Romani und Bellini, aber auch die Sänger, das Orchester und die Leitung des

Theaters vor ihm aufgeschichtet hatten, ein paar hübsche Blumen, was ihm der König und das Publikum am Erstaufführungsabend, dem 12. Mai, mit warmem Applaus vergalten. Um die Leistung der Comelli zu beschreiben, wendet er das gleiche Mittel an wie Gilardoni zum Ausdruck von Wahnsinnsstammeln — und fügt ein «Basta» bei. Den Tenor, der wie Rubini Giovanni Battista heißt, mit dem Familiennamen jedoch Verger, bezeichnet er schlicht als schlecht.[14] Das Orchester wurde selbst von Bellini für einen «Horror» erklärt, obwohl es doch seine *Bianca* «nie mit Langeweile spielte».[15] Und wenn er an die Qualen denkt, die er durchlitten hatte, als er sich mit diesen Koryphäen vor dem Vorhang zeigen durfte, wird ihm so siedendheiß wie damals unter dem sizilianischen Mond...

Für die Proben hatte er sechs Tage Zeit gehabt, während es bei der *Bianca* vierzehn gewesen waren ... auch nicht gerade viel! Piemontesische Schlampigkeit mit einem königlichen Gütesiegel kennzeichnete die Vorbereitung dieser Genoveser Spielzeit, die noch als besonders festlich galt! Doch seit Vittorio Emanuele, der Zöpfchen-Perücken-König, weggeputscht von patriotischen Rebellen unter der Führung des Prinzen Carlo Alberto, in der Senke verschwunden ist, regieren im Staate Sardinien-Piemont Zöpfchenliebhaber ohne Perücken nach der alten Kunst. Einer von ihnen ist Carlo Alberto selbst, der scheinbar so Aufgeklärte, der den Umsturz in die Wege leitete. Wenn freilich eines Tages wieder einmal die Freiheitsrufe der Piemonteser Wind in seine Segel treiben würden, wäre er bestimmt von Stund an wieder ein Risorgimento-Enthusiast. Donizetti aber wird nach Möglichkeit nie mehr Premieren im Piemont, in Genua oder Turin, bestreiten.

2. Ein Gewitter kündigt sich an
Mai 1828 bis März 1829
Gianni di Calais, Il Giovedì Grasso, Il Paria

Seltsam berührt im ersten Augenblick die Widmung der *Alina*, einer Oper, die dem Komponisten nicht besonders viel bedeuten kann, an seinen besten Jungendfreund, den bergamaskischen Musiker Antonio Dolci. Gutmütig, ohne künstlerischen Ehrgeiz, phlegmatisch, ledig, aber sinnenfreudig, was die Tafel anbelangt: Dolci, dreihundert Jahre früher geboren, hätte bestimmt im Kreise der Commedia-dell'Arte-Hauptfiguren Eingang gefunden. Aus heutiger Sicht wirkt er von Kopf bis Fuß als Organist vom Lande, den majestätische Harmonien, aber auch fruchtige Weine, einerseits die angeheiterten Gesichter seiner Zechgenossen, anderseits der Abendsonnenschein über den Dächern und Fluren seiner Gemeinde zu Tränen rühren. Inbrünstig, leidenschaftlich sucht er den Frieden, doch finden kann er ihn nur, wenn äußerer Friede waltet, wenn er und seine Umgebung bleiben, wo und wie sie sind. Um sich von komplizierten Menschen, etwa von Donizetti, das Herz ausschütten zu lassen, ist er nur scheinbar der rechte Mann, weil er geduldig zuhört; aber verstehen kann er seinen Jammer nicht.

Immerhin ist er so weit ein christlicher Drachentöter, als er, dem Schauplatz der Kämpfe Donizettis tröstlich entrückt, dem fernen Freund die Stange hält. Niemand könnte Gaetano bei ihm verleumden! Er ist für ihn da, er hat ihn gern, und seine Genialität, von der er selbstverständlich überzeugt ist, bleibt ohne Einfluß auf ihre Verbundenheit. Wie so ganz anders halten es Florimo und Bellini.

Weshalb nun aber die Widmung der *Königin von Golconda* ausgerechnet an ihn? Möglicherweise deshalb, weil Donizetti den braven Dolci nicht nur liebt, sondern auch gern um seiner Häuslichkeit, um seiner Sanftmut willen zur Zielscheibe seiner ironischen Pfeile macht? Weil er in ihm einen Belfiore sieht, der seine Finger lieber über Flaschen streifen läßt als über Frauenbrüste? Weil er hingegen, Donizetti, ein «Edelliebhaber» ist: einerseits ein Herzensbrecher, anderseits aber auch ein Pilgrim auf der Suche nach dem Reinen, Überirdischen, Unangreifbaren in der Frau, nach der Madonna? Weil er Virginia — bei aller Unterdrückungslust des patriarchalischen Mannes — gleichwohl wie eine irdische Muttergottes verehrt, was ein Belfiore (also auch ein Dolci) schwerlich zustande brächte? Weil er selbst durchaus nicht ohne gemeinsame Züge mit Volmar, Dolci hingegen zweifellos voller gemeinsamer Züge mit Belfiore ist? Weil er sie beide porträtierte oder im nachhinein der Ansicht ist, dies habe sich so ergeben?

Wie dem auch sei: Nach den drei Aufführungen seiner neuen Oper, die er wie immer persönlich zu leiten hatte, verläßt Donizetti Genua. Nun komme es leider zwischen ihnen zu keiner Begegnung in Bergamo, eröffnet er Mayr brieflich am 15. Mai. Sein nächstes Bühnenwerk für Barbaja mit einer Premiere Mitte August rufe ihn unverzüglich nach Neapel. Wie um der Frage vorzubeugen, seit wann er mehr als vier Wochen brauche, um ein Textbuch zu vertonen, fügt er bei, man müsse für dieses erst einen Stoff bestimmen.[1]

So einfach aber liegen die Dinge nicht. Am 1. Juni 1828 steht Donizetti in Rom neben Virginia in der Kirche Santa Maria in Via vor einem Priester, der ihre Hände für den Gang durchs ganze Leben zusammenfügt. Nun sind sie Mann und Frau. Und wer sie nach der Zeremonie gerührt umarmt und «Sohn» und «Tochter» nennt, sind keine verhutzelten, scheuen, linkischen Leutchen in Kleidern, an deren Sonntäglichkeit die Spuren vieler Sonntage haften. Es sind gepflegte, selbstbewusste Römer Bildungsbürger, die ihre Garderobe auf die Tage hin erneuern können, auf welche die Feste fallen. Es ist das Advokaten-Ehepaar Luigi Vasselli. Und die Umarmung der einzigen beiden Eltern, die an der Trauung zugegen waren, erschließt dem Kind der beiden fehlenden Eltern eine neue soziale Welt.

Den Ausschluß der einen Familienhälfte von diesem Ereignis zu rechtfertigen obliegt, leider im Katzenjammer nach dem Gelage, dem reduzierten Familienrat. Vater Luigi löst das Problem, indem er in einem Schreiben an Vater Andrea die Rollen tauscht. Er stellt sich selber als den Begönnerten, Andrea als den Gönner hin. Er nennt sich dankbar und preist sich glücklich, weil seine Tochter einen Mann von solchen Qualitäten habe heiraten dürfen. Auch geht er ein paar Schritte auf jenem Boden, der sie in Wahrheit allein verbindet, dem Boden der Religiosität. Es bleibe nun, predigt der alte Vasselli, nichts anderes übrig, als Gott zu bitten, die Gefühle ihrer Kinder füreinander zu erhalten. Und er zeichnet mit «wahrstem Respekt» als «untertänigster, gehorsamster Diener Luigi Vasselli».[2]

Gaetano aber richtet sich mit seiner noch nicht zwanzigjährigen Frau am Vico Nardones, Haus Nummer 6, 3. Etage, im Stadtkern Neapels ein. Dort verbringt er stille, arbeitsame Flitterwochen an ihrer Seite — ach, er muß sich ja dieses und alles noch folgende Glück mit Opern verdienen. Doch Mitte Juli fliegt plötzlich ein kantiger Stein in seine gute Stube: In einem Brief wirft ihm sein Vater schwarzen Undank vor, weil er, Gaetano, ohne sein Wissen geheiratet habe. Nun ja, er hat ihm den genauen Zeitpunkt nicht genannt... doch angekündigt hat er ihm diese Heirat, darauf besteht er... nun ja, vor längerer Zeit. In Ordnung, er kann begreifen, daß sich der Alte grämt, was er sogar in seiner Antwort zugibt... aber warum? Warum wohl verschwieg er ihm den Termin? Doch nur aus Rücksicht! Weil er ihm das Begleichen des Portos für die Annonce ersparen wollte, was in Italien Pflicht des Empfängers ist! Er wollte ihm sparen helfen! Versteht er das jetzt? Aber so ist es immer: seine, Gaetanos, Delikatessen werden zu Hause nie durchschaut. Also, er fühlt sich wirklich nicht sehr im Fehler, das muß er sagen — und mit dieser Stellungnahme schließt der Rechtfertigungspassus in seinem Brief.

Nun aber Töne der Großmut, der rasch verwundenen Kränkung, der Wiedervereinigung im Schoß der Liebe! Leider sieht er keine Möglichkeit, den Eltern ein Bild der Schwiegertochter zu schicken — aber hört doch, warum ein Bild? Kommt doch her und schaut sie euch selber an! Neapel liegt ja nicht am Ende der Welt! Wie wenige Bajocchen kostet die Fahrt nach Rom! Gaetano schlägt ihnen vor, den Zeitpunkt ihrer Reise so zu wählen, daß diese mit einem geplanten Ausflug der Herren Vasselli nach Neapel zusammenfiele; so könnten sie von Rom aus gratis fahren. Und wären sie erst einmal hier, beteuert er ihnen, läge das Zahlen nur noch an ihm. Allerdings, merkt er an, sei dieses Angebot nicht auf Francesco auszuweiten...

Im nächsten Abschnitt seines Briefes greift Donizetti zur stärksten Begütigungswaffe: den kindlichen Zügen seiner Frau. Sie erkühne sich, schreibt sie dem unbekannten Schwiegervater, diese paar Zeilen an ihn zu richten. Überzeugt von seiner, Herrn Andreas, Güte und ebenso von der Güte seiner Gemahlin, bitte sie beide, sie in die Reihe ihrer Kinder aufzunehmen.

Jetzt kann sich Donizetti ruhig seinem selbstgestellten Auftrag widmen, Virginia zu verwöhnen. Sie, die geborene Signora, wagte es, mit einem Bohemien, dessen Wohlstandskarosse zum Zeitpunkt der Werbung besonders brüchig erschien, die Reise in die Zukunft anzutreten. Mit Toto zusammen gelang es ihm, die Zweifel ihrer Eltern zu zerstreuen. Durch überbordende Arbeit verschaffte er sich ein leidlich vertraueneinflößendes Kapital. Nun heißt es, keinen der Vassellis zu enttäuschen, am wenigsten aber Virginia. Daß allerdings gerade sie bescheidene materielle Ansprüche stellt, indessen um so größere an sein Vertrauen und seine Liebe, kann er nicht begreifen. Ihm ist es lieber, sie zu verwöhnen, doch seine eigenen Wege gehen zu dürfen und seine Schmerzen, die er für Schwächen hält, vor ihr und jedermann zu verstecken.[4]

Mehr denn je ist Gaetano der Sklave Barbajas, hat er sich ihm verkauft. Die spärlichen Kostbarkeiten, die Virginia umgeben, müßten verpfändet werden ohne Barbajas Geld. Dessen Gunst besteht in einem Austausch von Gütern nach dem Prinzip: Geld für Opern, Opern für Geld. Blut darf Gaetano speien für Barbaja — Gott sei Dank!

Gegenwärtig hat er sich mit einem neuen Textbuch Gilardonis zu befassen, einem Monstrum gänzlich unromantischer Absurdität: *Gianni di Calais*. Der Widerwille gegen eine Heirat mit Rogero — so die Vorgeschichte dieser Semiseria — sowie ein abenteuerlicher Zufall trieben die portugiesische Königstochter Metilde in die weite Welt hinaus. Nun ist sie die Frau des Reeders Gianni von Calais und hat ihm auch bereits ein Kind geboren. Aus unerfindlichen Gründen verschweigt sie ihm ihre Herkunft... bis eine von Giannis Reisen nach Lissabon führt. Da läßt sich Metilde von ihm versprechen, daß er nach seiner Ankunft im portugiesischen Hafen auf der Flagge seines Schiffes zwei Bilder befestigen werde: eines von ihr und eines von ihrem Sohn. Ohne diese wunderliche Bitte zu begründen, läßt sie ihn ziehen, folgt ihm aber mit dem Kleinen heimlich nach. Groß ist das Staunen des biederen Gianni, als sich in Lissabon eine erregte Menge vor seinem Schiff besammelt, auf die Fahne stiert und immer lauter brüllt: «Sie ist's! Sie ist's!» Dann wird er ins Schloß gerufen, wo Metilde mit dem Kleinen auf ihn wartet und das Rätsel löst. Der König zeigt sich überraschend wohlgesinnt, als er im einfachen Seemann Gianni seinen Schwiegersohn entdeckt. Finster auf die allgemeine Klärung reagiert allein Metildes einstiger Verlobter, der betrogene Rogero...

Gianni — offenbar gezwungen, mit Metilde schriftlich zu verkehren — bittet sie in einem Brief, ihr Söhnchen, das durch Rogero gefährdet sei, in seinen Schutzbereich gelangen zu lassen. Der Brief fällt aber ausgerechnet in Rogeros Hände; nun tarnt er seine Mitverschwörer als Seeleute Giannis, und diese bewegen Metilde, den Knaben ihnen anzuvertrauen. Später wollen sie ihn lynchen. Zur Übergabe hat sich Rogero eine unfehlbare Taktik ausgedacht: Die Verschwörer stellen sich in eine Reihe und reichen das Kind von Mann zu Mann bis zum hintersten, der es behält. Rustano indessen, ein Gefolgsmann Giannis, verfolgte im Abseits die Besprechung dieses Plans. Nun mischt er sich in seiner legitimen Matrosentracht unter die gleich kostümierten Verbrecher. Natürlich begibt er sich in die Schlüsselstellung des hintersten Mannes, ergreift das Kind und rührt sich nicht vom Fleck, während die Schurken abmarschieren, ohne sich umzuschauen. Und der Zurückgebliebene wendet sich an die Mutter, die ebenfalls glaubt, sie hätten ihn abgeführt... der Chor besingt das allgemeine Glück.

Träumte Donizetti nach der Komposition des *Esule di Roma* nicht von einem Tod auf seine Weise als Finale eines seiner nächsten Werke? Nun endet seine neue Oper nach dem Semiseria-Prinzip abermals heiter. Darüber hinaus endet sie weder mit einem Rondò finale noch mit einem anderen Solistenstück noch überhaupt mit einer Doppelnummer, sondern mit einem das Schicksal lobpreisenden Schlußchor à la Händel und Gluck. Verständlicherweise warf ihn das Textbuch auf das Geleise des *Borgomastro* zurück statt auf die Bahn verfeinerter «Opern der neuen Kürze».

Trotz allen Minuspunkten hält Barbaja die Premiere am 2. August des Jahres 1828 in einem bemerkenswert glanzvollen Rahmen ab: mit Tamburini, mit der Comelli-Rubini und — siehe da — auch mit Rubini-Comelli. Und da die Gäste des Teatro Nuovo einmal mehr mit Donizettis Melodien überaus zufrieden scheinen, springt Barbaja wieder über seinen Schatten und bietet Donizetti den Posten des Musikdirektors der Königlichen Theater Neapels an. Der Meister aber ist so verdüstert, daß er behauptet, unentschlossen zu sein. Seit den Tagen, schreibt er seinem Vater, da Rossini dieses Amt bekleidet habe, seien Pacini und Mercadante am Ruder gewesen, und diese hätten die Geschäfte so geleitet, daß ein Gerücht entstanden sei, der Musikdirektor fördere seine eigenen Werke auf Kosten der Werke der andern. Eine solche Erbschaft anzutreten, meint Donizetti, verlocke ihn nicht. Aber er akzeptiert die Stelle doch.[5]

Im Laufe des Herbstes führt er am Teatro Fondo eine zweite neue Oper auf, *Il Giovedì Grasso* (Der Grüne Donnerstag)*, eine Burleske in einem Akt, wieder von Gilardoni. Musikalisch zeigt die Farce, wie die *Alina*, ein manchmal etwas außenseiterisches Bild. Die Verbindung instrumental-harmonischer Exotismen in der Art der *Lettera anonima* mit dem forschen rhythmischen Galopp des *Borgomastro* mildert den Kosakenschneid der «Opern der neuen Kürze».

Derweilen plagen Donizetti neue Foltern. Einmal die Laufbahn Giuseppes. Dann die Ausbildung von Giuseppes zehnjährigem Sohn Andrea, den die Konstantinopelfahrer samt den Entwicklungsnöten, in denen er steckt, bei den verbrauchten Eltern in Bergamo deponierten. «Erinnert Euch, daß er lernen muß!» mahnt Gaetano den Vater im Oktober 1828, «freiwillig oder mit Zwang». Sonst müsse er selber Giuseppe Bericht erstatten. Doch eben, auch sein Verhältnis zum Bruder, der ihn offenbar zur Überwachung der Eltern förmlich ermächtigt hat, strotzt nicht gerade von Harmonie. Schade, schreibt er seinem Vater im Dezember, daß Andrea junior «nach so vielen Vorschußlorbeeren Giuseppes» in der Musik nicht reüssiere. Und unter sichtlicher Durchkreuzung von Giuseppes Plänen schlägt er Andrea senior vor, den Ausbildungsweg des Burschen «sofort» zu ändern, damit er nicht einst als Musiker «im Mittelmaß steckenbleibe» wie er, Gaetano.[6]

Bei allem Verständnis für Donizettis Depressionen wirkt diese Selbsteinschätzung doch befremdlich, denn zurzeit vertont er ein Libretto *Il Paria* (Der Paria)*, das seine kühnsten Wünsche übertrifft. Erstaunlicherweise stammt es wiederum von Gilardoni. Da hat er nun die Schocktragödie, den blutigen Bühnenreißer, auf den er unbeirrbar hingearbeitet hatte. Da ist sie nun, die Nervenfolter, mit der er das Publikum der folgenden fünfzehn Jahre zu martern gedenkt.

In gleicher Besetzung wie der *Esule di Roma*, der Vorgänger des *Paria*, kommt dieser am 12. Januar des Jahres 1829 am San Carlo heraus und wird mit Jubel begrüßt. Er ist im gleichen Stil geschrieben wie der *Esule*, verkörpert also den gleichen Typ der cabalettareichen, hochdramatischen «Oper der neuen Kürze». Wieder mimt der Baß Lablache einen verstörten Außenseiter, wieder verkörpern der Tenor Rubini und die Sopranistin Tosi ein opfermütiges Liebespaar, nur sterben jetzt die beiden Männer, wie es das künstlerische Ideal (und die Entwicklung des Geschehens) von den romantischen Autoren des Stücks verlangt. Auch den ersehnten «Tod auf seine Weise» hat Donizetti im Schlußquartett (anstelle des phantastischen Terzetts im *Esule*) endlich gestalten können!

Wenige Wochen später, am 14. Februar 1829, kommt an der Mailänder Scala das neueste Werk Bellinis heraus, das ebenfalls nicht nur Seria heißt, sondern auch tragisch endet. Gewiß, der Sizilianer hat seinem Rivalen mit dem brutalen Ende des *Piraten* auch in dieser Hinsicht vorgegriffen. Aber die Trennung der Wege der beiden Meister läßt sich nicht besser verdeutlichen als durch die Gegenüberstellung des *Paria* und Bellinis Scala-Oper *La Straniera (Die Fremde)*. Die Cabaletten der *Straniera* sind zum Teil geglättet und lyrisiert, zum Teil im Umfang stark zurückgebunden. Die ersten Teile aber präsentieren jene schleppenden, halsbrecherisch langen, todmelancholischen Melodien, auf die Bellinis Umgestaltung von Rossinis Formenwelt schon immer ausgerichtet war. Die dramatische Spannung wird in die überwirklich breiten Kantilenenbögen aufgenommen und in ebenso erstaunlich breiten Ensembleblöcken gestaut. Etwas für den Belcanto völlig Neues ist entstanden: die nahezu durchkomponierte lyrische Ensemble-Oper anstelle des üblichen Potpourris von Arien, Duetten und einer eher bescheidenen Anzahl Stücke für mehr als zwei Hauptinterpreten.

Bellinis künstlerische Träume sind verwirklicht. Die Formen in der gleichen Richtung weiterzuentwickeln, den Ausdruck im gleichen Sinne zu intensivieren, erscheint möglich. Das Mailänder Publikum erstarrt vor Bewunderung, zumal auch die Stimmakrobatik im Dienste des Ausdrucks nicht mehr zu steigern ist. Und mehr denn je würde es wohl die zackigen Rhythmen eines *Paria*, die Feuerschweife der Orchesterterzen, welche Donizettis «Schlager»-Melodien untermalen, und die dramatischen Explosionen seiner Finales als wahre Tortur empfinden ...

3. Das Gewitter findet statt
April bis August 1829
Il Castello di Kenilworth

Im Frühling 1829 purzeln die mühsam in Schach gehaltenen Geister aus Donizetti heraus. Die Syphilis, die wahrscheinlich schon seit langem in ihm schwelte, explodiert mit Krämpfen im Unterleib, einem Versagen der Galle und inneren Hämorrhoiden — so malen die Donizettis das Krankheitsbild in einem Brief an Vater Andrea vom 5. Mai. Blutschröpfungen, Bäder und Abführmittel scheinen das Blatt zu wenden, dann geht die Hölle von neuem los. Virginia erschrickt und pflegt Gaetano mit all ihren Kräften. Doch auch diese sind beschränkt; sie ist im vierten Monat schwanger.

Trotz seiner Schwächung sucht der Komponist den gegenwärtig in Neapel weilenden bergamaskischen Grafen Tomini auf, verführt von der Aussicht, sagen zu können, daß er sich mit diesem Edelmann getroffen habe. Doch Tominis Hauswirt teilt ihm mit, der gnädige Herr sei eben unterwegs zu ihm. Wieder zurück am Vico Nardones, muß Donizetti allerdings erfahren, daß ihn durchaus kein Graf zu sprechen wünschte...[1]

Syphilisfieber, Fieber seiner Komplexe! Unmengen von Vergnügen, in denen er schwimme, schildert ihm Giuseppe; offenbar gelingt es ihm, sie zu genießen; um so besser! Die italienischen Zeitungen stellen den Namen Giuseppes und seine Taten in Konstantinopel gespreizt heraus und führen sie dem Durchschnittsbürger zu Gemüte, der seinem Vaterland — was immer damit gemeint ist — keine derartigen Dienste leistet. Eigentlich wäre er, Gaetano, ihm eine briefliche Antwort schuldig, doch er möchte ihm Portokosten ersparen.

Dafür überhäuft er seine Eltern einmal exemplarisch mit Geschenken. Darunter ist nun endlich ein Bildnis Virginias, gemalt von einem treuen Freund des Komponisten, Teodoro Ghezzi: «Damit Ihr wenigstens eine Idee von meinem Geschmack in Sachen Frauen habt!»[2] Tatsächlich ist dieser Geschmack erstaunlich konservativ. Vollreife Mütter mit reifen Töchtern zum einen, Ähnlichkeiten mit Virginia zum andern schaffen den Anreiz, der ihn gefährden kann.

Von der Schwierigkeit, die sexuellen Triebe zu unterdrücken, handelt denn auch sein nächstes Werk, dessen Premiere wegen seiner Krankheit nicht wie vorgesehen am 30. Mai stattfinden kann. Wieder einmal hat Tottola seine Wege gekreuzt. Diesmal kramte er die leidige Geschichte um Elisabeth I. aus: Die britische Königin muß entdecken, daß sich ihr Geliebter, Leicester, während einer vorübergehenden Trennung von ihr mit einer anderen Schönen vermählte. 1818 wurde der gleiche historische Klatsch von Tottolas Künstlerkumpel Giovanni Schmidt zu einem Libretto aufgearbeitet: Rossinis *Elisabetta*. Anders als in diesem sehr skurrilen Text verläuft bei Tottola die Handlung ähnlich wie in Walter Scotts Erzählung «Kenilworth», von der er sich auch den Titel entlehnt: *Il Castello di Kenilworth** *(Das Schloss von Kenilworth)*. Anstelle des auf Leicester neidischen Ränkeschmieds Norfolk, der in Rossinis *Elisabetta* allerlei originelle Streiche ersinnt, intrigiert im *Castello* Leicesters vermeintlicher Freund Warney langweilig-vernünftig auf sein Verderben hin. Donizetti fesselt nur das Tatmotiv des Schurken: Warney begehrt Amelia, die Gattin Leicesters, zur Geliebten.

Stark stakkierte oder wuchtig punktierte Rhythmen prägen die Stretten und Cabaletten, die erst am Ende Möglichkeiten der Entfaltung im Freiraum der Terzen und Sexten finden — als Ausdruck erotischer Lust. Aber die Rhythmen stampfen weiter, und die Akkorde wechseln in hastiger Folge. Die Doppelnummern, namentlich (völlig anders als bei Bellini) die lyrischen ersten Teile, sind überwältigend kurz und trotz ihrer deutlichen Schwermut genießerisch elementar.

Der *Castello* ist damit die klassische «Oper der neuen Kürze». Und da dieser Stil zum Ausdruck sinnlichen Begehrens besonders viriler Männer glänzend geeignet ist, gelingt es dem Komponisten, seine eigene Gespaltenheit in der Ehe auf Warney zu übertragen. Trotz dem ins Textbuch eingewobenen Urteil des hochmoralischen Tottola wirkt dieser Lüstling keineswegs als Verbrecher. Donizetti schenkt ihm im Gegenteil für sein Duett mit der umworbenen Amelia eine der glühendsten Melodien, die er bis jetzt erfunden hat. Damit macht er dem Hörer deutlich, was ein sogenannter Unhold wie Warney in Wahrheit ist: ein Mensch, der leidet und unser Mitleid braucht.

Nachdem er die als genesender Kranker gesammelten Kräfte bei der Arbeit am *Castello* schon wieder verausgabt hat, ist er durchaus nicht in der Lage, diese Oper richtig einzuschätzen. In der *Paria*-Zeit war er zumindest physisch einigermaßen gesund gewesen und hatte trotzdem diese reife Oper nicht in ihrem vollen Wert erkannt. Am *Castello* hingegen haftet für ihn ein Krankengeruch, der ihm ein objektives Urteil ganz unmöglich macht. Dafür schätzt er den *Paria* plötzlich um so höher ein. Er wäre nicht bereit, erklärt er jetzt von seiner Brahmanen-Oper, auch nur eines ihrer Stücke wegzugeben, wenn er den ganzen *Castello* dafür bekäme! Und den Kontrast zu seiner noch vor

Wochen reichlich unbestimmten Haltung gegenüber dem *Paria* erkennt er ebensowenig wie alle übrigen Zweigleisigkeiten, die sein Dasein bestimmen. Wenn seine Dämonen kämpfen, steht er selber nicht im Ring, sondern verdutzt am Rande, wie ein zufällig hereingeschneiter Zaungast aus der Provinz.

Die Reaktionen des Publikums auf den *Castello* stellen für ihn das gleiche Rätsel dar wie der *Castello* selbst. Warum an der Hauptprobe im San Carlo so viel Applaus? Warum dann an der Premiere vom 6. Juli so wenig? Und warum dann wieder bei der Neulancierung am 12. Juli nach der Erkrankung der Tosi wahre Ovationen? Verstehe das, wer es wolle. Nun, das Theaterschicksal ist einfach bizarr; auf dieser Lösung beharrt Donizetti am Ende.[3]

Sein eigener Zustand, mehr noch indessen der Zustand Virginias, verleiht ihm den Mut, Barbaja um eine Atempause zu bitten, die ihm sein Unterdrücker widerwillig gewährt. Daß die Mutterschaft Virginias — infolge der angesteckten Syphilis! — krankhaft verläuft, wissen die Eheleute. Die beigezogenen Ärzte — und zwar die besten, wie Donizetti betont — widersetzten sich seinem Wunsch, den Kaiserschnitt vorzunehmen, und stellten stattdessen Rezepte für Medikamente aus. Darüber ungehalten und nervös, besteigt Donizetti mit seiner leidenden Frau die Kutsche nach Rom. Doch die Erschütterungen unterwegs besiegeln das Unglück. Bleich wie der Tod betritt Virginia, gestützt von ihrem ängstlichen und ebenfalls erschöpften Mann, das Haus ihrer Eltern. Am folgenden Tag gebiert sie ein Kind, Filippo Francesco, zwei Monate vor der Zeit. Über die Stirn des Knaben zieht sich eine dicke Ader hin, welche beim einen Ohr beginnt, beim andern endet und beide Eltern erschauern läßt. Am achten Tag erleidet der Säugling Krämpfe; drei Tage vegetiert er qualvoll, dann erlahmt die Energie. Am zwölften Tag «steigt er zum Himmel auf», wie Donizetti schreibt.

Und er verflucht die «Bestien» von Neapolitaner Ärzten, die den Tod des Knaben seiner Ansicht nach hätten vermeiden können, während er den Trost der Römer Ärzte, die ihm versichern, daß das Kind unheilbar verkrüppelt geblieben wäre, dankbar und gierig schlürft.[4]

4. Fruchtbarkeit im Regen
August 1829 bis Frühling 1830
Il Diluvio Universale, I Pazzi per Progetto

Kaum zwei Wochen nach ihrer Ankunft in Rom, kurz vor dem Tod Filippos, traf an der Via delle Muratte ein Brief aus Neapel ein. Barbaja beorderte den Musikdirektor sofort zu dringender Arbeitsleistung zurück. Donizetti ist ratlos. Was soll er tun? Was darf er sich erlauben, ohne sein Einkommen zu gefährden? Doch wie er seine matte, von der Geburt und bald darauf vom Tod des Kindes erschütterte Frau betrachtet, weicht seine Unentschlossenheit. Vor vierzehn Tagen sei er angekommen, schreibt er dem Impresario; seine Frau benötige mindestens vierzehn Tage Erholung — jetzt mehr denn je, nachdem das Kind vergangene Nacht gestorben sei —, und er, Barbaja, wisse das genau, da er ihm ja aus dieser Erwägung Ferien von dieser Länge zugestanden habe. Was wolle er ihn da zur Abreise zwingen?

«Erbarmen, mein Barbaja, Erbarmen!» Andere Komponisten ständen ihm zur Verfügung, und Gilardoni rackere sich ab, so daß er sein Pensum schwerlich noch mehr belasten könnte. Er aber, Donizetti — o wie denkt er an Virginia, während er schreibt! —, habe «kaum geboren», schon wolle er, der Impresario, ihn wieder «schwängern»? Er unterstreicht den Satz und kommentiert nicht weniger kühn, er, Barbaja, sei «allzu barbarisch». Wenn er ihn wirklich brauche, schließt er vorsichtshalber doch mit einer Konzession, wolle er kommen; andernfalls würde er nach seiner Rückkehr «mit mehr Genie» arbeiten können.[1]

Dieser im Brief wirkungsvoll spät untergebrachte Hinweis prägt sich Barbaja ohne Zweifel ein, was von den menschlichen Argumenten nicht zu erwarten gewesen wäre. Aha: noch mehr Genie! Das klingt nach noch mehr Gelingen, noch mehr Billetteinnahmen. Mag er seine paar Tage Ferien haben!

Vom Oktober 1829 an könnte man glauben, daß sich die Klimazone der Savannen nach Neapel verschoben habe. Was bringt der neue Tag? Nässe und Kälte; Regen, der die Straßen überschwemmt, und Regen, der vom Himmel fällt; Platzregen, Nieselregen und anderer Regen, doch immer Regen. Wer Wert auf seine Gesundheit legt, bleibt in der Arche Noah. Als aber die Öffentlichkeit erfährt, Donizetti vertone für das Teatro San Carlo den biblischen Sintflut-Stoff, weiß jedermann Bescheid. Er ist der Übeltäter, der an den Schleusen dreht — obwohl er es sich gerade deshalb weniger als jeder andere erlauben darf, im schützenden Bett zu bleiben.[2]

Den Plan zum Textbuch Gilardonis entwarf er selbst.³ Und er bildet sich einiges darauf ein, hat er nun doch nach seinem literarischen Einstand als Autor der Buffa-Oper *Convenienze* auch die Hemmungsschwelle zur aktiven Mitarbeit an Seria-Libretti überwunden, was allgemein als «höhere Kunst» betrachtet wird. Dabei sprang er mit der Bibel ziemlich eigenmächtig um. Mit Noah und seinem von Gott zum Alleinüberleben berufenen Klüngel läßt sich das Textbuch wenig ein, während es sich den Liebesaffären der Heiden desto gründlicher widmet. Schon Rossini versuchte in seinem *Mosè*, die Form des amourös geprägten Händelschen Oratoriums für die Belcanto-Bühne neu zu beleben, achtete aber ängstlich auf eine Vorherrschaft der geistlichen Elemente. Deshalb belegen Mosis erbauliche Reden dreimal soviel Raum wie das Geplänkel zwischen seiner Tochter und dem Sohn des Pharao. Solch eine ausgezehrte Darstellungsart der Liebe kommt für Donizetti selbstverständlich nicht in Frage. Die von Sinnlichkeit geplagte Hauptperson, mit der er leiden kann, ist niemand aus der selten gezeigten Gruppe von Israels Patriarchen, sondern eine Heidin. Sela sucht zwar Noah regelmäßig auf und ist beeindruckt von seinem Leben. Auch an das Kommen einer Sintflut glaubt sie unbedingt. Doch stärker zieht es sie zu ihrem Gatten Cadmo hin, dem Oberhaupt der Satrapen, der Noahs Sippe bekämpft, sowie zu ihrem kleinen Sohn. Das führt zum Kernkonflikt der Oper. Wird sie mit Noah gemeinsame Sache machen, sich zur Belohnung in der Arche einquartieren dürfen (die im ersten Bild bezugsbereit am Rande der Bühne steht) und ihren fleischlich geliebten Mann samt ihrem Kind der Sintflut überlassen, wie es Noah von ihr verlangt, oder wird sie die Weisung Gottes mißachten und mit den beiden «Göttern» ihres Herzens» untergehen wollen?

Die künstlerisch-philosophische Konfession des Meisters verbietet den Übertritt Selas zur Schar der Gerechten. Es ist für ihn schrecklich, wenn eine Person, die seinen Gefallen gefunden hat, auf Kosten der Liebe den Tod umgeht, erscheint ihm doch der Liebestod als das heroischste aller Opfer. Damit aber setzt er sich in Widerspruch zur Mentalität der Bibel, die das gottgewollte Überleben zur höchsten moralischen Pflicht erhebt. Und die Bibel liegt bekanntlich nicht nur dem König Neapels und den Zensoren, sondern auch ihm selbst am Herzen. Erstmals scheidet sich für ihn die Kirchenlehre von seinen Zielen als Komponist. Und er wählt den unorthodoxen Weg, den Weg des Ketzers, wählt ihn sogar mit allen Zeichen des Trutzes.

Wäre nur Selas Treue zur Familie im Spiel, könnte man ihre Weigerung, die Hand des Allmächtigen zu ergreifen, noch einigermaßen billigen. Doch eine Rivalin, Ada, ihre vermeintliche Freundin, wartet darauf, sie im Ehebett zu ersetzen, und das erträgt sie nicht. Anderseits hat auch Cadmo nichts als Eifersucht bestimmt, sich einer fremden Schönheit anzunähern, da er ein Verhältnis seiner Frau mit einem der Noah-Söhne befürchtet. Auch er, aus biblischer Sicht ein Instrument des Bösen, da er das Instrument des Guten, Noah, vernichten will, spielt demnach in Donizettis Arrangement die Rolle eines positiven Helden, weil er Sela liebt. In seiner Eifersucht sperrt er die Sippe des Propheten wie auch Sela ein und will die ganze Schar hinrichten lassen. Doch während im Palast zur Feier seiner Hochzeit mit Ada gerüstet wird, löst Gott die Ketten seiner Getreuen und verweist sie in die Arche. Bei ihrem Weggang aber fällt Selas Blick auf das erleuchtete Schloß. Dort schlummert ihr Sohn — und ist Cadmo bereit, sich eine neue Frau zu nehmen. Sie reißt sich los vom achtbaren Haufen Noahs und stürzt sich in den Palast. Die Hochzeit Cadmos mit Ada ist noch nicht vollzogen, aber in Gang.

Sela beteuert, daß es ihr nie um etwas anderes zu tun gewesen sei als um den mächtigen Gott Noahs, der seine Macht ja wirklich — wie man sieht — an ihr bewiesen habe. Dennoch habe sie sich losgesagt von ihm und seinem Schutz, um ihren Gemahl und ihren Sohn nicht zu verlieren. Cadmo ist ergriffen. Schließlich verspricht er Sela, sie wieder in Liebe aufzunehmen, wenn sie ihre Darstellung dadurch bekräftige, daß sie den Gott Noahs verfluche. Mit Müh und Not — sie ahnt die Folgen — stößt sie den Satz heraus, da bricht die Sintflut über sie herein. Die Wogen ersticken sie, aber sie sind vereint.

Für die Zensoren ist die Frage, mit wem das Libretto namens *Il Diluvio Universale** *(Die Sintflut)* sympathisieren könnte, ohne Bedeutung, da doch die Sünderin Sela und ihr Gezücht kläglich ertrinken. Was gibt es Schlimmeres als den Tod? Und gar im salzigen Meer? Bei Temperaturen wie den heutigen, hier in Neapel? ... puh! Was für ein Wetter! Viel fehlt wirklich nicht, um eine neue Sintflut perfekt zu machen! Nein, Regenwasser wirkt allmählich auf den Neapolitaner, Gastwirt oder Zensor, als Inbegriff der Bestrafung. Die haben es richtig abgekriegt, Cadmo und Kompanie! Und diese vielen Bibelzitate, die das Libretto unter dem Strich fein säuberlich belegt! Wie in einer Predigt sieht es aus! Schau einer an, «immago di te», der Mensch als Ebenbild Gottes ... jaja, das weiß man aus dem Katechismus, das steht in der Bibel, und da nennen sie auch die Quelle: Genesis 1, Vers 27. Anscheinend haben die Autoren nichts zu verbergen. Drei Akte statt zwei, weil in der Fastenzeit Ballette verboten sind ... schön, schön, geht alles in

Ordnung. Wenn nur diese Sintflut... äh, dieser Regen endlich zu Ende wäre!

Und Donizetti selber? Immer stärker entwickelt er sich zu einem Genie des liebenswert-pfiffigen Selbstbetrugs. Paukte ihm nicht Mayr, der Todfeind von Messen mit Cabaletten, unermüdlich ein, es gelte in der Musik das geistliche vom weltlichen Fach zu trennen? Und hat er nun nicht dieses Gebot getreulich befolgt? Hier sind die Heiden versammelt und singen Liebesmusik, dort breiten Noah und seine Söhne mit cabalettafreiem Messe-Ernst ihr apokalyptisches Weltbild aus! Die Frage nach dem mengenmäßigen Anteil der beiden Sorten ist damit freilich noch nicht geklärt... «Wenn Ihr (im ‹Diluvio›) Cabaletten zu finden hofft», brüstet er sich in einem Brief an seinen Vater, «gebt Euch keine Mühe, sie zu suchen. Wenn Ihr aber erfahren wollt, wie ich das geistliche vom weltlichen Fach zu trennen trachtete, dann leidet, lauscht — und pfeift, wenn es Euch nicht gefällt.» Vater Andrea schloß wahrscheinlich, daß die Oper keine Cabaletten hätte. Aber Gaetano erklärte ja nur, es lohne sich nicht, welche darin zu suchen...[4]

Allerdings strengt er sich bei der Vertonung des Textes, wie seine pathetischen Worte vermuten lassen, wirklich gewaltig an, um das versprochene «Mehr an Genie» ja schon in diese Bibeloper hineinzustecken. Und es regnet. Er unterbricht die Arbeit und vertont für das Teatro Nuovo eine Gilardoni-Farce, wie gewohnt in einem Akt, *I Pazzi per Progetto** *(Die vorsätzlich Verrückten)*, die in einem Tollhaus spielt. Der einzige vernünftige Mensch auf der Szene ist der Direktor der Nervenklinik, in die eine Anzahl Nichtpatienten trudelt, um ihre Liebeshändel auszutragen. Die Atmosphäre des Instituts scheint sie indessen augenblicklich anzustecken: den blasierten Weiberhelden Kolonel Blinval; die vor Affektiertheit und Belesenheit buchstäblich schon übergeschnappte Französin Cristina, mit der er ein Verhältnis hat; den aus der Armee desertierten Militärtrompeter Eustacchio, der sich als Irrenarzt ausgibt, um unterzutauchen, aber in der Anstalt ausgerechnet seinem Vorgesetzten in die Arme rennt, dem Kolonel; und endlich auch die «grüne Witwe» dieses Ehrenmannes, Blinvals bisher verschupfte, jetzt hingegen aufbegehrende Gattin Norina. Als sie, um sein Mitleid zu erregen, vortäuscht, vor Liebeskummer ernstlich verrückt zu sein, versinken die letzten Grenzen zwischen Sein und Schein, Vernunft und Wahnsinn, aber auch die letzten Anstandsregeln der Zivilisation im allgemeinen Trubel der Begehrlichkeit.

Der meerblaue Überschwang der lyrischen Melodien, die immer wieder aus dem chaotischsten Notengetümmel steigen, sowie die süßesten Harmonien enthüllen genau dieselbe Traurigkeit wie das stilistisch ähnlich gestaltete Drama von Kenilworth. Unterschwellig spielte eben hier wie dort die unheilbare Krankheit Donizettis mit, die vor der Arbeit am «Castello» ausgebrochen war.

Die *Pazzi* sind geschrieben, und es regnet immer noch. Uraufgeführt am 7. Februar des Jahres 1830 durch eine dem Meister persönlich nahestehende Sopranistin namens Luigia Boccabadati (vollreife Mutter einer reifen Tochter) und durch Lablache als Irrenhaus-Direktor, entfalten sie die intensivste Wirkung. Donizetti gilt in Neapel allmählich als Supergenie... aber nur in Neapel. In Bergamo wurde sein *Ajo nell'Imbarazzo* trotz der Einstudierung Mayrs — dem der Schüler ja mit dieser Oper ein rührendes Denkmal setzte — nicht eben freundlich aufgenommen. Mit unterdrückter Bitterkeit weist Donizetti seine Eltern auf den Triumph der *Pazzi* hin. Ob sie ihm überhaupt die ständigen Erfolgsnachrichten von hier unten, aus Neapel, glauben, wenn dort oben, wo sie Augenzeugen sind, in Bergamo, Mailand und überall sonst im Norden, jeder von ihm beschriebene Fetzen Musik zerrissen wird? «Alles geht gut, was ich hier mache!» schwört er ihnen und schärft ihnen ein: «Nie dürft Ihr Sachen von mir bringen in der Lombardei, nie, nie!» — als ob sie irgendeinen Einfluß auf den Spielplan der Theater hätten. Den Ursprung des Übels sieht er nach wie vor in Prividali und anderen journalistischen Feinden, die er im Norden hat.[5]

Der *Sintflut*-Termin des Opernhauses San Carlo rückt unerbittlich heran, während die wahre Sintflut unermüdlich weiterwütet. Jetzt bersten sogar die Fensterscheiben unter der Wucht von richtiggehend alpenländischen Gewittern. Donizetti, eingehüllt in Mantel, wollenes Kleid, wollene Socken und Unterhosen — ein Luxusartikel im Süden —, hört ihnen versonnen zu, als hätte er sie wirklich selbst herbeigehext.[6] Aber die Wahrheit ist, daß sie ihm Bilder aus der Heimat suggerieren. Jäh wie alle seine Wünsche, hat die Sehnsucht, nach mehr als siebenjähriger Abwesenheit Bergamo wiederzusehen, von ihm Besitz ergriffen. Schon im letzten Mai hatte er bei seinen Eltern eine große Ansicht Bergamos bestellt, nicht ohne zu betonen, daß er sie bezahlen werde, wobei er dachte, daß sie sich die Summe wie gewohnt von seinem dortigen Faktotum Agazzi vorstrecken lassen würden. Nun wird er sich schmerzlich bewußt, daß er das Bild noch immer nicht bekommen hat. Sollte Agazzi geargwöhnt haben, daß ihn sein Auftraggeber erst am Sankt-Nimmerleinstag entschädigen wolle?[7]

Wäre es möglich, obwohl seine Abrechnungen immer auf Heller und Pfennig stimmen? (Der Komponist führt ziemlich kleinlich über den Umlauf seiner Finanzen Buch, woran man wieder seine Herkunft aus der Schicht der Ärmsten spürt.) Daß ihn Agazzi nicht zum Weihnachtsmahl besuchte, obwohl er es ihm versprochen hatte, ist der noch fehlende Stein im düsteren Mosaik. Aber auch andere alte Freunde aus Bergamo, Dolci, ein zweiter Schulgefährte namens Quarenghi und der Maler Deleidi, schicken ihm keine Zeile. Mayr soll ihm geschrieben haben, meinen die Eltern? Er glaubt es nicht! Aber er läßt sich dazu herunter, seinen Vater zu bitten, er möge an seiner Stelle Quarenghi schreiben und ihm deutlich machen, daß die heutige Entfernung zwischen ihnen keine innere Distanz bewirken dürfe.[8]

Anderseits freilich hat sich Giuseppe beklagt, daß er von ihm, Gaetano, keine Post erhalte, was ja der Komponist aus leicht durchschaubaren Gründen im stillen Kämmerlein in aller Form beschlossen hatte. Doch Gaetano weiß sich selber gegen diesen Vorwurf zu verteidigen: Erstens habe er ihm Porto sparen helfen wollen (was er schon damals behauptet hatte), zweitens habe er ihm dennoch seit seiner Ankunft in Konstantinopel anfangs 1828 bemerkenswert oft — dreimal! — geschrieben. Und damit basta. Er, Gaetano, ist auch hier im Recht.[9]

Trotz solchen gelinden Regenschauern ist sein Stimmungshimmel nicht mehr so bewölkt wie einst und wie der Himmel über ihm. Es fallen scherzhafte Aufmunterungen an Vater Andrea und Mutter Domenica («Auf Wiedersehen, Kinderchen, macht es gut!»),[10] und wenn die beiden über seine Opernangelegenheiten in naivem Eifer falsche Theorien äußern, setzt er ihnen liebevoll und mit Humor den Kopf zurecht. So glaubten sie, daß die Zensurprobleme ihres Sohnes aufgehoben seien, nachdem ein Bergamaske ins Kollegium der Kardinäle aufgenommen worden ist.[11] Gaetano sah sich bemüßigt, sie mit der für sie bitteren Wahrheit zu konfrontieren, daß das Theater von der Kirche nicht gefördert, sondern nur geduldet werde, unabhängig vom Geburtsort der einzelnen Kardinäle. Doch freue er sich gemeinsam mit ihnen über den Landsmann im Vatikan mit Aufstiegschancen zum Papst. Noch mehr aber würde er sich freuen, wenn man ihn selbst zum Papst erküren würde; er wäre dann nämlich keineswegs der erste Papst mit einer Frau an seiner Seite![12]

Offensichtlich hat sich Donizetti von der Kirchentreue seines Elternhauses (nicht aber von der Glaubenstreue) schon erstaunlich distanziert.

Am 28. Februar des Jahres 1830 bricht in Neapel die zweite Sintflut — die Donizettis am San Carlo — aus: mit der charmanten Boccabadati als gottverfluchender Sela und dem Koloß Lablache als Noah, dem nicht so liebreizenden Gottesmann. Die frömmere Hälfte des Publikums findet das Ganze ziemlich ungehörig, während die weniger fromme am liebsten gleich auch den Rest der Bibel Donizetti zur Vertonung übergeben würde. Doch die Ketzer, die Vertreter der *Paria*-Philosophie, die schon von Akebare, dem Priester Brahmas, den Hauch der restaurativen Päpste ausgehen spürten und die jetzt Noah die gleiche romantische (nicht politische!) Antipathie entgegenbringen, setzen sich durch. Auch dieses Rennen ist mit Erfolg bestritten, und Barbaja leugnet nicht, daß er die angekündigte Zusatzmenge Genie, verbunden mit mehr Moneten und einer lukrativ-verruchten Fama seines Hauses, entgegengenommen hat. Deshalb verspricht er dem Komponisten, bei seiner nächsten Fahrt nach Mailand eine goldverbrämte Tabakdose für den alten Herrn Andrea mitzubringen.[13]

5. Ein Machtkampf in Mailand
Frühling bis Dezember 1830
Imelda de Lambertazzi, Anna Bolena

Bald nach dem Winterregen platzt in Süditalien die Sommerhitze. Das Willkommens-Feuerwerk organisiert der Ätna, indem er Asche von Sizilien bis nach Neapel spuckt (das berichtet der Komponist). Auf den nicht mehr regelmäßig abgeduschten Straßen sammelt sich wieder Staub und Dreck, in dem die bleiche, weit entrückte und trotzdem stechende Sonne allerlei Krankheitserreger vortrefflich gedeihen läßt. Donizetti hat Kopfweh und wieder Hämorrhoiden.[1]

In Norditalien leidet Bellini unter den Folgen einer Amöbenruhr. In Venedig mußte er in einem Monat eine neue Oper komponieren, was ihn, der es gewohnt ist, seine Melodien monatelang zu sammeln, bevor er sie für ihre Endgestalt, die Doppelnummer, präpariert, beträchtlich überforderte. Doch hielt er sich über Wasser, indem er die letztkomponierte, in Parma erfolglos uraufgeführte Oper *Zaira* um praktisch jede gute Melodie erleichterte, die sie enthielt, und dieses Diebesgut der Auftragsoper des Teatro La Fenice, einer Zweitvertonung des Romani-Buches «Romeo und Julia» nach Shakespeare, einverleibte. Diese taufte er zur Unterscheidung von der alten Version Nicola Vaccais, eines Vertreters der Rossini-Generation, *I Capuleti e i Montecchi*.

Zwar stellt es eine Praxis der Belcanto-Komponisten dar, besonders wirkungsvolle Melodien mehrfach zu verwenden, eine Praxis freilich, die seit den Tagen Rossinis im Schwinden begriffen ist. So geht es 1830 über das Erlaubte weit hinaus, wenn jemand eine Oper sozusagen verdoppelt, wie es Bellini tat. Doch die Wahrscheinlichkeit, daß ein Premierengast der *Capuleti* die *Zaira* kennen würde, war gering.

Trotz der Erleichterung, ein älteres Werk verwenden zu können, ging der zerbrechliche Sizilianer aus dem Prozess des Arrangierens und Neukomponierens sehr geschwächt hervor. Er hatte sich geistig und physisch Gewalt angetan. Die *Zaira* hatte er den *Capuleti und Montecchi*, seine fast nicht vorhandene Freizeit dem üblichen, nützlich geglaubten Flirt mit der wichtigsten Darstellerin — diesmal Giuditta Grisi — und seine Kräfte, die das alles kostete, seinem Erfolg geopfert. Dieser war freilich wieder einmal phänomenal. Doch der nicht unbegrenzte Spielraum seiner Phantasie hatte sich erstmals deutlich gezeigt — auch darin, daß aus der *Zaira* ein orientalisches Drama von üppiger Farbenpracht, mit feurigen Cabaletten und anderen Stilelementen seines Rivalen geworden war.

Nun erholt er sich bei seiner «zweiten Giuditta», der reichen und leidenschaftlichen Frau Turina, die in der Hoffnung auf Bellinis Treue ihren Mann betrügt, in ihrer Villa in Moltrasio am Comersee von seiner Ruhr. Seine Sonderstellung unter den verheerend schlecht bezahlten Komponisten des Belcanto verdankt er nur zum Teil den im Vergleich mit Donizetti überwältigenden Summen, die er für seine Opern kassiert: zum andern Teil verdankt er sie der Unterstützung seiner Freundin. Während für Donizetti die Ehe eine Herausforderung bedeutet, indem sie ihn zwingt, mit seinen Opern seine Familie zu erhalten — worauf er stolz ist, nachdem er sich einmal daran gewöhnt hat —, betreibt Bellini das Komponieren einzig um des Komponierens willen und ist auf diese idealistische Wertung seines Berufs nicht weniger stolz. Daß er aber seine Unabhängigkeit mit Hilfe eines fremden Portemonnaies verteidigt, versucht er zu übersehen.

In Moltrasio erholt sich Bellini von seiner Krankheit, indem er dem Nichtstun frönt. Von den Unternehmern verlangte er eine Schonzeit, die jene paar Tage Donizettis um einiges übertrifft. So kann er sich von seiner Freundin gründlich verwöhnen lassen. In Neapel aber heilt sich Donizetti von seiner Krankheit, indem er eine neue Oper für Barbaja komponiert und überdies eine Kantate zur Rückkehr Francescos I. und Maria Isabellas von einer Spanien-Tour, *Il fausto Ritorno*. Er muß es ja tun, um Geld zu verdienen. In der Juniglut ringt er sich neue und möglichst ergreifende Stücke ab, denn das Libretto Tottolas, *Imelda de Lambertazzi*[*], mit seinen brutalen Liebes- und Waffenfehden zwischen den Guelfen und Ghibellinen (ein italienisches Pendant zu den Zegri und Abencerraghen) eignet sich mehr denn je für eine Vertonung im Stil des *Castello:* als hitzige, dramatische und gleichwohl überaus süße «Oper der neuen Kürze». Zusätzlichen Antrieb verleiht ihm gewiß die Kenntnis der ähnlichen Bühnensituationen von Bellinis *Capuleti e Montecchi.* Er träumt nun nämlich stärker als je zuvor von einem Durchbruch als Komponist, wie ihn bisher von allen Konkurrenten seiner Generation einzig Bellini schaffte. Doch seine «Virginia-Politik» macht es ihm schwer, den Aufstieg herbeizuführen, der Bellini auf dem Teppich der «Giuditta-Politik» im Fluge glückte.

Dazu ein kleines Beispiel. Bellini sicherte sich für seine *Straniera* die fürstliche Summe von 1135 Dukaten. Wochen früher hatte er Barbaja — wie er glaubte, heldenmütig — angerempelt. Den etwas verletzenden Brief, den ihm der Impresario in seinem Ärger darauf geschrieben, wollte Bellini nie empfangen haben. Barbaja, der sich köstlich amüsierte, pochte auf die Zuverlässigkeit der Post. Bellini aber rückte mit dem ängstlich vorbereiteten, brillanten Kommentar heraus, ein Brief wie der, von dem sie sprächen, könne unmöglich an ihn, Bellini, gerichtet gewesen sein. Jetzt setzte Barbaja sein goldigstes Lächeln auf, war es ihm doch ein leichtes zu entgegnen, daß er das Schreiben also doch bekommen habe. Und Bellini, der sein ganzes Pulver schon verschossen hatte, wechselte die Farbe, die Taktik und die Gestalt, verwandelte sich vom geistreich-frechen Intellektuellen zum jammernden Häufchen Elend und ließ Barbaja erkennen, daß der Komponist Bellini darauf verzichten würde, für ihn zu schreiben, ja vielleicht sogar zusammenbrechen würde und für die Oper verloren wäre, wenn man ihm seine Wünsche nicht erfüllte. Das Resultat: 1135 Dukaten für seine neue Oper.[2]

Donizetti hingegen, dem der *Imelda*-Erfolg am 23. August den Rücken stärkte, feilscht mit Barbaja um einen neuen Dreijahresvertrag. Im Mittelpunkt steht die Frage, ob er für seine Dienste als Musikdirektor 80 oder 90 Dukaten im Monat erhalten solle. An der empörenden Bescheidenheit der Summe ändert der Zuschlag so gut wie nichts, aber mit Donizetti will sich Barbaja raufen, weil dieser Künstler sein und Virginias tägliches Brot lieber mit zuviel Arbeit verdient, als daß er es sich erschleicht.[3]

Auch er versagt mitunter in seinem Bemühen, den menschlichen Werten einen Ehrenplatz neben dem Moloch Oper einzuräumen. Aber er strengt sich wenigstens an. So verspricht er seinen Eltern, bei seiner nächsten Reise in den Norden mit Virginia vorbeizukommen — ob er das Versprechen halten wird, ist eine andere Frage. So schickt er seinen Eltern Kupfermünzen und gebrauchte Kleider und benützt sein Geld zum Renommieren in Neapel — doch er beschenkt sie wenigstens seit längerem mit Kleinigkeiten, während Bellini seinen Eltern bis vor kurzem offensichtlich gar nichts schenkte, obwohl auch sie schon recht bescheidene Beträge als Erleichterung empfinden und obwohl Bellini ungleich mehr verdient als Donizetti. Zwar schreibt Donizetti Empfehlungsbriefe für brotlose Künstler mit einiger Ironie (er könnte schließlich selber auch Empfehlungsbriefe brauchen) — aber er schreibt sie doch, während Bellini in solchen Situationen ein klägliches Schauspiel bietet.[4]

Freilich gilt es immer zu bedenken, daß die Grausamkeit des Konkurrenzkampfs im hysterisch produzierenden Belcanto-Arsenal jeder Beschreibung spottet. Die Schwierigkeiten eines Opernkomponisten, für seinen Erfolg zu sorgen, aber dennoch eine gewisse moralische Standfestigkeit zu wahren, können gar nicht groß genug veranschlagt werden. Und diese Schwierigkeiten werden sich für Donizetti, der nun ebenfalls an seinen Aufstieg denkt, erschreckend mehren; ja für ihn beginnt die Probe erst. Wird er sie bestehen, wie es ihm sein Lehrer Mayr, der sie selbst bestand, in der Gelegenheitsoper *Il piccolo Compositore* optimistisch prophezeite?

Kaum hat er beschlossen, sich durchzusetzen, geht er aufs Ganze. Kühl berechnend setzt er in der zweiten Jahreshälfte 1830 Stein auf Stein und schafft sich so das Fundament zum Tempel seines Ruhms. Das Projekt, mit dem er sich befaßt, ist nichts Geringeres als seine zweite Weltpremiere in Mailand und die Beseitigung des Makels, den seine erste, *Chiara und Serafina*, dort hinterlassen hat. Luigi Prividali, den gefräßigsten Schädling der Zeitungslandschaft des Nordens, narkotisiert er mit dem üblichen Verfahren: Bestechung durch Geld. Er selbst, sein Schwager Toto Vasselli und sein ganzer Freundeskreis in Rom erstehen haufenweise Abonnemente, als Gegenleistung sichert Prividali Donizetti günstige Rezensionen seiner Opern zu. Das also ist aus Donizettis edlem Schwur geworden, so lange Meisterwerke zu schreiben, bis Prividali von selbst zum Schweigen gezwungen sei! Doch das Verfahren Bellinis ist eben leichter zu praktizieren.[5]

Auch Mayr werden auf dem Schachbrett der Partie zwei Felder und ein Bauer zugewiesen. Er soll Romani, der das Libretto wieder verlassen wird, einen persönlichen Vertrauten an die Fersen heften, damit er endlich auch einmal in einem Werk für Donizetti das hohe Niveau erreiche, das er für seinen Freund Bellini immer zu erreichen pflegt. Ferner darf der stimmungsträchtige Uraufführungstermin, der Stephanstag, an dem die Karnevalssaison beginnt, nicht überschritten werden. Von welcher Seite aber droht diese Gefahr, wenn nicht von der des säumigen Librettisten?[6]

Ebenso wendet Donizetti Bellinis Methode an, das Mitleid seiner Auftraggeber zu erwecken. Er stellt sich ihnen gegenüber als unrealistischen Träumer dar (der er zum Teil, wie sein Rivale, auch wirklich ist), um unter der Hand Zugeständnisse zu erpressen. Das Teatro La Fenice fragte ihn an, ob er im Lauf der Karnevalssaison nach seiner Premiere in Mailand auch in Venedig eine neue Oper einstudieren könnte. Für Donizetti ist es eine Ehrensache zuzustimmen, da ihn die Leitung des zusammen mit der Scala einflußreichsten Opernhauses im Großraum der Lombardei bis heute ignorierte. Jetzt aber, da es endlich so weit ist, verlangt er von den Leitern des Fenice, daß sie für ihn ein zweites Eisen aus dem Feuer holen. Sie sollen dafür sorgen, daß ihm die Mailänder Unternehmer, die seine neue Oper bestellten — die Impresarios vom Teatro Carcano —, zusätzlich zur Summe für diesen Auftrag eine weitere Entschädigung für eine Nebenpflicht entrichten; dann wird er nach Venedig kommen, sonst aber nicht. Nun, die Venezianer verzichten auf seine Oper.[7]

Schade für ihn! Allein, das wichtige Mailänder Engagement sowie die Aussicht auf den ersten Bergamo-Besuch seit vollen acht Jahren wiegen für den Komponisten alle Bitterkeiten und Bedenken auf. Er werde «an den Busen von Polenta und Vögeln fliegen» (den bergamaskischen Nationalgerichten), kündigt er Mayr jubelnd an und macht ihn darauf aufmerksam, daß sie sich beide zusammen «einen anfressen» müßten! Als Weltmann präsentiert er sich seinem Vater, indem er ihm mit spürbar stolzgeschwellter Brust erörtert, wie er, kaum in Mailand angekommen, die vom Carcano bezahlte Herberge suchen, seine Siebensachen deponieren, dann den Dichter zur Beratung treffen und sich endlich in die Eilpostkutsche nach Bergamo werfen werde. Und selbst der Nachsatz, dem ein zerknirschter Ton nicht unbedingt schlecht anstehen würde, wirkt im Strudel seiner echten Freude reingewaschen: Virginia bleibe in Rom, denn wenn sie ihn begleiten würde, litte sein Verdienst. Anderseits ist er reich genug, um sich am Vico Nardones zwei Hausangestellte zu leisten...[8]

Das Wiedersehen mit den vertrauten Gassen, Kirchen, Weinlokalen, Bäumen, Bergen und Menschen (darunter neben seinen Eltern und dem verlotterten Bruder Francesco namentlich Dolci, der liebenswürdige «Dorforganist»), die generalstabsmäßigen Vorkehrungen für seinen Einfall ins lombardische Opern-Imperium, sein Aufenthalt à la Bellini im Landgut der vorgesehenen Primadonna des neuen Werks, Giuditta Pasta, am Comersee, und überhaupt die erstmals seit seiner Heirat erlangte Freiheit — eine Freiheit, die Virginia zu Hause wie auf Kohlen sitzen läßt — beschwingen ihn bei der Arbeit.⁹

Auffallenderweise paßt er sich auch musikalisch erstmals in größerem Stil den Neuerungen Bellinis an. Auch das ist Bestandteil seines Erfolgskonzepts. Erst versuchte er — von der im stillen Kämmerlein verkrampft vertonten *Gabriella* an — den Sizilianer mit einem entgegengesetzten, eigenen Stil zu konkurrieren. Daraus entwickelte sich die hochdramatische, betont erotische und seinem Naturell völlig gemäße «Schlager-Oper der neuen Kürze», die zwar den Neapolitanern ungemein gefällt, in Mailand aber neben der lyrischen «Mondschein-Oper» Bellinis, die in der *Straniera* ihre Vollendung fand, keinerlei Chancen hat, das Publikum zu gewinnen. Deshalb vergißt er die lange Reihe von Meisterwerken, die ihm dank der Übereinstimmung seines Modells mit seinem Charakter und dem Charakter seines Publikums gelang, und ahmt Bellini nach.

Das Bild der neuen Oper *Anna Bolena** prägen halbkreisförmige Begleitfiguren, die sich zu Wellenbändern aneinanderreihen, lustvoll-«unerträglich» langgezogene Lyrismen, schwelgerische, feminine Terzenchöre (ob von Frauen oder Männern vorgetragen!), schwerfällig gleitende Ensemble-Großbauwerke von komplexer Harmonik und Polyphonie: eben eine ganze Sammlung von Stilelementen der Meisterwerke Bellinis. Szene für Szene, Nummer für Nummer wird die leise, «weiche» Kunst Bellinis vorgeführt. Gleichzeitig fängt jede Szene und Nummer einen Ausschnitt des Gesellschaftslebens am Hofe des englischen Königs Henry VIII. ein. Dabei werden die Figuren hauptsächlich zusammen gezeigt, bei der direkten Bewältigung ihrer Konflikte, so daß sie mehr Duette und Ensembles als Solostücke zu singen haben, wie in der *Straniera*. Damit ist die *Anna Bolena* in ihrer stilistischen Haltung der von Donizetti selbstentwickelten «Oper der neuen Kürze» diametral entgegengesetzt.

Glücklicherweise berechtigt der Inhalt der Oper zu dieser Gestaltungsweise. Die Greuelherrschaft Heinrichs VIII. am englischen Hof versetzt seine Umwelt in ständigen Schrecken. Das einzige Mittel, zu überleben, ist die Verstellung, der einzige Trost in diesem Lügenleben ist der Rückzug in den Intimbereich, in die persönlichen, jedermann sonst verschwiegenen Wünsche, Gefühle und Träumereien. Es ist ein großer Stoff, der außerdem Donizettis Tendenz zu Weltfluchtgedanken, wie er sie im *Esule* bekundete, entgegenkommt. Und da sich auch Bellini und seine Anhängerschaft mit solchen Gedanken tragen, rückt der Erfolg der Oper durch diese Thematik nochmals ein bißchen näher.

Ferner werden die Zeitgenossen durch das Libretto und Donizettis Musik bei einem zweiten romantischen Nerv getroffen. Der mit den Wogen bürgerlicher Haßgefühle kämpfende, durch Metternichs System nur scheinbar geschützte Adel erweckt auch das Mitleid der Öffentlichkeit. Die Menschen der Romantik lieben alles, was vom Untergang gezeichnet ist. Zudem umflort den Adel immer noch ein Rest des einstigen mittelalterlich-christlichen Glanzes, so daß man ihn, obschon mit halbem Herzen, immer noch bewundern kann. Emporkömmlingen wie Donizetti bedeutet der Zugang in seine Kreise höchste Bestätigung ihres Werts. Das Schicksal der an die Bourbonen verkauften Erzherzoginnen und der von diesen ungeliebten Bourbonen spricht sentimentale Gefühle an, sogar bei Intellektuellen. Und just ein solches Schicksal — wenn auch die Schuld des Opfers größer ist als in der Metternichschen Realität — behandelt die Oper *Anna Bolena*.

Henry will seine zweite Gattin, Ann Boleyn, hinrichten lassen, um ihre Freundin und seine Geliebte, Jane Seymour, zur Königin machen zu können. Die Bitten Janes, die Bitten des ganzen Hofes, das Leben Annas zu schonen — Bitten, welche Donizetti gleichsam stellvertretend für die lustvoll schaudernden Theatergäste ausgesprochen innig formuliert —, verstärken nur den Haß des Königs auf seine Frau. Zwar war es Jane selbst, die ihre Freundin aus dem Ehebett verdrängte, aber indem sie sich nun mit all ihren Kräften für die Rettung Annas einsetzt, läuft sie Gefahr, vom skrupellosen König ebenfalls abgeschrieben zu werden. Diese von Donizetti als heroisch eingestufte Reaktion rührt wieder an eine Saite, die seit dem *Esule* sein Schaffen durchzieht: die Neigung, noble Gefühle seiner Figuren in einer entsprechend edlen gesanglichen Linie von stets geschmackvollem Pathos wiederzugeben. Nur sind solche Episoden hier nicht etwa scharf gezeichnet und durch mächtige Erregungsschübe rhythmisiert wie in den männlichen Seria-«Opern der neuen Kürze», sondern mit dem Silberstift Bellinis hingestrichelt.

Dafür ist Anna keineswegs heroisch dargestellt, sondern als schuldbeladene, charakterschwache, ehrsüchtige Frau, die ihrem Tod mit Schrecken entgegensieht. Sie verließ aus freien Stücken Percy, ihren ersten Mann, um an der Seite Henrys den Thron zu besteigen. So behandelt, schämt sich Percy nicht, am Hof zu erscheinen und sie schmachtend zu belagern. Sie ahnt die dunklen Pläne ihres Mannes und versucht verzweifelt, Percy abzuwimmeln, obwohl sie ihn liebt, um Henry keinen Grund zu geben, sie zu verstoßen. Die öffentliche Entehrung ist ihr schrecklicher als der Verrat an ihren Gefühlen (wie verblüffend neu ist dieser Zug in Donizettis Schaffen!). Aber Heinrich schickt sie doch als «Ehebrecherin» auf das Schafott.

Weil sie die Hölle dieser letzten Augenblicke nicht bewußt erleiden will, flüchtet sie sich in einen ähnlichen Wahnsinn, wie er bereits im *Esule* zur Sprache kam. Hier aber verfliegt er brutalerweise gerade vor ihrem Tod. Dies ist der wirkungsvollste, «nervenfolterndste», in Donizettis Sinn erschreckendste Augenblick in seinem ganzen bisherigen Schaffen. Und da die seinerzeitige Enthauptung Marie-Antoinettes als mögliches Schicksal heutiger Erzherzoginnen die Gemüter immer noch erregt, kann es am Stephanstag bei der Premiere im Carcano nicht erstaunen, daß das Publikum von einem wahren Rausch ergriffen wird und Donizetti feiert, wie es seinen allerkühnsten Vorstellungen von einem Mailänder Triumph entspricht.

Aber als Ganzes ist die Oper nicht gelungen. Die Aneignung der Formenwelt Bellinis erfolgte zu plötzlich, um sich in einer jederzeit zusammenhängenden und gelösten Musik niederzuschlagen. Die Melodien eines *Esule*, eines *Paria*, eines *Castello* und einer *Imelda* sind ungleich elementarer und expressiver. Nur wer den Typus einer Bellini-Oper vorbehaltlos über den Typus eines Donizetti-Werks der «neuen Kürze» stellt, kann in der *Anna* einen Fortschritt gegenüber Donizettis vorher komponierter Neapolitaner Seria-Reihe sehen.

Zudem erledigte Romani seine Pflicht für Donizetti wieder nicht gerade mit Bravour, aber natürlich zehnmal besser als in *Chiara* und *Alina*. Die Dialoge sind überlang, die Handlung des zweiten Aktes bewegt sich schleppend, etliche Nummern, die einzig die Wünsche des Mailänder Publikums nach stimmartistischer Brillanz erfüllen, sind dramaturgisch entbehrlich, und zur Vorgeschichte bleiben Fragen offen. Des Librettisten Anstrengungen, Percy als selbstlosen Schwärmer zu präsentieren, sind doch nicht so groß, als daß der Eindruck eines unglaubwürdig salbungsvollen Jammerlappens ganz vermieden worden wäre. Es sind denn auch vor allem seine dem Tenor Rubini in den Mund gelegten Stücke, die bloß technische Kaprizen bieten und die Oper in die Länge ziehen.

Am gleichen 26. Dezember 1830, an dem die *Anna Bolena* im Teatro Carcano erstmals Furore macht, nimmt auch das Konkurrenztheater, die altehrwürdige Scala, die Reihe der musikalischen Faschingsbeiträge auf: mit Bellinis *Capuleti e Montecchi* und einem für das Publikum unsichtbaren, zitternden Komponisten, der sich seit dem Mißerfolg der *Zaira* hartnäckig weigert, die ersten drei Aufführungen selbsteinstudierter Werke auch selbst zu leiten, wie es die Pflicht verlangt. Nun sind zwar die Giudittas teilbar (hier die Grisi, dort die Pasta), nicht aber Rubini, der im Carcano singt. Den lauen Anklang, den die *Capuleti* finden, kreidet Bellini, fürchterlich perplex wegen der plötzlichen Umverteilung der Rollen zwischen ihm und Donizetti, «seinen» Sängern an, die sich in seinen Augen «gar nicht schlechter» hätten behaupten können.[10]

Hätte er nur die andere Primadonna, Donizettis Pasta, mit der sein Rivale doch gewiß am Comersee die gleiche Idylle pflegte wie er selber mit den beiden übrigen Giudittas, in seinem Troß gehabt! Er wird sich ihr so bald wie möglich nähern müssen, um die Gewichte umzuverteilen.

Nun zeigte also auch Donizetti, wie er verwundert zugibt, nein, nicht Genie, aber Talent! Nein so etwas! Aber besonders schmerzlich ist Bellinis Erstaunen, als Prividali, der Kritikerpapst, der sich bis heute einer rühmlichen Gerechtigkeit befleißigt hat, die *Anna* wie die größte Oper aller Zeiten feiert, den *Capuleti* hingegen nachsagt, daß sie der *Romeo*-Oper Vaccais durchaus nicht gewachsen seien.[11]

Vom Komponistenförderer Graf Melzi, dem «großen Gönner» Bellinis, trennt sich Gaetano Donizetti Ende Januar in tiefempfundener Freundschaft. Er leuchtet vor Stolz auf seine neue Stellung in der Mailänder High Society des Belcanto. Da steht er vor der Haustür des Grafen, reisefertig, lächelnd, etwas verwirrt von seinem jungen Ruhm, er, der Komponist der Wahnsinnsoper *Anna*, mit dem Hut in der Hand.[12]

Viertes Kapitel
DAS GERANGEL UM DEN ERSTEN RANG

1. Ein Rückfall und ein Wiederaufstieg mit Schikanen
Februar 1831 bis Januar 1832
Francesca di Foix, La Romanziera e l'Uomo nero,
Gianni di Parigi, Fausta

Die Stimmen der *Anna Bolena* stehen anfangs Februar 1831 vor einer Reise rund um die Welt (nach London, Paris, Madrid, Dresden, Havana, Athen, Rio), und Donizetti ist unterwegs zu seiner Gattin nach Rom: da atmet Bellini in Mailand auf. Wo Donizetti saß, sitzt wieder er allein: zum Beispiel im Hause der Gräfin und vollreifen Mutter reifender Töchter, Giuseppina Appiani, die wie Graf Melzi den Belcanto-Komponisten Schutzengeldienste leistet.

Nachdem ihn Donizettis Kunst erstmals beeindruckt hat, verhält er sich ähnlich wie dieser, nachdem ihn Bellinis Kunst erstmals beeindruckt hatte: Er hütet sich ängstlich, früher als nötig irgendeinen Einfluß seines Rivalen auf sein eigenes Schaffen erkennen zu lassen.

Unter diesem Druck gelingt Bellini, was unmöglich schien: die Formen der *Straniera* weiter zu entwickeln. Die Kantilenen seiner neuen Oper sind nun so verinnerlicht und zehren so ausschließlich von melodischen Impulsen, daß der Beitrag des Orchesters, beinahe entbehrlich, oft nur noch in wenigen Wellenbändern der Streicher besteht. Verzögerungen lassen überdies die kargen Begleitfiguren fast oder ganz ersterben. Doch das Erstaunlichste ist, daß weder die Glut des Klanges noch die dynamische Spannung darunter zu leiden haben.

Diese schier unglaubliche Bewältigung von technischen Problemen ist nicht nur auf Ehrgeiz zurückzuführen, sondern auch darauf, daß das Buch Romanis, «La Sonnambula», an eine Wurzel von Bellinis Dasein rührt, behandelt es doch den magischen Einfluß des Mondes auf eine Frau. Im Sonnenschein ist sie ein unterwürfiges, verschupftes Armeleutekind, das sich für jede freundliche Bemerkung ihres Bräutigams, des protzigen, reichen Pächters Elvino, mit Freudentränen bedankt. Nachts dringt sie als Schlafwandlerin in fremde Häuser ein und versteigt sich darauf, einen — zwar für Elvino gehaltenen — Grafen küssen zu wollen. Darum wird sie von ihrem Verlobten, der zu okkulten Dingen keinen Zugang hat, verstoßen. Da aber wie in guten alten Semiseria-Zeiten ein tragisches Schicksal für «Zweitklaßmenschen» auf der Bühne unwillkommen ist, entdeckt das ganze Dorf, daß sie Elvino ja gar nicht bewußt betrügt. Das Volk durchbricht den Zauber, indem es sie weckt. Die gönnerische Minne Elvinos gehört ihr von neuem.

Bellini hat sich wieder einmal nicht kleinkriegen lassen und trägt zumindest künstlerich den Sieg davon. Die äußere Erfolgsbilanz ist ausgeglichen: Auch seine Oper, *La Sonnambula (Die Schlafwandlerin)*, wird am Carcano uraufgeführt; die Sänger sind die Stars der *Anna Bolena*. Und seinen Vorsatz, Rubini energischer als bisher, die Pasta erstmals und definitiv auf seine Seite zu ziehen, hat er gleichfalls ausgeführt. Der Anklang, den die Oper findet, ist vielleicht weniger spektakulär, aber vielleicht auch wärmer, als der Beifall für die *Anna* war. Weit, ja unaufholbar abgeschlagen ist sein Konkurrent hingegen auf dem Feld seiner, Bellinis, stilistischen Eigenheiten. Ob er es wagen wird, auch der *Sonnambula*, dieser perfekten Zweitausgabe der *Straniera*, mit einer *Anna*-artigen Oper entgegenzutreten?

Darüber ist sich Donizetti in Neapel auch nicht ganz im klaren. Als Triumphator heimgekehrt, wirkt er verbraucht und ohne Charisma.[1] Er siegte in Mailand — aber wie? Erstens, indem er sein Prinzip verriet, sich nur mit seiner Kunst und nicht daneben noch mit zweifelhaften Geschäften in der großen weiten Welt bekannt zu machen; zweitens, indem er seinen Stil verriet. Goldener Ring, ist das dein Werk?

Daß er nun wieder fadenscheinige einaktige Gelegenheitsopern schreibt wie in den Tagen seiner permanenten Mißerfolge und künstlerischen Gesichtslosigkeit, könnte tatsächlich mit einem schlechten Gewissen und mit dem Wunsch nach einem Rückzug in sein früheres, unbefangenes Wirken als Liebling des Publikums von Neapel zusammenhängen. Aber es ist auch denkbar, daß ihn der Glanz der Schönen Gesellschaft, der in Mailand endlich auf ihn fiel, immer noch so erfüllt, daß ihm die Arbeit für Neapel sinnlos und grau erscheint.

Das erste Textbuch, das er hier vertont, stammt aus der Feder Gilardonis: die Semiseria *Francesca di Foix*. Sie richtet sich an den frischeingesetzten König beider Sizilien, Ferdinando II., den Sohn des Ende letzten Jahres verschiedenen Throninhabers Francesco. Na also, wer wird schon bei einer szenischen Festkantate mit musikalischen Offenbarungen rechnen? Donizetti ist entschuldigt. Das zweite Libretto, ein Buffa-Stück: *La Romanziera e l'Uomo nero*, spricht sich absurderweise gegen die Romantik aus, die doch der geistige Nährgrund Donizettis ist. Die Moral von der Geschichte lautet explizit: «Nie mehr Romantik.» Dennoch erfindet er zu diesem Text ein paar bezaubernde Melodien, einige im Bellini-Stil, den großen Rest im Stil der «neuen Kürze», und ist dank dieser Leistung erst recht entschuldigt. Aber die Uraufführungen der beiden Opern — die der *Francesca* am 30. Mai im Teatro San Carlo, die der *Romanziera* ein paar Wochen später im Teatro del Fondo — erwecken geringe Begeisterung.

In der *Francesca* tragen die Figuren Standestitel statt Personennamen, wie in barocken Allegorien. Mit Hilfe «Des Herzogs» und «Des Pagen» läßt «Der König» Francesca, die Frau «Des Grafen», entführen, weil sie von ihrem Mann aus Eifersucht wie ein Kanarienvogel gefangengehalten wird — und zwar mit der Begründung, sie sei zu häßlich, um am Hofe zu erscheinen! Erst als der Monarch «Dem Grafen» droht, er wolle Francesca, die er ihrem Mann als «Baronesse von Linsberg» präsentiert, zur Gattin des Herzogs machen, gesteht er «Dem König» seine Schuld und schwört Francesca Besserung.

Natürlich hätte sich der junge König Ferdinando im charmanten, übermütigen und dabei immer gerechten Monarchen der Oper, zu dessen Person das Textbuch vermerkt, er stehe «in der Blüte seiner Jahre», abgebildet finden sollen. Doch Ferdinando II. ist konservativer als sein Papa; er huldigt uralten Vorstellungen eines auf der Bühne schwerlich darstellbaren, weil allzu erhabenen Gottkönigtums. So ist es keineswegs auszuschließen, daß er an der Premiere vom 30. Mai sogar beleidigt war und den Theatergästen durch sein Schweigen nahelegte, ebenfalls frostig zu reagieren.

Die Annäherung des Komponisten an den Bourbonenhof Neapels dürfte sich künftig problematischer gestalten. Ob dafür die Kantate Früchte tragen wird, die er in Mailand zur Hochzeit des österreichischen Erzherzogs und künftigen Kaisers Ferdinand von Habsburg mit einer Tochter des piemontesischen Königs schrieb? Wird ihn die Abweisung Ferdinandos zu Ferdinand führen, vom störrischen König zum huldreichen Kaiser, von den Alltagskämpfen in Neapel zu einem Leben in Saus und Braus, Glanz und Wollust in Wien? Wirst du ihn dort zu deinem Opfer machen, goldener Ring? Wirst du ihn dort so lange blenden, bis er das Antlitz Ferdinands mit seiner krummen Habsburgernase und fleischigen Habsburgerlippe, dieses Antlitz eines körperlich und geistig kranken Mannes, für das Antlitz Gottes halten wird?

Der Gedanke an den Aufstieg plagt Donizetti wie ein Fieber. Hilfe verspricht er sich von seinem Landsmann, dem Tenor Rubini. Doch Bellinis Anstrengungen, den langsam gefährlich werdenden Donizetti doppelt zu bekämpfen: mit seiner Zunge und seiner Musik, haben Rubini (der in der *Anna*, anders als in der *Sonnambula*, wenig Erhebendes zu singen hatte) stärker denn je ins feindliche Lager hinübergezogen. Zu Donizettis Ärger ist er gegenwärtig in Paris damit beschäftigt, ein dort noch nie gesehenes Kontingent von Stimmfetischisten, Belcanto-Jüngern, hauptsächlich aber Exklusiv-Anbetern des fistelnden, trällernden, hauchenden Gurus Rubini ins Théâtre Italien zu locken. Und davon profitiert nun eben namentlich Bellini.

Dessen Rivale in Neapel aber setzt sich mit füchsischer Miene an das Klavier. Ohne über einen Auftrag zu verfügen und also ohne mit einer Bezahlung rechnen zu können, vertont er ein altes, abendfüllendes Textbuch Romanis, *Gianni di Parigi*, und schickt die Oper als persönliches Geschenk für den Tenor in die französische Kapitale. So wird sich dieser zweifellos moralisch verpflichtet fühlen, das Werk auf jener Bühne zur Diskussion zu stellen, die sich der generöse Spender Donizetti am liebsten erobern würde. Der Umstand, daß der Titelheld der Oper, Gianni von Paris, ein Kronprinz Frankreichs ist, scheint auch den letzten Rest des Unternehmens auf soliden Grund zu rücken.

Der Gasthof «Zur Post» ist auf die Ankunft der Prinzessin von Novarra vorbereitet, deren Gefolge sämtliche Zimmer des Hauses beschlagnahmen dürfte. Begreiflich, daß der Herbergsvater für den Anspruch eines schlichten Monsieur Gianni aus Paris, vom gleichen Haus beherbergt zu werden, nur Verachtung übrig hat. Bis sich erweist, daß dieser «Bürger» über mindestens ebenso viele Pferde, Karossen, Sächelchen und Sachen verfügt wie die erwartete Prinzessin. Da ist es natürlich klug, mit der Wahrscheinlichkeit zu rechnen, daß die Prinzessin unabgemeldet ausbleiben könnte; Gianni, der «Bürger», der zu verachten wäre, hätte er nicht sein Geld, wird einquartiert. Das Unvermeidliche geschieht: der Majordomus der Prinzessin meldet ihre Ankunft an. Da gilt es nun, die Sympathie der Herrenrasse nicht zu verscherzen und den gemeinen Bürger Gianni trotz seines Geldes vom Feld zu weisen! Gianni aber vertritt den Standpunkt, daß er, einmal einlogiert, berechtigt sei zu bleiben. Dennoch erlöst er den Wirt aus seiner Verlegenheit, indem er der Prinzessin anerbieten läßt, den Gasthof «Zur Post» mit ihm zu teilen. Und sie, die keineswegs von Standesdünkel so beläppert ist wie ihr entsetzter Majordomus, willigt ein. Doch als sie Gianni erstmals gegenübersteht, erkennt sie in diesem angeblichen Bürger den Thronfolger Frankreichs, der gerade ihretwegen vorgibt, einer aus dem Volk zu sein; er möchte nämlich die Prinzessin, welche die hohe Diplomatie zu seiner Braut bestimmt, ungeniert auf Herz und Nieren prüfen. Natürlich findet sich das sympathische Paar und tritt die Herrschaft über die Franzosen an.

Für Donizetti aber wenden sich die Dinge weniger erfreulich: Nicht einmal ein Dankesschreiben, geschweige denn eine Sängerliste oder ein Uraufführungsplakat trifft bei ihm ein! Der Komponist hat eben nicht bedacht, daß eine derbe Buffa-Oper in der Art des *Borgomastro,* die nicht einmal in der Scala für salonfähig erachtet wurde, kaum dem Geschmack Rubinis entspricht, der sich sein neues Forum mit den klanglichen Delikatessen und romantischen Exzessen Bellinis erobern konnte. Wäre Donizettis Beitrag wenigstens ein Seria-Werk vom Typus der «neuen Kürze» gewesen, ein *Paria,* eine *Imelda* — aber die Buffa-Linie: nein.[2]

So hat sich Donizettis Abkehr vom Bellini-Ideal und seine Rückkehr leider nicht zum Seria-Modell der «Oper der neuen Kürze», sondern zu deren eher seichten Buffa-Variante keineswegs gelohnt. Daß er jetzt dringend wieder eine gute Oper schreiben sollte, liegt auf der Hand. Doch stellt sich nach wie vor die Frage nach dem Stil; Bellini oder Donizetti, *Bolena* oder *Castello*? Als Argument für eine weitere «Bellini-Oper» kommt zu den bekannten Karrieregründen jetzt noch die unverhüllte Feindschaft des Sizilianers und seiner Clique hinzu. So im Handumdrehen will man ihn zum Schweigen bringen? Nein, Bellini soll ein zweites Mal mit seinem eigenen Geschütz geschlagen werden. Zwar ist die neue Oper wieder nur für die «Provinz» bestimmt, als die ihm Neapel immer mehr erscheint, aber vielleicht ergeben sich Möglichkeiten, sie später in Mailand zu reproduzieren und damit der Bellini-Clique auf den Leib zu hetzen.

Wäre nur die Pasta in Neapel, die mit stimmlicher Bravour und schauernmachender Darstellungskraft die erste Anna spielte! Doch Bellini hat sie ebenso gekapert, wie er Rubini gekapert hat. Am nächsten Stephanstag wird sie in Mailand erneut als Primadonna einer Bellini-Premiere wirken. Dabei war gerade sie bei seinem *Anna*-Unternehmen der wichtigste Trumpf. Die zerrissene, von ihm durch die Musik in all ihren Schwächen schonungslos demaskierte Titelfigur der Oper hätte durch eine reine Virtuosin des Gesangs ohne beträchtliche gestalterische Qualitäten das Publikum nie so erregen können, wie sie es dank der Pasta tat.

Diesen Figurentyp könnte er weiterführen. Er könnte künftig den zerbrechlichen Geisterfrauen Bellinis, die in sklavischer Abhängigkeit von patriarchalischen Männern stehen, mit gespaltenen, erotisch aggressiven und, was am meisten schockieren würde, in ihrem Handeln eigentlich kriminellen Mutterfiguren wirksam begegnen. Er könnte fortan ins Mondlicht bellinischer Kantilenen eine Art Mutter-Hexe stellen, könnte ihr schändliches und pathologisches Verhalten behutsam ergründen und die Tragödie ihrer Gefangenschaft in der Geschlechtlichkeit mit schwelgerischer, von zärtlichem Mitleid erfüllter Musik beschreiben. Wie in den ungestümen «Opern der neuen Kürze» gegenüber den Männerfiguren, könnte er nun in weiteren zarten «Bellini-Opern» zum Anwalt triebhafter Frauen werden!

Doch ohne die Hilfe einer von dieser Idee begeisterten singenden Schauspielerin, einer Persönlichkeit wie der Pasta, nützen ihm die besten Mutter-Hexen-Rollen nichts. Wie er diese als Kampfmittel gegen die Täubchenrollen Bellinis braucht, so braucht er eine ihm ergebene zweite Pasta als Kampfmittel gegen die seinem Rivalen ergebene erste.

Aber da tritt doch am San Carlo regelmäßig diese Sopranistin auf, die Dame mit dem unbeschwerten Lebenswandel und dem fülligen Organ, mit der Begabung zu starker Bühnenpräsenz und dem von Donizettis Charme seit langem betörten Herzen: Giuseppina Ronzi de Begnis. Da ist sie wieder, seine «Beppa», die ihm als zwanzigjährigem Jüngling das musikalische Parkett Veronas erobern wollte! Da ist sie wieder, ganz und gar die gleiche liebe, lustige und anschmiegsame Giuseppina wie vor vielen Jahren, und ihr Giuseppe tritt nicht mehr auf. Nur etwas hat sich seit ihren gemeinsamen Jugendstreichen an ihnen verändert: beide sind bekannt geworden, beide sehnen sich danach, berühmt zu werden, und jedes von ihnen entdeckt im andern den Partner mit den ergänzenden Eigenschaften.

So schreibt Donizetti für die Ronzi eine Mutter-Hexen-Rolle, welche Gilardoni, wie es sich der Meister wünschte, in einem Textbuch namens *Fausta* schauerlich und psychologisch treffend konzipierte. Die Fehler der *Anna* werden bewußt vermieden. Da der Entscheid auf eine lyrische Ensemble-Oper fiel und da das Publikum Neapels stimmliche Seiltänzereien leichter entbehren kann als jenes in Mailand, legen die Autoren keine Solostücke ein, in denen die Stars nur äußerlich brillieren. Dadurch wird trotz Bellini-Schlangenmelodien ein flüssiger Ablauf der Handlung und eine erträgliche Länge des Ganzen möglich, so daß sich die *Fausta** von den in Neapel so beliebten «Opern der neuen Kürze» nur stilistisch, aber keineswegs musikdramatisch unterscheidet. Das ist zunächst ein Vorteil für die Premiere, doch es entlastet auch das künstlerische Gewissen des Komponisten, weil es sich mit diesem Werk, obwohl es größtenteils die Sprache Bellinis spricht, identifizieren kann.

Auch seine Gefolgschaft ist begeistert; die Uraufführung vom 12. Januar des Jahres 1832 im San Carlo krönt rauschender Beifall für die Musik und die dem Anspruch ihres Parts vollauf gewachsene Ronzi.

Nur der Tod des Librettisten Gilardoni hatte einen Schatten über das Werk geworfen. Donizetti war zunächst gezwungen gewesen, das Textbuch der *Fausta* selbst zu vollenden, doch die Bedeutung des Verlusts wird erst in der Folge deutlich werden. Gilardoni war es, der ihm die ersten Libretti auf tragische Stoffe schrieb und der ihm das Modell der ernst zu nehmend schauerromantischen «Oper der neuen Kürze» ausarbeiten half. Nun wäre er auch bereit und — wie das szenische Gerüst der *Fausta* zeigt — fähig gewesen, Donizetti die Bellini-Spur zu pfaden. Daß er allerdings bisweilen, vor allem in Semiseria-Opern, ärger entgleiste als Tottola, kann auch nicht geleugnet werden.

2. Ein zweiter Machtkampf in Mailand
Januar bis Mai 1832
Ugo Conte di Parigi, L'Elisir d'Amore

Ebensowenig wie Donizetti in Neapel lag in Mailand sein Rivale auf der faulen Haut. Seine neue Oper, jene für die Pasta und die Scala, wurde wie geplant am 26. Dezember 1831 uraufgeführt. Auffälligste Überraschung: das Pendel der stilistischen Beeinflussung zwischen Bellini und Donizetti schwang wieder zurück. Bellini hatte sich die Lektion der *Anna Bolena* also doch hinter die Ohren geschrieben, obwohl die wahrhaft abgeklärte, dörflich-naive *Schlafwandlerin* den Anschein erweckte, als wäre ihm der Psychothriller Donizettis völlig unbekannt geblieben. Das Geheimrezept der *Anna* — Stileigenschaften der Opern Bellinis werden mit der Tiefenanalyse spektakulärer Leiden einer «gefallenen» Frau gewürzt — wurde im neuen Werk des Sizilianers, *Norma*, so gut wie nur möglich ausgeführt. Romani hatte für seinen Freund ein einzigartig bühnentaugliches Textbuch geschrieben, und die Pasta wuchs bei der Verkörperung dieser ersten nicht nur aus Hauch und Schimmer geschaffenen Titelfigur ihres bevorzugten Komponisten über sich selbst hinaus.

Gleichzeitig knüpfte Bellini sogar an die *Zaira/Capuleti*-Linie an und wagte Märsche und Cabaletten mit dröhnenden Rhythmen und durchdringend süßem Klang zu schreiben: wie Donizetti in den «Opern der neuen Kürze». Prompt lastete er den Mißerfolg der ersten Wiedergabe diesen «Donizetti-Stücken» an.

Nachdem sich die Wirkung der Oper auf das Mailänder Publikum zur üblichen Trance gesteigert hat, steht einem Auftritt Donizettis am gleichen Theater, mit Unterstützung der gleichen bellinifreundlichen Pasta und des gleichen Librettisten, der schon immer deutlich zeigte, wo er stand, nichts mehr im Wege. Und Donizetti kommt ... für einen Gesellenlohn! Dennoch will er seine erste Uraufführung an der Scala seit *Chiara und Serafina* mit Erfolg bestreiten und deshalb ein besonders ausgefeiltes Werk — natürlich wieder im Stil Bellinis — vertonen. Wenigstens hat er die wichtigsten «Stimmungsmacher» außerhalb des Interpretenkreises, Prividali und Melzi, auf seiner Seite, seit den *Anna*-Tagen hatte er auch den Grafen durch die Vermittlung schwer erhältlicher Bücher für seine immense Bibliothek bestochen.

Der Ärger beginnt wie immer mit Romani, der in der *Norma* sein Bestes gegeben hat. Bellini kann die «ausgepreßte Zitrone» nun unbeschadet seinem Konkurrenten überlassen. Zusammen mit seiner ihm sträflich ergebenen Freundin Giuditta Turina fuhr er nach Neapel, wo er sie erbarmungslos nach Hause schickte, um an der Seite Florimos in seine Heimat weiterzureisen. Dort wird er sich seinen Eltern, Jugendbekannten und Kompatrioten als strahlender, vom Makel einer «wilden Ehe» unbefleckter Sieger präsentieren.

Und Romani liefert Donizetti ein höfisches Ränkespiel von tödlicher Länge und mit den meisten übrigen Schwächen der *Anna Bolena*, aber ohne die beim Publikum beliebten Elemente des Enthüllungsjournalismus oder gar der Henkerreportage. Dafür ist dieses Textbuch, *Ugo Conte di Parigi** (*Ugo, Graf von Paris*), alles in allem von größerer psychologischer Glaubwürdigkeit. Doch das dramatische Prinzip des ganzen ersten Aktes wurzelt in der Frage, mit welcher Begründung eine Prinzessin die Heirat mit einem König vermeiden könnte, den sie nicht liebt. Unaufhörlich treten dieselben Personen in denselben Gruppen auf und spinnen um immer dieselbe Frage immer dieselben Intrigen. Porträtiert wird eine kranke höfische Welt, in der politisches und diplomatisches Kalkül die menschlichen Gefühle untergräbt.

Die Hauptperson ist Bianca, die frustrierte Braut. Ihre sinnliche Begehrlichkeit entwickelt sich zu einem wahren sexuellen Vampirismus, bis sie verzweifelt und sich selbst entleibt. Neben ihr agiert die Mutter des von ihr gehaßten Königs, Emma, die das Leben ihres Mannes auf dem Gewissen hat. Wie Lady Macbeth irrt sie des Nachts, von ihrer Schuld getrieben, durch die Gemächer. Diese beiden Frauen zeichnet Donizetti mit einer solchen Plastizität, daß man sie unwillkürlich den Figuren eines Monteverdi, Händel oder Mozart beigesellt.

So wird aus dem Werk ein «Mutter-Hexen-Drama» in der Art der *Fausta*, aber mit stärkerer Ausrichtung auf die stilistischen Wünsche des Mailänder Publikums, als da zu nennen wäre: viele Ensembles, viele Stücke überhaupt und stimmliches Brillieren bis zum Exzeß. Doch für das Publikum scheinen die Schwächen des Textbuches, noch betont durch sinnzerstörende Manipulationen der Zensur, mehr ins Gewicht zu fallen. Nachdem die ersten beiden Aufführungen (Premiere am 13. März) ziemlich erfolgreich waren, nimmt das Interesse der Theatergäste ständig ab. Und nach dem fünften Abend ist es an der Zeit, die Donizetti-Oper durch die *Norma* abzulösen...

Weinen sieht man Donizetti nicht, da er in seinem Stolz die Tränen unterdrückt. Ja nicht vor Zeugen weich und schwach erscheinen! Lieber lächeln und mit (vorgetäuscht) lockerer Hand in vierzehn Tagen eine neue Oper schreiben! Lieber als talentierter Charmeur, als zweiter Rossini betrachtet werden, der einfach nicht unterzukriegen ist, denn als vergrübelter Romantiker mit Minderwertigkeitsgefühlen. Wenn er seine ungeheure Leidensfähigkeit, die anderen Künstlern fehlt, in seinen Opern zum Ausdruck bringt, hat er sie nicht verleugnet, kann sich aber doch in der Gesellschaft mit der Maske eines Teufelskerls im Komponieren, eines Frauenhelden und Lieblings des Glücks bewegen.

Niemals früher spielte er dieses Verfahren mit solcher Gründlichkeit und solchem Gelingen durch wie jetzt, als ihn die Leitung des Teatro della Canobbiana, durch den Mißerfolg des *Ugo* keineswegs entmutigt, bittet, wiederum mit dem Beistand Felice Romanis in allerkürzester Zeit ein Buffa-Werk zu komponieren. Zwei Wochen später liegt die abendfüllende und erst noch äußerst nummernreiche Oper, *L'Elisir d'Amore*[*], vor, die Proben werden unverzüglich aufgenommen, und am 12. Mai belohnt ihn ein entzücktes Publikum mit einem Beifall, der nicht den geringsten Anlaß zur Befürchtung gibt, er könnte sich während der kommenden Aufführungen verringern.

Auch die Kritik ist glänzend, aber Donizetti zeigt sich distanziert. «Allzu positiv» urteile die Gazetta Musicale über seinen *Liebestrank*, versichert er Lehrer Mayr, «allzu positiv, glauben Sie mir!» Ach, er hat ja nur ein bißchen hinter dem Klavier gesessen, seine paar Eingebungen notiert und schließlich die Stimmen der Instrumente dazugegeben, das war die ganze Hexerei. Sodann ersucht er seinen Verleger Giovanni Ricordi, den Klavierauszug dem «Schönen Geschlecht von Mailand» zu widmen. Seht, was für ein Weibernarr, was für ein Herzensbrecher, was für ein Lebenskünstler er ist! Ein Sonntagskind, ein zweiter Rossini, den man nur bewundern kann![1]

Doch die Tränen hinter seiner Maske? — Tatsächlich mißt er einer Buffa-Oper niemals die gleiche Bedeutung zu wie einem *Ugo Conte di Parigi*. Zwar gebrauchte er die Seria-Sprache seines Rivalen auch im *Elisir*, indem er die von Wellenbändern des Orchesters unterzogenen, verträumten, breiten Kantilenen im Stil Bellinis mit der Plauderseligkeit zünftiger Buffa-Opern verband. Doch mit dem Gang nach Mailand bezweckte er keine Reform der aktuellen Buffa-Oper, da ihm, bei seinem Hang zu düsterer Romantik, an dieser Gattung wenig liegt, sondern er wollte die so beliebte Seria-Oper Bellinis durch eine eigene, ähnliche Seria konkurrenzieren. Darum spricht aus seinem diplomatischen Herunterspielen der Werte des *Elisir* auch eigentliche Bitterkeit.[2]

Aber ungeachtet dessen, was ihn zu diesem Urteil bewog, ist es natürlich ungerecht. Dank täglichen Besuchen bei Romani konnte er dem Literaten ausnahmsweise einen Text entlocken, der die Dimensionen üblicher Buffa-Libretti sprengt und etliche Grundideen des romantischen Belcanto gültig formuliert.

Der männliche Held der Oper, Nemorino, ein ungebildeter Bauer, umschmachtet die hübsche und intelligente, allerdings sehr kokette Adina, die ihn skrupellos an ihren Fäden zappeln läßt und sich an seinen Seelenqualen weidet. Dennoch fasziniert es sie, daß hinter der unpolierten Fassade ihres Belagerers ein nicht nur zerbrechlicher, sondern auch radikaler Idealist und Träumer steckt.

So vergleicht er sich mit einem Bach, der unaufhaltsam seines Weges zieht, bis er sich mit dem Meer vereinigt. Und dieses Meer ist einerseits die Wollust der körperlichen Vereinigung mit Adina, andererseits ist es der Tod. Weil seine Sehnsucht nach erotischer Erfüllung nicht befriedigt wird, verzehrt er sich in Liebeskummer und treibt dem Tod entgegen. Damit steht er im gewohnten Zwiespalt der Figuren von Donizettis Seria-Opernwelt: dem Zwiespalt zwischen Liebeshunger (einer Form von Lebenslust) und Todesdrang. Aber gerade die Tragik dieser Gespaltenheit versüßt es bekanntlich, sie zu erleiden. Sie intensiviert das Lebensgefühl, befruchtet die eigene Sinnlichkeit und läßt es als überflüssig erscheinen, aus dem Dilemma auszubrechen.

Auch Nemorino ist mit seiner Lage eigentlich zufrieden; deshalb schenkt ihm Donizetti wie gewöhnlich blühende Musik. Eigentlich kann ihm die Möglichkeit, wiedergeliebt zu werden, gar nicht willkommen sein; dann nämlich würde er das Meer nur in der einen Gestalt, als Meer der Wollust, nicht aber als Meer des Todes erfahren können. Und in der Tat: Als sich Adina umbesinnt und ihn am Schluß der Oper selbst umwirbt, ist er zwar einerseits im siebten Himmel, weil sich ihm das heißersehnte sexuelle Glück erschließt, sein zweiter Wunsch indessen bleibt unerfüllt: der Wunsch nach dem Tod. Und deshalb spricht er ihn in der Romanze, die sein Empfinden nach dem Wendepunkt beschreibt, mit dem für Donizetti so bedeutsamen Text «Una furtiva lagrima» («Eine einsame Träne») unmißverständlich aus. Diese Stelle aber inspirierte den Komponisten zu einem erschütternden Ausbruch von Wohlklang und Melodie.

Denn wahrlich, abgesehen davon, daß er selbst ein Meister im Weinen «heimlicher Tränen» ist, kennt er die Problematik Nemorinos aus der eigenen Erfahrung. Virginia von fern zu lieben, ihren Körper zu begehren, weil er ihn noch nicht haben konnte, und sich heimlich nach dem Tod zu sehnen, wie in der Verlobungszeit, das war das eine. Doch ihr Ehemann zu sein, auf die Erneuerung des einstigen Rauschs zu hoffen beziehungsweise sich in Seitensprüngen zu berauschen, ihr also nicht einmal treu zu sein, obwohl er sie immer noch liebt, und dabei wacker zu leben ... das ist das andere.[3]

3. Die erste Drehung einer Spirale
Mai bis November 1832
Il Furioso (1. Teil), Sancia di Castiglia

Gerade weilt sie wieder bei ihren Eltern in Rom und freut sich darauf, dank der persönlichen Gegenwart ihres Mannes leichter an seine Treue glauben zu können. Endlich ist er unterwegs zu ihr und wird ihr in wenigen Tagen (unterkühlt wie immer, weil er sich nicht in seine Karten blicken lassen will) vom Erfolg des *Elisir* erzählen.

Und Bellini? Als er nach Sizilien fuhr, wollte sich in Florenz der Impresario des Pergola-Theaters, Alessandro Lanari, die Mitarbeit des Schöpfers der *Norma* sichern, doch dessen vermeintlich weiche Schale erwies sich als hart wie Stein. Nur für das *Norma*-Honorar von rund 10 000 Francs sollte Lanari die gewünschte Melancholie in Doppelnummerform bekommen. Achselzuckend, aber in der Hoffnung, daß Bellini auf der Rückfahrt konzilianter wäre, ließ er ihn gehen. Doch in seiner Heimat wurde Bellini auf Händen getragen. In seiner Vaterstadt Catania verstopften die Leute die Straßen, um ihn zu sehen. Aus den Fernstern schallten Evvivas, flatterten Taschentücher, regnete es Blumen. Und als Bellini auf der Rückfahrt nach Mailand wieder Florenz erreichte und mit Lanari debattierte, war sein Haupt erhoben wie noch nie. Diese Besprechung endete mit der Verpflichtung des Komponisten, für das derzeit ebenfalls vom Florentiner Impresario betreute La Fenice in Venedig eine Oper zu komponieren, am gleichen Theater die *Norma* einzustudieren und für die Erledigung dieser Geschäfte mit etwa 11 000 Francs zufrieden zu sein.

Jetzt aber sitzt Gaetano Donizetti, eben aus Mailand angekommen, in Lanaris Büro. Je rund 5000 Francs für eine am Teatro della Pergola hier in Florenz und eine zweite, später am Fenice uraufzuführende Oper dünken den Impresario für diesen Komponisten reichlicher Lohn. Und Donizetti willigt ein — mit wieviel Freude, ist unbekannt. Jedenfalls hält er es für nötig, auf seiner nächsten Zwischenstation, in Rom, gleich nochmals mit einem Geizhals von Unternehmer handelseinig zu werden. Dieser Partner ist der Quälgeist seiner Elendsjahre, Giovanni Paterni, der doch wahrhaftig immer noch als Leiter des Teatro Valle amtet.

Begleitet von Virginia, fährt Donizetti wieder nach Neapel, wo am San Carlo ein weiterer, vierter Auftrag seiner Erfüllung harrt.

Am liebsten würde er die Oper für Florenz zuerst vertonen, einmal, weil sie auch als erste aufzuführen ist, und zweitens, weil ein Auftritt in der ausgesprochen liberal regierten und verhältnismäßig mailandnahen Stadt am Arno mehr Resonanz verspricht als einer in Rom. Die Ewige Stadt verkommt als Schauplatz des Belcanto immer deutlicher zum Schotterfeld. Aber Romani, der das Florentiner Textbuch schreiben sollte, trödelt wie gewohnt, wenn man ihn nicht persönlich überwacht. Deshalb begnügt sich Donizetti vorderhand mit der Vertonung der ersten Librettoteile für das römische Teatro Valle. Daß er sich recht eigentlich damit begnügt, läßt er Ferretti, den Verfasser dieser Stücke, mehr als billig spüren — ihn, der ihn früher, als er es nötig hatte, rückhaltlos unterstützte! Noch immer ist er mit ihm befreundet, aber als Sprungbrett für seine inzwischen im Raume Mailands (und damit Bellinis) lancierte Karriere hat er ausgedient.[1]

Zum Ausgleich ist sein Ton im Umgang mit dem Librettisten herzlich wie noch nie. Für die unzähligen Änderungen, die er von ihm verlangt, kann er sich nicht genug entschuldigen. Doch er befaßt sich leider mehr mit Möglichkeiten, Stücke des scheinbar wertlosen *Ugo* zu integrieren, als mit Ferrettis Versen selbst. So hat er sich glücklich nach den Geschäftsmethoden Bellinis auch dessen Arbeitsweise angeeignet und beutet den *Ugo* aus wie sein Rivale damals die *Zaira*.

Dennoch findet er eine echte Beziehung zum Stoff der Oper, *Il Furioso all'Isola di San Domingo** (*Der Verrückte auf der Insel San Do-*

mingo), denn wie immer bei Ferretti kommt der Inhalt Donizettis momentanem Zustand genial entgegen. Cardenio, ein Portugiese, wird von seiner Frau betrogen und zieht sich nicht nur in die Nacht des Wahnsinns, sondern auch an einen geographisch weit entfernten Ort zurück: auf die Antilleninsel San Domingo. Dort treffen seine treulose Gattin Eleonora sowie sein Bruder Fernando ein. Beide kommen in der Absicht, seinen Schmerz zu lindern, die Mauer seines Wahnsinns zu durchbrechen und ihn wieder in die alte Welt zurückzuführen. Indessen hat sich der Verrückte in sein neues Leben wohlig eingesponnen. Dieses Dasein ist zwar ohne jeden sozialen Nutzen, aber höchst romantisch und bequem. Die exotische Natur regt ihn zum Träumen an. Das Fabrikantentöchterchen Marcella, das sich in ihn verliebte, versorgt ihn mit Leckerbissen, die er in seinem grenzenlosen Elend angeregt verzehr. Seinen frustrierten Eros aber kann er an Kaidamà, dem arbeitsscheuen Neger, der es vorzieht, vom Verrückten schikaniert und dafür verpflegt zu werden, als in der Fabrik zu schwitzen, frei von moralischen Zwängen abreagieren.

Mal hält ihn der Übergeschnappte für seine Geliebte, und dann küßt er ihn, mal hält er ihn für jenen Rivalen, der ihn in grauer Vorzeit hörnte, und dann gerbt er ihm den Rücken. Zum psychologischen Hintergrund seines Verhaltens gehört auch das Bild der alten Mutter, die ihren anderen Sohn Fernando auf die Suche nach dem Bruder schickte, weil sie Cardenio noch einmal sehen will, bevor sie stirbt. Die überstarke Bindung eines Mannes an die Mutter, das Scheitern der mühsam aufgebauten Beziehung zu einer Geliebten — sind das nicht altbekannte Wege zur Homosexualität?

Schon bei der Vertonung der *Fausta* hatte die quasi-inzestuöse Bindung der Titelfigur an ihren Stiefsohn den Komponisten erregt. Dazu ist zu bemerken, daß in Italien, beim hier verankerten starken Bewußtsein für familiäre Werte, zugeheiratete und leibliche Mütter ungefähr die gleiche Rolle spielen, so daß die offensichtlich dargestellte, aus Gründen der Schicklichkeit aber verschleierte «Ödipusliebe» Faustas gleichwohl als solche empfunden wird.

Anschließend schilderte Donizetti im *Ugo* die übermäßige Abhängigkeit des pubertierenden Königs Luigi von seiner Mutter. Diese Beziehung ist es vor allem, die seine Braut mit Ekel erfüllt — ein psychologischer Zusammenhang, der darin deutlich wird, daß sie die Mutter ihres Verlobten, Emma, mit weiblichem Spürsinn haßt. Und jetzt ist also der *Verrückte (Il Furioso) auf der Insel San Domingo* an der Reihe. Die homosexuellen Komponenten dieses Stoffes, die in der *Fausta* und im *Ugo* erst unterschwellig vorhanden waren, sind dem Komponisten offenbar bewußt. Das erste Duett des Negers mit dem Europäer hat er bereits entworfen, da wünscht er sich von Ferretti eine Fortsetzung des lyrischen Abschnitts der Doppelnummer, um darzustellen, wie Kaidamà, der auf den Boden geprügelt wurde, vom Verrückten zärtlich an der Hand genommen wurde. «Züchtigen und nachher herzen wäre ideal», schlägt er dem Dichter vor.[2] Im Männerduett des ersten Aktes darf der Neger wundgeschlagen werden, und in dem des zweiten darf er seine Wunden zeigen, das alles vorzugsweise im Dreivierteltakt, zu wiegenden Walzerweisen. Das Gespräch Cardenios mit seiner ehemaligen Geliebten, in welchem sie den Verrückten um Verzeihung bittet, läßt den Komponisten dafür völlig kalt: sowohl das Arioso als auch die flüchtig umrissene lyrische Hälfte fransen mit entsetzlichen Rossini-Schnörkeln aus.

Lieblosigkeit und Pfusch bei der Vertonung sind allerdings auch im Spiel. Donizetti wandte sich vom Typ der ruhigen, «ätherischen» und psychologisch detailbesessen genauen Oper der Gruppe um *Fausta* und *Ugo* ab, aber er tat es nicht aus Einsicht in den künstlerischen Nutzen eines Wechsels, sondern aus Ärger über den im Norden alles in allem ausgebliebenen Durchbruch seiner Bellini-Adaptionen. So will er bei der Arbeit an der neuen Oper für den kleinkarierten Schauplatz Rom zitieren, streichen und kürzen, es hämmern und schmettern lassen wie im *Borgomastro* und in den beiden *Giannis*. Prompt sieht der *Furioso* ähnlich wie der *Borgomastro* und die beiden *Giannis* aus. Donizetti steckt im gleichen Tief wie nach der Entstehung der *Anna Bolena*. Gleichzeitig aber kann er sich wieder in aller Stille Gedanken zu neuen, besseren Werken machen, sei das nun die Oper für Florenz mit dem Libretto Romanis (deren Premiere auf den kommenden Frühling verschoben wurde), sei es die nächste Oper für Neapel mit der Ronzi als Darstellerin. Die Frage jedoch ist wieder die alte. An welche Richtung soll er sich halten? «Oper der neuen Kürze» (diesmal aber hoffentlich geschliffen!) oder Bellini-Stil?

Die Antwort ist so lapidar und so erfolgversprechend, daß höchstens etwas daran erstaunt: daß er sie nicht schon früher fand. Er bringt die beiden Operntypen unter einen Hut. Von seiner eigenen «Oper der neuen Kürze» übernimmt er die Farbenpracht, die hämmernden Stretta-Rhythmen, die beschränkte Anzahl Nummern — darunter namentlich Arien und Duette — und den dazugehörigen, eroberungslustigen sinnlichen Geist. Von der «Mondschein-Oper» seiner Prägung übernimmt er die schmelzend lieblichen Chöre, eine beschränkte Anzahl breiter Kantilenen mit Orchester-Wellenbändern (die er bei rascheren Tempi manchmal auch so verwendet wie die linearen, dramatischen Rhythmen der «Opern der neuen Kürze») und die Mutter-Hexe als Titelgestalt. Dadurch gelingt es ihm, das Beste aus dem Formenschatz Bellinis mit den wesentlichen Elementen seiner Neapolitaner Meisteropern zu verbinden und sich selbst beim Schreiben völlig auszuleben, kann er doch so bald die brutalen, maskulinen, bald die weichen, femininen Züge seines Wesens zur Entfaltung bringen. Kein Wunder, daß ihn diese Lösung jäh vom Krampf befreit, der mit der Komposition der *Anna* über ihn gekommen war und sich soeben im *Furioso* beängstigend manifestierte.

Vollziehen kann er die Befreiung mit der Komposition der Oper für das San Carlo und für die Ronzi als Primadonna. Es handelt sich um ein menschlich plausibles, unmittelbar ergreifendes, allerdings teuflisch brutales Drama *Sancia di Castiglia**. Das Textbuch verfaßte Pietro Salatino, ein Sizilianer Bekannter des Komponisten.

Auch die teuflische Brutalität dieses Librettos paßt in den Rahmen seiner sexuellen Krise, in der er offensichtlich seit dem Wechsel seines Stils und mithin seit der Unterdrückung seiner angeborenen erotischen Veranlagungen steckt. Diese Veranlagungen konnte er in seinen supermaskulinen Neapolitaner Serias der «neuen Kürze» unverfälscht zum Ausdruck bringen. Jetzt aber, unter dem Einfluß Bellinis, unzufrieden mit seiner Karriere, unbefriedigt auch als Gatte, der zwar liebt, sich aber gefangen fühlt, neigt er in seinem Schaffen zu homoerotischen Themen, und solange dieser Einfluß nicht behoben ist, zerstört er unwillkürlich heteroerotische Beziehungen seiner Figuren — wie soeben in der *Sancia* — brutaler als sonst.

Dennoch war die Arbeit an der Mischstil-Oper *Sancia* eine erfolgreiche Therapie. Die zurzeit auf sexuellem Feld besonders aktive Ronzi — sie teilt ihr Lager unter anderem mit König Ferdinando höchstpersönlich — trug das Ihre bei, den Komponisten zu entkrampfen und aus der ganz perversen Sphäre des *Furioso* herauszulocken. Sein allgemeines Wohlbefinden, seine helle Freude an der *Sancia*, die ihm so viel Glück bescherte, und sein Frohlocken, als die Oper bei ihrer Premiere am 4. November 1832 schallenden Applaus erweckt, verbirgt er für einmal nicht. «Die *Sancia* wurde herrlich aufgeführt», schreibt er Ferretti nach Rom. — «Wie sang die Ronzi, Lablache, Basadonna (der Tenor)! O wie bin ich froh! Jesus und Maria sollen leben!»[3]

4. Die zweite Drehung der Spirale
November 1832 bis April 1833
Il Furioso (2. Teil), Parisina d'Este

Doch nach den ersten *Sancia*-Aufführungen heißt es Abschied nehmen von der Ronzi und der (relativen) Freiheit, die er hier genoß. Er muß sich mit Virginia nach Rom begeben, um dort den *Furioso* zu vollenden und aus der Taufe zu heben. Dann wird er nach Florenz entrinnen können.

Fürs erste aber ist er wiederum gefangen: im Palazzo seiner Schwiegereltern, im Bewußtsein einer unbrillanten Laufbahn, die ihn trotz der respektablen Anzahl aufgeführter Opern (schätzungsweise 35) und trotz der gleichen respektablen Anzahl Lebensjahre an eine Bühne wie das hiesige Teatro Valle fesselt, und in der schwülen Stimmungswelt des *Furioso*. Daß eigentlich nur noch Cardenios Rückkehr in die Normalität behandelt werden muß, ist zwar für seine Nerven nicht besonders schädlich, versperrt ihm aber auch den Rückzug in Exzesse des Perversen, wie sie ihm der erste Akt gewährte. Das Schwüle der Stimmung freilich ist trotzdem da.

Mitten ins Zentrum dieser neuralgischen Punkte trifft ein miesmachender Artikel, der kürzlich, vom Verfasser ungezeichnet, in einer Zeitung Bergamos erschienen ist und den er jetzt in Rom erhält. Der Zusammenhang der Publikation mit einem Auftritt von Maestro Bellini in seiner Vaterstadt, wo er vor ein paar Wochen eine *Norma*-Inszenierung überwachte, liegt auf der Hand.

Für Gaetano, den der Zwang, sich seinem «Vaterland» erkenntlich zu zeigen, seit Jahren terrorisiert, ist diese öffentliche Schande ein furchtbarer Schlag. Am schlimmsten aber drückt ihn die Gewißheit nieder, daß sein Vater den Schmähartikel gelesen und seine alten, skeptischen Prognosen für die Laufbahn seines Jüngsten wieder einmal bestätigt gesehen hat. Darum schreibt ihm Donizetti einen langen Brief und wehrt sich verzweifelt gegen die Anschuldigungen des Bellini-Partisanen, so wahr sie leider auch sind.

Er komponiere, schreibt er Andrea, für minderwertige Bühnen? Dabei führten seine Reisen vom San Carlo an die Scala und weiß Gott wohin; auch am Fenice werde er im nächsten Jahr eine Premiere leiten. (Damit meint er den Vertrag Lanaris und verzichtet auf den Hinweis, daß es seine erste Uraufführung in Venedig ist. Ebensowenig geht er darauf ein, daß er bis jetzt erst zwei Premieren an der Scala übernehmen durfte — beide ohne Erfolg). Er komponiere lieber mehrere pfuschige Opern im Jahr als eine seriöse? Und wenn es auch so wäre, meint Gaetano nicht besonders diplomatisch, was gehe es jenen Schreiber an? Auch wenn es ihm gefallen würde, fährt er trotzig weiter, jährlich ein Dutzend Opern zu komponieren?

Er zitiere allzu oft aus seinen früher entstandenen Opern? Ha! Der Anonymus solle sich gefälligst zu erkennen geben! Dann wolle er sich gemeinsam mit ihm hinter die Werke eines gewissen anderen Maestros setzen und mal dort ein bißchen nach Zitaten stöbern! Und die Libretti seien schlecht, die er vertone? Dann solle ihm doch der Anonymus bessere Libretti geben! Dann solle er ihn doch mit einem Theaterdichter befreunden, der ebenso fähig im Schreiben und nicht ganz so schuftig im Halten von Zusicherungen sei wie Herr Romani! Er, Gaetano, sei eben leider nicht in der Lage, gratis im Hause vornehmer Damen leben zu können, die zur Unterstützung ihres Lieblings gleich auch den führenden Textbuchautor in ihre Dienste nähmen![1]

So setzt sich Donizetti zwar nicht in der Öffentlichkeit, aber mit scharfem Geschütz zur Wehr und scheint sich schließlich zu beruhigen. Doch die Wunden sitzen tief. Der Vorwurf des Polemikers, er sei der «Paketausträger unter den Komponisten», hat auch sein soziales Schamgefühl berührt. Im Keller geboren, ist er Paketausträger geworden, ein kleiner Auftragskomponist, der sich vor kleinen Herren duckt, ein Massenschreiber, eine Beamtenseele. Aber gewiß, es konnte ja gar nichts anderes aus ihm werden! Und was hat er seit der *Zoraide*-Zeit geleistet? Offenbar nichts, sonst würde Ricordi diese Oper nicht mit dem gleichen Respekt behandeln wie eine *Anna Bolena*. Und hätte er wirklich etwas erreicht, würde ihm Mayr nicht die gegenwärtig freie Stelle des Domkapellmeisters von Novara vermitteln wollen, wozu er der Prüfungskommission geistliches Flickwerk vorlegen müßte, das schon seit fünfzehn Jahren bei seinen Eltern in einer Schublade liegt. Übrigens wurde diese Stelle kürzlich Mercadante angeboten, bevor es jemandem einfiel, an ihn zu denken, und wem denn wäre es eingefallen, wenn nicht seinem alten Lehrer? Doch er will die Stelle keineswegs. Was soll er in Novara? Messen schreiben? Und auch abgesehen davon, daß er Opern schreiben will, dünkt ihn der Posten allzu provinziell.[2]

Endlich erhält er Nachricht aus dem Teatro Valle: Die *Furioso*-Proben können beginnen. So hat doch wenigstens das Stubenhocken und Grübeln vorübergehend ein Ende; ja, wenn sich Donizetti seine Zukunft recht vor Augen führt, sogar für einige Zeit — denn auf die Proben folgt die Premiere und auf die Premiere die Fahrt nach Florenz und dann das Schreiben der neuen Oper —, dann folgen die Proben der neuen Oper und schließlich ihre Premiere. Das bedeutet wieder Frühlingsluft. Einzig die Sache mit Romani ist ein Ärger. Er hätte seit mehr als einem halben Jahr das Textbuch für die Florentiner Oper schicken müssen und hat es immer noch nicht geschickt. Na, man wird sehen. Die *Furioso*-Proben können jedenfalls beginnen.

Donizetti zitterte, als ihm Ferretti schrieb, ein junger, von Paterni am Teatro Valle engagierter Bariton verspreche größtes Talent.[3] Denn diese Verheißung bewegte ihn, die Rolle des Furioso, mit der die ganze Oper steht oder fällt, einem ihm selber unbekannten Sänger auf den Leib zu komponieren. Zwar hat ihn die Sehnsucht nach dem Goldenen Ring schon so verdorben, daß er die Stelle eines Kapellmeisters in Novara als zu bescheiden empfand. Mayr, dem die gleiche Stelle 1795 angeboten worden war, hatte sie zwar auch zurückgewiesen, aber einzig deshalb, um in Bergamo Lehrer der Armen bleiben zu können. Indessen, so verdorben ist der Schüler Mayrs auch wieder nicht, um nicht das Risiko einzugehen, daß ein unbekannter junger Sänger eine seiner Opern ruinieren könnte. Gewöhnlich allerdings befolgt er jetzt schon das Rezept, nur für Stimmen zu schreiben, deren Umfang, Ausdruck und Belastbarkeit er aus der Praxis kennt. Allein, die Oper für Paterni bedeutete schließlich nicht alle Welt. Trotzdem fühlte er sich unbehaglich und ist nun erleichtert festzustellen, daß Giorgio Ronconi wirklich so tüchtig ist, wie es das Urteil Ferrettis erwarten ließ.

Seine hübschen, ausdrucksvollen Züge scheinen einem Intellektuellen zu gehören; sie garantieren Vertiefung in eine Rolle, weniger die Umsetzung der Analyse in eine elementare Tat. Sobald er aber auf der Bühne steht, wird deutlich, daß sich sein Körper gerade zum Ausdruck verwilderter Triebnaturen ungewöhnlich eignet. Und seiner dunklen, scharfkonturierten, aber auch warmen Stimme kann er sämtliche dumpfen und grellen Töne von Wut, Begehrlichkeit, Verzweiflung oder Schmerz entlocken.

Nun schlummern ohnehin in keiner Männerstimmlage so viele erotische Untertöne wie im Register des Baritons. Seine Mittelstellung zwischen Tenor und Baß verleiht ihm Eigenschaften der beiden extremen Lagen. Die Dolcezza eines lyrischen Tenors steht ihm im besten Fall geradeso zu Gebote wie die Ellenbogenhärte eines idealen Basses. Und Ronconis Stimme ist ein solcher Fall. Jede sexuelle Regung kann er unverwechselbar zum Ausdruck bringen. Er eignet sich sowohl für die Gestaltung eines leidenschaftlichen Frauenliebhabers als auch für die Gestaltung eines nach Besitzen gierigen, letztlich ebenfalls zum

Teil erotisch motivierten Freundes (siehe *Furioso*). Auch die Doppelnummer, die in Donizettis Vorstellung zu diesem Rollenbild gehört — mit drückend depressiven, drückend süßen Kantilenen und einer martialischen, nicht minder üppigen Entladung in der Cabaletta —, kann von der Ronconi-Stimme mühelos gemeistert werden. Er ist der ideale Donizetti-Bariton!

Donizetti wird in seinem Leben weitere Ronconi-Stimmen kennenlernen, doch heute steht ihm erstmals eine solche zur Verfügung. Die Stimme wie auch die Schauspielerei Antonio Tamburinis, des einzigen überragenden Baritons, mit dem er bisher zusammenwirkte, berühren verhaltener, kontrollierter. Aber Tamburini ist mit einem Fuß auf dem verhältnismäßig sicheren Boden der frühromantischen Oper der zwanziger Jahre stehengeblieben, während sich der Sängertyp Ronconi den Impulsen der bereits gefährlicheren romantischen Oper der dreißiger Jahre bedenkenlos anvertraut.

So mögen sich in diesen winterlichen Römer *Furioso*-Tagen in Donizettis Phantasie künftige Baritonfiguren, gezeugt von seinem und von Ronconis Genie, schattenhaft regen: Azzo, Torquato Tasso, Graf Vergy und Belisario; Nello, Eustacchio, Graf Nottingham, Corrado und Fayello; Severo, der Herzog Alba, König Alfonso, König Lusignano, Enrico und Camoes.

Am 2. Januar des Jahres 1833 gibt es im Teatro Valle nach den letzten *Furioso*-Takten dröhnenden Beifall. Das Extreme der Situationen und Donizettis wahrlich auch extreme Vertonung muß den Zeitgenossen liegen, da sie noch so gern in allem Kranken und Brutalen schwelgen, sei es Homosexualität wie hier, sei es Inzest, Wahnsinn, Mord und Verrat wie in den früheren Werken des Komponisten.

Von Ferretti nimmt Gaetano noch im Geist des *Furioso* Abschied, indem er ihm an der Tür seiner Wohnung einen Zettel hinterlegt: «Wenn Du beim Lesen dieser Zeilen Deine Wange zittern fühlst, brauchst Du nicht zu erschrecken, denn es ist nur der Kuß des Freundes Donizetti.»[4] Dann aber stampft er bereits im Geist der *Sancia* durch den Römer Schnee. Das Haus der Schwiegereltern und Virginias liegt hinter ihm. Schon sitzt er in der Kutsche nach Florenz. Schon ist er dort, nicht aber das Textbuch Felice Romanis, obwohl die Premiere in kürzester Zeit über die Bühne gehen sollte. Dafür stößt er auf die Hosenrolleninterpretin Giuseppina Merola und hält die Dame für geeignet, die Rolle einer Florentiner Ronzi zu übernehmen.[5]

Mögen sie in Rom den Neger peitschen, mögen dort die Strassen spiegelglatt, die Brunnen gefroren sein, mögen sich an den Fenstern

Virginias Eisblumen bilden[6] — er liegt bei einer Frau in einem warmen Bett und kümmert sich keinen Pfifferling um die Vergangenheit. Die Lust am Verbotenen, das schlechte Gewissen, gerade stark genug, um diese Lust zu steigern: wie durchtränkt ihn das mit der Substanz für seine neue Oper!

Er kennt den Stoff bereits und weiß, daß der es in sich hat: Lord Byrons Versgeschichte *Parisina*. Byron ist jener Dichter der Romantik, der Donizetti am stärksten gleicht, gerade durch seine perversen Züge, aber auch durch seinen Schicksalsglauben, seinen Unternehmungsgeist und seine immerwährende Melancholie. Inhaltlich knüpft das Epos *Parisina* teils an die *Fausta*, teils an die *Sancia* an. Die Stiefmutter Parisina liebt den gleichaltrigen Stiefsohn Ugo und wird von diesem (anders als in der *Fausta*, wo die Heldin älter wirkte, so daß es zum Eindruck des Inzestuösen kam) wiedergeliebt. Damit ist die Mutterproblematik und der dazugehörige Gefühlsbereich der Homosexualität wie in der *Fausta* angetönt, steht aber nicht im Vordergrund. Entscheidend ist die Liebe zwischen Mann und Frau, die dafür — wie in der *Sancia* — brutaler als üblich zugrunde gerichtet wird. Aber das Textbuch trifft jetzt, da er es dringend braucht, so wenig wie früher ein.

Mitte Februar zeigt der Kalender, und in einem Monat sollte Premiere sein. Der arme Lanari! Was kann er dafür? Und doch ist er, der Impresario, am meisten betroffen, da es um seinen Spielplan und seine Finanzen geht.[7] Zwar wirkt Lanari in diesen kritischen Tagen nicht am Krisenort Florenz, sondern am zweiten ihm anvertrauten Theater, am Fenice in Venedig, das indessen unter dem Einfluß Bellinis, zweier Giudittas (der Turina und der Pasta) sowie Romanis ebenfalls zum Krisenort geworden ist. Der arme Lanari! Er, Donizetti, könnte ja aufbegehren, weil man ihn zwingt, in vierzehn Tagen ein Seria-Werk zu schreiben. Er könnte immerhin Lanaris Stellvertreter in Florenz das Leben zur Hölle machen und Lanari selber stachelige Briefe nach Venedig schicken. Er könnte mit seiner Abreise drohen und Geldforderungen stellen ... aber nein. Er hat Lanari einfach gern. Lanari ist sein Freund. Er will ihm helfen.

Deshalb begnügt er sich mit einem Vorschuß auf das *Parisina*-Honorar, um sich und seine zweite Giuseppina wenn nicht vor der Schwindsucht der Gefühle, so doch vor jener des Portemonnaies zu bewahren. Dann aber ist das Textbuch endlich da. Und jetzt entwickeln sich die Dinge in atemberaubender Eile. Er entwirft die Partitur — das heißt, er läßt die reifen, süßen Früchte durch ein bloßes Fingerschnippen von den Ästen fallen —, er drillt die Sänger bei der Erarbeitung ihrer Partien, er korrigiert die Fahnen des Librettodrucks, er unterstützt die Regie, dann wird die Oper, *Parisina d'Este**, am 17. März, durchaus termingerecht und unter erregtem Beifall im Teatro della Pergola uraufgeführt.

Und wenig später weilt Donizetti wieder in Rom ... der *Furioso*-Stadt. Umgeben von der sichtlich aufgeheiterten Virginia, dem wißbegierigen Toto sowie der rührigen Schwiegermutter, der religiösen Rosa, muß er sich Fragen stellen und muß (darf) sich verwöhnen lassen. Die Fragen sind natürlich so diskret, wie es dem Stand, dem guten Geschmack und dem offiziellen Glauben der Familie an die Erfüllung seiner ehelichen Pflicht entspricht. Aber wie rücksichtsvoll Toto mit seinem Schwager im vertraulichen Gespräch verfährt, ist nicht mehr so leicht zu sagen.

Bleibt nachzutragen, wie es seinem Konkurrenten in Venedig mit seiner Oper erging und was zu seinen Differenzen mit Romani führte (daß er sich an Giuditta Turina immer quälender gefesselt fühlen würde, war schon seit langem vorauszusehen). Nun: In Moltrasio ließ er sich von der Pasta überschwatzen, Romanis Arbeit am Textbuch für seine Fenice-Oper, *Cristina von Schweden*, zu unterbrechen und ihm ein neues Librettosujet im Stil von Donizettis Henkerdrama *Anna Bolena* aufzudrängen. Dieser Entscheid war doppelt ungeschickt — erstens, weil der dauernd überforderte Romani die *Cristina* in den Abfalleimer werfen konnte, zweitens, weil sich aus dem neuen Textbuch, *Beatrice di Tenda*, wirklich nur ein Aufguß der Anna-Story ergab. Neu ist einzig, daß die Opfer des betreffenden Monarchen vor der Enthauptung auch noch gefoltert werden, und dieser Zusatz scheint Bellini von der Handlung überzeugt zu haben.

Zwar klingt die neue Oper manchmal so üppig wie die *Zaira*, die im Zeichen Donizettis stand; doch der zu diesem Stil gehörige Schwung ist nirgends zu verspüren. Auch verzichtete Bellini wieder auf eine charakterlich greifbare Titelfigur und schuf statt dessen ein Geisterwesen wie die Straniera oder Sonnambula. Am meisten aber stört die Art, in der er die Leiden der Folteropfer besingt: voller Genugtuung und ohne eigentlichen Schmerz. — Auch so weit kann Donizetti kommen; wie alle Komponisten des Belcanto ist er unterwegs zu diesem zweifelhaften Ziel. Doch immer noch bedauert er seine Figuren, selbst wenn er ihr Leid genießt. Er ist bereit, um seine Tränen zu kämpfen.

Die *Beatrice* war ein großer Mißerfolg. Romani hatte sich von dem ihm aufgedrängten Stoff in aller Öffentlichkeit und pünktlich vor dem

Uraufführungsabend distanziert, so daß das Publikum negativ voreingenommen war. Zudem gerieten Bellinis Giuditta-Affären und die von ihm dabei und anderweitig gespielte Rolle unversehens in den Korb der dreckigen Pressewäsche.

Hals über Kopf entfloh Bellini der Lagunenstadt, Hals über Kopf entflieht er nun auch der treuen Freundin Giuditta Turina und schließlich sogar Italien. Zusammen mit Giuditta Pasta, die ihm eben allzu nützlich ist, als daß er sie entbehren könnte, reist er nach London, um mit ihr als Primadonna die *Sonnambula* und die *Norma* einzustudieren, Geld zu verdienen, von denen bewundert zu werden, die ihn noch nicht kennen, und zu vergessen.

Wenn er das kann! Zu schmerzlich ist der Verlust des Forums Italien, das jetzt vor allem Donizetti überlassen bleibt; zu schmerzlich ist der Verlust Felice Romanis als Mitarbeiter; zu angegriffen sind seine Nerven — und zu groß ist seine Schuld. Die Turina ist ihm so verfallen, daß sie an der Trennung innerlich zerbrechen muß. Überdies hat sie sich seinetwegen verschuldet und muß zur Krönung ihres Mißgeschicks die Scheidungserklärung ihres Mannes entgegennehmen — jetzt, da der Grund der Scheidung hingefallen ist!

5. Tanz der Operngeister
April bis August 1832
Torquato Tasso

Zunächst scheint Donizetti an seiner neuesten Oper — wieder für das «Teatro Valle» — lebhaft interessiert. Wenn er sich entschloß, die Biographie des Renaissancedichters Torquato Tasso zum Inhalt des Werks zu machen, hat dies verschiedene Wurzeln. Erstens zieht ihn Tasso selber an: sein tragikumwittertes Leben, seine Sozialkomplexe — als Angestellter ohne Adelstitel war es ihm nicht vergönnt, sich mit der Schwester seines Herrn, des Fürsten d'Este, zu verbinden —, sein Wahnsinn und seine romantische Dichtung, die alles enthält, womit sich Donizetti selbst befaßt. Das Spektrum der Themen, die er als Künstler mit Tasso gemeinsam hat, erstreckt sich von glühender Freundschaft und Liebe über verschiedene, mehr oder weniger christliche Formen der Mystik bis zur lyrischen Verklärung blutüberströmter Menschenrümpfe. Er kann sich mit Tasso ebenso leicht identifizieren wie mit Lord Byron.[1]

Zweitens wollte er seit langem eine Oper über einen Dichter schreiben; denn bei seiner äußerst textbezogenen Musik und seinem librettistischen Talent fühlt er sich den Literaten näher als den übrigen Vertretern einer fremden Kunst. Und drittens stammt Tasso aus Bergamo!

Doch bald verliert sich Donizettis Interesse. Er hat gelesen, was er lesen konnte: neben verschiedenen Biographien auch das Schauspiel Goethes. Die Sänger sind ausgewählt (außer Ronconi lauter kleine Nummern, und Ronconi ist durchaus nicht jener bergamaskische Tenor namens Rubini, dem er die Rolle am liebsten gegeben hätte).[2] Der Premierentag steht fest: der 9. September... wie wenn die Premieren in Rom termingemäß stattfinden würden! Ferretti hat er instruiert — und seine Lage ist dieselbe wie ein knappes halbes Jahr zuvor bei *Furioso!* Nur brütet jetzt die Hitze des Sommers über den riesigen Plätzen und Trümmergeländen der Ewigen Stadt. Er schmachtet in der Enge seiner Ehe, des wohlgeordneten Haushalts Vasselli und seiner Karriere. Die Giuseppinas weilen in der Ferne...

Die künstlerischen Ziele für das Werk, die Seria *Torquato Tasso*, sind allerdings hoch gesteckt, doch muß er befürchten, daß auch die besten Stücke in der Provinz verhallen, statt nach Paris zu dringen. Deshalb schreibt er nach dem ersten Anlauf lustlos vor sich hin und läßt den *Furioso*-Phantasien dabei wieder freien Lauf: der alte, leider nur scheinbare Ausweg aus seiner allgemeinen Unzufriedenheit. Und diese wird durch seine liederliche Arbeitsweise noch verstärkt.

Um die Leere auszufüllen, aber auch aus begründeter Sorge um seine materielle Situation während des nächsten Winters führt Donizetti mit allen möglichen Unternehmern eine gigantische Korrespondenz. Schließlich sind es, *Tasso* inbegriffen, sieben neue Opern, mit denen er sich beschäftigt..., aber sie stehen nicht einmal alle als definitive Projekte auf dem (Vertrags-)Papier. Gespenster sind es, die ihm Gesellschaft leisten, und auch der nur so nebenbei vertonte *Tasso* ist ein Gespenst.

Von den übrigen gespenstischen Verträgen wirkt jener noch am verläßlichsten, der beim Kontrakt für die inzwischen aufgeführte *Parisina* abgeschlossen wurde und Donizetti dazu verpflichtete, ein zweites Bühnenwerk für Lanari zu komponieren, nämlich zu einem Zeitpunkt «nach Übereinkunft» («da convenirsi») im kommenden Karneval. Damit nicht zu verwechseln ist Geist Nummer drei, der Vertrag des Fenice, denn dieser hat sich mittlerweile vom Lanari-Karnevalsvertrag gelöst, mit dem er anfangs identisch war. Inzwischen aber hat Lanari das Fenice abgetreten, und Donizetti, dem der seit langem ersehnte erste Auftritt an dieser führenden Bühne wieder einmal entgangen war, knüpfte mit dem neuen Leiter des Fenice, Giovanni Rossi, Beziehungen an, während das Engagement Lanari — das Lanari-Karnevalsgespenst — für eine andere, neu zu bestimmende Bühne erhalten blieb. Doch eigentlich hält Donizetti Rossi für zahlungsunfähig, und deshalb stehen die Chancen für einen baldigen Abschluß mit dem Fenice schlecht.[3] Besonders unattraktiv ist aber doch Geist Nummer vier, das Turiner Vertragsgespenst: so unattraktiv, wie eben ein Auftritt im Piemont alleweil ist. Dasselbe gilt für Geist Nummer fünf aus Genua betreffend eine Überarbeitung des *Diluvio Universale*. Hier besteht das Hauptproblem in der Gewißheit des Unternehmers, daß Donizetti neue Stücke schreiben werde, ohne dafür bezahlt zu werden, und in der Gewißheit Donizettis, daß es ihm gelingen werde, dem Unternehmer diese Grille aus dem Kopf zu schwatzen.[4]

Sehr viel schneller schlägt das Herz des Komponisten bei der Betrachtung des sechsten Geistes, des Scala-Vertragsgespensts. Nur hat sich kürzlich an dieser Bühne, was die Impresarios betrifft, ein solches Durcheinander ergeben, daß Donizetti einen fertigen Vertrag ununterschrieben retourniert, weil er bezweifelt, daß die Namenszüge derer, die später, bei der Verwirklichung des Projekts, etwas zu sagen haben könnten, jetzt schon auf dem Papier versammelt seien.[5] Einer der jetzt schon Zeichnenden ist aber der oben genannte, von Donizetti zahlungsunfähig geglaubte Rossi, der nicht nur in Venedig, sondern auch in Mailand tätig ist. Doch am zersetzendsten auf die Nerven des Komponisten wirkt Geist Nummer sieben, das Pariser Vertragsgespenst.

Jetzt endlich hat er Aussichten in Paris; und zwar konkrete Möglichkeiten, nicht mehr nur Seifenblasen seiner Phantasie! Die Deutschungarin Karoline Unger, der Donizetti seit den Tagen ihres ersten Wirkens in Neapel 1825/26 nahesteht und die er selbstverständlich «Carolina» nennt, bereitet derzeit in Genua einen Auftritt als Parisina vor. Daß die Beschäftigung mit dieser Rolle ihre alte, herzliche Beziehung zum Maestro intensivieren muß, liegt auf der Hand, ist doch im Part der Parisina die sinnliche Leidenschaft ihres Geliebten unüberhörbar einkomponiert — freilich an die Adresse der Merola.

Doch ob sich Carolina darüber ärgern würde, wenn sie es wüßte? Ein leichteres Mädchen unter den großen Sängerinnen der Zeit ließe sich schwerlich finden.[6] Anderseits freilich stellt die Unger kraft ihrer Wiener Aktivitäten im verflossenen Jahrzehnt so etwas wie ein wandelndes Symbol der österreichischen Klassik dar; sie ist ein weiblicher Luigi Lablache. Ausgebildet worden war sie gemeinsam mit der Sopranistin Aloysia Weber-Lange, die das Idol von Wolfgang Amadeus Mozart war, bis er sich mit der Hand ihrer weniger schillernden Schwester begnügte. Ferner war es auch die Unger, die nach der ersten Wiedergabe von Beethovens *Missa Solemnis* den tauben Meister, der statt aufs Publikum auf das Orchester starrte, keinen Applaus vernahm und an ein Fiasko dachte, sanft um seine Achse drehte, worauf er die Begeisterung der Menge gewahren konnte. Jawohl, als Sängerin ist die Unger allerdings eine Respektperson. Rossini meinte, sie vereinige das «Feuer des Südens» mit der «Energie des Nordens», und er orakelte weiter, ihre Brust sei von Bronze, die Stimme von Silber und das Talent von Gold.

Jetzt sicherte sie Donizetti zu, bei ihren baldigen Auftritten in Paris am Italiener Theater wieder als Parisina wirken zu wollen. Ferner versprach sie ihm, sie werde die beiden auf Sänger- und Komponisten-Safari im Mutterland des Belcanto befindlichen Impresarios dieses Hauses, die Herren Robert und Severini, bei ihrem Besuch in Genua auf seine, Donizettis, Römer Fährte lenken. Dabei würden sie vielleicht sogar ein neues Werk für ihr Theater bei ihm bestellen wollen.

Es wäre zu schön, um wahr zu sein! Indessen, sie versprach es ihm. Doch hat sie nicht ein unberechenbares, flatterhaftes kleines Herz, das keine Treue kennt, ein echtes Zigeunerherz? Nach Donizettis Berechnung sollten die beiden Herren, diese beiden Götter seiner Zukunft, Genua bereits verlassen haben und auch bereits am Römer Horizont erschienen sein. Er aber hat sie noch nicht gesichtet.[7]

Donizetti lebt im mystisch erhellten Kirchenschiff seiner Pariser Zukunft. Nicht ganz verdrängen kann er leider den *Torquato Tasso*, den er komponieren muß, sowie das Karnevals-Vertragsgespenst, an das ihn der Kontrakt Lanaris bindet. Absolut verflüchtigt hat sich dafür das Genueser Vertragsgespenst betreffend die Umarbeitung der *Sintflut,* denn ohne Preis kein Fleiß. Und ebenfalls in Dunst zerronnen ist der Turiner Vertrag.

Allzu gemütlich aber fühlt sich Donizetti nicht in seiner Geisterkirche. Wenn ihm neben dem Pariser Engagement auch alle übrigen Verträge durch die Latten gehen würden, wäre er im nächsten Winter arbeitslos. Er spielt ein gewagtes Spiel, und seine Nerven sind denn auch gehörig angegriffen. So reagiert er auf die Nachricht, daß ihm Prividali zürne, weil einige der Bestechungsabonnemente noch nicht erneuert worden seien, mit panischer Angst.

Er wendet sich sofort an jenen Mann, der erst vor kurzem sein wichtigster Helfer geworden war, an den Mailänder Verleger Giovanni Ricordi. Einst, bei seinem ersten Ausflug in die Welt — nach Bologna, zu Padre Mattei —, hatte ihn Ricordi in der lombardischen Hauptstadt aus der Kutsche gehoben: einen trotz Empfehlungsbriefen wenig versprechenden, linkischen, pubertierenden Jüngling. Den heutigen erfolgreichen Komponisten, der sich bisweilen immer noch wie ein Jüngling gebärdet, betreut er seinerseits immer noch wie ein Vater, wenn auch mit dem schuldigen Respekt. Umsichtig und geduldig nimmt er sich seines Schützlings an, wie früher Ferretti. Daß es heute ein bedeutender Geschäftsmann und nicht mehr ein kleiner Dichter ist, der diese Rolle spielt, entspricht dem fortgeschrittenen Stand von Donizettis Karriere. Doch vielleicht wird auch Ricordi einst, wenn Donizetti auf der Leiter des Erfolgs noch ein paar Sprossen mehr erklommen haben wird, genauso unbekümmert fallengelassen werden wie vor ihm der Librettist.

Die Lieferung der Zeitschrift an seine Adresse sei unterbrochen worden! Dieser Angstschrei des Komponisten erreicht Ricordi in Mailand, wo neben dessen eigenem Verlag auch Prividalis Redaktionssitz ist. Er, Ricordi, solle unverzüglich «zum Freund Prividali» eilen und ihn nach den Gründen dieser Unterbrechung fragen! Er, Donizetti, kenne diese Gründe nämlich nicht! Es sei ein Irrtum, daß er auch den Beitrag der Ronzi begleichen müsse; sie führten getrennte Kasse! Das spiele aber keine Rolle; er wolle nicht nur sein Abonnement bezahlen, sondern «beliebig viele»! Er, Ricordi, ahne nicht, wie sehr es ihn «schmerzen» würde, «für einen schlechten Zahler gehalten zu werden»! O nein, er sei es nicht! O Gott, «was machen wir bloß in dieser Bedrängnis? Frag Prividali, wo und wie er entlöhnt sein will, nicht nach der Summe!» Offenbar brennt er darauf, zehn oder zwanzig «Gazetta»-Jahrgänge zu finanzieren, trotz seinem Geiz. Das belegt den schlechten Zustand seiner Nerven, ist aber auch ein Hinweis, mit welchem Erfolg er die «Gazetta» tatsächlich bestochen hatte.[8]

Inmitten dieser Seufzer bringt er auch die misanthropische Bemerkung an, die Impresarios Robert und Severini, die er noch immer nicht in Rom willkommen heißen konnte, hätten anderswo erklärt, sie brauchten keine neuen Komponisten, solange sie Rossini hätten. Nun hat sich aber dieser Meister seit der Komposition des *Wilhelm Tell* in einen ruhelosen Ruhestand zurückgezogen, der alle Musikliebhaber bedrückt, am meisten jedoch die Herren Unternehmer. Was hätte diese denn zur Äußerung bewegen können, die ihnen Donizetti unterstellt? Doch unbeirrbar zieht er aus seiner absurden These die noch absurdere Folgerung, es sei erstaunlich, daß der «Koloß» Rossini auf «Insekten» neidisch sei. Dabei ist Rossini, was auch Bellini entging, die personifizierte Neidlosigkeit. Schon realistischer klingt Donizettis Meldung, daß die Unger auf Geheiß der Leitung die Spielzeit des Italiener Theaters mit der *Straniera* eröffnen und seine eigene Oper, die *Parisina*, nachziehen werde. Das ist tatsächlich ein böses Zeichen. Die Bellini-Clique um Rubini ist wieder am Werk.

Tage später kann er feierlich verkünden: Robert und Severini, hauptinstanzliche Vertreter des Théâtre Italien, waren in Rom und suchten ihn auf. Nun, Eifersucht des «Kolosses auf die Insekten» und diesbezügliche Anweisungen, die er ihnen auf den Weg gegeben haben könnte («Engagiert mir ja den Donizetti nicht; er könnte mich überschatten!»), waren ihnen keine anzumerken. Sie sprachen ernsthaft vom Projekt, die *Parisina* aufzuführen, und von der Absicht, ein neues Opus bei ihm in Auftrag zu geben, wie es die Unger verheißen hatte. So saßen sie ihm nun leibhaftig gegenüber. Der Meister war klebrig vor Schweiß, vergossen im Bemühen, die eben geknüpfte Beziehung sofort auf eine lebendige Freundschaftsbasis zu stellen, glaubte aber nachträglich, sich wie ein Weltmann benommen zu haben. Eifrig wie ein Kind beim Anblick einer Belohnung versprach er den Unternehmern, jene *Parisina*-Arie, zu der Rubini, der sie singen sollte, die Nase rümpfte, zu ersetzen. Meinte Monsieur Robert: «Selbstverständlich bezahlen wir Ihnen das Stück.» Winkte Donizetti nobel ab: «Ach, lassen Sie das.» Denn wenn er den kleineren Zucker ausschlägt — meint er in seiner Naivität —, wird er den größeren, die Garantie für eine *Parisina* in Paris und einen Kompositionsvertrag, desto leichter bekommen. Indessen wollten Donizettis von soviel Großmut gerührte «Freunde» noch ein paar Nächte darüber schlafen und versprachen ihm, bevor sie nach Neapel weiterreisten, bei ihrer Rückfahrt in den Norden nochmals vorbeizukommen.[9]

Das war nun wieder bloß eine mündliche Zusicherung, doch von den Lippen zweier Großer dieser Welt. Ihnen kann er eher glauben; solche Männer haben kein Zigeunerherz. Um so mehr erscheinen ihm die Versuche des Impresarios Rossi von den einheimischen Theatern Scala und La Fenice, sich ihm anzunähern, als plumpe Zudringlichkeit.[10] Den Stier Lanari aber packt er an den Hörnern, will doch nun der Florentiner Impresario das Datum der Premiere innerhalb des nächsten Karnevals, in dem es anzusetzen ist, nach freiem Ermessen bestimmen, obwohl im Vertrag «da convenirsi» («nach Übereinkunft») steht. Und diese Klausel heißt für Donizetti, daß er, der Komponist, das Datum bestimmen kann. Er braucht es dringend zu Beginn des

Der Verleger Giovanni Ricordi war einer der wichtigsten Förderer Donizettis. Einerseits gab er die meisten Klavierauszüge von Opern des Komponisten heraus — so jenen der Fausta *(rechts oben)* und jenen des Furioso *(rechts unten)*. Anderseits verhalf er ihm zu Engagements, die Sprungbrettbedeutung hatten.

Karnevals, damit er bei der Rückkehr der Pariser Unternehmer großartig-nobel gestehen kann: «Ich habe bis auf eine schriftliche Verpflichtung alle meine Engagements gestrichen und dieses eine unter größter Mühe an den Rand verlegt, so daß ich Ihnen, Ihrem sehr geschätzten Haus und Ihrer wundervollen Stadt vom Januar an für eine unbegrenzte Zukunft zur Verfügung stehe.»

Doch auch das Pathos der Freundschaft, das seit der heroischen Hilfe des Komponisten für den Florentiner Impresario Lanari beim Einstudieren der *Parisina* in ihrer Beziehung herrscht und das durch die Arbeit am *Tasso* kräftig gesteigert wird, bewegt Donizetti, sich als Hintertürchen nicht die Pforte der Scala, des La Fenice oder gar der Oper von Turin, sondern die Pforte Lanaris offenzuhalten. Im Verkehr mit diesem recht charmanten und als Impresario besonders geschickten Gauner fühlt er sich auf vertrautem Boden. Hier kann er ohne Schaden die geschäftlichen Kontakte in ein gefühlvolles Schmierentheater verwandeln, während der gleiche Verhandlungsstil den Herren Robert und Severini ziemlich lächerlich erscheinen muß. Lanari jedoch beteiligt sich mit Genuß an Donizettis Dramaturgie, und deshalb stehen die Chancen, daß am Ende eines sehr verworrenen und ausgedehnten Schlagabtausches eine exzellente Donizetti-Oper eine exzellente Bühnentaufe durch den Impresario erfahren wird, keineswegs schlecht.

Doch Donizetti, weit entfernt, sein eigenes Spiel als Spiel zu durchschauen, brodelt vor Wut. Soweit es freilich um Paris und um die damit angestrebte Spitzenkarriere geht, meint er es tödlich ernst... — Da fiel es nun Lanari ein, vom Italiener Theater für das Recht, die *Parisina* aufzuführen (ihm «gehört» die Partitur seit der Premiere in seinem Theater), ein Vermögen zu verlangen, was die Kauflust der Pariser, wie der Meister wohl bemerkte, als sie ihn besuchten, nochmals merklich dämpfte. Darüber hinaus lähmt er ihm auch die Hände, indem er den Uraufführungstermin der von ihm selbst bestellten Karnevalsoper weder nach dem Wunsch des Komponisten noch in diesem Augenblick bestimmen will, nämlich bevor die Impresarios wieder in Rom erscheinen. O dieser Lanari! Was für ein Schuft! Und was für Briefe wagt er ihm zu schreiben, was für gewundene, verlogene, perfide Briefe! Jetzt will er ihm aber eine Antwort schicken, daß er die Sterne vor den Augen tanzen sieht. Nur gilt es dabei zu bedenken, daß er immer noch den *Parisina*-Preis heruntersetzen könnte. Also zuerst den Schlag auf die Pfanne, dann eine Prise Zärtlichkeit.

«Wie Du Dir Deine Geschäfte gut auf den Fingern zurechtdrehst!» fährt er ihn zum Auftakt an. Er, Donizetti, habe ihn gebeten, die Karnevalsoper früher anzusetzen, als mündlich vereinbart (doch diese Vereinbarung ist effektiv ohne Gewicht, weil im Vertrag «da convenirsi» steht). Er, Lanari, habe ihm zurückgeschrieben, wenn er lieber einem anderen Theater dienen wolle, sei das in Ordnung, er lasse ihn frei. Er, Donizetti, habe diesen Hinweis so gedeutet, als ob er auf seine Oper am liebsten verzichten würde. Daraus aber, daß er ihn im gleichen Brief um eine Mitteilung gebeten habe, falls er doch bei seiner Bühne bleibe, habe er geschlossen, daß er trotzdem eine Oper von ihm wolle, und habe ihm sein Einverständnis signalisiert. Darauf hingegen habe er ihm plötzlich vorgeschlagen, die Angelegenheit auf übernächsten Karneval zu verschieben. Das habe ihn wieder zutiefst verletzt. Ob das eine Antwort auf seine Bereitschaft gewesen sei, vertragsgemäß mit ihm zusammenzuspannen? Was stehe denn im Vertrag? Doch nichts vom übernächsten Karneval! Er, Lanari, habe sich mit seinem Vorschlag, zu verschieben, über den Vertrag und über seinen, Donizettis, guten Willen zynisch hinweggesetzt.

Und dennoch, beginnt er plötzlich zu schwärmen, sage ihm eine Stimme, daß er ihn behalten wolle (gemeint ist natürlich: im kommenden Karneval). Er werde doch nicht in allen seinen Theatern auf Uraufführungen verzichten? Er werde ihn doch schwerlich seinem, Lanaris, Rivalen Rossi verkaufen wollen? Oder ob er blind gewesen sei, als ihn der letztere für das Fenice habe verpflichten wollen? Also, er sei gespannt, Neues von ihm zu hören.[11]

Dann trifft ihn der Blitz. Die Herren Robert und Severini reisten in Neapel ab und fuhren nach Paris, ohne ihn zu begrüßen. Sie hinterließen ihm nicht einmal eine Botschaft, nicht einmal eine negative, einfach keine! Haben sie ihn verworfen? Und wenn auch — kann er es ändern? Aber er ist berechtigt zu verlangen, daß sie ihm die Gründe nennen! Ihm wurde ein Unrecht angetan, indem man ihm die Gründe vorenthielt! Und als wäre das notwendig, klärt er Ricordi, den er um Hilfe angeht, darüber auf, daß ein Verbrechen nicht dem Konto dessen anzulasten sei, an dem es begangen wurde, sondern dem Konto dessen, der es beging.[12]

Eine knappe Woche später trifft die Antwort des Verlegers ein. «Du willst also mein Schutzengel sein?» schreibt ihm der Komponist nach der Lektüre überschwenglich zurück. Denn aus dem Brief Ricordis war zu erfahren, daß der Verleger das Verhalten der Pariser zwar ebenfalls nicht begreift, indessen alles unternehmen will, um Donizetti zu helfen. Er will Lanari überreden, den *Parisina*-Preis herabzusetzen, will dafür sorgen, daß auch eine Auftragsoper Donizettis über die

Bretter des Italiener Theaters geht, und will sogar das Genueser und das Turiner Vertragsgespenst zu neuem Leben erwecken. Und Donizetti schließt alle Gespenster, sogar die dürrsten, selig in seine Arme. Nur das Geschäft mit Genua — dank dem Dazwischentreten Ricordis soll er für seine paar neuen *Diluvio*-Stücke wohl entschädigt werden, aber mit einem Trinkgeld — dreht er so, als müßte ihm Ricordi dankbar sein, weil er den Auftrag akzeptiere. Um betteln zu gehen, ist er nicht zu stolz, um ein Almosen entgegenzunehmen, allerdings doch. Ja, Donizetti, der Paketausträger aus dem Keller; die Eule, unterwegs zum goldenen Ring!¹³

Zu den bereits erwähnten Aktivitäten Ricordis für Donizetti kommt die Zufriedenstellung Prividalis mit klingender Münze hinzu. Und da er Donizetti früher als Lanari selbst von dessen Absicht unterrichtet, für die unselige Karnevalsoper ein Textbuch Romanis anzufordern und den Komponisten damit zu versöhnen, scheint der Verleger auch im «Convenirsi»-Krieg zum Waffenstillstand geblasen zu haben. Ricordi weiß, daß Donizetti fast krankhaft an die Bedeutung Romanis glaubt — weil er es war, mit dessen Texten Bellini Weltruhm erlangte. So wirkt ein Libretto aus seiner Feder auf Donizetti (aber auch auf seinen glücklicheren Konkurrenten, der jetzt an seinem Bruch mit dem Theaterdichter schier verzweifelt) wie ein Talisman, der einen Mißerfolg geradezu ausschließt.

Die Sterne hätten ihm offenbart, schreibt Donizetti Lanari, daß er ein Textbuch Romanis für ihn angefordert habe. Aber ach, noch immer habe er sich nicht für einen Termin entschieden, und das müsse doch jetzt geschehen?! «Erklär Dich jetzt, o guter Freund!» beschwört er Lanari pathetisch und ohne die leiseste Ironie. Er möge um Gottes willen vermeiden, daß er, «sein» Donizetti, sich eines Tages gleichsam überrascht und ohne eigenes Zutun «anderswo gebunden sehe»! Er selber wolle das beileibe nicht, denn er, Lanari, packe die Aufführungen in seinen Theatern «verdammt gut» an. Doch dies gereiche ihm letztlich zu seiner eigenen Ehre. Trotzdem — verdammt nochmal — es sei verlockend für die Komponisten, von seinen, Lanaris, vortrefflichen Sängern und vom Luxus seiner Einrichtungen zu profitieren! Wenn er ihn also sofort auf einen der inzwischen zur Debatte stehenden Termine verpflichten wolle (der ungebärdige Donnerer Donizetti hat auf sein altes und einziges Angebot — Anfang des Karnevals —, das eigentlich der Anlaß des Krieges war, stillschweigend verzichtet), so mache er mit. Er wäre dann sogar bereit, nichts von sich hören zu lassen, wenn der unberechenbare Librettist die ihm gesetzte Zeitlimite «etwas» überschreiten sollte — wobei er dieses «Etwas» dahingehend präzisiert, daß er ein zweites Mal dasselbe leisten könnte wie bei der Entstehung der *Parisina*.

Und schließlich faßt er mit psychologischem Scharfblick die ganze Affäre zusammen: «Es scheint mir, daß wir uns wie Liebende verhalten — uns streiten, dann aber helfen.»[14]

6. Die dritte Drehung der Spirale
September 1833 bis März 1834
Lucrezia Borgia, Rosmonda d'Inghilterra

Wie Liebende verhalten sich auch der Dichter Torquato Tasso und sein Sekretär Roberto in der musikalisch etwas ungepflegten, aber herzhaft «schlager»satten neuen Donizetti-Oper, die jetzt, Ende Oktober, aus ihrem Gespensterdasein in die rauhe Wirklichkeit der Proben am Teatro Valle abberufen wurde. Der Umgang ihres Schöpfers mit Lanari — ein Umgang, eben, wie unter «Liebenden» — hat sie mit *Furioso*-Blut bereichert. Jetzt ist der «Tasso» ein Ausbund von Energie. Ingrimmig motorisch wie nur eine der neuen Teufelsmaschinen, die heutzutage ganze Reihen von möblierten Wagen über Eisenschienen zerren, stampft er seines Weges. In den Stretten der Duette, ja selbst in ihren lyrischen Partien werden die einmal von einem der Partner gezogenen Linien alsbald vom zweiten haargenau nachvollzogen und bisweilen noch ein drittes Mal von beiden zusammen. Verbissen und stur wie Lokomotiven durchrasen die Melodien immer die gleiche Bahn, wirken indessen auch ähnlich greifbar und elementar — Naturgeschöpfe von Menschenhand — wie Lokomotiven.

Die verflixte Verwandtschaft von *Tasso* und *Furioso*, betont durch ähnlich verwandte Premierenumstände — im gleichen Jahr, im gleichen Theater, mit dem gleichen Junggenie Ronconi und für das gleiche Publikum —, macht es beinahe unvermeidlich, daß auch der Ausgang derselbe ist. Am 9. September 1833, just an jenem Tag, der vor einem Dritteljahr für die Premiere bestimmt worden war (was zu Bedenken Anlaß gibt, es gehe am Teatro Valle nicht mit rechten Dingen zu), wird der *Torquato Tasso* erfolgreich uraufgeführt. Die Parallelen aber ziehen sich weiter. Kaum hat der Komponist die ersten drei Aufführungen im Orchestergraben dirigierend überstanden, verläßt er Virginia und ihre Römer Sippe Hals über Kopf.

Zwar hat er sich um das Scala-Vertragsgespenst durchaus nicht verdient gemacht, aber in Mailand tut sich etwas: der *Furioso* wird einstudiert. Eingeladen hat ihn freilich niemand, und die Herren von der Scala sind bereits gerüstet, die Partitur nach ihrem Gusto herzurichten: hier etwas zu streichen, dort etwas hineinzusetzen, denn die Oper ist ja nur von Donizetti.

Da müssen sie nun erfahren, daß der Komponist in Mailand weile, und bei der Aussicht auf einen Besuch des «Maestro Orgasmo» an einer der Proben wird ihnen mulmig in der Magengrube. Deshalb fordern sie ihn auf, das Werk persönlich durchzusehen. Donizetti aber macht in seiner Bauernschläue eine hohle Hand ... Nun, dieser Lage sind sie gewachsen: sie geben ihm wieder einmal ein Trinkgeld, und der mithin Angestellte tut seine Pflicht, ohne zu reklamieren. Die *Furioso*-Aufführungen aber werden stark besucht und sind ein lukratives Unternehmen ... für die Direktion.[1]

Inzwischen wurde der Oberbefehl über die Scala dem konservativen, geizigen und snobistischen Fürsten Visconti erteilt. Er nimmt mit Donizetti Kontakte auf, und dieser ist selig, daß sich ein Fürst Visconti herabläßt, mit ihm zu verhandeln.[2] Zum glanzvollen Namen des Unternehmers kommt der des Theaters hinzu, das er vertritt — und Donizetti nimmt die unerfreulichen Konditionen dankbar an. Er wird verpflichtet, für die Scala zwei Karnevalsopern zu komponieren, eine erste für den nächsten Stephanstag und eine zweite für den Karneval über ein Jahr — zu einem Zeitpunkt, gewissermaßen, «da convenirsi». Die Erinnerung an den gerade durchfochtenen Kampf um einen solchen unbestimmten Karnevalstermin und an die Ehrenhaftigkeit von sogenannten «großen Männern», wie sie die Pariser Impresarios verkörperten, verblaßt im Angesicht dieses Gesellschaftsriesen. Und während in Italien für die bekannten Komponisten allmählich ein Richtpreis von 10 000 Francs pro neue Oper gültig wird (einzig bei Bellini sind es an die 15 000), kassiert Donizetti für seine Werke immer noch nur je 5000 Francs ...

Immer noch will er zunächst die Ehre und erst dann das Geld. Wenn er beim Verträgeschmieden Rappen spaltet, geht es ihm um die Ehre und nicht um die Rappen, die in der Tat ein kläglicher Anblick sind. Immer noch deutet er diese Bescheidung so, als schlössen sich die beiden Größen Geld und Ehre gegenseitig aus, weshalb er die bessere wähle, nämlich die Ehre. Doch wird er dieses Argument auch dann verfechten — und sich in seinen Forderungen entsprechend bescheiden —, wenn er einmal beides haben kann?

Einstweilen aber genügt ihm die Öffnung der Scala durch einen Fürsten Visconti, um glücklich zu sein — allerdings nur, solange er Paris vergessen kann. Dazu verhilft ihm auch der Umgang mit seinen vornehmen Mailänder Freunden, dem Grafen Melzi und der Gräfin Appiani samt deren reifen Töchtern.

Auch daß er zurzeit in Büchern Romanis für eigene Opern schwimmt — indessen vor allem in projektierten —, hebt sein Lebensgefühl. Romani wird (so das Projekt) für die Lanari-Oper ein Libretto namens *Buondelmonte* schreiben. Romani hat (so die Realität) für Mercadante ein Libretto nach dem Horrorstück von Victor Hugo, *Lucrezia Borgia*, weitgehend fertiggestellt; nun aber wird er es für Donizetti (so das Projekt) in vierzehn Tagen, spätestens am 25. Oktober, ganz vollendet haben; es ist das Textbuch für die Stephanstagspremiere an der Scala. Auch für die zweite Einstudierung einer Donizetti-Oper an diesem Theater im folgenden Jahr ist seine Mitarbeit vorgesehen. Und schließlich wird Romani (so ein weiteres Projekt) für Donizettis Pariser Oper, die zwar noch immer eine ausgewachsene Chimäre ist, die Textunterlage liefern.

Damit wird Romani — abgesehen von *Lucrezia* — noch dreimal für ihn schreiben (so das Projekt), und Donizetti ist im siebten Himmel. Natürlich weiß er wohl, daß es den Zorn des Schicksals auf sich laden hieße, seine tiefe Stellung zu vergessen und zu erwarten, daß ihn Romani viermal beschenken werde. Darum beschließt er, seine heimlichen Gebete nur auf die eine Gabe zu konzentrieren, an der für ihn sein ganzes Schicksal hängt: das Textbuch für Paris, und auf die übrigen Geschenke notfalls zu verzichten.

Als denn die Tage schwinden, ohne daß Romani bei Gelegenheit verschiedener *Lucrezia*-Konferenzen mit Donizetti, Fürst Visconti und der Zensur (der Stoff erscheint der Obrigkeit suspekt) ein Manuskript des *Buondelmonte* für Florenz zum Vorschein bringt, schlägt Donizetti Lanari völlig gelassen vor, das Textbuch beim Nestor der Librettisten in Auftrag zu geben, Gaetano Rossi. Dieser überhäufte die Belcanto-Bühnen schon zu einem Zeitpunkt mit Absurditäten, als höchstens die Engel wußten, daß ihn bald ein Tottola, ein Schmidt und manchmal ein Gilardoni darin unterstützen würden. Inzwischen ruhen diese drei Könner im Schoß der Vergessenheit — Rossi schreibt immer noch. Ein edlerer Beweis für Donizettis Toleranz indessen als der Verzicht auf einen *Buondelmonte* à la mode du chef Romani zugunsten eines *Buondelmonte* aus der Küche des ewigen Lehrlings Rossi ließe sich schwerlich denken.

Immerhin tut er Lanari kund, daß es ihm selber eigentlich lieber wäre, ein altes Textbuch Romanis für Maestro Francesco Coccia um die legendenverklärte Mätresse des englischen Königs Henry II., *Fair Rosamund*, zu vertonen. Den Vorschlag, Rossi zu engagieren, macht er Lanari nur, weil er vermutet, daß dem Impresario an irgendeinem *Buondelmonte* besonders gelegen sei.[3] Diese *Rosmonda d'Inghilterra* dünkt ihn wie für ihn geschaffen. Und er beschwört Lanari, doch ja nicht jene Sängerin Ferlotti zu engagieren, die nach einer Pause der Verhüllung wieder als Stern erstrahlen will. Daß sie das wolle, sei noch kein Beweis, daß sie es wirklich könne, meint der Komponist. Nein, er wünscht sich für die Titelrolle eine «sichere Nummer», entweder die Ronzi oder eine andere, immer berühmter werdende Sopranistin namens Fanny Tacchinardi-Persiani, deren größter Nachteil der komponierende Gatte an ihrem Schleppseil ist. Die Merola ist ein Kontraalt und eignet sich deshalb, einem Brauch gemäß, nur für die Rolle der Seconda oder Terza Donna.[4]

Romanis Textbuch für Donizettis neue Mailänder Oper *Lucrezia Borgia** ist wirklich suspekt: wenn nicht in jenem politischen Sinne, der den Zensoren am Herzen liegt, dann zweifellos im psychologischen Bereich. Obwohl es eigentlich für Mercadante vorgesehen war, setzt es durch seine Ödipus-Thematik einerseits die Linie der sanft-brutalen Liebesopern *Fausta, Ugo, Sancia* und *Parisina*, anderseits die Linie der rauh-brutalen, homosexuell gefärbten Männeropern *Furioso* und *Tasso* fort. Indessen packt es das heiße Eisen mit einer Kühnheit an, wie man sie vom Belcanto niemals erwartet hätte.

Einer der Helden des Werks, Orsini, lag bei einer Schlacht verwundet auf der Erde, als ihn Gennaro entdeckte, aufhob und pflegte. Dann ruhten die beiden «in stiller Nacht» in einem «einsamen Wäldchen», wo sie einander schwuren, für immer zu zweit zu leben und auch zu zweit zu sterben. Nicht daß die beiden unempfänglich für weibliche Reize wären; wie immer in den Donizetti-Opern dieser Schaffensphase fühlen sie bisexuell, und zwar auch das nur vorübergehend, in einer extremen Situation. Wen aber liebt Gennaro? Ausgerechnet Lucrezia Borgia, seine leibliche Mutter. (Das beschönigende Mäntelchen der Stiefmutterschaft wird also fallengelassen.) Zwar weiß er nicht, daß sie es ist, doch liebt er sie in vollster sinnlicher Ekstase. Sie weiß es und liebt ihn mit gleicher krankhafter Leidenschaft. Sie verkörpert aber auch als die begabteste Giftmischerin der Menschheitsgeschichte die Hexen-Mutter par excellence, so daß auch diese Entwicklung im Schaffen des Komponisten einen Höhepunkt erreicht.

Als Donizetti nach zermürbenden Disputen mit Visconti, der sich natürlich scheut, ein Wässerchen der Obrigkeit zu trüben, und mit den Zensoren selbst ab Ende November, einen Monat verspätet, das Libretto Akt für Akt erhält (am 26. Dezember sollte Premiere sein!), löst sich der Pfropfen in ihm, der lange gehalten hat. Von einem inneren Fieber geschüttelt, wirft er die Oper binnen weniger Tage auf das Papier. Die wild-aggressiven, aber, wie in der *Sancia* und *Parisina*, der Schönheit der Form dienstbar gemachten Rhythmen, die messerscharf springenden oder sich wohlig dehnenden Melodien, die fast schon würgende Art, in der sich die Sängerstimmen umklammern, der unausgesetzt aus dem Orchestergraben aufsteigende süße Brodem: kurz, das ganze tolle Treiben in jedem Register der Hexenorgel *Lucrezia Borgia* ist im Belcanto ohne Vergleich. Die *Lucrezia*-Musik ist äußerst schlicht und äußerst raffiniert zugleich. Donizetti hat zum erstenmal auf einen Schlag in beiden Disziplinen sowohl Rossini als auch Bellini erreicht; in der Popularität der Melodien hebt er sie beide aus dem Sattel.

Er selber aber ist von den Drogen, die seit vielen Wochen in ihm wirkten, endlich befreit. Noch einmal hat er sich durch den bekannten Wust der Perversionen hindurchgekämpft. Jetzt steht er am Tageslicht und ist geheilt. Gleichzeitig hat er seine bisher größte Meisteroper geschaffen, und zwar gerade für das jahrelang vergeblich umkämpfte Forum der Mailänder Scala.

Es war ein glücklicher Zufall, daß vor der Premiere, die pünktlich am Stephanstag über die Bühne geht, am gleichen Theater just der *Furioso* sein Unwesen trieb und die Besucher für das erheblich stärkere Rauschgift der neuen Oper empfänglich machte. Der *Lucrezia*-Erfolg ist unvergleichlich, um so mehr, als Donizetti hier, im Gegensatz zum *Furioso*, seinen Mischstil präsentieren konnte, der selbst dem Geschmack der radikalsten Bellini-Anhänger unter den Scala-Gästen ein Stück weit entgegenkommt.

Und die Behörden haben es geschehen lassen, daß ausgerechnet im scharf überwachten lombardischen Gliedstaat des Habsburgerreiches Opium unter das Volk beziehungsweise unter die gefährliche Intelligenz gelangte. Sündige Machenschaften eines bekannten Herrschergeschlechts, der Borgias, wurden öffentlich behandelt, ja gepriesen, wie wenn sie auch heute der eigentlich nicht so schlimme Tagesinhalt der Herrschenden wären! Das Publikum aber, das solches erleben mußte, rast vor Begeisterung! Nun, dafür werden sich Kollegialbehörden in anderen Städten hüten, eine solche Wirkung hinzunehmen, und die *Lucrezia Borgia* wird eine der meistzensurierten Opern Italiens sein.

Donizetti jedoch ist der Held der Stunde. Die Plattform für seine nächste Mailänder Karnevalsoper ist jetzt schon bezugsbereit, sieht man — so unvorsichtig wie der Maestro selbst — vom Zeitpunkt ihrer Premiere «da convenirsi» ab. Ganz überraschend, weil er ja nur aufs Geratewohl nach Mailand reiste, hat er den wichtigsten Durchbruch seiner Karriere geschafft. So fährt er erhobenen Hauptes nach Genua, wo sein inzwischen fünfzehnjähriger Neffe Andrea, der Sohn Giuseppes, seit dem Frühling 1832 am Königlichen Kollegium die Rechte studiert.

Anders als Mayr ist sein Schüler Donizetti zwar ein großes Kind, aber wie Mayr hat er das Bedürfnis, Schüler zu belehren... offenbar aus dem kindlichen Drang, es Mayr gleichzutun. So bleibe denn dahingestellt, mit wieviel Freude Andrea den vornehm gekleideten Onkel mit seinem strengen Gesicht und seinen Weisheitslehren (die zu seinem Lebenswandel wie die Faust aufs Auge passen) empfängt. Jedenfalls bleibt das Verhältnis zwischen den beiden kühl. Andrea zeigt geringe Seelen- und Gedankentiefe, das ist richtig; aber Hand aufs Herz: kann das erstaunen? Weder seine Kindheitsjahre bei seinem pfiffigen, opportunistischen Vater im Umkreis des Militärs noch seine Jugendjahre bei den vergrämten Eltern seines Vaters konnten ihn sonderlich stimulieren. Nun, die Oberflächlichkeit von Donizettis Beziehung zu seinem Neffen scheint ohne Belang. Müssen sich die beiden unbedingt etwas zu sagen haben?

Immer mit dem Textbuch der *Rosmonda d'Inghilterra** unterwegs, das er, nachdem Romani nichts geliefert hatte und Lanari keinen *Buondelmonte* Rossis wollte, frohen Herzens vertont, erreicht er gegen Ende Januar Florenz. Wie vor einem Jahr herrscht Winter in der Arnostadt. Aber der quälende Zauber ist nicht mehr da. Nicht mehr nur die Merola, sondern ein ganzes Heer hilfloser, weicher, schöner Frauen wartet darauf, von Männern wie ihm getröstet und beschützt zu werden.

Und Donizetti komponiert die femininste Oper seines bisherigen Werks. Die exzessive Vorherrschaft der Frauenstimmen ruft den *Ugo* in Erinnerung — aber die Hosenrollenfigur des jungen Arturo steht nicht mehr, wie Luigi, unter dem Einfluß einer anspruchsvollen Mutter, die das Geschlechtsverhalten ihres Sohnes ohne ihr eigenes Wissen manipuliert. Terzentrunkene Frauenduette gibt es hier nur drei «halbe»; wobei von einer intimfreundschaftlichen Bindung der Partner nicht mehr die Rede ist und Donizetti die trennenden Schranken durch auseinanderstrebende Koloraturen, durch alternierendes Singen und andere Mittel betont. Die Koloraturexzesse der weiblichen Stimmen sind übrigens etwas Neues in Donizettis modernem Schaffen und entspringen offensichtlich seiner frischgeschöpften Lebensfreude.

Belcanto-stilistisch ist die *Rosmonda* ein universales Werk. Neben den überbordenden Fioriituren Rossinis sind die versunkenen Kantilenen Bellinis mit den dazugehörigen Begleitfiguren ebenso vertreten wie die schlagerhaften Melodiepassagen aus der von Donizetti begründeten Schule der «neuen Kürze». «Potessi vivere», die Cabaletta des Tenors, ist einer der elektrisierendsten Operngesänge, die jemals geschrieben wurden. Dennoch sind die in der *Sancia, Parisina* und *Lucrezia* vorgeschlagenen Mischlösungen zwischen den beiden Traditionen Richtung Bellini weitergediehen, nachdem die *Lucrezia* deutlich auf der entgegengesetzten Seite Wurzeln geschlagen hatte.

Virginia braucht von der Merola nichts zu befürchten. Die «zweite Giuseppina» Donizettis ist zu einer Blume unter Tausenden geworden, und er bezeugte dies sogar, indem er Romani, wohl noch in Mailand, auf einem Zettel den Auftrag gab, in seinem alten *Rosmonda*-Textbuch für Coccia, das er jetzt benützt, den Part Arturos (just den Part der Merola) zu «erleichtern». Gewöhnlich erpressen die Komponisten die Divas, mit denen sie schlafen wollen, dadurch, daß sie ihnen einen möglichst großen Part in Aussicht stellen, während die Divas die Komponisten dadurch erpressen, daß sie einen möglichst großen Part für sich verlangen. Dieses wechselseitige Erpressungsspiel funktionierte sichtlich im Falle der Merola und der *Rosmonda* nicht.[5]

Die Premiere Ende Februar gestaltet sich erfreulich, doch die Wirkung der gemäßigt pathologischen *Rosmonda*, die ja im ganzen der Spiegel einer Gesundung ist, kann dem angeregten Florentiner Publikum die *Parisina* nicht ersetzen. Diese ist in ihrer destruktiven Sinnlichkeit so recht die *Romeo-und-Julia*-Parabel der heutigen Zeit, was die bellinihafte *Rosmonda* keineswegs ist. Die Zeiten Bellinis sind vorbei, für Donizetti bricht die Zukunft an. Und voller Tatendrang fährt er nach Rom zurück, um seine mehr denn je geliebte Frau ans Herz zu drücken und nach beinahe anderthalbjähriger Abwesenheit die Wohnung am Vico Nardones, den Sessel des Musikdirektors der Königlichen Theater Neapels und das in diesen ausgebreitete Opern-Imperium wieder in seinen Besitz zu nehmen.

7. Eulen-Diplomatie
April 1834 bis April 1835
Maria Stuarda, Marino Faliero, Gemma di Vergy

Am 12. April signiert Donizetti den Kontrakt für eine neue Oper, die im Sommer am San Carlo uraufzuführen ist. Sogleich fragt er Romani an, ob er das Textbuch schreiben könnte, meint aber gleichzeitig schicksalsergeben zu seinem Verleger, der Dichter möge diese Mühe auf sich nehmen oder darauf verzichten, ganz nach der Dringlichkeit und Anzahl seiner Geschäfte. «O Gott, auch für Paris müßte Romani mein Flaggschiff sein!» entwischt ihm dann ein weniger flauer Seufzer.[1]

Und plötzlich erhält er einen Vertrag des Italiener Theaters für die langersehnte Auftragsoper. Statt daß er sich freuen könnte, muß er jedoch entdecken, daß er sich in eine Falle locken ließ: den «Convenirsi»-Termin des Fürsten Visconti. Die Pariser Unternehmer fragen ihn nämlich an, zu welchem Zeitpunkt im kommenden Winter er frei sein würde. Falls sich nun Visconti weigern sollte, ihm den Stephanstag zu überlassen, käme er für die Proben am Italiener Theater zu spät nach Paris.

Augenblicklich schreibt er einen jammervollen, aber doch auch listigen Brief an seinen Verleger Ricordi. Er schicke nun ihm statt den Pariser Impresarios seine Pariser Verträge. Schon heute sollte er sie mit den Aufklärungen versehen, die man von ihm verlange, und retournieren. Liebend gerne würde er es tun, doch halte er sich zurück. Er, Ricordi, müsse sich mit den Parisern in Verbindung setzen; er sei der «bessere Advokat». Das Rüstzeug, um das Unternehmen zum Erfolg zu führen, sei vorhanden: Im Vertrag der Ronzi, die als Primadonna seiner neuen Scala-Oper figurieren werde, stehe, wie sie ihm beteuert habe, daß es die erste Oper der Spielzeit sei (ein Hinweis, den er in seinem Vertrag eben — zu spät — vermißt). Nun müsse man sich dies vom Fürsten lediglich ein zweites Mal versprechen lassen, aber ohne etwas von Paris zu sagen (der Komponist scheint zu befürchten, daß der Mustermensch aus dem Geschlecht Visconti ausgerechnet dann den Zeitpunkt verschieben könnte).

Er, Ricordi, müsse unbedingt verhüten, daß ihm dieses Glück verlorengehe; sonst stiegen seine Flüche «achtzig Meilen höher als bis zum Ewigen Vater». Auch solle er Visconti sagen: Wenn die Ronzi auf dem Wunsch bestehe, gleich zu Beginn der Spielzeit in der Donizetti-Oper aufzutreten, dürfe man sie nicht enttäuschen. Offen bleibt nur die Frage, wie man einer Dame einen Wunsch aus purer Freundlichkeit erfüllen kann, wenn hierzu eine vertragliche Pflicht besteht. Sollte die Klausel im Vertrag der Ronzi gar nicht wirklich existieren? Sind nicht die Ronzi und der Komponist eiserne Kumpel, die kaum ein Mittel verschmähen, das ihnen gegenseitig aufwärtshilft?

«Der Himmel segne jeden Deiner Schritte!» beendet Donizetti seinen Brief an den Verleger, und es scheint, als könnten beide einen solchen Segen brauchen.[2]

Verglichen mit den Aufregungen um Paris wirken die schönen Geschenke Neapels, die er in diesen Wochen erhält, als farblose Nebensache.

Offenbar ernennt ihn der König beider Sizilien, Ferdinando II., nicht im geeigneten Augenblick und eher verspätet als übereilt zum Lehrer für Kontrapunkt und Komposition am Konservatorium von Neapel. Ende Juni 1834 wird er angestellt; doch wird er frühestens am 1. Januar des neuen Jahres seinen ersten Zahltag sehen. Der König liebt es, seine Angestellten immer dann für ihre Dienste zu entschädigen, wenn er sich ihrer Existenz entsinnt, was erstens unregelmäßig und zweitens selten geschieht. Aber er weiß, daß sie sich schadlos halten an der Ehre, ihm dienen zu dürfen.[3]

Nun zeigt sich indessen der frischauserkorene «Maestro di Contrapunto» weniger erbaut von dem ihm zugewiesenen Revier im Paradies der Ehre als ängstlich besorgt um seine Möglichkeiten, diesem Revier mitunter zu entrinnen, etwa nach Mailand oder Paris. Und selbst wenn ein solcher selbstgewählter Austritt aus dem Garten Eden nur einige Wochen dauert, ist die Erlaubnis von Gottvater unbedingt erforderlich, sonst droht dem Deserteur bei seiner Rückkehr längere Gefangenschaft. Schmerzlich erstaunt erfährt der König, daß sich sein Günstling Donizetti mehr als andere aus seinem Huldbereich entfernen wolle, sichert ihm indessen seine Nachsicht zu und nimmt ihn trotzdem auf.[4]

Zweite große Ehre: Wie vor sieben Jahren vage abgesprochen, ist das Töchterchen des Prinzen von Salerno, Leopoldo, dank seiner glücklich erfolgten Reifung nunmehr bereit, sich auf den Tasten des Spinetts und im Gesang zu üben. Donizetti, eine Eule unter vielen aus den schattigen Gehegen Bergamos, wird Hauslehrer im Bourbonenpalast Neapels.

Doch Donizetti freut sich darüber nicht halb so sehr, wie er sich ärgert, weil ihm Romani für die San-Carlo-Oper selbstverständlich wieder kein Libretto schickt. Nicht wegen der San-Carlo-Oper rauft er sich die Haare — da würde er aus einer Mücke einen Elefanten machen —, sondern weil es ihm langsam möglich erscheint, daß auch das Textbuch für Paris ins Wasser fallen könnte. Deshalb erhöht er seine Zärtlichkeit im Umgang mit Ricordi um eine weitere Stufe, indem er ihn nicht mehr «Mio Ricordi» nennt, sondern «Ricordi mio». «Ricordi mein, um Gottes willen, Romani!» schreibt er am 7. Juni und lallt wie von Sinnen weiter: «Meine Kinder: Romani, um Gottes willen!» Was die San-Carlo-Oper betrifft, erbittet er sich vom Neapolitaner Drittklaßliteraten Giuseppe Bardari eine Opernversion der Schillerschen Tragödie *Maria Stuarda*.[5]

Es ist erstaunlich, daß der belesene Donizetti nicht früher auf Texte Friedrich von Schillers stieß, hätte doch dieser Dichter die idealistische Ader des Komponisten, seinen Hang zu wohldosiertem Pathos und seine angeborene Noblesse bei der Enthüllung seiner Gefühle (alle Eigenschaften, wohlgemerkt, nur in der Kunst unter Beweis gestellt, im Leben eher übertrieben oder unterschlagen), schon seit geraumer Zeit befruchten können. Nun aber ist es soweit. Jetzt komponiert er den vom Librettisten zum simplen Liebesdreieck zwischen Leicester, Königin Elisabeth und Königin Mary Stuart abgebauten Stoff mit Sorgfalt, Liebe, Schwung und klassischer Einfachheit. Das Resultat ist eine *Rosmonda* ohne Koloraturen, aber wieder voller Einfühlung in frauliche Nöte, frauliches Heldentum ... und — selbstverständlich — frauliche Reize. Der erstaunlich hohe Anteil katholisierender Szenen gibt Donizetti überdies erstmals Gelegenheit, ein kirchenkonformes Credo zu formulieren, das seinen künstlerischen Vorstellungen nirgends in die Quere kommt.

Doch während die Ketzeroper *Il Diluvio Universale* unbeschadet durch die Räume der Zensur ins Opernhaus gelangte, erscheint dem Königshaus die wahrhaft fromme *Maria Stuarda*[*] als ein Werk des Teufels. Das Machtwort spricht die überfromme Königsgattin und würdige Tochter des Königshauses von Piemont, Maria Cristina, indem sie die Sprache verliert, nämlich bei einer Voraufführung des spielreif geprobten Werks in ihrer Loge in Ohnmacht fällt. Dieses Ereignis wurde dadurch ausgelöst, daß die hohe Dame wahrnehmen mußte, wie auf der Bühne eine Dame ihresgleichen in die Knie sank und einem Priester Missetaten beichtete. Glücklicherweise mußte sie nicht erleben, wie ihr erlauchtes Spiegelbild am Schluß der Oper wiederum so öffentlich wie nur möglich enthauptet wird. Aber wahrscheinlich wußte sie bereits von diesem Ausgang und fiel in Ohnmacht, um die Exekution zu unterbinden. Jedenfalls versteht der König ihren Wink auf diese Art, und er bestreitet dem Komponisten, dem Librettisten, der Königlichen Theatergesellschaft und auch der Zensur das Recht, auf seiner könglichen Bühne Königinnen beim Bekennen ihrer Sünden oder auf dem Henkersblock zu zeigen und dadurch allfälligen Risorgimento-Leuten im Publikum diskrete Winke zu geben.

Alle Mühe der Autoren und der Angestellten des San Carlo ist für die Katz. Was aber sagt der Komponist dazu? Die *Stuarda* sei verboten worden, der Himmel wisse, warum; basta, man müsse schweigen, der König habe es angeordnet. — Der Sohn von Proletariern erweist sich einmal mehr als der loyalste der Royalisten.[6]

Freilich applaudierten ihm die Gäste der unglückseligen Vorauf-führung mit solchem Elan, daß er, der immer noch ebenso publikums-gläubig wie obrigkeitsgläubig denkt, bereit ist, der alten Musik ein neues Libretto zu unterlegen, um sie gleichwohl zu breitem Erfolg zu führen. Aber leider ist das neue, brave Textbuch, eine gewisse *Giovanna Grey*, auch wieder nicht so brav, als daß es der König im Hinblick auf die bei jeder Streifung des wirklichen Lebens schwindenden Sinne seiner Gemahlin für das San Carlo zulassen könnte. Wenigstens hat der Komponist inzwischen seine Vaterbindung an die ursprüngliche *Maria Stuarda* endgültig verloren. So fällt es ihm leicht, die Zügel in die Hand zu nehmen, das Sorgenkind ein zweites Mal zu operieren und nebenbei für diese Erlösungstat Geld zu verlangen. Für 1400 Dukaten (6000 Francs, eine erkleckliche Summe) paßt er ein Textbuch seines Freundes Pietro Salatino, der schon die *Sancia* für ihn schrieb, an die Musik der *Stuarda* an und diese an den neuen Text. Einiges fällt weg, anderes kommt hinzu, und der genesende Patient — schau an, ein *Buondelmonte!* — hat mit der *Stuarda* nur noch Gemeinsamkeiten musikalischer Natur. Diese indessen werden der Aufmerksamkeit Maria Cristinas zweifellos entgehen.[7]

Am siebten Oktober beginnen die Proben der *Stuarda Nummer drei*, dank Donizettis Flexibilität nur einen Monat nach Probenbeginn der ersten. Ein Übel der ersten freilich blieb unausgerottet, wie sich nun drastisch zeigt. Die beiden konkurrenzierenden Königinnen Mary und Elisabeth, darzustellen von den Primadonnen Giuseppina Ronzi und Anna Delsere, die ihre Rollen so intensiv erlebten, daß sie sich ihrerseits lebhaft stritten, wurden bei der Umgestaltung der *Stuarda* in den *Buondelmonte* zu den adeligen Durchschnittsdamen Bianca degli Amidei sowie Irene dei Donati. Doch im Libretto des *Buondelmonte* bekämpfen sich die ungekrönten Häupter ebenso radikal wie die gekrönten in der *Stuarda*, und da auch die Besetzung die gleiche geblieben ist, geht es weiter mit dem nicht im Textbuch vorgemerkten

Schreien, Weinen, Stampfen und Beschimpfen während, vor und nach den Proben.

Der Konflikt der beiden Königinnen des Gesangs weist, nach dem Beispiel der englischen Königinnen in der Bearbeitung Bardaris, zweierlei Wurzeln auf. Erstens will jede von ihnen allein regieren, zwar nicht in Westminster Hall, aber im Opernpalast San Carlo, zweitens fesseln amouröse Bande beide Königinnen an einen Leicester, nämlich an den Komponisten. Und die Durchflechtung dieser Wurzeln zeigt das bekannte Bild: Je stärker die von ihnen an den Tag gelegte Leidenschaft für Donizetti, desto größer der für sich erhoffte Part. Am Ende sind beide Rollen gleich imposant und beide Divas gleich überzeugt, zu kurz gekommen zu sein.

Der Krieg der Königinnen endet vor den Kulissen bei der Premiere des *Buondelmonte* am 18. Oktober mit warmem Applaus für beide Sängerinnen wie auch für Donizetti, der in der Folge von der Theatergesellschaft Neapels einen formidablen Kompositionsvertrag für nächstes Jahr erhält (das Honorar wird mehr als 12 000 Francs betragen). Hinter den Kulissen aber endet der Krieg mit einem salomonischen Urteil des Komponisten, welcher, von beiden Liebhaberinnen trotz reichlich empfangenem Lohn mit bitteren Vorhaltungen bedrängt, der einen wie der anderen erklärt: «Ich protegiere keine von euch zweien, aber Huren seid ihr alle beide.»[8]

Das getrübte Einvernehmen Donizettis mit der Ronzi, seiner bisher hilfreichen Amazone, wirft furchterregende Schatten bis nach Mailand und Paris. Wie er Ricordi anvertraute, wurde ihm erzählt, die Ronzi habe Visconti geschrieben und ihn darum gebeten, die Wintersaison am Stephanstag mit der *Stuarda* eröffnen zu dürfen. Das wäre eine schiere Katastrophe für seine Pariser Pläne, da es bedeuten würde, daß seine Mailänder Oper eben nicht am Stephanstag, sondern am Schluß des Karnevals gegeben werden müßte. Zu Recht verband er seine flehentliche Bitte an den Verleger, einmal mehr in das Direktionsgeschoß der Scala einzudringen und die neuerliche, schlimmste Katastrophe zu verhüten, mit dem Kommentar: wenn «diese Frau» in dieser Weise vorgegangen sei, dann wäre er «von der unwürdigsten Person verraten worden».[9]

Überdies enthüllt die vorgerückte Zeit, daß ihm Romani kein Libretto für Paris verfassen wird, ja nicht einmal eines für das Scala-Werk, wozu er verpflichtet gewesen wäre. Damit entfalten plötzlich auch die früheren Abweisungen des Dichters ihr volles Gewicht; erst jetzt bemerkt er sie überhaupt und kann sie zusammenzählen — je ein

Textbuch für Florenz, Neapel, Mailand, Paris! Warum sich ihm Romani viermal verweigert habe, will er, außer sich vor zorniger Enttäuschung, von Ricordi wissen. Ob er ihn derart hasse? Und warum dieser Haß?

Aber er ahnt es wohl. Der Dämon Bellinis steigt mit seiner alten Kraft noch über dem Trümmerfeld seiner Beziehung zu Romani, dem Autor der *Norma,* auf und sucht Donizetti vorzuenthalten, was ihm selbst verweigert ist.

Donizettis Auftraggeber von der Scala, Fürst Visconti, ließ sich nicht einmal dazu herunter, ihn über Romanis Versäumnis und über die Frage nach dem Ersatzbuch zu unterrichten. Ist es dem Fürsten eine solche Pein, mit Leuten wie ihm zu korrespondieren? Oder hat er in der Tat beschlossen, seine neue Oper später als am Stephanstag uraufzuführen? Dann wäre er ruiniert. Paris, Paris! Er muß die Stephanstags-Premiere haben! Doch wie soll er sie bestreiten, wenn er kein Textbuch hat?[10] — Wenige Wochen nach diesen Verzweiflungsschreien hat sich aber einiges verändert: Seine Pariser Oper auf das Textbuch eines Neapolitaner Librettisten der Güteklasse Bardari namens Bidera, *Marino Faliero,* ist fertiggestellt und seine Mailänder Oper auf ein Textbuch des gleichen Bidera, *Gemma di Vergy,* in Angriff genommen. Wie dieses Wunder möglich wurde, kann Fürst Visconti aus einem lakonischen Brief des Komponisten erfahren. In Ermangelung von Informationen und wegen der Nähe des Stephanstages habe er das Textbuch selbst bestellt und würde jetzt nur noch gerne wissen, was der Librettist dafür bekommen solle. Nach dieser frostigen und für den Fürsten wie gewünscht verletzenden Bestandesaufnahme ändert sich freilich der Ton des Briefes, denn schließlich hatte es Visconti immer noch in der Hand, die Spielzeit mit einem anderen Werk als der von Donizetti aufgedrängten *Gemma* zu eröffnen. Wie hätte er es anders machen sollen, «o Signore»? Es dränge die Zeit, es müsse die Ronzi unbedingt am Stephanstag ihre Premiere haben. Und dafür habe er jetzt gesorgt...[11]

In seiner fieberhaften Sehnsucht nach einem Triumph am Italiener Theater schrieb Donizetti die Oper für diese Bühne so rasch wie möglich und erst noch im *Tasso*-Stil, wie seinerzeit den *Gianni di Parigi*. Der Ehrgeiz machte ihn blind. Nicht einmal die Wahl des Stoffes war geschickt, indem er ihn verleitete, einförmig und ungehobelt zu komponieren, was die Pariser hassen. Wer setzte ihm auch den Floh ins Ohr, den Aufstand des Volkes gegen das Patriziat im alten Venedig darzustellen, die soziale Oberschicht, zu der es ihn hinzieht, in Arbeiterchören zu verdammen und Vaterlandslieder anzustimmen, wie wenn er ein Löwe des Risorgimento wäre?

Ganz anders Bellinis Oper *I Puritani*, die vor *Marino Faliero** am gleichen Theater ihre Premiere erleben soll. Auch dieses Textbuch — das ebenfalls besser geworden wäre, wenn es Romani geschrieben hätte — weist Risorgimento-Züge auf, Bellini jedoch benützte selbst die Volksgesänge zum Ausdruck seines persönlichen Lebensgefühls. Auch sind sie in ihrer stilistischen Raffinesse wie dazu geschaffen, von den Pariser Starpianisten in virtuosen Bearbeitungen gespielt zu werden. So werden sie sich die Künstlersalons, die zur Verbreitung eines Komponistennamens einen wesentlichen Beitrag leisten, im Fluge erobern können. Vor keinem bisherigen Kräftemessen zwischen den beiden Opernrivalen war die Lage Donizettis so prekär...

Die Bellinismen, die er dem *Marino* vorenthielt, obwohl sie dort die höchsten Zinsen für seine Laufbahn getragen hätten, verleibt er in Hülle und Fülle, wenn auch mit weiterhin starkem Trend zur «Oper der neuen Kürze», dem Mailänder Auftragswerk *Gemma di Vergy** ein. Die Heldin der Oper ist eine stille, dem patriarchalischen Gatten ergebene Frau; erst als er beschließt, sie zu verstoßen, weil sie ihm keine Kinder schenken kann, lehnt sie sich gegen ihn auf. Sie will ihn auch in Zukunft lieben, will ihm auch in Zukunft dienen, aber von einer Rivalin läßt sie sich nicht verdrängen. Dagegen wehrt sie sich im Notfall mit dem Schwert.

O Virginia, o Gaetano! Nun hat er diese Oper — just in einer Zeit der Differenzen mit der Ronzi und der Rückbesinnung auf Virginia — mit so viel Gefühl geschrieben, widmet sie aber «zum Zeichen der Ehrerbietung und Freundschaft der auserlesenen Sängerin» Beppa Ronzi! Und Mitte November übergibt er seine Frau der Obhut von Mutter Rosa Vasselli in Rom (Vater Luigi ist 1832 gestorben), reist ohne sie nach Genua und Mailand weiter und läßt sich am Stephanstag an der Scala für die überragende Gestaltung einer Oper feiern, deren Moral er längst vergessen hat.

Nach Genua war er gefahren, um Giuseppe abzuholen und sich mit ihm und seinem Sohn Andrea zu Francesco und den Eltern nach Bergamo zu begeben. Seit vielen Jahren war die Familie endlich wieder im Pfandhaus vereint. Virginia aber war nicht dabei.

Ende Jahr reist Donizetti Richtung Frankreich ab. «Mag er kommen!» sagte sich Bellini in Paris. Denn während Donizetti eine *Lucrezia Borgia*, eine *Rosmonda d'Inghilterra*, eine *Maria Stuarda*, einen *Buondelmonte*, einen *Marino Faliero* und eine *Gemma di Vergy* schrieb und zwischen drei Städten pendelte, um diese Opern uraufzuführen, weilte Bellini immer in Paris, lebte auf großem Fuß, schrieb lediglich die *Puritaner,* leistete aber Imposantes auf dem Feld der «diplomatischen Beflissenheit», wie er sein Wirken selbst mit einigem Stolz bezeichnet. Gleich nach seiner Ankunft in Paris umgab er sich mit neuen Freunden, die ihn vor den Machenschaften vieler Feinde warnten. Der Beelzebub unter den Teufeln, meinten sie, sei Rossini: jener Mann, den Donizetti in Neapel als Koloß bezeichnet hatte, der auf Insekten neidisch sei, der aber tatsächlich die treibende Kraft hinter den Einladungen Donizettis wie auch Bellinis ans Italiener Theater war.

Bellini wurde kundgetan, daß ihn Rossini einzig deshalb nach Paris gerufen habe, um durch massive Unterstützung Donizettis seiner, Bellinis, Oper den Garaus machen zu können. Wie gelähmt vor Schrecken, wälzte er sich tagelang im Bett. Dann allerdings begann er sich zu überlegen, wie diese «teuflische Intrige» zu durchbrechen sei, erkannte, daß dies erstens durch perfekte und französisch raffinierte Ausführung der *Puritaner,* zweitens durch intensives Umschmeicheln Rossinis geschehen müsse, und stand wieder auf, um seine Pläne zu realisieren.[12]

Und endlich war es soweit: die Interpreten — seine alten Busenfreunde Grisi und Rubini neben Tamburini und Lablache, die alle auch in Donizettis Oper singen werden — waren auf seine Seite gezogen, Rossini und die Direktoren eingeseift und die Theatergäste gleichfalls gründlich vorbereitet. «Jetzt mag er kommen!» sagte sich Bellini lächelnd. Und er kam. Am 24. Januar ist er dabei, als die Premiere der *Puritaner* im Italiener Theater frenetisch gefeiert wird. Bellini aber ist auch dabei, als Donizettis *Marino Faliero* sechs Wochen später, am 12. März, weder Furore macht noch ein Fiasko über sich ergehen lassen muß.

Und von jetzt an schwelgt Bellini in Erinnerungen: Wie Donizetti als Werbetrommler in eigener Sache von Zeitung zu Zeitung gepilgert sei — letztlich ergebnislos; wie er die Karten für die Vorpremiere des *Marino* habe verramschen müssen und wie Rossini von der Trivalität des Werks enttäuscht gewesen sei. Er aber sei jetzt an zweiter Stelle nach diesem Genie der Größte im Opernlande.[13]

Fünftes Kapitel
DER SKLAVE SEINER OPERN UND DER TOD

1. Tag für den einen, Nacht für den andern
April bis Oktober 1835
Lucia di Lammermoor

Zum erstenmal verließ Donizetti Neapel als Mitglied des Paradieses der Ehre, das ihm König Ferdinando Mitte Jahr geöffnet hatte, und damit verließ er es auch zum erstenmal mit einer schriftlichen Erlaubnis des Monarchen, die allerdings mit der Vorschrift verbunden war, spätestens Ende Februar wieder zurück zu sein. Das Ungewohnte dieses Systems und das Bedrohliche einer direkten Kontrolle durch einen König ängstigt den Komponisten und versetzt ihn schier in Panik, als er sich verspätet sieht. Erst Mitte April holt er Virginia bei seiner Schwiegermutter Rosa ab. Dann legt er die letzte Etappe seiner Pariser Abenteuerreise gemeinsam mit ihr zurück.

Kann sie seinen Katzenjammer wohl verstehen? Und gibt er sich Mühe, ihr dabei zu helfen? Große Trophäen hat er fürwahr keine errungen, und über Garantien, wieder einmal für ein Pariser Theater schreiben zu dürfen, verfügt er nicht. Dabei hat er den Umgang mit einer Gesellschaft, welche die Künstler — und die Musiker vielleicht mehr als die andern — vergöttert, zu ausgiebig genossen, um nicht für alle Zeiten süchtig geworden zu sein.

Seine Briefe aus Neapel an Bekannte in Paris spickt er mit Grüßen an einflußreiche Persönlichkeiten: an Maestro Rossini, die Direktoren des Italiener Theaters und den Pariser Verleger Pacini (nicht zu verwechseln mit dem Komponisten gleichen Namens). Warum ließ ihn bloß sein neuer Freund, der dortige Bankinhaber Auguste de Coussy, bis zur Stunde ohne Brief? Die Atmosphäre um ihn und seine Frau Zélie hat es ihm angetan!

Daß Auguste de Coussys Ruhm vor allem in mondänen Kreisen, weniger in der künstlerisch ersten Gesellschaft leuchtet und daß er in seinen Geschäften nicht gerade als ein Freund des hellen Lichtes gelten kann, ist Donizetti natürlich entgangen. Und Zélie de Coussy hat ihm doch mit sprechenden Augen gelobt, daß sie ihm helfen wolle, wie Bellini Angehöriger der Ehrenlegion zu werden. Er, Donizetti, Ehrenlegionär! Ja, Zélie de Coussy ist eine große Dame — und ihr Gatte August ist ein großer Herr...[1]

Aber auch an Micchele Accursi, einen gebürtigen Italiener und Risorgimento-Enthusiasten, der vor den polizeilichen Gesinnungsschnüffeleien in seiner Heimat nach Frankreich geflohen ist, nun dort als Advokat ein unbekümmert geschäftiges Dasein fristet und sich eine Ehre daraus macht, ihn, Donizetti, in seinen Pariser Geschäften zu unterstützen, kann er nur mit Rührung denken.[2] Daß der Patriot Accursi von seinen mitausgewanderten Landsleuten in Paris durchaus nicht als idealistischer Kämpfer betrachtet wird, sondern eher als Spion in gutbezahlten Diensten jener gleichen Diplomaten, die der ehrenwerte Herr de Coussy um sich scharte, flüsterte Donizetti niemand ins Ohr. Micchele ist vielleicht ein bißchen flatterhaft, doch hat er ihn, Gaetano, herzlich gern und ist entschlossen, Berge zu versetzen, um ihm ein neues Engagement des Italiener Theaters oder, was noch erfreulicher wäre, der «Opéra» zu beschaffen.

Ja, wenigstens hat er mit der Auswahl neuer Freunde in Paris das große Los gezogen. Doch um so grauer nimmt sich für ihn, zumal im Trubel eines Umzugs vom Vico Nardones Nummer 6 an die Corsea-Straße Nummer 65, in eine Wohnung oberhalb des Gasthofs «Zum Schwarzen Adler», die Neapolitaner Opernszene aus. Das Publikum scheint Donizettis wichtigster Stütze, der Ronzi, allmählich überdrüssig zu werden, während die Diva zum Kummer ihres Geliebten mit ihren Geldforderungen auch die Geduld der administrativen Leitung der Königlichen Theater strapaziert. Und diese ist nicht imstande, nach achtzehntägigem Debattieren eine neue Oper zu bestimmen, mit der man die Frühlingssaison eröffnen könnte. Am Ende behilft sie sich mit Donizettis *Gemma di Vergy,* obwohl das Werk, das nach der Weltpremiere an der Scala vom San Carlo übernommen worden war, hier in Neapel nicht gefallen hatte.[3]

Dieses Durcheinander hat zur Folge, daß Donizetti erst in der zweiten Hälfte des Mai ein knabenhafter, schmächtiger, schweigsamer Sonderling von 34 Jahren als Textbuchverfasser einer neuen Oper zugewiesen wird: Salvatore Cammarano, der sich bisher als Autor von Bühnenstücken und Maler von Bühnenbildern nur lokalen Ruf errungen hat. Laut dem im Vorjahr abgeschlossenen, für Donizetti ungewöhnlich vorteilhaften Kompositionsvertrag indessen hätten seine Auftraggeber schon im März mit einem fertigen, von der Zensur genehmigten Libretto aufwarten müssen, um es ihm zu ermöglichen, die Oper im Juli einzustudieren. Doch Donizetti macht gute Miene zum bösen Spiel und erklärt sich bereit, die Partitur bereits im August statt erst im Oktober abzuliefern. Denn der schöpferische Funke hat gezündet, sobald er sich mit Cammarano raschentschlossen auf Walter Scotts Roman «Die Braut von Lammermoor» als Textbuchvorlage geeinigt hat. Von seinem neuen Mitarbeiter ist er augenblicklich eingenommen, so daß er schon eine Woche darauf in einem Geschäftsbrief an den Unterhändler des Teatro La Fenice nachdrücklich verlangt, das Textbuch für die gewünschte Oper müsse ebenfalls von Cammarano geschrieben werden.

Da steckt er nun mitten in der Arbeit an seiner *Lucia di Lammermoor**, kämpft gegen die Uhr und rechnet nebenbei dem Unterhändler des Fenice vor, daß er für die neue Oper mindestens 8000 Francs bekommen müßte, nachdem er in Neapel für die *Lucia* 12 500 erhalten soll. Die Zeiten, da er sich mit 5000 Francs begnügte, sind jetzt zum Glück vorbei.

Zwar hat er sich auch verpflichtet, für Turin zu komponieren, aber nur mündlich — was heißt das schon? Nun gut, er will versuchen, auch noch diese altertümliche «Vereinbarung auf freundschaftlicher Basis» mit dem Theater von Turin und den Vertrag mit dem Teatro La Fenice unter einen Hut zu bringen — und das alles beim Schreiben an der *Lucia* und unter größter Geheimhaltung, ist er sich doch im klaren, daß ihn die Theaterbosse in Neapel «steinigen» würden, wenn sie von seinen aufs «Ausland» gerichteten Aktivitäten wüßten![4] Zu allem Elend droht ein Ausbruch des Vesuvs![5] Was für Geburtsumstände! Dennoch schreibt er am 6. Juli «Ende» unter die Partitur.

Zwar überwältigt Donizetti wieder ein Schub seiner Syphilis, doch ihrem Zerstörungswerk arbeitet sein inmitten aller Todesträume immer noch intakter Lebenswille mächtig entgegen. Ja, weil er durch seine tödliche Krankheit zwischen dem Diesseits und dem Jenseits steht, erfüllt ihn sein Zustand mit dem gleichen süßen Glück, das seine Opernfiguren erleben.[6]

Das Thema der Liebe zwischen Frau und Mann, das schwört er sich fiebertrunken, soll seine Opern künftig noch gewaltiger beherrschen als bisher; allgewaltig soll es darin werden. Liebe, nur Liebe, sinnlich-leidenschaftstoll, «rasende Liebe», wie er sie nennt, will er mit seiner Musik beschreiben, ganz nach dem Beispiel der *Lucia*. In diesem Sinne sollte ihm nun auch Romani eines seiner älteren Libretti umgestalten, das der Turiner Unternehmer so, wie es ist, von ihm vertonen lassen möchte. Aber Donizetti hat beschlossen, konsequent zu sein. So, wie das Textbuch heute ist? Auf keinen Fall![7]

Mit Cammarano hat er nun endlich den Mitarbeiter bekommen, den er seit Jahren suchte. Dieser wahre Dichter ist in der Lage, sein altes Wunschbild einer brutalen, psychologisch treffenden lyrisch-dramatischen Oper mit den Themen Liebe, Tod und Wahnsinn zu realisieren, und zwar in einer bilderreichen, selbst schon melodiösen Sprache. Plötzlich ist er auf Romani weniger angewiesen als einst. So reagiert er auch mit Achselzucken, als ihn natürlich keine Überarbeitung des alten Textbuchs aus Turin erreicht, und damit kann er das ohnehin unerwünschte Projekt einer Premiere im Piemont mit gutem Gewissen begraben.

Doch in Neapel gehen die Operngeschäfte weiterhin drunter und drüber. Die Interpretin der Lucia, Fanny Tacchinardi-Persiani, die im Vorjahr in Florenz als erste Rosmonda wirkte, weigert sich geradehinaus zu proben, nachdem ihr Zahltag länger als gebührlich auf sich hat warten lassen. Donizetti richtet einen formellen Protest an die Direktion: das einzige Mittel, einen solchen Mißstand zu beheben oder zumindest von der Verantwortung für seine Folgen entbunden zu werden. Übrigens bekommt er selber von dem Geld, das ihm die Leitung für die neue Oper schuldet, auch nichts zu sehen. Dabei findet er die *Lucia* weiß Gott nicht schlecht, und überhaupt, er will sich, schreibt er, auch für etwas halten, wenn Bellini, in Paris gefragt, was er einer Braut zur Mitgift geben könnte, stolz erklärte: «meinen Namen!».[8]

Doch schließlich wird er für seine Mühen trotzdem reich belohnt: durch die Ovationen des Publikums im Teatro San Carlo, wo am 26. September 1835 die Oper *Lucia di Lammermoor* erstmals erklingt. Für Donizetti selber fällt von allen Ehren fast am meisten ins Gewicht, daß auch der Bruder des Königs in seiner Loge Beifall gespendet hat. Erst nach dem zweiten Abend stellt er fest, daß bei der Wirkung dieser Musik Magie im Spiel sein muß. Laute Evvivas wie nach dem Hauptensemble, dem Sextett, hat es in diesem Theater schon lange nicht mehr gegeben, und der Fluch des hintergangenen Geliebten führte sogar zu Beifall auf offener Szene! Noch mehr verblüfft Donizetti freilich das «religiöse Schweigen», mit dem die von Natur nicht eben sonderlich stillen Neapolitaner Stück für Stück genießen.[9]

Die erste Lucia der Geschichte, Fanny Persiani, sowie der erste Edgardo, der Tenor Gilbert Duprez, entzückten nicht zuletzt den Komponisten selbst. Dennoch ist er ein bißchen enttäuscht, weil die Theatergäste trotz der Faszination der Wahnsinnsarie Lucias, der vorletzten Nummer, Wert darauf legten, auch noch die letzte Nummer zu hören; weil sie nicht vielmehr durch ihren Enthusiasmus den ordnungsgemäßen Ablauf des Abends unmöglich machten. Wirkt die Wahnsinnsarie am Ende doch nicht so berauschend, wie er vor der Premiere glaubte,

Der Name des Textbuchautors Felice Romani *(unten links)* ist untrennbar mit dem Namen Bellinis verbunden, der Name seines Kollegen Jacopo Ferretti *(unten rechts)* mit dem Rossinis. Gleichwohl schrieben beide Librettisten auch für Donizetti Opernbücher, die seiner jeweiligen Stimmung und seinem Talent entsprachen. Doch nur die Texte Salvatore Cammaranos *(oben)* zeichneten die psychischen Veränderungen Donizettis jahrelang getreulich nach und waren seinen künstlerischen Idealen völlig angemessen. Sie trugen deshalb die reichste Ernte.

Lord Byrons *(rechts)* Werke dienten den Librettisten des Belcanto als unerschöpfliche Quelle der Eingebungen. Charakterlich ist Donizetti mit Lord Byron dämonisch verwandt.

oder hat sie die Persiani doch nicht so gut gesungen? War die Diva nicht zuvor im gleichen Haus in einer Oper ihres Gatten aufgetreten? Wollte sie nun nicht versuchen, die Erfolgsbilanz zugunsten ihres Mannes auszugleichen, indem sie den Lucia-Part zwar gut und scheinbar optimal, aber nicht wirklich optimal interpretierte?[10]

Genug, der Meister hat in jedem Fall mit der *Lucia* einen echten Sieg errungen. Ricordi gibt er den Auftrag, unverzüglich seinen gar wichtigen Helfer unter den Journalisten, «Freund» Prividali, zu informieren. Widmen soll der Verleger die Druckausgabe seiner Tragödie um Liebe und Liebestreue, welche durch einen im Wahnsinn begangenen Mord und einen Selbstmord ideell gerettet werden, dem Polizeiminister und Generalinspektor der Königlichen Gendarmerie Neapels, Del Carretto.[11]

Ist das etwa nur geschmacklos? Oder könnte es dem Komponisten auch von Nutzen sein, Leute wie einen Polizeiminister für Opern wie die *Lucia* einzunehmen? Welche Anschauungen stecken denn hinter den Versen Cammaranos und Donizettis Musik? Selbstmord aus Liebe ist kein Verbrechen, sondern Heldentum und schenkt die Erlösung, welche die Kirche den Menschen verweigert! Mord aus Liebe ist auch kein Verbrechen, sondern eine Notwehr, die Gott verzeiht! Wahnsinn ist zu begrüßen, weil er den Menschen einer Justiz entzieht, die Liebeskriminalität mit bloßer Kriminalität verwechselt und beide mit der gleichen Elle mißt! Wahnsinn ist Heil, weil er es möglich macht, sinnliche Liebe, das Reinste, das es auf Erden gibt, auszuleben bis zur Kriminalität, ohne dafür bestraft zu werden!

Wahrhaftig, die Oper *Lucia di Lammermoor* kann man als kirchenfeindlich, gesellschaftsfeindlich, lebensfeindlich und dem Verbrechen überraschend wohlgesinnt interpretieren! So ist es zweifellos empfehlenswert, sie einem Polizeiminister zuzueignen! Was Donizetti auf seiner Entdeckungsreise im letzten noch unerschlossenen Dschungelgebiet italienisch-romantischer Dämonie vor allem brauchen wird, ist die Genehmigung der Zensoren...

Paris ist fern — leider —, und deshalb konnte er es sich — zum Glück — erlauben, verschiedene Aspekte (nicht Direktzitate!) des Textbuchs und der Musik der *Puritaner* in die *Lucia* einzubringen. So ist der Bau der Wahnsinnsarie Lucias dem der Wahnsinnsarie Elviras aus den *Puritanern* nah verwandt.

Bellinis Rivale rechnete eben beim Schreiben an der *Lucia* mit einer fortgesetzten, wenn nicht sogar verschärften Konkurrenz. Die Bellinismen blühen in der *Lucia* ebenso üppig wie in der *Gemma* und wirken sogar, Bellinis Ideal entsprechend, feiner als dort. Zugleich ist aber auch der Anteil feuriger Cabaletten und sinnlich erregter Männerstücke, wie sie zur «Oper der neuen Kürze» gehören, größer als in der *Gemma*, und die *Lucia* stellt die Krönung jener Entwicklung dar, die mit der *Sancia* begonnen hatte: die Stileigenschaften beider Traditionen sind in dieser Oper, Ast in Ast verschlungen, zu höchster Reife gelangt.

Da verbreitet sich das Gerücht, Bellini sei in Paris gestorben. Und in der Tat: Drei Tage vor der Uraufführung der *Lucia* in Neapel war der Pate dieses Werks, der Schöpfer der *Puritaner*, einer Ruhr erlegen — 34jährig. Und Donizetti, den das Schicksal so überraschend von seiner schlimmsten Geißel befreit hat, stürzt sich, ungeachtet seiner tiefen Trauer, von der er sich — gewiß im Ernst — befallen fühlt, in fieberhafte Aktivitäten. Denn er hat beschlossen, seinem Nebenbuhler, den er jetzt zu seinem lieben Freund erklärt, ein wahrhaft gigantisches musikalisches Denkmal zu setzen. Nicht zuletzt, wie er in schöner Offenheit bekennt, tut er es deshalb, um den hauptsächlich Bellini-närrischen Opernnarren in Mailand unter die Haut zu singen, was er für ihren Liebling empfinde: neidlose Kollegialität.[12] So entstehen ein *Lamento* für Gesang und Klavier zu Worten des Dichters und Übersetzers der Werke Schillers ins Italienische, Andrea Maffei, eine *Sinfonia*, die Themen Bellinis zu einem Potpourri melancholischer Klagetöne verbindet, und erst noch eine abendfüllende *Missa da Requiem*. Auch diese, mit dem dumpfen Schwellen und Verebben der lyrischen Chöre, der schlichten Melodik der Solostücke der Männer und der morbiden Opulenz des Klangs, ist aus dem Geist Bellinis selbst empfunden — namentlich aus dem Geist der *Puritaner*.[13]

2. Jeder Vater stirbt seinen Tod
Oktober 1835 bis März 1836
Belisario

Was Donizetti aber wirklich fühlt, braucht er beim Komponieren seiner nächsten Oper für das Fenice, *Belisario*, nicht zu verheimlichen: unsägliche Freude über die plötzlich erhaltene Freiheit im künstlerischen Bereich. Übermütig nimmt er den bei *Anna Bolena* abgebrochenen Faden der «Oper der neuen Kürze» auf und spinnt ihn maßlos weiter. Nicht den geringsten Mondscheinflitter webt er in die neue

Oper ein. Doch da er seinen Instinkten melodischer und dramatischer Art strikte gehorcht, ergeben sich nirgends hölzerne Stellen, leerer Lärm und künstlich aufgedonnerte Banalitäten wie im *Marino Faliero*. Gleichwohl wirkt die Partitur verglichen mit einer *Lucia* einigermaßen roh.

Doch über diesen krassen Gegensatz zu seinem Schaffen der letzten fünf Jahre macht sich der Meister vorläufig keine Gedanken. Vorläufig komponiert er ja noch, und zwar mit größter Lust. Er hat sich in den Stoff verbissen, jetzt steckt er mitten im Berg, und jedes Signal der Außenwelt bringt ihn zur Raserei.

Ein solches Signal ist beispielsweise eine Meldung seines nach wie vor im elterlichen Pfandhaus die Ofenbank scheuernden Bruders Francesco: Mit der Gesundheit ihres Vaters stehe es nicht zum besten; sie brauchten Geld für Pflege und Medikamente. Was, der Vater ist krank? Sie wollen Geld? Er hat doch jetzt nicht den Kopf für so traurige Dinge! Ob er sich überhaupt auf Worte Francescos verlassen kann? Ob der Zustand ihres Vaters wirklich so bedenklich ist, ob sie das Geld wirklich so dringend brauchen? Giuseppe hat ja erst kürzlich 200 Francs aus Konstantinopel geschickt, davon wird sicher etwas geblieben sein! Freund Dolci soll an Ort und Stelle Umschau halten und im Ernstfall der Mutter geben, was sie benötigt; später wird er ihm das Geld zurückerstatten.[1]

Jetzt aber wieder hinter die Noten! Sein Vater ist jetzt nicht der graue, mürrische, kranke Alte in Bergamo, sein Vater ist jetzt Feldherr, nennt sich Belisario und lebt im prächtigen alten Byzanz. Donizetti ist Proclo, sein fälschlich verlorengeglaubter Sohn. Zusammen mit Proclo klagt Donizetti über den kaiserlichen Befehl, dem Feldherrn — den seine eigene Gattin verleumdet hat — seien die Augen auszustechen. Er schwört den Byzantinern blutige Rache, diesen Schuften, die ihren einstigen Helden, seinen Vater, dazu verdammten, blind ins Exil zu wandern. Und er weint Freudentränen, als er erfährt, daß Belisario, der äußerlich verstümmelte, innerlich aber ungebrochene, greise Feldherr, sein leiblicher Vater sei. Und am Ende weint er die Tränen des Leids, als Belisario trotzdem stirbt. Ja, seine, Donizettis Sohnesliebe schlägt nicht dem eigenen Vater entgegen, der ihn in Staub und Dunkel zeugte, ihn mit den Fesseln der Armut band, seinem Talent mißtraute, ihm seine Laufbahn ausreden wollte, sondern Belisario, dem strahlenden byzantinischen Sieger ... in Cabaletten, rollend und starr zugleich; in Kantilenen, bleiern durch die Scheu, Gefühle zu verraten, und gerade darum auch von einer großen Zartheit ...

In Mailand steht an der *Scala* die Uraufführung der originalen, seinerzeit in Neapel von der Zensur verbotenen *Maria Stuarda* auf dem Programm — mit der zwar nicht mehr sattelfesten, aber von ihrem Anhang wie seit Jahren angebeteten Maria Malibran in der Sopranpartie der schottischen Königin. Fürst Visconti überredet Donizetti, der, nach Venedig unterwegs, gerade in Mailand ist, die Oper zu revidieren und einzustudieren. Was will er tun — er muß aus Rücksicht auf seine Finanzen und seine Laufbahn in den sauren Apfel beißen; die Fahrt nach Bergamo hat zweite Priorität.

Da wird ihm mitgeteilt, daß Vater Andrea am 9. Dezember im Alter von siebzig Jahren an Tuberkulose gestorben sei. Er wehrt sich, daran zu glauben. Sein Vater war für ihn Symbol für einiges Gute und vieles Arge. Teils wollte er ihn aus seinem eigenen Denken und Fühlen, aus seinem Leben überhaupt verbannen, teils umwarb er ihn, aber die Liebe, die er ihm zeigte, hielt sich in Grenzen. Gleichzeitig zirkuliert in seinen Adern das *Belisario*-Gift, das Gift der Verleugnung des gleichen Vaters, der nun gestorben ist, das Gift seiner Gier nach dem alleinigen, ganz großen Ruhm, der durch den Tod Bellinis erreichbar wurde, und nach dem Vergessen seines Ursprungs. So überwiegt in seinen Reaktionen auf den Tod Andreas die Bereitschaft, nicht nur die sterbliche Hülle des alten Mannes, sondern auch das zu vergessen, was dieser Mann in ihm bewirkte: erstickte Liebe, soziale Scham- und menschliche Schuldgefühle. All die um seinetwillen heimlich geweinten Tränen will er zusammen mit ihm begraben, um frei zu werden für den Erfolg.

Aus Mailand fordert er Dolci auf, gemeinsam mit Mayr an seiner Statt die Sohnespflichten zu übernehmen. Um die Dankbarkeit des einen Sohnes, der zu weit entfernt, sowie des andern, der verhindert sei, zu kommen (Giuseppe und er), unter Beweis zu stellen, soll Dolci auf das Begräbnis ruhig hundert oder zweihundert Scudi verwenden (ein mäßig hoher Betrag).[2] Doch — gibt es nicht auch einen dritten Sohn namens Francesco? Und hat der etwa keinen Grund zur Dankbarkeit? — Nun, alle drei Söhne erhielten die gleichen Chancen. Zwei nützten sie aus und brachten es zu Geld und Ehre. Francesco aber brachte es zu nichts, hat nicht einmal etwas Kleingeld, um das Begräbnis mit zu finanzieren, und also hat er auch nicht das Recht, in aller Öffentlichkeit mit Dankbarkeit zu prunken.

Gleichwohl denkt Gaetano auch an ihn und bittet Dolci, dem Brotgeber seines Vaters, Antonio Bassi, seinen Bruder für die Übernahme der verwaisten Pfandhausstelle zu empfehlen, damit die Mutter nicht aus der Wohnung vertrieben werde und «zwar nicht glücklich, aber ruhig» leben könne. Von einer Hilfe aus seinem eigenen Sack in einer so extremen Situation ist nicht entfernt die Rede, ebensowenig davon, daß Gaetano persönlich mit seinem inzwischen klangvollen Namen bei Bassi ein gutes Wort für Francesco einlegen könnte.[3]

Für seine Mutter scheint Donizetti wenig übrig zu haben. Seine grundsätzliche Neigung zu vollreifen Damen, die ihm die Mutter ersetzen können, seine heikle sexuelle Lage während der letzten Jahre und sogar die «Mutterhexen», die er damals schuf, mögen mit einem gespannten Verhältnis zur eigenen Mutter zusammenhängen. Francesco verachtet er nur und schämt sich seiner.

Erstaunlich sorglos bezieht er Distanz zum dunklen Schauplatz seiner Geburt, zum dunklen Tod seines Vaters und zum dunklen Weiterleben der «Pfandhaus-Mitglieder» seiner Familie. Er nimmt sich nicht einmal die Mühe, seinen Verzicht auf die Begräbnisteilnahme konsequent mit den *Stuarda*-Proben zu begründen. Nur schon an den Todesfall zu denken, schreibt er Dolci, setze ihm zu; Zerstreuung finde er allein in einiger Entfernung.[4]

Am 30. Dezember 1835 wird die *Stuarda* uraufgeführt. Der Malibran scheint nichts zu fehlen als ihre Stimme, aber diese fehlt ihr ganz und gar, und das schon seit Tagen. Doch hätte sie, so Donizettis Sicht der Dinge, im Falle eines Verzichts auf ihren Auftritt 3000 Francs bezahlen müssen, und deshalb zog sie es vor, ohne Stimme zu singen, nachdem sie sich die Rückendeckung der Direktion gesichert hatte. Das Publikum fühlt sich geprellt und macht aus seinem Herzen keine Mördergrube. Am zweiten und dritten Abend erweist es wenigstens der Musik die Ehre, die es ihr schuldet. Dann aber läutet die Zensur — verspätet zwar, doch keineswegs verschlafen — mit ihrer Glocke. Die Gründe sind die gleichen wie in Neapel: kniende, beichtende, fluchende oder zu köpfende Königinnen eignen sich schlecht als Bühnenfiguren im Europa Metternichs, wo allzu viele solche Damen existieren, die ein solides Leben führen. Änderungen werden erwogen, aber die vom Publikum verhöhnte Malibran — wohl über den Auftritt der Sittenwächter nicht besonders deprimiert — erklärt sich außerstande, ihr Konzept zu ändern, und über die sechste Aufführung kommt das Ensemble nicht hinaus.[5]

Mitten in diesen Anstrengungen um die beiden Marien — die Stuarda und die Malibran — überfliegt Donizetti ein weiteres Schreiben Francescos: Die Mutter habe einen leichten Schlag erlitten... Ja, nun... Er kann auch jetzt nicht hin, er muß jetzt nach Venedig. Bevor er aber am 4. Januar des Jahres 1836 die Kutsche besteigt, findet er noch die Zeit, Dolci in einem längeren Brief den Kopf zurechtzusetzen. Hat es doch der ungeschickte Mensch versäumt, in seiner Liste der Kosten für das Begräbnis zu präzisieren, ob in jener Summe, die er schließlich zu verlangen scheint, gewisse Nebenspesen, die er an anderer Stelle auch erwähnt, bereits enthalten seien oder nicht! Zwar hinterlegte der Komponist in Mailand schon vor dem Erhalt der Rechnung soviel Geld, daß die Begleichung der Schuld in jedem Fall gesichert gewesen wäre. Doch hätte Dolci klipp und klar gesprochen, statt zu orakeln, hätte er das Geld vor seiner Abreise nach Venedig selbst überweisen und den Restbetrag mitnehmen können; jetzt bleibt der ganze Haufen liegen. Wenn das kein Ärger ist!

In Venedig wütet die Cholera; wie alle rechten Venezianer lacht er ihr ins Gesicht. Die Opernsaison ist ähnlich ereignislos, das Publikum ebenso mürrisch und degoutiert wie im vergangenen Sommer in Neapel. So rabiat die Sängerinnen freilich auf der Bühne durch Pfiffe und Buhs mißhandelt werden, so zärtlich werden sie am Bühnenausgang in Empfang genommen, um anderen Leistungsproben zugeführt zu werden.[7]

Am 4. Februar geht dem Fenice-Publikum der *Belisario* auf Anhieb unter die Haut. Seine an sich bizarre Mischung von Fröhlichkeit, Schwermut und Brutalität und seine holzschnittartig einfach in Musik gefaßten Gipfelpunkte entsprechen genau dem sinnenfreudigen Geschmack der Venezianer. Der Komponist erscheint als wahrer Wunderheiler, hat er doch wieder, wie in Neapel, auf die Wüste abgedroschener Routine einen Blumengarten hingehext, und zwar durchaus nicht mit Glasharfenspuk und schwindelerregenden Koloraturen wie in der *Lucia*, sondern mit Ausdrucksmitteln, deren Einfachheit ihn jetzt, wie er die Oper kritisch untersucht, beinahe geniert. Ist es wirklich denkbar, fragt er sich verwundert, daß er mit dem im *Belisario* eingeschlagenen Weg — eine beschränkte Anzahl Doppelnummern, zündende, kurzgehaltene Melodien, stürmisch polternde punktierte Rhythmen und eine fast schon unfein extrovertierte Wiedergabe der Situationen — zum Reformator wird?[8]

Jedenfalls steht die Meinung der Venezianer unmißverständlich auf dem Papier. Und ihm ist es recht, denn das ist sein Stil, in dem er sich wohl fühlt wie ein Fisch im Wasser. Das ist sein Stil, in dem er seine ersten Meisterwerke schuf und dem er durchaus nicht aus freien Stücken den Rücken kehrte, sondern weil man im Norden darüber die Nase rümpfte. Jetzt scheint sich das Blatt gewendet zu haben. Die Zeit ist reif für Donizettis männliche, prickelnd erotische, im höchsten Grad musikdramatische «Oper der neuen Kürze». So wird er sie denn mit tausend Freuden weiterpflegen, allerdings doch die Instrumentierung und die Behandlung der Sängerstimmen wieder eine Spur verfeinern.

Der *Belisario*-Premiere folgen noch 28 Reprisen. Erfüllt von einem grellen, schmerzlichen Glück, erinnert sich Donizetti in Mailand an die genußreichen Tage, die er im Kreise des Fenice-Personals verlebt hat. Er empfiehlt dem Sänger der Titelrolle, Celestino Salvatori, mit seiner Partnerin im *Belisario*, der Sopranistin Karoline Unger, an seiner Stelle so zu verfahren, wie es jeder Herr der Schöpfung täte, der über gesunden Menschenverstand verfüge, und bittet den Bariton, er möge sich manchmal an ihn erinnern, wenn er sie «zwischen den Händen» habe. Auch solle er ihr sagen, daß er sie in Neapel sehnlichst erwarten werde; je früher sie komme, desto besser. Und schließlich spricht er die Hoffnung aus, daß Salvatori künftig beim Verzehren einer bestimmten Sorte Klößchen, welche ein anderer Sänger so delikat zuzubereiten weiß, seiner in Mitleid gedenken möge.[9]

Nur schade, daß ihn abermals ein Brief Francescos stören mußte. Das Schreiben machte ihm weis, der Bruder und die Mutter brauchten wieder dringend Bargeld und kämen deshalb schwerlich umhin, Geschenke zu verkaufen, die dem Vater früher von Giuseppe und Gaetano zugegangen waren. So leicht war Donizetti freilich auch diesmal nicht aus dem Sattel zu werfen! Wieder wandte er sich an Dolci, wieder erinnerte er ihn an jene (leider wohl doch nicht ganz unvergänglichen) 200 Francs, mit denen Giuseppe im Vorjahr das materielle Polster der alten Leute aufgefrischt hatte. Immerhin beorderte er den Freund ein weiteres Mal zur unauffälligen Inspektion ins Pfandhaus und gab ihm den Auftrag, im Ernstfall zu zahlen.

Am 15. Februar reist Donizetti aus Mailand ab, ohne in Bergamo vorgesprochen zu haben, schifft sich in Genua ein und wird auf seiner Weiterfahrt nach Rom beinahe die Beute der Wogen (wenigstens glaubt er das selbst). Dann muß er im Hause der Schwiegermutter, wo Virginia wie immer seiner Rückkehr entgegenharrte, Näheres zu einem Schicksalsschlag erfahren, von dem er schon weiß. Sie hat ihm Ende Januar nach siebeneinhalbmonatiger Schwangerschaft ein lebloses Kind geboren. Diesmal war es ein Mädchen. Nun liegt Virginia besorgniserregend geschwächt im Bett. Und wie ihm ein Brief aus Bergamo eröffnet, hat seine Mutter einen neuen, schweren Schlaganfall erlitten und ist am 10. Februar dem Vater in den Tod gefolgt.

Und jetzt — ein schlechtes Gewissen? Nein. Rebellion und Klage, aber im Opernstil. Vor allem Selbstmitleid. Wut über das bedrohte innere Gleichgewicht. Durchfeuchtung von Briefen mit Tränen, die gar nicht fließen. Für später in Aussicht genommen: Beerdigung der Erinnerungen an seinen Ursprung im Grab seiner Eltern.

Was kümmere ihn jetzt noch der Erfolg des *Belisario* in Venedig? Was schere ihn die Verleihung des Ritterkreuzes der Pariser Ehrenlegion (die nun tatsächlich auf die Interventionen Zélies hin erfolgt war)? Mit solchen lebensmüden Gedanken, als so gebrochenen Mann präsentiert er sich Dolci in einem Brief. Diese Triumphe seien ihm ein Trost, das seien sie ihm, aber ein schwacher. Warum sein Körper so robust beschaffen sei, daß er sich nicht mit seinen toten Kindern und seinen Eltern im Jenseits vereinigen könne? fährt er pathetisch weiter.[10]

In seinem Elend ärgert er sich indes beträchtlich über Francesco. Was sollen diese Anspielungen, daß ihm seine Brüder eigentlich das ganze Erbe ihrer Eltern hinterlassen könnten? Ach, von ihm aus mag er es haben. Nur jene goldene Tabakdose, die Barbaja einst in seinem Namen für seinen Vater nach Mailand brachte, verlangt er zurück, weil er sie jemand anderem schenken möchte, und auch das Bildnis Virginias (ein Porträt des Malers Ghezzi, das nun also seinen Eltern zeit ihres Lebens die Bekanntschaft mit der leibhaftigen Schwiegertochter ersetzte...). Nach Bergamo zu fahren, um die unumgänglichen Geschäfte selbst in die Hand zu nehmen, diese Möglichkeit schließt er noch viel energischer aus als vor ein paar Wochen, nach dem Tod seines Vaters. Dolci muß eben wieder das Begräbnis in die Wege leiten und sich im tristen Urkundenkrieg behaupten. Es tut ihm ja wirklich leid für ihn, aber ändern kann er es nicht. Und daß Francesco den Posten des Vaters immer noch nicht bekommen hat! Dolci muß Druck aufsetzen, fragen, bitten! Die Stelle muß er bekommen, sein tägliches Brot muß auf den Tisch, er muß sich doch ernähren können![11]

Unterdessen stiehlt sich die Cholera unheimlich heimlich durch den ganzen italienischen Stiefel. Allerorten werden jetzt die Reisenden in Lazaretten zurückgehalten und sanitarisch untersucht, um die Verbreitung der Erreger einzuschränken. Tausendeinhundert Quarantänen glaubt Donizetti hinter sich zu haben, als er am 7. März, nach einem kurzen Vierteljahr der Trennung von Neapel, das allerdings geisterhaft hektisch, fröhlich und unheilsbeladen war, wieder zu Hause ist.[12]

3. Ein Sündenerlaß in eigener Regie
März 1836 bis Februar 1837
Il Campanello, Betly, Pia de Tolomei, L'Assedio di Calais

Die Choleraangst verbannt die Leute von den Straßen. Die königlichen Theater stehen nun einmal wirklich ohne Leitung da und sind geschlossen. Also hat Donizetti keine Oper zu schreiben, kann ausnahmsweise seine Konflikte nicht sogleich auf Phantasiegestalten übertragen und ist mit sich allein. Zuerst versucht er sich zu behelfen, indem er wie in guten alten Zeiten ein Quartett für Streicher komponiert und einige Lieder, was sein Unbehagen freilich nur betäubt.[1] Ferner versetzt er sich in seinen Träumen nach Paris und schwelgt in überquellenden Gefühlen der Dankbarkeit für Zélie de Coussy und das von ihr beschaffte funkelnagelneue Ordenskreuz. Die liebe, süße Frau! Er sieht sie noch heute vor sich stehen, wie sie beim Gedanken strahlte, daß sie ihm diesen Dienst würde erweisen können!

O Paris! Jetzt ist am Italiener Theater Mercadante an der Reihe, mit seiner Oper *I Briganti* ... Glücklicher Mercadante! Ihn, Gaetano, scheinen die dortigen Theateragenten nicht so bald wieder für ihr Gehege kapern zu wollen! Allzu fleißig wird von der Pariser Bellini-Clique gegen ihn gehetzt. Er nehme bei der Gestaltung seiner Partien keine Rücksicht auf die Sänger, die sie uraufführen müßten, sagte man ihm jüngst in diesen Kreisen nach. Ach wirklich, er schreibt an den Stimmen der Sänger vorbei? Interessant, interessant! Bis heute meinten seine Premierensänger eigentlich eher, daß er sie just durch seine unermüdliche Bereitschaft, die Partien ihren Stimmen anzupassen, mit seiner Musik ernähre und erhalte! Na, sollen die Bellini-Brüder schwatzen. Wenigstens wurde am Italiener Theater sein guter alter *Marino Faliero* wieder einmal auf das Programm gesetzt ... allerdings wahrscheinlich nur, weil seine Ernennung zum Ehrenlegionär Gesprächsstoff und Zeitungsfutter ergab.

Unglaublich, welche Menge an Noten und Dokumenten von und über Bellini er mit der Post erhält! Würde ihm der ganze Segen wenigstens für seinen eigenen Bedarf ins Haus geschwemmt! Aber nein, man schickt ihm die Papiere zu, damit er sie in Neapel an die eigentlichen Adressaten weiterleite! Er fühlt sich wieder einmal als jener «Paketausträger», zu dem ihn der in Bergamo erschienene Artikel stempelte. Bellini hin, Bellini her, Bellini in tausend Formen. Er aber hat in diesem ganzen Rummel nichts als Botendienste auszuführen, er, der am meisten zur Verklärung seines lieben Freundes beigetragen hat![2]

Indessen, sagt sich Donizetti, die Wege Gottes sind wunderlich. Selbst Opernschreiber vom Kaliber eines Coppola werden ihm vorgezogen. Wurde doch Coppola unlängst für die Komposition und Uraufführung einer Oper nach Wien berufen! Dafür wird dem Donau-Publikum ein nicht von Ricordi erworbener, sondern für einen Pappenstiel im Schwarzmarkt aufgetriebener, von fremden Gaunern orchestrierter *Belisario* kredenzt![3]

Dolci muß sich darum bemühen, daß auf dem Geburtsschein, den die Ehrenlegion zur Registrierung seiner Lebensdaten braucht, sein Name keinesfalls mit jenem plumpen Doppel-Zet geschrieben werde, das in Bergamo gebräuchlich ist! Ah, nicht einmal in Bergamo wird anerkannt, daß er es schaffte, in der großen weiten Welt sein Glück zu machen, daß seine Dankesschuld bereits mit Zinsen und Zinseszinsen beglichen ist! Man wäre noch imstande, ihm den Ruch der Armut anzuhängen, indem man seinen Namen wie den Namen seiner Ahnen schriebe, mit einem Doppel-Zet! Dabei muß er auf den Umschlag für den Geburtsschein einen Namen setzen, dessen Pracht und Länge selbst ein «Donizetti» ohne Doppel-Zet geradezu vernichtet: Louis Charles Zenobi Salvador Maria Cherubini. Dieser von den Wellen der Romantik überrollte Komponist und grämliche Leiter des Konservatoriums von Paris ist Offizier der Ehrenlegion und hat sich als solcher mit den Formalitäten von Donizettis Aufnahme zu befassen.[4]

Auch scheint es in Bergamo weniger klar denn je, wem die verwaiste Pfandhausstelle zusteht, obwohl der Kandidat Francesco Donizetti einen Bruder namens Gaetano hat. Nun, das bleibt offensichtlich ohne Wirkung auf diesen Herrn Bassi, der neuerdings sogar erwägt, den Platz einem Briefträgerssohn zu überlassen! Nenne das einer Patriotismus! Nun, im Notfall könnte Dolci die Methode ändern und sich in seinem, Donizettis Namen zu diesem Herrn Bassi ein bißchen herunterneigen... Ja, so sei es: Dolci soll ihm nahelegen, daß die Dankbarkeit des großen Komponisten ihm gegenüber unendlich wäre, falls er den Posten Francesco gäbe. Wenn nun auch das nichts nützt, dann muß sein Bruder, wie er findet, auf den Himmel hoffen.[5] Aber daß es ihm ja nicht einfällt, jene neuen 200 Francs Giuseppes, die dieser schickte, als er noch nicht wußte, daß beide Eltern gestorben waren, für sich zu behalten! Die müssen doch jetzt an den Begräbniskostenanteil Giuseppes verrechnet werden! Der arme Giuseppe, wie er zur Ader gelassen wurde! Na, hoffentlich ist es dem Postausträger verboten, die an die Mutter adressierte Summe anderen Personen des gleichen Haushalts zu übergeben.[6]

Im Mai eröffnet sich Donizetti die Perspektive, abermals eine Oper für das Fenice zu komponieren, diesmal im Auftrag des Florentiner Ausstattungsfürsten und Schmierentheater-Hahnenkämpfers Lanari, den sein Verzicht auf Venedig so lange wurmte, bis er sich wieder in den Besitz des früheren Doppelzepters über die Opernszenen zweier Städte brachte. Und auch das frühere Schmierentheater zwischen ihm und Donizetti kommt sofort in Gang, nachdem sich die beiden Herren zu schreiben begonnen haben. Da der Meister von Lanaris Amtsvorgänger für den *Belisario* 8000 Francs erhalten hat und von Ricordi für den Klavierauszug der gleichen Oper 2000 Francs darüber hinaus, verlangt er von Lanari konsequenterweise für sämtliche Rechte beide Beträge zusammen, während Lanari die Ansicht vertritt, mit 8000 Francs gleich viel zu zahlen wie das Fenice beim letzten Mal, was, wörtlich betrachtet, ja auch wieder stimmt. Ferner, meint der Impresario zum Komponisten, dürfe nicht vergessen werden, daß er beim letzten Engagement die Maklerdienste eines Vermittlers habe bezahlen müssen, ein Kostenanteil, der jetzt entfalle. Darauf entgegnet Donizetti, er habe keine Maklerdienste bezahlt: Der Kritiker Prividali, der sich anerboten habe, zu vermitteln, sei durchaus kein Makler. Im weiteren ist Donizetti von der Absicht des Unternehmers, die Titelpartie der — freilich, wie er zugibt, hochbegabten — Frau Persiani anzuvertrauen, nicht besonders ergötzt; wenigstens legt er Wert auf eine genaue Auskunft, ob nicht etwa weiter oben oder unten auf dem Spielplan eine Oper des Herrn Persiani stehe. Lieber hätte er indessen doch die Ronzi. Aber Lanari setzt sich in der Sängerfrage durch, und trotz der vielen Dornenstiche, die aber auf beiden Seiten zu ertragen sind, kommt der Kontrakt zustande.[7]

Wie sich Donizetti mit dem ausgewählten Stoff befaßt, stellt sich heraus, daß aus dem tragischen Schicksal der *Pia de Tolomei,* von dem bereits Dante erzählte, für eine weibliche Charakterrolle in der Art des Gemma-Parts, also für eine typische Ronzi-Partie, ohnehin nichts herauszuholen wäre. Wie im Falle der *Rosmonda* und der *Lucia* ist die Aura des Verletzlichen und Mädchenhaften, das die Persönlichkeit der Persiani umgibt, in den dramatischen Strukturen vorgezeichnet. Die Ronzi ist weniger unentbehrlich geworden, als Donizetti immer noch glaubt, zumal der Zwang, die Täubchenrollen seines Rivalen mit Frauendämonenrollen zu konkurrenzieren, durch Bellinis Tod dahingefallen ist. Neben der von Respekt getragenen sinnlichen Liebe zu reiferen Frauen, dieser charakteristischen Neigung des Komponisten, die sich künstlerisch in seinen «Mutterhexen-Opern» der letzten fünf Jahre manifestierte, blieb auch sein zweiter bestimmender Drang, dem er in seinen frühesten «Opern der neuen Kürze» Ausdruck gegeben hatte, unvermindert erhalten. Dies ist der Drang, unschuldige Mädchen anzubeten, aber körperlich und seelisch zu erobern. Die Polarität der sinnlichen Mächte, die Donizetti beherrschen, spiegelt sich deutlich in seiner Neigung zu vollreifen Müttern mit reifen Töchtern. Jetzt, auf dem Höhepunkt seiner Kräfte und nach der Befreiung vom Damoklesschwert Bellinis, kann er auch die zweite Neigung wieder schöpferisch verwerten: in weiteren «Opern der neuen Kürze».

Schon die der Persiani auf den Leib geschriebene Figur *Rosmondas* war ein charakterloses, aber attraktives Püppchen, das denn auch vom englischen König, der männlichen Hauptfigur, gehörig mißhandelt wurde. Die abermals der Persiani auf den Leib geschriebene Figur *Lucias* war nur als Medium dämonischer, irrationaler Kräfte, nicht aber als Persönlichkeit von größerem Interesse; sie spielte also ungefähr die Rolle der *Sonnambula*. Pia nun, die dritte Figur der Reihe, verkörpert die ganze Einfalt jenes Geschöpfs Bellinis, ohne freilich über irgendwelche mystische Veranlagungen zu verfügen.

Wahre Exzesse der Triebhaftigkeit schütteln die *Pia*-Klänge. Der Stil der «Oper der neuen Kürze» feiert Triumphe. Klangintensive, ästhetisch vollendete Cabaletten mit federnd punktierten Rhythmen jagen sich in nie gehörter Fülle. Die Brückenpassagen sind voller Erschütterungen, voller nervöser Krämpfe und wirken doch im Hinblick auf die folgende Explosion wie ein gespannter Bogen vor dem Abschuß des Pfeils.

Inhaltlich ist die Oper, *Pia de Tolomei**, ein Pendant zum Guelfen- und Ghibellinen-Drama *Imelda de Lambertazzi*, thematisch setzt sie den *Castello* fort: Werke aus Donizettis erster Neapolitaner Phase der «neuen Kürze». Wie im *Castello* wird ein Triebverbrecher als gequälter Mensch geschildert und mit aller Macht, die Donizetti zu Gebote steht, entschuldigt. Doch während Tottola bei der Entstehung des *Castello* den für ihn moralisch anfechtbaren Intentionen des Komponisten wacker entgegenwirkte, werden diese nun von Cammarano leidenschaftlich unterstützt. Erstens stößt der Übeltäter Ghino die von ihm begehrte Pia, die sich weigert, ihrem tyrannischen Mann, Nello, die Treue zu brechen und Ghino anzugehören, in den Tod, woran sein Doppelgänger im *Castello* durch einen von Tottola arrangierten glücklichen Zufall gehindert wurde. Zweitens darf Ghino sterbend Nello seine Sünde beichten und erhält von Donizetti eine metaphysische Begleitmusik, die seinen Eingang ins Paradies der Erlösten vermuten läßt.

Inzwischen konnten in Neapel die Theaterpforten wieder geöffnet werden, obwohl die Cholera noch längst nicht bezwungen ist, und im November wird Donizetti im San Carlo eine zweite neue Oper uraufführen, ein shakespeareartig kriegerisch-dunkles Drama aus der englischen Geschichte, L'*Assedio di Calais** *(Die Belagerung von Calais).*

Wenn Cammarano schweigend und düster die Kirche San Ferdinando durchmißt, ist das ein gutes Zeichen für Donizetti. Er dichtet nach seinen Vorstellungen Musik, ist auf der Suche nach Ideen, nach Reimen, Charakterfiguren, Situationen und vor allem deren logischem Zusammenhang... da hapert es bei ihm gewöhnlich, weil er eben, wie sein Komponist, nach paradiesischen Schrecken und Freuden lechzt; weil er lieber Blumenkränze aus sybillinisch raunenden Worten flicht, die er in Zauberbüchern des Mittelalters gefunden zu haben scheint, und lieber danach trachtet, auf der Bühne soviel Blut wie möglich zu vergießen, als dieses Geschehen zu begründen. Ihn stören in seinen duftigen Texten sachliche Argumente. Doch Donizetti macht ihm das Leben mitunter schwer; er ist sich bewußt, daß seine Pappenheimer im Parkett und in den Logen wissen wollen, warum sich die Königinnen und Fürsten auf den Theaterbrettern die Köpfe einschlagen und entseelt zu Boden sinken...[8]

Mit der *Assedio*-Musik geht Donizetti einen neuen Weg. In seinem Drang, in Frankreich zu reüßieren, hat er endlich eingesehen, daß er seinen Stil mit dem Geschmack der Pariser Musikliebhaber durch einige Konzessionen versöhnen sollte. Deshalb strebt er probehalber im *Assedio* für Neapel eine Durchmischung seiner eigenen «Oper der neuen Kürze» mit Elementen der französischen «Großen Oper» an. So verfeinert er die Instrumentierung noch über das Maß der *Pia* hinaus, beendet jeden Akt mit einer Massenszene und bereichert die Oper mit einem Ballett, wie dies für jene fünfaktigen Mammutwerke, an denen sich die Besucher der Opéra verlustieren, die Regel ist.

Mitten in diesen Anstrengungen erfährt Donizetti von den Geldverlusten, die der Impresario Barbaja zu beklagen hat, weil er die Politik verfolgt, die Sängersterne der Nation um jeden Preis am Himmel des San Carlo zu fixieren, obwohl im cholerageplagten Neapel kein allzu großes Bedürfnis besteht, kritiklos bewundernd zu ihnen emporzublicken. Und Donizetti haßt den Impresario seit seinen ersten Ehejahren, seit jener bitteren Zeit, als er sich jedem seiner Befehle zu fügen hatte, selbst wenn ihm gerade ein kleiner Filippo gestorben war. Was er schon damals übersah, hat Donizetti heute ganz vergessen: daß Barbaja als einer der ersten an seine Begabung glaubte, daß er ihm freilich wenig Geld, aber die besten Sänger gab und daß er ihn gerade durch seine unmenschliche Härte in seiner Entwicklung vorwärtsbrachte. Jetzt hingegen ist Donizetti auf der Belcanto-Szene der führende Mann und braucht Barbaja so wenig, wie er Ferretti braucht. Und was er für ihn empfindet, ist nichts als Haß. Deshalb untergräbt er die zurzeit geschwächte Stellung seines Auftraggebers noch in voller Absicht selbst, indem er für eine Rivalenbühne, das Teatro Nuovo, ein musikalisches Lustspiel mit eigenen Versen aus dem Ärmel schüttelt. Prompt kehrt die ganze Operngemeinde der Stadt dem San Carlo den Rücken, denn was sie braucht, sind Emotionen, nicht allzu teure Staralluren.[9]

Die Farce *Betly**, uraufgeführt am 24. August, ist in der Tat, so seltsam es klingen mag, eine Oper der Leidenschaften. Die Musik erweckt den Eindruck, als ob die triviale Handlung aus dem schweizerischen Appenzellerland (ein Aufguß des *Liebestranks*) ein wuchtiges Drama vom Zuschnitt des *Belisario* oder der *Pia* wäre, wobei Gemeinsamkeiten mit den delikaten Ausdrucksformen französischer Opern auch nicht fehlen. Das Publikum ist begeistert, was Donizetti nicht erstaunt, denn schon einmal in diesem Jahr hatte er es riskiert, wie einst im Falle der *Convenienze* sein eigener Textbuchautor zu sein, und dem Ergebnis, der Farce *Il Campanello** *(Das Glöckchen)*, war am 1. Juni im gleichen Theater ein ebenso großer Erfolg beschieden gewesen. Bereits der *Campanello* war demonstrativ im sinnlich-üppigen *Assedio*-Stil gehalten. Dies und ein Grundton schwerer, seltsam glückdurchtränkter Melancholie verbindet die Musik der beiden Farcen.

Entsprechend behaglich sieht es in der Psyche Donizettis aus. Daran sind neben seiner schöpferischen Entfaltung auch angenehme äußere Lebensumstände beteiligt. Francesco hat seine Stelle bekommen: dank dem Namen seines Komponistenbruders und ohne daß er selber gegen außen den kleinen Finger zu rühren brauchte. Er ist in Bergamo anerkannt; welche Erleichterung, welch lang gereifte Frucht! Dolci und Mayr geht es gut, und weil er sich diesen Freunden ernstlich zugehörig fühlt, erscheint ihm ihr Glück auch für sein eigenes Leben als günstiges Schicksalszeichen. Für sich selber schließlich — das heißt vor allem: für Virginia — faßt er den Kauf einer Wohnung ins Auge, die er im kommenden Frühjahr beziehen will. An die 25 000 Francs wird sie ihn kosten — eine schöne Summe, das ist sicher; so aber wird er mustergültig eingerichtet sein. Er kann behaupten, daß er lebe, ohne jemanden nötig zu haben, und findet, dies sei das Glück.[10]

Aber die Cholera? Ach, fragt sich Donizetti, gibt es sie überhaupt? Wenn sie wirklich in Neapel ausgebrochen ist, war keine Krankheit so mild wie diese! Wie kann man nur ihretwegen so den Kopf verlieren wie die Hälfte aller Stadteinwohner? Kaum verbreitet sich die Kunde eines neuen Krankheitsfalls, bilden die Menschen Schwärme auf den Straßen und lösen sich wenig später ebenso grundlos wieder auf. Er, Donizetti, hält sich da lieber zuversichtlich an den guten Wein seiner Bekannten aus Messina, Spadaro del Bosch; der wird das Wohlbefinden der Krankheitserreger in seinem Blut empfindlich schmälern. Allen Ernstes — seiner Ansicht nach genießt er durch die Segnungen dieses Fasses Cholera-Immunität![11]

Im übrigen fehlt ihm die Zeit, den Teufel an die Wand zu malen. Die Proben des *Assedio* haben bereits begonnen, und damit die täglichen Ärgernisse, die Wutanfälle, seine Ängste im Hinblick auf die Premiere. Die Publikumsreihen im San Carlo sind auch diesmal stark gelichtet, wie sich am Namenstag Maria Isabellas, der Königin-Mutter, der Vorhang hebt. Viele der reichen Leute sind vor dem Choleratod aufs Land geflohen. So ist es ihnen diesmal nicht vergönnt, dem Meister für seine neueste Todeshymne zu gratulieren, wie sie es taten, als sie noch glauben durften, durch die schauerlichen Opernstoffe Donizettis mit Problemen konfrontiert zu werden, die es für sie in Wahrheit gar nicht gebe. Doch die Familie des Königs von Neapel sitzt in ihrer Loge. Und wer von den übrigen bessergestellten Stadteinwohnern nicht zu feige war zu kommen, lauscht nun gebannt auf die Musik... und wohl auch bisweilen auf den Atem seines Nachbarn.

Aber die glühende Kälte von Donizettis *Assedio*-Welt, das lüsterne Huschen und herrische Trotzen der Stimmen, das Fahrig-Verzückte der einen Stücke und das Schmerzverbissene der andern, das alles wird in seiner Lebenswirklichkeit zweifellos besser erkannt als jemals früher ähnliche Eingebungen des Komponisten. Er selber ist ergriffen von seiner Schöpfung, in der er Geistliches und Weltliches entfesselt durcheinander irrlichtern sieht und, wie er findet, die Theatereffekte gehörig prasseln. Aber er hat sich auch angestrengt; es ist in seinen Augen sein bisher am besten ausgearbeitetes Werk. Sein süßestes ist es jedenfalls.[12]

Aber er muß an anderes denken. Bald heißt es wieder von Neapel scheiden — früher als im vergangenen Jahr, da er in Genua möglicherweise zweieinhalb Wochen lang im Lazarett verharren muß. Weihnachten unter Quarantäne: eine gemütliche Perspektive! Doch was auch immer an Verhängisvollem in der Welt geschehen mag — er muß mit seiner *Pia* pünktlich in Venedig sein!

Und dann wird er doch daran gehindert; zwar nicht aus eigenem Verschulden (er ist am 6. Dezember verreist und findet sich nach mehr als zwei Wochen, seiner Prognose gemäß, in Genua immer noch in den Klauen der Ärzte), sondern deshalb, weil in der Nacht vom 12. auf den 13. Dezember das Teatro La Fenice einer Feuersbrunst zum Opfer gefallen ist. Was sind das für Zeiten! Ein Unheil schlägt nach dem anderen zu!

Endlich in Mailand angekommen, vermißt der Komponist der *Pia* einen Brief mit näheren Verhaltensanweisungen der Fenice-Direktion. Was er weiß, ist einzig, daß die Komponisten, deren Auftragswerke nun für einen Haufen Schutt und Trümmer entstanden sind, immerhin drei Viertel ihres Honorars erhalten sollen. Doch wann und wie die Zahlung erfolgen wird und was aus den Opern werden könnte, denen sie gilt, weiß offenbar niemand so genau.

Eines ist sicher: Mehr als tausend Francs will Donizetti keinesfalls verlieren; der vom Fenice vorgeschlagene Verlust von mehr als doppelt soviel kommt schlechterdings nicht in Frage. Und seine *Pia* will er doch auch nicht vergeblich geschrieben haben! Jetzt und in Venedig, nicht am Tage X in irgendeiner Stadt muß man sie uraufführen; jetzt, da die Sänger versammelt sind, zu deren Stimmen die Rollen passen! Deshalb fährt er kurzerhand, obwohl er befürchten muß, auf lauter verschlossene Opernhaustüren zu stoßen und noch mehr Geld zu verlieren, nach Venedig ab.[13]

Doch am 18. Februar des Jahres 1837 darf zu den flammenden Cabaletten, von denen die *Pia* mehr enthält als jede frühere Oper des Komponisten, gejubelt werden. Die Premiere findet im Teatro Apollo statt. Und dieser Sieg bleibt nicht die einzige Beute von Donizettis Feldzug in die Lagunen. Lanari heuert ihn gleich wieder an. Die Eröffnung des restaurierten Fenice soll schätzungsweise in einem Jahr ebenso würdig mit Musik begossen werden wie soeben die moralische Bewältigung seines Ruins.

Am Rande seiner Reiseroute wartet Bergamo auf Donizetti. Doch er kann es nicht besuchen, denn Bergamo ruht im Grab der Eltern. Zwar hat er an keinem der beiden Begräbnisse teilgenommen. Dennoch warf er den Hügel, die Mauer, die Häuser der Stadt — vor allem aber das eine Haus unten in Borgo Canale — in die frischausgehobenen Gruben im Friedhofboden und schüttete selber massenhaft Erde darauf.

Das Schicksal aber hat ihn nicht verdammt. Er ist ein großer Komponist, der lauter Meisterwerke schreibt und den die Frauen lieben. Wenn er nach Venedig fährt, dann deshalb, um einen Triumph zu ernten. Wenn er wieder nach Neapel fährt, dann deshalb, um wieder einen Triumph zu ernten. Dort waltet in seinem häuslichen Reich Virginia als leibhaftiger Engel und rechtfertigt ihn vor der Welt. Das Schicksal hat ihn keineswegs verdammt...

4. Die große Wende
März bis September 1837
Roberto Devereux

Wieder in Neapel, zieht Donizetti am 5. Mai in seine neue Wohnung, Strada Nardones Nummer 14, ein. Gleichentags verstirbt Nicola Zingarelli, der einstige Lehrer Bellinis, heutige Leiter des Konservatoriums und produktive Komponist inzwischen verstaubter Opern. Seinem Anstellungsvertrag gemäß rückt Donizetti damit auf den zweithöchsten Sessel des Instituts, den eines Prodirektors oder provisorischen Direktors, nach und rechnet sich sichere Chancen aus, nach einigen Wochen des Interregnums zum Direktor ernannt zu werden. Wie beschwingt fliegt seine Feder über das Papier, als er für seinen mutmaßlichen Amtsvorgänger eine Totenmesse schreibt; nach drei Tagen ist sie vollendet. Donizetti, Ritter des Goldenen Sporns, Ritter der Ehrenlegion und Träger verschiedener anderer Auszeichnungen, Donizetti, Musikdirektor der Königlichen Theater Neapels und Lehrer am Konservatorium, wird bald auch dessen Direktor sein. Und daran ist ihm wirklich viel gelegen, weil er so ein zweiter Mayr werden kann: mit Funktionen in gediegenerem Rahmen und ohne wohltätigen Beigeschmack.[1]

Es geht ihm immer besser. Hurra, das ist ein Leben! Doch am 13. Juni wird Virginia zum dritten Male Mutter, und das zweite Söhnchen, das sie Gaetano als Leichnam schenkte, hat sie erheblich mehr körperliche und seelische Kräfte gekostet als seine beiden Geschwister. Das Wochenbett verwandelt sich zum Krankenbett, die Residenz der Donizettis zum Totenhaus. Und durch die Fenster ihrer Wohnung, die nach einem jungen Haushalt, nach Reichtum und Zukunft riecht, erblickt er die Fenster anderer Häuser, und auch diese könnten Totenhäuser sein. Denn ganz Neapel ist ein Totenhaus. Dreihundert, vierhundert, fünfhundert Choleraleichen täglich werden in Massengräber versenkt. Überallher kommen die Opfer, aus Armenverschlägen und Bürgershäusern, aus dem Konservatorium und aus dem Königspalast. Donizetti, der viel herumkommt, hört viel erzählen und erzählt es mit betonter Kühle weiter, ohne zu verraten, was er dabei empfindet.

Doch einmal vertritt er die Theorie, die Cholera wüte vor allem gegen die Reichen...²

Fluch des Geldes, Fluch des Ruhms, Fluch des Goldenen Rings! Von Mayr sagte Donizetti im letzten Jahr, dieser verbringe seinen Lebensabend deshalb in Frieden, weil er ein ruhiges Gewissen habe. Eigentlich seltsam, daß er das sagte. Sollte er doch ein schlechtes Gewissen haben? Angesichts des Todes seiner Eltern, seiner Kinder, angesichts der Krankheit seiner Frau und seiner Schuld? Ihn schaudert. Und wieder flieht er vor seinen Schauern.

Er flieht vor der kranken Virginia, bestellt indessen — wie die Reichen — die besten Ärzte ins Haus. Und er bewundert Virginia. Er liebt sie von ganzem Herzen. Flieht aber in sein Arbeitszimmer und komponiert. Um seine Schauer loszuwerden, braucht er eine neue Oper. «Zerstreuung» heißt das Zauberwort, so heißt es auch diesmal wieder. Und sein Genie ist wieder da und steht ihm bei.

Glücklicherweise gab ihm Cammarano einen neuen, wiederum finsteren Text: *Roberto Devereux**. Donizetti durchsetzt die Nummern mit stöhnenden, klagenden, aber auch grimmigen Hörnerrufen und beendet sie mit ausdruckslos schlaffem Zucken der Geigen. Er bricht den Melodien das Genick, und sie versteinern in Wüstennachtkälte.³

Er sitzt am Schreibtisch. Er vertont sein Leid und kann es so gelegentlich vergessen. Virginia liegt im Krankenzimmer. Sie wartet vielleicht auf ein erlösendes Wort. Gaetano würde sie gern erlösen. Doch er ist verdammt, zu schweigen und zu komponieren. Er erlöst sie nicht.⁴

Einst — so der Inhalt der Oper — schenkte die Königin Elisabeth Roberto, ihrem Geliebten, einen Ring, verbunden mit dem Gelöbnis, sein Leben jederzeit retten zu wollen, sobald er ihr diesen Ring zukommen lassen werde. Nun merkt sie plötzlich, daß er sich in eine andere verliebt hat. Gleichzeitig klagen ihn politische Feinde an, England und sie, die Königin, durch seine Entscheide als Feldherr verraten zu haben. Sie denkt allein an seinen Liebesverrat und spricht das Todesurteil aus, um sich — ein wenig nur — an ihm zu rächen. Denn ernstlich gefährdet glaubt sie ihn nicht, kann er ihr doch den Ring aus dem Gefängnis übermitteln. Aber die Stunde seiner Hinrichtung rückt näher. Ist er zu stolz, ihn ihr zu schicken, sie um Verzeihung zu bitten?

Anderseits sie: Was braucht sie den Ring, um ihn zu retten? Kann sie nicht in ihrer Eigenschaft als Königin den Todesschuß verhindern, mit oder ohne Ring? Nein, offenbar kann sie es nicht. Sie hört den Hinrichtungsposten aufmarschieren... — noch lebt ihr Geliebter, noch kann sie ihn vor dem Tod bewahren... aber wo ist der Ring? Entsetzliche Minuten! Und sie weiß, daß es die letzten sind, die sie und Roberto lebend vereinen, wenn sie nicht augenblicklich aufsteht und handelt... Aber sie kann es nicht. Sie wartet und lauscht. Dann sausen die Kugeln. Roberto ist tot.

Und Donizetti sitzt am Pult und schreibt an seiner Oper. Draußen wütet die Cholera. Und seine Frau liegt krank im Bett. Sie hofft vielleicht auf ein erlösendes Wort. Aber er sagt es nicht. Er komponiert. Er will zerstreuen, nur zerstreuen: Cholera, Gewissensqualen, Angst und Schmerz. Trotziger denn je trinkt er von seinem Messiner Wein; rechtzeitig hat er von Spadaro-Bosch ein neues Faß bekommen.[5] Er will sich nicht kleinkriegen lassen! Noch lebt seine Frau; krank ist sie, aber sie lebt. Und er? Schreibt den *Roberto*.

Was ist mit jenem Säbel, den ihm der Kapitän Oliva versprochen hat, derselbe Kapitän Oliva, dessen Schiff in diesen Tagen zu Messina vor Anker liegt? Könnte nicht Spadaro bei Gelegenheit zum Hafen schlendern, sich nach dem Kapitän Oliva erkundigen und diesen wegen des Säbels zur Rede stellen? Für seine Sammlung schmucker und ausgefallener Dinge, für sein «Museum Donizettianum», wie er es nennt, das allerlei Büchsen, Figuren, Medaillen und Kuriosa umfaßt, braucht er dringend einen solchen Säbel![6]

Und die Cholera, nanu? Bekommt das Gespenst die Schwindsucht? Nur achtzig Tote gestern abend? Bald kann man sich wieder frei bewegen! Diese Quarantänen, nicht die Krankheit selber sind die Pestilenz für einen tatendurstigen Menschen![7]

Nur nicht fürchten, befallen zu werden, das ist die beste Vorsichtsmaßnahme gegen die Cholera! Sie im Hause Donizetti essen zwar keine Früchte, kein Gemüse, keinen Salat und auch kein Lammfleisch, sonst aber eigentlich alles, freilich fettarm gekocht, gebacken oder fritiert. Abends trinken sie heißen Tee und wechseln stets die Kleider, wenn sie schwitzen; das ist die ganze Hexerei! Das Ehepaar Spadaro soll nach Neapel kommen, wenn es ihm in Messina vor der Krankheit bange ist! Würde er doch endlich Frau Spadaro kennenlernen, diese legendäre Frau Teresa! Hier wimmelt es auf den Straßen von Uniformierten; es wird gesoffen und gehurt, Gold fließt in Strömen, Lärm erfüllt die Luft! Wer wird sich hier fürchten wollen?[8]

Von der Theatergesellschaft wird er gebeten, eine Geburtstagskantate zu Ehren Maria Teresas, der zweiten Gattin König Ferdinandos, zu komponieren, und wie gewöhnlich in solchen Fällen ist er dazu bereit. Ja, er verzichtet auf ein Honorar, um dem bereits erschütterten finanziellen Boden der Unternehmung ein weiteres Beben zu ersparen. Als Gegenleistung sieht er sich am 31. Juli, wie im Teatro San Carlo seine Kantate *Das Gebet eines Volkes* erstmals erklingt, aus seiner Loge ausgeschlossen, die an andere, bezahlende Genießer seiner Musik vergeben worden ist. — Aber hätte er sie überhaupt genießen können? Am Vortag ist Virginia gestorben, 29 Jahre alt.[9]

Vor der geschlossenen Logentür, im Reich aus Samt und Seide, im Reich der Oper fühlt er sich an die Wand gestellt. In einem Brief an seinen Freund Spadaro nennt er sich einzig deshalb Witwer, um ihm irgendwie zu sagen, was geschehen ist. Doch selbst dieser eine Ausdruck ist ihm noch zu detailliert, erfaßt ihm die Sache allzu gründlich, allzu direkt. Deshalb verbietet er es dem Freund, ihn künftig so zu nennen. Denn an die Wand gestellt zu werden ist eine Schande. Besonders, wenn man sich schuldig fühlt.[10]

Vollzogen wird seine Hinrichtung dadurch, daß er am Leben bleibt, als wäre er wirklich noch lebendig. Aber: Noch ist die Cholera nicht ganz und gar der Schwindsucht erlegen. Noch könnte es Folgen haben, wenn er seinen Speisezettel plötzlich ändern würde und genüßlich Lammfleisch, Früchte und Gemüse äße. Und er macht die Probe aufs Exempel. Sooft er allerdings im Schlaf Vergessen findet, sooft erwacht er auch wieder. Und im Wachsein glaubt er mehr zu träumen, als wenn er schläft. Es ist ein böser, unglaubwürdig böser Traum, der ihn umfängt, wenn seine Augen aufgeschlagen sind. Virginia, nie mehr an seiner Seite, für immer weg?[11]

So unglaubwürdig ist dieser Traum, daß er sich immer wieder Fragen stellt, seltsame Fragen ... Sie könnten ihn trösten, werden aber zur Manie, die seinen Zustand keineswegs erleichtert. Der Gedanke, daß sie vielleicht noch immer irgendwo auf dieser Welt zu finden ist! Ist es nicht tröstlich, so zu denken? Nein, es hält ihn davon ab, gewissermaßen in Frieden an der Tatsache zu verzweifeln, daß sie gestorben ist. Die Tür ihres Zimmers hat er vor sich selbst verriegelt. Wer weiß, wenn er sie öffnet ... Doch er will es nur im Beisein Totos tun. Ob sie gnädig mit ihm wäre, wenn sie ihm als Geist begegnen würde? Fest steht, daß er auf sie wartet und daß ihn gerade dieses Warten zur Verzweiflung treibt. Sie ist vielleicht in Rom, bei ihrer Mutter, bei ihrem Bruder. Dort klagt sie vielleicht, weil er nicht bei ihr ist, weil er nach Mailand und Venedig ging ... weil er sie sitzenließ ...[12]

Und nun sollte er Toto erzählen, wie sie gestorben ist! Er sollte den Vorgang ihres Sterbens in Worte fassen! Wie könnte er das? Was soll er Toto darüber schreiben? Nur eben, daß die Tür ihres Zimmers einstweilen geschlossen bleibt. Und daß er es weder an Gebeten noch an medizinischer Betreuung für sie mangeln ließ. Ja, und er kaufte ihr eine Wohnung und einen Wagen mit Pferden und eine Wiege für ihr Kind. Doch das Kind ist ihr und seiner Wiege davongeeilt, den Wagen hat sie nie betreten, und in die Wohnung ist sie eingezogen, um darin zu sterben.

Sein Komponieren ist ein Beruf wie jeder andere auch. Er komponierte Opern, weil er Virginia verwöhnen wollte und weil er den Vassellis und der ganzen Welt beweisen wollte, daß er das mit Hilfe seiner Opern kann. Er komponierte für die Familie. Doch wo ist die Familie nun? Wo ist seine Frau, wo sind seine Kinder? Soll er neue Opern, noch mehr Opern komponieren? Aber für wen? Wo sind seine Eltern? Erst jetzt begreift er ganz, daß er auch sie verloren hat. Er gab ihnen wenig von seinem Geld. Jetzt könnte er sie reich beschenken. Doch sie sind nicht mehr da. Das Schicksal hat ihn auch mit ihrem Tod gestraft. Erst jetzt begreift er das.[13]

Der Tod Virginias hat sein Gewissen wachgerüttelt. Jetzt ist es wach, so wach wie er, wenn er vergeblich versucht zu schlafen. Vor wenigen Tagen wollte er mit seinem Hinweis auf den Reichtum, den er ihr zu Füßen legte, Toto überzeugen, wie gut er seinen Pflichten in der Ehe nachgekommen war. Nun schickt ihm Toto, um ihn zu trösten, diese Argumente mit seinem Segen zurück (obwohl er es sicher besser weiß). Doch Donizetti selber kann sie nicht mehr akzeptieren. An medizinischer Betreuung habe es ihr freilich nicht gefehlt, antwortet er ihm, und ja, er habe auch gebetet. Nur Worte der Liebe für sie, die seien ihm auf der Zunge versiegt. In seinem Herzen hätten sie gebrannt, doch seine Lippen hätten sie verschwiegen. Er habe einfach nicht gekonnt, es sei nicht seine Natur gewesen.[14] Nun werde der *Roberto* — in den er versunken war, als sie die letzten Tage ihres Lebens mit ihm teilte, den er schweigend schrieb, bevor die Schüsse fielen und sie nicht mehr war — immer für ihn die «Oper der Emotionen» sein.[15]

Zwei von Donizettis Neapolitaner Freunden, der Maler Teodoro Ghezzi und der Rechtsgelehrte Aniello Benevento, haben sich allen Schwierigkeiten des Umgangs mit ihm zum Trotz im Trauerhaus eingerichtet. Tagsüber versuchen sie ihn von seinen düsteren Gedanken abzulenken, da er selber wieder gierig, ja so gierig wie noch nie von seinem Bedürfnis nach Zerstreuung spricht und eine neue Maske sucht, die seine Tränen verstecken könnte. Nachts versuchen sie seinen Schlaf vor den Gespenstern zu bewahren, die ihn bedrohen; sie schützen ihn vor Virginia ... Doch Donizetti ist in seiner Gier nach Trost so unersättlich wie in jeder anderen Gier, und seine Dankbarkeit den Freunden gegenüber hält sich wie gewohnt in Grenzen.

Toto will er bei sich haben, das ist der fixe Wunsch, der ihn erfüllt. Toto ist vom Tod Virginias ähnlich betroffen wie er selbst. Das hypernervös-romantische Temperament des Schwagers ist dem seinen ohnehin verwandt, und dazu kannte Toto die Probleme seiner Ehe besser als jeder andere Freund, so daß er jetzt auch am besten verstehen kann, was ihn am Tod Virginias in solche Qual versetzt. Endlich ist Toto Fleisch von ihrem Fleisch. Er selber ist der Ausstrahlung des Menschentyps Vasselli ganz und gar erlegen. Toto kann die von Virginia hinterlassene Leere körperlich mehr erfüllen als jeder andere Freund.

Fast täglich eröffnet er ihm in einem Brief seine Gefühle. Und Toto setzt in Rom fast täglich eine Antwort auf. Jeder von ihnen braucht anscheinend die Mitteilungen des andern dringender als Wasser und Brot. Gaetano wird geradezu zornig, als Toto einmal dem Maler Ghezzi, seinem Hausgenossen, schrieb sowie dem dritten engen Neapolitaner Freund des Komponisten, dem Musikalienhändler Tomasso Persico, und es versäumte anzumerken, daß die gleichen Zeilen auch für seinen Schwager galten. Dabei hatte es der Maler an Gaetanos Stelle übernommen, Toto die Sterbeumstände Virginias zu berichten. Wirklich rücksichtsvoll und rührend hatte er das getan. Wie ein Engel sei sie gestorben, voller schmerzlicher Gedanken an Gaetano und an die Ihren in Rom! Nun, da war Vasselli Ghezzi doch wohl auch eine persönliche Antwort schuldig? Dazu hielt es Toto für selbstverständlich, daß sein Schreiben auch an Gaetano gerichtet war...[16]

Alles gut und recht, aber auch Toto muß ihn begreifen! Ghezzi und Benevento, deutet er ihm gegenüber an, sind nicht die geeigneten Tröster. Oft werde es unumgänglich, sie auf den Knien zu bitten, ihn nun ein wenig allein zu lassen! Wenn er hingegen nach Neapel käme... das wäre freilich etwas anderes. Ja, ob er nicht kommen könnte?[17]

Toto aber sträubt sich gegen das Projekt. Wie könnte er sich, behauptet er, von seiner alten Mutter trennen, nachdem die Cholera auch in Rom Einzug gehalten habe? In Tat und Wahrheit allerdings ist Toto ein Drückeberger und fatalistischer Pessimist wie sein Schwager und Freund. Er läßt sich lieber von seinen quälenden Stimmungen treiben, als sie zu überwinden. Ziemlich offen drückt er aus, daß ihm vor allen Dingen vor der Einsamkeit der tagelangen Quarantäne graut, die eine Reise nach Neapel mit sich brächte, und nicht zuletzt vor dem Zusammensein mit ihm, Gaetano, im Trauerhaus. Das verübelt ihm dieser nicht im geringsten, entwickelt aber Feuereifer beim Versuch, seine Bedenken zu zerstreuen. Er, Donizetti, würde Ghezzi und Persico weiterhin bei sich behalten, wenn er käme! Er wäre keineswegs mit ihm und mit dem Geist Virginias allein![18]

Das ist Vasselli eher in Rom, im großen, ausgestorbenen Elternhaus an der Via delle Muratte! Dort nämlich wandelt der arme Toto, nachdem die Pforten seiner Arbeitsstätte, des Gerichts, zur Abwehr der Cholera-Epidemie geschlossen worden sind, tagelang einsam durch die Zimmer und vertieft sich in das Bildnis seiner Schwester, das Ghezzi einst von ihr gemalt und das Gaetano nach dem Tode seiner Eltern Toto überlassen hat. Zu allem Elend erinnert ihn das an eine andere Virginia: an seine frühverstorbene Braut! Ob es nicht wirklich besser wäre, wenn er zusammen mit Gaetano weinen und die Gespenster vertreiben könnte? Doch Toto scheint die Ansicht zu vertreten, daß das Zusammensein zweier Geisterbeschwörer die Geister eher vermehren würde.[19]

Und sie beginnen sich zu zanken: sanft, aber bestimmt. Wenn Toto um eine Locke Virginias bittet, stichelt Gaetano seinen Schwager mit dem Hinweis, daß er das Unglück offenbar philosophischer nehme; wie anders könnte er den Anblick einer Locke vom Haupt der Toten ertragen? Wenn Gaetano schreibt, sein Komponieren sei sinnlos geworden, weist ihn Toto darauf hin, daß er durch seinen Ruhm, der ihn zu künstlerischen Taten für Italien verpflichte, ans Leben gebunden sei; ihm hingegen als einem Mitglied der großen Herde fehle ein solcher Halt. Gaetano wiederum kann Totos Vergleich zwischen ihm und Petrarca, dem florentinischen Dichter der Renaissance, nur eingeschränkt schätzen. Was den Verlust der unersetzlichen Geliebten anbelange, sei die Verwandtschaft allerdings nicht zu leugnen, doch seine, Donizettis, Traurigkeit beweise, wie himmelweit der Unterschied in ihrem Fühlen dennoch sei![20]

Wenn sich Donizetti über seine Einsamkeit beklagt, lästert Vasselli, der das Haus mit seiner Mutter teilt, er, Toto, habe nicht einmal einen Hund. Und ja, auch Toto, nicht nur Gaetano, möchte krepieren. Als er vom Tod Virginias hörte, schoß ihm — wie er das zumindest heute, aus der Rückschau, sieht — das Blut in den Kopf. Er begann zu delirieren, und es kam sogar zu einer Art Kollaps. Nun handelt es sich bei Schlaganfällen und ähnlichen Übeln um die von alters her gebräuchlichste Art der Vassellis, ins Gras zu beißen. So hatte er Grund zu hoffen, soeben selbst mitten in diesem Prozeß zu stehen — gerade im richtigen Augenblick, nach dem Erhalt der Nachricht vom Tod der Schwester! Doch da er zu neuem Leben erwachte, verlegte er seine

Hoffnung wie Schwager Gaetano auf die grassierende Epidemie, sagte sich aber schließlich, daß es ihm ja bestimmt sei, einem Blutsturz zu erliegen, so daß ihn die Cholera sicher verschonen werde, denn zweimal sterben könne man nicht.[21]

So prahlen Toto und Gaetano um die Wette, und sie wetten um den Tod. Wo hat wohl die Cholera schlimmer gewütet, in Neapel oder in Rom? Jeder tippt auf seine Stadt und verteidigt sich mannhaft. Toto stellt die niedrigere Bevölkerungszahl und höhere Landfluchtquote der Römer in Rechnung, womit die erheblich höheren Totenziffern Neapels null und nichtig werden. Gaetano behauptet, Toto zur Zeit des Höhepunkts der Epidemie den vollen Umfang der Katastrophe verschwiegen zu haben, um ihm Sorgen zu ersparen. Und wenn Gaetano auf der Straße eine wahre Prozession von Karren und Bahren mit Kranken und Leichen sieht, hält Toto diesem Bild des Schreckens das Bild einer Straße in Rom entgegen, die zwei Spitäler verbinde; das grauenerweckende Kommen und Gehen vollziehe sich also im Gegenverkehr, und der Gestank sei unerträglich...[22]

5. Schaffenskrise
September 1837 bis Februar 1838
Maria Rudenz

Was die beiden, jeder für sich und mit dem andern gemeinsam, erleben, faßt Donizetti einmal in die Worte: «Freude an der Traurigkeit». Es ist der gleiche Trieb, der ihm seit Jahren die Feder führt und dem es zuzuschreiben ist, daß seine Figuren stets mit dem gleichen Überschwang hassen und lieben, leben und sterben; daß sie selbst im größten Unglück seltsam glücklich sind. Doch mit Virginia hat er den letzten Halt verloren. Dieser bestand zu einem großen Teil im Zwang, Rücksicht auf sie zu nehmen. Jetzt ist es ihm erlaubt, von Bett zu Bett zu taumeln, seine Krankheit zu übertragen, in einer immer süßeren Aura des Todes zu leben und diese in seiner Musik wiedererstehen zu lassen, ohne Virginia, dem Engel, der Madonna, der Stellvertreterin Gottes in seinem Leben, Rechenschaft schuldig zu sein.[1]

Doch seltsam: Wie nun die Grenze zwischen Lust und Leid, Leben und Sterben, Menschsein und geisterartigem Vegetieren nicht mehr nur in seinem Werk verschwommen ist, sondern auch in seinem Leben, jetzt, da sich Leben und Werk in ihrem Inhalt, ihrer äußersten Gefährdung decken, jetzt ist er in seinem Schaffen plötzlich blockiert. Er kann gar nicht mehr schaffen! Kein Rausch der süßen Harmonien, kein Vergessen, kein Gefühl der Gnade! Nein: nüchterne Allgegenwart seiner Qualen und die persönliche, ja wenn es so weitergeht, in wenigen Wochen öffentliche Schmach der Unfruchtbarkeit. Gezeichnet, verdammt! Jetzt ist es mit ihm gleich weit gekommen wie mit Bellini, als er das Folterdrama *Beatrice* schrieb. Jetzt sind auch seine Tränen ausgetrocknet, auch seine Gabe, Mitleid zu empfinden, ist zerstört, auch seine Nerven sind zerrüttet, auch ihm bedeuten jetzt der Mond und die Gespenster mehr als die Sonne und die leibhaftigen Menschen, auch er hat sich versündigt an der Frau, die ihm ihr Leben opferte, auch ihn verfolgt ihr Geist.[2]

Zwölf bestellte und bereits bezahlte Lieder sollte er schreiben. Früher schrieb er, wie er versichert, eines, während der Reis in der Pfanne kochte, so wie Rossini seine legendäre «Reisarie» für den *Tancredi* schrieb. Und wie wichtig ist es für ihn, gleich schnell zu schreiben wie Rossini, von den Musen ebenso geküßt, von der Gesellschaft ebenso bestaunt zu sein! Jetzt sitzt er mit leerem Kopf vor leerem Papier, bis ihm die Feder aus den Fingern gleitet. Und Mitte Dezember sollte er von seinen neuen Opern schon die allerneueste vollendet haben: die Oper für das wiederhergestellte La Fenice. Für das alte, abgebrannte Haus war damals die *Beatrice* bestimmt gewesen ... Nun sollte er wohl ein Jubelwerk, ein Inaugurationswerk, eine versteckte Hymne schreiben! Doch was bringt er allenfalls zustande? Eben höchstens eine *Beatrice*; ein farbenmattes Gruselstück als Ausdruck seines Widerwillens gegen das Leben, als Ausdruck seiner Leere, seiner Angst. Und ausgerechnet diesmal schafft es Cammarano einfach nicht, eine Librettovorlage aufzutreiben! Würde wenigstens der Probenzirkus für den *Roberto* endlich eröffnet, dann wäre er geradezu verpflichtet, das Komponieren auf die lange Bank zu schieben, könnte die Leere in seinem Innern wenn nicht mit neuen, so doch mit alten Visionen seiner Phantasie erfüllen und würde vielleicht von selber wieder in das alte künstlerische Spannungsfeld hineingezogen! Dann blieben ihm nach der Premiere immerhin eine vertretbare Anzahl Tage, um sich die Oper für Venedig abzukämpfen! Aber nein, Mitte September zeigt der Kalender, und nach dem *Roberto*, der friedlich in seiner Schublade ruht, kräht noch kein Hahn auf dem First des San Carlo![3]

Und auch mit seiner Ernennung zum Direktor des Konservatoriums scheint es niemand eilig zu haben. Die Audienzen, um die er ersucht, um eine klare Auskunft zu erhalten, werden ihm stets gewährt.

Der Innenminister und der König — mal der eine, mal der andere — bestreiten mit ihm ein Plauderstündchen. Dabei bedienen sich die beiden Potentaten regelmäßig einer ausgesuchten Höflichkeit. Doch sie entziehen sich jeder Entscheidung glatt wie die Aale (was an Barbaja erinnert).

Daß er sich das gefallen lassen muß! Nun, langsam, aber sicher ist er entschlossen, Neapel den Rücken zu kehren — vor allem dann, wenn er zur Krönung der Maskerade links liegengelassen wird, wenn man ihn zwingt, vor einem über ihn erhöhten Maestro den Hut zu ziehen. Wird man aus falschem Patriotismus (jetzt findet er solchen Patriotismus falsch) einem gebürtigen Reichsinsassen beider Sizilien den Vorzug geben ... wie, notabene, Mercadante einer ist? Ist Brotneid lokaler Hungerleider der musikalischen Szene, ist das Regiment von Florimo und Konsorten stärker als der Respekt vor allem, was er hier vollbrachte?[4]

Virginia hat er ja auch verloren! Was soll er in diesem Haus? Das Wohnen hier ist Gift für seine Nerven. Nein, in Neapel hält ihn nichts zurück. Nur für die Studenten, seine Schüler, täte es ihm leid. Trotz seiner angeborenen Bescheidenheit meint er zur Wahl des künftigen Direktors, daß eine fachliche Erziehung nicht genüge, wenn die jungen Leute nicht daneben — wie von ihm — auch menschlich betreut, moralisch gestärkt, ermutigt würden.[5]

Bei seinem Studium von Bühnenstücken und Büchern für die Fenice-Oper erwärmt sich Donizetti endlich für ein französisches Schauspiel, das ziemlich marionettenhaft das Drama eines Ehebruchs von einer Intrige zwischen König Louis XIII. und Kardinal Richelieu abhängig macht. Für den Komponisten allerdings behandelt das Stück, «Un duel sous le cardinal de Richelieu», in erster Linie einen Konflikt zwischen und Liebe und Freundschaft, in welchem die Freundschaft unterliegt; die Ebene der fädenziehenden Politiker interessiert ihn nicht. So betrachtet, knüpft der Stoff an den *Roberto* an, ist aber nächtlicher in seinem Stimmungskolorit. Er läßt die Flamme der Liebe heller leuchten als im *Roberto* und löscht die Flamme der Freundschaft desto brutaler aus. Da ihm jetzt von allen Menschen Toto am nächsten steht, spricht ihn das Freundschaftsthema wieder stärker an als seit der Behandlung im *Furioso*, im *Tasso* und in der *Lucrezia*. Und abermals wird Ronconi den Baritonpart kreieren! Ja, dieser Stoff ist leidenschaftlich genug, um seinem Geist vielleicht zu einem neuen Aufschwung zu verhelfen. Daß schon Bellini daran dachte, die Vorlage zu verwenden, bestärkt ihn in seiner Wahl. Dennoch studiert er geduldig einen Wälzer über die Gestalt des Volkstribuns Rienzi, einen dreibändigen Roman von Bulwer Lytton, den ihm Toto schickte. Das tut er freilich nur, um seinen Schwager nicht zu enttäuschen, denn er erkannte nicht erst auf halber Strecke, daß die Geschichte eines Adelsfeindes und Kämpfers für eine liberale Demokratie kaum die geeignete Kost für Metternichs lombardischen Gliedstaat und dessen Zensoren ist.[6]

Also endgültig Richelieu und seine Ränke? Cammarano macht ein besorgtes Gesicht. Also erneut hinter die Bücher! Nachdem der Meister freilich seine neue Oper nicht in der von ihm gewünschten Weise blutig haben konnte, will er sie überhaupt nicht mehr blutig, und ausgerechnet die Blutigkeit ist der gemeinsame Nenner der Texte, auf die er stößt. So wartet er am 30. September 1837 nachmittags um drei, versteinert vor Belesenheit, auf Cammarano, der ihn aus seiner verzwickten Lage befreien soll. Doch der Dichter läßt sich Zeit, und wie er endlich eintrifft, ist er nicht weniger überbelesen als Donizetti und hat sich seinerseits die Erlösung von ihm erhofft. Da hatte Ferretti bei der Suche nach dem Stoff der späteren *Cenerentola* größere Selbstdisziplin bewiesen! Dafür fehlt Ferretti eben auch das hochromantische, passive Lebensgefühl, das in den Versen Cammaranos so unvergleichlich zum Ausdruck kommt und Donizettis Kunst so sehr entspricht.[7]

Die Einstudierung der Farce *Betly* am Teatro del Fondo erfüllt Donizetti mit Langeweile. Um wenigstens an der *Roberto*-Front die Steine ins Rollen zu bringen, schickt er der Theaterleitung des San Carlo einen Brief, in dem er sie daran erinnert, daß er ihr seit dem August eine von ihr bestellte Oper schuldig ist. Vier Tage später trifft die Weisung ein, die Partitur *Roberto Devereux* in die Kopisterei zu schicken. Damit haben die Proben fast schon begonnen, denn das Heer der Tintensklaven, das in den Opernhäusern Italiens Massen von Notenhieroglyphen aus uraufzuführenden Opern gleichsam mit der linken Hälfte des Hirns entziffert und mit der rechten — schwups — in der Reinschrift plaziert, versteht sich auf sein Gewerbe. Und am 30. Oktober 1837 ist es soweit. Bestritten wird die Premiere von Donizettis Favoritin, Beppa Ronzi, als Primadonna, einer Mezzosopranistin namens Almerinda Granchi, mit der ihn ebenfalls ein Verhältnis verbindet, sowie dem Bariton Paolo Barroilhet, der sich vor einem knappen Jahr im gleichen Theater als männlicher Hauptdarsteller des *Assedio* profiliert hat.[8]

Das Ergebnis entspricht den Voraussetzungen. Des Komponisten erste Rolle für die Ronzi seit der *Gemma*, die Rolle Elisabettas, ist prompt sein erstes wirkliches Charakterbild einer weiblichen Opernfigur seit dieser Zeit. Und dank dem schillernden Organ des Baritons

Barroilhet — einer echten Ronconi-Stimme — ersteht der Zwiespalt von Robertos Freund, Graf Nottingham, welcher an diesem leidenschaftlich hängt, aber von ihm mit seiner Frau betrogen wird, in seiner vollen Tragik. Die Tonsprache des *Roberto*, diese offenbar moderne Sprache, die von den feierlichen Gesten und der lavadicken Süßigkeit des *Belisario* und des *Assedio di Calais* schon wieder wegführt, ohne sie aufzugeben, wird sofort begrüßt. Ausnahmsweise ruft das Publikum sogar den Librettisten auf die Bühne, ist es doch Cammarano tatsächlich einmal gelungen, eine wirkungsvolle und grausige Handlung sauber zu exponieren, ihren Fortgang Schritt für Schritt glaubhaft erscheinen zu lassen und dennoch auf das Blumige der Sprache nicht zu verzichten. Im Text der wie bei ihm üblich zweistrophigen Cabaletta finale, dem Gemälde einer apokalyptischen Überschwemmung durch lauter Blut, dürfte er seine kühnsten künstlerischen Träume verwirklicht haben, er, der halb wie ein pubertierender Junge, halb wie ein griechischer Seher fühlt.[9]

Der Erfolg ist unvergleichlich, Barroilhet aber liegt nach dem zweiten Aufführungsabend gefechtsunfähig im Bett, «mit zwei Anginen», wie Donizetti lakonisch notiert. Gleichwohl braucht Neapel auf den neuen, düsteren Ton des Meisters nicht ganz zu verzichten. Am 7. November — von einer Wiederaufnahme der Oper kann noch nicht die Rede sein — wird in der vom Mystiker Cammarano besonders geliebten Kirche San Ferdinando eine Totenmesse für einen gewissen Abbé Fazzini uraufgeführt. Musik und Inszenierung stammen von Gaetano Donizetti. Inszenierung? Eigentlich das Gegenteil. Ihm schwante, daß die Leute einzig deshalb kommen würden, um ein Spektakel zu erleben, um zu sehen und zu hören, wie ein bekannter Opernkomponist und unermüdlicher Vertoner von Liebesaffären Gottesdienst hält. Deshalb ließ er den Altar nach vorn verschieben, fast in die Mitte der Kirche, und postierte die Interpreten im halbrunden Raum der Apsis, den er durch einen schwarzen Vorhang verbergen ließ. Nun erblicken die Gaffer lediglich einen schwarzen Vorhang und, diesem aufgenäht, ein großes, goldenes Kreuz. Sanft und mächtig schwellen die Töne aus dem unsichtbaren Hintergrund hervor. Kerzen stiften ein mattes Licht...[10]

Huldigt Donizetti so dem Katholizismus? Eher betreibt er wohl, wie Cammarano, Mystizismus, eine fromme Art von Geisterseherei. Solche betreibt er auch in seiner neuen Oper für Venedig, nur ist sie hier bedeutend weniger fromm. Die Wahl fiel endlich auf ein anderes französisches Bühnenstück: «Die blutende Nonne». Eine Klosterdame aus dem Schweizer Aargau lebt, obgleich in aller Form ermordet, munter weiter, um selbst zu morden: ihren Bruder, ihren einstigen Geliebten, ihre Rivalin aus der gleichen «vorreligiösen» Lebensphase und schließlich sich selbst, obwohl sie schon einmal gestorben ist.

Zwar wurde der erste Librettoentwurf, den Cammarano nach Venedig schickte, unverzüglich retourniert: das sei denn nun wirklich zuviel des Bunten. Inzwischen aber hat der Dichter bei der Besinnung auf halbwegs vernünftige Alternativen alle Register seiner wahrlich nicht beschränkten Phantasie gezogen, um das Projekt zu retten, und in dieser Fassung sieht der Inhalt schon plausibler aus. *Maria de Rudenz*, die seltsame Nonne, wird umgebracht, bevor sie ihren Entschluß, ins Kloster einzutreten, verwirklichen konnte, so daß die Verbrechen, die sie später begeht, zumindest keiner Ordensschwester anzulasten sind. Ferner bringt sie in der aktualisierten Fassung nur ihre Rivalin um, nicht auch noch ihren Geliebten und ihren Bruder; einen Teil der Mörderarbeit übernimmt ihr Geliebter. Und die Wirkungslosigkeit des ersten von ihr erlittenen Todes wird realistisch begründet: Weil sie es fertigbrachte, ihre Wunde dick mit Verbandstoff zu umwickeln, vermag sie zu überleben, bis sie die Stunde für gekommen hält, diese Bandage wieder zu entfernen, worauf sie verblutet und definitiv ins Jenseits übergeht. Noch immer bleibt vielleicht ein etwas dicker Bodensatz an Übersinnlichem zurück — indessen: Trifft dieses Schicksal nicht genau die Problematik von Donizettis gegenwärtiger Lebenssituation?

Alle Elemente seines Fühlens sind vereint: der Ekel vor dem Leben nach dem Verlust der wichtigsten Begleitperson; die Sehnsucht nach dem Tod; die Freude auch am Tod der andern, die zum geheimen Blutrausch wird; Schuldgefühle, Reue, Einsamkeit; der Eindruck, verflucht zu sein, die Hoffnung, erlöst zu werden. Und wie gleichnishaft muß in den Augen Donizettis die bizarre Doppelexistenz der blutenden Nonne sein: einerseits ist sie gestorben, anderseits lebt sie fort! Die trennenden Schleusen zwischen Diesseits und Jenseits sind aufgetan; die Toten leben, um sich dafür zu rächen, was die Lebenden an ihnen begingen, als sie noch beide lebten.

Und Donizetti kann nicht mehr schaffen. Das Drama, das erklärt, warum er nicht mehr schreiben kann, *Maria de Rudenz**, kommt selber nicht vom Fleck. Dabei hatte er schon früher etliche Komponenten dieser Thematik durchaus im Griff; sie spielten eine Rolle in der *Lucia*, in der *Pia*, im *Roberto* und noch in vielen andern Opern. Schließlich vermengen sich denn auch in seiner neuen *Maria* die musikalischen Muster früherer Werke auf irritierende Weise. Die Farben aber sind fahl und grau. Und die gewaltigen Rhythmen der «Opern der neuen Kürze» entspringen hier keinem Bedürfnis des Komponisten. Ihr starkes Gerüst ist ein Korsett. Dahinter jedoch verbirgt sich der labile Geist der *Beatrice*. Ob sich das Publikum vom La Fenice täuschen lassen wird?

Donizetti selber spricht die klanglich spröde, ausdrucksmäßig aber intensive Oper überhaupt nicht an. Daß Mitte November, nach einmonatiger Arbeit, erst zwei Akte fertig sind, erscheint ihm vollends als Zeichen des Niedergangs seiner Potenz. Für die Premiere sieht er rabenschwarz. Nun muß er erst noch eine Messe komponieren, die von mehr als hundert Sängern dargeboten werden soll. *Messa di Gloria e Credo* lautet die Überschrift des liturgischen Textes; ein freudiges Loblied auf den Schöpfer sollte daraus werden. Der Graben zwischen Pflicht und Neigung könnte nicht größer sein. So tüftelt er eben, wie er es unter der Aufsicht Mayrs lernte, flimmernde Klangkombinationen aus und hält sich zugleich an die Gesetze eines eher klassizistischen denn überschwenglich belcantesken Satzes. Daß er auch mit diesem Werk nicht im geringsten sympathisiert, versteht sich von selbst.[11]

Dazwischen und daneben graues Alltagseinerlei. Donizetti hat sich mit Sängern und Komponisten herumzuschlagen, die auf die Karte seiner Vermittlung setzen, um sich im Lärm der italienischen Opernfabrik Gehör zu verschaffen. Diesem Anspruch stellt er sich freilich manchmal mit einer Liebe, die früher nicht zu verspüren war. Einerseits ist er nun wirklich der Große, der, ohne selbst ein Zeugnis zu brauchen, solche ausstellen kann. Anderseits bereitet es ihm Spaß, Neulinge schwungvoll in den Morast des Opernkünstlerlebens, worin er sich selbst seit seiner Trennung von Virginia bedenkenlos versinken läßt, hineinzubefördern. Ist das zerstörerisch? Gewiß meint er es gut mit denen, für die er Empfehlungen schreibt. Da er seit seinen Jugendjahren für sich selbst Segen daraus erhoffte, sich mit Leib und Seele an die Oper zu verkaufen, an ihre Arbeitsgaleere wie auch an ihr Bordell, da es das Ziel seines Lebens war, in der Gesellschaft aufzusteigen, ihr Liebling, ihr Sonnenbursche zu sein, und da er dieses Ziel nur dadurch erreichen konnte, daß er ihre Regeln akzeptierte, erscheint ihm die Weitergabe seines Rezepts an jene, die es ihm gleichtun wollen, als ein nützliches Geschenk.[12]

Einen Anspruch der Gesellschaft aber will er nicht erfüllen, mit dem sie gerade in diesen Wochen lebhaft an ihn herantritt. Er soll sich wieder seinem Ruf und seinem neuen Stand gemäß vermählen. Reiche Mädchen aus verschiedenen Familien Neapels spekulieren auf seine

Hand. Doch in diesem Punkt muß er die Welt enttäuschen; da vertritt er eisenhart eine moralische Position. Virginia, die Frau an seiner Seite, seine Gefährtin vor Gott und der Welt, ist nicht zu ersetzen, auch wenn sie gestorben ist. Wo immer sie auch sei, sie existiert noch immer, und so wie früher ist sie seine Frau. Entsprechend ist er immer noch ihr Mann — ebenfalls so wie früher: körperlich treulos, in der Gesinnung treu und voller unzerstörbarer Liebe.[13]

Derweilen wird ihm im Königspalast weiterhin frech die Narrenkappe auf den Kopf gesetzt. Wie er vernommen hat, will ihm der Innenminister 60 Dukaten schenken. Bei ihrer letzten Begegnung hatte er ihm zugesichert, daß sich die Regierung in der Direktorsfrage im kommenden Jahr entscheiden werde. Im kommenden Jahr! Und als Entschädigung 60 Dukaten! Bei seiner Auferstehung warf der *Roberto* an einem Abend 550 Dukaten Kasseneinnahmen ab! Die Ronzi bezieht für einen einzigen Auftritt als Elisabetta 100 Dukaten! Ihn aber, der diese finanziellen Wunder mit seiner Musik ermöglicht, speist man mit einem Schmerzensgeld von 60 Dukaten ab! Nach seiner Rückkehr aus Venedig will er sich bei Toto einquartieren und den Herrn Innenminister brieflich um eine Erklärung bitten: Bekommt er die Stelle, ja oder nein? Und bis die Antwort des Ministers eintrifft, bleibt er gemütlich in Rom — Auslandaufenthaltsbewilligung und Lehrerpflichten am Konservatorium hin oder her! Von seinen Funktionen als Musikdirektor der Königlichen Theater hat er sich nach der Vorenthaltung seiner Logenplätze bei der Premiere seiner eigenen Kantate ohnehin befreit. An diese Stadt binden ihn nur noch wenige Formalitäten.[14]

Wenn sich nur das Meer beruhigen würde, so daß er nicht gezwungen wäre, die ganze weite Strecke nach Venedig in der Kutsche zurückzulegen! Früher, da war es anders, da ließen ihn solche Strapazen kalt. Jetzt spürt er das Alter in den Knochen und sehnt sich nach etwas Bequemlichkeit. Noch schmerzlicher aber drückt ihn der Schuh an einer anderen Stelle. Wie kommt er darum herum, nach Bergamo zu fahren? Schon im vergangenen Dezember wünschten ihn Dolci und Mayr wiederzusehen; doch die Zerstörung des Fenice erlaubte es ihm, den Hügel zu meiden. Dabei war ihm damals ein Besuch längst nicht so unerwünscht wie heute, nachdem die Stadt im letzten Jahr zu einem Mahnmal seiner Schande geworden ist. Und doch ist wieder ein Jahr vergangen, seitdem ihm seine Freunde letztmals gegenüberstanden. Nun werden sie nicht mehr so leicht zufriedenzustellen sein...[15]

Einstweilen jedoch soll Toto den Florentiner Bibliothekar Giampieri bitten, Madama auszurichten, daß er sie auf seiner Reise in den

Norden, wie immer bei solchen Gelegenheiten, besuchen werde. «Wer, was, Madama?» hört er Toto in seinem inneren Ohr neugierig fragen. Das würde ihm so passen! Nur gemach und keine Indiskretionen! Giampieri weiß Bescheid, und das genügt.[16]

Am 25. November ist der *Roberto* erneut von der San-Carlo-Szene verschwunden; jetzt liegt die Ronzi krank im Bett. Zwei Tage später bewirkt die Uraufführung der krampfhaft heiteren *Messa di Gloria e Credo* in der Kirche San Ferdinando jenen überaus weltlichen Rummel, den Donizetti vor dreieinhalb Wochen seinem jüngsten *Requiem* ersparen konnte. Am 4. Dezember ist er verreist.[17]

Im winterlichen Venedig spürt er erdrückend die Vaterstadt auf dem Berg. Mayr genießt Großvaterfreuden — er selber hat es nicht einmal zum Vater gebracht. Ist es ein Zufall, daß sein Lehrer vor Jahren im gleichen Haus an der Strada Nardones wohnte, wo er, sein Schüler, menschlichen Schiffbruch erlitt? Francesco geht es freilich auch nicht besser. Doch nach Gaetanos Ansicht bekam der unnütze Kerl vom Himmel keine Seele, um die Dimensionen des Alleinseins zu erfassen. Er aber ist als einziger zu lebenslanger Einsamkeit verdammt — im Angesicht aller, die nun in Bergamo auf ihn warten. Nein, er kann auch jetzt nicht dorthin fahren!

Und kalt ist auch Venedig für ihn geworden... Die Fröhlichkeit des *Belisario*-Winters, der schwungvolle Ausflug ins Ungewisse ein Jahr darauf, als er die *Pia* unterbringen mußte — alles ist vergangen und vorbei. Und die *Rudenz*, die dritte Winter-Uraufführungsoper für das Fenice innert dreier Jahre? Er hat sich's ja gedacht! Das Publikum schüttelt bei der Premiere vom 30. Januar und bei der zweiten Aufführung nochmals entschieden den Kopf. Soviel Horror geht ihm zu weit. Zu einer dritten Verurteilung läßt es die Direktion gar nicht erst kommen und setzt die *Parisina* auf das Programm. Auch diese ist todessüchtig und wartet mit Greueln auf, zeigt aber auch Lebensfreude, während die neue Oper nur von einem allgemeinen Ekel kündet und eigentlich nicht einmal mit dem Tod so recht von Herzen sympathisiert. Donizetti aber hat in Venedig nichts mehr zu suchen und rollt schon am 4. Februar und während der folgenden Tage unter Umgehung von Bergamo und ohne erpresserisches Verweilen in Rom zurück nach Neapel.

6. Menschlicher Aufschwung
März bis Juni 1838
Gabriella di Vergy (Fassung 2), Poliuto

Hier geht der Reigen der Audienzen mit König und Innenminister weiter. Bei der ersten, am 6. März, sagt Donizetti, was er zu sagen hat, und überdies schon mehr als einmal sagte. Der König lächelt und spricht: «Auf Wiedersehen, Cavaliere!» Donizetti liest — naiv wie immer — aus diesem Lächeln und aus dem Ton des Herrschers Sympathie heraus. Darum hakt er wieder ein, gesteht bescheiden, daß er, wenn er sich nicht selbst für würdig erachten würde, das Konservatorium zu leiten, einem Ruf nach Paris Folge geleistet hätte, läßt erkennen, daß er das letzte Wort in dieser Sache noch gar nicht gesprochen habe, und bittet deshalb um prompten Bescheid. Da drückt ihm der König kräftig die Hand — herzlich, ja leidenschaftlich dünkt den Komponisten dieser Händedruck —, sagt, es sei gut, «auf Wiedersehen, Cavaliere», und lächelt wieder. Und auch Donizetti lächelt. Mit wieviel Grund zur Hoffnung, das überlegt er sich erst später. Zu einem schlüssigen Ergebnis kommt er nicht.[1]

Mit dem Hinweis auf seine Pariser Chancen hat er den Mund im übrigen eher zu voll genommen. Sein Famulus in Paris, der Advokat Micchele Accursi, ist nämlich erst damit beschäftigt, ihm ein Angebot zu vermitteln. Zwar schickt er ihm regelmäßig himmelhochjauchzende Briefe mit Ankündigungen des nahen Sieges, doch ist der Inhalt dieser Schreiben so verschwommen, daß zu vermuten steht, sie wären wohl etwas konkreter, wenn er den Sieg wirklich in Aussicht hätte. Viel Wind für seine Segel verspricht sich Accursi von der endlich, nach fast schon fünfjährigem Hin und Her, geplanten Pariser Premiere der *Parisina*, der er zusammen mit einem Landsmann feierlich bescheinigt, daß sie das bessere Werk als die *Lucia* sei. Das stößt den Meister in Neapel nicht im geringsten vor den Kopf, im Gegenteil: Was hilft ihm die *Lucia*, wenn seine Zukunft jetzt am Faden der *Parisina* hängt? Hoffentlich ist sie das bessere Werk![2]

Er steht genau am gleichen Punkt wie vor seiner Abfahrt nach Venedig. Seine Zukunft in Neapel, seine Zukunft im Ausland, alles ist ungewiß. Seine Beziehung zur Stadt seiner Kämpfe, seiner Freunde, seines Publikums, zur Stadt, in der er ganz bestimmt am besten überleben würde, setzt er nun schon seit mehr als einem halben Jahr einer brutalen Prüfung aus. Warum? Weil ihn sein Dämon drängt, sich ohne Virginia verantwortungslos dem Sog nach Paris, dem Sog des Goldenen

Rings, dem Sog des Todes anheimzugeben. Und diese Belastungsprobe, die ihn wegen seiner Liebe zu Neapel täglich schmerzt — verrät er es doch durch seine Bereitschaft, bei einer auch nur halbwegs klaren Abweisung des Königs auf und davon zu gehen —, hält immer noch an. Auch ist die Tür von Virginias Zimmer immer noch zugesperrt; ja er bringt es nicht einmal fertig, ihren Namen mündlich oder schriftlich auszusprechen. Immer noch lebt er in Saus und Braus, mit einer Maske der Fröhlichkeit auf dem Gesicht; immer noch schwört er auf das Mittel der Zerstreuung, obwohl er nicht mehr glaubt, dadurch geheilt zu werden. Immer noch vertraut er einzig Toto an, wie schlecht es ihm in Wahrheit geht, nur ihm gegenüber wehrt er den Eindruck ab, den sein Verhalten erwecken könnte, als hätte ihn der Tod Virginias nicht eben tief erschüttert.

Nun ja, er will Mätressen haben, das ist sicher. Doch lieber als alles hätte er wieder die Ehe, die Ehe mit ihr. Seine einzige Oase war die Wohnung, wo sie lebte, auf ihn wartete und ihn pflegte. Auch wenn diese Wohnung manchmal zum Gefängnis wurde, weil er sexuelle Abenteuer brauchte: seine Oase blieb sie doch. Schon damals konnte ihm keine Mätresse das Glück der Ruhe bei Virginia ersetzen — jetzt, da er sie verloren hat, erst recht nicht mehr.[3]

Deshalb bedeutet es für Gaetano eine schwere Freundschaftsprobe, als sich Toto ungeachtet seiner Klagen, daß er nach dem Tode seiner Braut und seiner Schwester zu nichts mehr tauge, nochmals auf Freiersfüße begibt. Ist das gerecht? muß sich sein Schwager fragen. Toto soll glücklich werden, er aber, der sich nicht weniger stark nach einer Familie sehnt, muß ewig einsam bleiben?[4]

Doch seine Sympathie für Toto überwiegt. Weder wirft er ihm Verrat an seinen Prinzipien vor, noch macht er ihm allzu deutlich, daß er sich nun in Zukunft neben ihm noch viel verlorener fühlen wird. Ganz väterlich-ruhig rät er ihm, seinem Instinkt zu folgen und Isabella zur Frau zu nehmen. Ein unverheirateter, alternder Mann (wie er!) müsse bestimmte Freuden mit Geld bezahlen, ohne daß in diesem Preis ein Lächeln inbegriffen sei, das aus dem Herzen komme. Auch sei es an der Zeit, daß eine andere im Hause Vasselli die Zügel ergreife als die «arme Alte». Wie die Verlobung wenig später wirklich abgehalten wird, verheißt er der Braut Musik zum Singen und Spielen im Überfluß, verlangt zu wissen, ob das Mädchen der Schwiegermutter gefalle, und weidet sich an der Vorstellung, daß Toto zusammen mit ihr in Rom die *Pia* kennenlernen und gewiß beim Tod des «Schurken» Ghino, jenem strotzendsüßen Arioso, weinen werde...[5]

Trotz seiner noblen Überwindung aber steht er außerhalb des Schicksals seines Schwagers, und seine eigene Zukunft hängt in der Schwebe. Überdies vermochte ihm die schlechte Aufnahme der *Rudenz* den Glauben an seine Gestaltungskraft, den er verloren hatte, nicht zurückzugeben. Zu allem Elend erschien im Norden ein weiterer anonymer Artikel aus dem Lager seiner Feinde ... — Doch da empfängt er unerwartet einen Strahl der langvermißten Schaffensgnade.

Ein Zufall war es sicher nicht, daß er, gezwungen, einen Stoff für seine nächste, spätestens im September uraufzuführende San-Carlo-Oper zu finden, auf die alte *Gabriella* stieß, die er in unbewußtem Widerstand gegen Bellinis *Bianca* zwölf Jahre früher geschrieben hatte, ohne mit einer baldigen Theaterpremiere rechnen zu können. Man erinnert sich: Die inspirierteste Passage war die letzte Szene, in der Gabriella aus düsteren Träumen erwacht und diese von der Wirklichkeit bestätigt sieht. Es war das erste Opernende von bestialischer Grausamkeit, das Donizetti vertonte, und der Zusammenhang mit seinen bösen Vorahnungen für die Beziehung zu Virginia, die er in jenem Zeitraum knüpfte, lag auf der Hand. Nun ist das volle Unheil eingetreten, der Kreis hat sich geschlossen, und was der Meister damals mit Hilfe seiner prophetischen Gaben lustvoll schaudernd aus der Vorschau schilderte, nimmt er sich jetzt, nicht weniger lustvoll schaudernd, aber gezeichnet von den erlittenen Schlägen, aus der Rückschau vor. Das Textbuch wird umgearbeitet, und er vertont es ein zweites Mal — im besten *Assedio*-Stil. Wie sehr ihn das befreien muß, nachdem er schon früher beim Schaffen solcher Musik im siebten Himmel war, ist nahezu unvorstellbar.

Doch nachdem Barbaja einen der besteingestuften Tenöre der Gegenwart, Adolphe Nourrit, zum erstenmal in seiner Laufbahn nach Neapel locken konnte, sind die Wünsche dieses Herrn Gesetz, und Donizetti stößt auf Schwierigkeiten, der Tenorfigur der *Gabriella* jene Bedeutung einzuräumen, die sie haben müßte, um vom Sänger akzeptiert zu werden. Wohl oder übel muß er sich mit Cammaranos Hilfe einmal mehr um einen neuen Opernstoff bemühen. Daß er eine Truppe zur Verfügung hat, wie man sie selten findet — dem unschlagbaren Nourrit assistieren werden die Ronzi und Barroilhet —, erweist sich als schwacher Trost, sobald er merkt, daß das gewählte neue Sujet, das Christenverfolgungsdrama Corneilles, *Polyeucte*, seine Erfindungsgabe wieder schwächt. Wie im Falle der *Rudenz* rührt das Geschehen allzu sehr an seine tiefsten Wunden, als daß er sein eigenes Schicksal und die persönlichen Schuldgefühle, die damit zusammenhängen, beim Schrei-

ben vergessen könnte. Dies aber wäre die Voraussetzung, daß nochmals ein *Assedio* entstehen könnte.[6]

Die Hauptfigur der Oper, Paolina, eine Heidin im römisch verwalteten Mytilene, kann ihre Liebe zu Severo, der als Regierungsstatthalter des Kaisers die Christen verfolgt, nur dadurch ersticken und den Graben zwischen ihr und Poliuto, ihrem sinnlich ungeliebten Mann, der einer der Christen ist, nur dadurch überbrücken, daß sie sich ebenfalls zum Christentum bekennt und an der Seite Poliutos den Märtyrertod erleidet. Statt daß er nun zeigen könnte, wie die sexuelle Leidenschaft ein Liebespaar bis in den Tod verbindet — was ihn wieder inspirieren würde —, hat er zu zeigen, wie das Liebespaar vielmehr durch geistige Kraft vor dem Zusammenbruch der sinnlich passiven Beziehung notdürftig gerettet wird. Also muß der Komponist beschreiben, wie es in seiner eigenen Ehe im erotischen Bereich — nicht im Bereich der «absoluten» Liebe — wirklich war. Sonst pflegte er darzustellen, wie er es in seiner Ehe hätte haben wollen, wie es tatsächlich aber höchstens in den Armen von Mätressen war.

Aus ist es wieder mit der schöpferischen Schwelgerei. In seiner gewohnten, unreflektierten Art erläutert er Toto das Dilemma: der Stoff enthalte ihm zu wenig Sinnlichkeit, zu wenig Liebe. Trotz diesem tröstlichen Argument, das erst noch die Wahrheit trifft, ist er zutiefst bestürzt, wieder nicht schreiben zu können. Zusätzlich lähmend wirkt sich das Näherrücken des 30. Juli aus, des ersten Todestages seiner Frau. Mehr denn je ist er von seiner Ansicht überzeugt, der Himmel habe ihn verflucht, indem er sie ihm entriß. Sonst wäre er fruchtbar wie zuvor![7]

Einerseits ist er ja wirklich schöpferisch leer. Der Klang der neuen Oper *Poliuto* wirkt noch viel karger als die Musik der *Rudenz*, und er bemüht sich gar nicht erst, Cabalettafreude vorzutäuschen, sondern verzichtet auf typische Strettateile. Lediglich der Bariton, zu dessen Sprache bei Donizetti derartige Stücke einfach gehören, wird mit einer — aber nur mit einer — fulminanten Cabaletta ausgerüstet. In der Tat: Für Melodie- und Klangliebhaber ist der *Poliuto* wenig attraktiv. Aber er ist, zusammen mit der *Rudenz*, das ehrlichste Zeugnis des Komponisten über sich selbst.

Und wieder steht er am Gartenzaun von Totos Liebe, Verlobung und baldiger Ehe und späht verzweifelter hinüber denn zuvor. Als Toto vor ein paar Wochen seine Zukunftspläne zu erkennen gab, reifte in ihm die süße Frucht der *Gabriella*. Ganz gebrochen fühlte er sich nicht: er sollte binnen kurzem nochmals zum trunkenen Schöpfer, zum bacchantischen Verklärer sinnlicher Liebe werden. Jetzt, im Inferno des *Poliuto*, ist auch die Aussicht auf solches, einsames Glück versperrt. Jetzt steht er ganz und gar mit leeren Händen in der Wüste, in die ihn das Schicksal wies, und späht hinüber in den Blumengarten Totos und Isabellas.

Doch auch diesmal kann er seinen Groll bezähmen. Toto ist glücklich, und er soll es sein. Nur etwas erbittet er für sich selbst: das Komponieren. Seine körperlichen Lustexzesse helfen ihm nicht, das Leben zu ertragen. Nur das Komponieren kann ihn retten. Und Toto selbst soll diese Gnade für ihn erwirken. Über den Gartenzaun hinweg ruft er ihm zu, er solle für ihn beten. Damit er wieder komponieren kann.[8]

Sechstes Kapitel
OPERN, GELD UND EHRE

1. Beim Buhlen um den Goldenen Ring
Mai bis Oktober 1838

Inzwischen tat sich in Paris doch einiges zu Donizettis Gunsten. Zu Beginn des Mai durfte er seine beziehungsweise Accursis Beziehungen zu den Leitern des Italiener Theaters als «eng» bezeichnen. Indessen wünschte er sich vor allem eine Weltpremiere an der Großen Oper, wo sich der ganze kulturelle, finanzielle und ständische Adel der angeregtesten Hauptstadt Europas trifft, wo jedes Ereignis Scharen von Journalisten als Artikelfutter dient und deshalb später in der halben Welt zur Kenntnis genommen wird — kurz, wo ein Komponist in Donizettis immer noch kindlichen Augen wie ein Krösus leben muß.

Ende Mai war er ein schönes Stück vorangekommen. Bei ihm zu Hause lag ein Dokument von allergrößtem Wert. Unwiderlegbar glänzte die Tinte, glänzte der Namenszug: Charles Duponchel, Direktor der Opéra. Und war es die Möglichkeit? Zwei Opern, nicht nur eine, wurden von ihm verlangt! Zwei Werke aus seiner Feder für die Opéra, die große Arena, für den Theaternabel der Welt! Jetzt aber hieß es kühlen Kopf bewahren. Jetzt galt es diesen Herren in Paris anders entgegenzutreten als vor vier Jahren. Jetzt mußte er ihnen die richtige Antwort geben, in bestem Französisch, geschliffen und raffiniert — teilweise immer noch unterwürfig, das gewiß, das war er ihnen schuldig, teilweise aber auch bestimmt, denn schließlich konnte er es sich erlauben, mit «Caietan» Donizetti zu unterzeichnen (und «Donizetti» diesmal erst recht vornehm mit einem Zet).

Er erklärte sich geschmeichelt, daß der berühmte Eugène Scribe für ihn das Textbuch verfassen wolle, merkte aber auch an, daß er Accursi beauftragt habe, Scribe mit seinen, Donizettis, Vorstellungen vertraut zu machen. Er liess den großen Duponchel erkennen, daß ihn die Würde der Verpflichtung fast ein wenig ängstige, zog aber aus diesem Bekenntnis die Konsequenz, daß er, um ruhig ans Werk zu gehen, die gleiche Behandlung brauche wie seine französischen Komponistenkollegen, daß mithin das Textbuch ebenfalls fünf Akte enthalten und daß er die besten Sänger der Bühne bekommen müsse. Ferner verlangte er für seine Oper eine dreimonatige Probezeit von täglich drei Stunden. Caietan Donizetti.[1]

Der Versand dieses Briefes an Duponchel schloß den jahrzehntelang geführten Kampf des Komponisten mit der unsichtbaren Macht des Goldenen Ringes äußerlich ab. Die Würfel waren gefallen: Er hatte sich ihm verschrieben. Tage darauf war er entschlossen, als Lehrer, Prodirektor und Direktorskandidat des Konservatoriums von Neapel seine Dienste aufzukündigen.[2]

Er verdiene hier zuwenig, heißt es in seinen Briefen; im Ausland zahlten die Impresarios andere Summen. Leider sei der König krank, sonst würde er schon heute demissionieren. Ja, das sei nun einfach so; er habe sich nun einfach in den Kopf gesetzt, im Ausland «so viel Geld zu machen wie nur möglich». Und in der Tat, es ist nun einfach so. Er will nun einfach nicht mehr nur die Ehre, sondern auch das Geld. Konkret veranlaßt zu dieser Änderung seiner Devise wurde Donizetti durch den Tod Virginias: durch die Unmöglichkeit, allein im Trauerhaus zu bleiben, und seine höchstens vorübergehend bekämpfte dunkle Sehnsucht nach dem Verderben. Ferner, nur am Rande, nur als Anstoß zu seinem Entscheid, war es die Kränkung, die er vom König erfahren hatte und die er zur Kränkung durch die ganze (immer noch geliebte) Stadt Neapel stilisierte.

Am 12. Juni ist Ferdinando nach vollzogener Genesung einschließlich einer Sizilienreise, die Donizettis Audienz nochmals verschleppte, endlich bereit zu hören, was sich der Maestro heute von der Seele reden möchte. Sieh einer an: Der Maestro ersucht um seine Entlassung! Wie zieht man sich da aus der Affäre? Man nimmt das Gesuch entgegen, kann aber, was die Genehmigung und Detailfragen wie den Kündigungstermin betrifft, noch nichts Genaueres sagen. Man hat alsbald den diplomatischen Charakter des Auftritts erkannt: das hier ist keine Demission, die freilich zu beklagen wäre, das ist bloße, bauernschlaue Strategie. Es geht wie immer um den Direktorsstuhl! Jedenfalls — bis zum nächsten Mal: wir wollen sehen, was sich machen läßt.[3]

Aber Donizetti selber meint es tödlich ernst mit seiner Kündigung, so daß er nicht einmal im Schlaf auf den Gedanken käme, sie könnte im Königspalast als Mätzchen betrachtet werden. Für desto größer hält er die Gefahr, daß ihm der Herrscher die Bitte verweigern, ja vielleicht sogar verbieten könnte, auszureisen, um eine Garantie zu haben, daß er nicht auf Nimmerwiedersehen nach Paris verschwindet. Vor allem diese drakonische Lösung wäre fatal. Wenigstens dann, wenn Duponchel und seine Leute dabei bleiben würden, ihn zu engagieren, obwohl er das Libretto Scribes in todesmutiger Entschlossenheit nach Frankreich retournierte, weil es in seinen Augen einen Überschuß an

Schlachten und ein Defizit an Schäferstündchen enthielt. Sich wieder einen *Poliuto* aufzuhalsen und wieder Gefahr zu laufen, uninspiriert zu sein — nein, da verzichtet er sogar noch lieber auf das Märchen Paris![4]

Nun aber sitzt er gänzlich im Dunkeln, und alle Karten, die es ihm erlaubten, die Zukunft mit zu gestalten, hat er verspielt. Mitte Juli schreitet die Arbeit am *Poliuto* nach zweimonatiger Plackerei dem Ende entgegen, und er verbringt seine Tage in bangem Warten. Wird man ihn in Paris doch nicht entbehren wollen? Wird er ein neues Libretto bekommen? Und wird ihn dann der König von Neapel gehen lassen? Was ist doch Accursi für ein wirrer Schwätzer; seit einem vollen Dritteljahr zirkulieren nun schon die Briefe, und was haben sie gebracht? Nicht den Hauch einer Gewißheit! Er meint es ja gut, Micchele; er hat den Narren an ihm gefressen und will ihn auf Biegen und Brechen bei sich haben; aber was nützt ihm das? Er kann sich nicht damit begnügen, in Eintracht mit Accursi durch Paris zu bummeln, ihn reizen auch die Ehren — und das Geld.[5]

Weitere Sorgen macht er sich — mindestens gegen außen — um das Schicksal des *Poliuto*. Er wußte seit langem, daß der Stoff, so unamourös und feierlich christlich er für ihn selber ist, dem König, diesem in sein kirchentreues Königtum und seine daraus abgeleitete Erhabenheit verliebten Frömmler, als das pure Gegenteil erscheinen muß, nämlich als kirchenfeindliches Dynamit. Und in der Tat: Die Rolle der christlichen Offenbarung in Cammaranos wie gewohnt bei allem Mystizismus nicht gerade klerikalem Text ist eher zweifelhaft. Der König freilich ist vor allem deshalb ungehalten, weil Heilige der katholischen Kirche auf seiner eigenen Bühne als Opernfiguren agieren sollen. Und Donizetti wußte um diese Gefahr. Er wäre verpflichtet gewesen, das Gespräch mit der Zensur zu suchen, doch in seinem abgrundtiefen Pessimismus und weil er instinktiv nach Gründen haschte, sich von Neapel loszusagen, ließ er den Dingen ihren Lauf.

Das Unvermeidliche geschieht: Der *Poliuto* wird verboten. Und die Theaterleitung bombardiert den Komponisten mit schwerem Geschütz. Ob es nicht an ihm gewesen wäre, bei der Zensur Erkundigungen einzuziehen? Habe er nicht zusammen mit Cammarano den Stoff in aller Heimlichkeit gewählt und ausgeführt, und die Theaterleitung habe dreimal raten dürfen, mit was wohl die Herren beschäftigt seien? Doch Donizetti, nicht unvorbereitet auf diesen Angriff, pariert ihn mit scharfer Klinge. Ei, warum beehre ihn Barbaja plötzlich mit Briefen und habe es nicht schon früher getan? Hätte sich die Theaterleitung nicht auch an sie, die Autoren, wenden und sich mit ihrer Arbeit befassen

Der Zensurierungsdrang des konservativen Königs beider Sizilien, Ferdinandos II. *(oben)*, war für Donizettis Opernpläne eine ständige Gefahr. Weil er darauf verzichtete, den Komponisten zu umwerben, reiste dieser trotzig nach Paris und gab sich trotz bedeutenden Erfolgen, besonders am Italiener Theater *(unten)*, einem Lebenswandel hin, der seinen Untergang besiegelte.

können, um allenfalls ein Machtwort zu sprechen, solange der Tag noch vierundzwanzig Stunden hatte? Aber die Gegenpartei ist auch nicht verlegen. Am 25. August verlangt sie von ihm die laut Vertrag zu diesem Zeitpunkt abzuliefernde neue Oper. Freilich, der *Poliuto*, der für diese Rolle vorgesehen war, ist ausgeschaltet; so muß es nun einfach eine andere sein. Dem Komponisten bleibt die Sprache weg, allerdings nur für ein paar Augenblicke. Hörte er recht? In vierzehn Tagen, zwischen dem 12. und dem 25. August, hätte er eine neue Oper aus dem Boden stampfen sollen? Ob man als Künstler seinem Genie mit Ruten befehlen könne? (Nun hat er die befürchtete Demütigung: Sein nicht mehr gerade phänomenales Tempo beim Schreiben kommt an den Tag. Doch macht er, wie man sieht, das Beste aus dieser Lage.) Und ob er etwa in der Zwischenzeit müßig gewesen sei?[6]

Tatsächlich, müßig war er nicht gewesen. Cammarano legte der Zensur ein neues Textbuch zur Musik des *Poliuto* vor, *I Guebbri*, das gleichfalls verworfen wurde. Anschließend trat der Komponist mit einem dritten Vorschlag hervor: der in halb Italien verbotenen und in Neapel erst recht unmöglichen *Lucrezia Borgia* ein früher anderswo zum gleichen Zweck gezimmertes Textbuch *Elisa Fosco* zugrunde zu legen und sie in dieser Form zu inszenieren. Doch für die Zensur von König Ferdinando erwies sich auch diese *Elisa* als ein Werk des Bösen. Nun also, hat er nichts getan? Und ist es seine Schuld, wenn seine Anstrengungen zu keinem Ergebnis führten?

Trotz seiner raffinierten Taktik aber kann der Meister weder die Zensur besänftigen, die plötzlich nur noch Happy-Ends passieren läßt und deshalb auch die *Pia* in ihrer ursprünglichen Fassung mit einem Verbot belegt, noch die Theatergesellschaft, der er ein Strafgeld von 300 Scudi (rund 1500 Francs) entrichten muß. Der *Poliuto* ist unaufgeführt, die Billigung seiner Demission als Konservatoriumslehrer ist unausgesprochen und ein Vertrag mit der Opéra nicht unter Dach, als Donizetti anfangs Oktober, allem Verqueren und Ungewissen der Situation zum Trotz, auf dem Seeweg verreist, Frankreich entgegen. Trostvermittelnde Begleiter sind ihm die Partitur der Märtyrer-Oper, die nach ihrem eigenen Martyrium immerhin unberührt geblieben ist und ihm gehört, sowie die Auslandaufenthaltsbewilligung des Königs von Neapel, befristet auf ein Vierteljahr. Mit diesem Gepäck reist er in eine Zukunft, von der er sich dreierlei erhofft: Opern, Ehre und Geld.

2. Vom Goldenen Ring umbuhlt
Oktober 1838 bis Juli 1839
Les Martyrs, Le Duc d'Albe

Am 12. Oktober ist er in Genua. Nachdem sich das Schiff von dort durch eine aufgepeitschte See nach Marseille durchgeschlagen hat, trifft es am folgenden Tag um 19 Uhr 30 ein und damit zu spät, als daß die Ausquartierung der leidenden Passagiere durch die Behörden vor dem nächsten Morgen angegangen werden könnte. Nach Donizettis ersten vierzig Schritten auf dem Festland trennt ihn ein Windstoß von seinem Hut, der eine wachsende Anzahl Gemüter erregt und Hände beschäftigt, bis ihn ein Korporal vom 18. Regiment erwischt. Überhaupt, die Marseiller Winde: sie speien denen, die sich aus ihren vier Wänden herausgetrauen, portionenweise Steinchen ins Gesicht. Donizetti kommt nicht umhin, aus dieser Behandlung durch die Naturgewalten einen gleichnishaften Sinn herauszulesen: Kaum steht er auf französischem Boden, bewirft man ihn schon mit Steinen ...[1]

Einen knappen Monat später, in Paris, wo er das gleiche Haus wie Adolphe Adam bewohnt, der Opernkomponist, mit dem er sich rasch befreundet, scheint diese Befürchtung unbegründet. Kaum angekommen, hat er wahrgemacht, was er sich in Neapel scheinbar überheblich prophezeite: daß er am Schauplatz von Accursis Aktivitäten in zwei Tagen dasselbe erreichen würde wie sein Helfer in zwei Jahren. Vom Italiener Theater wurde er beauftragt, den *Roberto Devereux* sowie das *Elisir d'Amore* einzustudieren und für die vorgesehenen Erstklaßkräfte mit neuen Stücken zu ergänzen. Für die Opéra aber wird er den *Poliuto* — dieses doch eher spröde und intime Werk — in eine Arena für tanzende Gladiatoren und in einen Kleiderständer für die prächtigen Kostüme der hauseigenen Schneidermeister verwandeln. Eine vieraktige Große Oper soll daraus werden. Eugène Scribe wird das Libretto übersetzen und umgestalten.

Und in der Crème der Gesellschaft schwimmt Donizetti obenauf, bevor er überhaupt mit einem dieser Werke von sich reden machte. In Auguste de Coussys Geldmagnaten- und Botschafterkreisen ist er sofort ein gern gesehener Gast. Die Damen in ihren Parfumwolken und flutenden Abendroben bestürmen ihn, zum voraus entzückt, um Noten und Autogramme. Die einflußreichen Herren stellen ihn diskret anderen Herren vor. Gipsbüstenplastiker und Porträtisten interessieren sich brennend für seine Züge. Er findet «tausend Möglichkeiten, Geld zu verdienen», aber — was ist bloß mit ihm geschehen? — an diesen

Möglichkeiten keinen Geschmack. Er lächelt, schäkert, parliert, wirft hier eine Melodie, dort eine Romanze, dort einen Namenszug auf das Papier, führt einen regen Handel mit Visitenkarten, spricht munter den ihm vorgesetzten flüssigen und festen Delikatessen zu, betätigt sich als Don Giovanni von fast übermenschlicher Potenz, lebt also wie ein Gott in Frankreich oder wie Rossini auf der Höhe seines Ruhms, kämpft aber im stillen gegen ein Ersticken und legt sich Rechenschaft darüber ab, daß ihm gerade das Glück Rossinis fehle. Wohl empfängt er wie Rossini die Gaben der Welt, aber das Glück besteht im Talent, genießen zu können, und immer noch scheint Virginias Tod dieses Talent — sofern es je in ihm vorhanden war — zerstört zu haben.[2]

Die Hauptursache seines Unbehagens aber ist die Einsicht, daß er sich blindlings dem Teufel verkaufte. Plötzlich erkennt er, was er tat. Er verriet die Prinzipien Mayrs und seines Vaters, verließ Neapel, wo man ihn liebte, nahm die Enttäuschung seines treuen Publikums und seiner Studenten reichlich ungerührt in Kauf und suchte den kalten Flitter der «Schönen Gesellschaft». Er machte das gleiche, was Giuseppe machte, als es ihm selber wegen seiner bisher ausgebliebenen Karriere gar noch nicht möglich war, sein Beispiel zu befolgen. Damals war es einfach, Giuseppes Entscheidung für den Reichtum mit den moralischen Kalendersprüchen ihres Vaters anzugreifen: wie Andrea schien auch Gaetano zum Scheitern bestimmt. Und jetzt, da er zum erstenmal die Freiheit hatte zu wählen? Wählte er prompt Giuseppes zweifelhaften Weg!

Aber Gaetano redet sich ein, er sei gewissermaßen als Experte in Paris, um sich das ganze dekadente Treiben einmal anzusehen und sich zweifellos nach kurzer Zeit in Anbetracht seiner tatsächlich erschreckenden Dekadenz daraus zurückzuziehen. Dieser Kunstgriff erlaubt es ihm, trotz seines in Wahrheit vollzogenen Sündenfalls, Andreas Kalendersprüche wieder zur Hand zu nehmen und gegen Paris ins Feld zu führen. Als wäre er der Richter, nicht der Angeklagte. Und sein effektiver Richter, sein Gewissen, fällt wirklich darauf herein und läßt sich beschwichtigen.

Nach seinem Urteil, schreibt er Dolci, sei es vertretbar, genug zu verdienen, um maßvoll gehoben leben zu können — doch eigentliche Geldscheffelei und Ausgabenwut, eigentliche Vergnügungsexzesse: nein! Nun werde er also komponieren, nie geahnte Mengen Geld verdienen, noch mehr komponieren, noch mehr Geld verdienen — aber wo führe das hin? Sinnlos werde dieses Geldverdienen bald einmal geworden sein: Sobald es ihm all sein Erspartes erlauben werde, sich wie

Rossini zur Ruhe zu setzen. — Nun, wenigstens dieser Gedanke, so sorglos er klingt, wurzelt in tiefem Ernst. Da er infolge seiner menschlich-sozialen und künstlerischen Komplexe bis zum Tod Virginias darauf beharrte, daß er Opern schreibe, um eine Familie zu ernähren, fällt es ihm schwer, sein Schaffen anders zu begründen.[3]

Schon nach Ablieferung des revidierten *Poliuto* — fährt er Dolci gegenüber fort —, für den er 15 000 Francs bekommen werde (also nun endlich das Bellini-Spitzenhonorar), bleibe ihm gar nichts mehr zu wünschen und zu wollen übrig! Deshalb gedenke er nach der Aufführung schleunigst zu fliehen, zurück nach Neapel, wo er wieder atmen und sich überhaupt der Muße ergeben wolle. Immerhin ist er ehrlich genug, bei dieser Gelegenheit zu bemerken, daß er dem Theater freilich gern den Rücken kehren würde, daß er es aber ungern sähe, wenn das Theater seinen Willen respektierte. Ach, wie ist er gespalten! Er weiß doch, daß es aus seiner Lage schwerlich einen Ausweg gibt. Doch weil er sich weigert, diese bedrückende Tatsache anzuerkennen, vertraut er seine verräterischen Gedankenkonstruktionen nicht etwa dem klugen Toto, sondern dem harmlosen Dolci an.

Zur gleichen Zeit beziffert sich der Geldbedarf des Komponisten pro Monat auf 800 Francs und wird noch beständig wachsen — von Sparanstrengungen im Hinblick auf ein zurückgezogenes Leben nach der Premiere des *Poliuto* kann also nicht die Rede sein. Da seine Erträge in die feuersicheren, allerdings etwas dunklen Tresore Auguste de Coussys wandern, kann er bei dessen Bank jederzeit Geld beziehen. Herr de Coussy regelt die Bilanzen, er selber braucht sich um nichts zu kümmern und hat von früh bis spät ein volles Portemonnaie. Ob diese Regelung geeignet ist, ihn von Paris zu trennen, bleibe dahingestellt. Er spricht von einem Eigenkapital von 100 000 Francs. Wie ist er dazu gekommen? Wundertaten des Goldenen Rings, vermittelt durch dessen Minister, Auguste de Coussy! Wie sollte er sich von solchen Mächten lösen können? Auch daß er beschließt, Francesco als Weihnachtsgeschenk ganze fünf Francs zu spenden, spricht nicht gerade für eine Besinnung auf menschliche Werte, Mayrsche Pflichterfüllung in engem Rahmen und häusliches Glück. Und schließlich trägt er als Künstler zum Aufbau eines eigenen Imperiums in Paris alles Erdenkliche bei, ohne von Skrupeln bedrängt zu werden. Weist dies auf Abschiedsgedanken hin?[4]

Trotz seinem Ruf als Komponist naiver «Drehorgelweisen» wie auch als unbesonnener Schnellfabrikant erhält er nach den Aufführungen des *Roberto* und des *Elisir* Zulauf von allen Seiten, auch aus dem

Lager anspruchsvoller Intellektueller. Sophia Gay-de Lavalette, eine gebildete Gesellschaftsdame, lobt ihn in einem persönlichen Brief für die besondere Mischung von Frohsinn und Melancholie im *Elisir d'Amore*. Sie hat begriffen, daß es auch in diesem Buffa-Werk um bitterernste Dinge geht. Zur engsten Gefolgschaft des Komponisten zählt das Autorengespann Alphonse Royer und Gustave Vaez. Im Vorwort zu ihrer französischen Übertragung des Libretto der *Lucia* stellen sie sich begeistert hinter seine Kunst, verbinden diese schmeichelhaften Äußerungen aber mit einer kritischen Analyse des städtischen Opernbetriebs und seinen Folgen für das ganze Land ... was Donizetti stutzig machen sollte.

Sie hätten die *Lucia* deshalb übersetzt, damit die Provinztheater des Landes ihren Gästen einmal etwas anderes als leichtgeschürzte Opéras comiques (Singspiele auf französische Libretti mit heiterem Inhalt und viel gesprochenem Dialog) anbieten könnten. In allen Regionen Frankreichs seien die Musikliebhaber ausgehungert nach feinerer Kost und hätten ein Anrecht, von der Donizetti-Welle, die über ganz Europa flute, zu profitieren. Sie sollten jedoch, wie bei den Opéras comiques, verfolgen können, was in diesen Werken auf der Bühne vor sich gehe; deshalb die Notwendigkeit französischer Versionen. Daß die Provinztheaterdirektoren keine ernsten Werke in der Landessprache, also keine *Serias* französischer Meister brächten, sei auf die Große Pariser Oper zurückzuführen. Deren Laster, haufenweise Geld zu investieren, um aus jeder neuen (bekanntlich immer französischsprachigen) Oper eine Revue zu machen, bewirke, daß sich die Leiter der kleineren Häuser fragten, ob solche Stücke überhaupt mit einfachen Mitteln zu realisieren seien. Außerdem wüßten sie nie, auf welches Konto ein in Paris erzielter Erfolg mit einer Großen Oper gehe, ob auf das Konto des Komponisten oder der Regie.

Mit steigender Häufigkeit seiner Besuche zieht auch der Dichter Heinrich Heine, wie Accursi ein politisch Exilierter in Paris, das Italiener Theater der Opéra vor. Dabei gefallen ihm die kühnen Harmonien Giacomo Meyerbeers, der dort die erste Geige spielt, und seine Instrumentierungskünste, während er die Melodien Donizettis — anders als Frau Gay-de Lavalette! — zu Gaukelbildern ungetrübter Freude, zu harmlos heiteren «Schmetterlingen» erklärt (ganz zu schweigen von seiner Bemerkung, daß der Bergamaske fast so viele Opern produziere wie eine Kaninchenmutter Kaninchen, womit er diese Werke auch bereits untereinander verglichen hat). Aber doch, die «Schmetterlings»-Kultur der Italiener dünkt Heine am Ende tiefer zu loten denn in der

Opéra die Wechselbäder zwischen Kraftausbrüchen des Großorchesters und Flötensäuseln, zwischen Mammutchören und Tenorromanzen mit Harfe solo, zwischen Völkerschlachten und Küßchen im grünen Hain.

Und wenn schon nicht direkt Beteiligte dem Jahrmarkt der Großen Oper kritisch gegenüberstehen, wie dann erst unbekannte oder umstrittene Komponisten, welche Direktor Duponchel oder Direktor Léon Pillet für eines ihrer — ach! zu wenig konventionellen — Werke begeistern wollten und eine Abfuhr erlitten! Was für ein vernichtendes Gemisch von Haß und Verachtung gegenüber dem Luxustheater, seiner Leitung, seinem Publikum und jenen Künstlerkollegen, die von diesen beiden Exponenten auf Händen getragen werden, gärt in solchen Außenseitern! Wenn einer von ihnen auch noch Hector Berlioz heißt, vier Jahre brauchte, um ein Bühnenwerk aus seiner Feder an der Opéra unterzubringen, dann aber dieses (den *Benvenuto Cellini*) vom Publikum als «Katzenmusik» verhöhnen lassen mußte... und wenn der gleiche Hector Berlioz die mit Beifall überhäuften Aufführungen anderer Komponisten regelmäßig bespricht, dann schlägt der Bumerang auf den Kulturkoloß zurück, dann prasselt ätzende Polemik auf ihn herunter, dann regt sich Schadenfreude unter der zeitungslesenden Intelligenz. Dann stehen nicht selten die Idole der Opéra-Gäste, die Starkomponisten, gebrandmarkt da und müssen mit dem Vorwurf fertig werden, aus Opportunismus leeren Schönklang für eine geistig ausgehöhlte bürgerliche Oberschicht zu fabrizieren.

Donizetti übt Vorsicht und kommt der Empfehlung zahlreicher Journalisten, «ihre» Zeitung zu abonnieren, ohne die gewohnte Knickrigkeit beim Geldausgeben für Außenstehende nach. Im übrigen schreibt er den *Poliuto* haargenau nach dem Geschmack der Opéra-Gäste um, dieses vom Bürgerkönig unterstützten finanziellen Adels, der alles liebt, was in den Ohren schmeichelt, seien es Lobhudeleien, sei es melodischer Schmelz. Dabei verrät er vor allem den *Poliuto*, dessen psychologisch wahre klangliche Kargheit er mit Terzen übertüncht, dessen religiös bestimmte Szenen er auseinanderreißt oder beseitigt und dessen qualvoll öde, aber eben deshalb sprechende Rezitative er durch die in der Großen Oper übliche, stark und dramatisch orchestrierte Deklamation ersetzt.[6]

Und doch: In seiner Sehnsucht nach moralischer Bestätigung für den von ihm gewählten Weg, nach menschlicher Wärme und nach Neapel gelingen ihm Stücke von ähnlicher Farbenpracht und ebenso echter Sinnlichkeit wie in der *Gabriella*. Die von der Opéra-Konvention verlangte Ergänzung des *Poliuto* mit üppiger Liebesmusik entspricht seinem Wunsch. Indem er sie schreibt, kann er sein Leid vergessen. Das neue Ballett verrät die gleiche schöpferische Trance, den gleichen erotischen Rausch, das gleiche himmlische Wohlbefinden wie die gelöstesten «Opern der neuen Kürze», wie eine *Pia*, ein *Assedio*. In seinen Augen begeht er keinen Verrat. Im Gegenteil, erst jetzt erfüllt er wieder jene Mission, die er beim Komponieren von *Maria de Rudenz* und *Poliuto* nicht mehr erfüllen konnte: die Mission, die sexuelle Liebe zu verklären. Doch er zerstört das aus sich selbst heraus gereifte, in sich selbst vollkommene Kunstwerk des *Poliuto* — aus Opportunismus, um an der *Opéra* durchzudringen.

Sein Werben um das Verständnis Dolcis mußte erfolglos bleiben; nicht weil der Segen seines Freundes zu seinen Haßtiraden gegen Paris und die von ihm verkündete Bereitschaft, sich von der Welt zurückzuziehen, ausgeblieben wäre, sondern weil er ihn zu leicht erhielt. Mit feuchten Augen pflichtete ihm Dolci in der stillen Kummer bei: Ja, das Gesellschaftsleben in einer so großen Stadt muß eine teuflische Sache sein, da bringt man sich am besten möglichst rasch an einem Ort wie Bergamo in Sicherheit. Nein, Dolcis Zuspruch war ihm keine Hilfe.

Deshalb wagt er einen nicht von vornherein erfolgversprechenden Schritt und wendet sich in einer langen, grabesdüsteren Epistel Mayr zu. So stellt er sich dem Urteil seines zweiten Vaters, der als erklärter Feind von leerem Schein und hektischen Gesellschaftsaktivitäten sein Leiden an dieser Situation gutheißen könnte.[7]

Mayr jedoch versalzt ihm die Suppe gründlich und läßt ihn — verdientermaßen — mit seinem Konflikt allein. Voller sanfter Ironie weist er ihn auf die Ziele hin, die er sein Leben lang unbeirrbar verfolgt und nun erreicht hat (seine — Mayrs — Ziele, die er am liebsten auch als die Ziele Gaetanos gesehen hätte, waren es ja nicht). Mit einer höflichen Verbeugung setzt er auf den Umschlag: «An den Chevalier Donizetti, sehr berühmten Meister der Musik», und im Briefinnern begrüßt er ihn mit den Worten: «Sehr geehrter Maestro und Freund!» Dann geht er zum Tadeln über... beileibe nicht für die getroffene Wahl, sondern für seine Klagen. Hätte er je gedacht, daß sich der «geistvolle, fröhliche» Bursche von einst zu einem «Misanthropen» entwickeln werde? Erschrecke man seine Freunde, ja schüchtere man sie ein, indem man ihnen unter die Nase reibe, daß man sie «nie mehr wiedersehen» werde (und eben mit diesem Kniff versuchte Donizetti sein Erbarmen zu erwecken). Er, Gaetano, sei integriert in die «brillantesten Kreise der elegantesten Stadt Europas», umgeben von «Theatern jeder

Sorte», die ihm samt und sonders offenständen. Er verfüge über ein «mit allem Luxus» eingerichtetes Zuhause, sei «entschieden unermüdlich im Schaffen», erfreue sich «höchster Gesundheit» (was allerdings nicht ganz stimmt) — und reagiere so? Er solle die lästigen Flöhe verscheuchen, solle zu einem «Heiligen Samen» greifen, welcher den Würmern den Garaus mache! Diese Empfehlung ist sein ganzer Trost. Und Donizetti hüllt sich in gekränktes Schweigen.[8]

Doch eine letzte Instanz, die er zu seinen Gunsten bemühen kann, ist ihm geblieben: sein erster, sein eigener Vater, Herr Andrea. Und da dieser Herr gestorben ist, kann er zu seinem Hausgenossen und Freund Adolphe Adam in voller Überzeugung sagen, daß es ihn tröste und stärke, an ihn zu denken.[9]

Aber warum erscheint ihm sein Vater nicht so sehr als Racheengel wie als Freund und Helfer? Weil Gaetano eben keinen zweiten solchen väterlichen Beistand hat, der ihn für seine Kämpfe lobt und sein Gewissen erleichtert. Nur zu Andrea kann Gaetano sagen: Seht Ihr jetzt, ich habe entgegen Euren Prognosen die höchste Stufe des Ruhms erreicht. Und seht, ich kämpfe auch dagegen, daß mich dieser Ruhm verdirbt. Ich will Paris verlassen, möglicherweise nach der Premiere, möglicherweise früher. Vielleicht entwische ich meinen Gönnern, bevor sie mich ganz umwickelt haben. Ich fliehe vielleicht bei Nacht und Nebel vor dem Rummel an der Opéra und vor dem vielen Geld, das man mir geben wird. Ihr seht, ich halte mich noch; ich bin noch nicht gefallen. Und weil Ihr das seht und glücklich darüber seid, daß Euer Sohn so viel erreichte, gebt Ihr ihm Kraft und Euren Segen.

So denkt Donizetti und fühlt sich von seinem Vater in der Tat getragen. Aber natürlich hat er auch zusammen mit Andreas Geist die innere Stimme, die ihm vorwirft, daß er sich am alten Herrn versündigt habe, aus ihrem Schlaf gerissen. Der Hügel von Bergamo nimmt wieder schärfere Konturen an und schreckt ihn stärker ab als in der ersten Pariser Zeit. Auch darauf ist es zurückzuführen, daß er Mayr prophezeite, sie würden einander nie mehr sehen: der Weg nach Bergamo erscheint ihm heute so unüberwindlich wie bei seiner letzten Reise nach Venedig. Und Dolci gegenüber formuliert er die Motive seines Widerstrebens gegen eine Fahrt in seine Heimat deutlicher denn je. Er fühle keinen Mut, dem Ort zu begegnen, wo seine Eltern gewesen seien und nicht mehr seien, und fühle ihn um so weniger, als seine Frau, die Anteil an seinen Eltern genommen habe, auch nicht mehr lebe.[10]

So ist es: Virginia liebte sie, doch kennengelernt hat sie sie nie. Sie suchte den Kontakt mit ihnen, sah kein Verbrechen in ihrer Herkunft, obwohl sie selber soviel «höher» stand, und sie versuchte die Familie Gaetanos mit ihrer eigenen zu verbinden. In Bergamo wäre es möglich gewesen, aber geschehen ist es nie. Er hat sie daran gehindert. Und dadurch steht er bei seinem Vater in tiefer Schuld.

Donizettis zweite Große Oper, von der schon in Duponchels erstem Brief die Rede gewesen war, die Oper *Le Duc d'Albe (Der Herzog von Alba)**, wiederum auf ein Textbuch Scribes, spricht unmißverständlich für die Übermacht seiner Gewissensbisse. Versetzte er sich im *Belisario*, wenige Wochen vor dem Tod Andreas — für den er nicht einmal ohne weiteres Medikamente bezahlen wollte —, in die Haut des Opernsohnes und konnte den Vater lieben, weil dieser ein Feldherr war, versetzt er sich jetzt, nachdem der Geist des toten Andrea halb tröstend, halb quälend über ihn kam, in die Haut des Opernvaters, der verzweifelt um die Liebe seines Sohnes ringt. Und dieser Vater ist nur noch scheinbar ein Held. Es ist der furchtbare Unterdrücker der Flamen, der Kriegsrechtsverwalter des spanischen Königs Philipp II., der Herzog Alba. Mit faschistischem Genuß wacht er in Brüssel, dem Schauplatz der Handlung, wo er bisweilen, starr vor Würde, auf dem Balkon des Regierungspalastes erscheint, über die Loyalität der unterdrückten flandrischen Bevölkerung zu ihren fremden Herren. Ein frostiger Wind — der Wind des wirklichen Brüssel! — pfeift durch die Partitur, erfüllt sie aber nirgends mit Bewegung, sondern mit Totenstarre. Langsame, trockene, grau-helle Märsche durchsetzen die Oper. Doch am bedrückendsten wirken die Leidensgesänge des Herzogs Alba, den sein Sohn verstößt, weil er trotz feierlichem Ornat und trotz dem Segen seiner Kirche der Schlächter der Flamen ist.

Und Alba legt vor seinem Sohn die Maske ab und zeigt sich ihm als bittender, schwacher Mensch. Er, der Massenmörder, wirbt gleichsam auf Knien um seine Liebe. Terzenschwere Kantilenen ringt er sich ab, und diese wälzen sich unendlich langsam daher. Welcher Drang nach Zärtlichkeit und welche Scheu! So war es auch in der Beziehung zwischen Belisario und seinem Sohn. Doch Herzog Alba ist gebrochen durch die Rolle, die ihm das Schicksal zuwies, und weil sich sein Sohn für diese Rolle schämt. Er schämt sich seiner und stößt ihn zurück.

Und Donizetti, der das vertont, leistet bittere Buße. Aber sein Vater scheint es ihm zu vergelten. Er steht ihm bei.

3. Kontrapunkte
Juli 1839 bis Juni 1840
La Fille du Régiment

Zu dieser Zeit, im Monat Juli 1839, rollt ein junger deutscher Komponist, mittellos, aber erwartungsfroh und glücklich, weil er seinen Gläubigern entronnen ist, durch eine sommerliche Landschaft der russisch-preußischen Grenze entgegen. Es begleiten ihn ein riesiger, beträchtlich schwitzender, ihm sorglos ergebener Neufundländer und eine kränkelnde junge Frau, die weniger sorglos wirkt, besonders wenn sie an die Zukunft denkt. Das erste Hindernis erwartet die drei bereits in größter Nähe: Es gilt nach Preußen zu gelangen, ohne einem Zöllner zu begegnen, weil die Pässe als Gewähr für die Begleichung allzu hoher Schulden in Riga, dem letzten Wohnort der Eheleute, beschlagnahmt wurden.[1] Dieser Komponist ist gleichsam vogelfrei — aber er lacht sich den Buckel voll über Behördentyrannei und kriecherisch vorschriftsgetreuen Beamteneifer, über die Herren und die Hüter von Metternichs Goldenem Ring.

Donizetti fragt sich in Paris, wie er ein Fernglas, das er für Dolci kaufte, am besten nach Bergamo schaffen könnte. Da ein Landsmann, ein aus Bergamo verbannter Mediziner (das Exil war selbstverständlich der Lohn für Risorgimento-Aktivitäten), inzwischen begnadigt wurde und sich anschickt, in die Vaterstadt zurückzukehren, wäre es sinnvoll, das kostbare Ding diesem Bekannten aus dem Kreis Miccheles anzuvertrauen. Doch schließlich sagt sich der Komponist, daß die Beamten das Gepäck des Arztes zweifellos besonders gründlich untersuchen würden und daß es seinem, Donizettis, Leumund schaden könnte, wenn man erfahren würde, daß er mit «begnadigten Exilierten» verkehrt. Auch den Namen Miccheles verkürzt er in seinen Briefen vorsichtshalber meist zur Initiale...[2]

Nachdem sein deutscher Kollege widerrechtlich, aber ungeschoren den Boden des preußischen Königs erreicht hat, zieht es ihn gleich in blauere Fernen, nämlich (und da ergeben sich haufenweise Gemeinsamkeiten mit Donizetti) nach Paris. Er ist entschlossen, eine im Werden begriffene Oper an keinem geringeren Schauplatz als auf der Bühne der Académie (der Opéra) uraufzuführen. Ihn lockte die Weltarena des Operntheaters, der Opern-Theaternabel der Welt. Der Schaubühnenkult des Bürgerkönigs hat es ihm angetan. Das Textbuch schrieb er selbst und war sich dabei wieder Bürgerschreck genug, um die Gestalt des Adelsfeindes und Kämpfers für eine liberale Demokratie, Rienzi, zur Titelfigur zu machen. Er stützte sich auf einen Wälzer des Romanschriftstellers Bulwer Lytton. Zwar hat er noch keinen Vertrag, doch Meyerbeer wird seinen Brief in dieser Angelegenheit gewiß bekommen haben. Sein Kapital sind der vollendete erste *Rienzi*-Akt, die Sängerstimmen des zweiten und das Textbuch für den ganzen Rest der Oper. Sicherheitshalber hat er auch noch ein früher entstandenes Werk, ein musikalisches Lustspiel *Das Liebesverbot*, das er jedoch bereits als Jugendsünde belächelt, mit im Gepäck. Wer weiß . . .: Paris ist groß, und alles kann ihm nützen, was er hat.

Donizetti selber aber, der mit ähnlich ungewissem künstlerischem Kapital verreist ist und es inzwischen an der Opéra zu wahren Wucherzinsen investiert hat, ergeht sich mit der Grämlichkeit eines vertrockneten alten Mannes in seinen Genüssen. Jede Lapalie verdirbt ihm jede Freude, selbst seine Erfolge sind ihm Anstoß zu Verdruß. Wie lange muß er noch warten, bis der revidierte *Poliuto* — der jetzt gepflegter *Les Martyrs* heißt — über die Bühne geht? Jetzt schon, im August, monatelang vor der Premiere, ist der Klavierauszug herausgegeben worden — während doch in seiner Heimat die vom Publikum ersehnten unbekannten Melodien bis zum letzten Augenblick geheimgehalten werden! Schon macht sich Freund und Feind darüber her, um an der Premiere gerüstet zu sein. Wann aber ist sein zweites Werk, der *Herzog Alba*, für die Premiere reif? Da sitzt er — wozu? Denn was er heute komponiert, wird erst in zwei Jahren zu hören sein.[3]

Und mittlerweile bleibt sein Platz im Süden anderen überlassen. Wie viele Mercadantes können am Konservatorium von Neapel Direktoren werden, bis seine *Märtyrer* die Bühnentaufe empfangen! Entgeht Ferdinando, wie sehr ihn Paris zu absorbieren droht und daß ihn nur die augenblickliche Ernennung zum Direktor wieder nach Neapel locken könnte? Warum ergreift der König nicht die letzte Gelegenheit, ihn zu gewinnen? Dabei zeigt er Ferdinando deutlicher, als höflich wäre, welche Stunde es geschlagen hat, indem er bei ihm Bewilligungsstempel für Verlängerungen seines Auslandaufenthalts nicht den gesetzlichen Perioden gemäß, sondern in straffer Folge bestellt, als wollte er sich einen Vorrat solcher Stempel für Jahrzehnte sichern. Dadurch signalisiert er ihm allerdings auch seine Bereitschaft, gegebenenfalls zurückzukehren — denn müßte er ihn sonst um die Erlaubnis bitten, fernzubleiben? Aber der doppelte Hinweis führt im Bourbonenpalast zu nichts. Der König verlängert die Bewilligung für seinen Aufenthalt in Paris hübsch periodenweise, läßt ihn also ebenfalls erkennen, daß er mit seiner Rückkehr spekuliere, ruft ihn aber nicht zurück.[4]

Am 6. August wird die französischsprachige *Lucia* im Théâtre de la Renaissance uraufgeführt. Die Direktion des vom Konkurs bedrohten Unternehmens erbettelte sich bei Donizetti nicht nur das Recht, die allgemein begehrte französische Fassung der so populären Oper spielen zu dürfen (und damit ihre Kasse zu sanieren), sondern entlieh sich auch aus seinem Portemonnaie 5000 Francs, die sie ihm jetzt, nach dem Erfolg der Oper *Lucie*, wonnetrunken zurückerstattet. So sieht sich der Komponist in doppelter Weise anerkannt: als Künstler und als Mäzen. In wirklich jeder Hinsicht hat er erreicht, was er erreichen wollte. Selbst wenn er nichts mehr komponieren würde, gälte er als Persönlichkeit: dank seinem Namen und seinem Geld. Deshalb hat er nichts dagegen einzuwenden, daß mit dem Siegeszug der *Lucia* durch die Provinz, für die ja die Fassung Royer/Vaëz entstand, neue Erträge auf ihn niederprasseln werden.[5] Vergessen ist seine Furcht vor dem Ertrinken in zuviel Geld, vergessen ist die Erwägung, daß ihm soviel Reichtum letztlich gar nichts nütze. Hauptsache, er hat ihn, das ist der Nutzen! In Auguste de Coussys Scheune liegt er geborgen.

Doch seine Stimmung bleibt schwarz wie die Nacht. Unter Verleugnung des letzten Idealismus nennt er die Interpreten vom Théâtre de la Renaissance, das sich begreiflicherweise keine Spitzensänger leisten konnte, in einem Gemisch von Latein und Italienisch «iuvenes et cani» («Junge und Hunde»). Nach der Premiere aber bringen ihm die «Hundesänger» unter den Fenstern seiner Wohnung ein Ständchen mit Stücken aus der *Lucia* dar. Er muß sich zeigen, erblickt auf der Straße ein Meer von Fackeln, und Rufe der Begeisterung branden zu ihm empor. Und er? Was fühlt der einsame Mann auf der Terrasse, dieser leibhaftige Duca d'Alba? Reue? Triumphgefühle? Nein. Nur eine grenzenlose Leere. Und er zog sich deshalb früh zurück, weil ihn die üblichen Symptome seiner Syphilis quälten.[6]

Mitte September trifft ein unbekannter deutscher Komponist mit einer erschöpften Begleiterin und einem Hunderiesen in der französischen Hauptstadt ein. Er bezieht in einer engen Seitengasse in einem kleinen Zimmer Logis; zu seinem Trost entnimmt er aber einer Inschrift, daß er im Geburtshaus Molières wohnen wird. Er ist überhaupt recht optimistisch. Kaum zu Schiff in Frankreich angekommen, hat er erfahren, daß gerade auch der große Meyerbeer im Hafenstädtchen Boulogne weile. Hocherfreut hat ihm der junge Meister den *Rienzi* vorgelegt. Der Fürst der Opéra ist auf der Stelle von der Partitur beziehungsweise von ihrer «zierlichen Handschrift» entzückt gewesen. Bei diesem vorteilhaften Eindruck hat er nicht gezögert, ihm zu versprechen, daß er sich in einem Brief an Opéra-Direktor Duponchel für ihn verwenden wolle. Und jetzt empfindet der Komponist die Weihe des Pariser Hauses, das ihm Unterschlupf gewährt, sowie die Hilfsbereitschaft Meyerbeers als günstig vorbedeutende Zeichen.

Doch Duponchel studiert den schließlich eingetroffenen Empfehlungsbrief im Beisein des Gerühmten offensichtlich lustlos. Und in der Tat ergeben sich aus der Zusammenkunft keinerlei Folgen. Nun wechselt der Jungrevolutionär seine Methode. Er nähert sich mit selbstvertonten Liedern verschiedenen Opéra-Sängern an. Diese loben zwar mitunter das Gezeigte, fragen sich allerdings vergeblich, wie zwischen den angebotenen Miniaturen und ihrem Beruf als Opéra-Sänger eine Verbindung herzustellen sei. Freilich nimmt der eine oder andere von ihnen auch schon die Lieder selbst mit einiger Skepsis auf. Die Vertonung eines Ronsard-Gedichtes, wird ihm beschieden, sei für einen öffentlichen Vortrag ungeeignet, weil das Publikum die mittelalterliche Sprache nicht goutieren könne, und seine Vertonung von Heines Gedicht *Die beiden Grenadiere* sei es nicht minder, weil die in diesem Stück zitierte *Marseillaise* derzeit allzu oft in unerfreulichem Zusammenhang auf der Straße erklinge.

Es ist die Zeit der Juli-Monarchie, der nachnapoleonischen Reaktion. Louis-Philippe ist der König jener Bürger, die — nach der Wendung Heinrich Heines —, weil sie schon etwas haben, «noch viel mehr dazubekommen», während dem, der wenig hat, «auch das Wenige genommen» wird. Natürlich gehören die Opéra-Sänger zur königlichen Partei, deren Kultursymbol die Opéra ist, so daß sie sehr viel mehr dazubekommen, wenn sie dort singen, und am besten alles Marseillaisenhafte ungesungen lassen. Das sind die Klänge von Louis-Napoléon, dem Neffen des auf St. Helena verschiedenen Kaisers, das sind die Klänge der sozialen Reformer, mit denen zusammen der «neue Napoleon» den Bürgerkönig zu stürzen trachtet. Also: Der Pariser Boden zittert wie vor dem Ausbruch eines Vulkans. Die Arbeiter rebellieren, die Zeitschriftenzeichner karikieren, und die Stimmung in der Stadt ist von nostalgischen Erinnerungen an Napoleon stickig gebläht. Und wenn Heine dieser Stimmung im Gedicht *Die beiden Grenadiere*, Chopin in seinen Polonaisen und sogar Bellini in den *Puritanern* ein Ventil verschaffte, hält sich auch Donizetti nicht zurück. Wie die Genannten, ja noch eindeutiger zählt er zur bürgerlichen Partei, indessen kann er dank Giuseppes Dienstzeit unter Napoleon und seinen eigenen, wie immer ausschließlich menschlich bedingten Berührungen mit «Rebellen» (denen Accursis) die Gegenseite zumindest verstehen.[7]

Sein Beitrag ist eine französische komische Oper auf ein Libretto zweier Ko-Autoren von der Opéra comique, für die das Werk bestimmt ist: Jules-Henry Vernoy Saint-Georges, kurz Saint-Georges genannt, und Alfred Bayard: *La Fille du Régiment*. Die Groteske von einem Mädchen, das die Spur zu seinem supernoblen, einwandfrei überzüchteten Herkunftsgeschlecht verloren hat, im Schoße einer Haudegenmeute vom 21. Napoleonischen Regiment zur trotzigen jungen Dame reift, von seiner Mutter, einer Marquise, schließlich entdeckt, ins Elternhaus entführt, dort durch Romanzensingen und feine Sitten halb um den Verstand gebracht, zu guter Letzt jedoch vom Regiment zurückerobert wird, reizt Donizettis Phantasie zu jähen, prallen Melodieergüssen. Die Märsche, Militärgesänge, scheinbaren und wirklichen Cabaletten tragen entschieden die Handschrift der «Opern der neuen Kürze», namentlich die der beiden «königlichen Farcen» *Betly* und *Campanello*. Bei einiger Konzentration des Hörers auf den schweren, süßen Klang entpuppen sich dieser und die Melodik, die er untermalt, als depressives Gegengewicht zur Frivolität der Handlung. Die Regimentsmusik schießt regelmäßig aus dem Nichts hervor und wirkt durch ihre lapidare Einfachheit, verbunden mit der Süßigkeit des Klangs und dem durchdringenden Geratter der Tambouren, als eher etwas ungemütliche Naturgewalt. Wie kann sich Marie, die «Tochter des Regiments», in dieser männerprotzigen, manchmal auch offen bedrohlichen Umwelt, von der sie als persönlicher Besitz betrachtet wird, geborgen fühlen? Dennoch schildert Donizetti ihren Zustand nach der Trennung von ihren rauhen Gefährten mit Tönen der äußersten Trostlosigkeit.

Zweifellos geht es um Donizettis eigenes, doppelgesichtiges Dasein im «Freudenrevier» des Goldenen Rings. Menschlich geborgen fühlt er sich freilich nicht in der Umklammerung der Coussys und ihrer Verbindungsleute. Aber wenn er sie nicht hätte, wäre er ganz verloren. Bergamo ist ihm versperrt, Neapel ist ihm versperrt, und seit der Heirat Totos ist ihm auch Rom versperrt. Hier würgt ihn der Griff derer, die ihn besitzen, wie die terzenprallen, sinnlich-aggressiven Lieder der Soldaten das koloraturenträllernde Stimmchen der Regimentstochter würgen. Doch immerhin ist er nicht allein.

Das neue Bühnenwerk ist für das gleiche Haus bestimmt, von dem er sich damals aus der Ferne während der Arbeit an *Betly* und *Campanello* beeinflussen ließ: für das Theater namens Opéra Comique, in dem die Opéras comiques erklingen. So ergeben sich denn auch stilistische Gemeinsamkeiten mit den beiden Neapolitaner Farcen: Die Crescendo-Melodien der *Regimentstochter*-Ouvertüre stammen aus dem *Campanello*, und die erregendste Cabaletta der neuen Oper, «Salut à la France», ist einer Stretta aus *Betly* mehr als verwandt. Dennoch drükken gerade diese Zitate die Pariser Stimmung jener Tage im Spannungsfeld zwischen Wollen und Lassen, Veränderungsdrang und Nostalgie, Patriotismus und Verliebtheit in das private Leben am elementarsten aus.

Donizettis Dämon will sich in Paris, bei den de Coussys und ihrer Clique verankern, sein Herz fliegt immer stärker Neapel zu. Und in diesem Zwiespalt hofft er nach wie vor auf einen Entscheid des Himmels, der nur in einer Form erfolgen kann: mit seiner Ernennung zum Direktor des Konservatoriums von Neapel. Deshalb reagiert er unverhältnismäßig bitter, als er erfährt, daß König Ferdinando unlängst die Position Rossini angeboten habe. Und wie gewöhnlich bei solchen Gelegenheiten spielt er sich selbst und einem geeigneten Zeugen — diesmal Tomasso Persico, dem Musikalienhändler und Freund, der in Neapel sein Haus verwaltet — ein fulimantes Stück Theater vor.

Er fühle jetzt, schreibt er Persico, «den Frieden in seiner Brust». Denn jetzt, nach seinem letzten Brief an den Minister, der ohne Antwort blieb, und nach dem Anlauf zu einer Ernennung Rossinis sei dieses Kapitel abgeschlossen. Glücklicherweise müsse er jetzt das schönste Wirkungsfeld, das sich ein Komponist erträumen könne, nicht verlassen! Und er zählt Persico seine glänzenden Pariser Projekte auf (wobei er die Absicht, seinen Freund zum Weiterplaudern in Neapel zu bewegen, nicht verhehlt). Dies die Projekte: Mitte Oktober sollen die *Martyrs*-Proben beginnen. Schätzungsweise vierzig Tage später steht die Uraufführung der *Fille du Régiment* auf dem Programm. Das Théâtre de la Renaissance wartet auf eine neue tragische Oper, *L'Ange de Nisida (Der Engel von Nisida)*, in italienischem Stil, doch mit französischem Textbuch aus der Feder seiner Getreuen Alphonse Royer und Gustave Vaëz. Daneben ist für das gleiche Theater eine erweiterte Fassung des *Furioso* unter dem Arbeitstitel *Die Verlobte aus dem Tirol* in Vorbereitung. Und endlich ist der *Herzog Alba* auch noch nicht fertig, aber ebenfalls bestellt. Überdies hätte er sich, vertraut er Persico an, von einem hiesigen Verleger anstellen lassen können, dreimal jährlich eine Oper zu komponieren. Das hätte ihn mit 40 000 Francs im Jahr ein «sicheres Grundeinkommen» eingetragen. Doch Einzelheiten des Vertrags hätten ihm nicht behagt.[8]

Nun, sein Pflichtenheft ist offensichtlich immer noch dick genug, und der Wagen, der rollt. Jetzt sei er innerlich und äußerlich soweit befreit, daß er auf unbegrenzte Zeit ein Vagabundenleben führen könne, meint er zu Persico. Wenn in Neapel die Möbel verlottern würden, dürfe er sie getrost verkaufen. Bei dieser Gelegenheit erkundigt er sich nach dem Befinden seiner Hausangestellten an der Nardones-Straße, äußert jedoch im nächsten Augenblick die Ansicht, für einen von der Auflösung bedrohten Haushalt wie den seinen dünkten ihn zwei Aufwärterinnen eine zuviel zu sein. Er, Persico, solle die eine entlassen, sobald sie ein neues Zuhause gefunden habe, entweder die Köchin mit der Tochter (!) oder die andere; welche, sei ihm egal. Weniger dehnbar wirkt sein folgender Befehl: Persico solle sich im Zeitpunkt des nächsten Verfalls der Auslandaufenthaltsbewilligung mucksmäuschenstill verhalten. Ja nicht die Aufmerksamkeit des Königs darauf lenken! Die Bewilligung solle verfallen, er wolle es haben. Nun ja, so kann er Ferdinando demonstrieren, daß die Fäden jetzt durchschnitten seien, daß er selbst dann nicht nach Neapel käme, wenn man ihn jetzt noch — zu spät — beriefe.[9]

Doch im Dezember fordert er Persico auf, mit dem Verkauf der Wohnung noch zu warten. Nie und nimmer bleibe er in Paris! Dieses Paris! Und diese Opéra! Wie ihm der nette Herr Direktor (Pillet) ständig ins Handwerk pfusche! Nun gehe es dem Jahresende entgegen, und nicht einmal die vor den *Martyrs* uraufzuführende Oper, Jean-François Halévys *Le Drapier*, sei einstudiert. Wenn er nicht kürzlich — erzählt er Persico — seine eigene Partitur unter den Arm geklemmt und seelenruhig nach Hause getragen hätte mit dem Versprechen, sie nicht eher wieder vorzuzeigen, als bis sich Scribe und Halévy schriftlich verpflichtet hätten, den *Drapier* noch im Dezember herauszubringen, er könnte nicht einmal damit rechnen, die Geburt der *Martyrs* im nächsten Februar zu erleben. Das könne er nun, wenigstens das. Auch gehe es ihm glänzend, was das Geld betreffe. Ja, wenn sie beide, Persico und er, bedächten, wieviel er hier in Paris verdiene, dann könnten sie den Posten in Neapel frohen Mutes «renommierteren Personen» überlassen. (Auch das ist selbstverständlich zum Weitersagen bestimmt.)[10]

Am 11. Februar des Jahres 1840 nimmt das Premierenpublikum der Opéra Comique verblüfft und etwas reserviert zur Kenntnis, daß die in diesem Haus gepflegte Singspielsorte durch ein nicht gerade rassenreines Exemplar bereichert worden ist: die *Fille du Régiment*. Zwar sind die Dialoge eher lang und die Musikeinlagen eher kurz und beide ziemlich witzig, wie es sein soll — doch das Besondere dieser Oper, ihr Stil, ihr Ausdruck, sind die französisch? Hector Berlioz, schreibgewandter Rezensent vom «Moniteur Universel», spricht das erlösende Wort: hinten und vorne nichts! Das Ganze sei nämlich ein billiger Aufguß einer bestimmten anderen Oper, die der gleiche Komponist vor Jahren in Italien geschrieben habe, eines gewissen *Betly*. Diese Enthüllung zeigt zweierlei: erstens, daß Berlioz das Werk Donizettis genau studiert hat, zweitens, daß seine Gesinnung ihm gegenüber wirklich alles andere als freundlich ist. Und für den geneigten Leser ist das Problem gelöst... bis er in einer der nächsten Nummern des Blattes eine Replik erspäht. Sie stammt vom Angeschuldigten selbst, beklagt, daß Monsieur Berlioz nie die Partitur der Oper *Betly* aufgeschlagen habe, und unterstreicht, daß dieses und das neue Werk kein einziges gemeinsames Stück aufwiesen. (Wörtlich genommen, stimmt auch das.) Er müsse sich darauf beschränken, schließt Donizetti, diesen «substantiellen Fehler» aufzudecken, auf dem im übrigen die ganze Rezension von Monsieur Berlioz beruhe...[11]

Doch mit den Wochen merken die Pariser von alleine, für welches Volk und welche Zeit die *Fille du Régiment* geschrieben wurde. Nun würden sie sich von keinen zehn Berlioz mehr den Gang zur Opéra Comique verbieten lassen, und das Werk erweist sich für die Spielplanmacher als geradezu unabsetzbar. Gleichzeitig fiebert Donizetti in der «Opéra Nummer eins», der Großen Oper, der *Martyrs*-Premiere entgegen. Mit jedem Kalendertag, um den sie näherrücken sollte, scheint sie sich im Gegenteil hohnlächelnd Richtung Zukunft mitzuverschieben, und das noch im März. Dann steht die Hauptprobe vor der Tür, wird aber immer wieder wegen Krankheitsfällen abgeblasen. Namentlich der Umstand, daß dies regelmäßig erst im letzten Augenblick geschieht, wenn Donizetti bereits bibbernd und betend der kommenden Dinge harrt, gibt seinen überreizten Nerven fast den Rest. Gleichwohl entdeckt man ihn auch nach der vierten Verschiebung nochmals feilend über der Partitur. An der Premiere vom 10. April des Jahres 1840 ist der Tenorinterpret des Polyeucte, Gilbert Duprez (einst in Neapel der erste Partner Lucias), heiser. Ein anderer Hauptdarsteller hat seinen Arm in einer Schlinge stecken. Das Publikum hingegen lauscht und staunt und applaudiert — wenn auch mit Maß. Doch von den Bühnenbildern ist es wirklich hell begeistert.

Und Donizetti ist von dieser Stunde an der bestgelaunte Mensch auf Gottes Erde. Nachdem er einige Artikel lobenden Inhalts ausgeschnitten hat, schickt er sie unverzüglich seinen Freunden in Italien, die sie auch in der dortigen Presse einrücken sollen. Damit scheint es ihm so zu pressieren, daß er das Erscheinen jenes Blattes, das an der

Premiere durch Hector Berlioz vertreten war, nicht mehr erwarten kann, um seinen Bericht mit einzubeziehen. Doch schließlich zeigt sich auch dieser grimmige Geist von einer sanften Seite. Zwar bescheinigt er der Musik «keinerlei Originalität», dem Bühnengeschehen insgesamt «keinerlei Spannung und Wärme», und definiert die Oper bissig als ein «Credo in vier Akten» — aber die Instrumentierung findet er solid.

Auch die Theaterleitung ist zufrieden, da sich aus dem Billeterlös der *Martyrs* durchschnittlich 9000 Francs pro Aufführung zusammenläppern und weil sie die Bühneneinrichtungen aller Voraussicht nach nicht so bald wieder in ihre Einzelheiten zerlegen muß. Das lohnt sich auch für Donizetti, erhält er doch — über das schon bezogene Grundhonorar hinaus — für jede Vorstellung 250 Extra-Francs. Einstweilen hat er 24 000 Francs zu einem Zinssatz von fünf Prozent der Obhut de Coussys übergeben; er kann das Geld entbehren, da die nächsten Aufführungsrenditen die Spesen seiner Reise nach Neapel, die zu unternehmen er beschlossen hat, mühelos decken. Doch zuvor — und das ist der Grund, warum er Paris entgegen seinem Schwur nicht augenblicklich verläßt — erwartet ihn die Frau des Bürgerkönigs, Marie-Amélie, zu einer Audienz, um die er sich beworben hat. Nach dem er zur Erhaltung der Kulturfabrik, die die Epoche des Bürgerkönigs am besten symbolisiert, mit seinen Inspirationen beigetragen hat, fehlt nur noch, daß er die Partitur in luxuriös gebundener Form einem der gekrönten Häupter schenkt, um seine politische Haltung vor aller Augen zu unterstreichen und die damit eingehandelten Vergünstigungen für mehrere Jahre zu stabilisieren. Die Journalisten sind bereit, den feierlichen Akt der Übergabe der *Märtyrer* an die Königin mit blumigen Worten zu kommentieren...[13]

Ein paar Wochen früher hatte sich Meyerbeer genötigt gesehen, einen jungen deutschen Komponisten in Paris wirkungsvoller als bisher zu unterstützen. So schickte er ihn zum Leiter des Théâtre de la Renaissance, der sich bereit erklärte, im Rahmen eines sängerischen Vortrags, einer sogenannten «Audition», die Eignung des musikalischen Lustspiels *Das Liebesverbot* für eine Übernahme ins Hausrepertoire zu prüfen. Nachdem er das vernommen hatte, zog der junge Mann mit seiner jungen Frau in eine recht behagliche Wohnung in einem «besseren» Stadtkreis um. Weder verdroß es ihn allzu empfindlich, von einem Opus zu profitieren, das er selber nur verachten kann, noch fand er ein bescheidenes Zuhause seinem «antibürgerlichen Auftrag» länger angemessen, als unbedingt nötig war (Geburtshaus Molierès hin oder her).

Doch über die Opéra, die ihn verstieß, und ihre Galionsfiguren wie Donizetti ergießt sich von seinen Lippen der ätzende Spott des «Enfant terrible», das wider die Spießer lästert. Indessen: Mit der größeren Bequemlichkeit der Lebensweise glätten sich die Wogen. Schade ist einzig, daß ihm sein Hund, der treue Neufundländer, kürzlich entlaufen ist, nachdem er ihn in seiner scheinbar aussichtslosen künstlerischen Lage nicht immer mit der gebotenen Rücksicht behandelt hatte.

Da meldet sich einer der besten Freunde des Paars erstmals im neuen Heim — aber warum in aller Welt mit einer solchen Sieben-Tage-Regenwetter-Miene? — Das Théâtre de la Renaissance, ist seine Erklärung, habe soeben Konkurs gemacht und sei geschlossen...

Wenn hierauf der Künstler aus Deutschland fürchterlich plebejisch flucht, hält sein Kollege Donizetti mit ähnlichen Reden nicht zurück. Was soll nun aus seinem *Engel von Nisida* werden, den er für dieses Theater schuf und der sich als Oper in italienischem Stil, doch mit französischem Text für keine andere Bühne eignet? Der Opéra offerieren kann er sie nicht, da sie mit ihren klassischen Doppelnummern und den dazugehörigen einfachen Rezitativen ungefähr so viele Eigenschaften einer Großen Oper hat wie eine *Gemma* oder *Lucia*. Als ernste Oper wäre sie ganz unmöglich für die Opéra Comique. Als Werk in französischer Sprache müßte man sie für eine Aufführung im Italiener Theater, wo sie stilistisch zu Hause wäre, übersetzen und entsprechend umgestalten. Und in Italien selber wäre sie zu geistlich oder zu weltlich für die Zensur![14]

Die Unmöglichkeit, mit dieser Oper in Paris gleich nochmals das Wort zu ergreifen, stachelt seinen Ehrgeiz an und spielt seinem Dämon, der gesonnen ist, auch nach der Audienz mit Marie-Amélie hier zu bleiben, eine exquisite Karte in die Hände. Eine zweite solche Karte ist die Nachricht Persicos, daß die Veröffentlichung eines *Märtyrer*-Artikels in Neapel hintertrieben worden sei. Dorthin will er nun jedenfalls nicht mehr fahren. Dennoch bereitet er sich auf die Reise in den Süden vor, allerdings sehr bedächtig, weil er damit rechnet, daß doch noch ein Pariser Unternehmer Einspruch erheben könnte, um ihn vor seinen Pflug zu spannen. Doch sein Gewissen, sein Herz, sein «besseres Ich» warnt ihn davor, hier auszuharren. Dies drückt sich in seinem hoffentlich nicht prophetischen, sondern nur weisen Gedanken aus: Wenn das geschehen würde, wenn er wieder länger bleiben würde, statt in Italien Luft zu schnappen, dann müßte er darin ein Zeichen des Schicksals sehen, daß es ihm bestimmt sei, in Paris zu sterben.[15]

4. Die Zurückgewinnung Bergamos
Juli bis September 1840

Eine Weile hüllt er seine Reisepläne und sich selbst vor seinen italienischen Freunden in völliges Dunkel. Doch plötzlich, Ende Juli, ist er in Mailand und berichtet Dolci, daß er in den letzten Wochen zwischen den «furchteinflößenden und lächelnden Bergen der Schweiz» spazierengegangen sei. In Mailand nimmt er als Zaungast an einem Prozeß zwischen ihm und Ricordi teil. Es geht um eine Sache, die ihn ausgesprochen albern dünkt, so daß er sie Dolci gar nicht näher erläutert. Um so bedenklicher, daß er den unermüdlichen Eifer Ricordis in jenen Jahren, als er auf seinen Beistand angewiesen war, nicht einmal mit einer Spur Nachsicht in einem offenbar nebensächlichen Zwist belohnt. Er denkt im Gegenteil daran, zum Konkurrenten des Verlegers, dem menschlich nicht gerade überzeugenden Francesco Lucca, überzulaufen. Ferner trägt er sich mit der Absicht, nach Rom zu fahren und am dortigen Teatro Apollo, zurzeit betreut vom Impresario Vincenzo Iaccovacci, eine neue, noch zu vertonende Oper einzustudieren. Schon aus Paris verhandelte er mit Iaccovacci über diese Möglichkeit.[1]

Doch kräftiger als jede andere Enthüllung schlägt in Bergamo die Nachricht Donizettis ein, er wolle seine Vaterstadt besuchen, sobald die Einstudierung seiner späten Jugendoper *L'Esule di Roma* im guten alten Teatro Riccardi bis vor die erste Orchesterprobe gediehen sei. Er sei bereit, die Partitur zu examinieren und wenn nötig umzumodeln: einen Tag lang den ersten Akt, einen Tag lang den zweiten. Das ist denn nun aber eine Sensation! Und auf dem Hügel in der Provinz beginnt es zu surren und zu schwirren wie in einem Bienenhaus. Die Opernhaus-Kapelle strapaziert die Röhren und die Saiten. Die Primadonna, eine werdende Berühmtheit namens Eugenia Tadolini, übt ihre Koloraturen mit doppeltem Eifer ein. Das seit zwei Jahrzehnten treubemühte Schlachtroß Donizettis, der von seinem Herrn und Meister trotz seiner Anstrengungen nur mäßig geschätzte Tenor Domenico Donzelli, ist bemüht, Erinnerungen an frühere Zeiten und möglichst auch an sein früheres Können aufzufrischen (er ist schon über fünfzig Jahre alt). Die städtische Exekutive disponiert ein Festprogramm, die Dichter kritzeln Verse, Mayr ist still gerührt, Francesco fühlt sich wohl ein bißchen fehl am Platz, und Dolci koordiniert — das alles zu Ehren des unbegreiflich berühmt gewordenen Bürgers aus ihrer Mitte.

Dann ist er da. Seit fast sechs Jahren hat er Bergamo nicht mehr gesehen: zweieinhalb Jahre lang aus beruflichen Gründen, dreieinhalb

Jahre lang aus Angst vor der Begegnung. Sechs Jahre früher genoß er Beliebtheit als Melodienerfinder, kaum aber Anerkennung als Bellini ebenbürtiges Genie. Und heute, o heute! Jetzt erst begreift er ganz, wie weit er es gebracht hat. Daß er den Gönnern seiner Jugend ihre manchmal schwerverdauliche Wohltätigkeit in solchem Umfang würde vergelten können, hätte er nie gedacht.

Doch als er vor sechs Jahren in Bergamo weilte, um seine Eltern zu besuchen, reiste er hernach in eine zweite Heimat, die er damals hatte, nach Neapel, zu Virginia. Heute hingegen hat er keine Heimat mehr, sosehr man ihn hier, in seiner ersten Heimat, liebt. Nein, diese Liebe änderte nichts an seiner Einsamkeit. Und wie er sich das seit Jahren beklommen vor Augen führte, schreitet er nun also wieder über das steile, steinige Pflaster der alten Stadt. Wieder hört er die Glocken der Kirche Santa Maria Maggiore schlagen, in der er als kleiner Junge gesungen hat. Voll und schwer platschen die Klänge über die Dächer in die dunklen Gassenrinnen, wie die Regengüsse, die den gedrungenen Häuserhaufen, seine schrägen Plätze, seine Treppen und die fleischig grünen Hänge, welche den Sockel der Stadt umgürten, so oft verschleiern. Abermals spaziert er an der schmalen, hohen Pforte des Konservatoriums vorbei, ohne das aus seinem ganzen Dasein nichts geworden wäre. Abermals steht er vor einem ärmlichen Haus, versenkt im Graben von Borgo Canale. Und im Innern des Hauses sind lichtarme Räume, die er kennt: Keller, Kerker und Grab. Sein Elternhaus...

Nach der Aufführung des *Esule di Roma*, die jubelnden Beifall erweckt hat, wird er von seinen Freunden, von der ganzen Prominenz und einem schönen Teil der Nichtprominenz der Stadt Seite an Seite mit Lehrer Mayr in einem Fackelzug vom Teatro Riccardi zum Schauplatz der weltlichen Feier geleitet, zum Hotel «Italia». (Der Name dieses Hauses kommt natürlich nicht von ungefähr: Bergamo ist immer noch ein heimliches Zentrum des Risorgimento.) Bevor sich die Gesellschaft zum Tafeln hineinbegibt, spielt ein Orchester Ouvertüren zu seinen Opern: *Ugo, Fausta*, wieder *Esule di Roma* und was eben sonst noch an Noten vorhanden ist. Drinnen, vor den warmen Tellern und den vollen Bechern, lösen sich die Redner ab und bringen ihre Gratulationen vor. Soviel Ehre, nein, soviel Ehre![2] Alle Dankesschuld getilgt!

Dichter verlesen ihre Verse, darunter ein schillerndes Original und glühender Patriot des «Jungen Italien», Temistocle Solera, in dessen wildem Geist Libretto-Texte künftiger, politischer Opern keimen. Es wird getrunken und gesungen, gelacht und geweint. Mit feuchten Augen blinzelt Dolci in die Runde; am längsten aber ruht sein Blick auf seinem großen Freund. Der Fürst der Tafel freilich ist nicht der Schüler, sondern der Lehrer, Giovanni Simone Mayr. Wenn Donizetti sein Ziel erreicht hat, dann dank ihm. So ist auch Mayrs Mission erfüllt, und dabei hat er immer noch — ein «ruhiges Gewissen».

Mitte August ist Donizetti wieder in Mailand. Eigentlich hat er die Absicht, nach Rom zu fahren, doch da erreicht ihn ein Brief von Opéra-Direktor Léon Pillet, worin er gebeten wird, sofort nach Paris zu kommen und dem Theater mit der Einstudierung eines neuen Werks aus einem Spielplanleck herauszuhelfen. So steht er abermals am Scheideweg zwischen Paris und seiner Heimat, zwischen de Coussy im Spielsalon beziehungsweise Zélie in der Chambre séparée und Toto in Rom. Und er entscheidet sich — für beide Seiten!

Die Gunst des Augenblicks, der ihm den Opéra-Tyrannen ausnahmsweise in flehender Pose zeigt, ist allzu groß; er muß sie nützen. So verweist er Pillet in seiner Entgegnung auf die Widerwärtigkeiten, die er bei der Inszenierung der *Martyrs* habe erdulden müssen, und ebenfalls auf sein Geschäft mit Rom. Es sei dies ein «schönes Engagement», und dennoch wolle er es brechen ... weil sein Bedürfnis, für Paris zu wirken, stärker sei als jedes Argument! Allerdings hoffe er, daß das beträchtliche persönliche Opfer, das er ihm damit bringe, von ihm gewürdigt und durch speditive Arbeit beim Einstudieren der Oper aufgewogen werde.[3]

Dann aber schreibt er Iaccovacci nach Rom. Diesem Unternehmer schlägt er seelenruhig die Aufrechterhaltung ihres Paktes und den Versand des Librettos an seine Pariser Adresse vor, wo er die Oper komponieren wolle. Außerdem empfiehlt er ihm wärmstens, als Käufer der Rechte für den Klavierauszug Francesco Lucca vorzumerken, nicht Ricordi. Und endlich schärft er ihm ein, er solle von der Zensur (die, wie er weiß, in Rom, dem Sitz des Papstes, fast noch altjüngferlicher reagiert als in Neapel) Vergünstigungen erlangen, damit das Libretto «schön» (beziehungsweise schauerlich und grausam) werde.[4]

Wenn Donizetti aber weder seine Korrespondenz besorgt und Weichen für die Zukunft stellt noch mit dem Grafen Melzi und der Gräfin Appiani, diesen verläßlichen Freunden, plaudert noch sich auf andere Weise am Leben erfreut, brütet er in der Mailänder Scala über seiner *Fille du Régiment*, die er, bevor sie dort im Oktober erstmals von Italienern beurteilt wird, ihres französischen Kostüms entkleidet. Berlioz freilich, wenn er in Mailand wäre, würde von «Enttarnung» reden und sich zu seinem in der Pariser Presse vertretenden Standpunkt feierlich gratulieren. Die Dialoge werden durch Secco-Rezitative, die freche Couplet-Arie für die hysterische Marquise durch einen von Rossini inspirierten, lustig hilflos philosophierenden Sprechgesang für den Tenor und das französische Libretto durch ein italienisches ersetzt — schon sieht die Oper in der Tat wie eine verschmitztere Zwillingsschwester von *Betly* aus.

Nach diesem wohlgelungenen Werk verschanzt sich Donizetti wieder in den Schweizer Alpen, wo sich in kürzester Zeit — denn Anfang September, vierzehn Tage nach seiner Abfahrt von Mailand, ist er in Paris — Geheimnisvolles begibt. Von einem Herrn beauftragt, dessen Frau an einen Badekurort zu begleiten, erfüllte er diese Pflicht, doch offenbar mit einer Variante, welche vorher nicht besprochen worden war. Nach ein paar Wochen entdeckt die Dame an ihrem Körper Krankheitssymptome, die sie dazu bewegen, einen Anwalt auf den Plan zu rufen. Und der Zwischenfall spricht sich bereits herum! Zum guten Glück kann er das frühe Datum seiner Ankunft in Paris schriftlich belegen; das ist doch förmlich ein Unschuldsbeweis! Wenn man für die Fahrt von Mailand nach Paris nur vierzehn Tage braucht, bleibt in der Regel keine Zeit für anspruchsvolle Operationen außerhalb der Kutsche! Am besten, er schickt seinen «Unschuldsbeweis» sofort nach Bergamo, damit sich die armen Seelen beruhigen können. Das komme davon, wenn man ein Mann von öffentlichem Interesse sei, zieht er behaglich die Bilanz. Jedermann kenne seine Affären und mache darüber ein großes Geschrei![5]

5. Schwebend über dem Goldenen Ring
September bis Dezember 1840
La Favorite, Adelia

Herrlich fühlt er sich in Paris! Wenn es immer so wäre! Aber es ist nur ausnahmsweise so. Nur ausnahmsweise wohnt er bei Accursi an der Rue Marivaux Nummer 1. Er hat hier nur ein Provisorium aufgeschlagen, weil er sofort nach der Premiere wieder verreisen will!

Obwohl nach Frankreich zurückgekehrt, ist er bei diesem Aufenthalt Italien und seinen alten Freunden treu! Wie lieben sie ihn immer noch, jetzt haben sie ihm das bewiesen, und er will es ihnen lohnen; bald sollen sie ihn wiederhaben. Und deshalb braucht er sich diesmal auch seinen Pariser Freunden nicht zu verschließen. Auch sie verdienen es, von ihm geliebt zu werden, die eine vor allem, Zélie, der seine Gegenwart in ihrem unerfüllten Leben den einzigen Trost bedeutet. Aber auch ihm bedeutet ihre Liebe Trost. Und dennoch hält er seinem Engel nach wie vor die Treue, weil Zélie ja bloß seine Mätresse ist![1]

Wie viele Freuden bereiten ihm diese Menschen! Ist es etwa häßlich von de Coussy, daß er sein Geld verwaltet und ihm die Alltagssorgen tragen hilft? Ist es nicht äußerst amüsant und manchmal fast ergreifend, wie Accursi unermüdlich auf der Pirsch nach neuen Opernverträgen ist und dabei für ihn nicht den geringsten wirklichen Vorteil herauszuschlagen versteht?[2]

Doch selbst wenn er die Pariser Freuden wieder nicht genießen könnte, ginge es ihm gut. Denn Pillet hält sein Versprechen; die Rädchen des Opéra-Mechanismus spulen in höchster Eile. Zum Überlegen bleibt ihm keine Zeit — nur zum Fühlen und Schreiben! Er kann sich berauschen, er kann vergessen! Endlich, endlich wieder!

Dies ist die Antwort auf die Frage, die ein Hörer stellen könnte: Wie denn einerseits die unvergleichliche stilistische Geschlossenheit und anderseits die pastorale Stille dieses Werks, *La Favorite** *(Die Favoritin)*, habe entstehen können, obschon doch für beide Eigenschaften die äußeren und inneren Voraussetzungen fehlten. Da man sich auf Betreiben der vorgesehenen Primadonna, Pillets Mätresse Rosine Stolz, nicht für den *Duc d'Albe* entschließen konnte, stand nur der *Ange de Nisida*, die für das Renaissance-Theater geschaffene Oper in italienischem Stil, zur Diskussion. Diese Wahl bedingte, wie schon seinerzeit im Falle des *Poliuto*, verschiedene Angleichungen an das unumstößliche Modell der Großen Oper. Es entstanden vom Orchester ebenbürtig mitgestaltete, pathetisch deklamierende Rezitative, neue Sängernummern und ein Ballett. Einzelne Stücke wurden aus dem *Herzog Alba* übernommen. Und da der so dem neuen Gefüge der *Favoritin* einkorporierte *Engel von Nisida* selbst schon auf Material aus einem älteren Opernfragment beruhte (auf Entwürfen zu einem Bühnenwerk *Adelaide* aus dem Jahre 1834), müßte das große Formendurcheinander gewährleistet sein.

Anderseits die Stille der Musik: Weder die Hektik ihrer Geburt noch das von ihr geschilderte Geschehen (der nervenaufreibende, tragisch endende Kampf einer Mätresse des spanischen Königs Alfons XI. um «wahre» Liebe zu einem Klosternovizen) kann Grund dieser Stille sein. Und dennoch breitet sie sich selbst über die erregtesten Handlungsmomente aus. Warum das Doppelwunder dieser musikalischen Geschlossenheit und dieses Friedens? Donizetti fühlte sich geliebt, von

Dolci, Toto, Mayr, Accursi und den de Coussys, vom Publikum diesseits und jenseits der Alpen, vielleicht vor allem von Zélie, aber doch auch wieder von Virginia.

In der letzten Woche des Septembers, als die Arbeit an der *Favoritin* ihrem Ende entgegenrückt, ist Donizettis Auseinandersetzung mit der Römer Auftragsoper schon in vollem Gange. Wieder entwirft er einfache, ruhige Melodien von allerdings manchmal bellinischen Längenmaßen, während die lyrischen Phrasen der *Favoritin* knapper gerieten als je zuvor. Wieder legt er auf den leuchtenden, beklemmend süßen Farbengrund des Orchesters herbstlichen Dunst. Und wieder schließt er das sexuelle Erleben seiner Figuren in eine urweltliche Stille ein. Das geschieht mit mehr Berechtigung, denn diesmal sind die Liebespartner keusch. Aber der Zwang, auch dieses Werk, *Adelia**, so bald wie möglich zu vollenden, und der Rummel um die *Favoritin* an der Opéra sind wieder nicht ideale Voraussetzungen für die Entstehung solcher Musik. Indessen, sie entsteht. Immer noch schwebt Donizetti wie auf Rosenwolken...

Leider bestätigt sich seine Prognose für das Verhalten der Römer Zensur. Das alte, vor sieben Jahren für Carlo Coccia entstandene Textbuch Romanis ist zwar weit entfernt, eine Berufsmätresse zum Engel zu machen, wie das Libretto der *Favoritin*. Doch in Italien scheint nicht einmal mehr die stubenreinste Anspielung auf Sexuelles erlaubt zu sein. In der *Adelia* steigt ein Mann vom Balkon seiner Liebsten — und man bedenke: die Frau ist ledig — auf die Straße herunter. Allerdings tritt die Gerechtigkeit sofort in Aktion; ein Haufen empörten Volkes schließt sich zusammen, denunziert das Mädchen und dessen «Verführer» (der sie aber nicht berührte) bei ihrem Vater, dieser denunziert den letzteren beim Herzog, und dieser befiehlt, den Tunichtgut hinzurichten. Dennoch bleibt das Bild der ersten Szene im Geist der Zensoren haften und erfüllt sie mit Sorge... das Bild eines Mannes, der vor den Augen des Publikums dem Balkon einer keusch sein sollenden Dame entsteigt. Anderseits freilich erscheint es ihr auch verwerflich, daß der Herrscher den «Verführer» köpfen läßt, denn Herrscher sollten Gnade üben, wie sie es in Metternichs Moderne ohne Zweifel tun! Mit anderen Worten: Der ganze Ablauf ist unmoralisch! Donizetti zittert vor dem Schlußwort der würdigen Geistlichkeit, und dieses lautet (pikanterweise): Balkonszene ja, aber mit Happy-End. Der Herzog begnadigt den «Delinquenten», und die Beziehung des «triebhaften» Paars wird durch Vermählung legalisiert. Der Römer Librettist Girolamo Marini schreibt den dritten Akt in diesem Sinne um, und Donizetti pfuscht ihm mit seiner eigenen Feder gründlich in sein miserables Handwerk.³

Am 2. Dezember 1840 ist in der Opéra Premiere der *Favoritin*. Durch die Erfahrung mit der *Fille du Régiment* gewitzigt, ahnt Donizetti, daß dem Publikum die trotz französischer Manicure überaus «italienisch» gebliebene Oper kaum auf Anhieb gefallen wird. Er schlottert, wenn er sich vorstellt, wie frech es eigentlich ist, sich aus dem südlichen Nachbarland ins Allerheiligste der Großen Oper einzuschleichen, die angestammten Priester vor die Tür zu setzen und nach den ersten, orthodoxen Tempelriten mit den *Martyrs* nun nicht einmal mehr die Kultgesetze zu beachten. Deshalb spaziert er während der Premiere im Freien herum, statt im Theater zu sitzen, und kann sich nach Vorstellungsschluß die Richtigkeit seines Verhaltens von Zeugen bestätigen lassen...⁴

Er wußte, warum er den lauen Premierenerfolg der *Martyrs* im letzten April so überschwenglich begrüßte! Mehr spontane Anerkennung der Opéra-Gäste für einen Fremden durfte er nicht erwarten, obwohl er sich damals als Franzose tarnte — geschweige denn jetzt! Auch was den Versand von Zeitungsrezensionen für einen Nachdruck in Italien betrifft, ist er gezwungen, wählerischer vorzugehen als im April. So schickt er Lucca einen einzigen Artikel zur Plazierung in verschiedenen Organen, behauptet aber mit ritterlicher Grandezza, daß er andere beilegen könnte, nur wolle er ihn nicht mit überflüssigen Portospesen belasten.⁵ Man kennt dieses Argument...

Auch schlägt er dem Verleger die Annäherung an einen wichtigen Zeitungsmann auf notfalls intim freundschaftliche Weise vor. Daneben bleibt ihm gar nichts anderes übrig, als die *Favoritin* ihrer eigenen Ausstrahlungskraft, dem Urteil des Publikums und dem Talent der Sänger zu überlassen (neben Rosine Stolz sind es die beiden mit seinen Opern seit Jahren verwachsenen Herren Duprez und Barroilhet). Er muß sich ja jetzt nach Rom begeben, um die *Adelia* uraufzuführen.

Aber auch in dieser Sache setzt es unliebsame Aufregungen ab. Einem Gerücht zufolge ist der Papst gestorben — und das wäre denn! Ja, Donizetti ist am Weiterleben Gregors XVI., dieses besonders konservativen, die Anstrengungen der Zensoren in Italien besonders fördernden Nachfolgers Petri, aufrichtig gelegen. Wer würde ihn für die *Adelia* bezahlen, wenn die Theater auf Geheiß der Obrigkeit geschlossen würden? Indessen, Iaccovacci müßte sie ihm doch bezahlen, nachdem er ihm die ersten beiden Akte schickte und diese nun bereits in seinen Händen sind! Das müßte er doch... oder was sagt das Recht? Soll er fahren oder bleiben? Das ist die Frage! Wenn er, falls *Adelia* nicht aufgeführt werden könnte, nebst dem Verlust des Honorars auch noch die Reisespesen zu beklagen hätte, das wäre eine Bescherung![6]

Zélie de Coussy aber muß in diesen Geizexzessen ihre große Chance sehen, Gaetano zum Bleiben zu überreden... sofern sie nicht selbst die Urheberin der Geizexzesse war. Ob er glaube, daß sie weiterleben könne ohne ihn? Dann täusche sie sich schwer in ihrer Liebe. Also bleibe er am besten gleich von allem Anfang an, zumal der finanzielle Aspekt gegen die Reise spreche...[7]

Doch Donizetti verstopft sich die Ohren, und am 14. Dezember, am Vortag des dem Bürgerkönig abverlangten Festes zur Überführung der sterblichen Überreste Napoleons nach Paris und deren Beisetzung im Invalidendom, entfernt er sich Richtung Marseille und Rom. Daran hat er mindestens insofern recht getan, als ihm der Papst erhalten bleiben wird. Aber auch sonst war es vermutlich ein kluger Entscheid. Denn wer rauft sich in Paris die Haare? Ist es wirklich vor allem seine Geliebte? Sind es nicht mehr noch ihr werter, vermögensverwaltender Mann und der von seiner wichtigsten Einnahmequelle getrennte Accursi? Aus welchem Zimmer wirft ihm Zélie wohl den letzten Köder nach, diesen erschütternden Verzweiflungsbrief? Verfaßt sie ihn wohl, wie er betont vermuten läßt, in ihrer intimsten Wohnungsecke hinter verschlossener Tür, oder verfaßt sie ihn im Gegenteil an einem Ort, an dem ihr Auguste und Micchele beifällig grinsend über die Achseln spähen?[8]

Sie müsse nun eben versuchen, heißt es auf dem veilchenduftenden Papier, für das Zusammenleben mit ihrem Mann einen Modus zu finden. Ihn wegen gewisser Dinge zu trösten sei ihre Pflicht. Doch indem sie diese Pflicht erfülle (Donizetti muß sich eifersüchtig fragen: wie?), wünsche sie sich das «Ende der Unterdrückung all ihrer Wünsche» herbei (und Donizetti wird sich an Auguste mit dem Gedanken rächen: Ha, wenn du wüßtest?). Stundenlang laufe sie sich müde, berichtet sie weiter, finde aber dennoch keinen Schlaf. Der Besuch der Opéra sei ihre einzige Zerstreuung, indessen könne sie nur die ersten drei Akte der *Favoritin* ertragen, den vierten, der sie allzu schmerzlich an schönere Zeiten erinnere, nicht. Aber am tiefsten niedergeschmettert zeigt sich Zélie über die Eröffnung einer mit ihr befreundeten Dame: Er, Gaetano, habe ihr bekannt, er fahre vor allem deshalb nach Rom, um eine bestimmte andere Dame wiederzusehen und bei ihr das Christfest zu begehen. Nun werde sie, die solches erfahren mußte, am Weihnachtstag von früh bis spät an jene Dame denken und — für ihn beten, aber auch für ihren Mann und für sich selbst: um die Vergebung aller Sünden, die sie begangen hätten.[9]

Den Komponisten dürfte dieser von Zélie vermittelte Einblick in ihre Misere wonnig erschauern lassen. Er dürfte in Rom so wonnig schaudern wie die Triebverbrecher seiner Opern, die ihre Taten halb bereuen, halb wieder begehen möchten. Sündigen und büßen, leiden und vergeben, vom Mätressenbett ins Kloster gehen und von der Erde ins Paradies! Die Welt der *Favoritin* als Realität! Wenn ihn dieses Szenario nicht verführt, in Zélies Arme zurückzukehren, dann ist er wirklich für sie verloren.[10]

Vermutlich aber fürchtet sie sich ernstlich vor Römer Vertrauenspersonen des Komponisten, wenn auch nicht unbedingt vor sexueller Konkurrenz. Viel eher fürchten sich die redlichen de Coussys und der kindliche Micchele vor einem Mann wie Toto Vasselli, dem es — nach unterbrochenen Briefkontakten — im persönlichen Gespräch mit seinem Freund gelingen könnte, ihm die Augen zu öffnen.

Ebenfalls in den Bannkreis der *Favoritin*, die das Publikum erstaunlich rasch ins Herz geschlossen hat, zieht es am Ende eines leidenvollen Jahres in der Fremde einen jungen deutschen Komponisten. Nachdem er den Fehler begangen hatte, ein Probesingen mit einem Vertrag zu verwechseln, und deshalb von einer bescheidenen «Chambre garnie» in eine bürgerliche Wohnung umgezogen war, deren Miete er seitdem berappen mußte, beging er den zweiten Fehler, sein Lied *Die beiden Grenadiere* vom tüchtigen Donizetti-Verleger Maurice Schlesinger zum Selbstkostenpreis von 50 Francs drucken zu lassen. Doch es erwies sich bald, daß dieses Erzeugnis in gleicher Stückzahl im Laden blieb, in der es die Druckmaschine verlassen hatte. Nun ging es an die Begleichung der Schuld. Den sinnvollsten Weg, zu seinem Geld zu kommen, sah der Verleger in einer vorerst nicht zu entlöhnenden Beschäftigung des jungen Mannes als Journalist an einer von ihm herausgegebenen Zeitschrift. Später ließ er ihn auch «Suiten» für ein gegenwärtig sehr beliebtes Hausinstrument, das Cornet-à-piston, schreiben. Die Melodien dieser «Suiten» waren Opern zu entnehmen, weshalb den Komponisten eines Tages Verlagsangestellte mit einer Sendung von sechzig Klavierauszügen beglückten. Von seinen Artikeln ist es besonders einem — einer Betrachtung persönlicher Art — vergönnt, den Beifall der Leser zu erringen und erst noch von Hector Berlioz im Konkurrenzblatt lobend erwähnt zu werden: «Das Ende eines Musikers in Paris.» Dieses Ende scheint nun tatsächlich greifbar nahe zu sein.

Bis Schlesinger eines Tages, glänzend vor Freude, in seine Wohnung tritt und — ohne sprechen zu können, so Ungeheuerliches hat er zu melden — um Papier und Feder bittet. Vor den Augen des verwirrten Richard Wagner schreibt er nieder: *Die Favoritin*. Es folgen, von der Spur der Tinte offenbart, die Herrlichkeiten, die unter den Händen Wagners aus dieser einen Herrlichkeit entstehen sollen: ein Klavierauszug für Klavier und Gesang, ein ebensolcher für Klavier ohne Gesang und schließlich einer für zwei Klaviere ohne Gesang. Außerdem ein Arrangement der ganzen Oper für Streichquartett, ein ebensolches für zwei Violinen und schließlich eines für Cornet-à-piston allein. Dann stockt die «Schrift an der Wand», bevor sie zum Schluß verkündet: «Für diese Arbeiten 1100 Francs. Sofort Vorschuß 500 Francs.» — Und Wagner zögert keinen Augenblick, die 500 Francs entgegenzunehmen, obwohl er den bedeutend längeren ersten Abschnitt der Botschaft noch ganz und gar nicht vergessen hat.

Dann richtet sich das Ehepaar zum Überwintern ein. Es bringt die Donizetti-Partitur, die Stöße des zu beschriftenden Notenpapiers wie auch den unentbehrlicheren Teil des Hausrats im Schlafzimmer unter, damit die Stubenheizung entfallen kann. Wagner am Schreibtisch, Wagner am Klavier, Wagner beim Essen und Wagner im Bett: Das spielt sich nun Woche um Woche in ein und denselben vier Wänden ab. Die *Favoritin* hat ihn vor dem Untergang gerettet, das gibt er zu. Aber: Ob es nicht besser gewesen wäre, unterzugehen, als von diesem, wie er es nennt, «seichten, an sich wirklich sogar unfranzösischen Machwerk» gerettet worden zu sein, gerettet durch den Schweiß, den er für diesen Götzen des Pariser Publikums, des «tiefgesunkenen», vergießen muß? «Mit zwei Kabaletten» zwang dieser Götze die Pariser in die Knie, um ihretwillen beten sie ihn an! Und deshalb muß nun auch er den gleichen beiden Kabaletten und zwanzig anderen Mißgeburten die Reverenz erweisen, bis ihm die Ohren sausen, muß sie heute für Klavier, morgen für Geigen setzen, sie transponieren und simplifizieren, so simpel sie schon sind, er, Richard Wagner, der im *Rienzi* ein Großorchester beherrschte. Und der nach Paris gezogen war, um sich die Opéra zu erobern.

6. Die Zurückgewinnung Roms
Dezember 1840 bis Februar 1841

Der Urheber seiner Erlösung und seiner Qualen aber, Donizetti, wird auf dem Mittelmeer im Kreis herumgetrieben. Das Weihnachtsfest erlebt er nicht beim Gegenstand von Zélies Eifersucht in Rom, sondern allenfalls bei einem Gassenmädchen im Hafenviertel der Stadt Toulon, wo man vor Anker ging. Erst am 28. Dezember kommt es zum großen Händeschütteln, Küssen und Umarmen im Hause Vasselli. Seine Bedenken — die Bedenken eines Junggesellen —, daß er durch seine Grillen Mißtöne in die Harmonie des familiären Lebens werfen könnte, weshalb er besser auswärts logieren würde, wollte niemand gelten lassen. Ihm ist doch hier alles erlaubt: Er darf zur Essenszeit in seiner Klause bleiben und komponieren (dann wird ihm die Mahlzeit eben ans Klavier serviert), darf den ganzen Tag Akkorde schmettern, darf Sänger empfangen und singen heißen und darf auch mit beliebig schweren Schritten sein Reich durchmessen, eine Gewohnheit, die er für besonders störend hält. Oder sagt er das nur? Er sollte Toto genügend kennen, um zu wissen, daß jede Musik, die er in seinem Haus erzeugt (und sei es die Musik von Stiefeln), mit Freude vernommen wird. Aber es war natürlich schon ein bißchen schwer, Totos von ihm ängstlich verschonte (in Wahrheit gemiedene) bürgerliche Idylle, die er in seinem eigenen Dasein schmerzlich vermißt, ganz aus der Nähe kennenzulernen.[1]

Doch nun ist er selbst der König in dieser Burg und lernt sie deshalb nicht nur kennen, sondern auch lieben, wobei er fast vergessen kann, daß sie ihm nur vorübergehend gehört. So hätte er seit langem leben wollen, das hätte ihm gutgetan! Am Morgen weckt ihn Totos weibliche Verwandtschaft — die «vier Rosen», wie er sie zärtlich nennt — mit dem besten Frühstück, das es für ihn gibt: Eiern, Polenta und Milch.[2] Wie ländlich-jugendfrisch dringt der Polentaduft in seine Nase. Es ist der Geruch aus Bergamos Bauerntöpfen. Bergamo: ein anderes verlorenes und doch auch seit einigen Wochen ein wenig zurückerobertes Paradies!

Wie unaufdringlich ist die Anteilnahme, die ihm seine «Rosen» schenken! Wie warm und still ist es im Zimmer, bevor der Atem der *Adelia* die Saiten des Klaviers berührt. Draußen toben winterliche Stürme, der Tiber überschwemmt die Straßen, die Winde heben tonnenschwere Glocken aus dem Gleichgewicht, die Klöppel schlagen auf und dröhnen markerschütternd. Welche Geborgenheit im Hause Vasselli! Führt er nicht, soviel er weiß, in Mailand immer noch einen Prozeß gegen Ricordi? Und da schreibt er nun wichtige Briefe an wichtige Leute, die dazu führen werden, daß er im nächsten Frühling in Paris, im nächsten Winter in Mailand und im übernächsten Frühling erstmals auch in Wien spazierengehen, Opern ausarbeiten, Opern einstudieren, Beifall kassieren, Geld kassieren und wieder verschwinden wird! Eine neue Oper für die Opéra Comique, eine neue Oper für die Mailänder Scala im Auftrag Merellis und eine dritte neue Oper für das ebenfalls von Merelli betreute Kärntnertor-Theater in Wien. Auch an die Donau wird es ihn nun also treiben und dann nach Osten und dann nach Süden und dann nach Westen.[3]

Jetzt gerade ist er in Rom und hat es verteufelt gut. Die Inszenierungskünste der Italiener, deren die *Adelia* teilhaftig wird, kommen ihm zwar, verglichen mit den Magierstücken des Opéra-Stabs, wie Purzelbäume im Vergleich zu dreifachen Salti mortales vor. Aber er ist zu Hause! Dort sitzt Toto, hier sitzt er, der eine spricht, der andere lauscht, und beide verstehen. Ja, beide, auch er.[4]

So über jede Diskussion erhaben ist das Verhalten der de Coussys möglicherweise nicht. Er sollte vielleicht tatsächlich nicht alles Geld in ein und dieselben Hände geben. Er sollte sich vielleicht von Zélie distanzieren, ja den Pariser Boden überhaupt nicht mehr betreten.[5]

Anderseits erhielt er Zélies Brief. Was für ein Brief! Sie liebt ihn doch, sie liebt ihn ganz bestimmt! Auch hat er nun die neue Übereinkunft mit der Opéra Comique getroffen. Ja, nicht aus Rücksicht auf Zélie muß er zurück, sondern aus diesem Grund. Was ihn zur Reise zwingt, ist der Beruf, sein leidiger Beruf. Nur seinetwegen wird er Rom verlassen müssen... bald, entsetzlich bald. Aber am besten denkt er nicht daran. Das Lied der Möwen und der Krähen wird ihn früh genug verfolgen. Meer bis Marseille, Erde bis Paris — das ist sein Beruf![6]

Opernluft der Heimat in überdurchschnittlicher Anreicherung erfüllt das Teatro Apollo während der Weltpremiere der *Adelia* am 11. Februar des Jahres 1841. Schon Tage zuvor verfügte die Theaterkasse über keine Eintrittskarten mehr; nur unter der Hand wechselten weitere Scheine ihren Besitzer — natürlich zum dreifachen Preis. Auch Donizetti selbst war unter den Erwerbern einer solchen Rarität und mußte noch dankbar sein, eine bekommen zu haben... Schon tritt sich im Parkett Adam und Eva auf die Zehen und drohen die Ränge unter der Last der eingedrungenen Eroberer zusammenzubrechen, als immer noch eine erregte Menge vor dem Portal Einlaß begehrt. Darunter ist keiner, der nicht eine Eintrittskarte vorzuweisen hätte. Ein Judas unter

Iaccovaccis Angestellten oder Iaccovacci selbst hat bei der Herstellung der Billette die Anzahl vorhandener Plätze geflissentlichst übersehen...

Dennoch erklingt die Ouvertüre — aber wie! Die draußen Stehenden verlangen brüllend Zutritt ins Opernhaus, die drinnen Lauschenden verlangen nicht gerade brüllend, aber auch nicht völlig ohne Stimmvolumen Ruhe. Auf der Bühne werden die Eröffnungschöre und die nachfolgende Baß-Cavatina dank geeigneter Besetzung lautstark durchgepeitscht. Dann aber tritt die Primadonna auf, Giuseppina Strepponi, welche als Mädchen leicht, als Künstlerin sensibel ist — und kapituliert. Nachdem auch das Orchester aufgegeben hat, geht der Radau erst richtig los: Die drinnen Lauschenden sind nicht mehr genötigt, vom Brüllen Abstand zu nehmen, da es nichts mehr zu belauschen gibt, und brüllen deshalb mit den Ausgesperrten um die Wette. Den Komponisten aber und die Strepponi (von der es erstaunen würde, wenn sie nicht während der Proben Donizettis dritte Giuseppina nach der Ronzi und der Merola geworden wäre) trifft fast der Schlag.[7]

Irgendwie finden doch noch alle Beteiligten ein Rezept, den Abend zu überstehen, aber Euphorie kommt keine auf. Erst sukzessive, im Laufe der folgenden Aufführungen, spricht sich die märchenhafte Schönheit der Musik herum, und Donizetti ist mit den Römern wieder versöhnt. Für Iaccovacci aber hat der Billettskandal ein böses Nachspiel: Angezeigt und festgenommen, muß er eine Kaution bezahlen, bevor er wieder freigelassen wird. Und eine weitere Befriedigung versüßt Donizetti den Abschied von Rom: die Nachricht, daß ihm vom Brotgeber seines Bruders, dem türkischen Sultan, als Gegenleistung für einen Marsch, den er dem Herrscher gewidmet hatte, ein neuer Ehrenorden zuerkannt worden sei: der Kaiserlich-ottomanische Orden von Nicham-Iftihar. Das inspiriert ihn zur Betrachtung, Napoleon gehöre zwei Jahrhunderten, er aber zwei Religionen an. Doch abgesehen von diesem Bonmot, das den Eindruck der persönlichen Distanz erwecken soll, wirkt seine Freude durchaus echt und fast gespenstisch groß.[8]

Am 19. Februar fährt er nach Civittavecchia, um das Schiff nach Marseille zu erreichen. Eine Gesandtschaft zieht ihm entgegen und geleitet ihn in die Stadt. Dort steht am Abend im Opernhaus der *Esule di Roma* auf dem Programm, und dieses unverwüstliche Werk, bei dessen Vertonung der noch nicht dreißigjährige Donizetti auf das geheimnisvoll in ihm schlummernde Thema des Wahnsinns gestoßen war, führt wie in Bergamo zu brausenden Ovationen. Das Theater ist zur Feier seiner Gegenwart glanzvoll beleuchtet, und im Anschluß an die Aufführung gibt ihm die Obrigkeit ein Bankett, das er vor Hunger fast nicht erwarten kann. Bei der Abfahrt des Schiffes am folgenden Tag ruft eine Menschenmenge Donizetti stürmische Evvivas zu. Dann, wie es stille geworden ist, ertönt in seinem Ohr das Lied der Möwen und der Krähen. Meer bis Marseille, Erde bis Paris . . .[9]

7. Der Sieg des Goldenen Rings
März bis Juni 1841
Rita

In der französischen Kapitale ist er am 2. März, nach einer Kutschenfahrt, auf der er sich der Länge seiner Beine unter Qualen innewurde. Sie litten, wie er manchmal glaubte, bis zum Grad der Invalidität. Doch schon am nächsten Tag befördern sie ihn zuverlässig zum Librettisten Eugène Scribe, wo er sich einen Vorschlag für den Inhalt der fraglichen neuen komischen Oper anhört — und sofort verwirft. Wirklich deshalb zurückgekehrt? Am übernächsten Tag hingegen scheinen seine Beine wundersam erholt; wie wenn sie Flügel hätten, schwebt er auf ihnen zur türkischen Botschaft, wo Formalitäten zu erledigen sind, damit er den Halsschmuck, auf den er als Ordensträger ein Anrecht hat, so bald wie möglich in Händen hat.[1]

Leider entdeckt er eine Zeitschrift, die den Lesern seine neue Würde recht unehrerbietig zur Kenntnis bringt, nämlich mit einer Karikatur. Grundsätzlich hat er gegen dieses künstlerische Ausdrucksmittel ganz und gar nichts einzuwenden. Man nehme jene, die nach der Uraufführung der *Martyrs* erschien und die ihn unter breitem Gähnen zweihändig notenkritzelnd zeigte — mit der Linken schrieb er eine Seria und mit der Rechten eine Buffa —; sie amüsierte ihn selbst! (Sie schmeichelte ihm natürlich, da sie ihn als Komponisten zeigte, der die Taschenspielereien eines Rossini mühelos fertigbringt, ja der es sich noch erlauben kann, dabei zu gähnen.) Aber diesmal bleibt sein Zwerchfell unerschüttert. Der Ehrenorden eines Kaisers dünkt ihn nicht der ideale Gegenstand für beißenden Spott. Aber das sagt er natürlich nicht. Vielmehr behauptet er, die Redaktoren seien nicht mehr die gleichen wie einst. Jawohl, die heutigen Redaktoren sind vom Geist humaner kleiner Seitenhiebe und weisen Humors verlassen, der ihre Amtsvorgänger beseelte. So wird es sein.[2]

Die Dekoration dreht er dann doch gerührt nach allen Seiten, zählt ihre Diamanten und stellt sich Toto mit verträumter Scherzhaftigkeit als «Kan der Tartaren Gaetanusko» vor. Zum Zeichen seiner Dankbarkeit gegenüber Giuseppe, der ihm den Orden vermittelt hat, will er versuchen, seinen Bruder in die Ehrenlegion zu bringen. Stundenlag sitzt er vor dem Schreibtisch und bändelt Kontakte mit diplomatischen Größen an, welche die Lieferung des goldenen Kreuzes nach Konstantinopel bewirken könnten.[3] Dem großen Bruder Gaetano ist für den großen Bruder Giuseppe keine Mühe zuviel ... Doch für den kleinen Bruder Francesco genügt von Zeit zu Zeit ein Gnadenpfennig als Ausdruck familärer Verbundenheit.

Ja, Donizetti wird allmählich ein echtes Mitglied der «Schönen Gesellschaft», ein Bürger des Bürgerkönigs. Keine Klagen über das Pariser Schlemmerleben sind in diesen Wochen von ihm zu hören. Dabei hat er nicht einmal etwas zu komponieren. Sängerinnen, die zum falschen Zeitpunkt schwanger werden, Impresarios, die vielerlei Pläne haben, und Textbuchautoren scheint es zu gefallen, Eile mit Weile mit ihm zu spielen, und ihm gefällt es vorläufig auch. Er ist faul und selbst in Augenblicken der Melancholie gelassen. Er genießt den Frühling, der sich Mitte März mit wilder Glut entfaltet, notiert erfreut die 22. Reprise der *Favoritin*, schreibt Romanzen, reduziert die *Adelia* für Gesang und Klavier (eine Routinearbeit, die sonst immer andere besorgen, doch er liebt diese Oper und hat nichts Wichtigeres zu tun) und übersetzt die *Parisina* ins Französische, um sie auf Reisen durch die Provinz zu schicken und die Erträge einzustreichen.[4] Er ist zufrieden — ah, Goldener Ring, er fühlt sich bei dir daheim.

Immerhin führt er wieder einen regen Briefverkehr mit Toto. Der soll ihn ruhig ermahnen! Das hält seine Augen soweit offen, daß er sich unbesorgt in der gefahrvollen Zone bewegen kann, vor der er ihn warnt.

Die Zeichen deuten darauf hin, daß er sein Neapolitaner Konto — wie schon im Vorjahr — heimlich ausquetscht und auch diese Gelder Auguste de Coussy zufließen läßt. Das sieht sein Schwager allerdings gar nicht gern, doch Donizetti glaubt ihn zu beruhigen, indem er ihm versichert, daß auch diese Lösung provisorisch sei. Er könne schließlich, wenn er einst (wieder das alte Scheinargument!) so viel gesammelt habe, um materiell für alle Zukunft gesichert zu sein, die ganzen Schätze wiederum an anderer Stätte lagern. Es spiele letztlich keine Rolle, wo sie sich befänden, denn verlieren könne er sie überall.[5]

Aber augenscheinlich ist der Standort eben doch nicht ganz bedeutungslos, sonst ließe er die Neapolitaner Gelder, wo sie bis anhin waren. Das Geheimnis ihrer Überführung in Auguste de Coussys Hände ist die Vermehrung, die sie dort erfahren beziehungsweise erfahren können. Sie dienen nämlich zum Einsatz beim Glücksspiel und anderen Formen des Spekulierens . . .[6]

Aber wie kommt es, daß Donizetti, bei seiner Herkunft aus ärmstem Hause und bei seiner dadurch eingeimpften, immer wieder feststellbaren Ehrfurcht vor materiellen Dingen, sinnlosen Geldverlusten ungerührt entgegenblickt? — Erstens, weil er mit großen Gewinnen rechnet, zweitens, weil er den Pariser «Freunden» mittlerweile willenlos ergeben ist, und drittens, weil er den Gleichmut nur simuliert. Er schämt sich vielmehr vor seinen Freunden in Italien, weil der von ihm mit breiter Propaganda abgewehrte Erdrutsch in de Coussische Gefilde nunmehr vollumfänglich eingetreten ist. Er zappelt hilflos in den Fängen einer raffinierten Frau und ihres sehr wahrscheinlich durchaus souveränen Gatten, der die Maske eines toleranten Ehemannes und selbstlosen Freundes trägt. Ein weiterer Rüssel — der Accursis — saugt aus den Näpfen, die seine Erträge füllen. Und diese Existenz inmitten goldgieriger Fänge, Rüssel und Klauen ist vor den klugen Freunden in Italien (Toto, Ferretti und vielleicht dem Maler Ghezzi) aufgeschlagen wie ein Buch. Anderseits wirkt die jüngste Lehre Mayrs in ihm nach. Er weiß, wie schlecht es ihm anstehen würde, sich immer noch zu beklagen. Deshalb mimt er eben den Gelassenen: um sein Gesicht zu wahren.

Wieder einmal greift er zu einer Maske, und diese ist ruinös. Seine Lebensweise sei doch gar nicht so gefährlich, ist der Grundton seiner Briefe nach Italien; Verluste, und wenn auch, er bleibe ja trotzdem reich. Heute seien seine Gelder in Paris, aber was heiße das schon, denn morgen seien sie anderswo. Geradezu fröhlich teilt er Dolci mit, es könnte sich erweisen, daß er 55 000 Francs verloren habe. Das mache nichts, auch Mayr habe Geld verloren. Wie wenn es sein Lehrer beim Spekulieren in halbkriminellen Kreisen verloren hätte, zwischen dem Spieltisch und dem Bordell! Wie wenn der geizige Donizetti den Verlust von 55 000 Francs mit ein paar Zoten verschmerzen könnte! Und warum informiert er Dolci über diesen Schicksalsschlag, als der ihm die Pleite erscheinen muß, warum nicht einen nützlicheren Freund? Ach Gott, er weiß, warum![7]

Der einsame, grausam betrogene Mann! Er ahnt sein Unglück wohl. Aus jeder Erfahrung, die er macht, weht ihm der Tod entgegen. So, als die städtische Napoleon-Begeisterung am 5. Mai, dem ersten Todestag des Feldherrn aus Korsika, den seine Überreste in Paris verbringen, einen neuen Höhepunkt erfährt. Tief prägen sich Donizetti die Bilder ein, deren Zeuge er wird. Mit hageren Gesichtern, in den verblichenen, zerschlissenen Uniformen von einst erscheinen die Kriegsveteranen vor Napoleons Leiche. Sie alle, Gichtbefallene, Verkrüppelte, Steife und Krumme, küssen Bonapartes legendären Hut oder die Kaiserkrone und brechen in Tränen aus. Zerlumpte Treue, Treue bis in den Tod! Soldatentreue, sinnlos geworden, weil die Geschichte längst mit anderen Soldaten andere Schlachten schlägt. Menschenheere schießen aus der Erde, stechen aufeinander ein, besessen von Vernichtungswahn und Treuewahn, und fallen in den Kot zurück. Doch neue Heere sind bereits geboren und vom alten Wahn beseelt. Mord und Treue! Arme Bestie Mensch![8] — So denkt Donizetti beim Anblick der alten Bonapartisten. Und ist er selbst, in anderer Art, nicht auch ein alter Bonapartist?

Doch auf geradezu erschreckene Weise meldet sich seine prophetische Stimme, als er in einem Brief an Dolci die Kantate kommentiert, die er zu Mayrs 78. Geburtstag für ein Festkonzert in Bergamo entworfen hat. Die wichtigsten Verse sollen laut seinen Worten beschreiben, wie Mayrs Genie das seine beflügelte, als es noch tragunfähige Flügel und Daunen statt Federn hatte. Dann setzte auch seines zum Fliegen an, «beseelt vom Odem Mayrs», und erreichte die «himmlischen Felder», die es durchschweifte bis zum heutigen Tag. Und auch in Zukunft werde es sie durchschweifen... bis es sich einst, entgegen Mayrs Rat, in zu große Nähe zur Sonne begeben werde. Dann würden seine Flügel schmelzen. Es werde herunterstürzten, sein eigenes Künstler-Ich, Ikarus gleich... ins «Meer des Vergessens».[9]

Äußerlich indessen ist seine Situation einfach verfahren — und unangenehm stabil. Zu schreiben hat er nichts, worüber zu sprechen sich lohnen würde: Lieder, die, als typische Belcanto-Arien ohne Orchesterstimmen, sinnvollerweise «Melodien» heißen, und Anpassungen bestehender Opern aus seiner Feder an die französischen «Volksausgaben» für die Provinz. Beides bringt Neueinnahmen, aber keine seelische Befriedigung. Nachdem sich sein Geist inzwischen von den Anstrengungen des Vertonens seiner letzten großen Meisterwerke, *Favoritin* und *Adelia* erholt hat, kann ihm nur eine neue derartige Arbeit, ein weiterer «Flug in die himmlischen Felder», helfen. Doch die Pariser Projekte zerfallen in nichts, und mit Merelli, dem einstigen Jugendfreund und heute führenden Unternehmer, für den er seine beiden nächsten Opern komponieren sollte, versteht er sich denkbar schlecht.

Seit Merelli an der Scala den auch nicht besonders geschätzten Fürsten Visconti ersetzt und — noch etwas früher — begonnen hatte, in Wien zu herrschen, ließ er Donizetti allzu lange auf der Seite stehen, als daß er ihm das jemals verzeihen könnte. Daß er die beiden Verträge Merellis überhaupt akzeptierte, war als Gnade zu betrachten. Nun wäre zuerst die Oper für die Stephanstagspremiere an der Scala fällig, später die für Wien. Doch steht man erst im Wonnemonat Mai, die Scala-Leitung findet sein Bedürfnis, jetzt schon mit der Arbeit zu beginnen, reichlich überspannt, und da der Maestro in seinem Groll auf Merelli nicht viel Vernünftiges unternimmt, um sich die Herzen seiner neuen Partner zu gewinnen, läßt die Genehmigung des Textbuch-Plans, den Donizetti selbst verfaßte und nach Mailand schickte, auf sich warten.

Das wäre ein klassischer Fall für seinen erprobten Helfer Giovanni Ricordi — wenn der Verleger immer noch sein Helfer auf Abruf, in seinen eigenen Worten: sein «Schutzengel» wäre. Aber Donizetti hat sich ja als Dank für Ricordis Bemühung um seinen Eintritt in das damals für ein Paradies gehaltene Paris grundlos mit ihm zerstritten. Jetzt hingegen wäre er erneut auf seine Petrusschlüssel angewiesen, um wieder hinauszugelangen. Das ist sicher: Mit der Hilfe seines einstigen Verlegers hätte er bald ein Textbuch. Doch um Versöhnung betteln: nein. Er, Donizetti, ist der Gekränkte, vor dem der Beleidiger knien muß.

Doch wie gerufen lenkt Ricordi im Gerichtssaal ein. Und wenig später flattert ein Brief seines einstigen Freundes auf den Verlegertisch. Allzu herzlich tönen Donizettis in Paris verfaßte Zeilen freilich nicht. Zum alten «Du» kann er sich vorderhand nicht entschließen, geschweige denn zu Zärtlichkeiten wie «Ricordi mio». Statt dessen schreibt er zu Beginn, er habe mit Befriedigung vernommen, daß er, Ricordi, «vernünftig» geworden sei. Immerhin platzt er noch im gleichen Satz mit einem Angebot heraus: Er sei bereit, die 1831 für Rubini komponierte, von diesem jedoch verschmähte und im September 1839 an der Scala durch einen anderen Tenor erfolglos uraufgeführte Oper *Gianni di Parigi*, mit deren Publikation sich der Ricordi-Verlag derzeit befaßt, für diesen Zweck zu revidieren. Und aus dem ganzen Rest des Briefes geht hervor, was er als Gegendienst erwartet: die schleunigste Vermittlung des Librettos für die neue Scala-Oper.[10]

Ja, er ist in schwerer Not. Wie er eines Tages beim Spazierengehen in Paris Gustave Vaëz begegnet, schwatzt er mit allen Anzeichen eines Kranken, der wochenlange Krämpfe hinter sich hat, auf seinen Gehilfen ein. Er solle ihm «das Leben retten» und ihm auf der Stelle etwas Schriftliches beschaffen, das er veropern könne. Der aufs höchste alarmierte Librettist behilft sich mit der einzig möglichen Sofortmaßnahme und improvisiert einen Arientext, mit dem Donizetti fiebernd enteilt. Am nächsten Morgen bringt ihm Vaëz die zweite Nummer der Reihe, und die erste ist bereits vertont. Nach einer Woche liegt das ganze Werk, einschließlich seiner Instrumentierung, vor: die Farce *Rita**. Doch die gehetzte Gangart der Stücke, die ungebärdigen Ränke der Melodien, die gequälten Intervalle, die offensichtliche Mühe der Stimmen, sich zwanglos und lusterpicht aneinander zu reiben, und auch der matte Glanz der Instrumentierung lassen erkennen, daß der Damm, der Donizettis Leiden staute, erst einen Riß bekommen hat, nicht aber durchbrochen wurde.

Und noch am 22. Juni beklagt er das Ausbleiben des Librettos für seine Mailänder Seria. Dann allerdings umhüllt er seine künstlerische Existenz mit einer Stille, die auf seine Freunde tröstlich wirken muß.[11]

8. Ikarus und Samson
Juni bis August 1841
Maria Padilla

Donizettis Phantasie ist übermächtig angeregt. Im Gegensatz zur *Rita* spiegelt die neue Oper, *Maria Padilla**, die Lösung des Banns, der über Donizettis Psyche lag, und zwar — wie immer bei ihm — in Strömen eines dicken, brennend süßen Klangs. Außerdem drückt sich die Befreiung, ähnlich wie vor Jahren in der *Rosmonda*, aber diesmal ohne jedes Maß, in orgiastischen Koloraturen aus. Die stilistische Entfernung dieser ausgedehnten, höllisch wilden Kraftgesänge von den kurzen, himmlisch leisen Melodien der *Favoritin* könnte, gemessen am knappen zeitlichen Abstand zwischen der Entstehung beider Werke, gar nicht größer sein.

Doch diese Distanz entspricht genau dem in der gleichen kurzen Zeit zurückgelegten Lebensweg des Komponisten. Auch Donizettis innere Entwicklung führte ihn über ein großes Wasser, von Kontinent zu Kontinent. Damals: glückselig in Zélies Armen, doch immer noch überzeugt, ihnen entrinnen zu können. Heute: geknechtet, gebunden, ein Samson, dem seine Dalila die Quelle der Kraft, das Zeichen seiner moralischen Würde, den Talisman Gottes raubte; kahlgeschoren, blind, der Welt zum Spott. Und doch entschlossen, den Tempel des Bösen wider die Naturgesetze umzustürzen, Paris für viele Wochen zu verlassen, wenn nicht sogar für immer, ungerührt vom Flehen seiner scheinbar unterwürfigen Dalila und ihrer Helfer. Entschlossen, wurzellos durch Europa zu vagabundieren und Opern zu schaffen wie die *Padilla*, mit Armen, beraubt ihrer alten Kraft und doch erfüllt mit neuer. Es ist die letzte, die ihm zugemessen ist und ganz und gar von außen stammt: das Gnadenbrot Jehovas für seinen gefallenen Knecht.[1]

Denn während er die *Padilla* schreibt, ein Feuerwerk dröhnender Rhythmen und knalliger Farben, fühlt er sich schwach und krank. Er schiebt dem Alter in die Schuhe, was der Syphilis ist — indessen ändert die Begründung nichts an der betrüblichen Realität. Und diese Realität ist mit dem Ausdruck der *Padilla* schlechterdings unvereinbar. Samsonische, übermenschliche Kraft![2]

Er schildert in seinem Werk mit wahrhaft irrer Freude, wie eine Tochter des moralbeflissenen spanischen Fürstengeschlechts Padilla auf das Versprechen des Prinzen Alfonso hin, daß er sie heiraten werde, seine Mätresse wird, nach seiner Krönung zusammen mit ihm den Königspalast in ein Bordell verwandelt, dabei aber immer damit rechnet, daß er sie noch zur Königin erheben werde, was indessen nie erfolgt. Nun — wie verträgt sich Donizettis Freude an diesem Geschehen mit seinem eigenen, ähnlichen, ebenso tragischen Sündenfall? Er, angeekelt von Paris, entschlossen — und diesmal wirklich entschlossen —, die Stadt zu verlassen, erniedrigt vom Bewußtsein dessen, was er tat, beschreibt, wie eine Wahlverwandte, Maria Padilla, ihre Seele so wie er dem Goldenen Ring verkauft? Denn ohne Zweifel ist die nach der Krone gierige und zugleich triebbesessene Maria, die nicht mehr unterscheiden kann, ob sie aus Liebe oder aus Ehrgeiz bei König Alfonso schläft und die ihre ganze Umgebung offenbar zwecklos — aus reiner Zerstörungswurt — in eine Lasterhöhle verwandelt, ein Spiegelbild Donizettis.

Zwar freute er sich schon immer am Unglück seiner Figuren, mit denen er sich besonders identifizierte. Aber er pflegte doch in den Finali früherer Seria-Opern dem Leben seiner Figuren — und damit auch seinem eigenen Leben — so viel Respekt und Liebe zu bekunden, daß er ihr Sterben als schauerliches, die Zuhörerschaft zu Mitleid provozierendes Ereignis schilderte. Jetzt teilt er seinem Librettisten mit, daß er den Selbstmord Marias nach der Verstoßung durch ihren Geliebten (Alfonso läßt sich von konservativen Vertretern des Hofes zur Heirat mit einer französischen Königstochter bewegen) in einer durchwegs freudigen Cabaletta behandeln wolle, wobei er anmerkt, daß er diese Lösung selbst ein wenig seltsam finde ...[3] Donizettis schon seit langem vorgezeichnete Schizophrenie tritt jetzt, gefördert durch die Syphilis, erstmals offen an den Tag.

Anscheinend stellt er sich in dieser Oper, wie vor zwei Jahren im *Herzog Alba*, wieder seinem Vater. Der alte Padilla, der die moralische Ehrbarkeit seiner Familie gleich rigoros verteidigt wie früher Andrea die der seinen, muß zerbrechen, als Maria, seine Tochter, zur Mätresse wird. Ebenso müßte Andrea zerbrechen, wenn er erkennen würde, daß sein Sohn Gaetano ein und dasselbe tat. Und deshalb müßte sich dessen Beschreibung der Seelenqualen des alten Padilla zur mindestens ebenso schmerzlichen Selbstanklage gestalten wie die Beschreibung der Seelenqualen des Herzogs Alba.

Aber Donizetti läßt den Vater in der Oper wahnsinnig werden. Dadurch wird Padilla seinem Leid entzogen — und Maria ihren Schuldgefühlen. Wahnsinn als Ausflucht, wieder einmal. Und in der Musik darf weiter Freude herrschen.

Abgesehen von dumpfen Warnungen seines Instinkts ist Donizetti mit der neuen Oper sehr zufrieden. Wenigstens scheint er es zu sein, da er noch keines seiner Bühnenwerke so entschieden und verhältnismäßig unbescheiden lobte, bevor es erklungen war und die Theatergäste das von ihm gewöhnlich anerkannte Urteil ausgesprochen hatten. Oder zeichnen sich auch hier Veränderungen ab? Wie dem auch sei: Beide in seiner bizarren Pariser Abschiedsstimmung geschaffenen Werke — sowohl die *Padilla* als auch die *Rita* — passen ausgezeichnet in sein neuestes, auf die von ihm geplanten Wanderjahre ausgerichtetes Erfolgskonzept.[4]

Wo wird er wandern? Vorläufig sicher in Italien und in Österreich. In Österreich werden sich seine Aktivitäten zwangsläufig auf Wien beschränken, da, wie in Frankreich, die Hauptstadt der einzige Brennpunkt kulturellen Lebens ist. Doch in Italien ergeben sich die altbekannten, zahlreichen Alternativen zwischen den Bühnen des Nordens und denen des Südens, zwischen den Bühnen von Mailand, Venedig, Florenz, Rom und Neapel. Indessen ist es zu Gesprächen mit Florenz seit längerer Zeit nicht mehr gekommen, und die Beziehung Donizettis zu den übrigen Theaterplätzen ist in jedem Fall getrübt.

Mailand und Rom weisen den Vorteil auf, daß er sich dort im menschlichen Bereich bewegen kann. Es ist ihm möglich, seine alten Freunde in der Vaterstadt zu treffen, wo man ihn fast schon kultisch ehrt; in Mailand selber lockt ihn nach wie vor der Umgang mit der Gräfin Appiani und ihren Töchtern, mit Graf Melzi und mit Ricordi, mit dem er sich ja bestechend pünktlich versöhnt hat. Und in Rom hat er erlebt, wie schmerzlos angenehm es ist, die Gastfreundschaft von Totos Ersatz-Virginia und sämtlichen übrigen «Rosen» zu genießen. Doch Iaccovaccis Führungsstil am Teatro Apolla, die harte Hand der päpstlichen Zensur und ihre bei der Planung von *Adelia* erfahrenen Auswirkungen schrecken ihn vor weiteren Verträgen ab. In Mailand aber herrscht Merelli, mit dem er auf Kriegsfuß steht. Und wie das heikle Publikum nach siebenjähriger Pause, seit der Premiere der *Gemma di Vergy*, auf seine erste neue Oper für die Scala reagieren wird, ist wirklich schlecht vorauszusagen. Außerdem hat der Maestro seine langen, vergeblichen Kämpfe um dieses Theater trotz der erfreulichen Intermezzi mit seinen melodischen Zauberorgeln *Lucrezia Borgia* und *Gemma di Vergy* keineswegs verschmerzt.[5]

Ähnlich verhält es sich mit Venedig. Jahrzehntelang nicht eingeladen, wurde er endlich für zwei seiner schlagendsten «Opern der neuen Kürze», *Belisario* und *Pia*, stürmisch gefeiert, dann aber erteilte man ihm als Dank für sein verzweifeltes Ringen um ein drittes solches Werk, *Maria de Rudenz*, eine grausame Abfuhr. Das wird er den Theatergästen des Fenice nie verzeihen.[6]

Am Ort seiner Liebe, in Neapel, ist Virginias Zimmer bis heute verschlossen geblieben, und das Gespensterquartier rund um die Strada Nardones wurde inzwischen von noch mehr Unheil beschattet. Nachdem der Tenor Adolphe Nourrit von der Zensur verhindert worden war, die Unheilsoper *Poliuto* aufzuführen, und nachdem sich Donizetti mit den Noten in der Tasche nach Paris begeben hatte, stürzte sich der Sänger aus dem Fenster eines nahen Hauses und zerschellte auf der Straße. Aber eben, da ist auch die Liebe, die den Komponisten immer dringender in seine eigentliche Heimat ruft. Und es sind nicht so sehr die schuldbeladenen Gräber, die ihn verhindern, wenigstens vorübergehend dorthin zurückzukehren, wie sein verletzter Stolz.

Der König hatte nun Mercadante zum Konservatoriumsleiter ernannt, das ist der springende Punkt. Jetzt sieht er sich von seinem Stolz gezwungen, jene Prophezeiung wahrzumachen, die er Persico drohend unter die Nase rieb: daß er, durch König Ferdinando und die halbe Stadt verstoßen und verkannt, ruhigen Herzens durch Europa strolchen und Reichtümer scheffeln werde.[7]

Wenn er nur auch manchmal in Neapel ankern könnte — ebenso flüchtig seinetwegen, aber doch! Wenn er nur von Zeit zu Zeit die alten Freunde wiedersehen, am San Carlo eine Oper uraufführen und den ungeschlachten, aber ehrlichen Applaus des Neapolitaner Publikums entgegennehmen könnte! Aber auch dazu würde er zuerst die

Anerkennung anderer Theaterstädte brauchen oder einen großen Durchbruch in Neapel selbst, bevor er dort persönlich erscheinen könnte — weil er nämlich Mercadante erhobenen Hauptes begegnen will.

Und damit hängt auch Donizettis Zufriedenheit mit seinem verrückten Tandem *Rita/Maria Padilla* zusammen. Die abrupten Modulationen, Rhythmusänderungen, Melodieabbrüche, die wilde Zackigkeit der Orchester-Begleitfiguren, die Hektik im Ablauf des Bühnengeschehens, die im Dienst des Dramas durchkomponierte Musik sind haargenau die Trümpfe Mercadantes, die dieser im Laufe des letzten Jahrzehnts aus Opposition gegen den Ästhetizismus Bellinis und Donizettis entwickelt hat. Erstmals kann Donizetti den plötzlich zum Erzrivalen gewordenen Mercadante auf dessen eigenem Feld konkurrenzieren, wie es ihm seinerzeit Bellini gegenüber mit der *Anna* gelungen ist.[8] Und jene Qualitäten, um die Mercadante seit jeher vergeblich gerungen hat: elektrisierende und dabei zarte Melodien, ein üppiger Orchesterklang und die Entfaltung eines romantisch-passiven Lebensgefühls, die sind in der *Rita*, vor allem jedoch in der *Padilla* überreichlich enthalten.[9] Ein heimlicher Sieg über Mercadante: Das würde es ihm erlauben, wenigstens hin und wieder nach Neapel zurückzukehren.[10]

Und Samson verlässt Dalila. Er kehrt seinem Reich den Rücken zu, dem Hotel Manchester an der Rue Grammont und dem von ihm darin belegten Luxusappartement. Erfüllt von Ekel beim Gedanken an Paris, läßt er sich Anfang August vom Postillon über den Gotthard nach Mailand führen.

Siebentes Kapitel
WELTBÜRGERLICHER VAGABUND

1. Heimatlos in der Heimat
August 1841 bis März 1842
Linda di Chamounix

In Mailand zieht er in die Festung holder Weiblichkeit, ins Haus der Gräfin Appiani und der von ihr geborenen Schönen, ein. Hier vertieft er sich (unter anderem) in die Vertonung der letzten *Padilla*-Teile. Aber immer wieder denkt er an Neapel, und augenblicklich sinkt die Marke seines Stimmungsbarometers unter Null. Auf sein dortiges Faktotum Tomasso Persico hält er keine großen Stücke mehr, nachdem er erfahren hat, daß dieser zum Intimfreund des Ehepaars Mercadante geworden sei. Nun, damit läßt sich wenigstens erklären, warum sein einstiger treuer Gefolgsmann und «guter Tomasso» jetzt plötzlich findet, er, Donizetti, schreibe zu populär.[1]

Gegenwärtig gilt es den Direktorsposten am Musiklyzeum von Bologna zu besetzen. Wer wurde da angefragt? Tatsächlich Mercadante. Aber er lehnte ab. Dann wandte sich das Gremium von Bologna mit Stadteinwohner Rossini als Koryphäe gnädigst auch an Donizetti. Er indessen wollte zweierlei erfahren: erstens, wieviel Geld und andere Vergünstigungen Mercadante angeboten worden seien, zweitens, ob Persico Mercadante oder ihm die Stange halte, und deshalb stellte er die heikle Frage ihm, ist aber jetzt schon überzeugt, daß er aus dieser korrupten Quelle keinerlei Auskunft erhalten werde. Und in der Tat, Persico schweigt.[2]

Doch der empörte, kindlich (oder eher kindisch) gegen die selbstgeschaffenen Realitäten kämpfende Donizetti ist nur die eine Seite seiner tief gespaltenen Person. Die andere Seite zeigt einen weisen, manchmal abgebrühten, manchmal abgeklärten Melancholiker, der wohl erkennt, wie sehr er den Narren spielt. Die «armen Komponisten», führt er Dolci gegenüber aus, würden von Aufregung zu Aufregung getrieben, bis sie abgenützt am Ende ihrer Laufbahn ständen. Sie hofften unerschütterlich auf schönere Tage, die doch nie kämen, und wollten sie nicht in Anbetracht des Schauspiels, das sie sich selber gäben, wehleidig werden, müßten sie eben lachen und vorwärtsschreiten. Er ist ein Sprößling Bergamos, der Stadt der Harlekine, und bekennt sich jetzt zu der seit vielen Jahren aufgeführten Maskerade.[3]

Anfang November sind die Sängerstimmen der *Padilla* fertig; die Orchesterstimmen liegen wie gewöhnlich nach der ersten Arbeitsperiode erst in einer Skizze vor, die mehr oder minder dem Klavierauszug entspricht. Erstaunlicherweise ist damit die Arbeit des Instrumentierens bereits bewältigt. Die hat sein Kopf gewissermaßen automatisch ausgeführt, und seine Hand muß beim Erstellen der Partitur für die Gesamtheit der Instrumente nichts anderes tun, als den Impulsen zu gehorchen, welche der Kopf im Laufe der Entstehung des «Klavierauszugs» gespeichert hat. So wird die *Padilla* nun, obwohl für das Auge nicht halbvollendet, in wenigen Tagen vollendet sein und in die Kopierwerkstätte gelangen, wo die Stimmen rein- und einzeln ausgeschrieben werden, damit am Tag der ersten Probe jeder (oder jeder zweite) seine Noten hat.

Bevor es soweit ist, fährt Donizetti nach Bergamo. Die Sehkraft Mayrs, die schon vor Jahren nicht die beste war, hat weiter abgenommen; man spricht von grauem Star. Dolci ist immer noch ledig — kann aber, nach dem Urteil Donizettis, durch den Anblick schöner junger Mädchen gar leicht begeistert werden — und fühlt sich in Bergamo immer noch fernwehlos glücklich, «wie eine Maus im Käse». Francesco scheint ihm sowenig wie früher von höheren Ambitionen beflügelt; er sieht ihn geborgen zwischen Jagen, Saufen und Sex. Von Bergamo aus fährt Donizetti in die Provinz, aufs Landgut seiner Freundin Frau Basoni, die er fast immer, wenn er sie nennt, als «schön» beziehungsweise «sehr schön» bezeichnet, sowie zu deren ländlich-luxuriösen Tafel. Die Wahrheit ist, daß sämtliche Niederlassungen dieser vornehmen Dame — sei es die Winterresidenz in Bergamo, seien es ihre Villen auf dem Lande — für Donizetti verlockend sind, weil ihm sowohl die Mutter als auch Giovanna Basoni («Nina»), ihre Tochter, schöne Augen machen. Nina erinnert ihn zu allem Unglück an seine verstorbene Frau, was ebenso gefährlich ist wie ihre Rolle als Begleiterin von Mutter Rosa. Gefährlich diesmal auch für die von Donizetti seiner Frau als Kompensation für seine Seitensprünge zugedachte Stellung der ersten und einzigen Gattin. Eine zweite Heirat ist der größte Wunsch des Komponisten! Aber auch in dieser schweren Probe widersteht er der Versuchung, um vor Virginia Buße zu tun und ihrer Liebe wieder wert zu sein. Denn immer noch ersehnt er sich den Platz an ihrer Seite im Paradies.[4]

Nach seiner Rückkehr in die Kapitale geht es an die Einstudierung der *Padilla*. Die Zensur verhielt sich ähnlich wie in Rom: Das wirklich Zweifelhafte — Marias Mätressenwirtschaft im Schloß Don Pedros —

war sie bereit zu akzeptieren, sofern dieser Herrscher und sein Verhalten moralisch gerechtfertigt würden. Die Theatergäste Mailands, wo die Risorgimentokräfte immer stärker werden, dürfen den letzten Rest ihres Glaubens an Metternichs Könige nicht verlieren. Und Don Pedro hat Maria nun einmal die Heirat versprochen; überdies bedarf die wilde Ehe, die er vor aller Augen führt, der kirchlichen Legalisierung. Da Donizetti aber für Maria keine neue Cabaletta schreiben will, bleibt der bekannte irrwitzige Freudengesang zu ihrem Selbstmord erhalten, und sie stirbt, vom König auf den Thron erhoben, im Übermaß der Verzückung an einem Kollaps. Im Gegensatz zur *Adelia* freilich paßt die Happy-End-Konzession an die Zensur besser zum Wesen der Oper als der geplante, eigentlich tragische Schluß. Jetzt ist die Freude am Goldenen Ring und dem durch ihn heraufbeschworenen Ruin auch in der letzten Szene äußerlich begründet — seht, die Könige sind gut!

Und Donizetti zählt die Tage bis zum Stephansabend der Premiere. Er freut sich so überschwenglich und gleichzeitig bang auf dieses objektiv besehen ganz gewöhnliche Ereignis (ungefähr die 58. Uraufführung in seiner Laufbahn) wie rings um ihn herum die kleinen Kinder sich auf das Weihnachtsfest freuen. Unermüdlich feilt er an der Partitur und kommt sich deshalb pedantisch vor. Nein, etwas an seinem Verhalten ist nicht in Ordnung. Völlig eingestehen will er es sich nicht, doch fühlt er sich seiner Sache nur mäßig sicher.[5]

Das Publikum verhält sich schließlich nicht begeistert, aber generös. Was soll es zu den wilden Tönen sagen, die ihm entgegenschlagen? Da sind die offensichtlich expressiven, nicht, wie immer wieder bei Rossini, lediglich zierenden Koloraturen. Da ist der ebenso unbalancierte, überschwappend füllige Orchesterklang. Da ist ein Feuerwerk brillanter und vollendet schöner Melodien der Bellini/Donizetti-Tradition. Die Elemente sind vertraut, doch wachsen sie über sich selbst hinaus, und das verwirrt die Hörer. Zusätzlich irritiert der Einbezug von Mercadantes willentlich ungepflegtem musikdramatischem Sturm und Drang. Der Geist der *Padilla* hingegen ist ausgesprochen reaktionär; gerade das, was man in Mailand derzeit am wenigsten schätzt: metternichtreu, und zwar aus vollster Überzeugung. So kann das Publikum am 26. Dezember 1841 unmöglich begeistert sein. Doch es bewundert Donizettis Phantasie, die sich in einer bisher nie entfalteten, allerdings krankhaften Blüte zeigt. Und es bewundert in Donizetti den führenden Meister einer Belcanto-Schule, die dem Zerfall entgegenschreitet. Immer wieder ruft es ihn vor den Vorhang und spendet ihm warmen Beifall — warmen, aber eben: nicht begeisterten.[6]

Und das entgeht ihm keineswegs. Schon als er die Oper schrieb, fühlte er sich verbraucht und nirgends mehr verankert; dennoch schreckte er vor dem in seinem ganzen Schaffen kühnsten Schritt in die Moderne nicht zurück. Jetzt hingegen fühlt er sich vollends als alter, deplazierter Außenseiter. Mailand ist nichts für ihn, das hat sich jetzt erwiesen. Aber was wird dann etwas für ihn sein? Wird er, nachdem er nicht einmal die Herzen derer erreichen konnte, die er ungefähr zu kennen glaubte, die Herzen Fremder erreichen können? Die Herzen der Österreicher? Die ihren Mozart und Beethoven haben, von deren Sprache er kaum fünf Worte versteht? Und wohin soll er nach der Premiere in Wien?[6]

Abermals begibt er sich nach Bergamo, um dort die Uraufführung einer Oper eines Landsmanns zu erleben, eines anderen «Komponistenclowns», wie er ihn nennt. Ebenfalls bitter stimmt ihn die Nachricht, daß nach Bellini nun ein weiterer Vertreter seiner eigenen Belcanto-Generation gestorben sei, Luigi Savi aus Parma, 39 Jahre alt. Mit aller Deutlichkeit erkennt er den Ungeist, das Unheil in der von ihm und seinen Gefährten betriebenen Kunst; mit aller Deutlichkeit erkennt er ihren nahen Tod. Er selber hat die Syphilis; Rossini ist nerven- und blasenkrank, und selbst für Mayr scheint die lezte Stunde nah. Operiert von seinem grauen Star, erholt er sich nur mit Mühe. Sie alle sind vom Wurm befallen, Mayr, Rossini und er. Ein neuer Ikarus steht auf dem Felsen, um sich in die Luft zu schwingen ... [7]

Dieser Ikarus heißt also Giuseppe Verdi. Ganz aus der Nähe Parmas stammend, ist er 29 Jahre alt und strotzt vor Vitalität, wie man es damals selber tat. Und wie man sich damals vor Rossini duckte und jeden Triller gläubig imitierte, den dieses Genie auf seine Notenblätter sprühte, so duckt sich Verdi jetzt vor einem selbst. Nun, ganz ausschließlich auf ihn, Donizetti, will sich dieser hochbegabte Neuling nicht berufen, wie der *Nabucco*, seine dritte Oper, zeigt, den er gerade an der Scala einstudiert. Aber doch zum weitaus größten Teil. So kann er ihn, wenn auch mit leiser Wehmut, als Nachfolger akzeptieren.[8]

Die von Donizetti geschaffene «Oper der neuen Kürze», das war das Modell, das Verdis Komponistenherz zur Künstlerschaft erweckte. Terzenpralle, träumerische Kantilenen, schwerblütige Chöre und Märsche und hitzige Cabaletten prägen das *Nabucco*-Bild. Und wenn die Ensembles, Choreinsätze und Chöre stärker vertreten sind als üblicherweise in den Donizetti-Opern dieses Typs, so ist er ihm auch darin vorangegangen — zum mindesten im *Assedio*. In die Richtung Mercadantes aber weisen der Verzicht auf manche Stretta-Teile, der gegenüber Donizetti noch dramatischer geraffte Szenenbau, die öfters brutale Härte der männlichen Handschrift und eine manchmal auch (freilich als Ausnahmefall) verblüffende Kargheit des Klanges.

Am breitesten aber klafft der Graben zwischen seiner eigenen und Verdis Mentalität. Weder der Liebeskummer der Sklavin Abigaille noch ihre Intrige, mit der sie vortäuscht, die Tochter des babylonischen Königs Nabucco zu sein, um selbst zu regieren, stehen im Vordergrund des Geschehens der neuen Oper, sondern die Leiden der Hebräer in der babylonischen Gefangenschaft, ihr Widerstand gegen Nabucco und Abigaille und das Gericht Jehovas über diese beiden Herrscher. Während Donizetti im *Diluvio* die Gottesleute recht parteiisch in den Hintergrund verdrängte und nur die Liebesaffären der Heiden besingen wollte, stellt Verdi seine ganzen Kräfte in den Dienst der Gottesleute, die nicht einmal als Individuen, sondern als Volk mit einer Massenseele in Erscheinung treten. Die Parallele zwischen diesen freiheitsdurstigen Hebräern, deren persönliche Eigenschaften im Zeichen des Kampfes um das gemeinsame Ziel verschwimmen, und den sich gegen Österreich erhebenden Lombarden liegt auf der Hand. Wo aber, wie in der *Padilla,* der Kampf der Figuren auf einen Thron mit nur zwei Sitzen gerichtet ist, behauptet sich naturgemäß das Individuelle. Dieses war freilich ohnehin seit Jahr und Tag die einzige Domäne Donizettis. Doch in der *Padilla* kam die entschiedene Stellungnahme für Gold und Flitter, Lustgelage und Mätressen, kurz, für die gleiche Ausbeuterei der Völker durch «legitime» Monarchen hinzu, die der *Nabucco* unverhohlen kritisiert. Und solche Kritik an Metternich und seiner Welt, nicht Donizettis Huldigung an sie will man in Mailand hören. Das Textbuch verfaßte der gleiche Soleva, der noch vor kurzem in Bergamo Huldigungsverse an Verdis konservativen Vorläufer schrieb...

Damit verstärkt auch die Bekanntschaft mit dem *Nabucco* Donizettis Eindruck, daß sein Reich zerfalle. Er bewegt sich wie ein Fremder in seinem Stammland, der Lombardei. Und in Neapel würde es ihm gleich ergehen. Hier Verdi, dort Mercadante; er wurde ersetzt.[9]

In Mailand, bei den Appianis, komponiert er seine Wiener Oper, *Linda di Chamounix**. Zwar war die Arbeit schon weit gediehen, als er den *Nabucco* kennenlernte, so daß es ihm gar nicht möglich gewesen wäre, Verdis Impulse aufzunehmen. Doch auch in seinen nächsten Werken wird er darauf verzichten. Er selbst und die Epoche, die er vertritt, sind überreif, Verdi hingegen und seine Epoche sind allzu jung, als daß er diesen neuen Graben überbrücken könnte. Der musikalische und intellektuelle Kosmos Mercadantes sollte der letzte gewesen sein, den er mit seiner einzigartigen Begabung, Gegensätze zu verschmelzen, in den seinen integrierte.

Von den Errungenschaften der *Padilla* behält er die chaotisch reiche, überbordend süße Instrumentierung sowie die jähen Tonartenwechsel bei. Besonders auffällig gebraucht er diese, wenn er früher eingeführte Melodien im Lauf der Handlung zitiert, um damit anzudeuten, was sie mittlerweile in der Seele der betreffenden Figur verändert hat.

Doch auch das äußere Geschehen knüpft an die *Padilla* an. Wenn eine seiner Opern autobiographisch ist, dann ist es diese. Noch seine letzte Ersatzfigur für Vater Andrea, der alte Padilla, war ein Edelmann — wie Belisario und Herzog Alba. Der Vater Lindas nun, Antonio, ist einer der Ärmsten des Gebirgsdorfs Chamounix. Ohne die Unterstützung der Obrigkeit (vertreten durch einen Marchese) wäre er nicht imstande, Frau und Tochter zu ernähren. Antonio kann als der maskenlose Andrea, Chamounix als Bergamo und Linda als Gaetano angesehen werden.

Linda, nach Paris verbracht, wird weder aus Ehrgeiz noch aus Genußsucht die Mätresse eines Edelmannes wie ihre Schicksalsgefährtin Maria Padilla — dafür wurde das Dorfkind zu streng erzogen, und Schwelgereien sind ihr zu unvertraut —, sondern aus reiner Liebe.

Der Schlüsselpunkt der Handlung, der Verrat des Edelmannes an seiner Geliebten, ist wieder ähnlich gestaltet wie in der *Padilla*: Der Vater erfährt das Vorgefallene, sein Wertsystem bricht zusammen, und er verstößt die Tochter. Aber nun ist es nicht der Vater, der den Verstand verliert und in ein Zwielicht hinüberdämmert, das ihm sein Leid ertragen hilft, sondern die Tochter... und ihr Wahnsinn, statt sie zu erlösen, liefert sie der Hölle ihrer Schuldgefühle aus.

Irr nach Chamounix zurückgekehrt, wird ihr vom halben Dorf der Teufel ausgetrieben: durch Spiel und Gesang der gleichen Melodien, die zu Beginn der Oper Ausdruck ihrer Gefühle für den Geliebten gewesen waren, nach ihrem Sündenfall hingegen in verzerrter Form die Trübung ihres Geistes spiegelten. Erst als die Melodien wieder rein erklingen, findet Linda aus dem Bann heraus, und ein Gebet besiegelt die Erlösung. Beim Anblick ihres wutentbrannten Vaters, der sie in Paris verstieß, verlor sie die geistige Klarheit und versank in ihre gräßlichen Delirien; nun hat sie genug gebüßt und wird in Chamounix von Gott zu neuer Klarheit auferweckt. Der Vater steht vor ihr und hat ihr beim Anblick ihres Martyriums längst verziehen. Und ihr Geliebter, der sich in Paris mit einer reichen Demoiselle vermählte, ist nun in Chamounix bereit, ihr Mann zu werden (ein leiser Widerspruch, für den der Librettist, erneut der unbrauchbare Gaetano Rossi, keine Erklärung fand).[10]

Gewiß ist diese Lösung unter anderem auf Donizettis nie ganz erfüllten Drang, Bellinis *Sonnambula* ein eigenes Pendant entgegenzusetzen, aber auch auf die noch immer bestehende Opernkonvention, die bürgerlichen Figuren ein tragisches Ende verbietet, zurückzuführen. Wie die Sonnambula ist Linda ein einfaches Mädchen, das unter den Einfluß dämonischer Mächte gerät, dann aber von der Gemeinschaft, in der es idyllisch lebte, aus seinem Alptraum herausgerissen und geheilt wird. Auch Bellini gestaltete diesen Vorgang bereits mit psychologischen Leitmotiven.

Soviel wußte Donizetti vom musikalischen Geschmack der Wiener, daß er sie nicht mit lauter Schwarzmalerei und komplizierten Grübeleien widerspenstig machen wollte. Raffiniert wie immer, sorgte er soweit wie möglich für ein Gleichgewicht zwischen Gefälligkeit der Fassade und hintergründigen Tüfteleien. Beethoven komponierte auch nicht ganz unkompliziert, so konnte er es wagen, in diesem Bereich ein bißchen weit zu gehen; aber im Rahmen der Nummern versah er die Wiener lieber mit Patisserie. Als letzte Sicherung fungiert die Ouvertüre: eine Umgestaltung des Eröffnungssatzes seines letzten Streichquartetts, das, wie gewöhnlich, wenn er sich in dieser ungeliebten Gattung übte, «alla Haydn» geschrieben war. Das Beispiel der *Zelmira* dünkte ihn befolgenswert, denn auch Rossini bestach durch wenige Reminiszenzen an die Wiener Klassik die Operngäste am Kärntnertor. Ansonsten aber ist er nach wie vor über den dortigen Opernbetrieb zu wenig orientiert, als daß er sich sichere Chancen für seine *Linda* und ein allfällig wiederholtes Residieren in der Donaumonarchie ausrechnen könnte.

Im Anschluß an die Erstaufführung des *Nabucco*, der am 9. März im Beisein Donizettis frenetisch gefeiert wurde, hören Kutschenpassagiere, die mit ihm nach Bologna reisen, den offenbar verwirrten Meister ständig murmeln: «Schön, schön, dieser Nabucco!» Hatte er nicht vor sechzehn Jahren über Bellinis *Bianca* genau das gleiche gesagt? Jetzt fährt er zu Rossini — den er noch vor kurzem selbst verdrängte —, um dessen bisher letztes großes Werk, das *Stabat Mater*, auf seine Bitte hin an seinem Wohnort Bologna uraufzuführen. Er zittert beim Gedanken, vor den Augen dieses einstmals überwältigenden Vorbilds zu dirigieren... und zwar gewissermaßen sein musikalisches Testament. Ja, immer noch ist Donizetti Lehrer und Schüler zugleich, und seine Reise von der Uraufführung des *Nabucco*, dem er als Lehrer den Segen erteilte, zur Uraufführung des *Stabat Mater*, die ihn als Schüler bestätigen soll, symbolisiert den ganzen Ablauf des Belcanto in der menschlichen Realität.[11]

Wie zuvor das Publikum der Scala, spüren auch die Bolognesen die Größe des Augenblicks. Als sich Rossini bei der dritten Aufführung persönlich im Konzertsaal zeigt — bisher verhinderte der schlechte Zustand seiner Nerven sein Erscheinen —, und als er Donizetti auf dem Podium umarmt, glaubt dieser vom Geschrei erdrückt zu werden, das sich sofort erhebt. Und wie er sich anschickt, nach Wien zu verreisen, fällt ihm Rossini wie ein kleiner Knabe seiner Mutter um den Hals und fleht ihn an, er möge bei ihm bleiben oder wenigstens den Posten des Direktors am Lyzeum akzeptieren, der immer noch auf ihn warte. Er, Rossini, werde alles tun, um die Bedingungen zu erfüllen, die er vielleicht an diese Stellenübernahme knüpfen werde. Donizetti schwelgt im Bild des gleichsam vor ihm knienden Rossini; es ist sein größter Trost seit langer Zeit. Dann setzt er sich in die Kutsche.[12]

2. Beim Vater des Goldenen Rings
März bis Juli 1842

Am 27. März ist er in Wien. Die Stadt erscheint ihm freilich wunderschön, doch er erlebt sie als Verkörperung des Nordens: fremde Sprache, grauer Himmel, steife Luft und immer wieder Schnee.[1] Das soll seine zweite Heimat werden?

Mit doppelt so großer Erbitterung wie in Paris und Mailand wendet er seine Gedanken Neapel zu. Dort wäre sie, seine Heimat, und läßt es geschehen, daß er wie ein Gassenhund von Unterschlupf zu Unterschlupf streunt, nur um zu entdecken, daß ihm jedes neue Loch im besten Fall für ein paar frostige Nächte Obdach gewähren kann? Nichts will man ihm in Neapel zuliebe tun, und damit macht man ihm deutlich, daß man ihn nicht mehr liebt. Warum versichert ihm Persico heuchlerisch, er könne die *Rita* — die Mercadante konkurrenzieren soll — höchstens für 1500 Francs verkaufen? Warum wenden sich die Unternehmer mit der Bitte um neue Opern an Persico statt an ihn selbst und unterbreiten ihm Zahlungsvorschläge, die nur als unverblümte Frechheit aufzufassen sind?[2]

Indessen, Donizetti übersieht, daß ihn die Unternehmer wirklich fürchten müssen. Durch den Verfolgungswahn, in den er sich steigerte, ist jede Verhandlung mit ihm vom Scheitern bedroht. Da er sich von allen Seiten Liebe und Respekt beweisen lassen will, deren Vorhandensein er bezweifelt, und da für ihn das Geld der einzige Maßstab dieser Gefühle geworden ist, stellt er beachtliche Forderungen. Diesen begegnen die Unternehmer mit möglichst bescheidenen Grundangeboten, die sich aber sukzessive steigern lassen. Doch Donizetti sieht nur die Grundangebote, fühlt sich wie erwartet unter seinen Qualitäten eingestuft und bricht die Kontakte ab.

Wie sollen die Unternehmer Neapels mit ihm verhandeln? Er selbst verhindert systematisch das Zustandekommen von Verträgen, so glühend er sich nach ihnen sehnt. Und deshalb brauchen sie als Puffer den Prügelknaben Persico, den Donizetti selbst im gleichen Interesse braucht. So hat er wirklich keinen Grund, sich über seine Zwischenstellung zu beklagen. Ihm teilen die Unternehmer ihre bescheidenen Grundangebote mit, an ihm entlädt sich Donizettis Zorn, ihm teilt er schließlich seine mäßigeren Wünsche mit, er leitet diese an die Unternehmer weiter, und so ergibt sich endlich die von beiden Seiten gleich begehrte Übereinkunft. Im Sommer des nächsten Jahres soll eine neue Seria Donizettis auf ein Libretto Cammaranos im San Carlo erklingen. Wie gewöhnlich wird der Komponist die ersten Aufführungen leiten und somit spätestens dann Neapel wiedersehen.[4]

Das zweite Streitobjekt seiner Gedanken ist die Direktorsstelle am Lyzeum von Bologna, und sein zweiter Prügelknabe ist deshalb Rossini. Den einsamen, kranken Meister, der seine Freundschaft sucht, sieht er in seinem gestörten Geist als eine menschlich inhaltslose Berühmtheit, die vor ihm im Staube liegt. Jetzt schwelgt er in der Vision, diese Berühmtheit mit einem Fußtritt von sich zu weisen, denn er will die Stelle keineswegs; sie dünkt ihn, wie vor Jahren jene in Novara, zu gering.[5]

Toto allerdings rät ihm entschieden, Rossinis Angebot zu ergreifen. Er solle seinem Vagabundenleben (und, was er verschweigt, aber vor allem meint, dem schädlichen Glanz der «Schönen Gesellschaft», der am Wiener Kaiserhof von neuem gefährlich lockt) endlich den Rücken kehren und in menschlicher Geborgenheit den inneren Frieden suchen.[6]

Nun, Donizetti gibt den deutlich wahrnehmbaren Wunsch seines Körpers, sich zu erholen, zu. Auch daß er gerne wieder Schüler unterrichten würde, will er nicht bestreiten. Gegenwärtig ist er oft mit einem bergamaskischen Musikstudenten, Matteo Salvi, zusammen, der, wie er findet, ohne seinen Rat und Beistand in diesem erzdeutschen Wien halbwegs verkümmern würde. Zwar vermißt er an Matteo überhaupt die Freude an der Musik und auch die Freude am Leben im weitesten Sinne. Pfiffiger, aktiver sollte Salvi sein. Jetzt läßt er ihn mit einigen italienischen Sängern, die am Kärntnertor-Theater wirken, Rollen einstudieren; so kann sich dieser Bettelstudent ein wenig Geld verdienen. Aber er gibt es ja nicht einmal aus! Nun, er ist sparsam, und das ist gut. Im übrigen freilich muß man den Burschen einfach etwas animieren! Diese Schüchternheit muß verschwinden — da hat er Schelte verdient. Auch in seiner eigenen Gesellschaft wirkt Salvi immer wie ein geprügelter Hund. Zum Teufel — hat er Angst vor ihm, oder zuviel Respekt?[7]

Ach, Donizetti hat keine Ahnung, wie zerstörerisch sein Einfluß auch auf die andern wieder geworden ist... noch viel zerstörerischer als nach Virginias Tod. Der ganze unheilvolle Zyklus, der mit der Vorbereitung seiner Reise von Neapel nach Paris begonnen und mit der ernüchterten Trennung von Zélies Domäne geendet hatte, beginnt von neuem; der unbewußte Ansporn aber ist die Nähe Metternichs. Der arme Toto, er hat es wahrscheinlich zu spät gemerkt. Und Donizetti selber merkt es auch jetzt noch nicht, obwohl er das Gift, das ihn beherrscht, mit jedem Gedanken preisgibt.

Ja, Schüler erziehen wollte er schon, denn wie er im Umgang mit Salvi wieder entdecken muß, ist er dazu berufen. Aber nach Bologna will er trotzdem nicht; in dieser Stadt zu leben, schreibt er Toto, müsse verdrießlich sein. Dennoch schickte er Rossini wie versprochen eine Liste seiner Forderungen, als wäre er bereit, ihm seinen Herzenswunsch wenigstens dann zu erfüllen, wenn man ihn materiell reichlich belohnen würde. Das diente ihm aber einzig zu einem Test. Er verlangte so unmäßig viel, daß die Erfüllung dieser Wünsche seine Anerkennung als Genie von förmlich unbezahlbarer, indessen — o höchstes Wunder — trotzdem bezahlter Güte bedeuten würde. Dank diesem Verfahren kann er damit rechnen, daß die Affäre wie gewünscht im Sand verläuft; andernfalls aber wäre sein Wert in unerhörtem Maß bestätigt worden. Ob er sich dann bequemen würde, den Berg der Geschenke anzunehmen und nach Bologna zu ziehen, ist allerdings äußerst fraglich...[8]

Soviel Skrupellosigkeit hat einen Grund, und den erläutert er so krankhaft offen wie den ganzen Rest des Plans. Mercadante wurde vorher angefragt, ihm wurde von den Bolognesen mehr Respekt und

Wie in den dreißiger Jahren mit Bellini, tritt Donizetti 1841 auch mit dem bedeutenden Opernreformer Saverio Mercadante *(unten links)* in eine erbitterte Konkurrenz. Den Komponisten bezaubernder Cavatinen, Giovanni Pacini *(unten rechts)*, hat Donizetti freilich nur verachten können, so begabt auch dieser Generationsgefährte war. Anfang der vierziger Jahre haben sich alle drei Meister von ihrem einstigen Vorbild, Gioacchino Rossini *(oben)*, deutlich emanzipiert.

Liebe entgegengebracht. Wenn sie nun aber einverstanden wären, seine Wünsche zu befriedigen, die das von ihm inzwischen recherchierte Angebot an Mercadante weit übertreffen, wäre das Gleichgewicht der Positionen wenigstens in Bologna wiederhergestellt. Und wenn sie seine Forderungen nicht erfüllen, dann hat er ihnen jedenfalls in Sachen Mercadante eine Lektion erteilt.[9]

Aber natürlich reagiert er doch mit Wut, als ihm Rossini schreibt, er habe bei der administrativen Leitung des Lyzeums nur einen Teil des Wunschpakets durchsetzen können... ob er nicht trotzdem kommen würde, aus Freundschaft zu ihm, Rossini, und aus Vertrauen in die Liebe der Bolognesen zu seiner Musik?[10]

Ha, Liebe zu seiner Musik? Wo ist der Beweis? Er wurde eben nicht erbracht! In einem Brief versichert er der Gräfin Appiani, daß er den Beifall der Bolognesen keineswegs nötig habe, kann ihr aber trotzdem nicht verbergen, daß ihn Minderwertigkeitskomplexe plagen. Zum Thema des ebenfalls freien Direktorats an der Musikhochschule Mailand merkt er nämlich an, daß sie, die Gräfin Appiani, die einzige wäre, die ihn gern in Mailand sehen würde...[11]

Auch haben sich ihm bisher die Pforten des Kaiserhofes zu Wien nicht im gewünschten Umfang aufgetan. So wurde er von Fürst Metternich noch nicht in dessen Villa eingeladen, obwohl er bereits mit einem, wie er findet, «glänzenden» Empfehlungsbrief vor den Erlauchten trat. Metternich habe — ist sein Fazit — über der Vielzahl weltbewegender Geschäfte einen vergessen, dessen Leistung sich auf das Akkordeklimpern beschränke. Aber offenbar erscheint ihm selber diese Leistung doch nicht zu gering, denn er beschließt, sich wieder bei ihm zu melden. — Wer übrigens den «glänzenden» Empfehlungsbrief verfaßte, war Rossini...[12]

Am 2. April begann am Kärntnertor-Theater die Frühlingssaison. Merelli hatte die berühmtesten italienischen Sänger nach Wien geschickt, und Donizetti ist der unernannte König dieser Truppe, der die Wahl der Opern mitbestimmt und bei der Einstudierung hilft. Die Spielzeit verläuft so aufgeregt und heillos improvisatorisch wie Donizettis schicksalhaftes Theaterjahr in Palermo, allerdings auf ungleich höherem Niveau und ohne materielle Not. Aber es ist wie damals ein Kampf ums tägliche Überleben von Künstler, Kunstwerk und Kunst (und Kunst bedeutet heute: Belcanto bellinischer Prägung) im Urteil des Publikums.

Möglicherweise sind die Wiener an dieser Art Opern nicht mehr und nicht weniger interessiert als früher, doch Donizetti argwöhnt wie in Mailand den Untergang ihrer Geltung, obschon er sich jetzt besessen dagegen wehrt. Dieser Einsatz wirkt konstruktiv; die Gruppe leistet Unglaubliches, indem sie Oper über Oper einstudiert und die Theatergäste wenn nicht durch das Gezeigte, so durch die Folge des Gezeigten in Atem hält. Aber die ziellosen Wechsel des Angebots verraten den gleichen Irrsinn, der in Donizettis letzten Opern um sich griff. Und auch diese schienen einer konstruktiven Leistung zuzuschreiben zu sein, sind aber bei ihrer ganzen phantastischen Qualität Wegmarken auf dem Flug zur Sonne, zur gewollten Selbstzerstörung in unerträglichem Licht, zum Fall ins «Meer des Vergessens», zum Ruin der Kunstform, die sie selber grandios verkörpern. Und alles deutet darauf hin, daß auch der Einsatz Donizettis für den Belcanto in Wien ein Flug zur vernichtenden Sonne ist.

Anfangs stieß, zur heimlichen Befriedigung des Komponisten, ein typisches Reformwerk seines Rivalen Mercadante, *La Vestale,* das wenige Doppelnummern mit vielen stilistischen Extravaganzen, dafür aber eine Reihe theatralischer Effekte von beängstigender Wucht enthält, beim Publikum des Kärntnertor-Theaters auf eine Mauer von Eis. Applaus erhalten habe nur die «einzige» melodisch attraktive Episode «von zwanzig Takten», die lyrische Arienhälfte des Baritons, resümiert Donizetti in unmißverständlichem Ton. Die Primadonna, eine Sängerin namens Marini, deren Körperumfang ihrem Erfolg in umgekehrtem Verhältnis entsprach, konnten nach dieser Erfahrung keine zehn Pferde dazu bewegen, programmgemäß in Giovanni Pacinis blühend kantilenenreicher *Safo* aufzutreten (ein kaum nur vom Zufall gewollter Kontrast zum herben Bühnenschocker Mercadantes). Doch die Truppe steigt im Nu mit ihren besten Kräften — Napoleone Moriani, dem «Tenor des schönen Todes», sowie Eugenia Tadolini — wie ein Phönix aus der Asche: nämlich in Donizettis eigener Oper *Anna Bolena*...[13]

Einerseits zählt er bei diesem Anlaß kaum zwanzig Personen im Parkett, anderseits aber spenden die wenigen Gäste begeisterten Beifall, und triumphierend stellt er fest, daß seine Ahnung bestätigt wurde: Klassische Doppelnummern mit zärtlichen Melodien sind die Lieblingsspeise dieses Publikums. Hier ist es ihm und seinen Spezialitäten, nicht denen seines Rivalen, vergönnt, zu siegen. Die noch viel üppigeren Leckereien, die er in der *Linda* anzubieten hat — und diese Oper wird seine Zukunft in Wien besiegeln! —, sind praktisch bereits verkauft. Fragt sich nur noch, was die Gelehrten, diese teutonischen Beethoven-Jünger, darüber befinden werden...[14]

Vor dem großen Abend scheint sich dem Komponisten immer deutlicher die Pforte zum Kaiserpalast zu öffnen, und seine Stimmung wird heller und heller. Wieder ist es Rossini, der ihm — freilich indirekt — den Zugang zum Hof erschließt. Erzherzog Franz Karl, der Bruder des debilen Kaisers Ferdinand I. (für den Donizetti in grauer Vorzeit die Hochzeitskantate geschrieben hat), will sich den Luxus leisten, das historische Ereignis der *Stabat-Mater*-Aufführungen von Bologna unter Donizettis Leitung in seinen vier Wänden zu wiederholen. Seiner Gemahlin Sophie will der hohe Herr mit dieser ganz privaten Huldigung an die Musik ein exklusives Geschenk bereiten. Eine solche Eintrittskarte in das Allerheiligste des Hofes, buchstäblich in den Intimbereich der kaiserlichen Familie, kommt Donizetti eben recht.

Beim Bruder des Kaisers als Dirigent zu Gast! Er ist im siebten Himmel! Aber warum? Franz Karl regiert zusammen mit einer «Staatskonferenz», der auch Fürst Metternich angehört, an seines geistesschwachen Bruders Stelle; er, nicht der Kaiser, ist auf dem heute besetzten Ast des Stammbaums von Habsburg der führende Mann. Doch Donizetti geht es keineswegs um diese reale Würde; ihm geht es um den von Metternich propagierten Abglanz göttlicher Macht, der durch Vererbung auf das kranke Haupt des Kaisers fiel. Ferdinand ist es, den er umbuhlt; die Huld eines Mannes, der seine Huld nach keinerlei vernünftigen Kriterien vergeben kann, weil ihm die intellektuellen Kräfte fehlen, ist das Geschenk des Himmels, nach dem er sich sehnt.[15]

Natürlich ist er nach der Aufführung des *Stabat Mater* mit den Sängern herzhaft unzufrieden, denn für Hörer wie den Kaiser und die Kaiserin nebst mehreren Erzherzögen und Prinzen spielt man niemals gut genug. Dennoch bescheint ihn nach den Schlußakkorden ihre ganze Huld. Und während er zwischen dem Kaiser und einigen Prinzen steht, um ihre berauschenden Komplimente entgegenzunehmen, erblickt er in der dritten Reihe derer, die sie umstellen — man bedenke, erst in der dritten! —, den kirchlichen Würdenträger aus Rom, den päpstlichen Nuntius![16]

Der Kaiser vertraut ihm an, wie sehr ihm die Hofkapelle am Herzen liege. Er sagt ja vielleicht nur einen Sermon auf, den ihn Franz Karl, sein geistig rüstigerer Bruder, und dessen Berater aufsagen lehrten. Aber Donizetti spürt aus Ferdinands Bekenntnis einen Wink heraus, einen persönlichen Wink an ihn, die Eule aus Bergamo — indessen, was mag das sein? Der Gedanke läßt ihm keine Ruhe, denn den Kaiser will er wahrlich nicht enttäuschen. So bittet er andere, weniger hochgestellte, ihm selber und dem gewöhnlichen Menschengeschlecht eher verwandte Hofexponenten, ihm weiterzuhelfen. Orakelhaft und offenbar geheimnisvoll orientiert, raten sie ihm, ein Werk für die Hofkapelle zu komponieren.[17]

Nach langen, bangen Beratungen mit sich selbst entschließt er sich für die Vertonung eines bestimmten liturgischen Textes und entwirft ein *Offertorium*. Da er sich als guter Christ — und so begehrt er vor dem Christenkaiser dazustehen — erinnert, daß nur das «Ave Maria» Worte des Engels sind, das «Sancte Maria» aber ein Zusatz der Kirche ist, setzt er das «Ave» des geschlechtsneutralen Himmelsboten für einen Sopran, das von den Menschen dazuerfundene «Sancte» aber für ein aus Männer- und Frauenstimmen zusammengesetztes Vokalquartett. Um die in Tat und Wahrheit eher peinliche Ernsthaftigkeit seiner Gesinnung zu verstecken, verabreicht er diese seinen Freunden wie gewöhnlich in ein Bonmot eingepackt: Nicht alle Sünder, welche zur Kirche gehörten, seien kastriert![18]

Zur weiteren Verdeutlichung des Inhalts beginnt er das Werk mit einer fallenden Leiter für zwei Violinen und beschließt es mit der entgegengesetzten Tonreihenfolge, die nun zwei Geigen auszuführen haben. Damit sei dargestellt, erläutert er diesen Einfall, wie sich der Engel auf die Welt herabbegebe und am Ende seiner Rede wieder gen Himmel steige. Der Höhepunkt von Donizettis Plänen um das *Offertorium* ist aber seine Vision vom Augenblick der Übergabe an den Kaiser. Und ein Luxusexemplar der *Linda* samt gedruckter Widmung will er wenig später der Kaiserin überreichen. Zu diesem Behuf erteilt er Ricordi Anweisungen für die Sonderschnörkel, die der Druck erhalten muß.[19] — Ja, Kaiser Ferdinand scheint seinen idealen Hofkapellmeister bekommen zu haben: ein von der geistigen Umnachtung bedrohtes Kind.

Um sich in Wien tatsächlich zu verankern, fehlt Donizetti mittlerweile nur noch eines: ein märchenhafter Publikumserfolg. Und auch dieser Wunsch geht in Erfüllung. Bei der Premiere der *Linda* am 19. Mai umprasseln ihn nicht nur Bravos, sondern Bravostürme, nicht nur Blumen, sondern Blumenkränze, von denen er einen brav der Tadolini in die Hände drückt. Sie hat sich als würdige Nachfolgerin der Ronzi erwiesen, indem sie in der Art der Persiani, doch mit bezwingenderer Magie, das mädchenhafte Geisterwesen *Linda* ins Dasein rief. Was Donizetti aber am meisten freut, ist, daß sich die Musikgelehrten mit den melodiensatten, zuckersüßen Doppelnummern ebenso befreunden konnten wie die Laien mit den Modernismen. So ist es dennoch fraglich, ob er sich nochmals mit gewagten Formen auseinandersetzen wird, da seine alten Trümpfe offensichtlich nach wie vor genügend Furore machen.[20]

Die Erinnerung an Mercadante ist verblaßt, denn Mercadante ist ausgestochen. Liegt ihm, dem «Beethoven italiano», die Beethoven-Stadt zu Füßen? Gehört er gleichsam schon als Mitglied zur Familie des höchsten Herrschers im Abendland? Jetzt kann er selber ruhig nach Neapel fahren, jetzt kann er es wiedersehen! Er gesteht sich ein, daß er vielleicht zu wild ins Zeug gefahren ist. Möglicherweise sind ihm seine alten Freunde und sein altes Publikum immer noch gleich gewogen wie einst. Möglicherweise sind sie jetzt, nachdem er Wien bezwungen hat, sogar ein bißchen stolz auf ihn und rechnen ihn zu den Ihren, obwohl er kein Bürger des Reiches ist. Möglicherweise würden sie ihn ehren... nicht gar so gewaltig wie die Bergamasken, aber immerhin. Ein Ständchen mit Evvivas unter seinen Wohnungsfenstern an der Nardones-Straße, das wäre ein Pflaster auf die Wunde, die ihm Neapel schlug![21]

Noch muß er in Wien zwei weitere Aufführungen von Rossinis *Stabat Mater* leiten, diesmal mit vollem Orchester, im großen Redutensaal, für alle Wiener, die es hören wollen, und gegen ein fürstliches Honorar. Dann aber wird er in den Süden fahren... Wenn sich dort erweisen sollte, daß sein Argwohn gegenüber seinen Neapolitaner Freunden doch berechtigt war, wird der Verkauf der Wohnung unumgänglich sein. Sonst aber wird er jene Mission erfüllen können, die ihm seit langem am Herzen liegt: die alten Beziehungen zu Italien zu erneuern.[22]

Dabei hat eine neue Idee von ihm Besitz ergriffen. Dolci, den häuslichen Dolci, die «Maus im Käse», will er aus Bergamo, dem Käseloch, entführen und an seiner Seite durch Europa bummeln. Der eitelste Beweggrund zu diesem Projekt ist sein Bedürfnis, dem immer aus allen Wolken fallenden Dolci höchst realistisch vorzuführen, wie man ihn, Gaetano, überall kennt und ihm die Reverenz erweist, sobald er seinen Namen nennt. Der zweite Beweggrund ist sein auch nicht völlig lupenreiner Wunsch, dem unverbesserlichen Stubenhocker Dolci gegen dessen Willen die von ihm ängstlich gemiedene Welt zu zeigen. Dieser sadistische Trieb des Lehrers, der seine Schüler ins Wasser wirft, damit sie das Schwimmen lernen, prägt sein Verhalten Leuten wie Matteo Salvi oder eben Dolci gegenüber seit Virginias Tod und ist die Folge seiner destruktiven Lebensweise. Bei Dolci kommt hinzu, daß er sich immer über seine Bravheit lustig machte und seinen fetten Wanst zur Applizierung ironischer Nadelstiche mißbrauchte. Der dritte Beweggrund aber ist wirklich edel: Er möchte Dolci, seinen besten Jugendfreund, mit seinen besten Freunden der späteren Jahre in Rom und Neapel zusammenführen, damit sich alle kennenlernen, die er liebt.[23]

Mit warmen Gefühlen denkt er auch an Bergamo überhaupt. Nun, da er wahrhaft groß geworden ist, soll Bergamo von seiner Größe noch mehr profitieren als bisher. Bergamo zuliebe wagt er sich sogar aufs Feld der hohen Politik und unterstützt in Wien die patriotischen Rebellen seiner Vaterstadt, die sich dagegen wehren, daß die österreichische Regierung — die ja auch die Lombardei regiert — den Bau einer Eisenbahnstrecke zwischen Bergamo und Mailand nicht erlauben will. Den Falken im Falkennest auf dem Hügel sind die Motive der Wiener klar: abgeschnitten vom Zentrum der Lombardei, ist Bergamo leichter zu unterdrücken! Und Donizetti kennt den Zündstoff selber auch, der im Konflikt verborgen liegt — es ist der Zündstoff des Risorgimento. Dennoch faßt er den Entschluß, durch heimliche diplomatische Aktivitäten den Eisenbahnbau zu fördern ...

Aber ist er selber nicht ein treuer Diener Metternichs, des Gegenspielers der italienischen Patrioten? Ist er nun plötzlich ein beherzter Patriot des «Jungen Italien»? Nein, aber ein beherzter Winkelpatriot, der seine glänzende Beziehung zu Bergamos Unterdrückern vor Bergamo selbst rechtfertigen will, indem er sie den Interessen seiner Heimat dienstbar macht.

Unglaubliches erzählte man ihm am Hofe, das er sofort nach Bergamo weitererzählt. Der Abgesandte Bergamos, der Graf Roncalli, der in Wien das Eisenbahnprojekt verteidigte, indessen wieder verreiste, ohne den mindesten Fortschritt erzielt zu haben, stand entgegen seiner eigenen Erklärung mit den Diplomaten Metternichs auf bestem Fuße! Der ganze Auftritt samt seinem unglorisen Ende war zwischen ihm und ihnen vorabgesprochen worden! Anders gesagt: Die in den prunkvollen österreichischen Staatskabinetten betriebene Politik ist haargenau das, was unter «österreichischer Kabinettspolitik» weltweit verstanden wird! Scheinbar empört, reist Graf Roncalli nach Wien, mit ungeheuchelter Befriedigung genießt er dort die ehrerbietigste Behandlung, und nachdem er sich mit Speis und Trank, Musik und Komplimenten hat vollaufen lassen, begibt er sich, wiederum scheinbar empört, in die Provinz zurück, um darzulegen, wie sein heldenhafter Einsatz am Widerstand seiner «Feinde» zerbrochen sei! Nun, Donizetti, dessen sanfte Komponistenmaske täuscht, wird die von ihm versäumte Mission auf seine eigenen Schultern nehmen![24]

Nach dieser heroischen Ankündigung vergehen mehrere Tage, in denen Bergamos letzte Stütze nichts von sich hören läßt. Doch schließlich kann er Dolci melden, daß er Verbindung mit dem Sekretär einer bestimmten Schlüsselfigur dieser Affäre aufgenommen habe. Er, Dolci, werde nächstens von besagtem Sekretär ein Schreiben erhalten, das zur schönsten Hoffnung Anlaß gebe. Auf was für konkreten Zusicherungen diese beruhe, wisse er freilich nicht. Er habe bei seinen Gesprächen in Wien den Eindruck gewonnen, daß die stärksten Opponenten gegen den Eisenbahnbau in Bergamo selbst und nicht in Wien zu suchen seien. Die Patrioten sollten aber deshalb bloß den Kopf nicht hängen lassen! Den Nutzen dieser Empfehlung kenne er aus der eigenen Praxis, sei doch die Laufbahn eines Opernkomponisten der steinigste Weg, den man sich denken könne, und gleichwohl komme man immer wieder auf einen grünen Zweig . . .[25]

Was hatte sich ereignet? Der Minister griff, um ihn zu bändigen, zum gleichen Mittel wie gegenüber Roncalli. Er schmierte Donizetti Honig um den Mund, und da die Zunge zu lecken begann, gab sie das Reden auf. Dies aber geschah zu seiner eigenen vollsten Zufriedenheit, wie Wochen vorher zur vollsten Zufriedenheit des ach so bestechlichen Grafen Roncalli!

Oh, das Vergessen fällt fürchterlich leicht, wenn Metternich wünscht, daß man vergesse! Er schubste Donizetti einfach mitten ins glanzvollste Leben des Hofes hinein, schon war es passiert. Jetzt gleitet er selig auf dem Parkett der allerersten Kreise Wiens einher. Alle seine Orden funkeln an seiner Brust; selbst Prinzen fühlen sich nicht entwürdigt, ihm den Arm zu reichen. Der Walzerkönig Lanner wird herbeibestellt, damit er speziell für Donizetti konzertiere; der Walzerkönig Lanner, an und für sich ein Musiker wie er und erst noch ein Wesensverwandter, der die romantische Lust an der Lebensunlust in ähnlich bittersüße Melodien kleidet, serviert ihm untertänigst seine Kunst und wird vom Hofe dafür bezahlt. Kein Wort des Bedauerns über das nicht sehr Gerechte dieser Situation[26] — nein: Metternich hat sie gewollt, und Metternich ist nur die rechte Hand des Kaisers, der Kaiser aber ist der Stellvertreter Gottes in Österreich.

Blind wie beim ersten Anblick Ferdinands, als der noch unbefriedigte Ehrgeiz in ihm rumorte, wieder genauso blind wie vor dem Erfolg der *Linda,* prüft der Komponist die Eigenschaften Madame Metternichs und macht ihr bezaubert seine Honneurs. Alle erzählten ihm, daß diese Frau ein Drache, eine Xanthippe sei; nun tadelt sie ihn, weil er mit seiner *Linda* ihre Tränen allzu reichlich habe fließen lassen. So wird sie wohl immer mißverstanden, sie, die hinter ihrer rauhen Schale offenbar ein weiches Herz verbirgt![27]

Was sieht er nicht alles, was der Rest der Menschheit nicht so leicht entdeckt: die große Seele des Kaisers, die liebenswürdige Seele des Kaisersbruders Franz Karl, die väterliche Seele Metternichs, die weiche Seele von Metternichs Frau Gemahlin! Dafür bleiben ihm vielleicht gewisse Dinge verborgen, die der Rest der Menschheit sieht: die Misere in den Elendsvierteln, die Mißhandlung der Fabrikarbeiter, das Schattendasein, das Schubert zu fristen hatte — das alles in ein und demselben Wien, das ihn, den zugereisten, vermögenden Weltenbummler, wie einen König feiert. Und dabei stand ihm Schubert künstlerisch fast schon erschreckend nahe; auch er schrieb träumerische, volksliedhafte Melodien, pflegte einen überbordend süßen Klang und litt an denselben Leiden: der Syphilis und der Sehnsucht nach dem Paradies. Nun, Donizetti bleibt das vielleicht verborgen. Das von Metternich erneut entfachte Licht der *Padilla* scheint selbst das Bild von Piero Maroncelli, dem Freund seiner Schuljahre in Bologna, der die Folterkammern Österreichs nur noch mit einem Bein verließ, vollständig ausgelöscht zu haben. Denn Metternich umsorgt ihn wie ein Vater, Metternich ist gut.

Der Rest der Menschheit würde wiederholen, was schon früher zu bemerken war: «In Wien wird getanzt, in Brünn wird gefoltert, Metternich hat zwei Gesichter, und Donizetti denkt an sein eigenes Glück.» Dieses Verhalten aber würde ihm der Rest der Menschheit wohl nicht mehr so leicht verzeihen wie damals, als er noch ein kleiner Debütant, ein Jüngling ohne Geld und Namen war. Es sei denn, daß die Menschheit wüßte, was in Donizettis Geist geschieht. Doch sein Geschick im Umgang mit Masken und der verbissene Kampf seines Körpers gegen den unaufhaltsamen Zerfall verhindern jeden Einblick. Daß das *Padilla*-Licht das Licht des Wahnsinns ist: das müßte man wissen, um ihn zu begreifen.

So reagiert er keineswegs mit allzu großer Dankbarkeit, als man ihm nach der Übergabe des *Offertoriums* an den Kaiser und der *Linda* an die Kaiserin die Stelle des Wiener Hofkapellmeisters, die einstige Stelle Mozarts — ungefähr das ehrenvollste Komponistenamt Europas — offeriert. Nun, es ist die Stelle Mozarts, und deshalb würde er sagen: «Wenn nicht zuviel Mühe damit verbunden ist, kann man darüber reden!» Zum eher symbolischen Geldangebot für die in Wahrheit auch eher symbolische Arbeit (3000 Fiorini im Jahr, wobei die Amtszeit jeweils nur von Anfang Januar bis Ende Juni dauert) läßt er den Kaiser wissen, daß er ihm notfalls unentgeltlich dienen würde, aber auch nichts dagegen hätte, für 1000 Fiorini mehr am Hofe zu wirken. An die

Erfüllung dieses Wunsches glaubt er unbedingt, da er der Ansicht ist, dem Kaiser und den Erzherzögen gefielen seine «Manieren».[28]

Dieser Eindruck scheint sich zu bestätigen: Das brave Kind im schizophrenen Donizetti erhält 12 000 Francs im Jahr, mit anderen Worten: 4000 Fiorini. Überdies darf es ein prunkvolles Kleid und einen Degen tragen, worüber es sich persönlich am meisten freut. Nach der Entgegennahme des Vertrages Ende Juli merkt es befriedigt, daß seine Gönner nicht weniger glücklich strahlen als es selbst. Nur kindliche Freude ist echte Freude, und diese Freude ist zu verspüren, als der Metternichsche Hof im Juli 1842 — fünf Minuten vor zwölf — den Hofkomponisten für die paar nächsten Minuten seiner Geschichte angeheuert hat.[29]

Das deutlichste Zeichen der größenwahnsinnigen Trübung von Donizettis Verstand ist seine halbe Bereitschaft, wieder nach Paris zu fahren. Nachdem er den Bitten Accursis und anderer edler Freunde selbst in seinen trübsten Wiener Tagen Widerstand geleistet hat, beginnt es ihn jetzt zu ärgern, daß sein künstlerischer Auftrag in Paris erfüllt sein soll. Er sollte überall komponieren, nur nicht wieder in Paris? Dabei ist diese Metropole der Opernnabel der Welt! Nicht wegen der Menschen, die ihn dort ins Unglück stießen (aber war das wirklich so? Bedeuten der Verlust von ein paar tausend Francs und der Gesellschaftsdreck, in den er geriet, wirklich den Untergang?), möchte er nochmals dorthin ziehen, sondern aus Rücksicht auf seinen Ruf!

Als er die Donaustadt verläßt, um nach Neapel zu fahren, ist er zwar seinen Pariser Fischern immer noch nicht ins Netz gegangen, aber nah genug daran vorbeigeschwommen, daß sie ihn beim nächsten Mal gewiß ergreifen werden. Ferner hat er sich für eine neue Weltpremiere im kommenden Frühjahr in Wien verpflichtet: eine, wie man annimmt, selbstverständliche Begleiterscheinung auch aller folgenden Amtsperioden des Wiener Hofkapellmeisters.[30]

Mithin hat er den ersehnten Ankerplatz für seine letzten Sonnenflüge, die ersehnte menschliche und künstlerische Heimat, wie es scheint, gefunden. Auch wird er ja nun an Ort und Stelle prüfen können, ob sich Neapel als gelegentliches Reiseziel für Arbeits- und Erholungsaufenthalte in der jeweils zweiten Jahreshälfte eignet; bei einem positiven Resultat wird er, wie abgemacht, im Sommer über ein Jahr auch am San Carlo eine Oper uraufführen. Was er erreichen konnte, hat er erreicht, sein Nachen ist vertaut, sein Name und seine Musik werden in jedem Revier erschallen. Doch wie verhält er sich in dieser komfortablen Lage, in welcher Verfassung reist er ab?

Laut seiner eigenen Schilderung fühlt er sich wie der Figaro in Rossinis *Barbier*, der, von den Anforderungen der Bürger Sevillas an seine Person schmeichelhaft überfordert, in seiner Arie konstatiert: «Alle rufen mich, alle wollen mich!» Doch unterscheide er sich von diesem Schicksalsgenossen, indem er sich nicht so leicht in irgend jemandes Dienst begebe. Da töne es aus Paris: «Kommen Sie augenblicklich!» Er aber, gelassen: «Nein!» Und aus Neapel: «Eilen Sie herbei!» Er aber, gelassen: «Nein!» Und aus Bologna: «Richten Sie sich hier ein!» Er aber, gelassen: «Nein!» — Nur nach Mailand, schreibt Donizetti seiner dortigen Vertrauten Gräfin Appiani, ziehe es ihn wirklich. Nach Paris und nach Neapel rufe ihn die Pflicht, nach Mailand aber das Herz. Und just in Mailand wolle man ihn nicht![31]

3. Die Zurückgewinnung Neapels
Juli bis September 1842

Mit Eisenbahn und Kutsche fährt er nach Mailand und in die Geborgenheit des Damenhaushaltes Appiani. Dort erreicht ihn der Pariser Köder, dem er zum Opfer fällt. Saint-Georges, der Hauslibrettist der Opéra Comique und Mitautor der *Fille du Régiment*, schickte ihm einen Textbuchentwurf zu einer komischen Oper *Ne m'oubliez pas (Vergessen Sie mich nicht)*, der ihn verlockend dünkt. Der gleichsam an ihn selbst gerichtete, ergreifende Titel besorgt wohl den Rest, um ihn aufs neue zu unterjochen. Freilich wird er widerspenstig kommen; so wie früher wird es nicht mehr sein, doch die de Coussys werden sich sagen, daß auch ein gehässiger Donizetti ein Mann mit Vermögen sei.

Er aber brütet in Mailand über einem Plan, der, wenn er ihn ausführen könnte, seiner souveränen Stellung herrlich angemessen wäre. Wenn er mit dem Tempo Figaros Neapel überfallen, mit dem gleichen Tempo wieder in den Norden wirbeln, in Paris die Oper so rasant vertonen würde, daß er sie im Oktober uraufführen könnte, und pünktlich zu Beginn des nächsten Jahres an der Donau wäre? Wäre das nicht ein neues Meisterstück, das seine bisherigen würdig ergänzen würde? Wirklich weist er Saint-Georges an, ihm ein paar fertige Libretto-Teile in den Süden nachzusenden, legt den Oktober als Premierenmonat fest und macht den Literaten erst noch auf die Bürde aufmerksam, die die beschränkte Zwischenzeit für die Vertonung einem weniger brillanten Komponisten auferlegen würde...!![1]

Nun sitzt er also in der Falle, wenn es eine ist. Kapitulieren muß er aber ohnehin, nämlich vor einem weiteren, zum Glück erst mündlich abgesprochenen Engagement, zu dem er sich in Wien von Moriani, dem «Tenor des schönen Todes», überschwatzen ließ. Warum war er auch so blöd; es geht ja nur um eine neue Oper für Iaccovaccis Teatro Apollo in Rom, freilich mit Moriani als Protagonisten. Dabei sollen ihn die Pariser bewundern lernen, wenn sie es noch nicht können. Also weg mit dieser lästigen Verpflichtung! In märchenhafter Fülle erfindet er Gründe, die ihn entlasten könnten.

Nun hat er Moriani allerdings versprochen, den Auftrag zu übernehmen ... weil Moriani in Wien noch einigermaßen singen konnte! Doch mittlerweile hat sich das geändert. Wenn sich der Star nicht schleunigst entschließt, eine Erfrischungspause einzulegen, ist Moriani endgültig passé. Wer aber wurde sonst von Iaccovacci auf der Interpretenliste vorgemerkt? Als Primadonna eine Unbekannte und für das tiefe Hauptregister bei den Männern ein blutiger Debütant! Soll er für Sänger schreiben, die ihre Stimme verloren haben, für Unbekannte und Debütanten?[2]

Auch wenn dieser Grund als Ausflucht dient, ist damit die Entwicklung Donizettis vom Förderer junger Kräfte zum Starkomponisten äußerlich abgeschlossen. Aber natürlich ist es ihm ein bißchen peinlich, so zu reden, und überhaupt erscheint ihm seine bisherige Abwehrtaktik als nicht besonders solid. Doch endlich kommt ihm Moriani selbst zu Hilfe. Unterwürfig teilt er ihm in Iaccovaccis Namen mit (auch dieser Unternehmer scheint das direkte Gespräch mit Donizetti zu scheuen), daß ihm das bereits bestimmte Honorar nicht in der provisorisch vorgemerkten Währung überwiesen werden solle, sondern in einer andern, freilich ohne den geringsten Wertverlust. Der Komponist greift flugs zur Feder, rechnet nach, und ob er nun falsch oder richtig rechnet, er stößt auf ein Manko zu seinen Lasten von 2000 Francs. Betrug, gemeiner Betrug! So ist die Summe selbstverständlich zu gering, besonders wenn er daraus noch den Librettisten zu entlöhnen hat. Mußte er übrigens je den Textbuchautor aus seinem Sack bezahlen? Ein weiteres Argument! Und da er sich — nochmals ein Argument! — einzig mit Versen erster Güte arrangieren kann, die ihre Summe kosten — nämlich mit solchen Cammaranos —, würde er mit diesem Hungerlohn so gut wie gar nichts mehr verdienen. Auf Verse Ferrettis (der zurzeit gewöhnlich ohne Auftrag ist und deshalb notgedrungen sein Talent an schlechtbezahlte Gelegenheitstexte vergeudet) verzichtet er gern! So, nun hat er aber wirklich Gründe genug gesammelt! Und deshalb greift er abermals zur Feder: «Lieber Moriani... kann nicht akzeptieren... möge sich in Rauch auflösen... wie wenn nichts geschehen wäre... dies als Beweis meiner Erkenntlichkeit, Donizetti.»[3]

Damit ist der Fall gelöst. Der Meister packt träumerisch seine Koffer und sinkt in den Sessel der Kutsche nach Genua. Er wird Neapel wiedersehen! Endlich! Aber leider nur für kurze Zeit! Ja, wenn er nun bleiben könnte... Doch von jetzt an ist die Hälfte seines Lebens Wien geweiht. Und immerhin reist er in der Absicht, seinen Haushalt aufzulösen, wenn man ihn in Neapel nicht von seiner alten Treue überzeugen kann...[4]

Toto glaubt in allem Ernst, er wünsche das, er habe dieses Ziel seit Jahren angestrebt! Er glaubt, er sei aus Ehrgeiz von Neapel weggezogen, sei aus Ehrgeiz immer wieder nach Paris zurückgekehrt, habe sich auch aus Ehrgeiz mit dem Kaiser eingelassen und fahre einzig deshalb wieder nach Neapel, um die letzte Brücke zwischen ihm und seiner häuslichen Vergangenheit niederzureißen, weil sie ihm lästig sei. Aber wie täuscht sich Toto in ihm! Er fährt doch aus Liebe! Er will doch die Brücke nicht niederreißen! Nur, wenn er muß![5]

Sein Schwager versteht ihn auch gar nicht mehr! Da hält er es für Verrat, daß er den Wienern ihre Dankbarkeit vergalt, und übersieht, daß er Neapel dennoch eine neue Chance gibt. Anderseits aber schlägt er ihm vor, sich wieder zu vermählen! Man denke, Toto, Virginias eigener Bruder, will ihn zu diesem Verrat bewegen und deutet dafür seine Wiener Stellenübernahme, die der gesunde Menschenverstand diktierte, als Verrat! Nein, das geht zu weit! Toto muß wieder lernen, ihn zu verstehen. Sie sollen doch Freunde bleiben! Deshalb setzt er sich im Hafen von Civitavecchia hinter ein Blatt Papier und legt ihm dar, was es für ihn bedeute, an den Schauplatz seiner Ehe mit Virginia zurückzukehren, um die Wohnung zu verkaufen, die geliebten Gegenstände zu verramschen, die Vergangenheit zu liquidieren, den (zwar bereits versiegten) Born seines Lebens noch mit Klumpen feuchter Erde zuzuschütten. Und daß er doch Virginia bestimmt nicht verraten könne! Daß er doch überhaupt kein Verräter sei![6]

Aber Neapel und ganz Italien sind trotzdem bereits verraten, seine Freunde sind verraten, und er selber ist es auch. Wenn sich die Freunde in Neapel — was er jetzt schon fühlt — bewähren werden, wird er dennoch nach Paris verreisen müssen... und dann nach Wien. Der neueste Verrat ist meßbar: diese Einsicht dämmert in ihm auf, als er im Sonnenschein Italiens versucht, sich Toto zu erklären. O dieser liebe Sonnenschein! Um ein Uhr stößt das Dampfschiff nach Neapel ab. Wie glitzern die Wellen! Welche Verheißung! Und was für ein Abgrund des Schmerzes tut sich darunter auf!

Tatsächlich, nicht einmal seine unüberlegten, wutschnaubenden Briefe aus Wien vermochten die Gesinnung seiner Neapolitaner Freunde zu verändern. Persico ist der Alte, Ghezzi ist der Alte, Mercadante ist der Alte, und jene Bekannte, die sich nur von einem Ausbruch des Vesuvs erschüttern lassen würden, das Opernpublikum, die Opernhäuser, das Konservatorium, seine Wohnung, die Stadt mit ihren schläfrigen Genießern und ihrem Lumpengesindel, die Bucht und das Meer, sind ohnehin unverändert. Die Cholera ist vergessen, der Himmel ist bleich und weit, die Sonne glüht, die Blüten duften, die Wäsche hängt in den Gassen, das Leben ist wunderbar. Die Unternehmer würden ihm die Schuhe binden, wenn es nötig wäre; um so leichter fällt es ihm, mit ihnen den Vertrag für die San-Carlo-Oper, die er in Wien sicherheitshalber erst vage in Aussicht stellte, auszuarbeiten und zu signieren. Die Premiere wird aus Rücksicht auf seine Arbeitstermine in Wien vom nächsten Sommer auf den nächsten Herbst verschoben. Und da er nun schon im kommenden Juli wieder nach Neapel reisen will, bleibt seine Wohnung unveräußert und Persicos Aufsicht unterstellt.

Doch wieder einmal befällt ihn das Syphilisfieber und wirft ihn ins Bett. Schweißüberströmt und mit beängstigenden Schmerzen auf der Leber, wälzt er sich in den Laken. Daß sich gerade jetzt sein heißer Wunsch erfüllt und die *Padilla* im San Carlo begeisterten Anklang findet — ein Teil des Publikums zieht wirklich vor sein Haus und ruft ihn ans Fenster, um ihm zuzujubeln —, ist tragisch bezeichnend für seine ganze Biographie. Wie tröstet ihn die Freundschaft der Marchesa Sterlich und ihrer bezaubernden Töchter! Aber er läuft Gefahr, sich in das eine dieser Mädchen zu verlieben, das, wie die Basoni-Tochter, Virginia gleicht. Sollte er sich an seiner Frau am Ort ihres Lebens und Sterbens, im gleichen Haus, in dem ihr Zimmer immer noch verriegelt ist, am Ort seiner Trauer und seiner Schuld versündigen? Sollte er sich selbst um seine letzte Hoffnung bringen? Ach nein, auch dieses Glück ist Illusion. Die liebe kleine Marchesina Sterlich soll einem weniger kranken Mann den Himmel auf Erden schenken. An seiner Seite soll sie in Neapel glücklich sein. Er selber hat sich nun wieder etwas erholt — und muß nach Paris.[8]

Ob er ihr nochmals begegnen wird? Ob er Neapel nochmals begegnen wird? Was taugt der schönste Opernvertrag, wenn ihn das Schicksal brechen will? Um das Versprechen einzulösen, das er Saint-Georges gab, müßte er jetzt schon in Paris an seiner komischen Oper schreiben. Doch er erkrankte, die Tage stürzten vorbei, so ist er immer noch hier. Am 6. September aber trifft das Dampfschiff aus Palermo ein... Nach siebentägiger stürmischer Reise, die ihm neue körperliche Qualen auferlegte, ist er in Genua. Jetzt, wie er im Hafen auf die Weiterfahrt des gleichen Dampfers nach Marseille wartet, erinnert weit und breit nichts an den Tumult der Wogen. Und wieder, wie auf der Hinfahrt in Civitavecchia, trinkt er mit der Haut die Wärme der Luft und mit dem Auge die Weite des Ausblicks gegen den Süden hin. Er sucht die Stelle, wo Himmel und Meer nach langer Wölbung zusammentreffen, Blau in Blau verdämmert. Dort hinten liegt Neapel.

Jetzt nach Paris und dann nach Wien... die Aussicht ist verheerend. Aber er will sich nicht mehr täuschen: Er hat die Richtung selbst bestimmt, er hat seine Freunde und seine Heimat dem Erfolg geopfert.[9]

Sein Körper aber scheint ihm seltsam weich und schwer und dennoch leicht. Dieser bisher erdstark robuste, daseinsfrohe Körper sagt ihm endlich, daß er sterben wolle. O — wäre es so! Nur nicht noch lange in der Fremde leiden! Nur einfach sterben, einfach so![10]

4. Krönung eines Lebenswerks
September 1842 bis Januar 1843
Don Pasquale, Caterina Cornaro, Maria di Rohan

Wiederum zieht er in die Luxusburg des heimlichen Schreckens ein, ins Backsteinhotel Manchester an der Pariser Rue Grammont. Dort aber setzt er diesmal keine Briefe an Minister auf, zählt keine verjubelten Tausendernoten und hat zum Flirten nur am Abend Zeit. Er komponiert, und deshalb, einzig deshalb kam er nach Paris.

Das ist ein anderes Schreiben als ein Jahr früher die Arbeit an der *Padilla*, vor deren Beginn er sich als Lebemann herumgetummelt und seine Kräfte vergeudet hatte. Der Schaffensdrang ist ebenso groß, der Körper ebenso geschwächt (ja noch erheblich mehr), aber er hat sich seelisch gestärkt, er schreibt als Reiner. Er steht bewußt am Ende seines Lebens, zieht Bilanz und teilt Zensuren aus; sich selbst verschont er keineswegs. Gleichzeitig durchstrahlt das süße Blau von Himmel und Meer des Südens jede Note der neuen Musik.

Und dennoch rechnet diese grausam mit dem Leben ab. Das eine Textbuch schreibt er selber um, nachdem er es einer vergessenen Opera buffa der älteren Schule Neapels entlehnt und einem gewissen

Giovanni Ruffini, einem Literaten aus Miccheles Emigrantenkreis, zur Aktualisierung überlassen hat. Damit entspricht es schon im Wort den Vorstellungen des Komponisten und darf als Zeugnis seiner Weltsicht ernstgenommen werden.[1]

Nun, es schildert ein erbärmliches Komplott. Der «Freund» eines Junggesellen, der seine besten Jahre eher überschritten hat, dem aber das Blut so heiß wie früher in den Adern kocht und der sich nichts so sehnlich wünscht wie eine Frau, die ihm ein warmes Nest bereiten könnte, verspricht dem Gequälten, eine solche aufzutreiben. Doch statt ihm wirklich beizustehen, schlägt er seiner Schwester vor, dem Freier einen Streich zu spielen. Getarnt als sanftes Täubchen, soll sie zu ihm gehen, Liebestöne girren und sich zum Schein mit ihm vermählen. Nach der durch einen falschen Notar vollzogenen Trauung soll sie die Maske lüften, als Herrin des Hauses sein Geld verschwenden, ihn vor der Dienerschaft zum Narren halten, seinen sexuellen Stolz verletzen, kurz: sie soll ihn so lange quälen, bis er gleichsam blind und kahl, der Welt zum Spott, vor ihr im Staube liegt. Dann soll er von ihr erfahren, daß er so frei wie früher sei (wie wenn er es dann noch wäre!) und wieder tun und lassen könne, was er wolle ... doch um sie wirklich loszuwerden, soll er nochmals in die Tasche greifen müssen. Von dieser Übung profitieren soll auch der Dritte im Bunde, der brotlose Neffe des Junggesellen, der bis anhin bei ihm wohnte und aus seinen Näpfen saugte, nun aber vom heiratslustigen Onkel vor die Tür gewiesen wurde. Er soll die liebenswerte junge Dame wirklich zur Frau bekommen und obendrein vom Opfer dieser Dalila, seinem malträtierten Onkel, den finanziellen Segen. Und die Geschichte endet mit der Moral, daß sich ein Mann in fortgeschrittenem Alter nicht mehr aufs Glatteis wagen sollte ...

Den Augenblick, in dem Norina Don Pasquale als Höhepunkt der Erniedrigung eine Ohrfeige gibt, verdichtet Donizetti musikalisch zu einer der tragischsten Episoden seines ganzen Bühnenwerks. Und als sich Don Pasquale nach der Auflösung des Rätsels jovial-versöhnlich zeigt und wirklich neue Gelder in die Börsen seiner Unterdrücker pumpen will, behandelt dies der Komponist so nebenbei in einem Rezitativ, wie er zurzeit in Paris die lieben Freunde auch nur so nebenbei mit neuem Geld versorgt. Die Oper widmet er in freundlicher Ergebenheit — Zélie de Coussy.

Zumindest Accursi scheint nichts zu merken; entweder ist er wirklich so naiv, wie er sich gibt, oder er baut mit seiner Begeisterung für das Werk bereits die erste Brücke zum Fortbestand der Beziehung. Jedenfalls verlangt er von Ricordi nur schon für ein Teilpaket der Eigentumsrechte volle 6000 Francs — mit der Begründung, Donizetti habe in der neuen Buffa, *Don Pasquale*, einen zweiten *Barbier* geschaffen. Die Oper wurde übrigens in vierzehn Tagen geschaffen, und als der übliche «Klavierauszug» nach dieser Frist vollendet war, lag in entsprechender Form auch schon das nächste Werk, die Seria-Oper für Wien, zur Hälfte vollendet vor.[2]

Ebenso mittelmeerhell, so farbenstrotzend, so äthersüß wie *Don Pasquale* ist die neue Oper (tatsächlich bereits die neue!, und Donizetti zeigt sich an der «alten» nur noch am Rande interessiert, vor allem, weil es sich bei dieser «bloß» um eine Buffa handelt). Das Bühnengeschehen der Seria-Schwester von *Don Pasquale, Caterina Cornaro*[*], ist ganz entgegengesetzter Art. War das Verhalten der Figuren dort von Triebhaftigkeit, Sadismus und Gier nach Besitz bestimmt, bestimmen es hier die Ideale christlicher Nächstenliebe. Donizetti setzt den Fall, daß Menschen mit dem gleichen unerträglichen erotischen Verlangen, wie es Don Pasquale alias ihn selber quält, die zwischenmenschlichen Gebote über die Erfüllung ihrer sexuellen Wünsche stellen. Deshalb verwendet er das üppige Liebesduett Norinas und ihres Freundes aus der Schlußsequenz der alten Oper nochmals — in abgewandelter Form — in der Eröffnungssequenz der neuen: verzehrende Liebe hier wie dort, die Sinnlichkeit als triumphale Siegerin über die anderen Mächte der menschlichen Existenz. Dann allerdings beginnt das neue Spiel, und Donizetti prüft beim Komponieren, was mit der Sinnlichkeit geschieht, wenn das Gewissen über sie wacht.

Das Ergebnis spiegelt die Erfahrung seines ganzen Lebens: es tötet sie ab. Und dennoch ist er jetzt bereit, die Bändigung des sexuellen Fiebers zu begrüßen, wenn dadurch die Würde des sinnlich begehrten Menschen unangetastet bleibt. Die ekstatisch Liebenden der neuen Oper — die venezianische Adelstochter Caterina Cornaro und der französische Adelige Gerardo — werden durch politische Rankünen à la Metternich im letzten Augenblick vor der Heirat getrennt. Caterina wird gezwungen, Lusignano, dem König von Zypern, die Hand zu reichen und auf die Mittelmeerinsel zu ziehen. Der König verliebt sich in sie, bezwingt indessen seine Gelüste und versucht ihr Schicksal dadurch zu erleichtern, daß er sich wie ein Vater um sie kümmert und keinerlei Liebesdienste von ihr verlangt. Auch Gerardo kämpfte mittlerweile gegen seine übergangenen, Vergeltung fordernden Gefühle an und trat dem Kreuzritterorden von Rhodos bei. Dennoch reißt ihn die Begierde hin, nach Zypern zu fahren, wo er den König trifft. Und nun geschieht das Wunderbare, daß jeder von ihnen die Qual begreift, die er im andern verursacht hat, und daß die beiden letztlich gleich betrogenen Rivalen Freundschaft schließen. Dadurch aber wird die Beziehung Gerardos zu Caterina, deren Begegnung der König aus Freundschaft zu ihm, aus Liebe zu ihr ermöglicht, sinnlich blockiert, ja sukzessive ausgehöhlt, weil Lusignano gerade durch seine Güte wie ein Schatten zwischen ihnen steht. Aus den verhinderten Liebespaaren entsteht ein Dreieck edler Freunde, in dem für Erotik kein Platz ist.

In Donizettis eigenem Leben verhielt es sich anders, bedeutend anders, und deshalb lautete das Credo seiner bisherigen Opern: «Liebe kennt keine moralischen Grenzen und braucht auch keine zu kennen, da sie an sich schon moralisch ist.» Dieses Credo hatte er nun freilich keinem Priester abgelauscht: es stammte aus dem Fundus der Belcanto-Glaubenssätze. Jetzt aber ringt er sich zur biblischen Wahrheit durch, die gegen ihn spricht und seine ganze Kunst moralisch in Frage stellt. Aber er tut es, um sich zu läutern, weil er ans Sterben denkt. Und als er vernimmt, daß eine Oper des Österreichers Franz Lachner zum gleichen Thema noch vor der Premiere seiner eigenen, erst halb vollendeten *Caterina Cornaro* in der Donaustadt erklingen soll, wodurch es unausweichlich wird, für Wien ein neues Sujet zu wählen, entschließt er sich kühn zum konsequenten dritten Streich seiner Totalbilanz.

Das Dreieck der *Caterina* (zwei Freunde und eine Geliebte) will er nochmals so behandeln wie bisher: die Freunde schwelgen in ihrer Freundschaft, und beide schwelgen in ihrer Liebe zu der begehrten Frau, die freilich nur für einen von ihnen gleiche Gefühle hegt. Im Gegensatz zur *Caterina* aber will er diesmal wieder alle ihren Trieben überlassen ... und ohne den leisesten Anhauch einer Verklärung zeigen, wozu es führt ...

Für dieses Projekt empfiehlt sich wie von selbst der mit dem Inhalt des *Roberto* eng verwandte Stoff aus der Epoche Richelieus, den er anstelle der *Rudenz* vertonen wollte, der aber Cammarano seinerzeit mißfiel. Inzwischen allerdings hat ihn der Dichter doch als Textbuch eingerichtet, das, zweimal vertont, zweimal erfolglos blieb. Donizetti freilich glaubt immer noch an das Stück, nimmt sich die Verse vor und merkt sogleich, daß er das Richtige getroffen hat. So findet denn auch das Wunder des *Don Pasquale* und der *Caterina* nochmals statt, ja noch eindeutiger wirkt seine Kreativität als Wunder: Nach einer Woche ist die ganze Seria, *Maria di Rohan**, im Rohentwurf vollendet.[3]

Aufgrund der Thematik wurde die Oper genauso dunkel in ihren Farben, genauso männlich in ihren Rhythmen und genauso aggressiv in ihrer Sinnlichkeit, wie die *Caterina* hell und weich, rhythmisch entspannt und im Erotischen fraulich-ergeben war.

Donizettis angegriffene Gesundheit ließ die Erfüllung all der Engagements, die er im Rausch des Größenwahns nach seiner Ernennung zum Hofkapellmeister eingegangen war, unmöglich erscheinen. Eine Partitur in leserlicher Handschrift aufzusetzen überfordert heute seine Kräfte. Doch die Begegnung mit Italien und die Illusion des baldigen, schmerzlosen Todes haben es ihm erlaubt, drei neue, gewichtige Opern soweit zu improvisieren, daß er sie in jedem Fall vollenden kann. Er hat die mörderische Eile des Erschöpften aufgebracht, der einsieht, daß er das Ufer nur mit einem kühnen Sprung erreichen kann. Jetzt aber ist dieser Sprung geglückt. Noch wird Europa kein Versagen an ihm entdecken.

Im Italiener Theater wird Ende Jahr der *Don Pasquale* erklingen, der, wenn Accursi recht hat, die Besucher von den Stühlen reißen wird. Den Wert der *Rohan*, die Fleisch von Donizettis Fleische ist, kennt niemand besser als er selbst, und diese Oper ist erst noch für Wien bestimmt, wo man ihn liebt. Und für Neapel kann er im äußersten Notfall die *Caterina* verwenden, obwohl er sich natürlich lieber an die Abmachungen halten würde, also das Textbuch vertonen würde, das ihm Cammarano schicken wird — damit man nichts von seinem Zustand merkt. Bloß keine Schwäche erkennen lassen: dieser Leitsatz gilt immer noch. Maske vor und weiterkämpfen. Er muß auch weiterhin als Held erscheinen!

Als Vorspann zum *Don Pasquale* — so wollte es die Vereinbarung, die Donizetti als Ersatz für die Verpflichtung an der Opéra Comique mit den Betreuern des Italiener Theaters traf — erklingt mit einmonatiger Verspätung Mitte November die *Linda di Chamounix* als Pariser Premiere. Dieser Verspätung war es zu verdanken, daß er überhaupt die Zeit zum Komponieren seiner vierten und schönsten *Maria, der von Rohan,* erübrigen konnte. Denn auch die Einstudierung der *Linda* mußte er überwachen, und er schrieb sogar, um ihren Erfolg zu sichern und seinen Ruf als derzeit ungewöhnlich produktiver Komponist zu untermauern, einige neue Nummern hinzu, darunter das Stück, das gleich am besten gefällt: die technisch bravouröse Arie «O luce di quest'anima» auf einen eigenen Text.[4]

Und jetzt begeht er einen großen Fehler. Nachdem er sich mit seinen drei letzten Verträgen für Wien, Paris und Neapel spürbar übernommen hatte und nur durch ein Wunder imstande war, das Beste daraus zu machen, läßt er sich von der Opéra-Clique mit Accursi als besonders motiviertem Redner (der Meister wird ja nach Wien verreisen und wäre ohne einen weiteren Vertrag nicht mehr verpflichtet, nach Paris zurückzukehren) überschwatzen, einen fünfaktigen Bühnengiganten zu komponieren, förmlich aus dem Nichts heraus! Dabei fehlt ihm schon die Kraft, die Instrumentierung des *Don Pasquale* halbwegs lesbar zu notieren.[5]

Und dennoch sollen die Pariser auch in diesem Haus ein weiteres Mal über ihn staunen! Auch diesen Triumph will er erzwingen! Sollte er nicht in einem halben Jahr — der ersten Amtszeit in Wien mit unbestreitbar bescheidenen Pflichten — gleich viel zustande bringen, wie er gerade jetzt in einem Monat geleistet hat, nämlich zwei Opern improvisieren, die für das San Carlo und die für die Opéra? Ist das zuviel verlangt? Er kann doch in Wien nebst der Routinearbeit des Instrumentierens und Uraufführens von *Maria di Rohan* die zu erwartenden Libretti für Neapel und Paris mit den paar Sängerstimmen versehen und notfalls in letzter Minute instrumentieren?! Er kann doch im Juli nach Neapel fahren und die Cammarano-Oper einstudieren, um im August nach Frankreich zurückzukehren und dort die jetzt versprochene Oper auf ein Textbuch Eugène Scribes einzustudieren?! Wenn auch dieses zweite Werk ein bißchen länger als gewöhnlich werden soll — das soll es ja —, was kümmert ihn das? Mit einem Funken Gottvertrauen kann er auch das bewältigen! Handschlag drauf, die Oper für die Opéra wird geschrieben![6]

Die Stoffe sind festgelegt: für das San Carlo Victor Hugos zwei- bis dreimal abendfüllendes Schauspiel *Ruy Blas,* für die Opéra der Sagenkreis um den in Afrika auf einem Kreuzzug verschollenen König der Portugiesen, Sebastiano, von dem die Untertanen, die ihn liebten, steif und fest behaupteten, daß er noch immer im Lande weile, während bereits ein neuer König herrschte, der natürlich ebenso entschieden darauf pochte, daß er gestorben sei. Allem historischen Anschein nach war er auch wirklich tot, doch Scribe und Donizetti entscheiden sich für die Legende; Sebastiano kehrt allein und unerkannt nach Lissabon zurück, wo er sein eigenes Begräbnis (mit dem kleinen Schönheitsfehler, daß im Sarg die falsche Leiche steckt) als Zaungast verfolgen kann.

Einen schädlicheren Stoff für seine Nerven hätte Donizetti schwerlich finden können. Er zwingt ihn geradezu, sein eigenes, zerstörerisches Doppelleben als scheinbar noch immer regierender Fürst der Oper, der aber in Wahrheit nach seinen letzten Arbeitsexzessen mehr tot als lebendig ist, wiederzugeben. Auch knüpfen die Massenszenen des Werks, für die sich die Auftragsbühne wie immer besonders interessiert, an Donizettis düstere Erfahrung der im Invalidendom vor den Reliquien Napoleons versammelten Kriegsveteranen an: Portugiesen, die im gnadenlosen Licht der afrikanischen Sonne verwundet zu Boden sinken, wo sie sich in Schmerzen winden, verdursten oder von ihren Feinden noch zerstückelt werden. Nein, der Stoff ist nichts für seine Nerven...

Welch ein Irrtum der Besucher im Théâtre Italien, die sich am 3. Januar des Jahres 1843 von den trügerischen Walzerweisen des *Don Pasquale*, von den phantastisch parfümierten Duo-, Trio- und Ensembleschwällen und von der grellen Lustigkeit des eher jammervollen Geschehens in den siebten Himmel heben lassen! Denn dieser Himmel, in dem sie schwelgen, ist ein Champagnerhimmel, nicht der Himmel melancholischer Erkenntnis, den die Oper eigentlich erschließt. Doch der Irrtum ist dem Komponisten selbst erwünscht. Da kann er sich wieder einmal vom Publikum als Pfiffikus und Sonnenbursche feiern lassen... dabei ist er ein menschliches Wrack. Der *Don Pasquale*, ein zweiter *Barbier*? Er ist es genausowenig, wie Donizetti der charmante Lebenskünstler ist, als der er sich auf der Rampe verneigt. Und ebendieses Urteil hört er gern: der *Don Pasquale*, ein zweiter *Barbier*. Jawohl, das sollen sie glauben.[7]

5. Das Ende des Ikarus
Januar bis Dezember 1843

Ängstlich und angeregt zugleich fährt er nach Wien. Wenn er im alten Jahr besonders viel erreicht hat, steht ihm im neuen Jahr, vernünftig betrachtet, doppelt soviel bevor, das zu erreichen ist. Und gerne würde er die Kutsche rascher lenken als der Postillon, weil es ihn drängt, sich vor die Füße des Kaisers zu stürzen. Er hat Paris zwei Wochen zu spät verlassen. Eigentlich ist das ein böses Zeichen, denn obwohl er in Neapel keine Oper uraufführte, vergönnte ihm der Kreislauf, den er, inklusive Uraufführung in Neapel, nochmals absolvieren muß, zu wenig Zeit, um pünktlich vor dem Kaiser zu erscheinen. Indessen hat er zwischen *Don Pasquale*, *Caterina* und *Maria* auch noch das jährliche Pflichtstück für ihn geschrieben, ein *Miserere*, das nun im Koffer liegt. Gewiß, der Kaiser hätte mehr verdient, als alle Wiener Klassiker zusammen vollbringen konnten![1]

Auch die *Maria* hat er im Reisegepäck. Er kaufte in Paris Vorlagen für Kostüme ein, dank denen das Werk historisch korrekt gegeben werden kann. Die Wiener werden staunen, selbst der Kaiser wird sich Fragen stellen; so etwas gab es bisher nur in Paris! Das Kärntnertor-Theater, getragen vom Geld des Kaisers, soll das Zentrum des Belcanto werden! Der Kaiser soll der Schirmherr des Belcanto werden! Er will ihn dafür entschädigen, daß er verspätet zum Dienst erscheint! Aber die Kutsche sollte trotzdem schneller fahren. In dieser öden Reisewoche hätte er bereits den halben *Dom Sébastien* oder den ganzen *Ruy Blas* improvisieren können! Er braucht doch die Zeit! Wenigstens hat er seinen Humor auch jetzt nicht in Paris zurückgelassen. Soll sich Toto wundern, wenn er ihm in seiner Lage schreibt, die langsame Reise spanne ihn mitnichten wegen des Verlusts von sieben Arbeitstagen auf die Folter, sondern wegen des Verlusts von sieben Liebesnächten![2]

Unter dem diesmal frühlingsblauen Winterhimmel Wiens indessen ist es mit seiner Widerstandskraft vorbei. Die Syphilis fällt mit ihren altgewohnten Geißeln über ihn her. Er ist gezwungen, öffentlich feststellbare Konzessionen an seinen Zustand zu machen: Er nimmt sich einen Diener, beschränkt seinen Briefverkehr auf das Notwendigste (Nachrichten an den einen Freund gelten auch für den andern), vor allem aber verzichtet er auf das San-Carlo-Projekt. Das heißt, er stellt die Unternehmer dieser Bühne (wie immer in unangenehmen Situationen durch den Mund Persicos) vor eine Alternative: Sie könnten die Oper per Post empfangen und ohne sein Beisein uraufführen oder die Verpflichtung annullieren.[3] Und er schämt sich so für sein Versagen, daß er Persico wieder einmal zum Rädelsführer derer stempelt, die ihm in Neapel opponieren könnten. Mit diesem Kunstgriff kann er sich in seinen Briefen an ihn zum voraus grimmig rechtfertigen.

Was meine er denn, wäre es wünschenswert, wenn er nach seiner Ankunft in Neapel wie im letzten Sommer «unter den Nachwirkungen der Reise» zusammenbräche? Seine Pariser und Wiener Ärzte könnten ihm «tausend Zeugnisse» schicken mit der Bescheinigung, daß «große Wärme» ein «nervöses Fieber» in ihm bewirke. Auch könne er den Beweis erbringen, daß ihn kürzlich ein Marchese — also ein Vertrauensmann! — habe nach Hause begleiten müssen, weil ihm an einem Anlaß in Wien übel geworden sei.[4]

Er, Persico, solle also bitte die Sache in Freundschaft für ihn erledigen. Sollte ihm aber zu Ohren kommen, daß man am Konservatorium, am San Carlo, in halb Neapel über ihn tuschle, sollte er sich von ihm verraten sehen, dann würde er Mittel und Wege finden, die Impresarios zu erpressen. Es gebe da einen gewissen Artikel fünf, laut dem er die Aufführung seiner Oper selbst unter prekären Voraussetzungen erzwingen könnte... was dem Theater schwerlich von Nutzen wäre. Indessen werde er es tun, wenn man ihn nicht sofort mit äußerster Diskretion aus seiner Klemme befreie.[5]

Nicht nur verletzter Stolz bestimmt sein Verhalten — es ist auch das schlechte Gewissen, weil er Paris ein weiteres Mal Neapel vorgezogen hat. Da er befürchten muß, daß seine zu kurz gekommenen Partner diesen Makel erkennen werden, versucht er seine Position durch Drohgebärden zu stärken. Doch er ist mit seinem Zustand schon genug gestraft, und zwar am meisten durch die Folgen seines Fehltritts selbst. Kaum greift er zur Feder und versucht sich an den ersten Teilen des *Sébastien*, wirft ihn das Fieber ins Bett zurück. Er muß damit rechnen, auch dieser Verpflichtung nicht mehr gewachsen zu sein.[6]

Im Laufe der italienischen Opernsaison, die er natürlich auch nicht so energisch mitbestimmen kann, wie es ihm nötig erschienen wäre, erholt er sich wieder ein wenig, zumal er Triumphe erntet. Es war vorauszusehen, daß das Wiener Publikum der Walzeroper *Don Pasquale* einen ebenso begeisterten Empfang bereiten würde wie die Pariser. Von Schuberts und Lanners Musik erzogen, kann es auch die Tragik spüren, die sich hinter all dem donaublauen Überschwang verbirgt. Weniger selbstverständlich ist sein johlender Applaus für jede halbe Nummer der *Rohan,* da hier die Tragik schwarzgekleidet und beileibe nicht auf Walzerschwingen, sondern mit schicksalhaft stanzenden Rhythmen in das Geschehen einbricht. Doch was die Wiener am meisten lieben: leidenschaftliche und brennend süße Melodien, enthält das Werk in nie gehörter Fülle. So erzielt der Komponist am 5. Juni mit der depressivsten Oper, die er jemals schrieb, den ausgelassensten Uraufführungserfolg — Begeisterte schütten sogar Konfetti auf die Bühne! Und in der Tat, es ist ein großes, wildes Fest, zu dem sie der Hofkapellmeister eingeladen hat! Ob jemand ahnt, daß es sein letztes ist? Der andere, ebenso düstere Hintergrund der *Rohan,* das Thema der von ihr als ruinös enttarnten Triebhaftigkeit, springt hinter den Bühnenkulissen desto mehr ins Auge. Die Truppenmitglieder proben ihre Sexualpotenz und setzen ihr eheliches und menschliches Glück bedenkenlos aufs Spiel. Donizetti selbst bestellt bei seinem zweifellos verständnisvollen Bruder Wunderpillen aus dem Orient...[7]

Nun geht es ihm eben manchmal etwas besser, manchmal etwas schlechter. Dafür zeigt er sich der Öffentlichkeit anläßlich der großen

Corpus-Domini-Prozession zum erstenmal in seiner neuen, scharlachrot-goldenen Uniform, die er durchaus nicht tragen dürfte, wenn er nicht Hofkapellmeister wäre, und die ihn ein schönes Stück Geld gekostet hat. Auch leistet er sich den Luxus einer privaten Kutsche, freilich nicht so sehr aus Rücksicht auf die schmucke Außenseite wie aus Sorge um das morsche Innenleben seiner vielbeschäftigten Person. Im eigenen Wagen kann er nämlich einen Zwischenhalt verlangen, sobald er sich unwohl fühlt, und ebenfalls dann, wenn seine Phantasie zufällig gesonnen scheint, ihn zu beflügeln, was allerdings nicht mehr so oft geschieht. Nun ließ er sich eigens zu diesem Zweck ein klappbares Tischchen zimmern. Doch was nützt das beste Schreibgerät, wenn einer nicht schreiben kann?[8]

Noch ist er bei der Arbeit am *Sébastien* über einen Haufen Skizzen nicht hinausgekommen. Das Libretto Cammaranos mußte er inzwischen abbestellen und die Leitung des San Carlo bitten, anstelle der vorgesehenen Oper die *Caterina* uraufzuführen. Mittlerweile hat er sie vollendet — in der gleichen genial-chaotisch-skizzenhaften Weise, in der er den *Sébastien* begonnen hat. Die *Caterina*-Notenblätter, die er nach Neapel schickte, sehen so verworren aus, daß jeder skeptische Betrachter darin einen schlagenden Beweis für «liederliche Gesinnung» entdecken könnte...[9]

Donizetti selber ahnt es wohl und nennt Persico gegenwärtig seinen «lieben Tomasiello». In der Tat, es drängt sich auf! Was muß Persico nicht alles für ihn besorgen! Er muß der (Mezzosopranistin) Goldberg die Oper zeigen; wenn ihr die (Sopran-)Partie der Caterina gefällt, darf sie sie übernehmen, sofern sie den Umfang ihrer Stimme etwas nach oben strecken kann und jemand ihre Romanze um einen Halbton heruntersetzt. Andernfalls (aber auch dann, wenn ihr die Oper nicht gefällt) muß die Theaterleitung so lange warten, bis eine andere Primadonna gefunden ist. Tomasiello sollte die Zensur erweichen, damit sie vor einzelnen strittigen Punkten die Augen schließt. Er sollte aber auch die Einstudierung überwachen, für richtige Tempi sorgen und den Beschleunigungen und Verzögerungen, den Crescendi und Diminuendi besondere Sorgfalt widmen: daraus, erläutert Donizetti, entstünden die Farben, das Licht. Wie im Falle der *Padilla* hält er es für nötig, auf die Qualitäten seiner neuen Oper hinzuweisen, was er bis vor kurzem niemals tat. Sollte sich aber, meint er in schon vertrauterem Ton, eine Passage als ungeschickt instrumentiert erweisen, müsse der Fachmann gerufen werden, Freund Mercadante, um sie zu berichtigen, «als wäre es Musik aus seiner Feder». — «Bringt mir diese

Geschichte ins Lot, damit ich ruhig schlafen kann!» ruft Donizetti aus Wien.[10]

Zusammen mit Matteo Salvi, seinem so gar nicht vitalen Schüler, der unter seiner Aufsicht eine Oper für die Scala schreiben soll, deren Bestellung er von Merelli mit Blitz und Donner erpreßte, verreist er am 11. Juli im eigenen Wagen nach Paris. Dem eigenen Diener, der ihn ebenfalls begleitet, kann er freilich selten oder nie befehlen, das mitgeführte Tischchen aufzuklappen, damit er sich dort im Freien dem immer noch rudimentären *Sébastien* widmen kann... Das Wetter ist schlecht, die Kutsche ist schlecht (der Regen tropft durchs Dach herein, durchfeuchtet die Manuskripte und bahnt sich einen Weg vom Kragen bis in die Unterwäsche der Passagiere), die Laune ist schlecht, die Inspiration ist schlecht. Und wenn er Paris auf diese Weise überhaupt erreicht, steht ihm das Schlimmste erst bevor: die Fertigstellung der Oper.[11]

Auch nach der Ankunft bleibt das Wetter schlecht; zum Glück auch: Seit längerer Zeit braucht Donizetti das schlechte Pariser Klima, um intimere klimatische Veränderungen zu bemänteln, die sich in Paris vollzogen: den Ekel vor dem Halbweltleben, die wachsende Einsicht in verschiedene Verhaltensmuster seiner «Freunde», die Zersetzung seines Körpers, die Wirrnis in seinem Geist, die Unfruchtbarkeit. Jetzt ist das Wetter wieder schlecht; zum Glück: So wirkt es verständlich, daß der *Dom Sébastien* auch in Paris durchaus nicht so famos gedeiht wie vor einem Jahr die krönende Trias der italienischen Opern.[12]

In den Solistenstücken leuchten wieder *Caterina*-Farben auf; nur schleichen sich hier die Melodien energielos und bisweilen fast gewunden vorwärts. Wie in den Werken der *Padilla*-Phase wimmelt es wieder von brüsken Tonartenwechseln und Ausfällen des Orchesters gegen die Melodien; nur wirken sie hier im Gegensatz zu jenen Meisteropern unkontrolliert, ja manchmal ungewollt. Den lyrischen Ensembles fehlen die Proportionen, fehlt der Zusammenhang: sie werden einzig durch die langen, süßen, aber selber wieder unbestimmten Melodien strukturiert. Die nachgeschickten Stretten freilich krachen aus allen Fugen. Diese dramatischen Ensembleteile bestehen nur noch in einem einzigen Fauchen und Tosen. Die wie in der *Rohan* bedrückend öden Rezitative werden durch Aus- und Zusammenbrüche von Streicherfiguren ähnlich demoliert. Dazwischen gibt es Fugen und Choräle altprotestantischer Art als tödlich maschinelle, erhabene Kriegsmusik.

Diese Oper hat zwei Gesichter. Das eine ist jenes des Versagens, von dem die Chaotik des Satzbaus zeugt, das andere ist jenes der visionären Gestaltung des Bühnengeschehens, die eben aus diesem Versagen, aus dieser Chaotik resultiert. Donizetti hat — aus freien Stücken oder nicht — Abgrundmusik, Weltuntergangsmusik geschaffen. Er stellt das Leben als Katastrophe, den Tod als Gegenkatastrophe und die Menschheit als Masse von zähnefletschenden Bestien dar. Heillos umzingelt von den beiden Schöpfungskatastrophen Leben und Tod, berauschen sich die Portugiesen wie auch die Marokkaner am heillosen Blutvergießen für einen Herrscher und eine Idee. Haßerfüllt verfolgen sie das Individuum und seine individuellen Ideale, die, wie gewohnt bei Donizetti, die Ideale der Liebe sind. Nach dem Beispiel der *Caterina* handelt es sich um übersexuelle, opferfreudige Liebe zu seelisch Verwandten, wobei der Sexus beteiligt ist, aber im Zaume gehalten wird. Wieder sind es zwei Freunde und eine Geliebte, die durch dick und dünn zusammenhalten (darunter ein weiterer erzromantischer Dichter in Donizettis Figurenreihe: der Epiker Camoes).

Und wieder ist es die absurde Schicksalsmacht der Politik und ihrer Schergen, der von Vernichtungswahn und Treuewahn besessenen Soldaten, die ihren Bund zerstören wollen. Drei tapfere Menschen stellen sich um ihrer Liebe willen dem von Potentaten aufgehetzten Rest der Menschheit entgegen. Engumschlungen stehen sie vor dem feindlichen Rachen, müssen es geschehen lassen, daß er sie verschlingt, haben indessen doch gesiegt.

Nicht leicht zu lösen ist dafür der Gegensatz zwischen der unpolierten, nach wie vor aus einer Menge goyahafter Skizzen zusammengefügten Oper und der Absicht der Theaterdirektion, den Luxus der szenischen Einrichtung noch über das Maß des seinerzeitigen *Martyrs*-Spektakels hinauszutreiben! Bereits am 10. August steckt Donizetti in den Proben. Das kleinste spröd-brutale Rezitativ wird von den Einstudierungsleitern auf optischen Reiz geprüft, als wäre es Musik zu einem Pas-de-deux. Was sich aber trotzdem nicht gefällig inszenieren läßt, wird vom hausinternen Rotstift umgemodelt oder ausgemerzt. Und Donizetti, im Bewußtsein, zu einigen Teilen der Oper noch gar kein beschriebenes Notenpapier liefern zu können, muß sich für jede beschriebene Seite wehren, damit er nicht gezwungen wird, neuen — da leichter zu inszenierenden — Text mit neuen Noten zu versehen.[13]

Eugène Scribe, der das Libretto verfaßte, hat sich galant vom Kriegsfeld zurückgezogen. Dabei braucht ihn Donizetti dringend: nicht als unermüdlichen Erfinder neuer Texte, die die Regisseure aus Bequemlichkeit verlangen, sondern im Gegenteil als Autoritätsperson, die ihren Wünschen Einhalt gebieten würde. Wenn aber Scribe zu

Hause in seinem Salon von solchen Wünschen unterrichtet wird und eine Möglichkeit entdeckt, ein Dutzend Verse mit geringer Mühe umzuschreiben oder an eine andere Stelle zu transplantieren, ist er dazu bereit, auch wenn er so das musikalische Gefüge über den Haufen wirft und Donizetti zwingt, mit zehnmal so großem Aufwand neue Sänger- und Orchesterstimmen zu erfinden.[14]

So wird er jetzt zum zweiten Male dafür bestraft, daß er sich von der Opéra verführen ließ, und muß erkennen, daß sie wirklich eine intellektuelle Wüste ist. Sie steht dem Anspruch eines *Dom Sébastien* so hilflos gegenüber wie vermutlich nach allen Verstümmelungen auch ihre hochkarätigen Gäste. Der Mißerfolg ist vorprogrammiet, und Donizetti selbst, der weiß, wie dieses Werk entstanden ist, hat allen Grund, an seinem Wert zu zweifeln. Trotzdem will er die Pariser nochmals in die Knie zwingen; er hat es sich gelobt, er will es tun. Auf den *Sébastien* kann er sich nicht verlassen, aber um so mehr auf die *Rohan*, die, wie im Vorjahr mit gutem Erfolg die *Linda*, von der Donau an die Seine gezogen ist und im Théâtre Italien etwa zur gleichen Zeit wie an der Opéra ihr großer Bruder auferstehen soll.

Er wird als erster Komponist der Weltgeschichte an zwei Pariser Theatern zugleich Uraufführungen leiten (obschon er die *Rohan* nur mit ein paar neuen Stücken erweitert hat)! Welch ein Triumph! Er muß auf die Zähne beißen! Er muß den *Sébastien* fertig vertonen, Neues und Altes, Erstversion und Korrektur, er muß die neuen Stücke der *Maria* instrumentieren (das zumindest ist ein Kinderspiel), er muß das Pflichtstück für den Kaiser komponieren (doch dazu benützt er ein altes Werk) — bitte, was ist das schon? Das kann er noch vollenden, das zumindest kann er noch! Dann wird er nicht mehr komponieren müssen; dann wird er nur noch mit dem früher Komponierten siegen (denn mit zwei Premieren in Paris, wovon die eine unbestreitbar glänzend, siegt man in jedem Fall)! Dann kann er nach Wien, in den bezahlten Urlaub, dann nach Neapel, in den abermals bezahlten Urlaub! Dann braucht er nicht mehr zu komponieren! Dann kann er sterben — und hat gesiegt![15]

Er lechzt der Abfahrt aus Paris entgegen, lechzt nach der Stille im alten Gemäuer Wiens, lechzt nach dem ehrenvollen Schlendrian des Hofkapellmeisterlebens. Der Kaiser wird ihm Frieden schenken! Als hätten sie seine Träume erraten, fragen ihn seine wenigen, ehrlichen Wiener Freunde, ob er nicht künftig während seiner Amtszeit eine Wohnung statt des unpersönlichen Hotels belegen wolle. Nun, hier in Paris fühlt er sich hinter den Backsteinmauern der Nobelherberge an der Rue Grammont noch am geborgensten. Aber in Wien, wo niemand seine Ruhe stört, es sei denn, er wolle es selbst, wäre das eigene Appartement tatsächlich das geeignete Zuhause! Sie sollen ihm eines suchen, unmöbliert oder möbliert, wenn aber möbliert, dann sparsam! Es dient ihm ja nur als Unterkunft für jedes zweite halbe Jahr! Wer weiß, wieviel er noch kassieren wird... Der Diener kostet, der Wagen kostet... die Zeit der Verschwendung ist vorbei! Bett- und Toilettentücher will er vor allem finden, wenn er an jenem seligen Tag die Donau erreichen wird! Die Wäsche soll ihm die Frau seines Freundes, des Barons Lannoy, beschaffen! Drei Zimmer für ihn und eines für den Diener, an ruhiger Lage, sparsam möbliert und billig — ja, das wäre wunderbar![16]

Doch immer noch halten ihn seine Pariser Folterer fest, immer noch plagen sie ihn mit ihren tückischsten Instrumenten, den weißen Notenblättern und den Tasten des Klaviers! Hätte er je gedacht, daß die Musik, der Quell seines Lebens, einst für ihn zur Marter würde?! Wie furchtbar ist diese Veränderung! Und noch furchtbarer ist der Zwang, sie zu verbergen! So furchtbar, daß ihm selbst das Schreckgespenst kommender unproduktiver Tage ohne Musik und ohne Verträge, ohne Vergessen, ohne Turbulenz, ohne Entlöhnung und ohne den Jubel dankbarer Hörer wie ein Engel der Erlösung winkt.

Lichtpunkte in diesen düsteren Wochen sind ihm die Besuche einer unberechnend treuen Frau, der Gräfin von Löwenstein, die ebenfalls nichts vom schrecklichen Gewicht seiner Bedrängnis ahnt. Und einmal trifft er sich mit Rossini, der zu jenen Menschen zählt, an denen er sich versündigte, wobei ihm das laut einem seiner Glaubenssätze durch die Vermittlung anderer, denen er Gutes tat, im Paradies verziehen werden soll. Und das sind freilich viele: Sänger, die er unterstützte, Freunde, die er liebte, Tote, vor denen er büßte. Rossini selbst indessen ist der erste, der ihm ungefragt verzeiht. Daß Donizetti gelitten hat, sieht er ihm an, daß er noch leiden wird, kann er sich denken. Das Rendezvous wird zur Begegnung zweier alter, schlaffer Eß- und Trinkkumpane, die von ihrem Lebensabend allenfalls Tafelfreuden erwarten und quitt miteinander sind.[17]

Endlich ist die letzte Note des flöten- und geigengrellen Balletts geschrieben, die letzte Umgruppierung der Sängerstücke vollzogen. Diese bewirkte, daß der vierte Akt ein lyrisches Ensemble mehr, der dritte hingegen keins mehr hat und deklamatorisch endet. Mit einer ähnlichen Extremität endet die ganze Oper, weil die Regie zur Einsicht kam, daß in der zweiten Hälfte des fünften und letzten Aktes zum

Vorteil der Inszenierung mit der Musik tabula rasa zu machen sei. Jetzt könnten die Theatergäste, brütet der Komponist, nach der eröffnenden Romanze dieses Aktes und dem folgenden Duett schadlos nach Hause gehen . . .[18]

Doch am 13. November jubelt das Premierenpublikum in den durchdringendsten Tönen: Weil fünfhundert Menschen auf der Bühne stehen, weil ihre Kostüme ein Märchen sind, weil die beliebten Ballerinen länger als gewöhnlich tanzen, weil plötzlich aus nächtlichem Dunkel ein Trauerzug samt lebendigem Streitroß des Königs erscheint und weil man das bejubeln darf, auch wenn der Trauermarsch pianissimo aus dem Orchestergraben dringt. Ferner erinnern die Protagonisten an frühere, glanzvolle Opéra-Zeiten: Es ist dieselbe Gruppe, die sich vor drei Jahren in der *Favorite* die Herzen erobert hat. Duprez, Tenor und Oberherzensbrecher unter ihnen, hat sich zudem seit sträflich langer Zeit den Blicken seiner französischen Anbeterinnen entzogen; nun wird er besonders rauschend gefeiert. Und Barroilhet, der Bariton, singt wieder ein dreiklang-orgelndes Ständchen, das sich dem Publikum so traulich in die Ohren schmiegt, als wäre es das alte Stück.[19]

Was aber sagt es zu Donizettis wirklich ungewohntem Flair für musikalische Apokalypse, zum unentwirrbaren Gewirr der Stimmen, zum Hexensabbat haßgeschwollen fauchender und erst noch in Bachscher Manier fugierter Chöre? Derartige Mucken des Komponisten werden taktvoll überhört, wenn man sie überhaupt bemerkt. Doch um so aufmerksamer lauscht die Zunft der kritischen Feuilletonisten, die darin nur etwas entdecken kann: ein Zeichen für Donizettis künstlerischen Bankrott.

Und dieser wälzt sich nach der Lektüre der Rezensionen nächtelang schlaflos hin und her. Künstlerischer Bankrott... man hat es gemerkt... sein Spiel ist aus. Doch sein Triumph mit der erweiterten *Maria di Rohan* am folgenden Abend im Italiener Theater, dieser phantastische Triumph, woran die Journalisten nach dem Motto «Schuster bleib bei deinen Leisten» weniger zu rütteln haben, da sowohl die Oper als auch die Bühne, auf der sie erklingt, zu seinem Leisten gehören? Ja, diesen Beifall vernahm er auch. Und nachdem er ein paar Nächte fieberte und ein paar Tage vor Erschöpfung schlief, erklingt in seiner Phantasie der Doppelchor aus beiden Häusern und sämtlichen Presseorganen endlich so gemischt, wie er sich nach ihm sehnte.[20]

Relativ guter Beifall hier, rasender Beifall dort. Die Journalisten, überrumpelt, meckern aus Betroffenheit. Erstmals hat ein einzelner Maestro an zwei aufeinanderfolgenden Tagen an zwei Pariser Theatern zwei Uraufführungen bestritten. Paris kommt aus dem Staunen nicht heraus. Vor allem aber ist der Meister in der Lage, wenn es von der einen Seite Beifall regnet (sei dies im Italiener Theater, sei es in der Opéra), von der entgegengesetzten Seite freudig herüberzurufen: «Ich bin frei von jeder Verpflichtung! Ihr könnt mich nicht mehr halten, ich bin frei und fahre nach Wien, zum Kaiser!»[21]

Achtes Kapitel
NUR NOCH EIN MENSCH

1. Erholung im Schnee
Dezember 1843 bis Januar 1844

Die letzten Stunden des alten Jahres verbringt er bereits in Wien. Ja, er ist hier, im heißersehnten Wien seiner Pariser Fieberträume, in seinem lieben Winter-, Patisserie- und Schlafkappen-Wien. Die wenigen Leute, die er erblickt, scheinen auf Socken zu gehen und sich, wenn sie miteinander sprechen, Gutenachtgeschichten zu erzählen.[1]

Er ist in seine neue Wohnung eingezogen (an ruhiger Lage, sparsam möbliert und billig). Im Ofen knackt das liebe Feuer, der Diener reicht ihm die Medikamente, die ihm die Ärzte verordnet haben, und sie, vor allem aber die Aussicht, nicht so bald wieder komponieren zu müssen, hüllen und lullen ihn ein.[2]

Das heißt, er konnte sich auch diesmal nicht entschließen, vor den verdutzten Herren Pillet und Accursi die Opéra-Tür ins Schloß zu schmettern und zu entweichen. Er ließ sich Zeit, so daß sie ihm schildern konnten, wie unentbehrlich er auch in Zukunft für das Theater sei, und das vernahm er deshalb mit besonderem Vergnügen, weil es ihm zeigte, daß sie selbst die Schiffbruch-Oper *Dom Sébastien* für segeltüchtig halten. Er gilt zumindest bei den Unternehmern immer noch als produktiv; solange aber die Unternehmer durchscheinen lassen, daß sie felsenfest mit neuen Donizetti-Opern rechnen, glaubt auch die Öffentlichkeit an seine künstlerische Präsenz.

Um Pillet ja nicht zu ersten Bedenken herauszufordern, willigte er ein, in jenem Falle einzuspringen, daß der Auftragskomponist der nächsten Herbstsaison, Giacomo Meyerbeer, nicht in der Lage wäre, für die betreffende Oper, *Der Prophet*, einen Tenor zu finden, der seinen Wünschen entspricht. Daß es ein äußerst heikles Unterfangen ist, diesen Tenor zu finden, wirft einen dunklen Schatten auf das Wiener Ofenfeuer Donizettis.[3] In Meyerbeers präzisen Vorstellungen vermengt sich eine solche Anzahl idealer Einzelzüge zum idealen Gesamtbild, daß es ein wahres Wunder wäre, wenn das steckbrieflich gesuchte Organ in absehbarer Zeit gefunden werden könnte. Wenn er nun aber eine vierte Große Oper schreiben müßte? Könnte er das? Er könnte es nicht! So wird es früher oder später darum gehen, sich mit einer Ausflucht zu behelfen, die immer noch keinen Verdacht erweckt.

Knapp eine Woche nach seiner Ankunft befällt ihn das alte Fieber und wirft ihn ins Bett. Trotz seiner Betäubung blättert er in Dantes «Göttlicher Komödie», die ihm ein Freund in einer verwitterten Prachtausgabe aus dem Jahre 1497 schenkte. Von den Gedanken des Dichters prägen sich ihm vor allem scharfformulierte Binsenwahrheiten über die immer gleiche Keilschrift des Lebens und deren vergängliches Opfer, den Menschen, ein: «Es wächst der Bauch, das Haar wird weißer...» — Doch am meisten quält ihn der Gedanke an die *Caterina*, die irgendwann in diesen Tagen ihre Bühnentaufe im San Carlo über sich ergehen lassen muß. Er zweifelt am Niveau der Oper und der Sänger, aber auch am Niveau der Menschen, die sie bewerten werden. Ob sie wohl seine Abwesenheit wahrheitsgemäß als aufgezwungen, nicht als Zeichen der Verachtung deuten und von ihrem künstlerischen Urteil trennen werden? Doch kennen sie seinen Zustand, wissen sie, was es ihn kostete, die Oper zu instrumentieren? Sie wissen es eben nicht, denn er verbarg es ihnen! Auch in Neapel wollte er als glühender, nicht als erloschener Vulkan betrachtet werden. Und weil er halbwegs hoffte, daß die *Caterina* — immerhin zu einem großen Teil zusammen mit dem *Don Pasquale* ausgestoßen — diesen Eindruck des Vulkanischen erwecken könnte, schickte er sie in den Süden, ohne auf die Schwierigkeiten hinzuweisen, die die Vollendung mit sich brachte. Nun ist es zu spät. Die Würfel sind sicher bereits gefallen. Er wartet auf Nachricht und zittert am ganzen Leib.[4]

Wäre nur schon die italienische Truppe da, seine vertrauten Freunde, der Ronconi-Bariton Ronconi, der Ronconi-Bariton Varese, die Tadolini ... Nur das für Hosenrollen prickelerregend begabte Mannsweib Ester Brambilla, das von der *Lucrezia* über die *Linda* bis zur *Rohan* manches perverse Glanzlicht auf seine Premieren steckte, ist leider diesmal nicht dabei. Und leider kann er seinen Helfern diesmal keine neue Oper anvertrauen, aber seine letzten, noch längst nicht verbrauchten alten, die sie alle spielen werden: *Linda, Don Pasquale* und *Rohan* ... ja, möglicherweise, wenn sie in Neapel reüssiert, die *Caterina*; das wäre doch eine neue. Vor allem aber wird er endlich wieder die vertraute Sprache hören und reden, endlich wieder einmal Zoten reißen und herzhaft darüber lachen können. Er braucht ja nur so wenig, nur noch so unwahrscheinlich wenig, um glücklich zu sein![5]

An das Glück zu denken, das ihm eine Ehe schenken würde, wagt er kaum... und doch, er denkt daran! Wenn er ein Mädchen von dreißig Jahren heiraten könnte, Jungfrau oder Witwe: das wäre ein Leben![6] Er hätte sogar die größten Chancen; wie viele dreißigjährige

Jungfrauen und Witwen würden liebend gerne Geld und Namen mit ihm teilen! Aber er muß sich hüten.

Da, Mitte Februar, entnimmt er der bang erwarteten Post aus Neapel, daß seine düsterste Prophezeiung für das Premierenschicksal der *Caterina* wahr geworden ist, nämlich am 12. Januar. Und weil es die Freunde, die ihn unterrichten, ernst mit ihrer Freundschaft meinen, nennen sie ihm das allgemeine Urteil: Er habe die *Caterina* im Schlaf erfunden, wenn nicht sogar bewußt aus Rache unzulängliche Musik geschrieben. Das zielt nun erfreulicherweise an seinem eigenen schlechten Gewissen, das ihm nur den unvernünftigen Vertragsabschluß mit der Pariser Opéra vorwirft beziehungsweise den Eingang des Risikos, nicht nach Neapel fahren zu können, entschieden vorbei. Er habe die *Caterina* aus Rache geschrieben? entrüstet er sich in seinen Antwortbriefen. Aus Rache? Aber — an wem? Doch sicher nicht an jenem Publikum, das ihn jahrzehntelang unterstützte! Doch sicher nicht an Florimo und anderen früheren Feinden, doch sicher nicht am Königshof, nachdem er diese ganze Rechnung bei seinem letzten Besuch in Freundschaft bereinigt hat![7]

Er habe die *Caterina* im Schlaf geschrieben? Oh, er weiß es besser, doch er will auch jetzt darüber schweigen: unter welchen Qualen sie entstand. Und er beharrt auf vereinzelten Qualitäten (wenn er auch, devot wie immer, die vom Publikum ins Feld geführten Schwächen akzeptiert). Nun will er Neapel beides klipp und klar beweisen. Von ihm selber durchgesehen, soll die *Caterina* abermals erklingen. Trotzig (und ohne zu erwägen, daß die Neapolitaner, Impresarios und Publikum ein deutlich abgefertigtes Werk nicht schon nach ein paar Wochen wieder prüfen wollen) verlangt er von Ghezzi eine Bestandesaufnahme der Reaktionen auf jedes einzelne Stück. Wo bündig Komponiertes vor den Kopf gestoßen habe, wolle er die Partitur erweitern, wo Längen gelangweilt hätten, wolle er sie kürzen, und jeden kritisierten Anklang an Melodien aus anderen Opern wolle er eliminieren.[8]

O weh, auch dieses reichlich überstrapazierte Thema kam wieder auf das Tapet! Wenn jemand in Italien, im großen Treibhaus des Belcanto, eine Oper kritisieren will, wirft er ihr einfach Ähnlichkeiten mit einer von dreißig anderen Melodien aus einer anderen Oper vor! Diese im konkreten Fall der *Caterina* besonders unangebrachte Taktik weist Donizetti mit dem Zaunpfahl darauf hin, daß boshaft genörgelt wurde, weil er nicht selbst nach Neapel gekommen war. Prompt teilt er Persico mit, daß er ihm nächstens Anweisungen für den Verkauf der Möbel erteilen werde. Doch beide Aufwallungen — die heiße Begierde, mit der revidierten *Caterina* doch noch zu siegen, und der Wunsch nach Rache — weichen sofort der allgemeinen Erschöpfung.

Was zurückbleibt, ist das frühere, schwärmerische Bedürfnis nach Liebe und Trost. Die sanfte Marchesina Sterlich in Neapel, sie, die Virginia gleicht und der er ihren Platz am liebsten geben würde, hat im San Carlo wegen seines Mißerfolgs geweint! Er hat es verschuldet, daß sie weinte! Wie tut es ihm leid! Und doch — sie hat um ihn geweint![9] Es überläuft ihn kalt, er räkelt sich vor dem Kamin und fällt in weichen Schlaf.

Er sehnt sich danach, menschlich zu sein. Mayr — der glücklicherweise immer noch lebt — soll eine warme Jacke von ihm bekommen! Und für Frau Basoni gilt es ein geeignetes Klavier zu finden. Über die bekannten Bösendorfer hörte er nichts als lästern; anscheinend kommen die rechten Wiener Klaviere heutzutage von Streicher! Nun, das wird er selber überprüfen. Verflixt; es ginge ihm gar nicht so schlecht, wenn nicht die Übelkeit, das Fieber und die Mittel wären, die ihm die Ärzte dagegen verschreiben. Die letzteren verwirren ihn und komplizieren seinen Umgang in der hiesigen Gesellschaft über das frühere Maß hinaus. Aber was soll's? Teilweise in der Tat aus körperlicher Schwäche, teilweise aber auch aus wirklichem Desinteresse setzt er in die Wiener Faschingsbälle keinen Fuß. Am Karneval in Rom geht es doch bunter zu![10]

Nein, er will sich nicht beklagen, denn er ist ein freier Mann. Ein alter Mann, ein schwacher Mann, aber ein freier Mann, dem jeder seinen Frieden läßt. Niemand zwingt ihn hier, zu komponieren und Geld für andere zu verdienen! Welch ein Segen, daß er nicht mehr komponieren muß! Was ist daneben ein bißchen Kopfweh, Schwindel und Schmerz![11]

Für einen dauerhaften Charakter dieser Vergünstigung hat er inzwischen selbst gesorgt. Er schickte Opéra-Direktor Léon Pillet einen raffinierten Brief, in dem er es als vorteilhaft erscheinen ließ, im nächsten Herbst auch dann kein neues Werk von ihm zu bringen, wenn Meyerbeers *Prophet* noch ein Jahr länger in der Wüste schmachten müßte. Schlau wie gewohnt, versandte er das Schreiben erst, als der mit Pillet vereinbarte Zeitpunkt für den endgültigen Entscheid im Wirbel der Meyerbeerschen Besetzungsprobleme unbemerkt verstrichen war. Sicherheitshalber setzte er den Unternehmer gleichwohl unter Druck. Da dieser die Uraufführung der Großen Oper *Herzog Alba* bis heute verschleppte, müßte er dem Komponisten und dem Librettisten Eugène Scribe je 15 000 Francs Schadenersatz bezahlen. Zu diesem

Die Sopranistin Giuditta Pasta *(linke Seite)* und der Tenor Giovanni Battista Rubini *(oben links)* haben vor allem als Bellini-Interpreten Berühmtheit erlangt. Donizetti kämpfte jahrelang vergeblich um ihre Freundschaft, bis es ihm glückte, seine eigene Geliebte, die Sopranistin Giuseppina Ronzi de Begnis *(oben rechts)*, als Darstellerin dämonischer Frauengestalten gegen die Pasta auszuspielen. In Donizettis letzter Schaffensphase nahm die geniale «singende Schauspielerin» Eugenia Tadolini *(unten links)* die Stellung der Ronzi ein. Als wichtigster männlicher Beistand unter Donizettis Sängern erwies sich der Bariton Giorgio Ronconi *(unten rechts)*. Zusammen mit dem Komponisten schuf er das Modell für eine Vielzahl wichtiger Baritonrollen späterer Jahre.

brisanten Thema schreibt Donizetti: Wenn er die Aufführungsrechte für das ganze Werk bekäme und mithin darüber verfügen könnte, wäre er bereit, auf eine Zahlung zu verzichten. Wird ihn nun der Unternehmer zwingen wollen, die Premiere einer neuen Oper zu bestreiten, wenn er, Donizetti, umgekehrt Pillet mit größerem Recht zur Zahlung einer hohen Buße nötigen kann?[12]

Schwerlich! Und damit können die ewigen Kläffer und Ehrgeizlinge unter den Pariser Komponisten einmal zeigen, ob sie selber eine Oper mit Erfolgsaussichten auf die Beine bringen! Damit kann Accursi sein tägliches Brot einmal auf andere Art verdienen als durch die Entgegennahme von Schmiergeld der Unternehmer für seine Vermittlerverdienste, das dann von seinen, Donizettis, Honoraren abgezogen wird! Und Auguste de Coussy lebt von den Zinsen seiner Erträge immer noch gut genug. Er aber will nach Bergamo und nach Neapel reisen, seine Freunde wiedersehen, essen, trinken und herumflanieren. Und so betrachtet, geht es ihm wirklich gut.[13]

Da stört ihn Bruder Francesco in seinen Erholungsplänen. Was mußte der gerade jetzt die Wassersucht bekommen und ihn in Angst versetzen? Denn schließlich hängt er doch an ihm, wie oft er sich auch über ihn ärgert, und sieht ihn ungern in Schwierigkeiten. Nun muß er eben trotz seines eigenen schlechten Befindens den Arzt Francescos mit Briefen belagern, um Klarheit über das Befinden seines Bruders zu erlangen. Vollends entbehrlich dünkt ihn ein Brief Giuseppes, der mit ihm hadert, weil er sich nicht entschließen kann, im Sommer zu ihm nach Konstantinopel zu reisen. Er fühlt sich immer isolierter auf der Welt. Je größer der Anspruch, den man auf ihn erhebt und den er nicht erfüllen kann (wobei er sich zwingt, die vollen Gründe zu verschweigen), desto größer die Kluft. Und dabei sehnt er sich von ganzem Herzen nach Verständigung mit allen, die ihm nahestehen.[14]

Aus den Bäumen im Prater treiben die Knospen, die Luft wird lau, die glitzernde Bahn der Donau lockt in die Ferne. Er wünscht sich nach Bergamo! Glücklicher Dolci, glückliche Frau Basoni, die jetzt im Hinterland der Stadt spazierengehen. Und in Neapel steht ein Haus mit einem Zimmer und einer Tür, die er seit sieben Jahren nicht mehr geöffnet hat.[15]

Die Traurigkeit droht ihn zu übermannen — da, im April, bricht plötzlich auch für ihn der Frühling an. Von Pillet erreicht ihn ein Brief mit der Erklärung, daß er seine nächste neue Oper erst im Herbst des Jahres 1845 geben wolle ... es sei denn, daß sich Meyerbeer auf diesen Zeitpunkt hin von seinem *Propheten* zu trennen vermöchte; dann müßte er länger warten.[16] «Müssen» ist gut! Er wartet gerne bis zum jüngsten Tag! Hoffentlich läuft Kollege Meyerbeer bis dann sein Wunschtenor über den Weg! Doch bis zum Sommer 1845 könnte das leicht geschehen. Um so besser! Glückliche Suche und glücklichen Fund! Er aber ist frei! Erst jetzt ist er frei — frei wie noch nie!

Doch nicht genug des Glücks: Giuseppe wird im Mai aus Konstantinopel kommen; dann werden sie hier beraten, ob sie sich gemeinsam in die Vaterstadt kutschieren lassen oder vor dem Ablauf von Gaetanos Dienstzeit wieder trennen wollen. So oder so, sie werden zusammensein und wenigstens während einiger Wochen gemeinsam vergessen können, was ihr Verhältnis je belastete. Und endlich schlägt ihm aus der Partitur von Verdis neuestem Werk *Ernani*, das Donizetti nach seiner Premiere im La Fenice mit der Wiener Truppe einstudieren will, phantastisch reicher Blütenduft entgegen. Auch diese Verdi-Stücke klingen fast so süß wie Donizettis eigene Musik, zeigen sich anders als der *Nabucco*, von Mercadantismen keine Spur. Der Name Donizetti prangt in unsichtbaren Lettern über jeder Nummer. Wenn ihn das nicht freut![17]

Doch die Saison am Kärntnertor, die dritte der Ägide Donizetti, gestaltet sich als blasses Nachspiel der zuvor bestrittenen, was zweifellos mit seiner körperlichen Schwäche und seiner inzwischen auch eingebüßten geistigen Spannkraft zusammenhängt. Bezeichnenderweise ist er nicht imstande, die Sänger bei der Einstudierung der einzigen Wiener Neuheit aus seiner Feder, des in Wahrheit nicht gerade tintenfeuchten *Roberto*, wirkungsvoll anzuleiten. Tatsächlich kommt es zu einem Fiasko, das er ausdrucksvoll als «pyramidial» bezeichnet. Die *Linda*, der *Don Pasquale* und die *Rohan* hingegen erwecken den gleichen tosenden Beifall wie einst, und in der Tat sind diese drei Opern — trotz der Pariser Premiere des *Don Pasquale* — Donizettis glänzend einfühlsamer Beitrag an die österreichische Musikkultur. Auch der *Ernani* spricht die Wiener an; der rückhaltlose Einsatz Donizettis für seinen künstlerischen Erben — Verdi ist der erste Komponist, dem er mit ungeteilter Sympathie unter die Arme greift — macht sich bezahlt. Doch um so mehr erbost die Gäste eine überdehnte Probezeit von zwanzig Tagen für Rossinis *Gazza Ladra (Die diebische Elster)*, so daß sie die Vorstellungen am Ende bestreiken.[18]

Bedeutend stärker ist der Zulauf für die Balletteuse Fanny Elßler, die mit ihren Darbietungen die Löcher im Opernprogramm und die in der Kasse stopft. Die großen Tage des Bellinischen Belcanto an der Donau scheinen allmählich wirklich gezählt. Doch Donizetti ist zu schwach, um sich mit echter Leidenschaft darüber zu beklagen. Er äußert vielmehr den Einfall, daß man parallel zu den Gestaltungskünsten «seiner» Truppe unten, im entvölkerten Parkett, Fechtunterricht erteilen könnte. Die neue Kunstform des Hiebeausteilens zur Begleitmusik der süßen Kantilenen wahnsinniger Opernfrauen dürfte den Gleichmut der Logenbenützer in der Tat erschüttern![19]

Anfang Juni aber sind die Qualen überstanden. Auch trifft Giuseppe mit Gemahlin ein, was Donizetti von seiner Alleinkompetenz in Sachen Francesco befreit. Die weitgereisten, erfahrenen Männer halten mit sehr bedenklichen Mienen über die Zukunft des Bruders Rat, dieses «Napoleons», wie sie ihn nennen, der auf der Ofenbank im heimatlichen Bergamo liegengeblieben ist. Autorität muß sein, Wassersucht hin oder her, ist ihre Bilanz. Denn daß es sich dabei um eine Krankheit handelt, von der man sich, wie sie vermuten, schwerlich erholt, entschuldigt ihrer Meinung nach den jüngsten Auftritt Francescos in keiner Weise. Obwohl von seiner Arbeit ärztlich dispensiert, erschien er im Geschäft, entdeckte in seiner Domäne hinter dem Pfandhaustisch eine Hilfskraft und zog sich empört ins Krankenzimmer zurück, wo er ein vorwurfsvolles Gesuch um Pensionierung stellte. Wer soll von jetzt an für ihn bezahlen? Nun, sie werden sich ja beide in wenigen Wochen unter vier Augen mit ihm besprechen können.[20]

Giuseppe ändert seine Reisepläne mit nachgerade verblüffender Sprunghaftigkeit; Gaetano paßt die seinen fleißig an, und schließlich reist Giuseppe trotzdem vor ihm ab. Dabei hätte sich Gaetano gar zu gern zusammen mit ihm in Bergamo gezeigt! Doch die souveräne Stärke seiner Ellenbogen und die robuste Beschaffenheit seines Gemüts sind immer noch Giuseppes bezeichnendste Eigenschaften. Er will sich zuerst mit seiner Angela nach Bergamo und dann nach Genua begeben, wo ihr Sohn, der Rechtsstudent Andrea, möglicherweise Ende Juni die Doktorwürde erlangt. Gaetano aber, der auf dem erziehungsbedingt labilen Andrea keine großen Stücke hält, prognostiziert ihm einen Mißerfolg. Diesen Verdacht begründet er mit Ähnlichkeiten der Gesichter seines Neffen und seines Bruders Francesco — obwohl Andrea vor allem ihm selber gleicht.[21]

Sein eigenes Projekt (Fahrten nach Bergamo und Neapel) wird durch einen neuen Ausbruch der Syphilis wie im Jahre 1829 in Neapel — mit Darmbeschwerden und Hämorrhoiden — vorübergehend in Frage gestellt. Doch schließlich kann er Toto melden, daß er seine Eingeweide wieder kontrolliere und «trotz Rhizinusölklistieren immer noch ein schöner Junge» sei. Später erhebt der kranke Komponist Anspruch auf einen Kutschen-Einstellplatz der Frau Basoni; auch ohne Giuseppe will er unbedingt zum erstenmal im eigenen Wagen durch das vertraute Stadttor rasseln. Dann will er das schmucke Gefährt der Obhut seiner mütterlichen Freundin überlassen, sich selber aber den solideren Beförderungsmitteln der Allgemeinheit. Nach Bergamo folgen wird ihm das Klavier für Frau Basoni, das allen Lästermäulern zum Trotz — oder gerade deshalb — doch ein Bösendorfer ist. Grund zur Klage über sein Betragen haben abgesehen von der Firma Streicher nur die Impresarios, da ihre rührendsten Bitten und appetitanregendsten Köder den Meister nicht mehr verleiten können, Kontrakte für neue Opern zu unterzeichnen. Er wird mit Angeboten überschwemmt, betrachtet sie kaum und legt sie nicht einmal peinlich berührt zur Seite. Vorläufig ist er einfach nicht zu Hause, sondern in den Ferien; das leuchtet doch ein?![22]

2. Erholung in der Sonne
Juli bis Dezember 1845

Ein großer, nicht ganz leichter, aber auch nicht korpulenter Mann mit feinen, streng und regelmäßig geschnittenen Zügen steigt in der zweiten Hälfte des Juli in Bergamo lächelnd aus einer noblen Wiener Karosse. Er lächelt, spricht vom Bedürfnis, alten Freunden wiederzubegegnen, von Zechlust, ja von Appetit, aber er lächelt müde, und seine Scherze sind in österreichische Melancholie getaucht. Sicherlich waren sie früher greller, belustigten, aber verletzten auch mehr. Beiläufig läßt er die Bemerkung fallen, daß er drei Tage nach seiner Abfahrt in Wien Fieber bekommen habe und kaum imstande gewesen sei, vier Schritte im Freien zu unternehmen. Wenn man ihn hierauf näher mustert, kann man erkennen, daß er in der Tat nicht mehr so sperberhaft unbestechlich, so schlau und stolz, so energiegeladen und dennoch ruhig aussieht wie einst. Nicht nur ein Anteil Wohlstandsspeck scheint seine Wangen aufzutreiben — sein ganzer Ausdruck wirkt aufgeweicht.[1]

Nach dem Essen zieht er sich zurück, von einer Kolik überrumpelt. Auch klagt er über die Hitze. Erst freute er sich kindlich, seine Freundin Frau Basoni auf ihrem Landsitz besuchen zu können, wo er sich im Kreise seiner besten Freunde aus der Stadt, die ihre Begleitung in Aussicht stellten, plaudernd und musizierend erholen wollte. Jetzt aber läßt er sich nur mit Mühe ermuntern, Bergamo zu verlassen; schon die

Strapazen einer Spazierfahrt im stillen Brausen, das die Natur an einem schönen Sommertag erfüllt, schüchtern ihn ein. Bei einem Konzert zu seinen Ehren im Ferienwohnort seiner Gönnerin fällt er in sich zusammen; trotz allem Widerstreben ist er eingenickt.[2]

Nach seiner Rückkehr in die Vaterstadt indessen fühlt er sich deutlich besser; die Freunde loben ihren Entschluß: die Landluft hat ihm gutgetan. Nun muß er aber gehen und für sich und Dolci Plätze in der Kutsche buchen, die morgen nach Mailand fährt. Ja, völlig unvorhergesehen wird sein alter Wunschtraum wahr: Der unbeholfene, heimatselige Dolci hat sich entschlossen, seinen Wirtshauszirkeln, seiner Junggesellenbude und seiner Torre de Gombet den Rücken zu kehren und sich von seinem Freund, dem Weltenbummler und Wiener Hofkapellmeister Donizetti, Rom und Neapel zeigen zu lassen. Dieser leitet die Sensation in angemessenen Tönen an Toto weiter. Außerdem werden Giuseppe mit Frau sowie der frischgebackene Anwalt Andrea auf ihrer Heimfahrt nach Konstantinopel in Neapel rasten und seine Gäste sein! Wenn das nicht ein Wunder ist! Der schöne Süden wird die Herde seiner sonst in alle Himmelsrichtungen versprengten Lieben endlich vereinigen![3]

In Genua läuft am 10. August das Dampfboot «Antonietta» mit den zwei bergamaskischen Passagieren an Bord Richtung Neapel aus. Nach so und so vielen Reisen lustiger oder trauriger Art, die Donizetti auf den ziemlich ungeschlachten Schiffen dieser Linie erlebte, wurden sie ihm längst zum schwimmenden Zuhause. Dolci hingegen lernt hier das Leben just von jener Seite kennen, der er sich bisher durch seine Seßhaftigkeit durchaus nicht grundlos entzogen hat. Seine Kaffeehausfreunde sind fern, und seekrank sind zusammen mit ihm wahrhaft respektgebietende Persönlichkeiten: der Prinz von Oranien aus der Familie Napoleons mit seiner Gemahlin und der Dichter Lamartine mit Kind und Kegel. Nur Donizetti schläft wie ein Stock, derweil sich die andern im schwankenden Schiffsbauch vor Qualen krümmen. Tagsüber hingegen sowie bei ruhiger See herrscht zwischen all den Größen ungetrübtes Einvernehmen, in dem sich Dolci — wie von seinem stolzen Freund vorausgesehen — herrlich verwundert sonnt.[4]

In Civitavecchia wollen die Freunde das Schiff verlassen und sich fürs erste zu Toto nach Rom begeben. Im Hafen jedoch erwarten den Meister in brieflicher Form die neuesten Reisepläne Giuseppes. Er werde mit seinen Leuten früher als vorgesehen — schon innert der nächsten Tage — in Neapel sein. Und wieder muß Gaetano kuschen; das heißt, er tut es aus Liebe zu ihm. Wie könnte er Giuseppe vor der

Haustür stehen lassen, wenn er endlich einmal in Neapel ist? Wer weiß, ob sie sich nochmals sehen! So muß er — auf die Gefahr hin, daß ihm Toto zürnen wird — zusammen mit Dolci zurück aufs Deck der «Antonietta». Und diese lichtet bereits den Anker und verläßt den Strand, um tiefer in den Süden vorzudringen.[5]

In Neapel ergeht es ihm seltsam. Die Vergangenheit scheint Teil um Teil aufzuerstehen, ohne zu einem organischen Ganzen zusammenzuwachsen. Wieder probt er im Teatro Nuovo seine Farce *Betly,* wie in den Tagen des Wartens auf die *Roberto*-Proben nach dem Tod seiner Frau. Wieder pumpt der Schirokko aus dem weit offenen, bleichblauen Himmel glühende Hitze in die Stadt und regt es sich beängstigend im Bauch des Vesuvs, wie damals, als er die *Lucia* komponierte. Und wieder öffnet er am Schreibtisch seinem Brieffreund und Weinlieferanten der Cholerazeit, dem in Messina wohnenden Spadaro del Bosch, sein Herz, obwohl der Sizilianer während der letzten Jahre seinem Gedächtnis so sehr entfallen war, daß er ihm jetzt von seiner Wiener Stelle wie von einer großen Neuigkeit berichten zu müssen glaubt. Anderseits kann er ihm blind vertrauen wie eh und je und läßt in seinem Brief an ihn erkennen, daß ihm die schöpferische Siesta, in der er steckt, mitten im Wohlbefinden und in den Freuden, die sie ihm schenkt, nicht ganz geheuer ist. Er sehnt sich nach dem alten Arbeitsdrang und findet es seltsam, dass er ihn immer noch nicht verspürt. Denn daß der *Dom Sébastien* für alle Ewigkeit das letzte Bühnenwerk aus seiner Feder sei, damit rechnet er doch wieder nicht.

Wie viele Gesichter von Leuten, die seine Wege kreuzen — die gleichen Wege wie einst: von den Theatern zur Strada Nardones, zum Konservatorium, zu seinen Freunden —, wie viele dieser Gesichter glaubt er zu kennen, wie viele kennt er auch wirklich! Ein schwer betrunkener Geistlicher schwankt ihm entgegen. Donizetti hält sich nach links, um nicht mit ihm zusammenzuprallen: der Abbé torkelt seinerseits nach links. Schon sind sie einander bedrohlich nähergerückt; der Meister macht einen Schwenker nach rechts: der Abbé desgleichen. Jetzt stehen sich die beiden gegenüber; ihre Nasen könnten sich berühren — doch der Abbé baumelt, magnetisch an seinen Standort gefesselt, wie ein Uhrenpendel hin und her. Und sein Gesicht, kennt er es nicht? Gewiß, das ist der Monsignore Muzzarelli! Klar kennt er den![7]

Andere Bilder wieder gehören deutlich zur Gegenwart. Wenn sich die beiden Lieblinge ihrer zahlungskräftigen Kaiser, die schmuck und vornehm steif gekleideten Herren G. und G. Donizetti, am Strand von Neapel ergehen, wobei der eine — nämlich Gaetano — Heiratspläne schmiedet (man hört den Namen Marchesina Sterlich), während der andere — nämlich Giuseppe — mit ernstem Gesicht zuhört und schweigt, dann tuscheln die Kenner der musikalischen Szene, dann erröten die Damen. Aber auch Dolci, der vom Klima Schwergeprüfte, an dem die Kleider, wie sein allzeit spottbereiter Freund bemerkt, aus ihren Nähten zu platzen drohen, ist für die dürren Neapolitaner eine Sehenswürdigkeit. Er tut sich schwer mit seinem Vorsatz, eingedenk gewisser Vorkommnisse keine Austern mehr zu essen; er sehnt sich nach Briefen aus Bergamo und sperrt die Augen, wie er bekennt, vor allem deshalb auf, damit er später zu Hause etwas erzählen kann.[8]

Donizetti aber möchte jede kurze Stunde, die er hier verbringt, um eine ganze Ewigkeit verlängern. Mit der Stumpfheit einer Maschine zählt er Städtenamen auf, immer die gleichen in der gleichen Reihenfolge: Rom, Florenz, Bologna, Mailand, Wien. Schon seit einem vollen Monat ist er hier, wider Erwarten lange. Toto wird fast nicht mehr zu begütigen sein, denn seit Giuseppes Abfahrt hat er für sein fortgesetztes Bleiben keine Erklärung mehr... Doch wie verflog die Zeit! Nun, zwanzig Tage in Rom scheinen ihm zu genügen. Wenn nur das San Carlo endlich mit den Proben der *Maria di Rohan* beginnen würde, so daß er noch ein bißchen nach dem Rechten sehen könnte! Diese Oper, deren halbes Hundert aus dickem nächtlichem Dunkel sprießende Melodien die Wiener so erregte wie die Pariser, müßte in einer guten Realisierung auch hier begeistern! Damit könnte er den Flecken tilgen, der in seinen Augen an ihm haftet, seit die *Caterina* in Neapel durchgefallen war.[9]

Doch ob nun Leichtsinn, Faulheit, greifbare Hindernisse oder — wie Donizetti persönlich annimmt — die Absicht, ihn fernzuhalten, die Proben verschleppte: Am 14. September sitzt er verdrossen neben dem erwartungsfrohen Dolci, für den es das Hauptereignis der Reise bedeutet, die Ewige Stadt kennenzulernen, in der Kutsche nach Rom, ohne einen Ton *Maria* vernommen zu haben. War dieser prosaische Weggang wirklich das Ende der Herrlichkeiten? So rasch, so selbstverständlich, so ohne jeden Anstrich von Endgültigkeit? Die Blumen seiner zurückgelassenen Anbeterinnen, der Töchter und der Mutter Sterlich, werden auf der Reise welk, so welk wie die bereits vergangene Sommererholungszeit, so welk wie sein Leben, so welk wie er. In Rom bewahren ihn die Gespräche mit seinem Schwager vor dem völligen Zusammenbruch, während der Stimmungsgraben zwischen ihm und Dolci immer breiter klafft. Je interessierter und beschwingter Dolci auf kulturelle Streifzüge geht, damit er zu Hause wenigstens über Rom

Im Sommer 1844 treffen sich zahlreiche Freunde des Komponisten an seinem alten Wohnsitz in Neapel. Mit seinem Bruder Giuseppe *(oben)*, der seit über 15 Jahren Oberleiter der Militärpellen des türkischen Sultans ist, versteht sich Gaetano glänzend, seit er selbst als Komponist größeren Ruf genießt. Seine Beziehung zum alten Schulfreund Antonio Dolci *(links)* hingegen war nie belastet.

wirklich erschöpfend referieren kann, desto entschlossener bleibt Gaetano in seinem Trübsinn daheim, denkt an Neapel und teilt seinen Kummer mit seinem seelisch näher verwandten Freund.[10]

Doch nach etwas mehr als vierzehn Tagen löst das Leben die Konflikte: Gaetano besteigt mit Toto und den vier Vasselli-Frauen, seinen «Rosen», eine Kutsche nach Neapel, wo er nun doch die Proben der *Maria* überwachen wird. Dolci hingegen läßt sich unbegleitet, allerdings wohlig ermattet und mit der Entwicklung der Dinge keineswegs unzufrieden, in einer anderen Kutsche nieder, die ihn in die Gegenrichtung tragen wird, bergamowärts.

Keine Macht der Erde oder des Himmels hätte Donizetti länger in Rom festhalten können, auch nicht die Aussicht auf den Umgang mit Giuseppe Verdi, der während des Oktobers im Teatro Argentina sein neuestes Werk, *I due Foscari*, einstudieren wird. Zuerst, in seiner Jugendzeit, war Rom für Gaetano der Ort der Freiheit und der Cäsaren, deren Eroberungsgeist auf seine bisher in der Provinz erstickte Psyche übergriff. Dann, in seinen «besten Jahren», wurde es ihm plötzlich selber zur Provinz, in der ihn graue Alltagspflichten daran hinderten, verlockende berufliche und sexuelle Ziele zu verfolgen. Heute schließlich, da ihn die Kräfte verlassen haben, da er als Künstler unfruchtbar, geistig verwirrt und körperlich gebrochen ist, erscheint ihm Rom als kolossales Grabmahl vergangener Zeiten, als Mumien- und Trümmerstadt, zu deren Mumien und Trümmern er selbst gehört. Daß sich gerade die *Anna Bolena* greisenhaft und erfolglos über eine Römer Bühne schleppt, wundert ihn nicht: Auch diese Oper ist nicht mehr die jüngste; die Theatergäste sahen wohl in ihr eines der vielen historischen Präparate, von denen sie täglich umgeben sind.[11]

Hier in Neapel aber hat und feiert ihn die Gegenwart. Das ist zwar wiederum eine Illusion, doch wirkt sie täuschend wahr. Ist die *Maria* etwa keine Oper der Moderne? Ist Neapel etwa nicht die Stadt des fröhlichen, bunten Hier und Heute? Ist nicht die Farbe des Himmels über Neapel weniger bleiern und monoton als über Rom? Und sind die Mädchen von Neapel nicht empfänglicher für Freundlichkeiten (also auch hübscher!) als die Römerinnen? Nur hat es ihn wieder einmal erwischt: eine zusätzliche Infektion oder die Folge einer alten, jedenfalls lästig und der schlagendste Beweis, daß er sich mit der geliebten Marchesina Sterlich nicht in den gleichen Nachen setzen darf. Wie schmerzen ihn deshalb die Freundschaftsbeweise dieser Familie! Der Marchese Sterlich schenkt ihm einen Schreibtisch aus Bronze und Porzellan, verziert mit Goldbeschlägen, weniger ein Möbelstück als ein Juwel. Blumen, Kuchen, Wein und Pantoffeln bekommt er zuhauf, wie wenn er ewig bleiben würde. Das wollen sie ja von ihm. Ihn aber ruft der Kaiser, ruft Virginia zur Treue auf. Um seinen Freunden und sich selbst die Haltung zu verdeutlichen, zu der ihn seine Pflichten zwingen, löst er einen Teil des Haushalts auf.[12]

Das Frauenquartett Vasselli mit dem Schwager in der Mitte fährt vor Beginn der Proben wieder nach Rom. Doch wird nun geprobt, das Schicksal der *Maria* liegt in seiner Hand: Jetzt ist ihm Totos Zuspruch schon entbehrlicher! Die Unglücksraben der *Caterina*-Premiere, der Tenor Fraschini und der Bariton Coletti, spazieren jetzt an seiner Leine, und auch die Tadolini, Meisterin in der Gestaltung ihrer Rolle, muß sich ihm unterwerfen, wenn ihm dies und jenes an ihrem Gesang mißfällt. Und es mißfällt ihm mancherlei, denn wie beim Vortrag des *Stabat Mater* im Beisein des Kaisers ist ihm für diesen Anlaß, der so viele Mißverständnisse, falsche Verdächtigungen und echte Schulden zwischen ihm und der geliebten Stadt beheben soll, nicht die vortrefflichste Leistung vortrefflich genug.

Gleichzeitig kämpft er ebenso hysterisch mit der Uhr. Was sagen wohl seine Verbindungsleute in Wien? Wer hätte gedacht, daß er am 1. November immer noch hier unten weilen würde? Wenn sein Schiff nach Marseille in einen Orkan geriete, wenn auf der Weiterfahrt zu Lande die Kutsche zusammenbräche, wenn ihn das Nervenfieber nochmals überrumpeln würde, so daß er reiseunfähig wäre? Nun, in fünf Tagen sollte Premiere sein. Doch da erkrankt Fraschini, der Tenor. Und voller Schrecken muß Donizetti erfahren, daß ein vom Wiener Hof bestelltes Stück, das er der österreichischen Botschaft in Rom zur Weiterleitung an die hohen Adressaten überwiesen hat, die Donau nie erreichte. Jetzt steht er vor dem Kaiser als Verräter da, nachdem er ihn durch seine Neapolitaner Niederlassungsträume und durch die gewagte Verzögerung seiner Abfahrt wirklich fast schon verriet! Sein Brief an Toto mit der Bitte, sogleich zur Botschaft zu rennen, nach dem Verbleib der Sendung zu fragen und ihre Spuren zu sichern, klingt wie ein Hilferuf in äußerster Not. In einem ähnlich aufgelösten Brief gebietet er seinem wichtigsten Wiener Vasallen, August Thomas, sofort Merellis Kompagnon am Kärntnertor, den Impresario Mecchetti, aufzusuchen — nein, sich dorthin zu stürzen! — und ihm zu sagen, daß er sofort der einflußreichen Frau Cibini berichten müsse, sie solle der Kaiserin sagen, er, Donizetti, habe seine Pflicht erfüllt; kaum über den Zwischenfall orientiert, habe er seinen in Rom ansässigen Schwager zur Botschaft gehetzt, um das Problem zu klären. Und die

Noten habe er nach Rom geschickt, er habe das wirklich prompt getan; er habe dem Hof auch in der Fremde treu gedient. Übrigens hoffe er mit einiger Berechtigung, Mitte November von Neapel wegzukommen.[13]

Auch seine geistige Verwirrung wächst. Das zeigt ein Brief an Toto, in dem er von den beiden ersten Aufführungen der *Rohan* berichtet: Wie war das genau? Die Tadolini sang an der Erstaufführung vom 9. November «wie eine alte Grille». Sie verirrte sich in ihrem Part und überhüpfte Noten, kurz, sie war «einfach schrecklich». Am zweiten Abend ging es besser: Das Publikum verlangte sie zu sehen. Coletti «machte sich unsterblich», er war die Stütze der Aufführungen. König Ferdinando — den er selber nicht besuchte, weil er ihm eben doch nie verzeihen konnte —, soll gestanden haben, daß ihm die ganze Darbietung «sehr, sehr gut» gefallen habe. Am ersten wie auch am zweiten Abend mußten alle vor den Vorhang treten, die Tadolini, die andern und er — ganz recht, die Tadolini auch schon am ersten Abend, auch schon der erste Abend war ein Erfolg! — Und seine Finger kritzeln trostlos-automatisch weiter: «Et satis — et c'est assez. Ist genug.» Lateinisch, französisch und deutsch: dreimal genäht, scheint er zu denken, muß es halten![14]

Eine knappe Woche später ist Donizetti bereits in Mailand, wo er nach seinem Diener Carlo Ausschau hält, den er mit Wagen und halbem Gepäck in Bergamo zurückgelassen hatte.

Wie er jetzt vernimmt, soll sich der Bursche regelmäßig nach den Perspektiven für die Ankunft seines Herrn erkundigt haben, bis er es endlich wagte, sein Heimatdorf zu besuchen. Nun wird er dort hängengeblieben sein! Spitzbube, der! Würde er bloß den Namen jener Ortschaft kennen, er wollte ihm Beine machen! Doch schließlich stellt sich Carlo unaufgefordert ein — und bittet Donizetti frank und frei um einen Vorschuß auf sein Salär. Der Meister aber läßt sich ungerührt von seinem Geiz und seiner Menschenkenntnis leiten, über die er wohl verfügt — er muß sie nur gebrauchen wollen —, und schüttelt den Kopf.[15]

Bei ihrer Abfahrt aus Bergamo Anfang Dezember in Donizettis eigener Kutsche fällt Regen und Schnee. Später wird der Himmel hell und sauber. Der Schnee liegt auf den friaulischen Straßen und Hügeln. Magie des Schnees! Obwohl er unter den Rädern des Wagens knirscht, scheint dieser wie auf Schlittschuhkufen über Eis zu fliegen. War Donizetti nicht soeben noch in größter Zeitnot? Jetzt, einen Monat vor

Beginn der Amtszeit, fliegt er neben seinem Diener, der ebenso gerne im Süden geblieben wäre, durch eine Landschaft, die den Geist des Nordens schmerzlich grell verkörpert. Vor Donizettis starrem Blick steht überdies genauso hell, genauso schneidend scharf das Bild des kranken Mayr. Ja, plötzlich hat nun Mayr den gleichen Gedanken ausgesprochen, den er ihm selbst vor Jahren verboten hatte: daß sie einander nie mehr wiedersehen würden. Kann dieser Sinneswandel etwas anderes bedeuten, als daß es sich wirklich so verhält? Deshalb hat er seine Abfahrt um ein paar Tage verschoben. Nun ist er immer noch erstaunlich früh in Wien: am 5. Dezember. Wollte er das?[16]

Das Leben ist undurchschaubar geworden. Er steht in seinen menschenleeren, kalten Zimmern. Und Carlo hat ihn verlassen. Carlo ist einfach nicht mehr da! Er muß sich selber über seine Koffer beugen, muß selber die Laken, die er unterwegs benützte, aus der Wäsche ziehen und sein Bett damit bespannen.

Irgendwann in der Nacht hört er Carlo nach Hause kommen. Und in der nächsten Nacht läßt ihn sein Diener wiederum allein. Diesmal verleiht das Feuer im Schlafzimmerofen, das er selbst entfacht, dem Wahnsinn seiner Einsamkeit ein menschlicheres Gesicht.

Für den Verlust der beiden Engel, die er in Italien der Umsicht ihrer Mütter überließ — der Marchesina Sterlich und Nina Basonis —, tröstet sich Donizetti mit einem bescheidenen Wunsch: Dolci soll auch im nächsten Jahr dem Käseloch entsagen und mit ihm reisen. Aber — wohin soll die Reise führen? Er wagt es kaum zu denken: nach Paris! Zum Komponieren! Fände doch Meyerbeer seinen Tenor!

Magie des Schnees! Keine Geräusche von Wagen und Menschen dringen zu ihm herein. Wien im Schnee, das ist ein Drinnen und ein Draußen, und beide Welten sind hermetisch voneinander abgeschieden. Hier ist es warm, dort ist es kalt. Hier sitzen die Menschen vor ihren Öfen, dort kämpfen sie sich prustend durch den Schnee. O wie anders ist das alles in Neapel! Dort herrscht ein ständiger Zu- und Abfluß von Luft, Geräuschen und Menschen zwischen dem Draußen und dem Drinnen, auch im Dezember! Fast gibt es diese beiden Welten nicht. Dort stirbt man nie allein.[17]

3. Das Ende Samsons
Januar bis Juli 1845

Donizettis Zukunftsperspektiven sind erschreckend. Ein Ausweg ist nicht zu entdecken. Krank auf den Tod, unfruchtbar, geistesverwirrt, ohne die Hoffnung auf eine Heirat, ohne den Trost, seine Verfassung länger verbergen zu können, wartet er auf das Ende. Das Ungewisse des Zeitpunkts und der Gestalt, in der es erfolgen wird, erhöht seine Angst. Nur eine Freiheit hat er noch: es zu beschleunigen, sich möglichst rasch darüber hinwegzuschwingen.

Die Einstudierung des *Sébastien* am «Kärntnertor» in deutscher Sprache — die Übersetzung stammt von einem seiner Wiener Freunde, Léon Herz — wirkt wie das Signal zum zielbewußten Aufbruch in den Tod. Der Komponist betätigt sich als Bühnenbildner, Regisseur, Kostümberater, Sänger- und Orchesterfuchser in einer Person. Mag der Hammer in seinem Kopf noch so betäubend schlagen — «Kopfrheuma» nennt er das selber, um auch jetzt nicht zu verraten, wie schlecht es ihm wirklich geht —, mögen der Nebel und die Kälte jeden Morgen noch so frisch und neu aus ihrer Versenkung steigen und ihn schaudern machen: Er eilt herum, korrepetiert, berät die Schneider und führt Regie. Und wenn ihn das nicht ins Grab bringt, schafft es vielleicht die Aufführung der *Caterina* in Parma, worüber ihn sein Bariton-Freund Varese, einer der vorgesehenen Sänger, eine Woche vorher informierte.[1]

Mit seinen Fakten verband Varese die Bitte, Ordnung ins Chaos der nicht besonders authentischen Fassung zu bringen, die das Ensemble erhalten hatte, und ihren mageren Gehalt an Nummern etwas aufzubessern. Was soll er dazu sagen, eine Woche vor der Premiere? Nehmt für die Primadonna irgendeine Cabaletta, wenn im erhaltenen Geschreibsel keine vorhanden ist! Ivanoff, der Tenor, soll die aus dem *Roberto* singen! Laßt sicherheitshalber eine Hälfte der Romanze Lusignanos weg, welche, spielt keine Rolle! Gerardo braucht in der letzten Szene nicht zu erscheinen, wenn die entsprechenden Stimmen fehlen! Erfindet eine Variante, in der er im Lauf des Geschehens stirbt! Aber streicht um Himmels willen nicht seine Worte: «Ich glaubte, dich unter den Ordensbrüdern vergessen zu können, aber im Angesicht Gottes, vor dem Altar, weinte ich noch mehr um dich!» Wenn nicht einmal dieser karge Sieg der Liebe festgehalten wird, ist die Musik zerstört! Betraut den Komponisten De Giovanni mit den Änderungen, wenn sie euch nicht schon vor der Premiere zerreißen, die Tiger von Unternehmern, von einem Publikum! Ach, er weiß, Varese hat es gut gemeint mit seinem Einsatz für die *Caterina*, aber es wird ihn reuen![2]

Als der Kaiser Donizetti bittet, seine Vorarbeiten für die Premiere des deutschen *Sebastian* dadurch zu krönen, daß er ihn auch selber dirigiere, ist er sofort bereit, obwohl es ihm ein Rätsel ist, wie er die Sänger und das Orchester koordinieren soll, wenn er die Worte nicht versteht. Aber gewiß, er ist bereit, mit trommelndem Hirn die Silbenlängen zu studieren und sie sich einzuprägen. Ein paar Hammerschläge mehr — was macht es ihm aus? Dafür kann er vor dem Kaiser dirigieren! Der Kaiser wird seine Musik verstehen; und er selber könnte erstmals an sie glauben, wenn sie erfolgreich wäre! Wenn er sie aber selber dirigiert, wird sie zumindest einen Höflichkeitserfolg erringen. Aus all diesen Gründen muß er es wagen. Gott stehe ihm bei! Es ist ja auch die Sprache Mayrs, die ihm dieses Opfer abverlangt; auch Mayr wird sich freuen, wenn er sich mit Anstand schlägt.[3]

Tatsächlich läßt der Verlauf der Erstaufführung am 6. Februar im Kärntnertor-Theater keine Wünsche offen, obwohl er sich während der Rezitative mit ihrem alltagsnahen Sprechgesang «wie eine Henne beim Verfolgen ihrer Küken» fühlt. Und da die geisterhafte Oper, dieser erdrückende Haufen zersplitterter Formen, dieser Trümmerspiegel einer Trümmerwelt, den Wienern offensichtlich aus dem Herzen spricht, erklärt er sie bedenkenlos zu seinem Meisterwerk. Ihre Pariser Kritiker, die sie verdammten, sieht er nun selbst verdammt, deshalb sein Überschwang.[4]

Daneben aber fasziniert ihn am *Sebastian* das Bild des Todes, den er so ersehnt und der ihn nicht befreien will. Toto fragt ihn brieflich nach der ersten Aufführung des *Sebastiano* südlich der Alpen. Da kann er noch lange warten! «Ora pro nobis» würden sie singen, die italienischen Schurken, wenn sie diese Menge von Inquisitoren, Granden, Prozessionen, Leichenzügen, den Sarg des Königs und dessen Kampfroß über ihre Bühnen ziehen sähen! Durchbiegen würden sich die Bretter ihrer armseligen Bühnen unter der ganzen Last! Nur schon bei der Lektüre würden die Herren von der Zensur Kopfstände machen! Und wie wirkt das alles erst realisiert, als leibhaftiges Theater! Es ist schon imposant! Man kann ihm sagen, was man will: Wenn zu den Klängen des Trauermarschs im Dunkel der Bühne die vordersten bleichen Gesichter Gestalt annehmen, kann sich der Betrachter noch so sträuben — eine Gänsehaut beschleicht ihn doch![5]

Doch ein Teil der Presse reagiert auch hier gehässig, was er wirklich nicht begreifen kann. Anderseits hat ihm Varese aus Parma geschrieben: die *Caterina* war ein Erfolg! Auch das! Auch diese Oper liebte er von allem Anfang an. Überdies gewann ihm die *Rohan* das Neapolitaner Publikum zurück... Er fühlt sich rehabilitiert.

Allein, sein Schaffensdrang ist immer noch versiegt, und aus Paris erreicht ihn pünktlich und unerwünscht wie eine Rechnung die Textbuchvorlage für seine neue, fünfaktige Oper. Meyerbeer hat seinen Wunschtenor natürlich nicht gefunden, und für Maestro Donizetti ist der reservierte Arbeitsplatz bereit. Nun, er kann sich ohne feststellbare Panik aus der Schlinge ziehen. Hat er nicht oft genug erklärt — mit diesem Argument schickt er den Plan zurück —, er wolle keine Verschwörungen, Feuersbrünste und Kriege vertonen? (Der *Dom Sébastien* war eine Sache für sich, ein Ausnahmefall!) Schon 1838, bevor er Neapel verließ, um an der Opéra sein Glück zu versuchen, hatte er diesen Standpunkt vertreten! Und nun würde diese ganze ihm so verhaßte, aufgedonnerte Welttheater-Revue im vorgeschlagenen Textbuch vollends zur Karikatur, indem ein Kind, das Akt für Akt auftreten müßte, jedoch — im Stil von Auberts *Stummer von Portici* — nie etwas zu sagen oder zu singen hätte, der Ursprung aller Greueltaten und Intrigen wäre! Und ob die Herren Planer auch schon erwogen hätten, wie man das Kind, das jene Figur darstellen müßte, fünf lange Akte hindurch bei guter Laune halten könnte? Bestenfalls würde es gähnen und Bonbons lutschen, schlimmstenfalls aber plärren, und mit ihm die fassungslose Frau Mama im Bühnenhintergrund![7]

So, diese handfesten Argumente sollten genügen. Fürs erste wären die Blutaussauger vom Pariser Musentempel noch einmal abgewimmelt. Da hatte er mit dem Impresario Lumely aus London ein leichteres Spiel! Auf dessen Angebot für eine neue Buffa-Oper war er vorsichtshalber nur mit vagen Worten eingegangen, so daß er es mühelos ablehnen konnte, als er sich wieder nicht fähig fühlte, zu komponieren. Freilich entgingen ihm mit diesem Auftrag 21 000 Francs... doch Lumely ist ein Jude, und vor denen sollte man sich hüten. Jetzt heißt es ruhig Blut bewahren und auf den nächsten Angriff von Pillet, Accursi und ihren Genossen warten, um ihn ebenso erfolgreich zu parieren.[8]

Dann könnte er nämlich wieder in den Süden fahren und die zweite Jahreshälfte dort verbringen! Gerade jetzt fühlt er sich stark genug für eine solche Reise! Und wie sehnt er sich danach! Nur schon die Sehnsucht, Toto zu sehen, bringt ihn beinahe zur Verzweiflung! Er kann nun einmal in Wien mit keiner Menschenseele offen sprechen. Aber auch anderswo auf der Welt kann er es nicht — nur Totos Gegenwart löst seine Zunge. Er kann sich das selber auch nicht erklären;

ihr gegenseitiges Einverständnis ist einfach total. Sie haben sich durchdrungen mit ihrer Freundschaft; ihre Freundschaft hat die Scheidewände des Geheimsten, das gewöhnlich jeder Mensch vor jedem anderen verbirgt, durchstrahlt und umgestoßen.[9] — Mit diesem Geständnis an Toto selber sagt er ihm erstmals deutlich, wie sehr er ihn liebt: zweifellos weniger sinnlich als seine Schwester, aber nicht weniger stark. Ihm hat er denn auch die Oper mit der glühendsten Ronconi-Rolle zugeeignet, die *Maria di Rohan*.

Schließlich kommt der Frühling, und mit ihm kommen die Wandervögel aus fernen, wärmeren Ländern hergeflogen. Über der Donau kreisen die Schwalben, und im Kärntnertor-Theater schwirren die italienischen Sänger zu Donizetti, damit er sie lehre, ihre Flügel zu gebrauchen, und ihnen Protektion gewähre. Obwohl sie auf einer der führenden Bühnen Europas auftreten sollen, brauchen sie beides dringend. Denn es sind nicht mehr Donizettis alte Freunde, die italienische Sängerelite, die Merelli früher an die Donau schickte; es ist tatsächlich eine frisch geschlüpfte Brut. Voller Befremden las Donizetti, von den Unter-Impresarios herbeizitiert, um zu Merellis Liste der vorgesehenen Sänger ja und amen zu sagen, die in der aktuellen Bühnenszene völlig klanglosen Namen. Noch größer aber war sein Befremden, als ihm der Begleitbrief auseinanderlegte, daß hinter den gleichen klanglosen Namen lauter Tadolinis, Malibrans und Persianis steckten. Indessen, was sollte er tun? Schon damals waren die Würfel gefallen. Jetzt sind die Sänger einfach da, erwartungsfroh und ängstlich erregt, mit ihren Verträgen in der Tasche. Ein ungestümer, dämonischer Groll gegen Merelli steigt in ihm auf.[10]

Die Menschlichkeit, zu der sich Donizetti nach dem letzten Kraftakt seiner Phantasie, nach der Entstehung des *Sebastiano*, aufgeschwungen hatte, ist freilich nicht mehr zu unterdrücken. Die Sänger bedauert er herzlich und opfert sich ihnen auf. Doch sein vermeintlich konstruktives Werk, den Ruf der Interpreten, des Theaters und des Belcanto in Wien zu retten, ist noch eindeutiger als bisher das Werk der Vernichtung seiner letzten Kräfte.

Einstweilen hört er sich als stumme Klagemauer die bittern Redeergüsse der Sänger an. Die Unternehmer zwangen ihnen Rollen auf, die zum Charakter, ja mitunter selbst zur Lage ihrer Stimmen wie die Faust aufs Auge passen! Also schneidet Donizetti ganze Stücke um, versetzt sie in eine andere Tonart oder verändert zumindest einzelne Notenschritte — was die Musik entstellt, Kenner im Publikum verärgern muß und damit letztlich auch den Sängern schadet. Die

Hausdirigenten, statt auf den Tisch zu schlagen, beugen den Rücken vor ihren Herren, verteilen die Parte, wie es ihre Auftraggeber ausgeknobelt haben, und halten sich an das Beispiel der Sänger: Sie bauen zuversichtlich auf die Rettungskünste Donizettis. Und dieser tröstet und korrigiert, wobei er im stillen Merelli verflucht — das alles mit einem Hirn, das unter den gewohnten Trommelschlägen zu zerplatzen scheint, und überdies mit einem manchmal wie von hundert Säbelstichen durchbohrten Körper.[11]

Da, plötzlich, regt sich in ihm ein Funke, ein Lustgefühl, eine Sehnsucht, die er schon lange nicht mehr verspürt hat. Und dann bedrängen ihn greifbare Vorstellungen! Im Grunde genommen ist es erneut das Thema der *Caterina*, das ihn verführt: die Bändigung sinnlicher Gier mit Hilfe der Moral. Jetzt aber will er es in einem Buffa-Werk behandeln und so den *Don Pasquale* noch eindeutiger als in der ernsten *Caterina* mit einem positiven Spiegelbild versehen.

Lablache, der Uraufführungsinterpret des *Don Pasquale*, sollte denn auch gemäß dem Plan des Komponisten die neu zu schaffende Gegenfigur verkörpern: den Vormund eines Mädchens, das er sexuell begehrt, von dem er jedoch aus Rücksicht auf seine Gefühle für einen andern die Finger läßt; und dieses Mädchen sollte nicht, wie im *Pasquale*, als skrupellose Komödiantin die Unschuld vom Lande mimen, sondern tatsächlich schüchtern und hilflos sein. Offensichtlich will der Meister die Erfahrung seiner Rückkehr aus Neapel und den Verzicht auf seine Heiratspläne künstlerisch aufarbeiten. Die reizlose Bravheit des Stoffes sieht er in seiner Verwirrung durchaus nicht als Hindernis, im Gegenteil, er unterstreicht sie noch. Sein Lieblingsbariton Ronconi — egal, wie glaubhaft er in der *Rohan* den Ungeist besitzergreifender Freundschaft und Liebe heraufbeschwor — soll seine Stimme einem strammen alten Käpten außer Dienst und rührend stolzen Vater leihen und eine graue Perücke tragen. Haha, das wäre ein Spaß, Ronconi mit einer grauen Perücke! Den Textbuchanpasser des *Don Pasquale*, Giovanni Ruffini, hält Donizetti für prädestiniert, nun auch die Puppenstubenfassung einzurichten — doch muß er zuvor in einer Pariser Bibliothek die Schauspielvorlage finden, die ihm vor Augen schwebt. Wenn er sich recht erinnert, stammt sie von einem gewissen Baron Cosenza und dürfte, wie er daraus schließt, leicht zu bekommen sein.[12]

Trotz aller Unvernunft scheint Donizetti wirklich zu neuem Leben erwacht zu sein. Mit Argusaugen verfolgt er in Wien, wie man in Bergamo die *Gemma* einstudiert, und geht mit Dolci, von dem er vermutet, daß er die Klippen für die Sänger übersieht, obwohl die Noten vor ihm liegen, streng ins Gericht. Besonders unerträglich ist dem Komponisten der Gedanke, daß eine Schülerin Giuditta Pastas unter deren Aufsicht die Titelrolle erlernt; es quält ihn das Bild einer Giuditta Pasta, die ihrer Schülerin empfiehlt, gelegentlich ein Stück zu überspringen und das Leck mit einer Arie Bellinis zuzupflastern...[13]

Doch allzu rasch verglimmen diese letzten Funken seines Geistes. Nun spielt doch sein wassersüchtiger Bruder Francesco mit dem Gedanken, sich einer Badekur in San Pellegrino zu unterziehen! Kuren, vortrefflich, das wollte er auch, aber mit welchem Geld? Na, wenn die Reise wirklich der Gesundheit dient, mag er sie unternehmen; sonst soll er zu Hause bleiben. Wie teuer wird ihn nur schon der neue Grabstein zu stehen kommen, den er in Neapel für Virginia bestellte! Allzu teuer, denn nüchtern besehen ist mit der Verwirklichung eines Opernprojekts mit ihren erfreulichen materiellen Folgen doch nicht zu rechnen! Aber vielleicht gelingt es ihm auf andere, zwar weniger sichere, aber bequemere Weise, zu Geld zu kommen...[14]

Gerade hat nämlich der immer noch unaufgeführte *Herzog Alba* wieder unverhoffte Aktualität erlangt. Eugène Scribe, der Librettist, machte inzwischen die berühmte Klausel, die den Opéra-Direktor zwingen könnte, jedem der beiden Autoren Schadenersatz zu leisten, zum Gegenstand eines Prozesses und trug, was seine 15 000 Franc betraf, den Sieg davon. Jetzt sind die Chancen groß, daß Donizetti vor Gericht die gleiche Summe zugesprochen werden könnte. Wie einem durchtriebenen Advokaten juckt es ihm in den Fingern, wenn er sich vorstellt, daß er die im Präzedenzfall erhärteten Argumente mit neuen verbinden könnte... Anderseits würde er dann die volle Zeit des für die Komposition der neuen Oper vorgemerkten Aufenthaltes in Paris für das Prozeßgeschehen opfern müssen. Schreiben könnte er nicht. Doch hat er nicht bereits die Lust dazu verloren?

Nun steht er aber vor weiteren Alternativen. Ihre enorme Menge würde ihn — bei seinem Unvermögen, einen Entscheid zu fällen — nachgerade zur Verzweiflung bringen, wenn sie ihm nicht alle etwas suggerieren würden: eine Reise nach Paris. Accursi hat so viele Fäden gesponnen, daß er nur daran zu zupfen braucht. Die gewiß fatalste Lösung für den geisteskranken Komponisten, ein weiterer Aufenthalt in Paris, wird durch den Einfluß seiner Dämonen — des unsichtbaren und der leibhaftigen — zum naheliegenden Schritt.

Der Gang nach Paris ist also keine Frage mehr, wohl aber seine dortigen Aktivitäten. Soll er mit Pillet im Gerichtssaal spiegelfechten und als Ergebnis 15 000 Francs kassieren (wenn er wirklich siegt)? Soll er vielmehr das immer noch mögliche Risiko wagen, für die Opéra zu komponieren? Soll er — als weitere Alternative — für das «Théâtre Italien» jenes gewisse Lustspiel komponieren, für das er noch vor Tagen Feuer und Flamme war? Aber zum Teufel, das Theaterstück des leidigen Barons scheinen die Würmer gefressen zu haben; Ruffini konnte es in keinem Winkel von Paris entdecken. Oder soll er sich nochmals anders entscheiden, soll er die von der Opéra Comique bestellte neue französische Buffa schreiben und damit nicht den *Don Pasquale*, sondern seine gute alte *Fille du Régiment* mit einem Gegenstück ergänzen?[15]

Kommt Zeit, kommt Rat, indes: die Zeit für diesen Rat wird knapp. Das Ende des Juni und damit das Ende seines vierten Diensthalbjahres als Hofkapellmeister steht vor der Tür. Unentschlossen treibt sich Donizetti auf den Straßen Wiens herum. Einmal begegnet ihm ein Leichenzug mit Blasmusikanten; das würdevolle Gepränge läßt darauf schließen, daß eine Persönlichkeit von öffentlicher Bedeutung zur ewigen Ruhe gebettet wird. Und was für Notenblätter stecken nicht in den Ständern? Der Trauermarsch aus seinem *Don Sébastien*! Und siehe da, die Leute strömen zusammen — offensichtlich nicht allein, um einen Blick auf den Sarg eines so großen Mannes zu werfen, der nun wahrhaftig auch gestorben ist, sondern zumindest ebensosehr aus freudiger Verblüffung über die Musik.[16]

Donizetti hört sie sprechen und versteht sie sogar. Wer das geschrieben habe, wollen sie wissen, und sie bescheinigen den schweren Klängen «Schönheit und Traurigkeit». Wenn sie die Oper kennen würden, könnten sie fühlen, daß die Musik den hohlen Pomp zum Ausdruck bringt, mit dem die Obrigkeit ein Volksidol zu Grabe trägt, das nicht einmal gestorben ist, sondern danebensteht und zuschaut. Aber sie kennen die Oper nicht. Der König freilich, der beerdigt wird, der König des Belcanto, steht in ihrer Mitte. Eigentlich ist er noch lebendig, anderseits aber ist er schon lange tot und hat zu diesem bizarren Anlaß die geeignete Musik geschrieben, auf die er jetzt zusammen mit ihnen lauscht.

Gnadenlos ist sein Haß auf Merelli, dem er in Briefen an die Gräfin Appiani und den Grafen Melzi (jene Mailänder Opern-Aristokraten, die Merelli wirklich schaden könnten) freie Zügel läßt. So erklärt es Donizetti zum Verbrechen, daß Merelli tiefe Frauenstimmen die Partien von Sopranen übernehmen läßt, um so dem Mangel an Primadonnen entgegenzutreten. Da fahre man mit Geheul vom ersten Stockwerk, das die Natur den tiefen Frauenstimmen eingerichtet habe, in die oberste Etage und zerstöre unterwegs die Treppen und Türen der zweiten![17]

Doch was geschehen ist, ist geschehen. Am Vorabend seiner Abfahrt nach Frankreich stellt der zermürbte Meister fest, daß seine Anstrengungen, die Saison zu retten, «in die Donau geflossen» seien... und diesen Ausdruck übernimmt er stumpf von Brief zu Brief.[18]

Neuntes Kapitel
WAHNSINN

1. Hinter der Mauer des Schweigens
August bis Oktober 1845

Am 11. August liegt Donizetti mit schmerzendem Kopf in seinem Bett im Hotel Manchester an der Rue Grammont. Ratlos blickt er zu den Ärzten auf, die ihn umgeben. Gabriel Andral heißt der eine; ein Spezialist für Blutkrankheiten von großem Ruf. In seinen, Donizettis Augen hat er ein wunderschönes Gesicht, ist aber ein Teufel. Er, Andral, schaut ihn unablässig an ... Warum? überlegt sich der Kranke. Ha, natürlich! fällt es ihm ein, weil er ihn noch nicht kennt! Doktor Andral schlägt ihm wuchtig auf die Brust. «Tut überhaupt nicht weh!» hört er sich rufen, dann hört er sich lachen. Und auch der «Hund» von einem Andral lacht.[1]

Neben ihm steht Doktor Philippe Ricord, ein Spezialist für Geschlechtskrankheiten. Aber er hat es doch auf der Lunge, sagt sich der Kranke — war das nicht immer sein Problem? Inzwischen ist eine gräßliche Krankheit daraus geworden — aber es sind die Lungen! Und war er nicht seit Jahr und Tag nervös? Sein Schwager kann ihm das bestätigen! Was hat denn nun plötzlich dieser Doktor Ricord mit seiner Nervosität zu tun? — Der Name der dritten Kapazität ist ihm entfallen, doch er braucht ihn wirklich nicht zu kennen, da sich alle drei in allem einig sind, was seinen Fall betrifft.[2]

Sie setzen ihm Blutegel an den Nacken — so weit, so gut; immerhin war es ihm nicht mehr möglich, den Kopf nach links oder rechts zu drehen. Er war so schrecklich schwer, sein Kopf, und sagte nur noch mit Worten «nein»! Jetzt aber kann er ihn wieder bewegen; der Kopf ist geheilt, und damit wäre aus seiner Sicht die ganze Behandlung abgeschlossen. Die Ärzte indessen sind anderer Meinung. Zwei Jahre lang sollte er nichts mehr schreiben, um sich zu schonen! Er sollte gerade nochmals so lange schweigen, wie er bereits geschwiegen hat, weil ihm die Lust zum Schreiben fehlte! Jetzt aber, vor wenigen Tagen, ist diese Lust wieder erwacht! Er steht in voller Kraft! Und jetzt, gerade jetzt sollte er auf das Schreiben verzichten, weil es die Ärzte wollen? Weil ihnen eine himmlische Erleuchtung offenbarte, daß ihm, wenn er komponieren würde, zuviel Blut ins Hirn gelangte, wo es verklumpen würde? Ach herrje, wie sie sich täuschen! Das Komponieren täte ihm gut! Fünf Opern hat man bei ihm bestellt, man wartet darauf — und er? Sollte sich fünfmal darum drücken, fünfmal eine öffentliche Blöße geben — und erst noch fünf Gelegenheiten versäumen, wieder gesund zu werden? Nur schon die Arbeit an einer einzigen Oper würde ihn retten! Indessen, die Ärzte wissen es besser, da sie erleuchtet wurden. Und er selber ist ein Christ: Wenn man ein Christ ist, muß man warten können![3]

Sie schlagen ihm vor, das Klima zu wechseln. Ganz recht, es ist das Klima! Diesen Zusammenhang sieht er so: Wien frißt ihn auf und frißt ihn doch nicht auf; die Luft in Paris hingegen ist leichter, der Regen schwerer; das ist zwar besser, aber auch nicht ideal. Das ideale Klima findet er nur im Süden. Und ausnahmsweise sagen das auch die Ärzte. Ob er sich nicht im Süden erholen wolle, fragten sie ihn. Natürlich wollte er das! Er wählte sofort Neapel oder Rom. Bäder im Meer, sagten die Ärzte, könnten ihm helfen; deshalb entschied er sich für Neapel. So kann er erstens Bäder nehmen, zweitens doch bisweilen Toto sehen. Sie werden sich nahe sein! Und in Neapel hat er die eigene Wohnung! Bloß muß er noch den Kaiser um Urlaub bitten. Doch der Kaiser ist ja so vernünftig, tröstet sich der irre Patient. Er, Donizetti, braucht nicht einmal selbst nach Wien zu fahren, um das Gesuch zu stellen; es wird genügen, wenn er ein Zeugnis schickt![4]

Nach diesem Kuraufenthalt dürfe er schreiben, soviel er wolle, versprachen ihm die Gelehrten, und wie er sich jetzt erinnert, darf er schon heute schreiben, aber nur mit Maß. Das sind Geschichten, Donnerwetter! Zwei Jahre Ferien in Italien! Schreiben, aber mit Maß! Nun, wie gesagt, ihm selber ist es recht. Doch ob er in Paris entbehrlich ist? Seine Pariser Freunde behaupten das Gegenteil. Und in der Tat, was macht Micchele ohne Geld, was machen die Pariser Journalisten ohne Romanzen, die sie verhöhnen können?[5]

Wie viele Briefe sollte er schreiben! Jedermann wartet auf seine Briefe, wie die Impresarios auf seine Opern warten! Alle verlangen Auskunft, alle verlangen Trost, in Bergamo, Mailand, Wien, Rom und Neapel. Als ob die Auskunft mit dem Trost vereinbar wäre![6]

Aber dieses Schweigen! Wie hat es ihn eingesperrt! Er will es durchbrechen! Es hat ihn allen entrissen, sogar sich selbst. Er ist nicht mehr er, das Schweigen steht zwischen ihnen. Hier ist er und dort ist er — dazwischen ist das Schweigen. Hier ist er und nochmals er und irgendwo in größerer Entfernung, weiter, viel weiter außerhalb, ist auch die Welt — durch einen zweiten Schweigepanzer von ihm getrennt. Die Impresarios verlangen Opern — er muß schweigen. Die Freunde in Italien verlangen Briefe mit dem Versprechen, so rasch wie möglich zu ihnen zu fahren; doch die Pariser Freunde sind gegen die Reise, und es gelingt ihm nicht, sich ihnen zu widersetzen. Nun, wie soll er das den Freunden in Italien erklären? Soll er ihnen schreiben, daß er schwächer ist als seine Pariser Freunde? Also muß er sie im Ungewissen lassen. Er ist und bleibt in seinem Schweigen eingesperrt![7]

Der Impresario vom Italiener Theater, Vatel, der sich des Kranken weniger aus geschäftlichen Gründen denn aus persönlicher Sorge annimmt, hat erkannt, wie wichtig es ihm ist, als immer noch aktiver Komponist und nützlicher Partner behandelt zu werden. Deshalb schlägt er ihm vor, ein Textbuch auf ein Lustspiel Molières zu vertonen, *Sganarelle*, obwohl der Meister offensichtlich nicht mehr in der Lage ist, ein solches Pensum zu erfüllen; doch wenigstens verbringt er nun einige Tage in dieser berauschenden Illusion. Dann verflüchtigt sich der bunte Nebel wieder ... Leere und Impotenz ... ein Chaos auf dem Papier ... er kapituliert. Doch Vatel versucht ihm nochmals zu helfen. Wie, wenn er ein Pasticcio komponieren würde? Nun, der Ausdruck «komponieren» ist hier zu hoch gegriffen, denn als Pasticcio bezeichnet man eine Sammlung bereits vorhandener Stücke zu einem neuen Libretto. In Donizetti bricht die unvermeidliche Empörung aus. Er als sein eigener Potpourrifabrikant? Steht er jetzt also glücklich auf der Stufe jener diebischen Kopisten und schmierigen Arrangeure, die er sein Leben lang verfolgte? Ist er nur noch in der Lage, abzuschreiben? Soll er sein eigenes Werk verstümmeln? Über den Impresario, der nur sein Bestes wollte, ergießt sich ein Donnerwetter.

Doch wie er sich später an das klägliche Gesicht erinnert, das Vatel beim Abschied schnitt, und an die Güte, die ihm dieser Unternehmer stets entgegenbrachte, besinnt er sich um. Er will sich nochmals an den Schreibtisch wagen, aber zu einem ehrbaren Zweck! Ein älteres Werk aus seiner Feder für das Publikum von heute aufzufrischen ist weder ein Zeichen für Unfruchtbarkeit noch eine Sünde wider den Geist, im Gegenteil, es wäre ein Beweis für schöpferische Leistungskraft! Aus dieser Erwägung bestellt er bei Vatel den *Ajo nell'Imbarazzo* und setzt sich hinter die Noten.[8]

Aber ausgerechnet diese vogelleichten, von Schulmeistersorgen und Schuljungenglück trällernden Melodien bedürfen keiner Veränderung, vor allem nicht durch ihn, den abgemergelten, verstörten, kranken alten Mann. Doch wie könnte er dem Unternehmer wieder ein Versagen eingestehen? Also bleibt er sitzen, grübelt und skizziert. Die Noten verschwimmen vor seinem Blick. Die Feder wirft ziellose Striche auf das Papier. Die vogelleichten Melodien schwirren wie brennende Pfeile durch sein Gehirn. Doch den Tisch verlassen will er nicht. Und seine Ärzte runzeln die Stirn.

Am 30. August verbieten sie ihm das Komponieren. In einer schriftlichen Diagnose begründen sie diesen Entscheid mit dem von ihnen festgestellten «krankhaften Zustand» des zentralen Nervensystems, den sie als Folge von «Arbeitsexzessen» deuten. Also: keine Arbeit mehr, sondern Beruhigungsmittel für Magen und Darm, Fußbäder und allerlei Arten des Blutentzugs. Zugunsten dieser dringenden Behandlung empfehlen die Ärzte eine Verschiebung der vorgeschlagenen Reise. Und die Pariser «Freunde» Donizettis können einen eminenten Fortschritt buchen. Das Schicksal des Kranken liegt in der Hand der Ärzte, die nun endlich auch dagegen opponieren, daß er Paris verläßt — und sein Vermögen liegt in den Schränken von Auguste de Coussys Bank. Der Komponist ist ihm und Zélie ausgeliefert, schlimmer, als Don Pasquale in der Oper seinen Verrätern ausgeliefert ist. Denn im Gegensatz zu diesem hat sein Schöpfer den Verstand verloren.

Das zeigt sich drastisch, wenn er berichtet, wie er kürzlich mitten in der Nacht aus seinem Bett gefallen und am nächsten Morgen auf dem Boden liegend vorgefunden worden sei. Der Gedanke, daß sich dieser Vorgang wiederholen könnte, erfüllt ihn mit kaltem Grauen — einem Grauen freilich auch, nach dem er süchtig wird. Unermüdlich malt ihm seine Phantasie die Szene vor, so poesievoll und dramatisch, grell und düster, als hätte er sie vertont oder als wollte er sie vertonen. Wie oft er wirklich aus dem Bett gefallen ist, schält sich aus seinen Schilderungen des immer gleichen Geschehens, die sich aber doch in Einzelheiten und im Klima voneinander unterscheiden, nicht heraus. Einmal stürzt er bewußtlos, einmal bewußt. Einmal schlägt er nach dem Fall verzweifelt auf den Boden ein, weil er sich nicht erheben kann, ein andermal bleibt er bewußtlos liegen, bis er seinen Herzschlag hört. Da öffnet er die Augen, sieht sich auf dem Boden liegen, bleibt jedoch ruhig, weil eine Lampe brennt, horcht in die Stille hinaus, die ihn umgibt, ist nicht gelähmt und kehrt getrost ins Bett zurück.[9]

Zwei dieser Varianten beschreibt er Persico, dem Freund im fernen Neapel. Hier gipfeln die Schilderungen der nächtlichen Schrecken in einem erschütternden Schrei nach Licht. Er will die Erlösung, nur die Erlösung, sei es im Tod, sei es im Weiterleben als befreiter Mensch. «Licht!» ruft er aus. «Licht Gottes oder Licht von Öl und Wachs!» Dieses Bekenntnis und das Gefasel, aus dem die Briefe Donizettis sonst bestehen, versetzen die Freunde im Süden in große Angst.[10]

Dennoch überschätzen sie die geistige Gesundheit und die Bewegungsfreiheit des Komponisten. Sie halten ihn wie seit Jahren für einen Mann, der seine Beine noch gebrauchen könnte, wenn er wollte, der aber lieber unter seinen falschen Freunden vor die Hunde geht. Deshalb schreiben sie ihm nach wie vor in jenem vorwurfsvollen und gebieterischen Ton, der ihn erschreckt und seinen letzten freien Willen lähmt, statt ihn zu aktivieren. Indessen wäre es — vorausgesetzt, sie könnten ihn ermuntern, sich für die Reise nach Neapel einzusetzen — dazu bereits zu spät, nachdem die Ärzte das Ruder ergriffen haben und im Sinne der de Coussys lenken. Donizettis wahre Freunde müßten schon selbst in Paris erscheinen und nach dem Rechten sehen. Doch den vollen Umfang der Gefahr ahnt weder Toto noch Ferretti noch Persico noch Benevento noch der Maler Ghezzi...[11]

Auch Donizettis impulsivste Freundin ahnt es nicht, die Gräfin Sophie von Löwenstein, die während der düsteren Tage seiner Arbeit am *Sebastiano* seine Geliebte war. Die etwas mehr als vierzig Jahre alte, steinreiche, hypernervöse Dame, die in Nizza wohnt, glaubt ebenso naiv wie seine Freunde in Italien, daß schriftliche Bitten genügen würden, ihn zur Erholung in ihr Heim zu locken. Kaum hat sie im September dieses Angebot in Form eines zärtlich-bestimmenden Briefes nach Paris geschickt, beginnt sie seine Einquartierung vorzubereiten. Träumend steht sie vor den Blumenvasen, Kästchen, Uhren und Nippes, mit denen sie ihn umgeben will, und rückt sie in harmonische Proportionen. Seine Wohnung soll ein Abbild der Musik in seinem Innern und der Musik ihrer Liebe sein. Das Ausbleiben einer Antwort Gaetanos erfüllt sie eher mit vagen Zweifeln an seinen Gefühlen, als daß es sie zu Skepsis an seinem Zustand und seinen Lebensumständen veranlassen würde. Ihr Glaube an seine baldige Ankunft bleibt jedenfalls unerschüttert. Täglich spaziert sie von ihrer Villa zur italienisch-französischen Grenze und redet sich ernstlich ein, irgendwo auf dieser Strecke seinem Wagen zu begegnen...[12]

Allmählich aber verdichtet sich weiter östlich, im mittleren Streifen des italienischen Stiefels, das beklemmende Gerücht, daß Donizetti irr geworden sei. Lorenzo Monterasi, ein Bergamaske und einstiger Schulfreund des Komponisten, bewertete es zunächst als Lügenwerk von Lästermäulern, reiste aber dennoch nach Paris, um einen Augenschein zu nehmen. Am 21. September besucht er den Meister an seiner Schicksalsstätte, im Hotel Manchester an der Rue Grammont. Und er erhält den Eindruck eines kreuznormalen, kerngesunden Menschen — kerngesund zumindest, was den Appetit betrifft. Kein Schatten auf

Donizettis Gesicht verrät dem Besucher die Bettsturz-Ideen, die ihn zurzeit verfolgen ... Seine Maske wirkt an jenem Tag intakt.[13]

Anders steht es vierzehn Tage später, als ein zweiter ehemaliger Gefährte aus dem Kreis der Mayr-Schüler, Giuglio Bordogni, in Paris erscheint, um Dolci zu informieren. Er gelangt zum gleichen Schluß wie Donizettis Freunde in Rom und Neapel aufgrund der Briefe, erklärt den Meister für ernstlich krank und findet, daß man ihn bewegen sollte, Paris zu verlassen. Auch hält er es für wünschenswert, daß Donizetti auf die Beziehung zu einer bestimmten Dame verzichte, die einen «wesentlichen Beitrag an seine Krankheit» geleistet habe.[14] Bei dieser Dame handelt es sich zweifellos um Donizettis treubemühte Krankenwärterin, die seine Ruhe schirmt und ihm die Welt vom Halse hält, nach der er sich sehnt: um Zélie de Coussy.

Dieser anderslautende Bericht ruft Ende Oktober wieder Monterasi auf den Plan. Jetzt will er sich vom willensstarken Patienten nicht mehr täuschen lassen, sondern sein Urteil auf weitere Stimmen stützen. Ohnehin wäre zum Plaudern mit Donizetti heute nicht der rechte Tag: der Meister ist gehässig, weil sein Diener — ein braver Bursche aus Wien — gerade verschwunden ist, so daß er seinen Gast persönlich empfangen muß. Nach wenigen unverbindlichen Worten überläßt ihn Monterasi seinem Groll und geht zum vorgesehenen Vertrauensmann, von dem er sich klaren Aufschluß erhofft: Micchele Accursi. In diesem Tempel der Wahrheit wird ihm wieder reichlich Trost zuteil. Der Kranke habe zwar wirklich eine Geliebte, doch niemand betreue ihn so besonnen und uneigennützig wie sie. Es sei ihr einziges Bestreben, ihm Hilfe in jeder erdenklichen Form zu bieten und ihn von seinem Elend abzulenken. Wer sich aber weigere, die Reise in den Süden anzutreten, sei niemand anderer als er selbst! Er habe sich nun nämlich in den Kopf gesetzt, die nächste Amtszeit beim Kaiser zu überstehen ...[15]

Diese Behauptung Accursis ist freilich wahr, höchstens bedarf sie einer etwas anderen Beleuchtung. Nachdem man Donizettis Abfahrt nach Italien so lange verzögert hatte, bis auch die Ärzte dagegen waren, will er jetzt nach Wien. Im letztlich anspruchslosen Dienst am Kaiser sieht er den einzigen Sinn seines Lebens, den er noch erfüllen kann — und seine einzige Möglichkeit, seiner Gefangenschaft zu entrinnen. Die Bedenken Monterasis, daß ihm dieses Unternehmen schaden könnte, teilt Accursi voll und ganz, doch kann er sie zerstreuen: Sie, die Pariser «Freunde» des Komponisten, würden alles tun, um seine Abfahrt zu verhindern. Und Monterasi scheidet in der Überzeugung, daß der Kranke in den besten Händen sei ...[16]

Die Gräfin Löwenstein bekommt es freilich mit der Angst zu tun, als sich die Briefe häufen, die sie Donizetti schickte, ohne daß er reagiert. Sie wendet sich an Accursi und bittet ihn dringend um eine Auskunft, aber auch Accursi schweigt. Doch glücklicherweise weilt gerade einer ihrer Freunde in Paris, der als Baron nicht der geringste Botenknecht unter der Sonne, ihr selbst hingegen sehr ergeben ist. Ihn betraut sie mit der Mission, ins Hotel Manchester einzudringen und eine Decke, die sie für den Patienten strickte, so nah wie möglich an ihn heranzubringen.[17]

Tatsächlich, die Rechnung scheint aufzugehen. Zwar wird der Baron nicht mit dem Meister zusammengeführt, darf aber immerhin die Decke hinterlegen, und schon am nächsten Tag erhält er einen Zettel Donizettis mit der feurigen Versicherung, er wolle alles für ihn tun, was er von ihm verlange. Jetzt sieht sich der Baron auf seinen Scharfsinn angewiesen, muß er doch erraten, welches Liebeszeichen des umschwärmten Mannes die von ihm selbst umschwärmte Frau am meisten beglücken würde. Schließlich bestellt er für sie — nicht sonderlich originell — eine Romanze. Man höre und staune: Auch die trifft ein, freilich in fragmentarischer Form, weshalb er sie dem Komponisten postwendend zurückerstattet und ihn im Begleitbrief höflich bittet, sie zu vollenden. Dem sehr ergebenen Baron muß der Gedanke peinlich gewesen sein, seiner Gebieterin als einzige Trophäe eine unvollendete Romanze zu überreichen. Nun aber beginnen die Schwierigkeiten. Die Romanze ist und bleibt aus seiner Einflußsphäre spurlos verschwunden. Trotz wiederholten Besuchen in Donizettis Hotel, trotz dem Gewicht seines Namens, trotz seinem entschiedenen Willen, sich die Romanze, wenn auch unvollendet, zurückzuerobern, bekommt er weder sie noch ihren Schöpfer zu Gesicht. Regelmäßig prallt er an der unsichtbaren menschlichen Umgebung Donizettis ab. Und in Nizza greift sich seine Herrin beim Ermessen ihres Verlusts an den Kopf.[18]

Wie aber geht es Donizetti wirklich in dieser Zeit? Subjektiv fühlt er sich ungleich wohl, und je nach diesem Befinden zeigt er sich reger oder umnachteter, während sein Körper — und damit sein Geist — unter den objektiven Augen der Ärzte gleichmäßig und unaufhaltsam zerfällt. Am 1. Oktober ist sein Zustand so bedenklich, daß sie ihm fünfundzwanzig Egel hinter die Ohren setzen. Am folgenden Morgen werden ihm die Biester ausgerissen; zu diesem Zweck muß ihm der Kopf aufrecht gehalten werden, was ihn bei der Lähmung seines Nackens unerträglich schmerzt.[19] Und in der Folge bricht seine Gedankenwelt mit ihren rationalen Klammern wie ein Kartenhaus zusammen.

Vor allem quält ihn sein letzter Aufenthalt in Neapel, die Übernahme der Rolle Virginias durch die ihr ähnliche Tochter Sterlich, seine Heiratspläne, sein gedanklicher Verrat. Er spricht von einer «Schwierigkeit» und einer «Ähnlichkeit», davon, wie gut es sei, kein «Nichts oder Nein» hören zu müssen, sowie von einer «barbarischen Rückzahlung»; genauer sagen kann er es nicht. Das «Nichts oder Nein» könnte die Antwort sein, die er auf einen Heiratsantrag an die Marchesina zu bekommen fürchten muß, und mit der «barbarischen Rückzahlung» scheint er die Krankheit zu meinen, die er als Strafe für seinen Verrat empfindet. Gleichzeitig drückt er aber auch die Sehnsucht aus, Neapel trotz diesen Nöten wiederzusehen, indem er seinen Kummer, nicht mehr dort zu sein, mit seinem Schmerz an Hals und Nacken identifiziert. Solange er reden und schreiben kann, erklärt er unmißverständlich, wo er am liebsten wäre: in Neapel, nicht in Paris. Doch dafür haben seine «Pfleger» taube Ohren.[20]

Und die Reden Donizettis werden immer wirrer, immer unverbindlicher, immer bequemer für die De-Coussy-Bande. Sein Wille dringt immer schwächer daraus hervor. Das ist das meßbare Zeichen für die Überwindung Donizettis durch jenes innere Schweigen, mit dem er verzweifelt ringt und das er selbst als seinen schlimmsten Feind betrachtet. Er meint das Schweigen seiner Feder, seiner Zunge, seines Geistes. Aber dieses Schweigen ist ja nur die Folge jenes andern, das sich auf ihn niedersenkt. Es ist das Schweigen der Wahnsinnsnacht.

2. Neffe und Onkel
Oktober 1845 bis Februar 1846

Am 22. Oktober schreibt Toto Giuseppe nach Konstantinopel und fordert ihn auf, seinen Verwandtschaftsrechten persönlicher, wenn nicht sogar juristischer Art Nachachtung zu verschaffen und zu erzwingen, daß sein Bruder in den Süden reisen dürfe. Einmal aus der Umarmung seiner Pariser «Freunde» befreit, werde Gaetano wieder genesen, vorher sicher nicht. Er habe nämlich in Paris «gar keinen Freund», hingegen eine Geliebte, die es darauf abgesehen habe, ihn zu ruinieren. Er, Toto, sei leider beruflich verhindert, selbst nach Paris zu fahren, doch Giuseppe solle es um seines Bruders willen tun.[1]

Die Antwort an Vasselli, dessen Hilfeschrei Giuseppe wie durch ein Wunder nach vierzehn Tagen erreicht, setzt dessen Sohn Andrea auf.

Das Schreiben ist nichts Geringeres als die Erklärung, daß er, der Neffe Donizettis, die Erlöserrolle übernehmen werde. Giuseppe selber läßt sich entschuldigen. Das Wetter sei zu schlecht für eine so lange Reise eines Mannes in seinem Alter. Auch hätte er dem Sultan beizeiten ein Urlaubsgesuch einreichen müssen, um nun den Dienst in der erforderlichen Eile zu verlassen. Und schließlich habe die Gesundheit seiner Frau in letzter Zeit gelitten; jetzt gerade gehe es ihr besser, aber niemand könne wissen, ob es ihr nicht in ein paar Tagen wieder schlechter gehen werde.[2]

Doch was spricht dagegen, daß er Andrea schickt? Sein Anwaltszeugnis weist ihn über Scharfblick im Dickicht der Paragraphen aus, und die Verwandtschaft mit Donizetti läßt seine Beschlüsse verbindlich werden. Am 13. November verläßt er die Stadt an Bord eines Dampfers Richtung Italien. Jung ist er allerdings und hübsch dazu, ein Donizetti, wie er im Buche steht, mit buschigem Haar und stämmig-schlanker Nase und einem sinnlich-feinen Mund. Die Reise ist für ihn nicht nur in Anbetracht ihrer Bedeutung ein Abenteuer; es handelt sich um seinen ersten autonomen Streifzug durch die Welt.

Damit dürfte es zusammenhängen, daß er erst am 24. Dezember bei seinem Onkel eintrifft. Doch bis zu diesem Tag hat Donizetti, der in wachsender Erregung darauf drängt, nach Wien zu verreisen, längst erkannt, daß mit der Person des Neffen neue Gefahr für dieses Projekt im Anzug ist. Er kündigt bereits in Briefen seine Wegfahrt an, doch seine Wärter bleiben unerbittlich und halten ihn fest.

Sie wollen, daß er den Kaiser verrät! Sie zielen auf seine Ehre! Sie stehen Wache, Gewehr bei Fuß, rücken einander näher, verengen den Kreis! Ein weiterer Jäger namens Andrea pirscht sich heran und will die letzte Lücke schließen! Er hört ihn auf seiner Pirsch, der Wagen rollt von Poststation zu Poststation, die müden Pferde werden ausgespannt und frische eingewechselt. Morgen oder übermorgen wird die Kutsche über das Pariser Pflaster rollen, wird der Wagenschlag geöffnet werden, wird ein flotter junger Jägersmann unter der Tür erscheinen... — Nein! Lieber sofort den Tod![3]

Und dabei ist Andrea ein braver Junge! Im Grunde genommen hat er ihn gern! So schreibt er ihm ein Briefchen und drückt sein Bedauern aus, daß er, Andrea, extra seinetwegen nach Paris gekommen sei und er, sein Onkel, habe verreisen müssen. Doch er solle sich an Vatel wenden, das sei ein vorzüglicher Mann, der werde ihn vielleicht beschäftigen. Nun: schreiben, daß er fahren wolle, darf der Patient, sooft er will, doch fahren darf er nicht.

Das ist ein trauriger Weihnachtsabend, den Andrea 1845 mit seinem Onkel im Backsteinhotel verbringt. Ist das nun Paris, ist das nun der große Künstler, seines Vaters Bruder, sein eigener Blutsverwandter, der strenge Onkel Gaetano? Dieser in sich zerfallene, des Sprechens kaum mehr fähige, in einem Jahr um vier Jahrzehnte gealterte Mann mit zitternden Händen, einem grellen Fieberblick und aufgeplusterten Wangen? Was soll er Vasselli schreiben, was seinem Vater? Muß er sie so erschrecken, wie er selbst erschrocken ist? Werden sie ihm glauben, was er selbst bezweifelt, obwohl er es sieht? Wäre bloß sein Vater hier! Er kam im Glauben, einen störrischen Kranken zu einer heilsamen Reise bewegen und dabei den Händen von Geldparasiten entreißen zu müssen, nun sitzt er neben einem Wrack von einem Menschen, das seine Worte kaum versteht, geschweige denn ihre Bedeutung für seine Zukunft ermessen kann! Mit einer Puppe, nicht mit einem Menschen hat er es zu tun, und keiner seiner Auftraggeber weiß Bescheid![5]

Doch wie er zu Beginn des neuen Jahres 1846 merkt, hat er es mehr noch mit Puppenspielern zu tun, welche die Fäden, die er selbst ergreifen müßte, um ihre eigenen Finger gewickelt haben. Es fiel ihm leicht, den Onkel zu überreden, nach Italien zu fahren, weil dies schon immer seinem Wunsch entsprach! Er brauchte ihm nur zu sagen, der Kaiser grolle ihm nicht. Aber sein Leibarzt, Doktor Philippe Ricord, spricht sich entschieden dagegen aus. Die Jahreszeit sei ungeeignet für jeden Transport des Kranken, zumal sich sein Zustand in den vergangenen Wochen erheblich verschlechtert habe. Dennoch verspreche er sich von einer Überführung Donizettis in den Süden vorteilhafte Auswirkungen, aber einzig dann, wenn sie im Frühling vorgenommen werde. Andrea denkt weniger an den Onkel als an sich selbst, und statt dem Urteil Widerstand zu leisten, läßt er es sich schriftlich geben und zieht zwei weitere hochangesehene Spezialisten zur Erörterung der Frage bei. Ob er es war, der diese Ärzte bestimmte?[6]

Einer von ihnen, Doktor Jean Mitivié, ist der Besitzer eines Irrenhauses im nahe gelegenen Flecken Ivry. Doch das fällt erst ins Gewicht, als sich die Herren nach der Untersuchung Donizettis an den Schreibtisch setzen, um die Diagnose zu erstellen. Diese erweist sich als leserwirksame Mischung von Anekdoten, die vermutlich aus der Quelle seiner «Pfleger» stammen und die Verblödung Donizettis illustrieren, sowie den ärztlichen Befunden: Eine chronische Infektion des Nervensystems habe bereits das Hirn des Kranken erreicht, so daß sich seine Geistesgaben ständig verringern würden, während sein Körper einer sukzessiven Lähmung unterworfen sei. An eine Rückkehr nach Italien sei gegenwärtig nicht zu denken, vielmehr empfehle sich die Einlieferung des Meisters in eine Klinik...[7]

Die Dokumentensammlung Andreas, die dieser desto fleißiger betreut, je mehr sich die Realität von seinem Auftrag unterscheidet (was er den Freunden und Verwandten seines Onkels irgendwann erklären muß), erfährt drei Tage später eine weitere die Realität beschönigende Ergänzung. Zwei der gleichen Mediziner unterzeichnen eine neue Fassung des bereits Fixierten — der Inhaber einer geeigneten Klinik aber, Doktor Mitivié, wird diesmal nicht erwähnt.[8]

Und die Ärzte zeigen für Andreas peinliche Lage volles Verständnis. Da wird man sich also fragen, ob Andrea nach Paris gekommen sei, um seinen Onkel zu befreien, oder deshalb, weil er ihn vollends... gewissermaßen... hinter Schloß und Riegel setzen wollte! Aber gewiß doch, das Volk ist blöd, so wird es reden. Am besten, wir einigen uns auf einen kleinen Schwindel. Wir erklären Donizetti, daß wir mit ihm nach Wien zum Kaiser fahren; so wird es uns keine Mühe kosten, ihm, sagen wir, beim Einsteigen in den Wagen behilflich zu sein. Der Presse und dem Diener machen wir hingegen weis, die Reise führe an die Riviera, wo sich der Meister erholen wolle. Den Diener wird Herr Andrea am besten sofort entlassen, er würde uns nur behindern. Aber nein, er könnte uns gerade dann gefährlich werden. Denn angenommen, der Kranke würde entdecken, daß ihn sein Diener nicht nach Wien begleitet, könnte er den Kopf verlieren und unseren Plan durchkreuzen.

Nehmen wir deshalb den braven Kerl für eine erste, kurze Strecke mit. Donizetti wird ihn vor der Abfahrt hinten auf dem Wagen sehen und beruhigt sein. Während der Reise aber wird er der Versuchung, den Kopf nach hinten zu drehen, wohl oder übel widerstehen müssen, denn sein Nacken ist gelähmt. Und irgendwo unterwegs, bei einem unauffälligen Halt, trennen wir uns von seinem Diener. Das kann uns übrigens neben dem Vorteil seiner Entfernung auch anderen Nutzen bringen...

3. Hinter der Mauer aus Stein
Februar 1846

Die Zeitungsberichte über die Abfahrt des Komponisten an die Riviera eilen ihm dorthin voraus. Die Gräfin Löwenstein trifft ihre letzten Vorbereitungen für den Empfang, obwohl sie dazu von keiner Seite ermuntert wurde. Wenn aber Donizetti — ist ihr Gedanke — an die Riviera fährt, fährt er doch sicher nicht nach Antibes oder Cannes, sondern an jenen Ort, wo er seit langem erwartet wird! Auch beteuerte Andrea Donizetti ihrem Helfer in Paris, dem sehr ergebenen Baron, sein Onkel werde nicht, wie einzelne Blätter meldeten, nach Marseille oder Genua reisen (ach, diese Journalisten!), sondern just nach Nizza.[1]

Doch abermals verstreichen Tage und Wochen, abermals bleibt Donizetti unsichtbar. Jetzt steigt der Gräfin die Angst in die Kehle; wie eine Irre eilt sie durch die Gegend. Sogar der Polizeipräfekt von Nizza erbarmt sich ihrer und läßt die Umgebung der Stadt nach Spuren des Verschollenen durchkämmen...[2]

Fündig aber werden seine Leute nicht, und nur gewisse Bilder eines vergangenen trüben Pariser Februarmorgens, des ersten des Monats, könnten das Rätsel lösen. Diese Bilder zeigen zwei Gestalten, die, verschleiert von den Regengüssen jenes Tages, einen schweren, vornübergebeugten Mann vom Eingang eines stattlichen Backsteinhotels zu einem Wagen führen, der auf die Gruppe wartet. Sie helfen ihm behutsam und geschickt ins Kutscheninnere; der Kranke wird offenbar gut betreut. Und vornehm muß die Gesellschaft sein! Hinten am Wagen ragt ein Lakai wie eine Kerze in die Höhe, und die drei Herren im Gehäuse erwecken den Eindruck, als wären sie soeben aus der Opéra gekommen und hätten sich ein Werk von Donizetti angehört. Das Gesicht des Kranken ist dem Kutscher zugewandt; mindestens einer seiner Begleiter — man sieht es im Regen nicht so genau — hat ihm gegenüber Platz genommen, und seine Nasenspitze ist deshalb auf den Lakai gerichtet.[3]

Dann setzt sich die Karosse in Bewegung und durchquert Paris. Wenn ein Zwischenhalt erfolgt, scheint sich ein reguläres Hindernis gezeigt zu haben — doch an der Grenze ist der Außenplatz des Dieners hinter dem Rücken des Kranken leer... Nach einer Stunde oder etwas mehr kommt es zu einem neuen Bremsmanöver von spürbar unheilvollerer Natur. Der Kutscher schwingt sich vom Bock herab und gestikuliert. Einer der vornehmen Herren öffnet die Kutschentür (fehlt doch der Diener, der das besorgen müßte) und fragt nach Grund und

Ausmaß der Katastrophe. Was soll sich der einfache Mann lange erklären — der Wagen ist hin, die Reise ist aus, das ist das ganze Geheimnis.

Wo sind wir denn überhaupt? Was machen wir auf der Straße, im triefenden Regen, in Gottes freier Natur? Na, noch einmal Glück gehabt. Ganz in der Nähe, nur ein paar Schritte vom Ort der Panne entfernt, steht ein Hotel. Nur keine Aufregung, verehrter Maestro! Hier, unsere Arme, kommen Sie! Ruhig, nur immer ruhig, Schritt für Schritt, so ist es recht. Sie werden nun gleich am Trockenen sitzen, vor einem warmen Feuer, und etwas Warmes trinken. Unterdessen wird der Wagen repariert. Und wenn wir auch gezwungen wären, hier zu übernachten: die Reise würde nur unbedeutend verlängert. Wir haben solche Zwischenfälle einberechnet. Am 12. Februar sind Sie bestimmt in Wien. — Mit solchen Worten trösten ihn seine Begleiter: sein Hausarzt, Doktor Ricord, sowie sein Neffe Andrea.[4]

Und welch ein Zufall! Im gemütlichen, gepflegten, durchaus gehobenen Landhotel, dem er entgegenhumpelt, weilt auch ein anderer Mediziner: der gütig-besorgte Doktor Moreau. Hat wohl auch ihn ein Wagendefekt hierhin verschlagen, ist er vielleicht ein Dauergast des Hauses oder sogar sein Wirt? Alles, was jetzt geschieht, ist angetan, die dritte, kühnste These zu erhärten: Doktor Moreau ist offenbar der Wirt. Dank seinen Anweisungen und seinem Geschick ist für den unverhofft hereingeplatzten Meister augenblicklich eine Wohnung frei. Die drei geräumigen, sauberen Zimmer haben geschmackvoll vergitterte Fenster, welche, soweit es die Stäbe erlauben, Aussicht auf einen schattig-grünen Innenhof gewähren. Wie leise, melancholisch, aber auch erfrischend klatscht der Regen auf die Fliesen! Vergnügliche Stunden verheißt dem Gast — von dem der Wirt bereits zu wissen scheint, wie gern er spielt — ein Billardtisch. Sofern er den Verlust des Dieners noch nicht bemerkte, wird es ihm leichtgemacht, ihn gar nie zu bemerken, da ihm der Hausherr generös zwei seiner eigenen Kräfte zur Verfügung stellt. Zwar sind es keine Kerzen von geschniegelten Lakaien, doch sie beweisen andere Qualitäten: Mit wenigen sicheren Griffen kleiden sie ihn aus und an, besorgen ihm die Toilette und reichen ihm unaufgefordert im richtigen Augenblick die richtigen Medikamente. Persönliche Wertgegenstände (Schmucksachen, Uhren, Geld, aber auch Briefe) pflegt man in diesem Hotel gleich nach der Ankunft dem Direktor abzugeben. Nicht daß hier mit Dieben zu rechnen wäre, doch sicher ist sicher, und was man zum Leben braucht, vermitteln die Hausangestellten.[5]

Aber alle diese Dienstleistungen können Donizetti nicht vergessen machen, daß er Wien erreichen wollte, nicht einen Gasthof am Rande der Straße nach Wien. Die größte Menge Tee kann seine Frage nicht herunterspülen, wann mit dem Abschluß der Reparatur des Wagens und mit der Wiederaufnahme der Reise zu rechnen sei. Und da ihm die Ärzte nicht leicht sagen können, daß sein Gefährt bis an sein Lebensende in der Werkstatt bleibe, holen sie endlich zu einer umfassenden Analyse des Vorgefallenen aus.

Er wurde unterwegs bestohlen, nämlich von seinem Diener, darum ist dieser nicht mehr da. Er, Donizetti, sah natürlich selber nicht, wie sich der freche Kerl an seinem Gepäck vergriff, er wandte ihm ja den Rücken zu. Aber seine Freunde, seine Begleiter sahen für ihn, verteidigten seinen Besitz und riefen die Polizei. Jetzt ist der Übeltäter in Gewahrsam und wird verhört. Und bis das Verbrechen abgeklärt, die Strafe ausgesprochen ist — nun ja, solange müssen wir uns gedulden. Doch machen wir aus der Not eine Tugend, schöpfen wir Landluft, erholen wir uns! Könnte es uns besser gehen als in Ivry, wo wir sind?[6]

Ihm, ja, ihm könnte es besser gehen, nämlich in Wien, beim Kaiser. Er flieht in seine Gemächer. Feder, Tinte und Papier haben sie ihm gelassen. Diese Instrumente müssen ihm nun genügen, die Gitterstäbe entzweizusägen. Der Diener soll ihn bestohlen haben? Soll er das glauben? Aber wer ist denn eingesperrt, sein Diener oder er selbst? Sein Diener, vielleicht, er weiß es nicht, er selber aber ist es zweifellos. Er wird hier festgehalten, er wird verhindert, nach Wien zu fahren. Am 12. Februar sollte er vor dem Kaiser den Jahresbericht verlesen, und er wird nicht zum Rapport erscheinen! Wie muß er sich schämen! Die Passanten werden es auf einem Anschlag an der neuen Wiener Börse lesen! Doch warum erscheint er nicht? Nicht, weil er nicht kommen wollte! Weil er verhaftet wurde wie ein Verbrecher! Weil er selbst verdächtigt wird, gestohlen zu haben! Und wessen Dinge soll er denn gestohlen haben? Ist es die Möglichkeit! Sein eigenes Gepäck! Man klagt ihn an, sich selbst bestohlen zu haben, und sperrt ihn in Ivry ein![7]

Aber — das ist doch völlig absurd? Das hat es doch seit Menschengedenken noch nie gegeben! Man müßte ja zum Tier verkommen sein, wenn man sich selbst bestehlen wollte! Und auch sein Neffe wurde verhaftet, dabei stahl sein Diener! Sein Neffe wurde ja mit ihm zusammen hierhin gebracht und eingesperrt! Er hat ihn zwar seit Tagen nicht mehr gesehen, aber auch den Diener nicht, und dieser ist bekanntlich eingesperrt! So wird es auch sein Neffe sein! Sein armer, unschuldiger Neffe! Doch das Schreibzeug hat er noch. Nun muß er mit dieser

Waffe nicht nur sich selbst befreien, sondern auch den Neffen. Der Kummer Andreas verleiht ihm Mut.[8]

So schreibt er verzweifelt Brief über Brief. Ein Hauptadressat ist Graf Appony, der österreichische Botschafter in Paris, beziehungsweise seine Frau, die ihren Mann «erweichen» soll. Und Zélie de Coussy, sie vor allem. Sie sollte ihrerseits die Gräfin Appony erweichen, sollte ihr nämlich sein Unglück schildern und den grauenvollen Irrtum offenbaren, dem jene erlegen sind, die ihn gefangenhalten! Zélie und die Apponys können ihn doch nicht sitzenlassen! Sie müssen doch nach Ivry kommen, in einer Stunde, um den Fehler aufzudecken, um ihn, Gaetano, zu befreien! Er ist ja so schwach, er kann sich doch nicht selbst befreien! Er sitzt nur da und schreibt und weint![9]

Den Diener sollen sie fesseln, das ist recht, er hat es verdient! 8 Francs und 75 Centimes gab er ihm jeden Monat, dazu Kost und Logis! Er kleidete ihn sogar — und wurde von ihm bestohlen! Das ist zu stark! Aber warum den Herrn dieses treulosen Dieners gleichfalls in Ketten legen? Vier Ehrenorden trennen ihn von den übrigen Menschen! Als Maestro di Camera gab er dem König und Kaiser von Österreich Konzerte in seinem eigenen Zimmer! O ja, auch Ferdinand will er schreiben, sowohl dem König als auch dem Kaiser, Ferdinand und Ferdinand! Der König und der Kaiser werden sich für ihn wehren! Verhaftet man ungestraft redliche Bürger auf freiem französischem Boden? Die Polizei kam reichlich spät, nun wurde auch er verhaftet. Seine eigenen Effekten soll er gestohlen haben? Ivry heißt der Ort, sie müssen sich den Namen merken, damit sie ihn finden. Aber sie kommen nicht! Wird Auguste de Coussy kommen? Morgen vielleicht? Das Blut des Herrgotts soll über sie kommen! Und nicht einmal Briefe schreiben sie ihm? Gut! Sehr gut. Gott ist ein sehr guter Gott. Aber sie haben immer noch Zeit, sie können immer noch kommen. Er würde ihnen noch verzeihen. Später wäre es zu spät.[10]

Und wenn er auch gestohlen hätte; gab er nicht alles zurück? Ist das Verbrechen damit nicht gesühnt? Gibt es etwas, das er noch hat? Seine Effekten sind nicht mehr da! Er selber hat sie abgegeben! Er hat sie sich vielleicht gestohlen, aber zurückgegeben! Er ist vielleicht ein Dieb, aber er hat den Fehler wiedergutgemacht! Besser als mit diesem Argument kann er sich nicht verteidigen. Doch wenn es seinen Richtern nicht genügt? Der Kaiser sollte sein Richter sein! Was würde er dem Kaiser sagen müssen, um sich zu rechtfertigen? Nur etwas Geringes: «Majestät.» Nur dieses eine Wort! Der Kaiser würde ihn verstehen und ihn begnadigen.[11]

Donizetti ist zerbrochen, der Wahnsinn, den er in seinen Opern so oft und echt darstellte, hat von ihm Besitz ergriffen. Sein Neffe Andrea, ein junger Advokat, ist von Konstantinopel nach Paris gereist, um den Kranken vor dem Zugriff falscher Freunde zu bewahren. Wie tief bei aller romantischen Freidenkerei der Katholizismus in Donizetti verankert war, zeigt dieser am Schreibtisch des Irrenhauses verfaßte Hilfeschrei an die Jungfrau Maria, von der er sich Befreiung aus der Wahnsinnsnacht erhofft. Sich selber fordert er heroisch auf, mutig zu sein («cuore!»).

Er ist in Ivry — aber bitte sehr! Krank ist er, das ist klar, das will er nicht bestreiten. Aber er ist doch nicht verblödet? Er ist doch nicht geisteskrank?[12]

Nein, man hat ihn verhaftet. Er verliert die Ehre und seinen Wagen. Jesus und Maria müssen ihn retten! Zélie muß die richtigen Gedanken finden für die Gräfin Appony! Diese ist Italienerin und eine Schülerin Mayrs; so schwierig kann es deshalb gar nicht sein, sie zu erweichen! Und auch die Heilige Jungfrau wird sie erweichen![13]

«Zélie», schreibt die Feder Donizettis, «komm! Engel des Himmels, komm! Vor Gott und dir werde ich schwören, daß ich unschuldig bin!» — Und er umarmt sie, hinter Schloß und Riegel, wo er sitzt, umarmt sie wenigstens auf dem Papier. Umarmt sie immer noch.[14]

Daß er zwar gefangen ist, doch eher wie ein Fürst als wie ein Verbrecher behandelt wird, entgeht ihm bei aller Empörung nicht. Doch dieses Verdienst schreibt er durchaus nicht seinen rücksichtsvollen Kerkermeistern, sondern dem Kaiser zu. Wie könnte er sich daran gewöhnen, hier zu leben und den Dienst am Hofe zu versäumen, ohne überzeugt zu sein, daß diese Lösung dem Wunsch des Kaisers entspreche? Und daß er sich daran gewöhnen muß, erkennt er schließlich in aller Klarheit. So redet er sich ein, der Kaiser habe seine Übersiedlung in die Anstalt angeordnet, und dabei handle es sich eben nicht um eine Anstalt, sondern um ein Hotel. Es ist sein letzter Selbstbetrug. Mit dieser Krücke schleppt er sich zum Lehnstuhl vor dem Ofen, um in Frieden zu verdämmern.

Vorher schreibt er einen Brief an Dolci, der sich wie ein Monolog des Kaisers liest. Dieser hat nämlich — laut Donizetti — kürzlich das Ivry-Hotel besucht. Nun gratuliert er ihm zu seiner Wahl (denn wohlgemerkt, er selbst, nicht irgendein Vormund entschied sich für dieses Haus!) und fordert ihn auf, herzhaft zu profitieren. «Iß, trink und gönn dir gelegentlich ein Vergnügen, das ich bezahle. Gönn dir die schönsten Dinge, ich bezahl' sie dir!» — «Bravo!» ruft er weiter (oder hat Donizetti das Wort ergriffen und unterstreicht den günstigen Eindruck seines Beschützers?), «also wirklich: bravo! Die Weine, ah, die besten! Die Pension! Die Pension!» Sodann erklärt sich der Kaiser bereit, die Kosten all dieser Herrlichkeiten für immer zu übernehmen. Freilich würde es ihn freuen, hin und wieder eine Messe für die Hofkapelle zu erhalten. Doch die Formulierung dieser Bitte wirkt angenehm unverbindlich, und der sogar von diesem Arbeitszwang befreite Komponist kann es sich nicht verkneifen, anzumerken, daß das Angebot des Kaisers «pfundig» sei. Damit gratuliert er sich eindeutig selbst zu seiner

Raffinesse, mit der er sich eine Eintrittskarte ins Schlaraffenland erschlichen hat. Und in der Tat, dort ist er nun. Er unterschreibt als «dankbarer, untertäniger Diener». Der Kaiser hat ihn gerettet. Nun geht es ihm gut. Nun kann er sanft entschlafen.[15]

Die Tragödie seines Lebens ist nicht mehr die seine. Doch seine Zeitgenossen, die Betrachter dieses ausgehöhlten Namensbaumes, können ihr nicht entrinnen. Nur einer wurde zusammen mit ihm durch Schicksalsgnade daraus entfernt: Giovanni Simone Mayr. Vor der Internierung seines Schülers, ohne zu wissen, wie es um ihn stand, starb er am 12. Dezember in Bergamo. Umgekehrt mußte sein Schüler nicht mehr erfahren, daß er gestorben war.

4. Der Neffe allein
März bis Oktober 1846

Endlich ist die Gräfin Löwenstein in Nizza auf dem laufenden. Durch einen beträchtlichen Aufwand an Geld und Bitten glückte es dem Baron, die seltsamen Pfade jener Riviera-Reise bis zum früh erreichten Ort der «Panne» auszuleuchten, und er schickte seiner Herrin einen Sachbericht, auf den er stolz sein konnte. Ihre Antwort freut ihn weniger: Sie sei entschlossen, selbst nach Paris zu fahren, um den Komponisten zu befreien. Der ihr sehr ergebene Baron empfiehlt ihr wärmstens, einmal an sich zu denken und ihre eigene schwache Gesundheit nicht länger zu überfordern. Auch sei es gar nicht möglich, in die Anstalt einzudringen; der Meister werde durch die Ärzteschaft hermetisch von der Umwelt isoliert.

Wenn jemand eifersüchtig über seine Freiheit wachte, dann Gaetano! Es war ihm eine eigentliche Ehrensache, aufzutauchen und zu verschwinden, wann es ihm paßte — und ja, manchmal mit einem Blindekuh zu spielen. Und ausgerechnet diesem Mann stellten sie eine Falle und sperrten ihn ein! Was muß er gelitten haben! Wie erniedrigt muß er sich zu dieser Zeit in seinem Gefängnis fühlen! Und noch dazu in einem Irrenhaus, gebrandmarkt als Idiot![1] Hat er denn keine Freunde in Paris und keine in Italien? Ist sie die einzige, die ihn liebt? Wohlan, so nimmt sie es eben als einzige auf sich, ihn zu befreien. Sie fährt nach Paris!

Schweigend durchschreitet sie den Innenhof der Nervenklinik von Ivry, während an ihrer Seite der Chefarzt, Doktor Moreau, pausenlos schwatzt. Natürlich sei sie nun enttäuscht, indessen, es sei unmöglich. Sie stelle sich gar nicht vor, wie sich der Kranke verändert habe! Sie würde nicht den wohlbekannten Maestro sehen, sondern einen lahmen, stummen, irren Mann, der nicht einmal seinen Namen kenne. Ob sie sich diese Enttäuschung zumuten wolle? Eben, es sei unmöglich. Doch wenn sie auf ihrer Absicht bestände, würde es doch unmöglich sein. Er selber habe strikte Anweisungen zu befolgen und müßte den Neffen des Patienten, Herrn Andrea Donizetti, derzeit immer noch in Paris, um eine Sondererlaubnis bitten.

Und der Doktor führt die Gräfin vor ein Fenster. Durch den Gitterrost erkennt sie einen Mann, gestützt von einem Pfleger — er ist es, Gaetano! Was will sie noch für Beweise, sie hat ihn erkannt, er ist es, der Alte, der immer gleiche, weder ein Krüppel noch ein Irrer, nur eben, wie sie es sich dachte, ein verbrauchter, vor der Zeit gealterter, wehrloser, kranker Mann. Das Gesicht, die Hände: alles unverwechselbar zu ihm gehörig! Und er spürt ihre Nähe! Hellhörig, aufgeweckt, interessiert blickt er zum Fenster, vor dem sie steht! Doch der Pfleger reicht ihm den Arm und zieht ihn in eine andere Richtung.

Der Doktor stimmt die gleiche Litanei wie vorher an und bleibt bei seiner Weigerung, die Gräfin einzulassen. Diese jedoch beschließt, die Bastion Andrea zu stürmen, koste es, was es wolle. Berauscht von ihrem Erlebnis im Ivry-Hof und ihrer kriegerischen Gesinnung, fährt sie nach Paris zurück.

Doch der hübsche junge Herr in seiner melancholischen Verträumtheit, von der die einen mehr, die andern — darunter sein Onkel — weniger profitieren, hat mit den Belagerern Donizettis ein leichteres Spiel als die Besatzung des Irrenhauses. Vor allem kann er unerwünschte Gäste glauben machen, daß er ausgegangen sei, auch wenn er in der Wohnung sitzt. Doch eines Tages kommt Sophia früh genug und regt sich lang und laut genug vor seiner Höhle, um ihm zu verdeutlichen, daß er gefangen ist.

Frisch aus dem Bett gestiegen, präsentiert sich ihr Andrea schlafumspukt, zerzaust, ein großes Kind. Als Angeklagter steht er vor der Freundin dessen, dem er gleicht, ohne sich durch irgendeinen Vorzug des geliebten Doppelgängers auszuzeichnen. Er hat Gaetano verfolgt und von ihr getrennt! Hat er aus Eifersucht und Neid gehandelt? Aus dem trivialen Haß des Untalentierten auf das Genie?[3]

Doch die Gräfin Löwenstein stürzt sich vor seine Füße. Statt ihm die Liste seiner Sünden vorzuhalten, fleht sie ihn an, die eine Sünde wiedergutzumachen, die er durch seine Anweisung beging, sie nicht zu ihrem Freund zu lassen. Da fühlt sich Andrea wieder als ganzer Mann, blickt auf die Frau herunter, runzelt die Stirn, stößt einen Seufzer aus, als müßte er mutterseelenallein über Leben und Tod entscheiden, und gibt mit vielen Wenn und Aber nach.[4]

Sie darf ihn besuchen, allerdings nur ein einziges Mal und nur wenn sie sich zuvor mit dieser Beschränkung einverstanden erklärt. Ein Rendezvous unter vier Augen kommt nicht in Frage (da man befürchtet, daß der Kranke ungeachtet seiner körperlichen Schwäche gewisse günstige Gelegenheiten immer noch ergreifen würde). Vielmehr soll die Gräfin von Andrea, Doktor Moreau sowie dem Maler Teodoro Ghezzi, der sich stellvertretend für den aufgebrachten Freundeskreis des Südens nach Paris begeben hat, zum Kranken begleitet werden.[5]

Unter dem Eindruck dieses Besuchs schickt Ghezzi Toto einen rabenschwarzen medizinischen Bericht von Ärzten, die — allesamt Leiter von Irrenhäusern — am 7. April nach Ivry kamen, um Donizetti zu untersuchen. Unverkennbar als kleine Aufmerksamkeit an die Adresse ihrer Kollegen sowie Andreas, die gegen den Ansturm der italienischen Feinde dringend Unterstützung brauchen, merkten sie an, wie wichtig es sei, daß Donizetti auch in Zukunft «durch geübte Leute aufopfernd behandelt» werde. Und Ghezzi schickt Toto diesen Befund keineswegs deshalb, um ihn zu widerlegen, sondern um damit seine eigenen Beobachtungen zu untermauern. Donizetti habe wirklich den Verstand verloren. Das Wiedersehen mit ihm sowie die Nennung des Namens Virginia hätten ihn nicht gerührt, sondern auf unheilvolle Art erschüttert und eine häßliche Nervenkrise bewirkt.[6]

Hierauf, am 20. April, wendet sich Toto brieflich an Andrea: Er hätte das alles nie für möglich gehalten. Aber das Zeugnis der Irrenhausärzte und die Erzählung Ghezzis redeten eine deutliche Sprache. Unter diesem Eindruck gebe er die Hoffnung auf eine Rettung Gaetanos auf. Es gelte nun, sein Schicksal zu akzeptieren.

Aber die Pariser Geier müssen trotzdem Federn lassen. Ghezzi ist nämlich nicht entgangen, wie schwer sich die Ärzte tun, wenn eine Frau in Ivry Einlaß begehrt, und daß ihre höflich kaschierte Bemühung, Sexualkontakte zwischen ihm und seinen früheren Mätressen zu vermeiden, letztlich ihr Hauptargument für seine Internierung ist. Am 8. Mai macht Toto in einem weiteren Brief an Andrea mit dieser «Besorgnis» kurzen Prozeß und entlarvt ihren Zweck. Von einer Erregbarkeit Donizettis für Frauen könne beim erreichten Zustand seiner Nerven kaum noch die Rede sein, und deshalb sei die Stunde wohl gekommen, ihn aus Ivry wegzubringen. Er, Andrea, solle das Nötige unternehmen.[7]

Nach einigem Grübeln kommt dieser zum Schluß, daß es am besten wäre, seinen Onkel wenn schon, dann gleich ganz in Sicherheit zu bringen, wenn schon aus Ivry zu entfernen, dann gleich aus Frankreich überhaupt, nämlich nach Bergamo. Um seinen Willen durchzusetzen, bietet er Ärzte nach Ivry auf, die ausnahmsweise weder Irrenhäuser leiten noch den bisher beteiligten Experten durch andere zarte Gefühle verbunden sind. Im Gegensatz zu diesen fachlich progressiven, ernst bemühten, aber offenbar von Unbekannt bestochenen Gelehrten sind die neuen Ärzte eher Stubenwissenschaftler, an denen vor allem die Orden funkeln, die sich indessen für Andreas Zwecke wirklich bestens eignen.

Natürlich erweisen auch sie — ein Ehrenlegionär, ein anderer Ehrenlegionär und Leibarzt des Königs sowie der Präsident der Medizinischen Akademie des Königs in Paris — ihren Kollegen die Reverenz, ja sie berufen sich, soweit ihr Bericht im Fachlichen fußt, vor allem auf Unterlagen, die jene gesammelt haben. Doch es geht ja diesmal nicht um Art und Schweregrad der Krankheit Donizettis, sondern einzig um die Frage, ob er reisefähig sei. Und diese Frage sehen die beigezogenen Koryphäen erwartungsgemäß eher in seelenkundlichem als in naturwissenschaftlichem Licht — um sie entschieden zu bejahen.

Wie sie von den behandelnden Ärzten erfahren hätte, habe sich das Leiden Donizettis bis zu einem Grad verschlimmert, der eine Rettung unmöglich erscheinen lasse. Doch sie seien überzeugt, daß die Natur gelegentlich mit Mitteln heile, die dem Arzt verschlossen seien. Die Luft der Heimat, das «Erscheinungsbild» der Städte, die den jungen Erdenbürger einst empfingen, das Wiedersehen mit den Freunden seiner Kindheit und die Rückkehr an den «Busen der Familie» könnten im Falle des berühmten Komponisten solche Mittel sein. Deshalb sei die Reise — falls der Patient von einem Arzt begleitet werde, der jeden Tag die zumutbare Strecke und eine angemessene Diät bestimme — nicht nur unriskant für Donizetti, sondern sogar empfehlenswert. Und deshalb verfügten sie, die unterzeichnenden Ärzte, einstimmig den sofortigen Transport des Kranken nach Bergamo.[8]

Mit innerlichem Jauchzen nimmt Andrea das kostbare Blatt entgegen. Hat er es also doch geschafft! Die werden Augen machen zu Hause! Endlich, nach einem halben Jahr der Kompromisse, die immer das bestärkten, was er nach dem Willen seiner Auftraggeber hätte ändern sollen, sitzt er am längeren Hebel und kann nun den Onkel —

hurra! — über den Gotthard schaffen. Auch seine Erkundigungen nach einem konkreten Aufenthaltsort Gaetanos führen sofort zu einem Ergebnis. Prima, sein Onkel ist ja ein wahrer Krösus, er könnte ja noch wählen zwischen Stadt- und Landsitz der Frau Basoni (wenn er noch wählen könnte, der arme Teufel!). Er aber hat das leidige Geschäft vom Halse!

Doch am 3. Juni 1846, wie alles für die Reise vorbereitet ist, tritt eine weitere Person mit einer Sicherheit und einer Kenntnis ihrer Rolle auf die Bühne, als hätte man sie seit einem halben Jahr für diese Nummer der Revue dressiert. Gabriel Delessert heißt der Mime; sein bürgerlicher Beruf ist der des Polizeipräfekten von Paris, und seine Regisseure sind vielleicht gewissen behandelnden Ärzten des Komponisten, sonst aber nur ihm selbst bekannt. Mit seiner ganzen ihm von Staates wegen zugestandenen Befehlsgewalt verbietet er den Ivry-Ärzten die Entlassung ihres Patienten vor einer neuerlichen Prüfung seiner Reisefähigkeit. Die Wahl des dazu geeigneten Examinators wurde bereits getroffen: Es handelt sich um einen zweiten Mimen namens Doktor Louis-Jules Béhier, und dieser ist von Hauptberuf Vertrauensarzt der Präfektur. Andrea aber fordert nach dem alten Muster, daß zwei weitere, von ihm bestimmte Ärzte beigezogen würden, und wie gewöhnlich wird ihm dieser Wunsch erfüllt — vorausgesetzt er halte sich selber an die Theaterregeln.

Am 9. Juli trifft die ernannte Exekutive, bestehend aus einem Präsidenten und zwei Ministern, in Ivry ein. Sie finden den Kranken lustwandelnd im Garten und merken sofort betroffen, daß diese Zerstreuung eher einer Prozedur als einem Vergnügen gleicht. Der Präsident, Vertrauensarzt der Präfektur, verfertigt im Geist die ersten Notizen, um sie hernach empfindsam zu protokollieren: «Die Beine, halb gebeugt unter der Körperlast, erlauben nur sehr kurze Schritte mit schleppenden Füßen» — und dergleichen mehr. Sehr menschliches Engagement schreckt aber auch vor jenen Gründen nicht zurück, die andere Zwecke erfüllen könnten: Daß für Donizetti von der Luft des Vaterlandes, vom «Erscheinungsbild» vertrauter Städte und vom Wiedersehen mit den Freunden seiner Kindheit keine Heilung zu erhoffen sei und daß die Reise für den Kranken nicht nur wirkungslos, sondern auch sehr gefährlich wäre. Die Gefahr sei auf die Blutstauungen im Hirn des Meisters zurückzuführen, die bei Erschütterungen tödlich wirken könnten. Wenn Donizetti überhaupt die Vaterstadt lebendig erreichen würde — was immerhin möglich wäre, räumt der Vertrauensarzt als objektiver Wissenschafter ein —, würde sein Ende dadurch beschleunigt werden. Die «edlen Gefühle des Neffen» seien zu respektieren, erklärt er sodann erneut als Dichter und Mensch. Dennoch müsse man die Reise in Anbetracht ihrer «reellen Gefahren» verbieten, und zwar — beendet er sein Schreiben plötzlich als Vertrauensarzt der Präfektur — formell.[9]

Bald nach dieser schlimmen Niederlage Andreas wird seine Mutter in Konstantinopel wieder einmal besorgniserregend krank, so daß sich Giuseppe gezwungen sieht, den Sohn vom Schauplatz seines Wirkens abzuberufen. Ob er ihn nur zum Zweck von Konsultationen abberuft und später wieder entsenden möchte oder ob mit einer Rückkehr nicht zu rechnen ist, bleibt offen.

Am 8. September verläßt Andrea Paris. Die «Betreuer» seines Onkels wollten ihn durchaus nicht gehen lassen, bis er sich bereit erklärte, seine Verfügungsrechte über die Person des Kranken in andere Hände zu delegieren, nämlich in die von — Auguste de Coussy! Der «Freund» und Vermögensverwalter des Komponisten wird nun also über Donizettis Los bis zur allfälligen Rückkehr Andreas als Vormund wachen. Er ist es, der sich vergewissern wird, daß man den Kranken und sein Schicksal ja soweit wie möglich vor der Welt verbirgt.[10]

Statt im erstbesten Hafen das erstbeste Schiff nach Konstantinopel zu nehmen, fährt Andrea wohlgemut nach Bergamo.

Die Freundinnen Donizettis — Seniorfreundin Rosa und Juniorfreundin Nina Basoni — sind natürlich sehr gespannt zu hören, warum er ohne den ersehnten Gast erscheint. Ach ja, es geht mit Donizetti dem Ende entgegen? Er hätte Bergamo allenfalls tot erreicht? Er ist der Sprache nicht mehr mächtig, kann nicht einmal mehr verstehen, was man ihm sagt? Selbst seine besten Freunde erkennt er nicht mehr? Man muß ihn mit einer Maschine füttern, weil er nicht mehr kauen kann? — «Schwindler, Feigling, Verräter!» antwortet Ninas ganze zierliche Gestalt auf diese Beteuerungen Andreas. Ihr Donizetti, der gescheite, schöne Mann, soll eine Pflanze geworden sein? Glaube das, wer es wolle. Versager, du! Vor ein paar Wochen hätte ihn die Reise retten können, jetzt brächte sie ihn plötzlich um? Merkst du die Widersprüche nicht, in die du dich verstrickst? Gelogen hast du so oder so!

Nun läßt Andrea gar zahlreiche Notenblätter des Meisters, die er in Ivry faßte, amtlich versiegeln und verpflichtet den Notar, die Herrlichkeiten nicht herauszureichen, bis er einen anderslautenden Befehl Giuseppes erhalten habe! Immerhin mußten die Bewunderer von Donizettis Melodien seit der Premiere des *Sébastien* — drei Jahre lang! — auf Neues warten! Nun wissen sie zwei völlig unbekannte Werke ihres

Meisters (die Farce *Rita* und die immer noch nicht komplettierte Große Oper *Le Duc d'Albe*) in greifbarer Nähe, ohne sie sehen, geschweige denn hören zu können!

Doch Andreas in der Heimatluft erwachter Unternehmungsgeist ist nicht zu zügeln. Erst als er den wassersüchtigen Onkel Francesco bittet, ihm sein Mitbestimmungsrecht über das Schicksal des geistesgestörten Bruders Gaetano zu überlassen, damit er sich künftig freier bewegen könne, stößt er auf Widerstand. Wenn nämlich Gaetano — mit dieser Begründung sträubt sich Francesco — trotz aller gegenteiligen Zusicherungen wieder zur Vernunft erwachen würde, könnte es ihn, Francesco, teuer zu stehen kommen, sich seiner Verantwortung entledigt zu haben. Gaetano, meint er, könnte ihm das vergelten, indem er ihm dann sogar die karge Pension entziehen würde, die er ihm vor dem Ausbruch seines Wahnsinns noch gewährte und die er in Form vereinzelter Tropfen aus seinen Pariser Konti nach wie vor empfange.

Am 22. September setzt sich Andrea nach Konstantinopel ab. Vorher jedoch ersucht er Dolci, sich, sobald das Unvermeidliche geschehen sei, der Leiche seines Freundes anzunehmen und sie nach Bergamo überzuführen. Und Dolci wendet sich von ihm ab und bricht in Tränen aus.

Die junge Frau Basoni wird Andrea diese Tränen nie verzeihen. Noch Jahre später, wenn sein Onkel wirklich in der Erde ruhen wird, werden sich die Basonis und die Gräfin Löwenstein Briefe schreiben und ihn verdammen ...

5. Erlösung aus Wien
Oktober 1846 bis September 1847

Dabei macht die Gräfin Löwenstein, als sie im folgenden Oktober wiederum Paris erreicht, um Donizetti zu besuchen, die erfreuliche Erfahrung, daß ihr Andrea vor seiner Abfahrt das Recht einräumte, Gaetano zu sehen, sooft sie wolle. Nur Gespräche kann sie keine mit ihm führen ...[1] Da sie jedoch der Ansicht ist, daß selbst das Schattenbild ihres Freundes nicht hinter Glas gehöre, schickt sie Giuseppe einen Brief, in dem sie ihn um eine gleiche Vollmacht bittet, wie sie Andrea dem Bankier verliehen hatte. Verwenden will sie diese Vollmacht freilich, wie sie offen zugibt, zum gegenteiligen Zweck: um Donizetti aus Ivry herauszubringen.

Giuseppe reagiert mit größter Sympathie. Wenn sie Gaetano befreien wolle: nichts lieber als das! Natürlich gebe er ihr die Vollmacht! Ferner stärkt er sie für ihren Kreuzzug mit einer kleinen Empfehlung: Über den Umweg der österreichischen Diplomatie ließe sich wohl am ehesten etwas erreichen. Und wer sich nicht darüber wundert, daß Giuseppe den von ihm entdeckten Umweg nicht selber beschreiten will, der mag die Hände zusammenschlagen und begeistert rufen: «Dieser Giuseppe! Was für ein goldenes Herz!»

Etwa diese Tonart schlägt ein Wiener Freund des Komponisten an, welcher den Kranken zu Beginn des neuen Jahres mehrmals in Ivry sah, bis es ihn drängte, Giuseppe zu schreiben, was ihm dabei durch den Kopf gegangen war. Eduard von Lannoy, musikbeflissener Baron, aktiv am Wiener Konservatorium, bei der «Gesellschaft der Musikfreunde» dieser Stadt und auch als Opernkomponist, lernte Gaetano von Künstler zu Künstler kennen; daraus wurde eine herzliche Beziehung.

Ob es nicht für seinen Bruder schöner wäre, fragt Lannoy in Konstantinopel an, wenn er die letzten Monate seines Lebens unter Menschen verbringen könnte? Gewiß, wer Donizetti unbedingt besuchen wolle, könne es tun, doch koste das stets fünf Reisestunden für die Strecke zwischen Ivry und Paris plus die Transportgebühr. Nun denn: Sein Bruder würde sehr viel häufiger besucht, wenn man ihn jederzeit in einer Pariser Wohnung erreichen könnte. Daß die Besuche für Gaetano keineswegs schädlich seien, bestätige mittlerweile sogar der Irrenhausleiter, Doktor Moreau.

Der Haken sei allerdings wieder das liebe Geld. Gaetanos Aufenthalt in Ivry koste 500 Francs im Monat, sein Leben in Paris — das nur bei einer ständigen Betreuung durch einen Anstaltspfleger denkbar wäre — würde doppelt oder dreifach soviel kosten. Somit müsse man sich überlegen, ob es besser wäre, wenn Gaetano, dessen jährliche Erträge sich auf 20 000 Francs beliefen, jährlich 14 000 Francs Erspartes hinterlassen würde, aber einsam und verbittert sterben müßte, oder wenn er zum Nachteil seines Ersparten noch einige Zeit von Freunden umgeben wäre.

Jetzt aber ist endlich die Rede von seinen, Giuseppes, menschlichen Qualitäten, genauer: von seinen «brüderlichen Gefühlen». Falls ihn diese nicht bewegen könnten, seinen Bruder nach Paris zu bringen, müßten sich «einige Freunde» des Komponisten unter Berufung auf das französische Recht mit diesem Geschäft befassen. Es gebe verschiedene Paragraphen, die ein Gericht ermächtigen würden, für Gaetano einen neuen Vormund zu bestimmen und sein Vermögen denen zu entziehen, die es umklammert hätten...

Allerdings, versichert der Baron mit Überzeugung, habe Giuseppe ein «zu nobles Herz», um solche Schritte zu provozieren. Er wisse bestimmt den Vorteil vom Schaden zu unterscheiden, den es ihm brächte, wenn er ein paar tausend Francs gewinnen würde und zeit seines Lebens ein schlechtes Gewissen hätte. Und mit der Bitte um «Verzeihung für seine Offenheit» schließt der Baron.[2]

Das Schreiben erfüllt seinen Zweck. Die implizite Drohung, Giuseppe sowie Andrea in aller Öffentlichkeit als hauptverantwortlich für die skandalöse Haft des Komponisten hinzustellen, zwingt sie, diesen endlich aus der Anstalt zu befreien. Dazu tragen Freunde Donizettis ein Weiteres bei: sie mobilisieren die Presse. So kommt es, daß sich der Nebel um Ivry und seinen berühmtesten Patienten zerstreut. Die Überraschung ist grenzenlos. So wurde man als Zeitungsleser hinters Licht geführt? Nun lebte der berühmte Komponist so nahe bei Paris, und jedermann glaubte ihn an der Riviera! Die Kunde von seinem Wahnsinn hielt man im allgemeinen für eine Verleumdung — nun hat es also damit seine Richtigkeit. So sanft und lieblich soll sein Wahnsinn sein wie der Lucias? Das erzählen jene, die ihn gesehen haben.[3]

Die meisten allerdings sind schauerlich befremdet, weil sie immer glaubten, Donizetti habe überwiegend eine lebensfrohe, sorglos flatternde «Schmetterlingskunst» gepflegt. Kein Wunder, daß Vertreter dieser Theorie wie Heinrich Heine seinen Wahnsinn als ein Phänomen von schroffer Gegensätzlichkeit zu seinen Veranlagungen, als unangemessen und besonders unverdient betrachten. Spürbar betreten, aber selbstverständlich doch mit einer Prise Pfeffer schildert Heine seinen Lesern, wie Donizetti selbst in der Umnachtung eitel geblieben sei. In voller Galapracht und sichtlich davon entzückt, verbringe er seine Tage; den Hut in der Hand...[4]

Jetzt wurde aus der Ruine Donizetti ein Monument: das Monument einer Epoche romantischer Kunst, die am Versiegen ist. Sein Leben wurde zur Legende — zu einer Legende seltener Art, von deren Wahrheit man sich selber überzeugen kann. Man muß sich einfach einen Wagen mieten und nach Ivry fahren...

Für eine zweite Rettungsaktion Andreas — diesmal freilich unter öffentlicher Aufsicht — wird es deshalb höchste Zeit. Kaum hat er jedoch die Anstalt betreten, steht auch bereits die Marionette seines Gegenspielers unter der Kliniktür: Doktor Béhier, der Abgesandte Delesserts, des Polizeipräfekten. Béhier sollte für den anonymen Kunden seines Chefs retten, was noch zu retten ist. Deshalb untersucht er Donizetti abermals und kommt zum Schluß: Grundsätzlich würde ein Transport des Patienten seinen Tod bewirken, doch eine Übersiedlung nach Paris zu Herrn de Coussy sei ohne unmittelbare Gefahr.[5] Das war nun freilich ein bißchen plump, so daß Andrea keineswegs beeindruckt ist. Er sucht für sich und seinen Onkel eine Wohnung, die es ihm erlauben wird, Besuche von Leuten wie Herrn de Coussy mühelos abzuweisen, und findet ein Appartement an ruhiger Lage an der Rue Châteaubriand. Im Haus Nummer sechs liegt sie zu ebener Erde, was die Beförderung Gaetanos erleichtern wird. Ihr angeschlossen ist ein kleiner Blumengarten.

Wenn es am 1. Februar des Jahres 1846, auf der Hinfahrt Donizettis von Paris nach Ivry, in Strömen geregnet hatte, strahlt über seiner Rückfahrt in die Freiheit am 23. Juni des folgenden Jahres die Sommersonne. Begleitet wird der Meister von Andrea, Doktor Mitivié und einem Pfleger aus dem Irrenhaus, der ausersehen wurde, dem Gelähmten beizustehen: Antoine Pourcelot.

Täglich öffnet sich die Kuppel des Sommers über Paris, und Donizetti sitzt unter dem weiten, lichtblauen Himmel in einem großen Sessel in seinem Garten. Seine Augen sind geschlossen, sein Kopf ist gesenkt, sein Körper neigt zur Linken. Die Besucher — aber nur erwünschte — drücken sich die Klinke in die Hand. Und immer wieder heben Antoine und Andrea den Leidenden in die Kutsche und fahren ihn aus. Bisweilen wandern seine Blicke überraschend angeregt über die Häuserreihen, die Brücken, den Lauf der Seine, über das Menschen- und Marktgewühl. Und Doktor Mitivié bekräftigt bei seinen Visiten, daß keinerlei Folgen von Erschütterungen festzustellen seien.

Andrea läßt den Arzt Bulletin um Bulletin schreiben. Und wie geheimnisvoll: Am 12. August erscheint Francesco in Paris, er, der sich zeit seines Lebens kaum ein paar Meilen weit aus seiner Geburtsstadt herausgetraute. Fünf Tage später ist klar, warum. An der Rue Châteaubriand ist großer Ärztekongreß. Die Preisfrage ist die alte, die Gesichter derer, die sie lösen sollen, sind teilweise neu. Würde der Komponist im heutigen Zustand eine letzte Fahrt nach Bergamo heil überstehen? Wäre es nachgerade ein Spiel mit dem Tod, ihn nach Italien zu bringen? Der Hausarzt und die von Andrea beigezogenen neuen Kapazitäten erklären die Reise für ungefährlich. Zwei weitere bekannte Mediziner, die seinerzeit von anderen Personen als Andrea auf den Plan gerufen worden waren, lehnen sie ab: Doktor Andral, der «Hund mit dem schönen Gesicht», und ein gewisser Doktor Calmeil.[6]

Indes, das Urteil lautet vier zu zwei für eine Übersiedlung Donizettis nach Italien. Doch nur mit einem «sechs zu null« wäre Andrea zufrieden gewesen, da er den Polizeipräfekten nur mit einem absolut erdrückenden Entscheid zu seinen Gunsten schlagen zu können glaubt. Und diese Überzeugung täuscht ihn nicht. Nach der Lektüre des Papiers legt Delessert ein neues Veto gegen die Reise ein.

Eingedenk des Ratschlags seines Vaters, von donaumonarchischen Winkelzügen zu profitieren, legt Andrea jetzt das halbbefriedigende Dokument der österreichischen Botschaft vor. Doch dort sitzt nicht der große Gönner Donizettis, Kaiser Ferdinand, sondern sein Stellvertreter, Graf Appony. Und da die Einflußmöglichkeiten von Zélie de Coussy auf ihre Freunde, Botschafter Appony und seine Frau, laut Donizetti erheblich sind — beschwor er sie doch, bei ihnen seine Rettung aus den Ivry-Mauern durchzusetzen —, kann es nicht erstaunen, daß er auch jetzt noch gefangen bleibt. Graf Appony muß bedauern: Da sich nicht alle Ärzte für die Reise ausgesprochen hätten, könne er gegen das Verbot der Präfektur nicht das geringste unternehmen.

Wie ernst die Lage ist, entdeckt Andrea freilich erst bei späterer Gelegenheit. Am 26. August gewahrt er in der Pförtnerloge ihres Hauses unbekannte, sichtlich zweifelhafte Individuen, die, wie er annimmt, Wachtablöser des Concierge sind. Aber entgegen aller Gewohnheit nehmen sie auch am nächsten Tag die Pflichten dieses braven Mannes wahr — bis Donizetti, warm gekleidet und auf die Arme seiner Begleiter gestützt, unter der Tür erscheint. Da treten sie der Gruppe in den Weg und geben sich als Polizeiagenten zu erkennen.

«So, eine kleine Spazierfahrt wollen Sie unternehmen? An die Seine oder an den Tiber? Auch an den Ufern des Mississippi kann man spazierenfahren! — Na, wir wollen ernsthaft miteinander reden. Beherzigen Sie einen guten Rat und bleiben Sie daheim.» — «Heißt das, Sie wollen uns verbieten, das Haus zu verlassen?» — «Ihnen nicht, mein Herr, und auch nicht diesem Herrn. Dem andern! Ihm!» — Der Polizist weist auf Gaetano. — «Das geht mir zu weit. Ich fordere Rechenschaft! Mein Onkel ist ein freier Mann! Er kann spazierenfahren, wann er will!» — Lakonisch zucken die Beamten mit den Achseln. — «Für Auskünfte wenden Sie sich am besten an den Quartierkommissär. Wir tun hier nichts als unsere Pflicht.»

Die übergeordnete Autorität erklärt genau dasselbe, nennt aber als nächsthöhere Instanz — den Polizeipräfekten von Paris, Gabriel Delessert. Zur Rache weist Andrea dem Vertrauensarzt der Präfektur, Doktor Béhier, gleich radikal die Tür wie Madame Zélie de Coussy.

Doch wie wird er den Polypen los? In seiner Ratlosigkeit begibt er sich zu drei bekannten Advokaten, die sich gemeinsam mit ihrem Berufskollegen über die Zustände in Paris entsetzen ...

Inzwischen hatte aber sein Vater in Konstantinopel den glücklichen Einfall, sich einmal selbst für seinen Bruder ins Zeug zu legen. Mit sofortigem Erfolg!

Plötzlich erinnerte sich Giuseppe an einen österreichischen Minister, der als vollwertiges Mitglied in der türkischen Regierung sitzt und damit ebenso dem Sultan, seinem Gönner, nahesteht wie Kaiser Ferdinand, dem Gönner seines kranken Bruders. Er wandte sich also an diesen Herrn, welcher alsbald beim Wiener Hof intervenierte, und von dort ergingen strikte Anweisungen an Graf Appony. Dieser ist zwar immer noch ein Kumpel der de Coussys, aber vor allem ist er der österreichische Botschafter in Paris und würde das gerne noch ein Weilchen bleiben. Aus dieser Erwägung schneidet Appony dem bisher von ihm gedeckten Polizeipräfekten von Paris und offenbar wichtigsten Helfer Auguste de Coussys den Intrigenfaden durch und wischt die polizeilichen Befehle mit einer kaiserlich verfügten Handbewegung unter den Tisch. So einfach ist das! Und Donizetti ist wieder ein freier Mann.

6. Ende
September 1847 bis April 1848

So hat sich nun der Teufelskreis, in den Gaetano Donizetti in Paris geraten war, geschlossen. Äußerlich ist er frei, doch bleibt ihm nur der Weg zum Mittelpunkt zurück, wo er geboren worden war, um sich als Eule davonzustehlen.

Am 19. September 1847 verläßt er Paris. Es begleiten ihn sein Pfleger Antoine Pourcelot, Francesco, Andrea sowie ein Arzt, der sein Befinden ständig überwacht. Am 6. Oktober empfangen ihn Rosa und Nina Basoni vor ihrem Palast im oberen Stadtteil Bergamos und quartieren ihn ein. Der Arzt bestätigt am folgenden Tag, daß sich der Zustand des Patienten seit Beginn der Reise nicht im geringsten verändert habe. Dann überläßt er ihn den Händen Antoines und seiner neuen Betreuerinnen und fährt nach Paris zurück.

Und auch Andrea packt seine Koffer. Sein Lebensweg wird ihn zunächst nach Konstantinopel, später ins Irrenhaus von Aversa nahe Neapel führen, wo er 45jährig sterben wird, gezeichnet von der Syphilis. In Neapel selber werden ihn auf dem Friedhof Poggioreale nur wenige Gräber von einer Verwandten trennen: Virginia Donizetti.[8]

Im Frühling 1848 bricht in halb Europa das politische System der Restauration, das völkerfeindliche, unsoziale Lügengebäude des Wiener Kongresses, zusammen. Straßenunruhen führen in Paris zum Rücktritt von König Louis-Philippe, in Wien zum Rücktritt Metternichs, und die von Österreich beherrschte Lombardei wird von Befreiungstruppen überrannt, an deren Spitze der wieder einmal zur Gegenpartei des «Jungen Italien» übergelaufene piemontesische Prinz Carlo Alberto steht. In ein und denselben wenigen Wochen aber, in denen das Reich des Goldenen Rings zerbricht, neigt sich das Leben des Komponisten, der ihm verfallen war und der für ihn sein ganzes Werk geschaffen hatte, ebenfalls dem Ende zu.

Am 1. April, um 17 Uhr verzehrt er sein Abendessen mit dem gewöhnlichen Appetit. Plötzlich beginnt sein Mund zu zucken, er verdreht die Augen, die Zähne sind fest zusammengepreßt. Beide Arme und das linke Bein wirken vollständig paralysiert. Die Krämpfe dauern bis zum frühen Morgen an und wiederholen sich am übernächsten Tag; nun sind die Glieder des fiebernden Kranken scheußlich gekrümmt. Ein Priester wird herbeigerufen, um ihn mit der letzten Ölung zu versehen. Und nochmals vierundzwanzig Stunden später, am 5. April, gestehen sich Mutter und Tochter Basoni ein, wie sinnlos es wäre, weiter zu hoffen, daß das Schlimmste nochmals abgewendet werden könnte.[9]

Als sie den Sterbenden von einem Maler porträtieren lassen, damit er ihnen wenigstens im Bild erhalten bleibe, scheint Donizetti der Mensch aus Donizetti der Hülle hervorzulugen. So aufrecht, wie er kann, mit offenen, fieberfeucht glänzenden, sehr hellen Augen thront er im Stuhl und läßt die Sitzung über sich ergehen, ohne den Vorgang hinter der Staffelei durch Zeichen der Qual zu stören.

Während des 7. und 8. April verstärkt sich seine Agonie. Dann begehrt sein Körper leidenschaftlich auf. Und am Abend des 8. April, um 17 Uhr dreißig, ist alles vorbei. Neben der Leiche stehen Rosa und Nina Basoni, Antonio Dolci, Krankenpfleger Antoine Pourcelot sowie der Priester. Donizetti ist tot.

Drei Tage später, am 11. April des Jahres 1848, liegen die Blütenfarben, Sonnenstrahlen und erdigen Düfte des Frühlings über Bergamo. Ihr Schleier umgibt die Torre del Gombet, den Kirchturm Santa Maria Maggiore, das schattige Portal des Konservatoriums und selbst die Dämmertiefe von Borgo Canale. Die Glocken läuten: ihre Klänge strömen in die Gassen nieder und durch die weit offenen Fenster in die Stuben hinein. Donizettis Sarg, der auf den Schultern junger Männer ruht, wird durch die ganze Stadt getragen. Mehr als 4000 Menschen geben ihm das Geleite. Die Blasinstrumente dreier Militärkapellen, die den Zug durchsetzen, glitzern in der Sonne. Und an den Läufen der Gewehre der Nationalgardisten vermischt sich das Tageslicht mit dem zittrigen Glanz von vierhundert Fackeln. Die betagten Leute an den Fenstern murmeln aufgeregt, ein so phantastisches Begräbnis habe man in Bergamo noch nie erlebt.

Auf dem Friedhof von Valtesse öffnet eine Ärztegruppe Donizettis Leiche. Ihr Autopsiebericht bestätigt die Befunde von Moreau und seinen Brüdern. Ferner heißt es in der Diagnose, allein die Leber und die Lungen des Komponisten seien bis zum letzten Augenblick gesund geblieben.

Dann erst wird sein Körper in der Totenkapelle des bergamaskischen Adelsgeschlechts Pezzoli zur Ruhe gebettet. Im September 1875 gräbt man ihn auf Geheiß der Stadtbehörden wieder aus, um ihn unter einem Denkmal, das im Namen seiner Brüder zwanzig Jahre früher in der Kirche Santa Maria Maggiore für ihn errichtet wurde, an der Seite seines Lehrers Mayr beizusetzen. Die Exhumierung führt zur Entdeckung eines Verlusts: es fehlt der Schädel. Jemand muß das Grab geschändet haben. Rätselhafterweise blieb der Sarg intakt.

Nach kurzer Fahndung wird der Schädel in der Ortschaft Nembro nahe bei Bergamo entdeckt. Er ist Bestandteil der Kostbarkeiten, die ein inzwischen verstorbener Arzt des Irrenhauses im ebenfalls nahe gelegenen Flecken Astino einem Erben hinterließ. Wie man jetzt vernimmt, drängte es diesen Herrn — einen gewissen Doktor Gerolamo Carchen —, den Kopf eines geisteskranken Genies zum Heil der Wissenschaft zu untersuchen. Ein Vergleich des Schädels mit den Überresten seines Rumpfes beweist die Deckungsgleichheit der Trennungsflächen.

Aber immer noch melden sich Stimmen, die Donizetti einen dauerhaften Frieden zu mißgönnen scheinen. Der durch Frevlerhand entweihte Kopf, meinen gewisse redliche Bergamasken, dürfe keinesfalls zusammen mit dem Leib in einer Kirche bestattet werden. Deshalb wird der Schädel dem «Museo Donizettiano» anvertraut, das sich beim Mayrschen Konservatorium etablierte.

Erst nach dem Zweiten Weltkrieg, am 26. Juli 1951, werden die Platten des Kirchenbodens über Donizettis Grab nochmals herausgebrochen und die Ganzheit des Skelettes wiederhergestellt. Erst seit diesem Tag ist es Besuchern der Kirche Santa Maria Maggiore in der Altstadt von Bergamo wirklich erlaubt, die Worte Monterasis nachzusprechen, die dieser für den wahnsinnskranken Donizetti fand: «Der Mann der Melodie, das Genie des Jahrhunderts — jetzt schläft er.»[10]

BIBLIOGRAPHIE

LITERATUR ZU LEBEN UND WERK GAETANO DONIZETTIS

Vorbemerkung: *Die unerhörte Fülle von Broschüren, Enzyklopädie-Beiträgen, Presseartikeln, Textbeilagen zu Plattenaufnahmen und Programmheftkommentaren usw. zwang den Verfasser zur Beschränkung auf die Standardwerke. Interessierte finden in den Büchern von Weinstock und Ashbrook Hinweise auf weitere, kürzere Texte oder auf solche, die nur Detailaspekte behandeln.*

Alborghetti, Federico/Galli, Michelangelo: Gaetano Donizetti e Giovanni Simone Mayr, Notizie e documenti; Bergamo, 1875
Allitt, John: Donizetti and the tradition of romantic love; London, 1975
Ashbrook, William: Donizetti; London, 1965
(die Neuauflage 1982 konnte für das vorliegende Buch nicht mehr berücksichtigt werden)
Barblan, Guglielmo: L'Opera di Donizetti nell'età romantica; Bergamo, 1948
Black, John: Donizetti's Operas in Naples; London, 1982
(konnte für das vorliegende Buch nicht mehr berücksichtigt werden)
Cametti, Alberto: Donizetti a Roma; Turin 1907
Cicconnetti, Filippo: Vita di Gaetano Donizetti; Rom, 1864
Donati-Pettèni, Giuliano: Donizetti; Mailand, 1930
Gabrielli, Annibale: Donizetti; Rom, 1904
Gavazzeni, Gianandrea: Gaetano Donizetti, Vita e musiche; Mailand, 1937
Verzino, Edoardo Clemente: Contributo ad una biografia di Gaetano Donizetti; Bergamo, 1896
Verzino, Edoardo Clemente: Le Opere di Gaetano Donizetti; Bergamo, 1897
Weinstock, Herbert: Donizetti and the World of Opera in Italy, Paris and Vienna in the First Half of the Nineteenth Century; New York, 1964
Zavadini, Guido: Donizetti: Vita-Musiche-Epistolario; Bergamo, 1948

SAMMLUNGEN VON DONIZETTI-ESSAYS

Studi Donizettiani 1; Bergamo, 1962
Unveröffentlichte oder bisher zerstreut herausgegebene Briefe des Komponisten, herausgegeben von Guglielmo Barblan und Frank Walker (Einführung von Barblan)
Studi Donizettiani 2; Bergamo, 1972
Beiträge zu den Opern Piccioli Virtuosi ambulanti, L'Elisir d'Amore, La Favorita *und* Linda di Chamounix, *zur Donizetti-Quellenlage in der Bibliothek San Pietro a Majella, zum Geburtshaus Donizettis und zu Marianna Donizetti (angeblich eine Tochter Giuseppes). Bisher unveröffentlichte Briefe Donizettis und an Donizetti*
Studi Donizettiani 3; Bergamo, 1978
Ein bisher unveröffentlichter Briefwechsel zwischen Donizetti und Lanari (1836—1838); Beiträge zu den vier Maria-Opern, zum Thema «Dante und Donizetti», zu Neapolitanischen Liedern und Opernskizzen des Komponisten sowie zu Cammaranos Libretti für Donizetti
Donizetti Society Journal 1; London, 1974
Beiträge zu Mayrs Opern L'Amore conjugale *und* Medea in Corinto *sowie zu Mayrs Notenbüchern; zu Donizettis Opern* L'Ajo nell'Imbarazzo, Il Borgomastro di Sardaam *sowie* Maria Stuarda; *zu Donizettis Brief an Rovere und zu den Themen «Donizetti und Byron», «Donizetti in Neapel», «Bühnendesign der Oper 1800—1840», «Donizetti und das Viktorianische Musik-Getriebe»*
Donizetti Society Journal 2; London, 1975
Beiträge zu den Opern Piccioli Virtuosi ambulanti, Lucrezia Borgia, Les Martyrs *(einschließlich das ganze originale Libretto),* La Favorite, Don Pasquale, Maria di Rohan *und* Dom Sébastien; *zu Mayrs Lezioni Caritatevoli sowie zu seinen Oratorien* La Passione *und*

Samuele; *ältere Texte über Donizetti von Richard Northcott (1916) und Edward Dent (1955); ein Beitrag über den Bariton Barroilhet und ein bisher noch unpublizierter Brief des Komponisten aus dem Jahre 1838*
Donizetti Society Journal 3; London, 1977
Beiträge zur Maria Stuarda
Donizetti Society Journal 4; London, 1980
Beiträge zu den Werken L'Esule di Roma, Maria Stuarda, Lucia di Lammermoor *und* Belisario; *zu Cammaranos Szenenanweisungen für die* Lucia *und zu den Selbstzitaten dieses Librettisten in seinem Gesamtwerk; zu Geschichte und Legende um Fair Rosamond sowie zu deren Verwendung im Textbuch Romanis; Dokumentation der Auftrittsdaten von Gian-Battista Rubini und Giulia Grisi; zur Krankheitsgeschichte Donizettis, zur Donizetti-Renaissance in England und überhaupt (während der Jahre 1978—1980).*

DER WICHTIGSTE BEITRAG IN DEUTSCHER SPRACHE

Giovanna Keßler, «Ich brauche jemanden, der mich versteht», G. Donizetti, sein Leben und Werk, in Opernwelt, Heft 3 und 4 des Jahrgangs 1976

WERKE, DIE FERNER FÜR DIE VORLIEGENDE ARBEIT VERWENDET WURDEN

Görlich, Ernst Joseph: Grundzüge der Geschichte der Habsburger-Monarchie und Österreichs; Darmstadt, 1970
Heine, Heinrich: Lutetia, Bd. 5 der Gesamtausgabe, München, 1974
Lippmann, Friedrich: Vincenzo Bellini und die italienische Opera seria seiner Zeit; Köln und Wien, 1969
Mayr, Giovanni Simone: Zibaldone e pagine autobiografiche (Herausgeber: Arrigo Gazzaniga); Bergamo, 1977
Mendelssohn Bartholdy, Felix: Reisebriefe aus den Jahren 1830 bis 1832; Leipzig, 1869
Oehlmann, Werner: Vincenzo Bellini; Zürich, 1974
Pastura, Francesco: Le lettere di Bellini; Catania, 1935
Smith, Mack: Il Risorgimento italiano, Storia e testi; Bari, 1968
Toye, Francis: Rossini, A Study in Tragicomedy; London/New York, 1934
Wagner, Richard: Mein Leben; München, 1963
Weinstock, Herbert: Vincenzo Bellini, His Life and His Operas, London, 1972

ANMERKUNGEN ZUR BIOGRAPHIE

Vorbemerkungen: *Die folgende Liste belegt vor allem die Zeugnisse Donizettis und seiner Zeitgenossen, die zum weitaus größten Teil den Briefausgaben Zavadinis (Z.) und ihrem Zusatzband (SD. = Studi Donizettiani 1) entnommen sind (Briefe Bellinis: Sammlung Pastura = P.). Die erste Zahl bezeichnet die Nummer des Briefes in der jeweiligen Sammlung, die zweite bezeichnet die Seitenzahl. Wenn ein Brief auf engem Raum mehrmals Verwendung findet oder im betreffenden Zusammenhang von sekundärer Bedeutung ist, wurde gewöhnlich auf weitere Daten verzichtet. — Die Biographien Ashbrooks (A.), Weinstocks (W.) und Zavadinis (in der Briefausgabe, Z.) werden gewöhnlich nur dann erwähnt, wenn sie sich wesentlich unterscheiden, sei es durch Zusatzinformationen oder inhaltliche Abweichungen. — Anführungszeichen mit Doppelstrichen bezeichnen Direktzitate, Anführungszeichen mit einfachen Strichen Zitate aus der Biographie.*
Schreibfehler innerhalb der Zitate entsprechen den Quellen, denen sie entnommen wurden.

1. Kapitel
EINE EULE UNTER VIELEN

1. Eine beständige Figur in wechselhafter Kulisse
 1 Hauptquelle: Mayrs Autobiographie und eine Opusliste, wissenschaftlich kommentiert von Arrigo Gazzaniga, Mayr, S. 7—28
 2 «Je größer das Keuchen...»: Mayr, S. 39
 3 Zu den Klavieretüden Moscheles und Hummel: Mayr, S. 47
 4 Zu den Klavieretüden Chopins: Mayr, S. 35
 5 «Ja nicht denken...» Mayr S. 87
 6 Zu den Streichquartetten: Mayr, S. 116
 7 Zu Beethovens Bekanntheit: Mayr. S. 129

2. Eine Eule erwacht
 1 Das Symbol der Eule stammt von Donizetti selbst: Brief vom 15. 7. 1843 an Mayr: «E siccome gufo presi il mio volo», Z. 496, S. 679
 2 Brief Mayrs an Sampieri vom 26. 10. 1815, Z. 1 B, S. 909/10
 3 Brief Mayrs an Ricordi vom 27. 10. 1815, Z. 2 B, S. 910
 4 Brief Mayrs an die Congregazione vom 28. 10. 1815, Z. 3 B, S. 910/11

3. Die Eule versucht zu fliegen
 1 Donizettis Gier, als Opernkomponist aktiv zu werden, zeigt sich in seinen Briefen vom 18. 10., 16. 11. und 30. 11. 1817 an Mayr, Z. 4, 5 und 6, S. 225—27. Die sexuelle Gier erhellt aus einer Notiz Donizettis aus dem Jahre 1812: «Giuditte, très aimable, très chère, aimez-vous, oui ou non. Oui? Bien... Veux-tu donc faire avec mois une chose?» Zitiert bei Ashbrook, S. 38
 2 'Vater Andrea sagte es ihm voraus': Brief Donizettis an Mayr vom 15. 7. 1843, Fortsetzung des oben zitierten Satzes: «(...) siccome gufo presi il mio volo (...), non incoraggito dal mio povero padre, che ripeteami sempre, è impossibile che tu scriva, che tu vada a Napoli, che tu vada a Vienna...» Z. 496, S. 679

4. Der erste Beutezug
 1 Die Beschreibung Roms stützt sich vor allem auf Mendelssohns Brief aus Rom vom 6. 6. 1831, Mend. S. 173—178
 2 Donizetti zum Beruf des Opernkomponisten: Brief an Mayr vom 21. 12. 1825: «Già il mestiere del povero scrittore d'opere l'ho capito infelicissimo fin da principio», Z. 25, S. 244
 3 Abneigung Donizettis gegen Pacini: Z. 31, 38, 42, 88, S. 251, 257, 262, 303 usw.

4 Brief an Mayr über *Zoraide* vom 30. 1. 1822: Z. 10, S. 231
5 Die Beschreibung Neapels stützt sich wieder hauptsächlich auf Mendelssohns Brief vom 6. 6. 1831 an seine Eltern, Mend., S. 173—177
6 Einschüchterung durch Mayr: Diese zeigt sich nicht nur in den frühen Werken Donizettis, sondern auch in verschiedenen Briefen, besonders eindrücklich in dem vom 22. 7. 1822 an Mayr: «Le spedisco l'articolo del giornale (...) per dimostrarle quanto io cerco di non deviare dal buon stile», Z. 14, S. 235. Der betreffende Artikel lobt ihn insbesondere, weil er in einem Quartett auf eine Stretta verzichtet habe! (Ashbrook, S. 61)
7 Ärger über Rossini: Brief Donizettis an Mayr vom 4. 3. 1822, Z. 11, S. 231/32
8 Donizetti zur *Zingara:* Brief an Anna Carnevali vom 14. 5. 1822, Z. 13, S. 233/34
9 Sehnsucht nach Rom, Abneigung gegen Neapel: Brief Donizettis an Ferretti vom 26. 3. 1822, Z. 12, S. 232/33

2. Kapitel
DER LANGE WEG ANS LICHT

1. Zwischen Romantik und Absurdität

1 Brief an Ferretti vom 1. 4. 1823, Z. 16, S. 236
2 Brief an Mayr vom 4. 6. 1823, Z. 18, S. 237
3 Resignation vor Tottola, ebenda, S. 238
4 *Zoraide*-Ärger: Brief Donizettis an Toto Vasselli vom 7. 10. 1823, Z. 20, S. 239/40
5 Die Inhaltsbeschreibung nimmt Rücksicht auf die revidierte Fassung 1828, da diese auszugsweise auf einer Platte erhältlich ist (siehe Diskographie)
6 Brief an Mercadante vom 18. 8. 1824, Z. 23, S. 242
7 Haß auf Paterni: Brief an Ferretti vom 21. 8. 1824, Z. 24, S. 243
zur Syphilis: Weinstock schreibt Donizettis im gleichen Brief an Ferretti enthaltenen Hinweis auf seine Krankheit («das, was er simpel, aber ominös ein ‹Fieber› bezeichnete», W., S. 41) medizinische Beweiskraft zu (allgemein zu diesem Thema und Weinstocks Begründungsart: W., S. 145 und 240/41). Der erste zweifelsfrei dokumentierte Ausbruch der Krankheit erfolgte indes im Jahre 1829, vor der ersten Totgeburt Virginias, der Gattin des Komponisten. Am 14. 6. 1844, in einem sehr weit fortgeschritten Stadium der Syphilis, schrieb Donizetti Toto, daß er an der gleichen Krankheit wie im Jahre 1829 leide (Z. 566, S. 751). Und diese Krankheit wiederum verglich er Monate später in deutlicher Sprache mit der soeben erlittenen, jüngsten Gesundheitskrise: «Per allegria ho fatto la stessa malattia di Vienna (Z. 595, S. 777). — Weinstock (S. 116/17) und Ashbrook (S. 347) meinen zusammenfassend, daß man die Syphilis-Theorie nicht ernstlich bezweifeln könne. Weinstock stellt überdies die medizinisch naheliegende Verbindung zwischen der Krankheit und den Fehlgeburten Virginias her, während sich Ashbrook zu diesem Thema mit Andeutungen begnügt. Weitere Anmerkungen zur Syphilis: 5, 1, 6 — 5, 4, 9 — 6, 3, 6 — 6, 8, 1 — 7, 5, 7 — 8, 2, 12

3. Zweierlei Monde

1 Sizilien-Reflexionen Donizettis bis 'Welch eine Erniedrigung!': Brief an Mayr vom 21. 12. 1825, Z. 25, S. 243—245
2 Von 'Was wir im nächsten Jahr' bis 'Antwort' und die Bemerkung zu Vater Andrea: ebenda

4. Adler und Eulen

1 Zu Bellinis *Bianca:* Brief an Mayr vom 30. 5. 1826, Z. 26, S. 245
2 Negatives Urteil über die *Elvida:* Brief an Mayr vom 15. 6. 1826, Z. 27, S. 247
3 *Ajo* «am meisten geliebte Oper» Z. 26, S. 245
4 Zu den Honoraren: Brief Donizettis an Vater Andrea vom 21. 7. 1826, Z. 28, S. 243
5 Schreibweise von 'Schmidt', Z. 18, S. 237
6 Zufriedenheit mit *Ajo*-Erfolg, Z. 27, S. 246

7 Zu *Elvida* und *Alahor*, Z. 28, S. 248
8 Brief an Anna Carnevali vom 21. 7. 1826, Z. 29, S. 249
9 Versalzene Grüße: Z. 26, S. 246, und zahlreiche andere Briefe in späteren Lebensphasen
10 Elendsmahl: Z. 27, S. 247
11 Zum Gemälde: Anmerkung Z., S. 246
12 Francesco als Trompetist, Z. 28, S. 248. Die Stelle ist schwer zu entziffern, der Sinn ergibt sich aber einwandfrei, zumal Donizetti später über Andrea junior ähnlich sprach: Z. 43, S. 263
13 Zu *Gabriella:* Z. 27, S. 247
14 Zu den Freiersdiensten Totos: Brief Totos an Donizetti vom 15. 8. 1837: «Ricordati la sera di Luglio del 1826 a Piazza Colonna quando ti promisi Virginia», Z. 10 A, S. 870. Im Monat hat sich Toto später offenbar getäuscht

5. Kurz vor dem ersten Ziel

1 Premierenbericht zu *Otto Mesi:* Brief Donizettis an Maestro Andrea Monteleone vom 14. 5. 1827, Z. 32, S. 251/52
2 Brief Donizettis an Vater Andrea über Virginia vom 25. 5. 1827, Z. 33, S. 252
3 Von '2000 Colonaten' bis 'also' und die zuerst genannten Eigenschaften Virginias: ebenda, S. 252/53
4 Brief Donizettis an Mayr vom 2. 2. 1828, Z. 38, S. 257/58
5 «Erfreuliche Ankündigung»: Brief Donizettis an Vater Andrea vom 30. 10. 1827, Z. 36, S. 255
6 Zu den Veränderungen Giuseppes: Brief Donizettis an Vater Andrea vom 5. 12. 1827, Z. 37, S. 255/56
7 Zur Sehnsucht nach dem Vollzug des Unglücks: Daß er das Unglück kommen sah, versichert Donizetti im Brief an Vater Andrea vom 20. 8. 1829, S. 270, nachdem das erste Unglück eingetreten ist (der Tod des Söhnchens Filippo Francesco): «Dunque mamà s'è fatta astrologa? (...) sappiate, che questo dono l'ha infuso anche in me (...) moltissime volte ho predetto nelle mie cose l'avvenire!» Von seiner prophetischen Gabe spricht er auch im «Eulenbrief», Z. 496 vom 15. 7. 1843 an Mayr: (...) siccome gufo presi il mio volo, portando a me stesso or tristo or felice presagio.» Tatsächlich sagt er sich im Brief an Dolci vom 20. 5. 1841, Z. 363, S. 537, sein Ende voraus: «(...) prendo volo e corro (...) fino a che, per troppo audacia, vorrò avvicinarmi al sole, e l'ali di cera coleranno e cadrò nel mare dell'oblio.» — Die Freude am kommenden Unglück aber bezeugt die Gestaltung sämtlicher von ihm vertonter Szenen um düstere Vorahnungen seit der ersten Gabriella, und es bezeugen sie mehrere Briefe, so Z. 38, S. 258, in dem er Mayr erstmals von Virginia erzählt: «Il destino, e Iddio faranno di me ciò che lor piacerà.» Der ganze Brief ist ausgesprochen lustbetont, doch der Charakter der düsteren Prophezeiung tritt durch Vergleiche mit anderen Stellen deutlich hervor (wenig später, vor dem Tod des Kindes, Z. 43, S. 263: «Anche quest'anno è finito grazie a Dio, senza disgrazie» — was er sonst niemals sagt — sowie: Z. 44, S. 264: «Credo che saremo cresciuti in famiglia, ... si vedrà ...!» Und Jahre später, vor seinem eigenen, langen Tod, Z. 443, S. 628: «È l'equinozio ... che importa? se Dio mi vuole, eccomi ...»). — Zu seiner prophetischen Gabe siehe auch Anmerkung 7, 1, 10
8 Zum Prinzen von Salerno: Brief an Mayr vom 2. 2. 1828, S. 257

3. Kapitel
FRUCHTBARKEIT IM WAHNSINNSSCHATTEN

1. Ein Machtkampf in Genua

1 Schwierigkeiten mit Romani: Brief an Mayr vom 2. 2. 1828, Z. 38, S. 257
2 Zusicherung Romanis an Bellini: Brief Bellinis an Florimo vom 27. 2. 1828, P. 10, S. 46
3 'Bellini ging nicht einmal hin': Brief Bellinis an Florimo vom 2. 1. 1828, P. 3, S. 22
4 Wunsch Donizettis, zu verreisen: Brief an Vater Andrea vom 28. 2. 1828, S. 259

5 Empfehlungsbriefe Bellinis: Brief Bellinis an Florimo vom 5.3.1828, S. 52
6 Tosi-Episode: Brief Bellinis an Florimo vom 24.3.1828, P. 14, S. 53/54
7 Verachtung der Journalisten: Brief Donizettis an Mayr vom 2.2.1828, Z. 38, S. 257
8 Zu Mayrs *Medea:* Brief Donizettis an Mayr vom 15.3.1828, Z. 40, S. 260
9 Probenbericht Bellinis: Brief an Florimo vom 2.4.1828, P. 15, S. 56/57
10 «krepierende» Feinde: Brief Bellinis an Florimo vom 9.4.1828, P. 16, S. 60
11 private Zweifel am *Otello:* Brief Bellinis an Florimo vom 19.4.1828, P. 18, S. 63
12 solche der «Freunde»: Brief Bellinis an Florimo vom 26.4.1828, P. 19, S. 65
13 weiteres *Bianca*-Lob: Brief Bellinis an Florimo, P. 18, S. 62/63
14 Premierenbericht *Alina:* Brief Donizettis an Mayr vom 15.5.1828, Z. 40, S. 259
15 Orchester als «Horror»: Brief Bellinis an Florimo vom 9.4.1828, S. 59

2. Ein Gewitter kündigt sich an

1 Ankündigung der Abfahrt: Brief Donizettis an Mayr, Z. 40, S. 260
2 Brief Luigis an Andrea vom 10.7.1828, Z. 5 B, S. 913
   Rechtfertigungsbrief Gaetanos an Andrea vom 19.7.1828, Z. 41, S. 260/61
4 Bescheidene Ansprüche Virginias: sieheAnmerkung 3, 5, 9
5 Zum Musikdirektorat: Brief Donizettis an Vater Andrea vom 21.10.1828, Z. 42, S. 262. Ebenda: erste Mahnung in Sachen junger Andrea
6 Zweite Mahnung: Brief Donizettis an Vater Andrea vom 30.12.1828, Z. 43, S. 263

3. Das Gewitter findet statt

1 Krankheitsbild, Besuch bei Tomini, Vergnügen Giuseppes: Brief Donizettis und Virginias an Vater Andrea vom 7.5.1829, Z. 45, S. 264/65
2 Zeitungsruhm Giuseppes, Reaktion Gaetanos und Geschenke: Brief Donizettis an Vater Andrea vom 22.5.1829, Z. 47, S. 266/67
3 Zur *Castello*-Premiere: Brief Donizettis an Mayr vom 24.7.1829, Z. 49, S. 268
4 Von 'Die beigezogenen Ärzte' bis 'Medikamente aus' und von 'Am folgenden Tag' bis 'gierig schlürft': Brief Donizettis an Vater Andrea vom 20.8.1829, Z. 51, S. 269

4. Fruchtbarkeit im Regen

1 Brief Donizettis an Barbaja vom 11.8.1829, Z. 50, S. 268/69
2 Zeitangabe Regenphase und Gerücht ihrer Entstehung: Brief Donizettis an Vater Andrea vom 13.2.1830, Z. 53, S. 272
3 Zum eigenen Textbuchplan: Brief Donizettis an Vater Andrea vom 10.1.1830, Z. 52, S. 271
4 *Diluvio*-Selbstbetrug (Direktzitat): Brief Donizettis an Vater Andrea vom 4.5.1830, Z. 55, S. 274
5 Zum *Ajo*-Mißerfolg, Z. 53, S. 272
6 Donizetti und die alpenmäßigen Gewitterregen: ebenda
7 Bestellung des Bildes im Mai: Brief Donizettis an Vater Andrea vom 22.5.1829, Z. 47, S. 267
   Neubestellung und Argwohn betreffend Agazzi und andere Freunde: Z. 52, S. 271 (Das volle Ausmaß des Argwohns ist nur zu erkennen, wenn man Donizettis Brief vom 19.4.1831 an Vater Andrea, Z. 65, S. 282, betreffend Agazzi liest)
8 Auftrag an Vater Andrea, Quarenghi zu schreiben: Brief Donizettis vom 29.5.1830, Z. 56, S. 275
9 Klagen Giuseppes und Verteidigung Gaetanos: Brief an Vater Andrea vom 20.8.1829, Z. 51, S. 270
10 «Kinderchen», Z. 53, S. 273
11 Zum bergamaskischen Kardinal: seriöse Bemerkung: Z. 51, S. 270
12 Donizettis Witz, Z. 55, S. 274
13 Zur *Diluvio*-Premiere: ebenda (Die Hintergründe stammen nicht von Donizetti) Goldene Tabakdose: ebenda

5. Ein Machtkampf in Mailand

1. Zur Sommerhitze: Brief Donizettis an Vater Andrea vom 24. 6. 1830, Z. 57, S. 276
   Zum Ausbruch des Ätnas, Z. 56, S. 275
   Zur Krankheit Donizettis, Z. 57, S. 276
2. Bellini und Barbaja: Brief Bellinis an Florimo vom 11. 6. 1828, P. 23, S. 74/75
3. Donizetti und Barbaja: Brief Donizettis an Mayr vom 7. 8. 1830, Z. 60, S. 279
4. Versprechen Donizettis, mit Virginia zu kommen: Z. 55, S. 274
   Kupfermünzen, Z. 56, Z. 57 (und zahllose andere)
   gebrauchte Kleider, Z. 56, S. 275
   Bellini zahlte bis jetzt offenbar nichts: Brief Bellinis an seinen Bruder Carmelo vom 1. 7. 1830, P. 41, S. 108
   Ein typischer Empfehlungsbrief Donizettis: vom 24. 6. 1830 an Mayr, Z. 58, S. 277
   Ein Gegenbeispiel für das Verhalten Bellinis: Brief Bellinis an Florimo vom 14. 7. 1828, P. 25, S. 81/82
5. Die Bestechung Prividalis: Brief Donizettis an Mayr vom 7. 8. 1830, Z. 60, S. 279
6. Auftrag an Mayr, Romani zu überwachen: ebenda
7. Fenice-Episode: Brief Donizettis an Gasparo Galeotti vom Fenice, 20. 7. 1830, Z. 59, S. 277/78
8. Polenta und Vögel, Z. 60, S. 279
   Weltmann-Brief an Vater Andrea vom 5. 10. 1830, Z. 61, S. 280
9. Virginias Sorge wegen Seitensprüngen ihres Mannes: Brief Totos an Gaetano vom 15. 8. 1837, Z. 10 B, S. 870: «Quanto ti adorava quella povera creatura! Ti custodiva come un tesoro, e temeva che tutte le donne ti volessero rubare.» — Die Annahme geht wohl nicht zu weit, daß hinter ihrer brieflichen Erkundigung bei Schwiegervater Andrea nach dem Premierenerfolg der *Anna* und hinter der dabei geäußerten Klage, von Gaetano nicht genügend aufgeklärt zu werden — «di lui non mi fido» (!) —, auch jene andere Sorge steckt (Brief Virginias an Andrea vom 21. 12. 1830, Z. 7 C, S. 914).
10. Groll Bellinis auf die Sänger: Brief Bellinis an Giovanni Battista Perucchini vom 3. 1. 1831, P. 43, S. 111
11. Donizetti mit «Talent»: Brief Bellinis an Vincenzo Ferlito vom 1. 4. 1835, P. 99, S. 229
12. Donizetti vor der Haustür Melzis: Billett an diesen vom 31. 1. 1831, Z. 63, S. 281

4. Kapitel
DAS GERANGEL UM DEN ERSTEN RANG

1. Ein Rückfall und ein Wiederaufstieg mit Schikanen

1. Ohne Charisma: So wirkte er auf Felix Mendelssohn, der ihm in jener Zeit begegnet ist (Brief vom 6. 6. 1831 an seine Eltern, Mend., S. 176, Beleg für die Begegnung: Brief vom 27. 4. 1831 an seine Familie, Mend. S. 159)
2. Rubini-Episode: Brief Donizettis am Mayr vom 27. 5. 1833, Z. 95, S. 310

2. Ein zweiter Machtkampf in Mailand

1. Herunterspielen des *Elisir*: Brief Donizettis an Mayr vom 16. 5. 1832, Z. 74, S. 290
   Widmung des *Elisir*: Brief Donizettis an Ricordi vom 31. 7. 1832, Z. 77, S. 292
2. Unterschiedliche Bedeutung von Buffa- und Seria-Opern für Donizetti: Man vergleiche seine Stellungnahmen zu jeweils im gleichen Zeitraum entstandenen Opern der beiden Typen: *Borgomastro/Esule di Roma* (Z. 38, S. 257) ; *Pazzi* (Z. 53, S. 272)/*Diluvio Universale* (Z. 55, S. 274); *Campanello* und *Betly* (Z. 218. S. 416)/*Assedio di Calais* (Z. 226, S. 422);*Don Pasquale* (Z. 452, S. 636)/*Caterina Cornaro* (Z. 451, S. 635) usw.
3. 'Virginia von fern zu lieben...' — Dazu Donizetti selbst: Brief an Dolci vom 25. 2. 1844, Z. 546, S. 732; «La catena del matrimonio perde già del suo roseo quando si sposa un oggetto amatissimo, figurati, poi, quando per obbedienza si proferisce quel ‹sì›.»

3. Die erste Drehung einer Spirale

1 «Läßt er Ferretti spüren»: Für Donizettis Einstellung zur Arbeit am *Furioso* und gegenüber Ferretti finden sich in seinen Briefen an den Librettisten vom 2., 9. und 18. 8. sowie im vierten Schreiben dieser Reihe von Anfang September (Z. 78, S. 292/93; Z. 79, S. 293/94; Z. 80, S. 294/95 und Z. 82, S. 296/97) viele sprechende Belege. Daß Donizetti selbst sein zweifelhaftes Verhalten sehr wohl durchschaute, geht aus der Stelle in Brief Z. 80, S. 295, hervor: «Ciò che ti duole ch'io levi dal *Furioso* dillo, dillo, dillo, e mi vedrai com'ora, umile e prostrato al tuo (bastante grandissimo) piede.»
2 Donizettis Wünsche zum Männerduett: Brief an Ferretti von Anfang September, Z. 82, S. 297: «... anzi se lo bastonasse sarebbe meglio e poi lo accarezzasse pare che non vi sarebbe male.»
3 *Sancia*-Premierenbericht: Brief an Ferretti vom 6. 11. 1832, Z. 86, S. 300

4. Die zweite Drehung der Spirale

1 Rechtfertigungsbrief an Vater Andrea vom 18. 12. 1832, Z. 89, S. 303/04
2 *Zoraide*-Komplex: Brief Donizettis an Ricordi vom 6. 12. 1832, Z. 88, S. 303
Schubladenstücke für Novara: Brief Donizettis an Vater Andrea vom 13. 1. 1832, Z. 92, S. 306
Stelle in Novara zu gering: Brief Donizettis an Mayr vom 27. 5. 1832, S. 310
3 Zittern vor Ronconi, Z. 86, S. 300
4 Freundeskuß-Notiz: verfaßt an unbestimmtem Datum im Januar 1832, Z. 91, S. 305
5 Zur Merola-Geschichte: Dem Vorschlag Ashbrooks gemäß (S. 138) wurde die mehrfach, aber für Weinstock (S. 89) immer noch nicht genügend belegte Liebschaft in dieser Biographie als repräsentatives Beispiel für die vielen anderen Liaisons des Komponisten besonders hervorgehoben. Welches dieser Abenteuer wirklich stattgefunden hat und welches nicht, spielt letzlich keine Rolle. Diesen Gedanken äußerte Weinstock selbst in seiner Tschaikowsky-Biographie über den ebenso maßlosen russischen Komponisten (München 1948, S. 62 f.)
Überall harter Winter, Z. 92, S. 306
Zum Perversen in der *Parisina*: Byron selbst betonte im Vorwort zu seinem Epos das inzestuöse Element, das seiner Ansicht nach in Parisinas Beziehung zu Ugo enthalten ist
Mitleid mit Lanari (bis 'Finanzen geht'): Brief Donizettis an Vater Andrea vom 13. 1. 1833, Z. 92, S. 306
6 Konkrete Schritte: ebenda

5. Tanz der Operngeister

1 Bei der vertonten Liebesgeschichte handelt es sich um die historisch unverbürgte Version von Dichtern wie Goethe (Schauspiel «Torquato Tasso») und Lord Byron («The Lament of Tasso»; «Childe Harold», 4. Gesang, 35. bis 39. Stanze)
2 «Schon seit vielen Jahren Oper über einen Dichter»: Donizetti an Mayr, 27. 5. 1833, Z. 95, S. 310
Rubini als Wunschdarsteller: ebenda
3 Zu Rossis angeblicher Zahlungsunfähigkeit: Brief Donizettis an Ricordi vom 15. 6. 1833, Z. 101, S. 316, und an den Präsidenten vom La Fenice, 21. 11. 1833, Z. 125, S. 340
4 Honorardebatte um den *Diluvio*: Brief Donizettis an Ricordi vom 13. 6. 1833, Z. 99, S. 313
5 Zum Durcheinander bei den Scala-Unternehmern: Brief Donizettis an Ricordi vom 3. 1. 1833, Z. 90, S. 305
6 Die lockeren Sitten der Ungher im Spiegel ihrer Beziehung zu Donizetti: Brief Donizettis an Lanari vom 11. 7. 1833, Z. 105, S. 320, und an den Bariton Salvatori vom 8. 2. 1836, Z. 196, S. 398
7 Zweifel an Unghers Zuverlässigkeit («Zigeunerherz» ist kein Direktzitat), Z. 99, S. 313
8 Unterbruch der Zeitungslieferung und misanthropische Bemerkungen über Rossini: Brief Donizettis an Ricordi vom 15. 6. 1833, Z. 101, S. 316. Der Ausbruch «Was

machen wir bloß ...» stammt aus dem Brief an Ferretti vom 25. (26.?) 6. 1833, Z. 102, S. 317
9 Besuch der Impresarios: Brief Donizettis an Ricordi vom 2. 7. 1833, Z. 103, S. 318
10 Ärger über Rossi: ebenda
11 Brief Donizettis an Lanari vom 19. 7. 1833, Z. 106, S. 320/21
12 Verzweiflungsbrief an Ricordi vom 1. 8. 1833, Z. 110, S. 324
13 Reaktion des Komponisten auf Ricordis Antwortbrief vom 6. 8. 1833, Z. 111, S. 326
14 Versöhnung mit Lanari: Brief Donizettis vom 15. 8., Z. 114, S. 331/32

6. Die dritte Drehung der Spirale

1 Hergang der *Furioso*-Revision: Brief Donizettis an Ferretti vom 9. 10. 1833, S. 336. Trinkgeld: Zahlungsauftrag des Impresarios Teodoro Gottardi vom 23. 9. 1833, Z. 118, S. 335
2 Haltung gegenüber Fürst Visconti: Brief Donizettis an den Unternehmer vom 29. 12. 1833, Z. 129, S. 342, und an Ricordi vom 4. 10. 1834, Z. 148, S. 359/60
3 Vorschläge Donizettis an Lanari zum neuen Libretto: Brief 20. 11. 1833, Z. 124, S. 339/40
4 Zur Primadonnenfrage: Briefe Donizettis an Lanari vom 28. 10. und 9. 11. 1833, Z. 122 und 123, S. 338
5 «Arturo-Zettel» an Romani: undatiert, Z. 130, S. 343

7. Eulen-Diplomatie

1 Brief Donizettis an Ricordi vom 15. 4. 1834, Z. 132, S. 345
2 'Jammervoller Brief' an Ricordi: der oben erwähnte
3 Mindestens sechs Monate unbezahlt: Brief Donizettis an Vater Andrea vom 18. 7. 1834, Z. 144, S. 356/57
4 Grundsätzliche Erlaubnis der Reisebewilligungen: Brief Donizettis an Mayr vom 24. 4. 1834, Z. 134, S. 347
5 Ärger über Romani: Brief Donizettis an Ricordi vom 27. 5. 1834, Z. 141, S. 354. Gelalle: Brief Donizettis an Ricordi vom 7. 6. 1834, Z. 143, S. 356
6 Königstreue Reaktion auf das *Stuarda*-Verbot: Brief Donizettis an Ferretti vom 7. 10. 1834, Z. 150, S. 362
7 Grund der Umarbeitung: Brief Donizettis an Vater Andrea vom 2. 10. 1834, Z. 147, S. 359
  Weitere Verstümmelungen der *Stuarda*, Z. 150, S. 362
8 «Huren seid ihr alle beide»: ebenda
9 Beleg, daß schon von allem Anfang an gestritten wurde: Brief Donizettis an Ricordi vom 4. 10. 1834, S. 360 angeblicher Verrat der Ronzi: ebenda
10 Verrat Romanis an die Fürsten: ebenda, S. 359/360
11 «*Marino* nahezu fertig»: Brief Donizettis an Ferretti vom 7. 10. 1834, Z. 150, S. 362. Lakonischer Brief an Fürst Visconti vom 14. 10. 1834, Z. 153, S. 364/65
  Bellinis «diplomatische Beflissenheit»: Brief Bellinis an Vincenzo Ferlito vom 1. 4. 1835, P. 99, S. 229
  Bellinis Erinnerungen: ebenda, S. 225—229

5. Kapitel
DER SKLAVE SEINER OPERN UND DER TOD

1. Tag für den einen, Nacht für den andern

1 und 2 Die ersten, ungebrochen positiven Stellungnahmen Donizettis zu Accursi und den de Coussys: Brief an Cobianchi vom 16. 7. 1835, Z. 170, S. 378. Zélies Versprechen: Brief Donizettis an Auguste de Coussy vom 24. 3. 1836, Z. 200, S. 401. Zum wahren Gesicht Accursis und der de Coussys siehe Ashbrooks große Briefdokumentation, S. 294—298. Zu Accursi siehe auch Anmerkung 6, 3, 7

2 Brief Donizettis an Ricordi vom 3. 5. 1835, Z. 164, S. 372
4 Zitate aus dem erwähnten Geschäftsbrief Donizettis an den Kritiker Prividali vom 6. 6. 1835, Z. 167, S. 375. Die qualitative Begründung für Cammaranos Wahl folgt erst im Brief vom 24. 10. 1835 an Natale Fabbrici, Z. 181, S. 389
5 Brief an Cobianchi, Z. 170, S. 378
6 Erwähnung der Krankheit bei Donizetti: Brief an Ferretti vom 16. 9. 1835, Z. 175, S. 384. Manches deutet darauf hin, daß Donizetti wußte, woran er litt. In einem Brief vom 17. 9. 1835, SD. 36, S. 32, bittet er den Florentiner Bibliothekar Giampieri um ein Rezept zur Heilung der «asiatischen Krankheit». Falls er ein solches finden würde, dürfte er «nicht drei Stunden» säumen, es ihm mitzuteilen. Umgekehrt wolle er ihm den gleichen Gefallen tun, wenn er, Donizetti, der erste sei. (Siehe auch Anmerkung 7, 5, 7)
7 Briefe Donizettis an Giuseppe Consul, Impresario in Turin, von Anfang Juli und vom 21. 7. 1835, Z. 168 und Z. 171, S. 375/76 und 379. (Z. 171: «Voglio amore (...) e amor violento.») Bei der fraglichen Oper handelt es sich um *Gl'Illinesi* von Feliciano Strepponi (1829)
8 Probenmisere *Lucia* einschließlich Bellini-Zitat: Brief Donizettis an Ricordi vom 5. 9. 1835, Z. 174, S. 383
9 Premierenbericht *Lucia:* Brief Donizettis an Ricordi vom 29. 9. 1835, Z. 177, S. 385
10 Brief Donizettis an Lanari vom 21. 5. 1836, Z. 210, S. 410
11 Z. 177, S. 385
12 Brief an Ricordi vom 17. 10. 1835, Z. 178, S. 386
13 Das *Lamento* und die sogenannte *Sinfonia* (für Klavier) scheint Donizetti erst im nächsten Jahr fertiggestellt zu haben

2. Jeder Vater stirbt seinen Tod

1 Brief Donizettis an Dolci vom 29. 10. 1835, Z. 183, S. 390 («Io sto componendo per Venezia e non ho testa per sì tristi notizie»)
2 Brief Donizettis an Dolci vom Dezember 1835, Z. 187, S. 392
3 Briefe Donizettis an Dolci vom 28. 12. 1835 und 13. 1. 1836, Z. 189 und 194, S. 394 und 397
4 Z. 189, S. 393
5 Briefe Donizettis an Dolci und an Giuseppe Bardari vom 3. 1. und vom 8. oder 9. 3. 1836, Z. 190 und 199, S. 394 und 400
6 Brief Donizettis an Dolci vom 4. 1. 1836, Z. 191, S. 395
7 Brief Donizettis an Napoleone Petrucci vom 14. 1. 1836, Z. 195, S. 397 (speziell auf eine Sopranistin namens Antonietta Vial bezogen)
8 Brief Donizettis an den Verleger Pacini vom 19. 4. 1836, Z. 205, S. 407 («Il Belisario è meno travagliato, ma, io so che sul teatro aveva un effetto e che non s'illude una popolazione senza qualche cosa»)
9 Brief Donizettis an Salvatori vom 8. 2. 1836, Z. 196, S. 398
10 Brief Donizettis an Dolci vom 13. 1. 1836, Z. 194, S. 396/97
11 Brief Donizettis an Dolci vom 30. 3. 1836, Z. 203, S. 405 (Die Schicksalsschläge werden von Donizetti um einen weiteren Todesfall in Totos Verwandtschaft effektvoll ergänzt)
12 Brief Donizettis an Dolci vom 5. 3. 1836, Z. 197, S. 399
13 Alles ohne Francescos Posten (in dieser Sache beginnt Donizetti in seinen nächsten Briefen an Dolci weiterzudrängen): ebenda
14 «1001 Quarantänen»: Brief Donizettis an de Coussy vom 24. 3. 1836, Z. 200, S. 401

3. Ein Sündenerlaß in eigener Regie

1 Es handelt sich um Donizettis letztes Streichquartett, Nr. 19 in e-moll, dessen ersten Satz er später für die Ouvertüre der *Linda di Chamounix* wiederverwenden sollte. Die Lieder ergaben die prachtvolle Sammlung *Nuits d'Eté à Pausilippe*, mit sechs der schönsten Duette aus seiner Feder
2 Zur Wiederaufnahme des *Marino* und ihrem Hintergrund: Brief des Verlegers Pacini an Donizetti vom 21. 2. 1836, Z. 5B, S. 865. Alles übrige: Brief Donizettis an Pacini vom

19. 4. 1836, Z. 205, S. 406/07. Der Hinweis auf den «Paketausträger» ist Interpretation
3 Ärger wegen Coppolas Berufung nach Wien: Brief Donizettis an Ricordi vom 30. 3. 1836, Z. 204, S. 406. Verstümmelung des *Belisario:* schriftliche Rüge Donizettis an Carlo Balocchino, Impresario am Kärntnertor, vom 22. 4. 1836, Z. 206, S. 408
4 Ablehnung des Doppel-Zet: Brief Donizettis an Dolci vom 30. 3. 1836, Z. 202, S. 403. Die Vornamen Cherubinis: Anschrift von Donizettis Brief an Cherubini vom 26. 4. 1836, Z. 207, S. 408
5 Briefe Donizettis an Dolci vom 30. 3. 1836, Z. 202 und 203, S. 403 und 405
6 Z. 202, S. 403
7 Brief Donizettis an Lanari vom 21. 5. 1836, Z. 210, S. 410
8 Zu Cammaranos Schweigsamkeit und Kirchenwandeleien: Brief Donizettis an Toto vom 8. 5. 1838, Z. 291, S. 470
9 Brief Donizettis an Dolci von Anfang September 1836, Z. 219, S. 417
10 Brief Donizettis an Dolci vom 6. 8. 1836, Z. 218, S. 415/16. Donizetti, der sich augenscheinlich schämte, soviel Geld für Luxus auszugeben, spielte den effektiven Betrag von 5600 Dukaten (23 744 Francs) auf 15 000 Francs herunter. Zu Mayr siehe auch Anmerkung 5, 5, 18.
11 Brief Donizettis an Spadaro del Bosch vom 19. 10. 1836, Z. 223, S. 420. Donizettis anschließend zitierte Bemerkung zu den *Assedio*-Proben ist ebenfalls hier enthalten
12 «L'opera più travagliata»: Briefe Donizettis an Ricordi vom 22. 11. und 22. 12. 1836, Z. 225 und 230, S. 421 und 425. «Geistliches und Weltliches», dramatischer Effekt: Brief an Dolci vom 22. 11. 1836, Z. 226, S. 422
13 Alle Erwägungen Donizettis: Brief an Mayr vom 28. 12. 1836, Z. 231, S. 425

4. Die große Wende

1 zum *Requiem:* Brief Donizettis an Mayr vom 21. 6. 1837, Z. 240, S. 431
2 Brief Donizettis an Toto vom 2. 9. 1837, Z. 255, S. 443
3 Weinstock (S. 128) und Ashbrook (S. 206) erwecken den — freilich unklar gehaltenen — Eindruck, als wäre der *Roberto* nach dem Tod Virginias entstanden. Doch Donizetti schrieb im Brief an Spadaro del Bosch vom 28. 6. 1837, Z. 242, S. 433: «Fatico da cane per l'opera nuova», und wenig später, im Brief an Guglielmo Cottrau, Z. 243, S. 433: «Lascia ch'io finisco l'opera che poco mi manca.» Möglicherweise hat er die Oper erst nach dem Tod Virginias fertiggestellt und erst zu diesem Zeitpunkt datiert
4 Brief Donizettis an Toto vom 31. 8. 1837, Z. 254, S. 442: «Il mio temperamento era tale da perdersi in parole di attaccamento.» Es ist die einzige Stelle, mit der Donizetti seine Gewissensbisse offen gesteht — indirekt freilich wohl: siehe Anmerkungen 5, 4, 11 — 5, 4, 12 («Parmi che sia in Roma») — 5, 5, 18 — 6, 2, 10 — 7, 5, 17
5 Brief Donizettis an Spadaro del Bosch ca. vom 8. 7. 1837, Z. 244, S. 434
6 Briefe Donizettis an Spadaro vom 10. und 28. 6. 1837, Z. 238 und 242, S. 430 und 433. «Museum Donizettianum»: Z. 300, S. 478
7 Brief Donizettis an Cottrau von Ende Juni 1837, Z. 243, S. 433
8 Z. 244, S. 434
9 Die Vorgänge um die Kantate: Brief Donizettis an einen Vertreter der Königlichen Theater vom 5. 8. 1837, Z. 245, S. 435. Zur Ursache von Virginias Tod: Als unmittelbaren Todesgrund nannte die Literatur des letzten Jahrhunderts Masern, Scharlach, Meningitis und bisweilen — völlig unglaubwürdig — auch die Cholera. Toto war überzeugt, Virginia sei einem Schlaganfall erlegen, der «Erbkrankheit» der Vassellis (Brief Totos an Donizetti vom 9. 9. 1837, Z. 17B, S. 876). Donizetti selbst schrieb ihren Tod den Folgen eines Bades zu, die an Masern erkrankt, hätte vermeiden sollen: Brief Donizettis an Spadaro vom 26. 8. 1837, Z. 252, S. 441. Man darf indessen vermuten, daß ihre Schwächung durch die vorausgegangene Fehlgeburt die Wirkung der folgenden Krankheit erheblich gesteigert hat; die Fehlgeburt aber ist nach aller medizinischen Wahrscheinlichkeit auf die Syphilis zurückzuführen
10 Verbot, ihn Witwer zu nennen: Brief Donizettis an Spadaro vom 9. 8. 1837, Z. 247, S. 436

378 Anmerkungen zum 5. Kapitel

11 Zum Selbstmordversuch: Brief Donizettis an Toto vom 22. 8. 1837, Z. 251, S. 440. Zu seinem Eindruck, er sei verflucht: siehe Anmerkung 5, 5, 18 und folgende Stellen aus Briefen an Toto vom Juni 1838 (vor dem ersten Todestag Virginias: «Sono annoiato di tutto ... di tutto ... son fatto cattivo. — Oh, io so il perchè» (Z. 301, S. 479); «Penso che dopo la morte di ... io non sia più buono per nulla» (Z. 296, S. 475)
12 Zu Donizettis geisterhaftem Zustand und seinem Geisterkult: «Ancora credo sognare, ancora la porta fatale è chiusa ed ancora non mi fido restar solo» (Brief an Toto vom 12. 8. 1837, Z. 248, S. 437). «Ma la porta è chiusa, ma io non posso aprirla, ma io fuggo ancora da quellla» (Brief an Toto vom 31. 8. 1837, Z. 254, S. 442). «Alla tua venuta avrei forse aperta la camera, ma ora fino al ritorno, rimarrà così ... Mi raccomando che tutto sia tenuto in buono stato ... debbo dirtelo? ... parmi aspettarla ... parmi che debba tornare ...» — und es folgt die anderweitig aufschlußreiche Präzisierung: «che sia a Roma» (Brief an Toto vom 21. 9. 1837, Z. 263, S. 449). «Non ho il coraggio di aprirne la porta. Temo di no. Io la aspetto. Ecco le lagrime ...» (Brief an Toto vom 8. 5. 1838, Z. 291, S. 470). An diese Stellen (wie auch an die unter 11) erwähnten) fügt sich bruchlos Donizettis Geisterstück *Maria de Rudenz*. Zitate aus dem Libretto: «L'ira placar del mio destin perverso ...», «Viva sepolta l'abbandonai. Ma colta l'anima mia di subito rimorso ...», «Il primo dei beni ancora t'avanza, un core innocente! Di perderlo trema!» (Texte Corrados); «Sulla mia tomba gelida tardi, ed invan pietoso, nel suo rimorso a piangere egli verrà talor», «Fonte d'amare lagrime apristi agli occhi miei, la fama, il padre, ahi misera! per te crudel perdei!», «Ma risorger mi vedrai truce spettro insanguinato ...» (Texte Marias) — und viele andere!
13 Brief Donizettis an Toto vom 12. 8. 1837, Z. 248, S. 436/37
14 Brief Donizettis an Toto vom 31. 8. 1837, Z. 254, S. 442; Wortlaut in Anmerkung 5, 4, 4
15 Brief Donizettis an Toto vom 4. 9. 1837, Z. 256, S. 444
16 Brief Ghezzis an Toto ca. vom 17. 8. 1837, Z. 250b, S. 439. Totos Rechtfertigungsbrief an Donizetti vom 29. 8. 1837, Z. 13B, S. 872
17 Brief Donizettis an Toto vom 16. 9. 1837, Z. 261, S. 447
18 Totos echter Grund gegen die Reise: Brief an Donizetti vom 9. 9. 1837, Z. 17B, S. 877; die anfangs vorgeschützten Gründe: Brief Totos an Donizetti vom 22. 8. 1837, Z. 11B, S. 871. Gaetanos Zusicherung: Brief an Toto vom 12. 9. 1837, Z. 258, S. 445
19 Zu Totos Situation: Z. 11B, S. 871
20 Zu Virginias Locke: Z. 254, S. 442; zu Donizettis Künstlerruhm: Brief Totos an Donizetti vom 15. 8. 1837, Z. 10B, S. 870; zu Petrarca: Brief Donizettis an Toto vom 13. 9. 1837, Z. 259, S. 446
21 alles: Z. 17B, S. 876/77
22 Mehr Tote in Rom: Z. 13B, S. 873; mehr Tote in Neapel: Brief Donizettis an Toto vom 4. 9. 1837, Z. 256, S. 443; Zweibahnverkehr der Leichenkarren: Brief Totos an Donizetti vom 2. 9. 1837, Z. 15B, S. 875

5. Schaffenskrise

1 «L'anima ci gode nella tristezza, ma lo spirito si abatte» (Brief Donizettis an Toto vom 12. 9. 1837, Z. 258, S. 445). Die sexuellen Aktivitäten (früher erwähnte er sie praktisch nie!): Brief Donizettis an Toto vom 13. 9. 1837, Z. 259, S. 446: «Vi sono dei momenti, che io mi darei in mano a cento donne, se potessero distrarmi per mezz'ora e pagherei quanto posso. Tento(!), rido, spero e ricado di più. Niuno lo crederebbe.» Weitere Stellen in Anmerkung 6, 2, 2. Wenig später schrieb Donizetti an Maestro Angelo Lodi (Brief vom 31. 10. 1837, Z. 271, S. 454): «Spero trovar guarita la sempre amabile Contessa Bianca Muzzarelli, che inviterò a venir meco in Venezia, onde si distragga». Weitere Stellen in den Anmerkungen 5, 5, 8 — 5, 5, 13 — 5, 5, 16 — 5, 6, 5 — 6, 5, 1
2 Damit sind nicht die Tränen um Virginia gemeint, die laut den Briefen Donizettis reichlich fließen, sondern das Mitleid überhaupt. Brief Donizettis an Toto vom 21. 9. 1837, Z. 263, S. 449: «Lessi la morte (di ...), ma, credilo, Toto, niente mi scuote; e nemmeno me ne dolgo, come cosa sì bassa al paragone mio.»

3 Zu den Liedern: Donizetti brachte schließlich nur fünf zustande und fügte der Sammlung, *Soirées d'Automne à l'Infrascata*, bezeichnenderweise das Duett «Sarà più fida Irene» bei: seine Freiergabe an Virginia vom 29. 11. 1826. Zum «Reis in der Pfanne» und zum Dilemma wegen der Fenice-Oper: Z. 258, S. 445. Die *Roberto*-Proben als Zerstreuung: Brief Donizettis an Toto vom 2. 9. 1837, Z. 255, S. 443
4 Donizettis Verdacht auf Florimo und Konsorten: Brief an Persico vom 29. 5. 1840, Z. 338, S. 514. Auch die Bedeutung von Mercadantes Reichszugehörigkeit war Donizetti bewußt: Brief an Toto vom 6. 5. 1842, Z. 409, S. 593
5 Zu Donizettis Unlust, weiterhin in Neapel zu leben, und ihrem Hauptgrund, Virginias Tod: «(. . .) allora sarà deciso s'io debba qui morire pel Conservatorio, o se potrò fuggire per alcun poco da questi siti, da questi mobili, da queste scale» (Brief Donizettis an Toto vom 17. 8. 1837, Z. 250a, S. 438). Daraus erhellt mit größter Deutlichkeit, daß nicht, wie Donizetti später zur Rechtfertigung seines Verhaltens erklärte, die Abweisung durch den König, sondern der Tod Virginias und dessen Folgen zu seinem Weggang führten. — Zur Ermutigung der Studenten: Brief Donizettis an Spadaro vom 26. 8. 1837, Z. 252, S. 441
6 Begeisterung für den Richelieu-Stoff: Briefe an Toto vom 19. und 26. 9. 1837, Z. 262 und 265, S. 448 und 450. Skepsis gegenüber dem *Rienzi:* Brief an Toto vom 5. 10. 1837, Z. 267, S. 452
7 Alles Erwähnte zu Cammarano: Brief Donizettis an Toto vom 30. 9. 1837, Z. 266, S. 451
8 Zu den *Betly*-Proben: Brief Donizettis an Toto vom 26. 9. 1837, Z. 265, S. 450. Zur Einstudierung des *Roberto:* Briefe an Toto vom 30. 9. und 5. 10. 1837, Z. 266 und 267, S. 451 und 452. Zum Verhältnis mit der Granchi: Briefe Donizettis an Persico vom 14. 10. 1838 sowie vom 6. 12. 1839, Z. 315 und 330, S. 490/91 und 505
9 Applaus für Cammarano: Brief Donizettis an Spadaro vom 4. 11. 1837, Z. 272, S. 455. Barroilhets «zwei Anginen»: Brief Donizettis an Toto vom 7. 11. 1837, Z. 273, S. 455
10 Zur Nichtinszenierung des *Requiems:* Brief Donizettis an Mayr vom 20. 12. 1837, Z. 282, S. 463
11 Negatives Urteil über die *Rudenz* und düstere Prognose für die Premiere: Brief Donizettis an Toto vom 21. 11. 1837, Z. 277, S. 460. Negatives Urteil über die Messe: Brief Donizettis an Toto vom 25. 11. 1837, Z. 279, S. 461
12 Zwei solche Empfehlungsbriefe vom 3. 12. 1837 an Spadaro, Z. 280 und 281, S. 462
13 Zerstreuung der Heiratsgerüchte durch Donizetti: Brief an Toto vom 16. 11. 1837, Z. 276, S. 458. (Die günstige Gelegenheit, ebenfalls zu erwähnen, daß er mit jenen namentlich erwähnten Damen, von denen Gerüchte meinen, die Heirat dränge sich auf, *keinen* intimen Umgang pflege, ergreift Donizetti nicht)
14 Verdienst der Ronzi: Brief Donizettis vom 29. 1. 1838, Z. 284, S. 464. Alles übrige: Z. 276, S. 458
15 ebenda. Zum schuldhaften Hintergrund siehe die folgende Anmerkung 18
16 Brief Donizettis an Toto vom 25. 11. 1837, Z. 279, S. 461: «Digli che fra giorni sarò in Firenze, che al solito vengo a Madama (come si chiama la locanda palazzo Torrigiani, Santa Trinità?) Madama . . . egli insomma lo sa.» Es handelt sich um den gleichen Giampieri, den Donizetti früher um ein Rezept zur Heilung der «asiatischen Krankheit» bat (siehe Anmerkung 1, 6)
17 Verschwinden des *Roberto:* ebenda. Zum Rummel um die Messe: Brief Donizettis an Mayr vom 20. 12. 1837, Z. 882, S. 463. (Aufführung evtl. am 28. 11.)
18 Großvaterfreuden: ebenda. wörtlich: «Io so che voi siete nonno . . . più felice di me che nemmeno resterò padre, ma sia pure così per sempre, a voi tutte le felicità che le meritate, a me nulla!» Alles übrige: Brief Donizettis an Dolci ca. vom 20. 1. 1838, Z. 283, S. 464. Mayrs damaliger Aufenthalt in seiner Unglückswohnung in Neapel ist für Donizetti «Forza del destino». Sobald er merkt, daß diese Ansicht zu begründen wäre, lenkt er das Thema auf die Wohnungspreise in Bergamo und in Neapel ab. Die früher erwähnte Stelle über Mayrs «ruhiges Gewissen», das diesen vor Unglück feie (Z. 218, S. 416), gehört in der gleichen Zusammenhang

6. Menschlicher Aufschwung

1 Brief Donizettis an Toto vom 7. 3. 1838, Z. 286, S. 466
2 zur *Parisina:* ebenda
3 Brief Donizettis an Toto vom 17. 3. 1838, Z. 288, S. 467: «(...) quell'angelo (Virginia) mi ha lasciato in istato quasi (!) felice. Non posso scriverne o parlarne senza versar lacrime, sempre, sempre, sempre.»
4 Einleitung des oben zitierten Abschnitts: «Specchiati in me, che nulla avea, e (...).» Zu Donizettis Leiden unter der Lage siehe auch Anmerkung 6, 6, 1
5 Zwang, Huren zu nehmen: Brief an Toto vom 7. 3. 1838, Z. 286, S. 466. Als Kenner des Preises, den Huren kosten, weist sich Donizetti im Brief an Toto vom 15. 6. 1838, Z. 305, S. 482, aus. Zur Ablösung von Donizettis Schwiegermutter: Brief an Toto vom 17. 3. 1838, Z. 288, S. 467. Alles übrige: Brief Donizettis an Toto vom 8. 5. 1838, Z. 291, S. 470
6 Zu dieser neuen Schaffenskrise: Briefe Donizettis an Toto vom Juni 1838, Z. 296 und 301, S. 475 und 479
7 «poco amore vi è»: Brief Donizettis an Toto vom 27. 6. 1838, Z. 300, S. 478
8 Z. 296, S. 475

6. Kapitel
OPERN, GELD UND EHRE

1. Beim Buhlen um den Goldenen Ring

1 Brief Donizettis an Duponchel vom 25. 5. 1838, Z. 293, S. 471/72
2 Die unten erwähnten Gründe: Briefe Donizettis an Dolci und Toto vom 26. 5. und 1. 6. 1838, Z. 294 und 295, S. 473 und 474 (dort das Direktzitat)
3 Daß dies die Ansicht der Regierung war, erfuhr Donizetti einen Monat später: Brief an Toto vom 15. 7. 1838, Z. 305, S. 482
4 Donizettis Sorgen nach der Audienz beim König: Brief an Melzi vom 26. 6. 1838, Z. 299, S. 478. Die Rückerstattung von Scribes Libretto wird ebenfalls hier begründet: «(...) non son che cose guerriere, ed io voglio affetti e non battaglie in scena.» Zum *Poliuto:* Brief Donizettis an Toto vom folgenden Tag: «Toto mio, mi par troppo fracassosa; poco amore vi è» (Z 300, S. 478)
5 Ärger über Accursi: Briefe an Toto vom 1., 14. und 15. 7. 1838. Z. 295, 304 und 305, S. 474, 481 und 482. Daß ihn Accursi gerne bei sich hätte und daß ihm dies als Anstoß für die Reise nicht genüge, steht in Z. 295
6 Die Stellungnahmen beider Parteien sind in einem Schreiben Donizettis an seinen Freund, den Advokaten Benevento, enthalten, von dem er sich rechtlichen Beistand erhoffte: Z. 311, S. 486 (25. 8. 1838)

2. Vom Goldenen Ring umbuhlt

1 Brief Donizettis an Persico vom 14. 10. 1838, Z. 315, S. 489/90
2 Zu Donizettis Krösusleben und seiner freudlosen Reaktion: Brief Donizettis an Dolci vom 13. 11. 1838, Z. 316, S. 492. Zu Donizettis sexuellen Aktivitäten: Sie waren laut Weinstock (S. 146) in diesem Zeitraum Gegenstand vieler Gerüchte — eine Entwicklung, die sich in der Folge stetig steigern sollte. Ashbrook spricht von Donizettis «obsessiver Sexualität der 40er Jahre» (S. 348). Donizetti selbst begnügte sich mit Andeutungen, freilich von unmißverständlicher Art (z. B. Z. 394, S. 575, Brief an Toto: «Hai coraggio di lagnarti della mia corrispondenza? (...) E che ... ti manca? Sapere se ...? Anche questo, quando posso.») Die spektakulärsten Zeugenberichte sind diese: Dem Autor des Buches «Vite ardenti nel Teatro» (Mailand, 1931), Raffaello Barbiera — dessen Bericht Weinstock zutiefst verachtet, während ihn Ashbrook durchaus glaubhaft findet —, erzählte der Sänger Felice Varese, er habe den Komponisten zu nächtlicher Stunde im Prater ertappt, als er ein Mädchen verfolgte (W., S. 224; A., S. 290). Und Alessandro Luzio — ein Wissenschafter, der selbst vor Weinstock einige Gnade findet

— berichtet im 4. Band der «Briefwechsel Verdis» (Rom, 1947) er habe in Wien ein Schreiben Donizettis zu Gesicht bekommen, worin der Maestro gestanden habe, daß er in seine sexuellen Riten gern mehr als nur eine Partnerin einbeziehe (W., S. 225). — Was Donizettis Schäferstündchen in Paris betrifft, sind folgende Äußerungen des Meisters, wenngleich ironisch gebrochen, ein nützlicher Hinweis auf das «Klima», in dem er sich dort bewegte und das ihn spürbar mit Ekel erfüllte: «Vous savez que je dois vivre pour vous, pour Maman, pour la... tiens le nom m'echappe... enfin, l'autre que j'aime (...). Pensez à moi, à moi... à la chambre nuptiale... à ma fidélité pour les secrèts et pour les femmes... à ce mot j'entend tout le monde rire... ainsi je cesse... je pleure... et je vais déjuner... Oh! malheur (...) pour exister il faut vivre, pour vivre il faut manger; pour manger il faut avoir une bonne santé... (...) et cela pourquoi?» (Brief an Madame Cobianchi ca. vom 13. 11. 1841, Z. 381, S. 561/62. Ferner sei ein Satz aus einem Brief Zélie de Coussys an Donizetti erwähnt: «Sie verbringen Ihre Abende beim Zeitungslesen! Oh! Das ist sehr dumm, und es wäre besser, sie in meinem Boudoir zu verbringen...» (zitiert bei Ashbrook, S. 298)

3 Z. 316, S. 492
4 Aufwand von 800 Francs im Monat: Brief Donizettis an Dolci vom 10. 1. 1839, Z. 317, S. 493. Kapital von 100 000 Francs: Brief Donizettis an Mayr vom 15. 5. 1839, Z. 320, S. 495 (Die Summe taucht in Mayrs Antwort wieder auf: Z. 27B, S. 886). 5 Piastri (25 Francs) für Bruder Francesco: Z. 316, S. 492
5 Brief Sofia Gay de Lavalettes an Donizetti vom 17. 1. 1839, Z. 25B, S. 883. Das Vorwort zur *Lucia*: Z. 24B, S. 882/83. Die Haltung Heines: nach seinem Buch *Lutetia*, S. 538/39 und 542/43 der verwendeten Edition. «Noch größer ist seine Fruchtbarkeit, worin er nur den Kaninchen nachsteht»: S. 442. «Schmetterlinge» ist eine freigewählte Kurzform für Heines Feststellung, daß seine Melodien «freudegaukelnd die Welt erheitern»
6 Verhalten gegenüber Journalisten: Z. 317, S. 493
7 Z. 320, S. 495/96
8 Brief Mayrs an Donizetti vom 30. 5. 1839, Z. 27B, S. 886. Die wortkarge Antwort Donizettis, worin er Mayrs Ausführungen mit keiner Silbe erwähnt, vom 23. 7. 1839, S. 497/98
9 Das Zeugnis Adolphe Adams: zitiert bei Weinstock, S. 139
10 Brief Donizettis an Dolci vom 26. 7. 1839, S. 499

3. Kontrapunkte

1 Die Episoden um Richard Wagner stützen sich in erster Linie auf seine Autobiographie
2 Zum bergamaskischen Arzt: Brief Donizettis an Dolci vom 26. 7. 1839, Z. 323, S. 498. Abkürzung M.: z. B. Z. 349, 350, 360
3 Brief Donizettis an Persico vom 9. 8. 1839, Z. 326, S. 501. Das Warten auf die Premiere des *Duca d'Alba* und die Möglichkeit der Kritiker, sich über die *Martyrs* zu informieren, sind abgeleitete Konsequenzen
4 «In Italia, il faut céder la place»: Brief Donizettis an Mayr vom 15. 5. 1839, Z. 390, S. 495. Das Spiel mit den Verlängerungsstempeln: Briefe Donizettis an Dolci, Mayr und Persico vom 13. 11. 1838 sowie vom 8. 4. und 9. 10. 1839, Z. 316, 319 und 328, S. 492, 495 und 503
5 Brief an Persico vom 9. 8. 1839, Z. 326, S. 500/01
6 ebenda. Inzwischen hat Donizetti begonnen, seine Krankheit mit dem Klima zu begründen (Brief an Dolci vom 26. 7. 1839, Z. 323, S. 499). Diese Taktik wird im Lauf der nächsten Jahre zur Gewohnheit werden.
7 Accursi unterhielt Kontakte zur Familie Napoleons (Z., S. 88). Seine politische Karriere enttarnte ihn schließlich als notorischen Verräter (Vorwort W., S. XI)
9 ebenda
10 Brief an Persico vom 6. 12. 1839, Z. 330, S. 505/06
11 Berlioz' Rezension: zitiert bei Ashbrook, S. 234. Donizettis Replik: Leserbrief an den «Moniteur Universel» vom 16. 2. 1840, Z. 332, S. 506/07

12 Die Vorgänge um die *Martyrs* vor der Premiere: Brief Donizettis an Persico vom 7. 4. 1840, Z. 334, S. 508/09. Nach der Premiere: Brief Donizettis an Toto vom 12. 4. 1840, Z. 335, S. 510. Besondere Freude der Theatergäste an den Bühnenbildern: W., S. 150. Berlioz' Kritik: zusammengefaßt bei Z., S. 510/11

13 Die Einnahmen des Theaters: Zeitungsausschnitte Z., S. 510 und 514. Die übrigen Geldangelegenheiten: Brief Donizettis an Persico vom 9. 5. 1840, Z. 337, S. 512/13 (hier ebenfalls Bewerbung um die Audienz)

14 Zorn wegen *Ange de Nisida:* Z. 337, S. 513, und Brief Donizettis an Persico vom 29. 5. 1840, Z. 338, S. 514

15 Willentlich langsamer Aufbruch, Weigerung, nach Neapel zu fahren, und «Prophezeiung»: Z. 338, S. 513—515

4. Die Zurückgewinnung Bergamos

1 Alles (außer über Lucca): Brief Donizettis an Dolci ca. vom 31. 7. 1840, Z. 340, S. 516/17. Lucca erweist sich in der ganzen folgenden Korrespondenz mit Donizetti als nur wenig hilfsbereiter, geiziger und trockener Geschäftsmann, dem der Komponist nicht die geringste Achtung entgegenbringt

2 Dankesbrief Donizettis an Dolci vom 15. 8. 1840, Z. 342, S. 518. Im übrigen stützt sich die Beschreibung auf die drei wichtigsten Biographien (Z., W., A.) und setzt — vor allem im besinnlichen Bereich — frühere biographische Fäden fort, die, wie die späteren Briefe des Komponisten beweisen, zu keinem Zeitpunkt seines Lebens abgebrochen waren (z. B. Virginias Tod: Z. 555, S. 740; die Auseinandersetzung mit seiner Herkunft und seinem Vater: Z. 496, S. 679)

3 Brief Donizettis an Pillet vom 15. 8. 1840, Z. 341, S. 517

4 Brief Donizettis an Iaccovacci vom 18. 8. 1840, S. 518/19

5 Brief Donizettis an Dolci vom 25. 9. 1840, Z. 346, S. 521

5. Schwebend über dem Goldenen Ring

1 Zur gern erfüllten moralischen Pflicht, bald nach Italien zurückzukehren: Z. 346, S. 521 («Quello ti prova se travaglio o no, e se ho premura di sbrigarmi di qui».) Die Liebe zu Zélie de Coussy: Brief Zélies an Donizetti vom 24. 12. 1840, Z. 29B, 2. Teil, S. 888: «Je suis déjà allée deux fois à la Favorite, sans jamais ou rester au quatrième acte (...) cette romance et ce duo me rappelant temps plus heureux, me déchirent le cœur!» — und weiter oben: «Je dois le consoler (Auguste de Coussy), c'est mon devoir, je m'y soumets sans murmurer, mais hélas en appelant la fin de ce supplice de tous mes veux.» Im gleichen Zeitraum widmete Donizetti Zélie de Coussy eine Romanze: «Tu mi chiedi se t'adoro». Zur Treue, die er seiner Meinung nach Virginia hält, sofern er auf eine zweite Heirat verzichtet: z. B. Z. 437, S. 624, Brief vom 3. 8. 1842 an Toto: «Che mi parli tu d'altre donne? Oh, ridi pure (!), e credi a me che piango ancora come il primo giorno»; Brief an Dolci vom 8. 4. 1844, Z. 555, S. 740: «Una perdita d'oggetto affezionato, non dà che un coraggio maggiore per seguirlo nella speme di rivedersi... Non ho speme che nella morte»

2 Daß sich Donizettis anfangs positive Einstellung inzwischen geändert hat, ist nur schon deshalb nicht zu vermuten, weil er bei Accursi wohnt. Doch auch das Fehlen Accursifeindlicher Briefe, wie er sie später schrieb (Darstellung von Accursis Verhandlungstaktik durch Donizetti in Z. 547, S. 733/34, 29. 2. 1844), weist darauf hin

3 Briefe Donizettis an Felice Romani und Toto vom 26. 9. und 1. 10. 1840, Z. 347 und 349, S. 522/23 und 524

4 Donizettis Bewußtsein, den Hauskomponisten der Pariser Bühnen den Platz an der Sonne geraubt zu haben, und sein verstecktes Grauen vor den Folgen dieser Tat tritt Jahre später in größenwahnsinniger Färbung hervor: «Ho ammorbata la Francia a forza di opere e traduzioni; gridan crucifige tutti i compositori, e con loro i loro foglietonisti. Io taccio, rido e sparisco» (Z. 536, S. 721); «Parto fra le maledizioni dei compositori residenti a Parigi» (Z. 524, S. 707). Die Abwesenheit des Komponisten bei der Premiere wird von Weinstock erwähnt (S. 159). Es handelt sich möglicherweise um eine Legende,

doch Donizettis Verzicht auf jede nähere Auskunft im Brief an Toto vom folgenden Tag (Z. 350, S. 525) bestärkt die Wahrscheinlichkeit des Berichts
5 Brief Donizettis an Lucca vom 7. 12. 1840, Z. 351, S. 526. Zwar hatte der Meister schon früher zwei Zeitungsausschnitte nach Mailand geschickt; der Hinweis auf die Portospesen aber bleibt verdächtig. Zusammenfassend läßt sich nach dem Studium der völlig widersprüchlichen Berichte sagen, daß die Premiere kaum ein offenes Fiasko war, doch weniger glücklich verlief als die der *Märtyrer*
6 Brief Donizettis an Toto vom 3. 12. 1840, Z. 350, S. 525
7 Der vorwurfsvolle Ton des schon in Anmerkung 1 zitierten Briefes von Zélie de Coussy an Donizetti, Z. 29B, 2. Teil, S. 888/89, ist ohne vorausgegangene Bitten, sie nicht zu verlassen, unvorstellbar. Ebenso unplausibel wäre die Vermutung, daß Donizetti ohne fremden Einfluß und ohne dringenden Grund auf eine Reise hätte verzichten wollen, die ihm so am Herzen lag (siehe Anmerkung 1 und Donizettis Brief an Dolci vom 30. 1. 1841, Z. 354, S. 529: «Lasciai Parigi (. . .) pel desio di riveder Roma e gli amici»)
8 Die schicksalshafte Bedeutung des Briefes wird auch von Ashbrook zur Geltung gebracht (S. 247—249)
9 Z. 29B, 2. Teil, S. 888/89. Der Kummer Augustes betrifft anscheinend die in der ersten, von ihm selbst verfaßten Hälfte des Briefes geschilderten Geldprobleme, denen Donizetti durch die Räumung seines Neapolitaner Kontos Abhilfe schaffen soll. Doch Zélie könnte auch den Eindruck erwecken wollen, Auguste sei auf Donizetti als Rivalen eifersüchtig. Darauf deutet die Bemerkung hin, sie müsse ihre Blumen vor ihm verstekken, und die Erwähnung ihrer «Wünsche», die sie unterdrücken müsse, wenn sie ihren Gatten tröste (siehe Anmerkung 1)
10 Poststempel der Ankunft des Briefes in Rom: 6. 1. 1841

6. Die Zurückgewinnung Roms

1 Donizettis Grillen und seine Bedenken: Brief an Toto vom 1. 10. 1840, Z. 349, S. 524. Daß die Situation auch jetzt noch nicht einfach ist, bezeugt ein Satz aus seinem Brief an Dolci vom 30. 1. 1841 aus Rom, Z. 354, S. 529: «Trovami una moglie che mi secco solo»
2 Das Frühstück in Rom und seine vier Rosen: Brief an Toto vom 15. 3. 1841, Z. 360, S. 535 (zur Identität der «Rosen» siehe die dortige Anmerkung Zavadinis)
3 Das Wetter in Rom und Donizettis Opernpläne: Brief an den Verleger Lucca vom 8. 1. 1841, Z. 352, S. 527
4 Die Inszenierungskünste der Italiener: Z. 354, S. 529 («O, se un giorno vedesti le opere a Parigi rideresti di gran cose che si fanno ne' teatri d'Italia»)
5 Wieder in Paris, versuchte Donizetti diese Sorgen Totos zu zerstreuen: Brief vom 15. 3. 1841, Z. 360, S. 534/35. Da in den früheren Briefen des Komponisten an seinen Schwager von diesem Thema nicht die Rede war, müssen die beiden in Rom darüber gesprochen haben. Diese Auseinandersetzung drängte sich schon deshalb auf, weil Donizetti während seines Aufenthalts bei Toto eine neue Überweisung von Geld aus Neapel an Monsieur de Coussy zu organisieren hatte (siehe Anmerkung 6, 7, 5). Daß Totos Vorhaltungen ihren Eindruck auf Gaetano nicht verfehlten, geht aus der gewundenen Art hervor, in der er sich gegen sie wehrt (Z. 360), und daraus, daß er in der Folge wieder Geld nach Neapel schickt.
6 Zélies verführerisches Brief erhielt er am 6. 1. 1841. Am übernächsten Tag berichtete er Lucca, daß er bei seiner Abfahrt aus Paris noch nicht zur Rückkehr entschlossen gewesen sei. Er habe zweifeln müssen, ob er von Scribe das Textbuch für eine neue komische Oper plangemäß erhalten werde. Inzwischen freilich habe er erfahren, daß sich der Dichter an die Abmachungen halten werde, und kehre deshalb zurück (Z. 352, S. 527/28). Abfahrtsmelancholie: Brief Donizettis an Dolci vom 18. 3. 1841, Z. 356, S. 531 («Parto domani per Civitavecchia (. . .), poi . . . tristezza. Mare, sino a Marsiglia, terra sino a Parigi. — È mestieri»)
7 Tatsächlich legen so viele Quellen — nur nicht solche der direkt Betroffenen — ein

sexuelles Verhältnis nahe, daß selbst Weinstock einräumt, «ein gewisses Feuer» habe zweifellos geglüht (S. 164). Auch Donizettis spätere, absurde Unterstellung, Verdi habe die Strepponi — seine treue Helferin — vor der Premiere des *Nabucco* ausbooten wollen, deutet in diese Richtung (Brief Donizettis an Toto vom 4. 3. 1842, Z. 399, S. 580). Wenn ferner die kaum zu bezweifelnde Ansicht stimmt, Verdi, der spätere Ehemann der Strepponi, habe sich in der *Traviata* mit ihrem einstigen Lebenswandel befaßt, könnte das notengetreue Zitat von Ghinos erster Arioso-Melodie aus *Pia de Tolomei* im weltberühmten Vorspiel zur *Traviata* von tiefer Bedeutung sein

8 Z. 356, S. 530
9 Rund um den *Esule:* ebenda, S. 531, und Brief Donizettis an Toto vom 4. 3. 1841, Z. 358, S. 532

7. Der Sieg des Goldenen Rings

1 Z. 358, S. 532
2 Zur neuen Karikatur: ebenda. Zur alten Karikatur: Brief Donizettis an Dolci vom 27. 4. 1840, Z. 336, S. 511
3 Vergnügen beim Erhalt der Dekoration: Brief an Toto vom 15. 3. 1841, Z. 360, S. 534. Alles übrige: Z. 358, S. 532. Zu Donizettis Aktionen für Giuseppe: Brief an Toto vom 31. 7. 1841, Z. 369, S. 549
4 Klavierauszug *Adelia:* Brief Donizettis an Lucca vom 7. 3. 1841, Z. 359, S. 533. Romanzen und Übersetzung der *Parisina:* Brief an Toto vom 6. 5. 1841, Z. 362, S. 536. Aus den Romanzen wurde die Sammlung *Matinées musicales*. Alles übrige: Brief an Toto vom 15. 3. 1841, Z. 360, S. 534/35
5 Die schon erwähnten Hinweise Auguste de Coussys auf die von ihm gewünschten Geldtransfers (Brief an den in Rom befindlichen Donizetti vom 24. 12. 1840, Z. 29B, 1. Hälfte, S. 887/88; siehe Anmerkung 6, 6, 5) gewähren Aufschluß über drei Zusammenhänge: a) Donizetti hat Auguste de Coussy schon mehrmals unter die Arme gegriffen, b) er hat es gerade jüngst wieder getan, c) er wird von Auguste de Coussy an die augenscheinlich vor der Abfahrt Donizettis aus Paris getroffene Vereinbarung erinnert, neue Gelder nachzuschicken, und zwar «soviel wie möglich». Wann diese neuesten Lieferungen abgeschlossen waren, ist schwer zu ermitteln. Sie scheinen aber gegenwärtig noch in Gang zu sein, da Donizetti, anders als Wochen später (Brief an Toto vom 22. 6. 1841, Z. 366, S. 545), diese Vermutung nicht entkräftet. Vielmehr bestärken seine Äußerungen den Verdacht: «Se il diavolo vuol mettere la coda nelle cose mie, allora posso perdere anco le scarpe, per così dire; ma, se le cose vanno come devono, io non perderò e godrò l'interesse del capitale quietamente, sino a che mi piacerà portare il tutto in altro loco». Nochmals etwas später macht er Toto die Konzession, sein Neapolitaner Konto wieder etwas aufzustocken: Z. 366, S. 545 (in Aussicht gestellt), Brief Donizettis an Toto vom 10. 8. 1841, Z. 370, S. 551 (vollzogen)
6 Siehe dazu wieder Ashbrooks große Dokumentation von Briefen Accursis und beider de Coussys, S. 294—298
7 Zum möglichen Verlust von 55 000 Francs: Brief Donizettis an Dolci vom 24. 6. 1841, Z. 367, S. 547
8 Beschreibung der Zeremonie: Brief Donizettis an Toto vom 6. 5. 1841, Z. 362, S. 536/37. Die folgende Interpretation entspricht der Darstellung in Donizettis letzter Oper *Dom Sébastien*
9 Brief Donizettis an Dolci vom 20. 5. 1841, Z. 363, S. 537 (Originalzitat in Anmerkung 2, 5, 7)
10 Brief Donizettis an Ricordi vom 23. 5. 1841, Z. 364, S. 540/41
11 Brief Donizettis an Toto vom 22. 6. 1841, Z. 366, S. 545

8. Ikarus und Samson

1 Nach seiner Abfahrt im August ist Donizetti trotz unaufhörlichen Drängens seiner Pariser «Freunde» nicht mehr bereit, zu ihnen zurückzukehren; dieser konsequente Widerstand ist völlig neu. Siehe dazu Z. 391, S. 572/73; Z. 402, S. 582; Z. 403, S. 584;

Anmerkungen zum 6. Kapitel   385

Z. 404, S. 585; Z. 407, S. 590; Z. 410, S. 595; Z. 411, S. 597; SD. 91, S. 84und Z. 420, S. 608. Was war der Grund? — Im gleichen Brief an Dolci, der den Hinweis auf den drohenden Verlust von 55 000 Francs enthält (Z. 367, S. 547), schreibt Donizetti: «Godi di quella tranquillità che si prova nelle nostre ridenti, o tempestate campagne, mentre io vivo in questa città dove confondonsi i partiti che le passioni degli uomini suscitano ... e dove l'avvenire sembra ad ogni istante compromettersi ...» Auf eine Distanzierung Donizettis von den Pariser «Freunden» weist auch der Wegzug Donizettis von der Rue Marivaux Nr. 1 (Wohnung Accursis) an die Rue Grammont Nr. 1 (Hotel Manchester) hin. Vor allem aber belegen die folgenden, bald schon in offenem Haß geschriebenen Briefe des Meisters diese Entwicklung: Z. 391, S. 573; Z. 392, S. 574; SD. 88, S. 79; SD. 90, S. 81/82 (vor seinem nächsten Pariser Besuch verfaßt); SD. 101, S. 96; Z. 547, S. 733/34; Z. 619, S. 796; Z. 634, S. 809 (nach seinem nächsten Pariser Besuch verfaßt). Die Wahrscheinlichkeit, daß die geheimnisvollen Leute namens «Monsieur» und «Madame» in Donizettis Briefen an Accursi andere Personen als die de Coussys darstellen könnten, ist äußerst gering. Erstens fungiert Accursi in den erhaltenen Dokumenten seit Donizettis erstem Pariser Besuch als enger Bekannter der de Coussys, zweitens ist nirgendwo von anderen engen Pariser Freunden des Komponisten als von Accursi und den de Coussys die Rede, und drittens läßt sich die Identität von «Monsieur» und «Madame(a)» in den genannten Briefen folgendermaßen rekonstruieren: a) «Madame(a)» taucht in Donizettis Grußadressen, die Accursi übermitteln soll, auffällig oft zusammen mit «Memè» auf. In SD. 100, S. 95, heißt es aber: «Saluta Memè, et Mad.me. Saluta Mr. de Coussy. Spero che Madama sia sempre meglio.» Es wäre seltsam, wenn Donizetti Monsieur de Coussy einen Gruß entbieten würde, nicht aber Madame de Coussy, zumal er die Namen «Monsieur de Coussy» und «Madame» unmittelbar hintereinander nennt. Vgl. mit SD. 105, S. 101: «Mes hommages à Mad. de Coussy, à Mr. et bien des choses à Mr. Scribe, Pillet etc.» b) Zur Krankheit von «Madama»: SD. 98, S. 92 (immer an Accursi): «Sento da te che sia ammalata, io scrissi a Mad ... Spero che avrà ricevuto la mia, dimmi subito quando sarà guarita!» Im gleichen Zeitraum bemühte sich Donizetti um Medikamente gegen die Syphilis, von denen er selbst, aber anscheinend auch die de Coussys profitieren sollten (siehe Anmerkung 7, 5, 7). c) «Monsieur» war bei Donizettis Unternehmen, Bruder Giuseppe in die Ehrenlegion zu bringen, die treibende Kraft (SD. 90, S. 82). In SD. 88, S. 79, heißt es aber (wiederum an die Adresse Miccheles): «(...) raccomando la cosa di mio fratello a De Coussy.» Überdies sei daran erinnert, wem Donizetti selbst das gleiche Glück zu verdanken hatte: Auguste und Zélie de Coussy. — In den erwähnten Briefen an Accursi schiebt Donizetti manchmal die Schuld an seinem Widerstreben, nach Paris zu fahren, den dortigen Textbuchautoren, Journalisten und Impresarios zu. Daß dies ein Vorwand war, zeigt neben dem ständigen Wechsel der Sündenböcke folgender Satz: «Mad. scrive! e giù tristezze, e giù, ... per carità, a te mi raccomando; dì che forse amo un'altra, che vò a Napoli etc.» (Brief an Accursi vom 26. 3. 1843, SD. 101, S. 96). — Ferner zum 1841 eingetretenen Bruch mit Paris: Anmerkung 6, 8, 7 und 7, 1, 5

2 Zu seinem geschwächten, apathischen Zustand: a) der oben zitierte Brief an Dolci, Z. 367, S. 547; b) die Briefe an Toto vom 31. 7. und 10. 8. 1841, Z. 369 und 370, S. 549—551. Z. 370: «V'amo assai, ma v'è il gran guai che vecchio io son, Son, son, son, son, Tom, Tom, Tom, Tom, Tom. Gaetum.» In diesem Zeitraum beginnt Donizetti mit solchen sprachlichen Abbildungen seiner Migränen (Z. 608, S. 787: «Hammerschläge im Hirn»), die anderseits in ihrer ungewohnten, infantilen Humoristik seinen sich steigernden Wahnsinn verraten. Der unkontrollierte Mischmasch verschiedener Sprachen in seinen Briefen setzt ebenfalls in dieser Lebensphase ein (siehe auch Anmerkung 7, 4, 5)

3 Brief Donizettis an den Librettisten Gaetano Rossi vom 17. 8. 1841, Z. 372, S. 552

4 Lob über das Libretto (Brief Donizettis an Toto vom 29. 9. 1841, Z. 373, S. 554: «Parole di Rossi e Donizetti»): Brief an Toto vom 10. 10. 1841, Z. 375, S. 556. Anders als früher (siehe etwa Z. 295, S. 474) war Donizetti nicht mehr bereit, ein negatives Urteil Totos, wie er es nun erhielt, anzuerkennen: Brief an ihn vom 24. 10. 1841,

Z. 378, S. 559. Lob über die Musik: Briefe an Toto vom 5. 11. und 6. 12. 1841, Z. 380 und 385, S. 561 und 566 (siehe die folgende Anmerkung 8).
5 Brief Donizettis an die Gräfin Appiani, ca. vom 5. 6. 1842, Z. 424, S. 612
6 Brief Donizettis an Ricordi vom 13. 2. 1843, Z. 473, S. 656: Ein weiterer Mißerfolg in Venedig — mit *Linda di Chamounix* — bewegte den Meister zur Erklärung: «Donizetti non è autore per Venezia». Aber er wollte schon früher nicht mehr für das Fenice schreiben: Brief an Accursi vom 2. 1. 1842, Z. 391, S. 573
7 Mercadante wurde am 18. 6. 1840 zum Direktor ernannt. Daß Donizetti auf diese persönliche Kränkung erst jetzt reagiert, ist ebenfalls ein Zeichen für den plötzlichen Verlust des Ankergrundes Paris. — Am 6. 5. 1842 schreibt Donizetti Toto aus Wien (Z. 409, S. 593): «(...) la saria bella che, dopo che S.M. ha accettata la dimissione, che ha creato un direttore (Mercadante), che sa che quella era la piazza che mi competeva di diritto, (...)volesse ora per forza farmi discendere al posto che occupai sino alla morte di Zingarelli...» — Die einstige Drohung an Persico: vom 9. 10. 1839, Z. 328, S. 503. (Siehe im übrigen die folgende Anmerkung 10)
8 Brief Donizettis an Toto vom 5. 11. 1841, Z. 380, S. 561: «La musica (von *Maria Padilla* è bella, bella, arcibella, bellissima, degna di Mercadante e di Bellini.» Da die *Padilla* mit einer Bellini-Oper insgesamt wenig gemeinsam hat, während der Hinweis auf Mercadante der frappanten musikalischen Verwandtschaft Rechnung tragen dürfte, ist die Erwähnung Bellinis in anderer Hinsicht doppelt bemerkenswert.
9 Daß sich Donizetti über seine eigenen und Mercadantes Stileigenschaften völlig im klaren war, beweisen folgende Sätze aus seinem Brief an Toto vom 24. 10. 1841, Z. 378, S. 558: «Io trovo che le sue orecchie (die Ohren Persicos) si abituano ora al complicato di altri maestri, e tutto ciò che serve alla situazione e lascia campo agli artisti di brillare, gli par fesseria... Mi si dice che Federico (Raffaele) e Tomasso fanno la corte a Mad. Mercadante, ed allora capisci bene che...»
10 Donizettis Animositäten gegenüber Mercadante, die in der Folge zur Sprache kommen, enden exakt mit seinem nächsten großen Opernsieg, der Uraufführung von *Linda di Chamounix* am 19. 5. 1842. Noch am 6. 5. 1842 zürnte er Persico, grollte er beim Gedanken an die Direktorstelle (Z. 409, S. 593). Der *Linda*-Premiere schloß Donizetti unverzüglich seine erste Reise nach Neapel seit der Übersiedlung nach Paris im Jahre 1838 an (die er im Jahre 1840 ebenfalls im Zusammenhang mit der Direktorsstelle beleidigt verschoben hatte: Z. 338, S. 514/15)

7. Kapitel
WELTBÜRGERLICHER VAGABUND

1. Heimatlos in der Heimat

1 Z. 378, S. 558
2 ebenda
3 Brief Donizettis an Dolci vom 2. 11. 1841, Z. 379, S. 559
4 Dolcis Ansprechbarkeit auf Mädchen: z. B. Z. 367, S. 546; «Maus im Käse»: Z. 354, S. 529; Francescos Aktivitäten: Z. 379, S. 560; Nina Basoni und Virginia: Brief Donizettis an Dolci von Anfang Dezember 1844, Z. 606, S. 786: «Ah! questa ragazza fa girar la testa a più d'uno, a me piace per la sua candidezza, bontà, innocenza» (genau die gleichen Eigenschaften, die Donizetti stets an Virginia rühmte). Donizettis affektive Bindung an Nina zeigt sich besonders deutlich, als sich das Mädchen 1844 mit einem Adeligen vermählen sollte und kneift (Brief Donizettis an Dolci vom 25. 2. 1844, Z. 546, S. 732). Die affektive Bindung Ninas an Donizetti zeigt sich besonders deutlich in ihren «Memoiren» aus der Wahnsinnszeit des Komponisten (Manuskript in Bergamo) und in ihrer Schilderung der letzten Wochen seines Lebens, die er im Haus ihrer Mutter verbrachte (Z., S. 159)
5 Bangigkeit vor dem Wiener Auftrag; Angst vor der Premiere: Z. 379, S. 559; Z. 389, S. 570; Z. 392, S. 573; Z. 412, S. 599; Z. 413, S. 600; Z. 415, S. 601. Ungewisse Zukunft: Brief an Toto vom 11. 1. 1842, Z. 392, S. 574. Weitere Stellen zum plötzlich

empfundenen Zwang, zu vagabundieren (Verlust der Wahlheimat Paris im Jahre 1841): SD. 80, S. 66; Z. 404, S. 585; Z. 428, S. 616

6 Aus Donizettis teils widersprüchlichen Kommentaren (Z. 390, S. 571/72; Z. 392, S. 574; SD. 87, S. 76; Z. 424, S. 612; Z. 564, S. 749) ergibt sich präzis diese Bilanz, die auch vom Donizetti-Forscher Jeremy Commons angenommen wird (Plattenbeilage *Maria Padilla*, OR 6 *[3, s/l]*)

7 «Komponistenclown»: Briefe an Toto vom 11. und 18. 1. 1842, Z. 392 und 394, S. 573 und 575 (es geht um die Oper *Lutaldo da Vicolungo* von Gerolamo Forini). Zum Tod des Komponisten Savi: Brief an Dolci vom 20. 1. 1842, Z. 395, S. 576. Zu weiteren solchen Todesfällen schrieb Donizetti später: «Mayr vedrà e saprà che i suoi figli armonici (...) morono a pochi la volta»; er sah das frühe Sterben also generationsbedingt (Brief an Dolci vom 26. 10. 1845, Z. 656, S. 828)

8 Zur «leisen Wehmut»: Brief Donizettis an die Gräfin Appiani vom 22. 1. 1844, Z. 534, S. 718/19

9 Brief Donizettis an Toto vom 18. 1. 1842, Z. 394, S. 575: «Perchè trovi tu extraordinario che Mercadante abbia piaciuto? (Reaktion Vassellis auf Donizettis bissige Kommentare!) Io trovo ciò regolarissimo. Basta che io non fiascheggi, vadan pur bene gli altri»

10 Die Oper ist ein weiterer Beweis für Donizettis prophetische Gaben: Nachdem die ersten beiden Akte unbestreitbar eine Rückschau auf sein bisheriges Leben sind (Jugend in Bergamo, Sündenfall in Paris), beschreibt der Schlußakt sein späteres Ende (Rückkehr nach Bergamo als Wahnsinnskranker). Er wählte den Stoff besonders bewußt: «È corta e mi serve a proposito» (Z. 389, S. 570)

11 «Schön, schön, dieser Nabucco»: möglicherweise eine Legende, aber sicher eine treffende. Angst vor dem Dirigieren: Brief an Toto vom 4. 3. 1842, Z. 399, S. 579

12 Briefe an Persico vom 20. und ca. 27. 3. 1842, Z. 401 und 402, S. 581/82

2. Beim Vater des Goldenen Rings

1 «Vienna è bella bella bella»: Z. 402, S. 582. Klagen über Schnee und Kälte: Brief an Dolci vom 11. 4. 1842, Z. 405, S. 587

2 Angeblicher Höchstpreis von 360 Dukaten (1500 Francs): Brief Donizettis an Persico vom 27. 3. 1842, Z. 402, S. 582. Verdacht auf unfreundschaftliche Verhandlungstaktik Persicos aus Rücksicht auf Mercadante: Brief an Toto vom 5. 11. 1841, Z. 380, S. 561. Ärger, weil keine direkte Verhandlung mit ihm: Z. 402, S. 583

3 Zu Donizettis Verhandlungsstil: Z. 402, S. 582/83

4 Brief Donizettis an Accursi vom 30. 4. 1842, SD. 90, S. 82

5 Über die schlechte Gesundheit Rossinis ist Donizetti im Bilde: Brief an Toto vom 4. 4. 1842, Z. 404, S. 586. Donizettis Sadismus ist offensichtlich: Brief an die Gräfin Appiani vom 10. 5. 1842, Z. 412, S. 598: «Ridete ora: — Da Bologna non ebbi più risposta, ond'è che Rossini lo credo vexé, contrarié, perchè avrà avuto un nò alle mie eccedenti domande.» Zur Geringschätzung der Stelle: Brief an Toto vom 25. 7. 1842: «Come vivere in una corte e preferire... il cortile!» (Z. 435, S. 622)

6 Zur Reaktion Totos und weiterer italienischer Freunde: Brief Donizettis an Toto vom 4. 4. 1842, Z. 404, S. 585, und W., S. 176/77

7 Bedürfnis nach Ruhe und Wunsch, Schüler zu haben: der oben erwähnte Brief. Donizetti über Salvi: Briefe an Dolci vom 11. 4., 24. 4., 9. 5. und 15. 5. 1842, Z. 405, 407, 411 und 415, S. 586/87, 591, 597 und 603

8 «Bologna à triste, mi ci seccherò»: Brief an Toto vom 6. 5. 1842, Z. 409, S. 593. Ähnliches in Z. 404, S. 585. Zur Spiegelung von Donizettis Wert in seinen Forderungen: Z. 404, S. 585 (Donizetti an Toto): «Tu vedi che, perdio, non manca che di dire: guardatemi e pagatemi»

9 Die 'krankhaft offene Enthüllung' seines Plans: Im oben erwähnten Brief an Toto zitiert Donizetti seine Forderungen nach dem Schema: «Mercadante chiese... ed io (hingegen)»

10 Brief Rossinis an Donizetti vom 12. 4. 1842, Z. 32B, S. 890/91

388 Anmerkungen zum 7. Kapitel

11 Donizettis Reaktion auf den verkappten Absagebrief Rossinis läßt sich nicht direkt belegen, aber einwandfrei rekonstruieren: aus dem Prinzip «guardatemi e pagatemi» (Z. 404, S. 585), aus der höhnischen Versicherung «Non ho bisogno degli applausi de' Bolognesi» im erwähnten Appiani-Brief vom 3. 4. 1842, Z. 403, S. 583/84, und aus dem völlig anderslautenden Geständnis an Toto vom folgenden Tag (!), Z. 404, S. 586: «(Sono stato) toccato dell'accoglienza fattami dai Bolognesi»
12 Abgabe des Empfehlungsbriefes laut Z. 402, S. 582 am 28. 3. 1842. Noch am 9. oder 10. 5. (Datum des hier zitierten Briefes Donizettis an die Gräfin Appiani, Z. 412, S. 598) war Metternichs Einladung nicht erfolgt
13 Zu *Vestalin* und *Saffo:* Briefe Donizettis vom 27. 3., 3. 4. und 4. 4. 1842, Z. 402, 403 und 404, S. 582, 584 und 585
14 Zur *Anna:* Briefe Donizettis vom 4. und 11. 4. 1842, Z. 404 und 405, S. 586. Folgerung aus dem Mißerfolg der *Vestalin:* «Voleano ariette e non pezzi d'assieme dicono. — Se così è, sono a cavallo» (Brief vom 3. 4. 1842, Z. 403, S. 584). Die möglichen Kritikaster nennt Donizetti «scienziati e barbassori» (Z. 419, S. 606)
15 Im gleichen Maße, in dem Donizetti in seinen Briefen die Selbstkontrolle verliert, enthüllt sich auch sein maßloser Kaiserkult: Z. 458, S. 641; Z. 529, S. 713/14; Z. 556, S. 741; Z. 577, S. 760/61; Z. 611, S. 790; Z. 633, S. 808; Z. 641, S. 817; Z. 646, S. 821; Z. 661, Z. 832; Z. 665, S. 834
16 Die Aufführung fand am 3. 5. 1842 statt. Das negative Urteil Donizettis über die Interpreten im Brief an Dolci vom 9. 5. 1842, Z. 411, S. 596, ist wirklich nur auf Verblendung zurückzuführen. Drei Tage früher urteilte er nämlich anders: «Andò molto bene e S. M. l'imperatore e le due imperatrici (...) vennero a me più e più volte per testificarmi il loro piacere di una esecuzione così perfetta» (Brief an Toto vom 6. 5. 1842, Z. 409, S. 592. Zum päpstlichen Nuntius: Z. 409, S. 594. Andere Stellen: «Ero attorniato da tutta la famiglia imperiale, come cosa loro» (Z. 409, S. 592). — «Tutti tutti vennero (...) a me, e mi colmarono di gentilezze, e di elogi, talchè mi pareva d'essere in un mondo nuovo, avendo per sì poca cosa tante e tante prove di loro bontà» (Z. 411)
17 Z. 411, S. 596
18 Ebenda
19 Widmungsauftrag an Ricordi: Brief vom 11. 5. 1842, Z. 413, S. 600. Alles übrige: Z. 411, S. 596
20 Lob für die Persiani: Brief Donizettis an Ricordi vom 24. 5. 1842, Z. 418, S. 605. Zu den Blumenkränzen: Brief Donizettis an die Gräfin Appiani vom 26. 5. 1842, Z. 420, S. 607. Zufriedenheit der Musikwissenschafter: Brief an Toto vom 24. 5. 1842, Z. 419, S. 606
21 Schon im letzten Drittel des Aprils begann Donizetti die Möglichkeit zu erwägen, seine Neapolitaner Freunde könnten immer noch in Ordnung sein: Brief an Dolci vom 24. 4. 1842, Z. 407, S. 590/91. Gleichzeitig faßte er den Plan ins Auge, Dolci nach Neapel zu entführen, wobei die Bemerkung fiel: «(...) dopo quattro anni di assenza non mancheremo a tante feste festeggiati.» Doch Donizetti wäre nach einem Fiasko der *Linda* kaum nach Neapel gefahren: «Io non so per anco cosa farò, ma lo saprai coll'esito di Linda» (Brief an Dolci vom 9. 5. 1842, Z. 411, S. 597; dasselbe im Brief an Dolci vom 15. 5. 1842, Z. 415, S. 602)
22 Z. 415, S. 602
23 Reiseplan: Z. 407, S. 590/91. Zum 'eitelsten Beweggrund' siehe oben und Brief an Dolci vom 13. 11. 1838, Z. 316, S. 492: «Oh se vedessi come è lusinghiero il viaggiare la Francia e l'Italia conosciuto.» Der leise Sadismus: Z. 407 («Muovi un po' quella trippa peccatrice, sorti dal guscio, allontanati dalla Torre de Gombet». Andere Stellen zu Dolcis lethargischem Temperament: Z. 340, S. 516; Z. 479, S. 662; Z. 533, S. 717/18 und viele andere
24 Brief Donizettis an Dolci vom 15. 5. 1842, Z. 415, S. 602
25 Brief Donizettis an Dolci vom 5. 6. 1842, Z. 425, S. 613
26 Der euphorische Bericht des Komponisten: Brief an die Gräfin Appiani von Anfang Juni, Z. 424, S. 612

27 Brief an Dolci vom 30. 5. 1842, Z. 421, S. 609
28 'kann man darüber reden': «Maestro di Corte, va bene, mi pare ... (...) Il titolo è decoroso ... il travaglio non dovria esser molto» (Z. 424, S. 611). Alles übrige: Brief Donizettis an Dolci vom 16. 6. 1842, Z. 428, S. 616. Der Anstellungsvertrag: Z. 33B, S. 892
29 Brief an Dolci vom 30. 6. 1842, Z. 429, S. 612
30 Im Brief an Persico vom 6. 6. 1842, Z. 426, S. 614 *(nach* dem Wiener Stellenangebot) ist plötzlich von «schönen Librettovorlagen» die Rede, die er aus Paris erwarte. — Brief an Dolci vom 17. 10. 1842 aus Paris, Z. 446, S. 631/32: «Son quindici giorni che sono arrivato e già, sotto al travaglio... è vero però che è meglio che lo faccia io che un altro»
31 Z. 424, S. 611/12

3. Die Zurückgewinnung Neapels

1 Brief Donizettis an Saint-Georges vom 14. 7. 1842, Z. 432, S. 619/20
2 Brief Donizettis an Toto vom 22. 7. 1842, Z. 433, S. 620/21
3 Alle neuen Argumente: Brief an Toto vom 25. 7. 1842, Z. 435, S. 622. Der Brief an Moriani: vom 24. 7. 1842, Z. 434, S. 621
4 Diese in Wahrheit bereits ins Wanken gekommene Absicht (siehe Anmerkung 6, 2, 21) bestätigte Donizetti später nochmals im Brief an Dolci vom 29. 8. 1842, Z. 441, S. 627
5 und 6 Verzweifelte Verteidigung Donizettis aus Civitavecchia: Brief an Toto vom 3. 8. 1842, Z. 437, S. 623/24. Wie berechtigt Totos Tadel war, beweist ein Satz im liederlich-fröhlichen Brief Donizettis an Dolci vom 16. 6. 1842, Z. 428, S. 616 (nachdem man ihm die Wiener Stelle angeboten hatte): «Bisogna ch'io faccia in Napoli banca rotta, e metta in Vienna banca nuova»
7 Zum Verhalten der Bekannten: Z. 441, S. 627. Verzicht auf den Wohnungsverkauf: Brief an Dolci vom 15. 9. 1842, Z. 443, S. 628
8 Zum Ausmaß der Krankheit: Brief an die Damen Sterlich, wahrscheinlich vom 11. 8. 1842, Z. 695, S. 848 (Donizetti zweifelte an einem späteren Wiedersehen). Die von ihm umschwärmte Marchesina Sterlich scheint Giovanna gewesen zu sein (siehe Anmerkung 8, 1, 9). Zur Ähnlichkeit mit Virginia: Z., S. 97 und 690; W., S. 164. Zum *Padilla*-Ständchen: Z. 441, S. 627 und Z., S. 107
9 Brief Donizettis an Dolci vom 15. 9. 1842, Z. 443, S. 628: «Dopo tre mesi di soggiorno in Parigi, passerò a Vienna pe' miei doveri ... È giusto! — Son triste assai ...»
10 Ebenda: «È l'equinozio ... che importa? se Dio mi vuole ... eccomi»

4. Krönung eines Lebenswerks

1 Es handelt sich um die Oper *Ser Marcantonio* von S. Pavesi, Textbuch von A. Anelli (1810)
2 Brief Accursis an Ricordi vom 22. 10. 1842, Z. 449, 2. Hälfte, S. 634. Zu den Entstehungszeiten der beiden Opern: Brief Donizettis an Toto vom 27. 11. 1842, Z. 456, S. 640: «Questa buffa (...) non mi costò che undici giorni (...). E già l'altra, che credeva far eseguire in Vienna, era alla metà.» Dies wiederum war am 7. 10. 1842 bereits geschehen: Brief Donizettis an Léon Herz vom 8. 10. 1842, Z. 445, S. 630
3 Z. 456, S. 640
4 «O luce» auf eigenen Text: Brief Donizettis an Toto vom 30. 5. 1843, Z. 483, S. 664
5 Laut Donizettis Brief an Toto vom 30. 1. 1843, Z. 470, S. 652/53, sollte das Projekt nur dann verwirklicht werden, falls Meyerbeer darauf verzichten würde, seine Oper *Der Prophet* im kommenden Herbst uraufzuführen. Doch dieser Verzicht war zu erwarten; andernfalls hätte Donizetti die Pariser Reise trotzdem unternehmen müssen, um an der Opéra Comique die Ende 1842 erst begonnene Vertonung von Saint-Georges' Libretto *Ne m'oubliez pas* uraufzuführen. — Zur *Don-Pasquale*-Partitur schrieb Donizetti selbst (Z. 465, S. 648): «(...) l'originale (è) presque incompréhensible». (Wieder ein typischer, unkontrollierter Sprung von einer Sprache in die andere! Erstaunlicherweise wurde der Wahnsinn Cristinas in Donizettis 1830 — nach dem ersten starken Ausbruch der Syphilis — entstandener Irrenhausoper *Pazzi* auch schon durch das chaotische Nebeneinander italienischer und französischer Brocken kenntlich gemacht)

6 Brief an Dolci vom 27. 11. 1842, Z. 455, S. 639: «Dopo, torno a Napoli per un'altra (opera) e corro subito a Parigi per un'altra (...). È strana è vero simile esistenza? Ma, sai tu che in 24 ore ho fatto due atti (non strumentati veh)?» (gemeint ist die *Rohan*). Zur Machtkomponente siehe Anmerkungen 6, 5, 4 und 7, 2, 3c)
7 Donizettis Premierenbericht an Toto vom 4. 1. 1843, Z. 464, S. 547, spiegelt sowohl die «Figaro-Haltung» wie auch den Wahnsinn, der sich dahinter verbirgt. Und zweieinhalb Wochen später schreibt Donizetti Persico zum Dauererfolg der Oper: «Stupisco io stesso (...) Colpo di fortuna. Voilà tout...!» (Z. 469, S. 651). Ferner sei nochmals daran erinnert, daß Donizetti nur zu den beiden Seria-Opern bemerkt, wie stark beim Komponieren die Emotionen waren, nicht aber zum *Don Pasquale* (Stellen in Anmerkung 4, 2, 2)

5. *Das Ende des Ikarus*

1 Hysterischer Drang, die Stelle anzutreten: Briefe an Dolci und Matteo Salvi vom 27. 12. 1842 sowie vom 4. 1. 1843, Z. 462 und 463, S. 644 und 647. Bewußtsein der Zeitnot im nächsten Jahr: Brief an Persico vom 21. 1. 1843, Z. 469, S. 651. «Je voudrais être Mozart, Haydn, Beethoven, pour la servir comme elle la mérite»: Brief an Léon Herz vom 5. 12. 1842, Z. 458, S. 642. Offenbar hat ihn die Kaiserin als besondere Gunst persönlich um das erste Pflichtstück für die Hofkapelle gebeten. An anderer Stelle schreibt Donizetti, daß das *Miserere* für den Kaiser sei (Z. 465, S. 648). Seinem Familienbild gemäß betrachtet der Meister die Kaiserin als «zweite Hälfte» des Kaisers und umgibt sie deshalb mit der Gloriole ihres Mannes (z. B. Z. 596, S. 778)
2 Vorlagen für die Kostüme, hysterische Freude an der *Rohan:* Z. 458, S. 641. — Z. 641, S. 817 (Juni 1845), Brief Donizettis an den Grafen Melzi: «In tal piazza (als Maestro am Kärntnertor) io debbo travagliare per S. M. l'Imperatore» — Sieben verlorene Nächte: Brief Donizettis an Toto vom 30. 1. 1843, Z. 470, S. 652
3 Wetter: Z. 473, S. 656. Umwandlung des San-Carlo-Projekts: Brief Donizettis an Persico vom 4. 2. 1843, Z. 471, S. 653. Die übrigen Konzessionen: Brief Donizettis an Persico vom 21. 1. 1843, Z. 469, S. 651
4 Die Sache mit dem Marchese: Brief Donizettis an Persico vom 14. 6. 1843, Z. 489, S. 670 (es geht noch immer um die Oper für Neapel). Alles übrige: Z. 471, S. 653/54
5 Ebenda
6 Zum schlechten Gewissen: «Come in un mese venire in Napoli, provare e correre a Parigi pel mio antichissimo (!) contratto?» (Brief an Ghezzi von Mitte Juni 1843, Z. 490, S. 671). Mit «antichissimo» meint Donizetti offenbar den Basisvertrag des Jahres 1838, der ihn verpflichtete, die *Martyrs* und den *Herzog Alba* zu komponieren. Doch dessen neueste Ersetzung (durch den *Dom Sébastien)* entspricht dem «antichissimo contratto» nicht im geringsten, so daß es sich praktisch um eine Lüge handelt, die seine Schuldgefühle verrät. — Die qualvolle Arbeit am *Sébastien:* Brief Donizettis an Dolci vom 14. 2. 1843, Z. 474, S. 657
7 Zur Premiere der *Rohan:* Brief Donizettis an Toto vom 6. 6. 1843, Z. 486, S. 667. Zum Liebesleben der Truppe: Brief Donizettis an Maestro Pedroni vom 25. 5. 1843, Z. 485, S. 665. Bestellung von Pillen: Brief Donizettis an Giuseppe vom 14. 6. 1843, Z. 488, S. 668/669. Bemerkenswert, daß Donizetti eigens schreiben muß, die Pillen seien weder für ihn noch für (das Ehepaar) de Coussy bestimmt! Anderseits schrieb Donizetti am 30. 1. 1843 seinem Schwager: «E tutto ciò (das riesige Arbeitspensum) (...) con un nuovo... malanno preso a Parigi, che non passa ancora e per il quale aspetto la tua ricetta...» (Z. 470, S. 653). Also doch für ihn — und damit wahrscheinlich auch für die de Coussys!
8 Zur Uniform: Briefe Donizettis an Dolci und Giuseppe vom 14. 2. und 14. 6. 1843, Z. 474 und 488, S. 657 und 669. Zum Wagen: Brief Donizettis an Ghezzi von Mitte Juni 1843, Z. 490, S. 671. Zum Tischchen: Brief an Dolci vom 30. 6. 1843, Z. 491, S. 673.
9 Zum Stand der Arbeit am *Sébastien:* ebenda und Brief an Mayr vom 15. 7. 1843, S. 678/79

10 Brief an Persico vom 14. 6. 1843, Z. 489, S. 670/71. Die Bemerkung zu «Farben und Licht» im Brief an Ghezzi, Z. 490, S. 672. Die am Schluß zitierte Bitte: Brief an Persico vom 7. 6. 1843, Z. 487, S. 667
11 Brief Donizettis an August Thomas vom 10. 8. 1843, Z. 496, S. 680
12 Zum schlechten Wetter: ebenda. Zum schlechten Vorwärtsschreiten der Arbeit: Briefe an Scribe und Ghezzi vom 15. 9. und 5. 10. 1843, Z. 505 und 507, S. 687/88 und 690
13 und 14 Ebenda Z. 505, S. 687/88; ferner Z. 516, S. 699 und Z. 614, S. 793
15 Bereits am 5. 10. 1843 war Donizetti nicht mehr bereit, weitere Opern zu komponieren, so daß er beschloß, den immer noch bestehenden Vertrag der Opéra Comique *(Ne m'oubliez pas)* zu brechen. — Beim Werk für den Kaiser handelt es sich um eine Überarbeitung der *Christus-Paraphrasen* aus dem Jahre 1829. — Briefstellen zur Sonderleistung *zweier* Premieren: Z. 513, S. 695; Z. 516, S. 699; Z. 519, S. 701; Z. 521, S. 704; Z. 522, S. 705; Z. 523, S. 706; Z. 529, S. 713. — Zu Donizettis altgewohnter, berechtigter Sorglosigkeit im Hinblick auf die *Rohan:* Z. 516, S. 699. — Zu seinem Lebensüberdruß: Brief Donizettis an Toto vom 11. 12. 1843, Z. 529, S. 713. Zu seiner Todessehnsucht: Zitat in Anmerkung 6, 5, 1 (8. 4. 1844)
16 Briefe an Thomas vom 25. 10. und 2. 11. 1843, Z. 510 und 515, S. 693 und 697. Die Hintergründe der Sparsamkeit sind aus der oben dargestellten Lage abgeleitet.
17 «Ho trovato molti (...) ai quali ho fatto del bene, quelli intercederanno per me, se mal feci ad alcuno senza volerlo» (Brief an Dolci vom 15. 9. 1842, Z. 443, S. 628). Besuche der Gräfin Sophie von Löwenstein: Z. 33C, S. 946 (Brief der Gräfin an Frau Basoni). W. (S. 239) betont die «kraftvolle psychisch-sexuelle Bindung» der Gräfin an Donizetti. Begegnung mit Rossini: Z. 498, S. 682
18 Brief an Léon Herz vom 9. 11. 1843, Z. 516, S. 699
19 Donizetti selber stellte (unfreiwillig) in seiner Premierenbilanz, die den Erfolg betonen sollte, fest, wie wenig Beifall auf die Musik als solcher beruhte: Brief an August Thomas vom 14. 11. 1843, S. 701. Vgl. damit Donizettis späteren Wiener Premierenbericht: Brief vom 7. 2. 1845, Z. 613, S. 791/92, sowie den folgenden Brief Z. 614, S. 792/93
20 Zu Donizettis Verzweiflung: Briefe an Thomas und Herz vom 30. 11. und 2. 12. 1843, Z. 526 und 528, S. 709/10 und 712; Z. 614, S. 792/93. 'Künstlerischer Bankrott' faßt nur die Stimmen zusammen, ist aber kein Direktzitat
21 Wörtlich: «(...) mentre gli applausi piovevano da un lato, io dall'altro ripeteva: Eccomi alfine libero d'ogni travaglio» (Brief an Dolci vom 16. 11. 1843, Z. 521, S. 704). Zur Erlöserfunktion des Kaisers: Z. 529, S. 713/14

8. Kapitel
NUR NOCH EIN MENSCH

1. Erholung im Schnee

1 Brief Donizettis an Toto vom 6. 1. 1844, Z. 531, S.'715/16 («Qual differenza da Parigi a Vienna: là tutto è agitazione, qui tutto è calma. (...) la quiete germanica è un ristoro per me»)
2 ebenda
3 ebenda und Brief an Dolci ca. vom 9. 1. 1844, Z. 533, S. 718
4 Zum Fieber: Brief an die Gräfin Appiani vom 22. 1. 1844, Z. 534, S. 719. Dank Donizettis an Adelson Piacezzi für das Dante-Buch: Brief vom 9. 1. 1844, Z. 532, S. 717. Das Dante-Zitat: ebenda. Die *Caterina*-Sorgen: Z. 531, S. 716, und Brief an Toto vom 26. 1. 1844, Z. 536, S. 721
5 Sehnsucht nach der Truppe: Brief Donizettis an Toto vom 29. 2. 1844, Z. 547, S. 734. Zum Problem der sprachlichen Verständigung: Z. 653, S. 826. Zu seiner Genügsamkeit: «(...) dopo la gioventù la vecchiaia (...), dopo l'amore l'amicizia, dopo la fatica il sonno ristoratore» (Z. 531, S. 716)
6 Brief an Dolci vom 29. 1. 1844, Z. 537, S. 722

7 Briefe Donizettis an Cottrau und an Ghezzi von Ende Januar 1844, Z. 538 und 540, S. 724 und 726. Der Meister nennt keine Einzelpersonen, denen seine «Rache» hätte gelten können, doch handelt es sich zweifellos um seine alten Gegenspieler
8 Z. 540, S. 726. Beharren auf einzelnen Qualitäten: Z. 538, S. 724; Z. 539, S. 725. Anweisung an Persico: Brief an Ghezzi vom 21. 2. 1844, Z. 544, S. 729
9 Z. 540, S. 726. Hier nennt Donizetti Giovanna Sterlich und spricht mit solcher Leidenschaft von ihrem Mitgefühl, daß man vermuten darf, sie, nicht ihre Schwester, sei die von ihm Verehrte
10 Zur Jacke: Z. 539, S. 725; Z. 541, S. 727; Z. 542, S. 728; Z. 546, S. 733 (Briefe von Ende Januar bis 29. 2. 1844 an Dolci). Zum Klavier: Z. 539, S. 725; Z. 542, S. 728; Z. 546, S. 733. Zu den Karnevalsbällen: Brief Donizettis an Toto vom 29. 2. 1844, Z. 547, S. 734
11 Z. 547, S. 733/34
12 Brief Donizettis an Pillet vom 23. 2. 1844, S. 730/31
13 Z. 547, S. 733/34. Die Aggressionen Donizettis richten sich explizit gegen Accursi, implizit freilich auch gegen seine Umgebung («[. . .] m'attendo un carro di lettere di lui [Pillet], di Scribe, di Michele, ecc. ecc.»)
14 Zur Krankheit Francescos: Z. 547, S. 734 («Adesso che io potevo godermi in pace qualche giorno, eccoti la malattia di questo che mi angustia al sommo»). Zu den Briefen an den Arzt in Bergamo: Z. 541, S. 726/27; Z. 542, S. 728 (Briefe an Dolci vom 5. und 6. 2. 1844). Zum Tadel Giuseppes: Z. 547, S. 734 («[. . .] mi vedo sempre più isolato sulla terra»)
15 Brief Donizettis an Dolci vom 8. 4. 1844, Z. 555, S. 740
16 Glückstrahlender Antwortbrief Donizettis an Pillet vom 17. 4. 1844, Z. 557, S. 742
17 Zur Ankunft Giuseppes: Brief Donizettis an Mayr vom 10. 4. 1844, Z. 556, S. 741. Verdis berühmter Dankesbrief an Donizetti: vom 18. 5. 1844, Z. 46B, S. 901
18 Zum Fiasko des *Roberto* und zum *Ernani*-Erfolg: Brief Donizettis an Pedroni vom 23. 6. 1844, Z. 570, S. 754/55. Zu *Linda*, *Rohan* und *Gazza ladra*: Brief Donizettis an Cobianchi vom 23. 5. 1844, Z. 564, S. 749. Zum *Don Pasquale*: Brief Donizettis an Lucca vom 1. 7. 1844, Z. 571, S. 755
19 Fechtkurse und Elßler: Z. 564, S. 748/49
20 Francesco als «Napoleon»: Brief Donizettis an Dolci vom 22. 1. 1844, Z. 535, S. 720. Alles übrige: Brief Donizettis an Toto vom 14. 6. 1844, Z. 566, S. 750/51
21 Zum schwärmerischen Wunsch Gaetanos, Bergamo zusammen mit Giuseppe zu besuchen: Brief an Dolci vom 29. 1. 1844, Z. 537, S. 722. Gaetanos Stolz bei Fahrten mit Freunden im eigenen Wagen: Brief an Dolci ca. vom 9. 1. 1844, Z. 533, S. 717. Die Änderungen der Reisepläne: Z. 565, S. 749/50; Z. 566, S. 750; Z. 573, S. 757. Enttäuschung Geatanos: Z. 573, S. 757; Z. 583, S. 766. Sein Urteil über Andrea: Brief an Toto vom 14. 6. 1844, Z. 566, S. 751
22 Zur Krankheit: ebenda und Brief an Toto vom 2. 7. 1844, Z. 572, S. 757. Bitte um Einstellplatz, Ankündigung des Klaviers: Brief an Dolci vom 11. 7. 1844, Z. 573, S. 757. Keine Vertragsabschlüsse: Z. 558, S. 744; Z. 564, S. 749; Z. 571, S. 756; Z. 575, S. 759

2. Erholung in der Sonne

1 Zur Reise von Wien nach Bergamo: Z. 575, S. 759 (30. 7. 1844)
2 Kolik nach Tafelfreuden, Leiden unter der Hitze und Widerstand gegen die Fahrt aufs Land: Brief Donizettis an Rosa Basoni ca. vom 21. 7. 1844, Z. 574, S. 758
3 Wirkung der Landluft: Z. 575, S. 759. Alles übrige: Brief Donizettis an Toto vom 1. 8. 1844, Z. 576, S. 759/60
4 Brief Dolcis an Rosa Basoni vom 11. 8. 1844, Z. 580, 1. Hälfte. S. 762/63
5 ebenda. Beschwichtigungsbrief Donizettis an Toto vom 14. 8. 1844, Z. 581, S. 764
6 *Betly*, Schirokko, Vesuv, Hitze: Brief Donizettis an Toto vom 7. 9. 1844, Z. 588, S. 769. Brief Donizettis an Spadaro del Bosch vom 31. 8. 1844: «St'anno Italia; l'altro Parigi. — St'anno divertimenti, un (!) altro travagli. — Beato voi, che non state che ne'secondi, io v'invidio»

7 Brief an Toto vom 3. 9. 1844, Z. 587, S. 768
8 Zu den Heiratsplänen: Brief Donizettis an Giuseppe ca. vom 7. 2. 1845, Z. 612, S. 791: «Il tuo sermone sulle mie idee a Napoli arrivò tardi, mi spiego, l'avea fatto io stesso, perchè alla mia età si può lusingarsi, ma non per lungo tempo.» Das einzige Thema, das Donizetti in seinen Briefen aus diesem Zeitraum in gleicher Weise wie oben mit seinem fortgeschrittenen Alter verknüpft, sind seine Heiratswünsche (z. B. Z. 533, S. 717 oben und S. 718; Z. 546, S. 732; Z. 606, S. 786). Wie aus dem Brief an Giuseppe hervorgeht, meinte er es in Neapel damit ausnahmsweise völlig ernst. Auch kann ein späteres, im Wahnsinn verfaßtes Zeugnis des Komponisten (SD. 117, S. 110/11) nur vor dem Hintergrund eines damaligen Heiratsprojektes lückenlos gedeutet werden (siehe Anmerkung 9,1,20). — Dolci in Neapel: Brief Donizettis an Toto vom 22. 8. 1844, Z. 582, S. 765. Dolcis Grund, die Augen aufzusperren: Z. 589, 2. Hälfte, vom 12. 9. 1844, S. 770/71
9 Die Liste der Städtenamen: Briefe Donizettis an Spadaro, Frau Basoni und Thomas, Z. 585, 589 und 592, S. 767, 770 und 773. «Una zona di giorni (...) basteranno»: Z. 589, S. 770. Zur Rohan: Brief Donizettis an Toto vom 7. 9. 1844, Z. 588, S. 769
10 Von den endlich wieder offenen Gesprächen mit dem Schwager zeugt Donizettis am 22. 10. 1844 geschriebener Brief an ihn (Z. 594, S. 775). Alles übrige: Brief Donizettis an Benevento vom 19. 9. 1844, Z. 591, S. 772/73
11 und 12 Ironische Kommentare zu Dolcis Begeisterung über die Trümmer: Z. 591, S. 772. Rom «deprimierend»: Z. 594, S. 775. «Quanto a Roma m'annojai, qui v'è vita cielo e sole, onde poi che le figliole si fan tutte affievolir»: Brief an Thomas vom 22. 10. 1844, Z. 595, S. 776. Zur (offenbar neuen) Infektion: «Per allegria ho fatto la stessa malattia di Vienna», Z. 595, S. 777. Zu den Geschenken: Z. 594, S. 775. Zur Teilvermietung der Wohnung: Z. 636, S. 810 (das dortige Inventar wurde geräumt)
13 Hilferufe an Toto und Thomas vom 6. 11. 1844, Z. 596 und 597, S. 777/78
14 Brief Donizettis an Toto vom 12. 11. 1844, Z. 599, S. 779/80
15 Zur Carlo-Episode: Briefe Donizettis an Dolci vom 20. 11. und 8. 12. 1844, Z. 603 und 606, S. 782 und 786
16 Zur Reise: Brief Donizettis an Cottrau vom 6. 12. 1844, Z. 605, S. 785. Zur Prognose Mayrs (die sich bestätigen sollte): Z. 606, S. 786. Alles übrige: ebenda, S. 786/87: «Io vorrei essere alla Torototina (Villa der Frau Basoni) (...). Dio vuole altrimenti, debbo morire solo e qui»

3. Das Ende Samsons

1 Sehnsucht nach dem möglichst raschen Ende: Brief an Guiseppe vom 16. 4. 1845, Z. 631, S. 807: «Io sono da qualche tempo raffreddatissimo alla testa. Tout passe.» Vor dem Hintergrund von Donizettis Wissen um das nahe Ende (siehe oben) ist die Bedeutung klar. — Die Aktivitäten Donizettis: Brief an Pedroni vom 7. 2. 1845, Z. 613, S. 792. Das Wetter: Brief Donizettis an Guiseppe ca. vom 7. 2. 1845, Z. 612, S. 790. Das «Kopfrheuma» («Hammer im Hirn»): Brief Donizettis an Cottrau vom 12. 1. 1845, Z. 608, S. 787
2 Brief Donizettis an Varese ca. vom 29. 1. 1845, Z. 610, S. 788/89
3 Brief Donizettis an Dolci vom 7. 2. 1845, Z. 611, S. 790. Die psychologische Rolle Mayrs geht aus der (ungewohnten) Bitte Donizettis «Dillo a Compà Simone» hervor
4 Z. 614 und 618, S. 793 und 795
5 Briefe Donizettis an Toto und Cottrau, ca. vom 7. und vom 9. 3. 1845, Z. 621 und 622, S. 798/99
6 Pressereaktionen: Brief Donizettis an Dolci vom 15. 2. 1845, Z. 617, S. 795. Zum *Caterina*-Erfolg: Briefe an Toto und Cottrau vom 21. 2. und 9. 3. 1844, Z. 619 und 622, S. 796 und 799
7 Brief an Guiseppe ca. vom 7. 2. 1844, Z. 612, S. 790/91
8 Zum Angebot Lumelys: ebenda. Warten auf «neue Flüche Micheles»: Z. 619, S. 796
9 Z. 619, S. 796/97. Zur Freundschaft mit Toto: «Io divengo triste perchè non posso goderti; non si può parlar come si vuole; non so... Intesi siamo...». Wie stark die Bezie-

hung auch auf Totos Seite war, zeigen zum Beispiel die folgenden Sätze des Schwagers: «Io verrò a prenderti, e sarebbe bene che per qualche tempo meco vivesti. Noi ci amammo nel 1817, e ti diedi prova quindi di eterna amicizia. Uniamoci se la tua Cetra è stanca. Io ti desidero, quanto ti amo» (Brief Totos an Donizetti vom 26. 8. 1837, Z. 12B, S. 872). (Die Jahreszahl beruht wahrscheinlich auf einem Gedächtnisfehler)
10 Zum Operngeschehen: Brief Donizettis an Melzi vom 26. 6. 1845, Z. 641, S. 816/17. Zur Gesundheit: Z. 631, S. 807; Z. 636, S. 811; Z. 639, S. 814; Z. 640, S. 815
11 Brief Donizettis an Ruffini vom 27. 5. 1845, Z. 638, S. 812/13
12 Brief Donizettis an Dolci vom 7. 6. 1845, Z. 639, S. 814
13 Ebenda
14 Briefe Donizettis an Giuseppe und Benevento vom 29. und 30. 6. 1845, Z. 642 und 643, S. 817—819
15 Z. 642, S. 818
16 und 17 Ebenda Briefe an die Gräfin Appiani und den Grafen Melzi vom 18. und 29. 6. 1845, Z. 640 und 641, S. 815—817
18 Briefe an Benevento und Cottrau vom 30. 6. 1845, Z. 643 und 644, Z. 818/19

9. Kapitel
WAHNSINN

*Vorbemerkungen: Die mysteriösen Vorkommnisse um den geisteskranken Donizetti werden in diesem Buch entschiedener als in den englischen Biographien Auguste und Zélie de Coussy und ihren Verbündeten angelastet. Seit Donizettis erstem Frankreich-Aufenthalt im Jahre 1835 ist in der Korrespondenz des Meisters nur von ihnen und von Accursi als persönlichen Vertrauensleuten in Paris die Rede. Spätestens seit dem Jahre 1838 versuchte Accursi — dessen überaus enge Beziehung zu den de Coussys keinem Zweifel unterliegt — den Komponisten nach Paris zu locken, wenn er sich nicht gerade dort befand. Seit dem Jahre 1841 tadelte Toto Vasselli den Umgang Gaetanos mit diesen Pariser Freunden, und seit dem gleichen Zeitraum schwankte Donizetti zwischen dem Bedürfnis, sich durch Accursi musikalische Erfolge in Paris vermitteln zu lassen, und dem Bedürfnis, sich von ihm und den de Coussys loszusagen, hin und her (siehe Anmerkung 6,8,1). Kurz vor Donizettis schicksalshafter letzter Reise nach Paris ist sein Verhältnis zu diesem Trio von offenem Haß bestimmt (Brief Donizettis an Auguste de Coussy vom 29. 4. 1845, Z. 634, S. 809; Brief Zélie de Coussys an Donizetti vom 24. 4. 1845). Und just in dieser Situation beginnt sich die Schlinge um seinen Hals zusammenzuziehen, die anscheinend anonyme Gegenspieler ausgeworfen haben! Kein Wunder, daß auch die englischen Biographen Zélie und Auguste de Coussy ins Zwielicht rücken. Weinstock indes betrachtet jede eindeutige Auskunft zu diesem Thema als spekulativ (S. 265). Ashbrook bezieht entschiedener Stellung. Seiner in diesem Buch schon mehrmals erwähnten Sammlung von Briefen Accursis und beider de Coussys, die den Charakter der Schreibenden trefflich beleuchten (S. 294— 298), schickt Ashbrook die Betrachtung nach, auf solche Leute habe sich der Meister in Paris verlassen; dann beginnt er mit der Schilderung der Wahnsinnszeit. Später verzahnt er die Beschreibung von Delesserts Maßnahmen gegen die Ausreise Donizettis mit Zitaten aus dem Tagebuch Andreas, welche die im gleichen Zeitraum vorgenommene Belagerung der Wohnung Donizettis durch die de Coussys dokumentieren (S. 334—339). Und endlich weist Ashbrook auf das gute Einvernehmen zwischen dem Botschafterpaar Appony und den de Coussys hin (S. 339).
Andere — möglicherweise zwingendere Belege — für die Zusammenarbeit Delesserts mit den de Coussys werden weiter unten angeführt (Anmerkungen 9, 4, 10 und 9, 5, 5). Im übrigen muß jeder Leser oder Forscher selbst entscheiden, ob er das in diesem Rahmen nachweisbare Ergebnis einer Entwicklung, die seit vielen Jahren zu verfolgen war, bezweifeln will.*

1. Hinter der Mauer des Schweigens

1 Ankunft Donizettis in Paris: Anfang August. Die Andral-Episode: Brief Donizettis an Dolci vom 21. 8. 1845, Z. 648, S. 822/23. Alles übrige: Brief Donizettis an Toto vom 11. 8. 1845, Z. 646, S. 820

2, 3, 4 Z. 646, S. 820/21
5 «(...) ed io son vittima di tante storie»: Z. 648, S. 823. Michele und die Journalisten: Z. 646, S. 821
6 «Perchè affligger gli amici?»: Brief Donizettis an Dolci vom 26. 10. 1845, Z. 656, S. 828
7 «Lasciai 4 opere, solo in Parigi. (...) Tutti mi rimproveranno a Vienna e qui. Che fare? Che dire? (...) Il silenzio mi ha tolto a me stesso»: Brief Donizettis an Ghezzi vom 2. 10. 1845, SD. 117, S. 110/11
8 Brief Donizettis an Vatel, zitiert bei W., S. 235/36
9 Briefe Donizettis an Cottrau, Ghezzi und Persico vom 9. 9., 2. und 7. 10. 1845, Z. 650, 652 und 653, S. 824—826
10 Z. 653, S. 826
11 Siehe z. B. die Briefe Beneventos und Ferrettis an Donizetti vom 23. 9. und 15. 11. 1845, Z. 53B und 54B, S. 905/06
12 Brief Sophies von Löwenstein an Rosa Basoni vom 10. 10. 1848, Z. 33C, S. 942. — Die Daten, welche die Gräfin von Löwenstein in ihren drei Jahre später verfaßten Berichten nennt, stimmen mit allen historisch gesicherten Daten exakt überein. Da sie sich ferner auf Toto als Zeugen beruft (Brief an Dolci vom 7. 5. 1848, Z. 32, S. 940), sind ihre Briefe — trotz der Attacke Weinstocks (S. 239) — sicher nicht weniger ernst zu nehmen als die Kommentare männlicher Berichterstatter, die der gleiche Biograph vor jeder Kritik bewahrt (z. B. S. 253, 259, 261)
13 Brief Monterasis an Dolci vom 28. 10. 1845, Z. 23C, S. 928
14 Brief Bordognis an Dolci vom 9. 10. 1845, Z. 22C, S. 927
15 Z. 23C, S. 927—29
16 Zu Donizettis Willen, nach Wien zu fahren: Brief Donizettis an Dolci vom 26. 10. 1845, Z. 656, S. 828
17 Z. 33C, S. 943/44
18 Ebenda
19 Brief Donizettis an Ghezzi vom 2. 10. 1845, SD. 117, S. 110/11
20 Ebenda: «(...) mi tengono la testa altèra. Quale dolore ... e perchè? Persico Leopoldo sarà in viaggio per Napoli. Quanto mi duole a non esserci. E quando forse di più mi dorrìa, se vi fossi, che sentirei, ed avrei la mortificazione dell'o nulla, o un No. Ah! La ricompensa è stata barbara! Pas mème son nom ... ! La melancolìa mi prese, la nervatura mia sensibilissima, ne risentì al punto di non più piangere ... Fingeva allegrezza colle lagrime in core ...» Der letzte Satz ist Donizettis alte, fixe Formulierung für sein Verhalten nach dem Tod Virginias. — Brief an Persico vom 7. 10. 1845, Z. 653, S. 825: «L'origine della malattia ha cominciato a scoppiare in Napoli l'anno scorso: le incontrate difficoltà, la somiglianza ... il silenzio!» Ashbrook bringt diese Stelle nur mit Donizettis Krankheit in Verbindung, von der er in Neapel überwältigt wurde (S. 301). Weinstock zieht aus dem Brief die — zweifellos höchst vernünftige — Folgerung, daß Donizetti wahnsinnig sei (S. 238). Zavadini deutet sie — zusammen mit der oben angeführten Stelle — gleich wie in diesem Buch (Z., S. 97)

2. Neffe und Onkel

1 Brief Totos an Giuseppe vom 22. 10. 1845, zitiert bei W., S. 242
2 Brief Andreas an Toto vom 7. 11. 1845, zitiert bei W., S. 242/43
3 Zum Verfolgungswahn: A., S. 305
4 Brief Donizettis an Andrea vom 22. 10. 1845, Z. 659, S. 829/30
5 Zur Reaktion Andreas: A., S. 305
6 W., S. 244
7 Diagnose der Ärzte Calmeil, Mitivié und Ricord vom 28. 1. 1846, zitiert bei W., S. 244—47; A., S. 308—310
8 Bescheinigung der Ärzte Calmeil und Ricord vom 31. 1. 1846, zitiert bei W., S. 247

3. Hinter der Mauer aus Stein

1 Z. 33C, S. 943. Zur Falschinformation der Öffentlichkeit siehe auch W.; S. 247, und A., S. 310

2 Z. 33C, S. 943
3 Laut W., S. 247, fand die Reise vielleicht schon am Vortag statt. Daß sich der Platz des Dieners, Anton, hinten befand, geht aus dem Brief Donizettis an die Gräfin Appony vom 7. 2. 1846, Z. 666, S. 835, hervor: «on a volé par derrier ... lui seul était là». Laut A., S. 310, fuhr Doktor Ricord in einem zweiten Wagen nach
4 Beschreibung der Vorkommnisse bei W.: S. 247; bei A.: S. 310/11
5 Zur Wohnung: A., S. 311; Z. 33C, S. 943. Zum Billardtisch: W., S. 250. Abgabe der Wertgegenstände: Brief Sophies von Löwenstein an Dolci vom 7. 5. 1848, Z. 32C, S. 941. Auch Sätze Donizettis aus den letzten Briefen deuten darauf hin (siehe Anmerkung 9, 3, 11)
6 Bei W.: S. 248; bei A.: S. 311

Es folgen Donizettis Anfang Februar in Ivry verfaßte Briefe:

7 «Devo trovarmi in Vienna pel 12. (...); ma fatemi sortire (Z. 661, S. 831/32). Anschlag an der Wiener Börse: Z. 664, S. 833. «Rubbare io ... la robba mia? Oh! Errore! (...) il servo dicono che mi ha rubbato; E che ci ho a far io? —» (Z. 661, S. 832). — «personne ne me me protège: Enfermé comme pire d'un chien ...! Courage! Je suis innocent!» (Z. 666, S. 835)
8 «devais voler les effets qui m'appartenais ... il faut être une bête.» (Z. 666, S. 835). — «Le chagrin du Neveu me donne courage! Il est innocent le jeunehomme: — Faites le sortir» (Z. 366, S. 834)
9 «Madame venez à Ivry ... in une eure!» (Z. 666 [an die Gräfin Appony], S. 834.) — «Je pleure et je suis faible!» (ebenda)
10 Die verräterischen Worte über den Diener und sich selbst: Z. 662 und 666, S. 832 und 835. — «Scrivo a tutte le due LL.MM.» (Z. 663, S. 832; Z. 633: «SM. l'Imperatore e Re»). — «mi si arresta sul suol Francese?» (ebenda) — «la Polizia è giunta tardi» (ebenda). — Betonung des Namens Ivry nach «Allez Madame»: Z. 663, S. 833. — «Auguste viendra-t-il? (...) Demain s'il est possible? (...) Venez! ... que le sang de Dieu descende sur vous (...) ... aucune lettres ... bon; et très bon Dieu (...) ... faites moi sortir, et je encor content mon cœur» (Z. 666, S. 834/35)
11 «Je suis innocent, Tout a été rendu!» (ebenda). Ferner in diesem Zusammenhang: «I ladri quali, sono dopo dapertutto, eran anche là. — Ivry» (Z. 667, S. 836). — «Come dirò adesso? Maestà? Basta! Basta. S. Maestà è si buona, che riviene dagli errori e conosce il perdono» (Z. 661, S. 832)
12 «Je vous en prie: la santé est faible, mais je suis pas stupide» (Z. 663, S. 833)
13 «Certo la M. Vergine, toccherà il vostro core» (Z. 661, S. 832). Alles übrige: Z. 666, S. 835, nach dem Anruf «Zelie Viens ...!»
14 Ebenda
15 Brief an Dolci vom 7. 2. 1846, Z. 665, S. 834

4. Der Neffe allein

1 Brief Sophies von Löwenstein an Rosa Basoni vom 10. 10. 1848: Z. 33C, S. 943/44
2 Und alles folgende: ebenda
3 Verdacht der Gräfin auf Neidgefühle Andreas (die sie sich mit der beschränkten Laufbahn Giuseppes erklärt): Z. 33C, S. 947
4 Z. 33C, S. 944
5 Ebenda
6 Die Diagnose der Irrenhausleiter und Totos Brief an Andrea: zitiert bei W., S. 250/51
7 Wie oben
8 Zitiert bei W., S. 252
9 Zitiert bei W., S. 253
10 Z. 33C, S. 945
11 Aus dem Memoiren-Manuskript Nina Basonis, zitiert bei Z., S. 150/51
12 Ebenda

5. Erlösung aus Wien

1 Und das Folgende bis zum Erscheinen Lannoys: Z. 33C, S. 945
2 Brief Lannoys an Giuseppe vom 22. 1. 1847, zitiert bei A., S. 325—327, und W., S. 257—259
3 Zum Beispiel die Briefe Monterasis, Andreas und Verdis, Z. 27C, 28C und 29C, S. 932—935, sowie ein Text von Charles de Boigne, zitiert bei W., S. 261/62
4 Heine, Lutetia, S. 548 der verwendeten Edition (siehe Bibliographie). Daß Heines Anekdote mindestens zum Teil der Wahrheit entspricht, bestätigt Monterasi: «Si fa spesso i suoi bisogni addosso; solo quando lo vestono di soiré si mantiene pulito» (Weitergabe seines Berichts durch seine Schwester im Brief an Dolci vom 18. 12. 1846, Z. 26C, S. 932)
5 Brief Andreas an Dolci vom 6. 5. 1847, Z. 28C, S. 934
6 Von hier an bis zum Auftritt Giuseppes: Brief Andreas an Léon Herz vom 8. 9. 1847, Z. 30C, S. 935—938)
7 Der Wortlaut dieses Dialogs — nicht aber der Inhalt, der auf der oben erwähnten Quelle beruht — ist ausnahmsweise frei erfunden
8 Zur Krankheit Andreas: A., S. 350
9 Von hier an bis zur Beisetzung: Brief Giovannina Basonis an Margherita Tizzoni delle Sedie vom April 1848, Z. S. 159—162
10 Brief Monterasis an seine Schwester vom 20. 3. 1847, Z. 27C, S. 933

SEINE OPERN

VORWORT ZUM OPERNFÜHRER

Wie im Vorwort ausgeführt, erschienen die neueren englischen Bücher über Donizetti *vor* der Donizetti-Renaissance, so daß sie auch den ungewöhnlich regelmäßig angewandten Formenschatz des Komponisten erst ansatzweise erfassen konnten. Dabei wird dem Publikum, wie ich seit Jahr und Tag erfahren habe, der Zugang zu den Opern Donizettis — und zwar gerade auch zu ihrem Geist — durch nichts so leicht erschlossen wie durch die Erklärung der einzelnen Nummernteile. Erst wenn dem Hörer der regelmäßige Ablauf von einer Doppelnummer zur nächsten, vom lyrischen Teil zur Cabaletta oder Stretta und wieder zurück zum lyrischen Teil, restlos geläufig ist, kann er die psychischen Vorgänge nachvollziehen, die durch die Spannung und Entspannung dieses großen Bogens jedesmal zum Ausdruck kommen. Der ständige Wechsel von der bellinihaften Entrücktheit der meisten lyrischen Teile zum verdihaften Tatendrang der Cabaletten und wieder zurück zur Träumerei ist überdies für Donizettis seelische Strukturen sehr bezeichnend und damit auch in dieser Hinsicht ein Schlüssel zu seinem Werk.

Nun wurde aber Donizettis fixer Nummernbau nicht nur in Weinstocks und Ashbrooks Büchern, sondern ebenfalls in späteren, bereits im Laufe der Belcanto-Renaissance entstandenen Texten — ich denke an zahllose Rezensionen von Aufführungen, an Programmheft-Kommentare und an die den Plattenaufnahmen beiliegenden Analysen — nur sehr am Rande behandelt. Dahinter steckt eine Absicht. Der Tadel belcantofeindlicher Kreise — besonders der deutschen romantischen Komponisten und ihrer Gefolgschaft — setzte schon immer bei der sturen Wiederkehr der Cabaletten oder Stretten mit ihren seicht genannten Schlagermelodien an (daß hinter diesen Schlagern eine Botschaft stecken könnte, wurde a priori nicht erwogen). Wenn sich nun Kritiker und Forscher im Laufe der Renaissance solcher Stücke bemühten, sie für die Wissenschaft salonfähig zu machen, sprachen sie lieber vom «ersten und zweiten Tempo» oder vom «Adagio und Allegro» oder gar von «Takt 365 bis 408», statt mit den Begriffen des letzten Jahrhunderts zu operieren.

Dieses Verfahren war in den sechziger Jahren für Donizetti von unbestreitbarem Nutzen, weil seine Opern damals eine Ehrenrettung nötig hatten, um überhaupt gespielt zu werden. Inzwischen aber haben seine Doppelnummern in Dutzenden von Theatern ihre Ehre selbst gerettet, so daß man sie heute ohne Schaden für den Komponisten mit ihren ursprünglichen Namen bezeichnen kann. Die wissenschaftlichen Mängel dieses Verfahrens, von denen gleich gesprochen werden soll, scheinen mir weniger gravierend, als die Möglichkeit verlockend ist, dem Publikum den Zugang zu den Opern Donizettis so am besten zu erschließen.

Das Hauptproblem ergibt sich aus der Inkonsequenz, mit der Donizetti selbst und seine Musikverlage die Formen benannten. Da werden lyrische Teile als «Stretten» bezeichnet und die nachfolgenden wirklichen Stretten italienisch-unbefangen als «Fortsetzung des vorausgegangenen Stücks». Rezitativische Monologe werden zu «Cavatinen», während der Ausdruck Cavatina in 99 Prozent aller Klavierauszüge des letzten Jahrhunderts und aller Briefe der Komponisten ein Ausdruck für Auftrittsarien ist. Mal werden die ariosen Duetteinschübe vor und zwischen den geschlossenen Ensembleblöcken richtig diesen zugeordnet und infolgedessen nicht als separate Stücke aufgeführt, mal gelten sie als «Duette», wie wenn es sich um unabhängige, vollständig ausgebaute Nummern handeln würde. Gerade dieser Fall ist für den Hörer von einigem Schaden, weil er gezwungen wird, zwei ungleiche Formen als gleiche zu hören, was seinen Sinn für Wesen und Ablauf der wirklichen Nummer zerstört.

Wenn nun aber doch die alten Fachausdrücke gelten sollen, muß sich die Forschung vom Zwang befreien, die Angaben der Klavierauszüge und Partituren immer getreulich zu übernehmen, denn diese sind häufig ... falsch! Der Maßstab für «falsch» und «richtig» aber stammt vom Komponisten selbst. Begriffe wie Cavatina, Romanza, Stretta und Cabaletta bezeichnen in seinen Briefen und Partituren in solcher Mehrheit je untereinander verwandte Stücke, daß ihre genaue Bedeutung keinem Zweifel unterliegt. Bei anderen Nummernteilen verhält es sich so, daß sie durch regelmäßiges Wiedererscheinen in seinen Opern ebenso genau umrissen werden können, ohne daß sie Donizetti selber explizit benannte. Dies gilt besonders für die Ariosi, für viele lyrische Nummernhälften und für die Hauptensembles auf den Gipfelpunkten der dramatischen Entwicklung. Doch über den Begriff desAriosos dürfte sich die Forschung einig sein, die lyrischen Nummernhälften habe ich mit ebendieser kargen Definition bedacht, und für die Hauptensembles wählte ich den Ausdruck Concertato (dies war vielleicht ein etwas eigenmächtiger Entscheid, doch soll die Verwendung von Concertato — eigentlich Ensemble — in dieser eingeschränkten Bedeutung nur ein Vorschlag sein).

Mit dieser kleinen Sammlung von Begriffen (sie alle und andere mehr werden im Fachwortregister möglichst exakt umschrieben) scheint mir Donizettis Kunst für Wissenschaftler und Laien erstaunlich näher zu rücken. Dem Leser des Opernführers sollen sie helfen, den Ablauf der Nummern parallel zum Ablauf des Bühnengeschehens verfolgen zu können. Ihm soll sich beim Lesen und Hören die dramaturgische Größe der Doppelnummer erschließen, die dem Meister (was im Opernführer Mischbegriffe wie «lyrische Cabaletta» oder «cabalettahafter erster Teil der Arie» belegen) auch stilistisch große Freiheit ließ. Der Opernführer zeigt, daß jeder Nummernteil bei Donizetti stets an der dramatisch richtigen Stelle sitzt und daß die Cabaletten seine Opern nicht nur melodisch tragen!

Wo die von Donizetti selbst gewählten Bezeichnungen seiner Stücke weder ideal noch richtiggehend irreführend sind, fügte ich sie in eckigen Klammern bei. Für Freunde schwelgerischer Kantilenen, ausgesprochen populärer Cabaletta-/Stretta-Melodien und einer besonders üppigen Instrumentierung setzte ich bei den betreffenden Stellen das Zeichen ♠, das ihnen mit Sicherheit hohen Genuß verheißt.

R. St.-I.

OPERNFÜHRER
in alphabetischer Reihenfolge

ADELIA oder LA FIGLIA DELL'ARCIERE (DIE TOCHTER DES BOGENSCHÜTZEN)
Opera seria in drei Akten

Libr.: Felice Romani, Girolamo Maria Marini, Gaetano Donizetti; **UA**: 11. 2. 1841, Teatro Apollo, Rom; **Ort und Zeit der Handlung**: Perona (?), Burgund, 14. Jahrhundert

Hauptpersonen: *Adelia*, Tochter Arnoldos (s.), *Oliviero*, Graf von Fienna (t.), *Arnoldo*, Führer der Bogenschützen des Herzogs (bs.), *Carlo (Karl) der Kühne*, Herzog von Burgund (bs.)

Grundsituation: Herzog Karl der Kühne von Burgund faßte für den Grafen Oliviero, seinen jugendlichen Protégé, eine für ihn — und zweifelsohne auch für sich selbst — politisch attraktive Heirat mit einer bestimmten Adelstochter ins Auge. Doch Oliviero liebt Adelia, ein Bürgersmädchen. Das bringt ihn nicht nur deshalb in Gefahr, weil er versucht ist, sich seinem Gönner zu widersetzen, sondern auch deshalb, weil auf die Verführung tiefergestellter Frauen durch Adelige die Todesstrafe steht. Dabei ist Adelia die Tochter des Bogenschützen Arnoldo, eines Leibgardisten Karls des Kühnen, dem dieser viel zu verdanken hat, so daß er die Beziehung ausnahmsweise wohl gestatten könnte. Wenigstens würdigte er Arnoldos Verdienste mit dem Versprechen, daß er ihm in einem Zeitpunkt seiner Wahl einen beliebig großen Wunsch erfüllen werde.

Ouvertüre ♠

1. Akt: Bürger der Stadt erwarten den Herzog und seine Truppen aus einer gewonnenen Schlacht zurück. (♠ *lyrischer Chor*). Doch da entdecken einige von ihnen, wie Oliviero das Haus Arnoldos unter Umgehung des vom Gesinde bewachten Eingangs verläßt. Vom Balkon des offenbar verführten Mädchens aus stiehlt er sich auf die Straße und verschwindet um die Ecke. Die redlichen Leute sind gehörig aufgebracht (♠ *lyrische Stretta des Chors*). Gleich nach der Ankunft Arnoldos legen sie ihm dar, daß seine Familienehre geschändet sei. Der wackere Krieger aber reagiert in diesem Punkt besonders heikel; für ihn bricht eine Welt zusammen (♠ *lyrischer Teil der Cavatina*). Er beschließt, den jungen Mann beim Herzog zu denunzieren (♠ *Cabaletta der Cavatina*). Mitleidige Bürgerinnen suchen Adelia auf, damit sie das Strafgericht ihres Vaters nicht unvorbereitet treffe (♠ *arios gebauter lyrischer Frauenchor*). Sie aber ahnte das Unglück bereits voraus (♠ *lyrischer Teil der Cavatina*. Nun hofft sie verzweifelt, Arnoldos Mitleid erregen zu können (♠ *Cabaletta der Cavatina*). Doch obwohl sie ihm beteuert, daß sich Oliviero nie an ihr vergangen habe, daß sie einander gegenseitig liebten und daß er ihr auch — trotz ihrer Herkunft aus einfachem Haus — die Heirat versprochen habe (♠ *arios gebauter lyrischer Duett-Teil*), bleibt Arnoldo von der Schuld der beiden überzeugt *(Stretta des Duetts)*.

Jetzt zieht der Herzog mit seinen Truppen in Perona ein und wird vom Volk umjubelt (♦ *Chor*). Freundlichkeitshalber spricht er selbst das ganze Verdienst an den errungenen Trophäen seinen Soldaten zu (♦ *einteilige lyrische Cavatina*). Da tritt Arnoldo vor und klagt Oliviero öffentlich an, Adelias Keuschheit verletzt zu haben (*von hier an: Arioso des Concertatos*). Der Graf verteidigt die Reinheit seiner Gefühle ebenso glaubhaft wie vorhin Adelia (♦ *lyrisches Arioso, eingebaut ins übergeordnete Arioso des Concertatos*). Der Herzog aber, zornig, weil sein Günstling die von ihm gewünschte Heirat hintertrieb, verschließt sich vor seinen Unschuldsbeteuerungen und spricht ihn laut dem bekannten Gesetz des Todes schuldig. Das wollte Arnoldo auch wieder nicht, indessen aus praktischen Gründen: Nicht die Enthauptung des Befleckers, nur seine Vermählung mit der befleckten Tochter kann ihre Ehre retten. Deshalb erinnert er den Herzog an sein Versprechen, ihm einen beliebigen Wunsch zu erfüllen, und bittet ihn um die Stiftung des rettenden Ehebundes (♦ *lyrischer Teil des Concertatos*). Karl der Kühne sieht sich einerseits durch das Gesetz (und seinen Zorn) bewogen, Oliviero zu enthaupten, anderseits durch seinen Schwur gezwungen, ihn mit Adelia zu vermählen, und er beschließt, die beiden Pflichten zu vereinigen. Da er dem ganzen Trio gegenüber nichts als Groll empfindet, stellt er sich gnädig und befiehlt, die Trauung vorzubereiten, sagt aber nicht, daß er den Bräutigam sofort danach dem Henker übergeben will. Jetzt schließt Arnoldo das glückliche Paar als liebender Vater in seine Arme ... (*Stretta des Concertatos*).

2. **Akt:** Im Palast des Herzogs wird Adelia von Kammerjungfern für das Fest geschmückt und schwelgt in bräutlicher Erregung (♦ *Frauenchor und Arie mit Cabaletta*). Oliviero kommt hinzu. Zu ihrem Staunen (*Duett-Arioso 1*) wirkt er bedrückt, sosehr ihn auch ihr Bild berauscht (*Duett-Arioso 2*). Wie er ihr nun erzählt, erblickte er in einem Zimmer des Palastes ein Schafott, das eben errichtet wurde (♦ *arios gebauter lyrischer Duett-Teil*) Adelia gelingt es schließlich doch, ihn zu beruhigen, und beide träumen von ewigem Liebesglück (♦ *lyrische Stretta des Duetts*). Nachdem er gegangen ist, erhält Adelia ein Billett, auf dem ihr ein Freund Olivieros den Plan des Herzogs verrät. So weiß sie nun, zu welchem Preis sie den begehrten Mann bekommen soll: auf Kosten seines Lebens. Auch weiß sie, daß der Herzog nur gehindert werden kann, sich an das Gesetz zu halten — also Oliviero hinzurichten —, wenn er ebenfalls gehindert wird, sich an den Schwur zu halten, also Oliviero zu vermählen. Aus dieser Erwägung muß sie sich weigern, ihrem Geliebten die Hand zu reichen. Dabei hofft sie auf die Hilfe ihres Vaters. Arnoldo aber, eingeweiht, sieht wieder nur die Ehre seiner Tochter, die ohne sofortige Heirat für immer besudelt wäre. In panischer Angst vor dieser Situation droht er ihr mit dem Tod, falls sie das Spiel des Herzogs verderben wolle (*Duett-Arioso*). Als sie entschlossen bleibt, zückt er den Dolch, schreckt aber vor der Tat zurück und bricht in Tränen aus (♦ *einteiliges lyrisches*

Duett). Gerade so erreicht er seinen Zweck: Adelia, von Schuldgefühlen überwältigt, fügt sich seinem grauenvollen Wunsch. Doch wie sie Oliviero gegenübersteht, der seine Ängste mittlerweile überwunden hat und sie mit leuchtenden Augen in die Kapelle bittet *(◆ Arioso),* sträubt sich ihr ganzer Wille gegen den Opfergang. Kaltblütig schürt Arnoldo den Verdacht des Bräutigams, daß sie ihn nicht mehr liebe, und redet in geheuchelter Besorgnis um sein Wohlergehen auf die Tochter ein: sie dürfe Oliviero nicht enttäuschen *(◆ lyrischer Abschnitt des Terzetts).* Doch nur mit Brachialgewalt kann er sie zwingen, ihren Platz im Hochzeitszug, der sich bereits formierte, einzunehmen *(Stretta des Terzetts mit Chor).*
3. Akt: Die Bogenschützen preisen ihre Tapferkeit, mit der sie sich den jüngsten Kriegserfolg erklären *(◆ Männerchor),* als sie in unbekannter Mission zum Herzog gerufen werden. In Wahrheit braucht man sie als Helfer bei der Exekution des nun vermählten Oliviero. Dieser sieht im Widerstand Adelias gegen die Heirat auch jetzt noch ein Zeichen für erloschene Gefühle *(◆ lyrischer Teil der Arie).* Da fordern ihn die Bogenschützen auf, ihnen in den Hinrichtungsraum zu folgen, und er begreift zu spät, wie sehr er sich täuschen ließ *(Cabaletta der Arie).* — Adelia selbst, die nach der Trauung von ihm abgesondert wurde und die Gründe dafür kennt, steht vor dem geistigen Zusammenbruch *(lyrischer Teil der Aria finale).* Da wird ihr gemeldet, daß sich Karl der Kühne überraschend umbesonnen habe. Er wolle nicht nur ihrem Mann das Leben schenken, sondern auch ihrem Vater den Adelstitel, wodurch die Ehe wirklich gültig wird. Wieder verliert sie fast den Verstand — vor Freude *(◆ Cabaletta finale).*

L'AJO NELL'IMBARAZZO (SCHULMEISTER IN VERLEGENHEIT)
Opera buffa in zwei Akten (erweiterte Fassung «Don Gregorio»)
Libr.: Iacopo Ferretti; **UA:** 4. 2. 1824, Teatro Valle, Rom; **Ort der Handlung:** Rom
Hauptpersonen: *Gilda,* Frau Enricos (s.), *Leonarda,* Hausangestellte Don Giulios (ms.), *Enrico,* der ältere Sohn Don Giulios (t.), *Pippetto,* der jüngere Sohn (t.), *Don Giulio,* Marchese (br.), *Don Gregorio,* Hauslehrer der Söhne Don Giulios (bs.).

Ouvertüre ◆
1. Akt: Der jüngere Sohn Don Giulios, Pippetto, schäkert inmitten des Unterrichts von Hauslehrer Don Gregorio mit einer älteren Hausangestellten, Leonarda, die ihn verführen will, um Mitglied der Familie Don Giulios zu werden *(◆ Introduktions-Ensemble).* Doch Don Gregorio setzt dem verliebten Treiben ein brutales Ende, indem er die herbstlich blühende Venus «närrische Alte» nennt. Das wird sie ihm nie verzeihen *(◆ Stretta der Introduktion).* Don Giulio leidet unter der Angst, daß seine Söhne mit der Schlange Eva in Berührung kommen könnten *(◆ lyrischer Teil der Cavatina* und *◆ Cabaletta);* deshalb läßt er sie von Don Gregorio wie kleine Knirpse hüten. Namentlich um Enrico, den älteren Sohn, macht er sich Sorgen, da

dieser seit einem Jahr — dem 25. seines Lebens! — Symptome der Schwermut zeigt. Als er in dieser Sache den Hauslehrer konsultiert, schlägt Don Gregorio zu seinem Schrecken eine Lockerung der Lebensweise seiner Kinder vor: Sie sollten sich manchmal in der Gesellschaft bewegen dürfen, um das Leben auch von seiner bunten Seite zu erfahren (◆ *Duett-Arioso*). Selbstverständlich lehnt der rigorose Vater diesen Vorschlag zornig ab (◆ *Stretta des Duetts*). Dann greift er zum Hut, um außer Hauses zu speisen. Sobald er verschwunden ist, zeigt sich Enrico, sorgenbedrückt wie immer (◆ *lyrischer Teil der Cavatina* und ◆ *Cabaletta*). Gern läßt er sich von Don Gregorio zu einem offenen Gespräch ermuntern, da platzt Pippetto in die Szene, merkt, daß er stört, und fordert den Lehrer boshaft auf, ihm Unterricht zu erteilen (◆ *arios gebauter erster Teil des Buffo-Duetts*). Erst als ihm Don Gregorio mit Prügeln droht, verzieht er sich plärrend und voller Rachegelüste (*Stretta des Buffo-Duetts*). Durch diesen Auftritt vorgewarnt, geht Don Gregorio auf die Suche nach möglichen weiteren Störern. Während Enrico auf ihn wartet, stellt sich Gilda ein, deren kokettes Wesen sein Elend verschuldet hat (*einteilige Cavatina*). Groß ist der Schrecken Don Gregorios, im Hause seines sittenstrengen Herrn ein hübsches junges Mädchen anzutreffen, aber sein Schrecken wird noch viel größer, als er erfährt, daß sie seit einem vollen Jahr mit seinem Zögling verheiratet ist und ihm bereits ein Kind geboren hat (*arios gebauter erster Teil des Buffo-Terzetts*). Da hören sie Don Giulio, der doch nicht auswärts speiste, schlechtgelaunt nach Hause kommen (*Stretta des Buffo-Terzetts*). Don Gregorio versteckt das Mädchen im Zimmer Enricos und erklärt Don Giulio, der ihn gerade noch den Schlüssel drehen sah, es habe ihm jemand ein bissiges Hündchen verehrt, das er soeben gehindert habe, den Hausrat zu ruinieren. Als diese Gefahr behoben und der Tyrann in seinen Gemächern verschwunden ist, macht ihm die junge Frau die Hölle heiß, weil sie das Reich Don Giulios verlassen will ... doch überall wimmelt es wieder von Dienstpersonal, das sie bemerken würde (*Duett-Arioso*, ◆ *lyrischer Teil und Stretta des Duetts*). Einzig die Bahn in Don Gregorios eigenes Appartement ist frei, und wohl oder übel muß er sie dorthin bringen. Aber seine Feinde, Leonarda und Pippetto, verfolgen das verdächtige Geschehen hinter einem Schlüsselloch (*von hier an: durchkomponiertes Finale in mehreren Sätzen*). Leonarda, immer im Bewußtsein, daß sie von Don Gregorio als «Alte» bezeichnet wurde, fordert Pippetto auf, ihr seine Liebe zu beweisen, indem er seinen Vater über die seltsamen Vorgänge orientiere. Das besorgt der kleine Teufel noch so gern. Don Giulio, ergrimmt, zitiert den Lehrer herbei, täuscht aber höfliches Bedauern vor: Er werde seine Zimmer einem Neffen überlassen müssen, der seine Ankunft angemeldet habe, und wolle deshalb ihren Zustand überprüfen. Don Gregorio beteuert hoch und heilig, daß das ganze Wohnungsinventar in bester Verfassung sei. Sein Herr beharrt auf einem Augenschein — da ruft das Gesinde zum Mittagessen (*Stretta finale*). Der arme Sündenbock ist — wenigstens provisorisch — aus seiner Klemme befreit.

2. Akt: Von Neid getrieben, sucht Leonarda ihre «Konkurrentin» im Asyl des Lehrers auf, und zwischen den beiden Damen entwickelt sich rasch ein schneidendes Rededuell *(Duett-Arioso, «lyrischer Teil» und ♦ Stretta des Duetts).* Als sie gegangen ist, bedrängen Gilda und Enrico ihren unfreiwilligen Beschützer mit der Bitte, ihr Baby vom Haus vis-à-vis herüberzuholen, da es bestimmt verzweifelt nach der Muttermilch verlange. Der unbeholfene Gelehrte schickt sich schließlich auch in diese Prüfung *(Buffa-Arie mit Cabaletta)* und nimmt das Spießrutenlaufen durch die von Dienern gesäumten Gänge des Hauses auf. Das Paar ergreift die Gelegenheit, sich seiner gegenseitigen Gefühle zu versichern *(♦ einteiliges Liebesduett).* Da poltert Don Giulio an die Tür und sieht sich betreten Don Gregorios «Mätresse» gegenüber, der zur Besiegelung des Unglücks sein eigener Sohn Gesellschaft leistet *(♦ einteiliges lyrisches Terzett,* anschließend *♦ lyrischer Teil der Arie Don Giulios und Cabaletta).* Als Don Gregorio mit dem Säugling erscheint, im richtigen Augenblick, um auch noch verdächtigt zu werden, der stolze Vater zu sein, ist Gilda so freundlich, ihn zu entlasten und Don Giulio die Wahrheit zu entdecken. Erst wie vom Donner angerührt, beginnt er selbst zu donnern *(♦ lyrisches Quartett und Stretta-Quintett).* Rasend zieht er sich zurück und taucht wieder auf, als Leonarda gerade die Dienerschaft orientiert *(Chor mit Solo Leonarda).* Inzwischen hat er sich entschlossen, seinen Nachwuchs vor die Tür zu stellen, wird aber überraschend plötzlich weich, als Gilda droht, sie wolle das Baby töten. Jetzt schickt er sogar der längst vollzogenen Trauung seinen väterlichen Segen nach. Vorlaut gibt Pippetto seinen eigenen Heiratsentschluß bekannt. Leonarda aber läßt sich von der Herrschaft rasch in ihre Domäne zurückverweisen. Damit ist Gilda doppelt berechtigt zu triumphieren *(lyrischer Teil der Aria finale und ♦ Cabaletta).*

Anmerkung: Zur originalen Fassung siehe Diskographie

ALAHOR DI GRANATA
Opera seria in zwei Akten

Libr.: unbekannt; **UA** 7. 1. 1826, Teatro Carolino, Palermo; **Ort und Zeit der Handlung:** Granada, die Epoche der maurischen Herrschaft in Spanien
Hauptpersonen: *Zobeida* (s.), *Muley-Hassem,* König von Granada (ca.), *Alamar,* Führer der Zegri (t.), *Alahor,* Bruder Zobeidas (bs.—br.)

Ouvertüre

1. Akt: Alahor, ein Fürstensohn aus Granada von der Partei der Abencerraghen, kehrt aus dem Exil zurück, um sich an seinen Feinden, den Zegri, blutig zu rächen *(Cavatina).* Muley-Hassem, der Bruder jenes Zegro, der seinen Vater ermordet hatte, sitzt auf dem Königsthron; er soll als erster fallen. Aber auch die Zegri und ihr Führer Alamar sind mit dem König unzufrieden *(Männerchor und Cavatina Alamar),* obwohl er zu ihrer Partei gehört. Der Grund ist der: Aus Liebe zu Zobeida, Alahors Schwester, die seine Gefühle entgegnet *(Cavatina mit Cabaletta Zobeida)*, weigert sich Muley-Hassem, die Abencerraghen so zu verfolgen, wie es die Zegri wünschen *(Chor und Cavatina mit Cabaletta Muley-Hassem)*. Als Alahor erfährt, daß Zobeida für den Herrscher schwärmt, befiehlt er ihr zornig, dieser Liebe zu entsagen, ihn selbst bei seinen Racheaktionen nicht zu stören und nach vollbrachter Tat mit ihm zu fliehen *(Duett-Arioso, lyrischer Teil und Stretta des Duetts)*. Doch interne Animositäten auf der Zegri-Seite wirken sich jetzt zugunsten Zobeidas und des Königs aus. Ismaele, ein Gehilfe Alamars, der diesem von Nutzen ist, weil er den Königspalast bewohnt und das Vertrauen Muley-Hassems genießt, begehrt die Hand der Tochter seines Auftraggebers; Alamar aber verweigert sie ihm. Und Ismale zieht die Konsequenzen. Immer noch leiht er Alamars Einflüsterungen, Intrigen betreffend, die er im Königspalast ausführen sollte, scheinbar willig sein Ohr, allerdings nur zum Zweck, sich auf dem laufenden zu halten und im günstigsten Moment das Gegenteil dessen zu tun, was man von ihm erwartet. — Alarmstufe eins: Großer Empfang des Königs *(Chor)*, offizielle Ernennung Zobeidas zu seiner Braut *(einteilige lyrische Arie Muley-Hassem)*, warnende Blicke Alahors aus dem Hintergrund, die sie bemerkt, tränenerstickte Weigerung, sich mit dem König zu vermählen, Fassungslosigkeit des stets mit Zeichen ihrer Huld bedachten Herrschers *(lyrischer Teil des Concertatos)*, Freudenstrahlen Alamars, Tumult *(Stretta des Concertatos)*. Ismaele lächelt und bleibt in der Ecke.

2. Akt: Alarmstufe zwei: Alamar entdeckt in Alahor den größten Königshasser des Landes und will ihn als Mörder dingen. Ismaele, den er ins Vertrauen zieht, findet den Plan famos, zieht sich zurück, lächelt in sich hinein und bleibt in der Ecke. Alarmstufe drei: Alahor ist von Alamars Auftrag, dem Menschen, den seine Schwester liebt und den sie seinetwegen abgewiesen hat, den Dolch in den Leib zu stoßen, auf höchste beglückt. Ismaele wird verpflichtet, Alahor diesen Genuß durch die Zusammenführung mit dem König zu vermitteln. Doch zuvor klärt Zobeida ihren Liebsten über die Ursache ihrer plötzlichen Kälte auf, verrät ihm also Alahors dunkle Pläne, bittet ihn aber um Gnade für ihren Bruder *(Frauenchor, Duett-Arioso, lyrischer Teil und Stretta des Duetts)*. Dann hält auch Ismaele nicht mehr dicht und deckt ihm die Einzelheiten des Anschlags auf. Der ahnungslose Alamar freut sich vergeblich auf die Beseitigung seines Feindes *(Arie mit Cabaletta)*, denn der Monarch tritt Alahor verkleidet entgegen, legt ihm dar, wie ehrlich es der König, den er ermorden wolle, mit den Abencerraghen meine, und lüftet seine Maske, als der Heißsporn etwas besänftigt ist *(Duett-Arioso, lyrischer Teil und Stretta des Duetts)*. Selbstverständlich denkt er nicht im Traum daran, ihn zu bestrafen, und wie er sich sogar bereit erklärt, auf Zobeida zu verzichten, ist in Alahor das letzte Zegri-Feindschaftseis geschmolzen: Ja, wenn er auf sie verzichtet ... ja nun ... soll er sie haben. Alamar wird ins Gefängnis abgeführt. Die Liebenden aber sind endlich vereint *(Aria finale mit Cabaletta Zobeida)*.

Anmerkung: Die Zeichen für die musikalisch expressiven Stellen ◉ fehlen deshalb, weil die Oper — trotz verschiedenen, genau belegten Aufführungen — als verschollen gilt. Dies ist freilich schwer zu glauben. Schatzsucher vor!

ANNA BOLENA
Opera seria in zwei Akten

Libr.: Felice Romani; **UA:** 26. 12. 1830, Teatro Carcano, Mailand; **Ort und Zeit der Handlung:** Schloß Windsor/Tower, 1536

Hauptpersonen: *Ann Boleyn (Anna Bolena),* die zweite Gattin Heinrichs VIII. (s.), *Jane (Giovanna) Seymour* (ms.), *Smeton* (ca.), *Percy* (t.), *Hervey* (t.), *George Boleyn, Lord Rochford (Rochefort),* Annas Bruder (br.), *Henry (Enrico) VIII.,* König von England (bs.).

Vorgeschichte: Anna Bolena wuchs an der Seite von Percy auf; sie liebten einander und vermählten sich. Später jedoch verließ sie ihn, von Ehrgeiz getrieben, und wurde die zweite Ehefrau Heinrichs VIII., des englischen Königs. Er aber wandte sich Giovanna zu, der besten Freundin Annas, und machte sie heimlich zu seiner Mätresse. Nun wäre er Anna gerne los und sinnt auf eine Falle. Er hebt die seinerzeit über Percy verhängte Verbannung aus England auf, so daß der frühere Geliebte Annas nach Belieben am Hofe erscheinen darf ...

Ouvertüre ◉
1. Akt: Anna und ihr Gefolge warten vergeblich auf eine Visite des Königs; schon ist es früher Morgen *(Chor).* Giovanna, von der Königin herbeizitiert, erscheint mit klopfendem Herzen; sie befürchtet, Anna wisse um ihr Verhältnis mit ihrem Mann *(◉ einteilige lyrische Auftrittsarie [Sortita]).* Doch das scheint nicht der Fall zu sein. Zur Auflockerung der Stimmung bittet Anna Smeton, einen jungen Pagen, der ihr Musiklektionen gibt und heimlich für sie schwärmt, um musikalische Unterhaltung. Er improvisiert ein trauriges Lied *(◉ Romanze),* in dem er seine Gefühle für sie durchscheinen läßt. Zur Betroffenheit des Hofes unterbricht ihn Anna; gerade durch seine versteckte Botschaft hat sie das Lied an ihre früheren, glücklichen Tage mit Percy erinnert *(◉ lyrischer Teil der Cavatina).* Giovanna legt sich ans Herz, sich nie vom Glanz einer Krone blenden zu lassen *(Cabaletta der Cavatina).* Als Heinrich kurz darauf die Freundin seiner Frau besucht, fleht sie ihn an, dem unerträglichen heutigen Zustand ein Ende zu machen *(◉ Duett-Arioso).* Er vermutet, daß sie nicht den Abbruch, sondern die Legalisierung ihrer Beziehung wünsche. Für ihre Beteuerungen, daß es ihr nur um Annas Frieden gehe, bleibt er taub *(◉ lyrischer Abschnitt des Duetts)* und bietet ihr schließlich die Heirat an. Erschrocken bittet sie ihn um Rücksicht auf Anna *(Wiederaufnahme des Ariosos, (◉ Stretta des Duetts).* — Im Schloßpark begegnet Rochefort, der Bruder Annas, Percy, der auf die Begnadigung prompt reagierte und nun bereits die Nähe Annas sucht. Verbittert erzählt er dem einstigen Schwager von seinen glücklosen Reisen quer durch die Welt, zu denen ihn Annas

Treuebruch und die Verbannung gezwungen hätten *(lyrischer Teil der Cavatina)*. Hörner kündigen die Jagdgesellschaft des Königs an. Die Aussicht auf die Begegnung mit Anna versetzt ihn ins Schwärmen *(Cabaletta der Cavatina)*. Dann steht er ihr wirklich gegenüber und kann die Bedeutung des Augenblicks ebenso schlecht verbergen wie sie — am schlechtesten vor dem König, der sofort versucht, ihre Beziehung zu intensivieren *(Arioso)*. Hervey hingegen, seinem Vertrauten, trägt er heimlich auf, die beiden zu überwachen *(♦ lyrischer Abschnitt des Quintetts)*. Dann entfernt er sich mit seinem Troß *(Stretta des Quintetts)*. — Smeton will im Kabinett der Königin ein Medaillon mit ihrem Bildnis, das er ihr entwendet hatte, um es zu bewundern, an seine frühere Stelle legen *(Arioso und Cabaletta)*, da zwingt ihn das Nahen Annas in ein Versteck. Percy, der ihr auf dem Fuße folgt, bekennt ihr seine unveränderten Gefühle *(Arioso)* und bietet sich ihr aufs neue als Geliebter an *(arioso gebauter lyrischer Abschnitt des Duetts)*. Sie weist ihn entsetzt zurück *(♦ Stretta des Duetts)*. Da zieht er sein Schwert, um Selbstmord zu begehen. Smeton glaubt Anna in Lebensgefahr und stürzt sich, ebenfalls mit gezogener Waffe, aus seinem Versteck hervor. Anna fällt in Ohnmacht... gerade bevor der König mit seinem Gefolge erscheint. Vorsorglich hämmert er seinen Begleitern ein, sie seien Zeugen eines Seitensprungs der Königin *(Arioso des Concertatos)*. Übereifrig beteuert Smeton das Gegenteil: Er wolle sterben, wenn er lüge *(Weiterführung des Ariosos)*. Um diese Worte zu bekräftigen, entblößt er seine Brust und bietet sie dem König dar — da fällt das Medaillon zu Boden. Heinrich hebt es triumphierend auf; eigentlich hat er erst jetzt seinen «Beweis». Anna erwacht aus ihrer Ohnmacht *(♦ lyrischer Teil des Concertatos)*. Der König läßt sie und die am «Tatort» vorgefundenen Personen — Percy, Smeton und Rochefort — verhaften. Anna lehnt sich gegen diese Schande auf *(Stretta des Concertatos)*.

2. **Akt:** Die Ehrendamen Annas umgeben sie auch in ihrer Gefängniswohnung im Tower und spenden ihr — schwachen — Trost *(♦ Frauenchor)*. Allein gelassen, bittet sie Gott, sie ihrer Sünde gemäß zu richten, und beginnt zu weinen *(♦ Arioso)*. Dabei wird sie von Giovanna überrascht. Diese, reuiger denn je, empfiehlt ihr einen Kompromiß *(von nun an: mehrere Duett-Ariosi)*. Sie solle sich, auch wenn sie keinen Ehebruch begangen habe, dazu bekennen und so dem König die Möglichkeit geben, die Ehe mit ihr legal zu scheiden; dafür bliebe ihr der Tod erspart. Anna weigert sich entrüstet. Dann bricht sie in Haß auf die ihr unbekannte Schöne aus, die, wie sie ahne, ihr Unglück verschuldet habe — bis ihre Freundin die Nerven verliert und sie um Mitleid bittet. Damit hat sie sich bewußt verraten. Anna schickt sie hysterisch fort *(längeres Arioso)*. Giovannas Verzweiflung aber *(♦ lyrischer Abschnitt des Duetts)* erweckt ihr Mitleid, und sie versucht ihr zu verzeihen *(Stretta des Duetts)*. — Höflinge warten ängstlich das Ergebnis einer Einvernahme Smetons ab; da überbringt es ihnen der Scherge Heinrichs, Hervey: Der Page habe ein Verhältnis mit der Königin gestanden *(♦ Männerchor mit Solo Her-*

vey). Heinrich selber weiß, wie dieser Sieg zustande kam: Indem er dem Jüngling die Schonung von Annas Leben versprach, falls er sie schuldig nenne. Gerade wird Anna mit Lord Percy von Wachen vorbeigeführt. Sie wünschen ein Gespräch mit dem Monarchen. Dieser verspottet Anna wegen ihrer «Liaisons» mit einem kleinen Lord und einem noch viel kleineren Pagen *(von hier an:* ♠ *Terzett-Arioso)*. Percy, beleidigt, wirft dem König ins Gesicht, er selbst sei früher als er mit Anna vermählt gewesen *(*♠ *lyrischer Abschnitt des Terzetts)*. Heinrich, zum ersten Mal getroffen, schwört seiner Frau erst recht brutale Rache *(Wiederaufnahme des Ariosos;* ♠ *Stretta des Terzetts,.* Die beiden werden abgeführt. Giovanna versucht den König noch einmal zu Annas Gunsten zu erweichen *(lyrischer Teil der Arie)*. Da meldet Hervey das Todesurteil der Richter über Anna und alle ihre «Komplizen», also das ganze mitverhaftete Trio. Weder die Bitten des Hofes *(Wiederaufnahme des Einleitungschors des 2. Aktes)* noch weitere Bitten Giovannas *(Cabaletta der Arie)* können den König rühren. Freilich erfahren Rochefort und Percy wenig später von Hervey, sie seien freigesprochen worden — nicht aber Anna und der Page, da sich der König schamlos auf das von Smeton erpreßte falsche Geständnis stützt. Doch Percy und schließlich auch Rochefort — obwohl ihn der Schwager bittet, seinem Beispiel nicht zu folgen *(lyrischer Teil der Arie)* — wollen gemeinsam mit Anna sterben *(Cabaletta der Arie)*. — Die Ehrendamen Annas besprechen untereinander, daß ihre Herrin, deren Enthauptung unmittelbar bevorsteht, den Verstand verloren habe *(Frauenchor)*. Dann kommt sie selbst, anscheinend im Wahn befangen, daß ihre Hochzeit mit dem König vorbereitet werde *(*♠ *Arioso)*. Der Gedanke an Percy, der sie dabei beobachten könnte, versetzt sie in Panik. Später versinkt sie in Erinnerungen an ihre glückliche Jugendliebe *(*♠ *lyrischer Teil der Aria finale)*. Trommeln schrecken sie auf: Rochefort, Percy und Smeton werden zur Hinrichtung vorbeigeführt. Plötzlich erhält sie Zugang zur Realität und bittet — allerdings bereits in einem neuen Nebel der Trance — Gott um Gelassenheit *(Preghiera Annas mit Terzett der Todeskandidaten)*. Da dringen von draußen festliche Töne ein: Der König heiratet Giovanna in ein und derselben Stunde, die für seine Frau die letzte ist. Abermals begreift sie ihre Lage und bricht in Verzweiflung aus *(*♠ *Cabaletta finale)*.

L'ASSEDIO DI CALAIS
(DIE BELAGERUNG VON CALAIS)
Opera seria in drei Akten
Libr.: Salvatore Cammarano, UA: 19.11.1836, Teatro San Carlo, Neapel; Ort und Zeit der Handlung: Calais und Umgebung, 1347

Hauptpersonen: *Isabella,* Gattin König Edwards (s.), *Eleonora,* Gattin Aurelios (s.), *Aurelio,* Sohn Eustacchios (ca.), *Eustacchio,* Bürgermeister von Calais (br.), *Edward III.* *(Edoardo),* englischer König (bs.)

1. **Akt** *(*♠ *Preludio des Orchesters):* Soldaten des englischen Königs Edoardo

schlummern im Hafengelände der Stadt Calais, die sie belagern. Aurelio, der Sohn des Bürgermeisters von Calais, hat sich an sie herangeschlichen, um etwas Brot für seinen kleinen Sohn zu stehlen, der in der Stadt Hungers zu sterben droht. Plötzlich wacht einer der Schläfer auf, und die Soldaten gewahren den Eindringling *(lyrischer Teil des Männerchors)*. Aurelio aber entzieht sich ihnen durch einen Sprung ins Meer. Sie schicken ihm ihre Verwünschungen nach *(♠ Stretta des Männerchors)*. — In der Stadt erfährt Eleonora, seine Gattin, daß er ergriffen und getötet worden sei. Sie sagt es Eustacchio, seinem Vater, dem Maire von Calais *(Duett-Arioso)*, und beide brechen in Klagen aus *(♠ lyrischer Abschnitt des Duetts)*. Da bringt ein Bote die frohe Kunde, daß der Totgeglaubte doch am Leben sei; nun weinen sie Freudentränen *(Stretta des Duetts)*. Aurelio trifft wirklich wohlbehalten ein und schließt die beiden in seine Arme *(♠ lyrischer Teil der Cavatina)*. Aber er will weiterkämpfen, bis die Stadt befreit oder sein Blut vergossen sei *(♠ Cabaletta der Cavatina)*. Die Freude der Familie ist leider nur von kurzer Dauer. Eine Meute von Stadteinwohnern zieht vor das Haus und schreit nach dem Kopf des Bürgermeisters. Eustacchios Familie und seine engere Gefolgschaft weisen empört auf seine väterliche Sorge um Wohl und Ehre der Bürger hin *(♠ lyrischer Teil des Concertatos)*. Eustacchio selbst entlarvt den Rädelsführer der Rebellen als eingeschmuggelten Unruhestifter aus dem Heer der Feinde und befiehlt seine Hinrichtung. Jetzt stellt sich das Volk begeistert hinter ihn *(Stretta des Concertatos)*.

2. Akt *(Preludio des Orchesters)*: Eleonora behütet den Schlaf ihres Kindes und ihres Mannes und denkt mit Schrecken, daß der Ruf der Militärtrompete ihren trügerischen Frieden schon im nächsten Augenblick zerstören könnte. Wie als Echo auf ihre Ängste hört sie aus der Ferne Frauen beten, daß ihnen Gott das Schlimmste ersparen möge *(♠ Frauenchor aus dem Hintergrund mit Solo Eleonoras)*. Aurelio fährt plötzlich stöhnend aus dem Schlaf. Er träumte gerade, englische Krieger hätten ihr Kind vor seinen Augen davongeschleift. Angsterfüllt sehen die Eheleute der Zukunft entgegen *(♠ lyrischer Abschnitt des Duetts)*. Da wird Aurelio von einem Boten ins Ratshaus bestellt: Der König habe sich zu einer gewissen, noch unbekannten Bedingung, die sein Gesandter im Ratshaus erörtern werde, zum Frieden bereit erklärt. Aurelio und Eleonora schöpfen neue Hoffnung *(♠ lyrische Stretta des Duetts)*. — Halb zuversichtlich, halb gespannt warten die einberufenen Bürger auf die Enthüllung von Edoardos Wunsch *(♠ Männerchor)*. Groß ist der Schrecken, als sie ihn erfahren: Sechs Stadtbewohner müssen sich stellen, die der Monarch im Beisein seiner Frau, die er als Siegerin einer Schlacht aus Schottland zurückerwartet, hinrichten lassen will *(♠ lyrischer erster Teil des Concertatos)*. Aurelio verurteilt das zynische Angebot *(Arioso)*, Eustacchio aber fordert die Bürger auf, die wehrlosen Frauen und Kinder nicht zu vergessen und die Bedingung aus Rücksicht auf ihre Zukunft zu akzeptieren *(neues Arioso;*

zustimmende Reaktion der Bürger: *♦ strettahafter zweiter Teil des Concertatos)*. Dann trägt er sich als erster in die Liste der Todesanwärter ein (von hier an: *Hauptarioso des Concertatos)*. Eindringlich bittet er seinen Sohn, der es ihm gleichtun will, Eleonora und das Kind nicht ganz verwaist zurückzulassen — doch auch Aurelio unterschreibt. Die Opfer werden abgeführt, während die übrigen für sie beten *(♦ lyrischer dritter Teil des Concertatos [Preghiera])*.

3. Akt *(♦ Preludio des Orchesters)*: König Edoardo erfährt mit grimmiger Freude, daß die Bürger seinen Pakt genehmigt haben. So kann der offenbar frustrierte Mann das eben von seiner Gattin, der siegreichen Amazone, eroberte Schottland mit Frankreich zusammenschließen, das er glücklich selbst erobert hat *(♦ lyrischer Teil der Arie)*. Als die Truppen Isabellas nahen *(♦ Männerchor der Brückenpassage)*, schwelgt er im Gedanken, sich durch die feierliche Schlachtung der sechs Bürger aus Calais ihr ganzes Herz erobern zu können *(♦ Cabaletta der Arie)*. Zunächst empfängt er die begehrte Frau mit glänzenden Waffenspielen *(♦ Militärballett)*, dann werden dem Paar die Opfer vorgeführt. Doch deren Frauen und Kinder sind ihnen gefolgt und bitten den König herzerweichend um Gnade *(Arioso des Concertatos)*. Indessen kann ihn nicht einmal Aurelios Abschied von seinem Sohn, der alle erschüttert *(♦ lyrischer Teil des Concertatos)* zum Verzicht auf die geplante grauenvolle Huldigung an seine Frau bewegen. Erst als sie ihn selber darum bittet, spricht er die Bürger frei. Der Jubel ist groß *(Stretta finale des Concertatos [Urversion]; nachkomponiert: ♦ Stretta finale Eleonora/Isabella [Duett] mit Chor)*.

BELISARIO
Opera seria in drei Akten

Libr.: Salvatore Cammarano; **UA:** 4. 2. 1836, Teatro La Fenice, Venedig; **Ort und Zeit der Handlung:** Byzanz und die Umgebung des Berges Emo, 580 v. Chr.

Hauptpersonen: *Antonina*, Gattin Belisarios (s.), *Irene*, Tochter Belisarios und Antoninas (ms.), *Alamiro*, eigentlich Alexis, Sohn Belisarios und Antoninas (t.), *Eutropio*, Hauptmann der kaiserlichen Garde (t.), *Belisario*, Feldherr des Kaisers (br.), *Justinian (Giustiniano)*, oströmischer Kaiser (bs.)

Vorgeschichte: Belisario, der überaus loyale Feldherr des byzantinischen Kaisers Justinian, träumte von seinem Sohn Alexis, der gerade auf die Welt gekommen war, er werde sich einst, in grauer Zukunft, gegen Byzanz erheben. Weil er das verhüten wollte, befahl er dem Sklaven Proclo, den Knaben heimlich zu töten. Das brachte Proclo allerdings nicht übers Herz; er setzte ihn nur am Ufer eines Flusses aus. Erst später, als Proclo im Sterben lag, bereute er seine Halbherzigkeit und beichtete der Mutter des vermißten Knaben, Antonina, das Vergehen. Seit dieser Stunde sehnt sie sich glühend nach ihrem Sohn und haßt ihren Mann, der ihr den Säugling raubte.

Ouvertüre

1. Akt: Der Feldherr kehrt siegreich aus einer Schlacht gegen die Goten nach Byzanz zurück (♠ *Männerchor*). Freudig erregt erwartet ihn Irene, seine Tochter (*Cavatinen-Arioso und* ♠ *Cabaletta der Cavatina*). Antonina aber brütet Rache. Deshalb verspricht sie dem Gardehauptmann Eutropio, der sich in sie verliebte, die Erfüllung seiner Wünsche, falls er ihrem Mann das Handwerk lege (♠ *lyrischer Teil der Cavatina* und ♠ *Cabaletta*). Inzwischen hat sich die halbe Stadt zur Siegerehrung besammelt *(Chor)*. Auf Belisarios Bitte hin spricht Justinian die Gefangenen frei. Einer von ihnen aber, ein gewisser Alamiro — über dessen Herkunft niemand etwas weiß! —, möchte beim Feldherrn bleiben, da er sich magisch zu ihm hingezogen fühlt. Belisario ergeht es ebenso (♠ *lyrischer Abschnitt des Duetts*), und sie geloben sich ewige Treue (♠ *Stretta des Duetts*). Da tritt ein Scherge des Kaisers auf, der den soeben noch umschwärmten Sieger vor Gericht zitiert. — Die hastig zur Sitzung einberufenen Senatoren, die sich den Umschlag des Wetters auch nicht erklären können (♠ *Männerchor*), erfahren von Justinian, man habe Briefe Belisarios an seine Frau mit Umsturzplänen entdeckt. Sodann bezichtigt Eutropio — welcher die Briefe natürlich fälschte — den angeklagten Belisario formell des Hochverrats. Dieser fordert Antonina ruhig auf, die Tatsache zu beeiden, daß sie die Briefe damals in anderer Form erhielt. Zu seinem Schrecken sowie zum Schrecken Irenes und Alamiros erklärt sie das Gegenteil (*lyrischer Abschnitt des Concertatos*). Um sein Verderben zu besiegeln, lenkt sie die Rede erst noch auf den verschollenen Sohn (*Arioso des Concertatos*). Belisario, erschüttert beim Gedanken an die Qualen, die es ihn selber kostete, sein Kind zu opfern, legt den Richtern dar, daß er sich nur aus Rücksicht auf Byzanz zu diesem Schritt entschlossen habe (*deklamierter Monolog*). Doch damit kann er nicht verhindern, daß er als Staatsverräter und Sohnesmörder zum Tode verurteilt wird. Antonina bricht in wilden Jubel aus *(Stretta des Concertatos)*.

2. Akt: Alamiro erfährt von einigen Byzantinern, die Todesstrafe sei vom Kaiser in Verbannung umgewandelt worden. Doch habe der Herrscher dieses Urteil in den leider etwas dunklen Satz gekleidet, daß ihn «die Augen Belisarios nie mehr erblicken» dürften. Eutropio aber — der um Antoninas Liebe bangen mußte, weil der Angeklagte allzu glimpflich weggekommen war —, habe den Auftrag so gedeutet, als wären Belisario die Augen auszustechen, und habe den Befehl in dieser Lesart bereits vollstreckt *(Männerchor)*. Nach der Überwindung seines ersten Schreckens (*lyrischer Teil der Arie*) schwört Alamiro ganz Byzanz blutige Rache (♠ *Cabaletta*). So wird das Traumorakel, das Belisario einst bewog, ihn zu beseitigen, gerade deshalb wahr, weil er es hindern wollte, wahr zu werden. Mit leeren Augenhöhlen wird der Feldherr aus dem Gefängnis herausgeführt. Er sehnt sich nur nach einem Trost: der Gegenwart seiner Tochter. Diese ist wirklich in seiner Nähe, doch unter dem Eindruck seiner Verstümmelung getraut sie sich kaum an ihn heran. Dann gibt sie sich dem blinden Vater zu erkennen (♠ *Duett-Arioso*). Seine Freude überwindet Schmerz und Scheu (♠ *lyrischer Abschnitt des*

Duetts), und als sie sich bereit erklärt, an seiner Seite ins Exil zu wandern, erscheint ihm sein Schicksal fast beneidenswert *(◐ lyrische Stretta des Duetts)*.
3. **Akt:** Arm in Arm mit ihr wandert der Blinde durch ödes Land *(◐ Preludio des Orchesters)*. Da erschallen rauhe Töne *(Männerchor):* Ein Stamm bulgarischer Nomaden, angeführt von Alamiro, der sie gesammelt hat, um gegen Byzanz zu kämpfen, sprengt auf sie zu. Belisario, der Justinian auch jetzt noch ergeben ist, wird zornig, als er den Plan erfährt. In dieser peinlichen Situation bemerkt Irene am Hals Alamiros ein Kreuz, das seine Identität mit dem verschollenen Alexis offenbart. Groß ist die Freude der drei, wiedervereint zu sein *(◐ Arioso* und *◐ lyrischer Abschnitt des Terzetts)*. Zur Krönung des Glücks entbinden die Nomaden Alamiro von seiner Führerpflicht *(Stretta des Terzetts mit Männerchor)*. — Inzwischen wurde Antonina in Byzanz von Reue ergriffen und legt nun dem Kaiser ein Bekenntnis ab. Dieser spricht sie des Todes schuldig, was sie begrüßt. Nur eines wünscht sie sich noch: ein Wort der Vergebung ihres Mannes *(lyrischer Teil der Aria finale)*. Da wird der Feldherr, den überraschend ein feindlicher Pfeil ereilte, sterbend herbeigetragen *(Trauermarsch-Ensemble)*. Nachdem sich Belisario mit Justinian versöhnt und ihn gebeten hat, sich seiner Kinder anzunehmen, wendet sich seine Frau an ihn und bittet ihn um Vergebung. In dieser Sekunde tut er seinen letzten Atemzug und läßt sie unerlöst inmitten des Volkes, das sie verflucht, zurück *(◐ Cabaletta finale)*.

BETLY oder LA CAPANNA SVIZZERA (DAS SCHWEIZERHAUS)

Opera buffa in zwei Akten (Urversion: Farce in einem Akt)

Libr.: Gaetano Donizetti; **UA:** der Farce: 24. 8. 1836, Teatro Nuovo, Neapel; der Opera buffa: 29. 10. 1837, Teatro Carolino, Palermo; **Ort der Handlung:** Ein Dorf im schweizerischen Appenzellerland

Hauptfiguren: *Betly* (s.), *Daniele* (t.), *Max*, Betlys Bruder (br.)

Ouvertüre

1. **Akt:** Dorfbewohner sind informiert, daß ein Schreiben der schönen Betly an Daniele, der sie umschwärmt, mit der Erklärung, daß sie ihn heiraten wolle, nicht aus ihrer Feder stammt. Sie amüsieren sich köstlich über den Streich *(Chor mit ◐ Stretta)*. Da tritt Daniele auf; wie zu erwarten war, schwingt er den Brief und ist im siebten Himmel *(◐ lyrischer Teil der Cavatina und ◐ Cabaletta)*. Betly jedoch, die Chaletbewohnerin, die ihre Rolle als Idol des Dorfes selbstbewußt genießt *(◐ Cavatina mit einkomponierter ◐ Cabaletta)*, weiß nichts von einem solchen Brief *(Duett-Arioso)*. Bei der Betrachtung ihres Verehrers, der seine Hoffnung sofort begräbt, regen sich auch in ihr zarte Gefühle *(◐ lyrischer Abschnitt des Duetts)*. Doch da ihr die Freiheit immer noch wichtiger ist als die Erfüllung ihrer Liebeswünsche, macht sie sich über die Heiratsurkunde lustig, die Daniele bereits beschafft und unterschrieben hat *(Stretta des Duetts)*. Da kehrt der Bruder Betlys, Max, nach ausgedehnter Dienstzeit an der Spitze eines Haufens durstiger Soldaten in sein Heimatdorf zurück *(Män-*

nerchor). Die Begegnung mit den Stätten seiner Kindheit versetzt ihn in melancholisches Glück (◆ *lyrischer Teil der Cavatina*) und unmittelbar darauf in vaterländische Begeisterung (◆ *Cabaletta*). Zufällig läuft ihm Daniele über den Weg. Dieser faßt zum strammen Korporal sofort Vertrauen, klagt ihm sein ganzes Leid und bittet ihn um Aufnahme als Soldat, damit er Betly fern von hier vergessen könne. Ehe er sich's versah, wird er vom letztlich rüpelhaften Max zum Söldnerstand geschleppt, wo er sich ohne weitere Dispute einzuschreiben hat. Betly ist wenig erbaut, als sie erfährt, daß sie dem Regiment — das sich an ihren Lebensmitteln delektiert und auch bereits betrunken ist — Quartier gewähren muß. Max als Oberhaupt der Zecher — den sie nach ihrer langen Trennung nicht erkennt — zeigt keine Gnade und weidet sich an der Verlegenheit seiner Schwester *(Finale: Männerchor,* ◆ *Duett-Arioso,* ◆ *lyrischer Teil und* ◆ *Stretta des Duetts mit Chor als Stretta finale des 1. Aktes).*
2. Akt: Die Soldaten saufen und saufen *(Männerchor),* wacker unterstützt von Max *(später zum Duett mit Betly erweitertes* ◆ *Brindisi Max mit Chor).* Allmählich fühlt sich Betly gar in ihrer Jungfräulichkeit bedroht, die sie dem sanften Daniele ungleich lieber opfern würde als einem der rauhen Zecher. Als sich Daniele wirklich einstellt, um sie über seine Militärkarriere aufzuklären und ihr als schmerzliche Erinnerung an ihn den Heiratsvertrag und erst noch ein Testament anzuvertrauen, bittet sie ihn, weicher denn je, sie zu bewachen. Er, überwältigt von seinem Glück, entschlummert an ihrer Seite (◆ *einteiliges lyrisches Liebesduett).* Aus diesem Zustand reißt ihn Max heraus, indem er eine Annäherung an Betly fingiert, worauf er ihn verhöhnt. Sie, doppelt verletzt, erklärt Daniele zu ihrem Geliebten. Max schlägt zurück, indem er den Aufbruch des Regiments mit Daniele als angeheuertem Krieger noch für den gleichen Abend in Aussicht stellt. Der Widerstand der Liebenden ist vergeblich *(Terzett-Arioso,* ◆ *lyrischer Teil und Stretta des Terzetts).* Unter vier Augen fordert Max den widersetzlichen Soldaten zu einem Duell heraus (◆ *Duett-Arioso).* Daniele kaschiert seine schmerzliche Ahnung, daß er wohl fallen werde (◆ *lyrischer Abschnitt des Duetts),* mit männlichem Siegesmut (◆ *Stretta des Duetts).* Dennoch verpaßt er den Zeitpunkt des Kräftemessens. Weitere Diskussionen zwischen den dreien führen zum Ergebnis, daß die Gesetze Daniele nur im Falle einer bereits vollzogenen Heirat vom Wehrdienst befreien könnten. Da ist Betly nicht verlegen und zückt den Heiratsvertrag, den sie inzwischen unterschrieben hat. Als sich ihr Max als Bruder zu erkennen gibt, ist aller Groll vergessen, und Betly besingt ihr Glück (◆ *lyrischer Teil der Aria finale* und ◆ *Cabaletta).*

Anmerkung: Zur Farcen-Version siehe Diskographie

IL BORGOMASTRO DI SARDAAM

Opera buffa in zwei Akten

Libr.: Domenico Gilardoni; **UA:** 19. 8. 1827, Teatro Nuovo Neapel; **Ort und Zeit der Handlung:** Sardaam, Holland; etwa 1698

Hauptpersonen: Marietta, Mündel Wambetts (s.), *Peter (Pietro) Flimann,* ein russischer Deserteur (t.), Peter der Große, Zar von Rußland, unter dem Namen *Peter (Pietro) Mikailoff* (br.), *Wambett,* Bürgermeister von Sardaam (bs.)

Ouvertüre

1. Akt: In der Werft von Sardaam sind die Schiffshandwerker an der Arbeit (♦ *Männer-Eröffnungschor der Introduktion*). Einer von ihnen, Pietro Flimann, ein Russe, betrachtet entzückt ein Bildnis Mariettas, seiner Geliebten, des Mündels von Bürgermeister Wambett. Sein Kamerad, ein anderer Russe, Pietro Mikailoff — in Wahrheit der russische Zar, der die von ihm bewunderte Zivilisation Europas ganz aus der Nähe studieren will und deshalb mit erborgtem Namen unter den Arbeitern weilt —, mokiert sich freundlich über seine Schwärmereien (♦ *lyrischer Teil* und ♦ *Stretta des Duetts*). Da wird den Männern ein Befehl des Bürgermeisters übermittelt: Keiner von ihnen dürfe die Werft verlassen. Jeder der beiden Pietri fürchtet, daß man nach ihm fahnde — der Herrscher, weil er stündlich mit seiner Enttarnung rechnet, der andere Pietro, weil er aus dem Heer des Zaren desertierte *(Stretta der Introduktion).* In seiner Beklemmung vertraut er dem Landsmann dieses Verbrechen an — ohne zu ahnen, daß er es dem Zaren selbst bekennt! Da kommt Marietta mit einem Imbiß für ihren Geliebten (♦ *lyrischer Teil der Cavatina mit Cabaletta*). Die Ankunft des Bürgermeisters, ihres Vormunds, der ihr den Umgang mit Männern verboten hat, da er sie selbst zur Frau begehrt, setzt der Idylle ein jähes Ende. Wambett ist feierlich entschlossen, den von der Obrigkeit gesuchten Mann, einen gewissen Pietro aus Moskau, derzeit Zimmermann im Arsenal von Sardaam — Näheres enthüllt der Steckbrief leider nicht — aus der Belegschaft herauszusieben (♦ *Buffa-Cavatina mit* ♦ *Cabaletta*). Zwar hat er ziemlich bald die beiden Pietri isoliert und hält auch sofort den Deserteur, der sich durch seine Angst verrät, für den Gesuchten (♦ *lyrischer Abschnitt des Terzetts*). Doch weil ihm jeder der beiden Verhörten haargenau die gleichen Lebensdaten liefert (Pietro aus Moskau und damit basta) (♦ *Arioso der Brückenpassage*), muß er vorerst kapitulieren (♦ *Stretta des Terzetts*) und die Gesamtheit der Hafenarbeiter in die Wirtschaft ziehen lassen. Da präsentiert sich Wambett ein vornehmer Herr: Ali Mahmed, der Botschafter der Türkei. Er bittet ihn um seine Hilfe bei der Suche nach einem gewissen Pietro aus Moskau. Natürlich ist jetzt der Zar gemeint, dem Ali politische Vorstellungen seiner Regierung unterbreiten will. Wambert jedoch erfährt auch diesmal nichts Genaues, und wieder fällt sein Verdacht auf Pietro den Deserteur, den er für einen Schwerverbrecher hält. — Groß ist sein Staunen, als in der Wirtschaft, wohin er Ali begleitet *(Einleitung dieser Szene: Chor der Zecher),* der hohe Funktionär mit dem von ihm bezeichneten Pietro — eben dem Deserteur — vertrauliche und sichtlich ehrerbietige Gespräche führt. Nun nähert sich Wambett dem zweiten Pietro an — dem Zaren, den Ali im ersteren sieht — und fragt ihn über seinen Kameraden aus *(von hier an: Buffa-Duett)*. Scheinbar bereit, Spektakuläres zu verraten, sagt ihm der Herrscher schließlich nur, der fragliche Pietro sei ein Mann, der wacker esse, trinke und liebe, schlafe und rauche. Daraus entwickelt sich ein Streit, in dessen Verlauf der Zar den Bürgermeister ohrfeigt. Der in seiner Würde fürchterlich verletzte Magistrat droht mit verschiedensten Hinrichtungsarten *(● lyrische Stretta des Duetts mit Chor)*. Da trifft die Nachricht ein, es wimmle auf den Straßen Sardaams von Soldaten *(lyrischer Teil des Concertatos)*. Laut eigener Auskunft fahnden die Truppen nach einem Mann, der eine riesige Besatzung angeheuert habe, fast die ganze Stadt — es war der Zar, der nämlich jetzt gesonnen ist, so rasch wie möglich nach Rußland zurückzukehren. Der Bürgermeister wird beauftragt, den Gesuchten zu verhaften, weiß aber weniger denn je, wer der Gesuchte ist, und ordnet die Verhaftung sämtlicher Wirtshausinsassen an *(Stretta des Concertatos)*.

2. Akt: Allmählich setzt sich die Ansicht durch, Pietro der Deserteur sei der Zar. Der echte Zar begünstigt den Irrtum, um bei der Vorbereitung seiner Reise freies Spiel zu haben. Dem falschen Zaren, ihrem Geliebten, huldigt auch Marietta, er aber klärt sie darüber auf, daß er in Wahrheit nur ein kleiner Krimineller sei *(arios gebauter lyrischer Teil und ● Stretta des Duetts)*. Zornig vernimmt der Zar, daß zwei Bevölkerungsgruppen in Rußland gegen seine Rückkehr opponieren würden. Erst schwört er ihnen blutige Vergeltung *(● lyrischer Teil der Arie)*, doch dann besinnt er sich um: Seine Regentschaft voll von Anfang an im Zeichen der Versöhnung stehen *(● Cabaletta)*. Der Bürgermeister wirbt um Mariettas Hand — natürlich vergebens *(Buffa-Duett mit Stretta)*. Der Zar indessen, kurz vor seiner Abfahrt endlich als solcher erkannt, fordert von ihm die Trauung des Mädchens mit ihrem Geliebten, Pietro dem Deserteur. Diesen ernennt er sogar — trotz seines Verschuldens — zum Führer der russischen Flotte. Und Marietta schwelgt in ihrem Glück *(lyrischer Teil der Aria finale und Cabaletta)*.

IL CAMPANELLO
(DAS GLÖCKCHEN)
Farce in einem Akt

Libr.: Gaetano Donizetti; **UA.:** 1. 6. 1836, Teatro Nuovo, Neapel; **Ort und Zeit der Handlung:** Eine Apotheke in Neapel; der Vortag der Uraufführung von Donizettis Campanello (31. Mai 1836)

Hauptpersonen: *Serafina* (s.), *Rosa*, Mutter Serafinas (ms.), *Enrico*, Neffe Rosas (br.), *Don Annibale Pistacchio*, Apotheker, frischgebackener Ehemann Serafinas (bs.)

Inhalt *(Preludio des Orchesters)*: Der Apotheker Don Annibale hat sich mit Serafina vermählt. Nun werden die beiden von den Hochzeitsgästen im Hause des Brautpaars kräftig gefeiert *(Chor)*. Don Annibale freut sich bereits auf seine Nachkommenschaft (◐ *Cavatina mit einkomponierter Cabaletta*) — und auf jenes Ereignis, das in wenigen Minuten, nach der Verabschiedung der Gäste, den Grundstein dazu setzen könnte. Enrico aber, der Cousin der Braut, macht dieser heimlich eine Szene, weil er, obwohl ein lockerer Vogel, manchmal den Anschein erweckte, als ob er sie heiraten wollte. Jetzt schwört er im Gespräch mit ihr seinem «Rivalen», dem sie den Vorzug gab, grausame Rache (◐ *Duett-Arioso, Stretta des Duetts*). Wieder in der guten Stube stimmt er scheinheilig ein Trinklied zur Feier der Stunde an (◐ *Brindisi Enrico mit Chor*). Dann — endlich! — scheiden die Gäste, und sogar die Schwiegermutter Annibales zieht sich spitzbübisch lächelnd zurück. Als der Hausherr hierauf Anstalten trifft, ebenfalls zu verschwinden, läutet die Glocke der Apotheke. Ein betrunkener Franzose braucht zur Erholung seiner Magennerven dringend neuen Alkohol. Diesem Kunden folgt der nächste auf dem Fuße, das heißt, nachdem sich Don Annibale mit siegreichem Strahlen auf den Weg zu seiner Braut begeben hat. Ein Sänger sollte morgen dringend in der neuen Oper Donizettis, *Il Campanello*, auf der Bühne stehen, ist aber heiser wie ein Rabe und bittet den Apotheker um Medikamente (*anschließend Arioso des Duetts*). Kaum hat er sich den Inhalt einer ganzen Schachtel Pillen einverleibt, ist seine Stimme wieder intakt, doch statt zu verschwinden und den Apotheker zu erlösen, beweist er ihm das vollzogene Wunder durch den Vortrag einer Arie aus Donizettis *Marin Faliero* (*lyrischer Abschnitt des Duetts*; Zitat: die Barcarole des zweiten «Marino»-Aktes*) — und wird im Laufe seiner Anstrengungen heiser wie zuvor. Nach dem Genuß der nächsten Überdosis Pillen und der entsprechenden Erleichterung lädt er den Apotheker überschwenglich zur Premiere ein (*Stretta des Duetts*). Kaum ist er gegangen, entdeckt der Gequälte einen Zettel mit dem Inhalt, daß ihm jemand nach dem Leben trachte. Als er sich überwunden hat, trotz dieser brisanten Lage ins Schlafzimmer zu entschwinden, läutet die Glocke abermals. Jetzt steht ein Alter unter der Tür, kopflos vor Angst, daß seine kranke Frau vor seinem Wiedererscheinen mit Medikamenten unter dem Arm kläglich verenden könnte. Woran sie leidet, weiß er freilich nicht zu sagen. Sicherheitshalber zählt er alle nur möglichen Krankheiten auf (◐ *Arioso und offene Cabaletta im Rahmen eines Duetts*), während der Apotheker Schachtel auf Schachtel türmt. Plötzlich erklärt der Greis, wenn er sich recht entsinne, habe das letzte Stündchen für seine Alte noch nicht geschlagen, und er hole die Produkte morgen ab (*jäher Abbruch der Cabaletta*). Mittlerweile ist es Tag geworden ... und der geplagte Apotheker muß sich in einem geschäftlichen Auftrag nach Rom begeben. Hämisch strahlend erscheinen nebst Serafina auch die Hochzeitsgäste: Enrico war es, der, als Trunkenbold, als Opernsänger und als alter Schwerenöter kostümiert, seinen «Rivalen» schikanierte. Zum Trost verspricht ihm Serafina ewige Treue (◐ *lyrische Arie*), und die Gesellschaft wünscht ihm Glück auf den Weg nach Rom (◐ *Stretta finale [Terzett mit Chor]*).

IL CASTELLO DI KENILWORTH
Opera seria in drei Akten (Mailänder Fassung)

Libr.: Andrea Leone Tottola; **UA:** 30. 5. 1829, Teatro San Carlo, Neapel; **Ort und Zeit der Handlung:** Schloß Kenilworth, Regierungszeit Elizabeths I.

Hauptpersonen: *Elizabeth (Elisabetta) I.*, Königin Englands (s.), *Amy (Amelia)* Robsart, Leicesters Frau (s.), *Graf Leicester* (t.), *Lambourne,* Warneys Helfer (t.), *Warney* (br.)

1. **Akt** *(Preludio des Orchesters):* Der angekündigte Besuch von Königin Elizabeth im Stammschloß Leicesters, Kenilworth, wirft hohe Wellen *(Männer-Eröffnungschor der Introduktion)*. Am wenigsten erfreut ist Leicester selbst. Sein Verhältnis zu Elizabeth trieb vor ihrer letzten Trennung stark auf eine Heirat hin, doch in der Zwischenzeit verliebte er sich in Amy Robsart, heiratete sie, hielt aber in der nicht besonders edlen Hoffnung, die Königin trotzdem verführen und Herrscher des Landes werden zu können, die Ehe geheim. Nun schwankt er zwischen Ehebruch und Treue zu seiner Frau *(Cavatina mit ◆ Cabaletta)*. In allgemeiner Erregung löst sich die Versammlung auf *(Stretta der Introduktion)*. Leicester wendet sich an Lambourne, einen vermeintlichen Freund, der aber in Wahrheit mit dem schurkischen Warney zusammen gegen ihn intrigiert. Er bittet ihn, Warney — an dessen Treue er ebenfalls glaubt — zu sagen, er solle seine Frau ins abgelegenste Zimmer des Schlosses bringen und dafür sorgen, daß sie dort bleibe. — Amys Empörung über die Behandlung, die sie von ihrem Gatten erfährt, nützt der Vollstrecker seines Willens gründlich aus. Da er sie zur Mätresse gewinnen will, betont er Leicesters Skrupellosigkeit und stellt sich selbst als ihren Beschützer dar *(◆ Duett-Arioso und ◆ lyrischer Abschnitt des Duetts)*. Sie aber durchschaut ihn als Lüstling und weist ihn zurück. Er schwört ihr grausame Rache *(◆ Stretta des Duetts)*. — Die Königin wird triumphal begrüßt *(Chor)*. Sosehr ihr das schmeichelt *(lyrischer Teil der Cavatina)*, freut sie sich doch am meisten, Leicester wiederzusehen *(Cabaletta und Wiederaufnahme des Chors)*.

2. **Akt:** Warney kann Leicester überreden, Amy durch ihn in ein entferntes Schloß bringen zu lassen, wo sie Elizabeth mit Sicherheit verborgen bleiben würde. Dann stattet Leicester seiner Gemahlin eine seiner seltenen Visiten ab und spielt den treubesorgten Ehemann. Doch Amy macht ihm die Hölle heiß, bezeichnet ihn als ihren Kerkermeister, der die einstigen Beteuerungen seiner Liebe Lügen strafe *(Duett-Arioso, ◆ lyrischer Abschnitt des Duetts)*, und pocht auf ihr Recht, sich frei bewegen zu dürfen. Da wirft ihr Leicester Undank vor und droht mit der Scheidung... *(◆ Stretta des Duetts)*. Inzwischen versammelte Lambourne auf Warneys Befehl einige Schurken *(Männerchor)*, die Amy in das vorgesehene, entfernte Schloss geleiten sollen. Das heißt im Klartext, daß sie von Lambourne und seinen Komplizen unterwegs ermordet werden soll. Nachdem sich Warney vergeblich bemühte, seinen verletzten Mannesstolz und seine sexuelle Raserei zu zügeln *(◆ lyrischer Teil der Arie)*, ist er entschlossen, sich so zu rächen *(◆ Cabaletta)*. — Durch

einen Geheimgang konnte Amy ihrem Verlies entweichen, trifft aber im Schloßpark ausgerechnet auf die Königin. Diese hat ihr rasch entlockt, daß ihr Geschick mit dem des von ihr selbst begehrten Grafen Leicester, aber auch mit dem des Finsterlings Warney auf seltsame Weise zusammenhängt *(Duett-Arioso des Concertatos)*. Als die beiden Nebenbuhlerinnen diesen Ehrenmännern gegenüberstehen (◆ *lyrischer Teil des Concertatos*), verlangt die Königin Rechenschaft. Doch Leicester will die Ehe immer noch verheimlichen. Scheinbar aus Freundschaft zu ihm bringt Warney die Lüge vor, er selbst sei Amys Gemahl. Diese beteuert verzweifelt das Gegenteil, verrät indessen ihren Gatten nicht, der zitternd und stumm danebensteht. Nun läßt die Königin Amy gefangennehmen *(Stretta des Concertatos)*.

3. Akt: Warney indessen gelingt es rasch, wiederum als ihr Wärter eingesetzt zu werden, diesmal von Elizabeth. Und Leicester selbst erteilt ihm nochmals die Erlaubnis, sie aus Kenilworth zu entfernen. Da bietet ihm die Königin erstmals die Krone an *(Duett-Arioso 1)*. Jetzt muß er Farbe bekennen und ihr gestehen, daß er mit Amy verheiratet ist *(Duett-Arioso 2)*. Sie droht mit Vergeltung (◆ *Stretta des Duetts*). — Amy träumt in ihrem neuen Kerker von den trügerischen Liebesschwüren Leicesters, mit denen er sie verführte *(Glockenspiel-Arie mit Cabaletta)*. Da kommt Warney, um sie in Leicesters Namen wegzubringen, tatsächlich aber, um sie seinen eigenen, zum Mord gedingten Helfern auszuliefern. Doch probehalber erneuert er seinen Antrag.

Wieder abgewiesen, faßt er den Entschluß, sie eigenhändig zu ermorden, und gibt ihr «zur Erfrischung» einen Becher Wasser. Doch Amys Freundin bemerkte in einem Versteck, daß er den Trank heimlich vergiftete, stürzt sich hervor und schleudert ihr den Becher aus der Hand. Nun will er Amy ins Freie zerren — als Leicester erscheint und erstmals Zeuge seiner Umgangsformen wird. Im Angesicht Elizabeths bekennt sich der Triebverbrecher zu seinen Sünden und wird auf ihr Geheiß zusammen mit Lambourne ins Gefängnis abgeführt. Leicester jedoch verzeiht sie überraschend, daß er ihr untreu wurde (◆ *lyrischer Teil der Aria finale* und ◆ *Cabaletta*).

CATERINA CORNARO
Opera seria in einem Prolog und zwei Akten

Libr.: Giacomo Sacchèro; **UA:** 12. 1. 1844, Teatro San Carlo, Neapel; **Ort und Zeit der Handlung:** Venedig (Prolog) und Nikosia, Zypern (Rest der Oper), 1472

Hauptpersonen: *Caterina Cornaro* (s.), *Gerardo* (t.), *Lusignano*, König von Zypern (br.), *Andrea Cornaro*, Vater Caterinas (bs.), *Mocenigo* (bs.)

Prolog (◆ *Preludio des Orchesters*): Im Hause des venezianischen Adeligen Andrea Cornaro steht die Heirat seiner Tochter Caterina mit dem französischen Adeligen Gerardo unmittelbar bevor. Die Hochzeitsgäste sind schon versammelt *(Eröffnungschor der Introduktion)*, das Brautpaar ist übermächtig erregt (◆ *einteiliges lyrisches Duett*). Da erscheint ein Maskierter und wünscht Andrea zu sprechen. Er kommt im Namen des geheimnisvollen «Rats der Zehn» und weist Andrea an, die Hochzeit abzubrechen, da Caterina zur Befestigung der venezianischen Macht auf Zypern den von Venedig eingesetzten dortigen König Lusignano heiraten müsse *(einteilige lyrische Cavatina)*. Andrea wendet ein, er habe dem Brautpaar die Heirat versprochen; Mocenigo droht mit blutiger Vergeltung. Da fügt sich Andrea, kehrt in den Festsaal zurück und widerruft sein Ehrenwort. Allgemeine Empörung *(Stretta der Introduktion)*. — In ihrem Zimmer brütet Caterina vor sich hin. Draußen singen Gondolieri von häuslichem Liebesglück *(♦ Männerchor)*, das ihr so überraschend verschlossen wurde. Aber Gerardo hat ihr versprochen, sie noch heute zu entführen; jetzt sehnt sie sich nach diesem Augenblick *(♦ lyrischer Teil der Cavatina* mit *♦ Cabaletta)*. Doch zuvor betritt ihr Vater das Gemach und klärt sie — erst jetzt — über ihr Schicksal auf. Mocenigo, der sich ihnen beigesellt, warnt sie vor der Entführung, die dem «Rat der Zehn» bereits zu Ohren gekommen sei. Er öffnet einen Geheimgang des Zimmers, und im Dunkel sieht sie Mörder lauern. Mocenigo selbst begibt sich zu dieser Schar und stellt sie vor die Wahl, entweder Gerardo abzuweisen, indem sie ihm sage, daß sie ihn nicht mehr liebe, oder zuzulassen, daß er ermordet werde. Kaum hat er sich zurückgezogen, kommt ihr Geliebter *(♦ Arioso)* und fordert sie feurig auf, mit ihm zu gehen *(♦ lyrischer Abschnitt des Duetts in Arioso-Form)*. Als Caterina weich zu werden droht, macht sie der Schurke im Geheimgang auf die Mörder aufmerksam. Sie würgt die Lüge hervor; Gerardo, rasend vor Verzweiflung, stürzt sich aus dem Zimmer *(Stretta des Duetts)*.

1. **Akt** *(Preludio des Orchesters):* Dem venezianischen Plan gemäß herrscht König Lusignano an der Seite Caterinas, die ihn inzwischen heiraten mußte, über Zypern. Doch die verschiedenen Kompetenzen, die dem Monarchen und dem Inselvolk trotz dieser Intrige geblieben sind, beschäftigen Mocenigo, so daß er bereits an einen neuen Umsturz denkt. Da melden seine Späher, Gerardo sei auf der Insel gesichtet worden, und Mocenigo schickt sie wieder aus, um ihn zu finden und zu ermorden *(♦ Solo mit Männerchor [Cavatina])*. Nachdem sich die Schar zerstreut hat, tritt der König auf. Der Intrigen müde, die ihn, wie er fühlt, umspinnen, ungeliebt von Caterina, die er selber leidenschaftlich liebt und deren Schmerz er erleichtern möchte, sehnt er sich nach neuer Kraft *(♦ zweistrophige Romanze)*. Inzwischen haben Mocenigos Schergen Gerardo umstellt *(♦ Männerchor)*, doch wie sie ihn ergreifen wollen, taucht der König auf und rettet ihn aus ihren Händen. Aber dann vertraut der Fremde seinem unbekannten Helfer an, daß er nach Zypern gekommen sei, um sich an König Lusignano für den Verlust seiner Braut zu rächen. Zornig gibt sich ihm der Herrscher zu erkennen. Doch wunderbarerweise können sie sich überwinden, vertrauen einander ihre Nöte an und sehen ein, daß jeder von ihnen ähnlich geschlagen ist: Gerardo durch die Trennung von Caterina, Lusignano durch das Zusammenleben mit einer frigiden Frau, de-

ren Gefühle er respektiert (● *lyrischer Abschnitt des Duetts*). Im Hintergrund marschieren Soldaten auf; der König bekennt Gerardo seine Angst vor dem geheimnisvollen Brodeln im Untergrund, und sein «Rivale» trägt ihm seinen Beistand an (● *Stretta des Duetts*). — Kammerjungfern preisen Caterinas Schönheit und beklagen ihre unaufhörlichen Depressionen (● *Frauenchor*). Der König bekennt ihr seine Liebe und sein Mitgefühl (*Romanze*). Dann zieht er sich zurück. Mit seinem Einverständnis spricht Gerardo bei ihr vor. Doch die noble Haltung Lusignanos, der gerade dadurch wie ein Schatten zwischen ihnen steht, die seit ihrer Trennung verflossene Zeit, die Zugehörigkeit Gerardos zum Kreuzritterorden der Insel Rhodos und Caterinas sinnliche Erloschenheit verhindern jeden Überschwang. Gequält erzählt ihr Gerardo von seinen Leiden und davon, wie er im Glauben Vergessen suchte; sie kann ihm anderseits erklären, warum sie sich damals weigern mußte, ihm anzugehören (*arios gebauter lyrischer Duetteil*). Er ist erlöst, aber nicht eigentlich froh, und beide geloben einander ewige Gedankentreue — ewige Geschwisterliebe (● *lyrische Stretta des Duetts*). Da werden sie von Mocenigo überrascht; der Schurke droht, er werde dem König sagen, daß er sie «auf frischer Tat» ertappte. Doch Lusignano tritt selbst ins Zimmer. Er nimmt die beiden in Schutz und bezichtigt statt dessen den Dunkelmann aus Venedig, seinen tatsächlichen Widersacher, des Königsverrats (● *lyrischer Teil des Concertatos*). Dann läßt er ihn gefangennehmen (*Stretta des Concertatos*).

2. Akt (*Preludio des Orchesters*): Die Helfer Mocenigos vollenden sein Werk: Auf Zypern entflammt ein Bürgerkrieg. Gerardo fordert die Inselbewohner zur Verteidigung des Königs auf (● *lyrischer Teil der Arie und Cabaletta*). Die Damen des Hofes beklagen die Schrecken des Krieges (*Frauenchor*). Die Königin betet um Frieden für das geplagte Volk (● *lyrischer Teil der Aria finale [Preghiera]*). Da wird der Sieg des Königs ausgerufen (*Chor*), doch Lusignano ist tödlich verwundet worden. Umgeben von Gerardo und seiner Frau, bittet er beide nochmals um Verzeihung für die — wahrhaft unfreiwillige — Zerstörung ihrer Liebe, nimmt Abschied von ihnen (● *Arioso*), stirbt und läßt die beiden innerlich geschiedener denn je zurück. Kalt wie Eis verlangt Caterina einen Treueeid der zypriotischen Bevölkerung auf ihre Person (● *Cabaletta finale*). Sie wird die Insel von nun an allein regieren.

LE CONVENIENZE ED INCONVENIENZE TEATRALI (VIVA LA MAMMA)
Opera buffa in zwei Akten (Urversion: Farce in einem Akt)

Libr.: Gaetano Donizetti; **UA**: *der Farce*: 21. 11. 1827, Teatro Nouvo, Neapel; *der Opera buffa*: 20. 4. 1831, Teatro della Canobbiana, Mailand; **Ort der Handlung**: ein Provinztheater in Italien

Hauptpersonen: *Corilla*, Primadonna der Truppe, Interpretin der Ersilia (s.), *Luigia*, Seconda donna der Truppe (s.), *Dorotea*, Kontraalt der Truppe, Interpretin des Romulus (ca.), *Guglielmo*, Tenor der Truppe (t.), *Mamma Agata*, Mutter der Seconda donna (br.), *Proclo*, Gatte der Primadonna (bs.) — Ferner: Biscroma, der Komponist; der Impresario u. a.

Ouvertüre ❧

1. Akt: Die Proben zur abendlichen Premiere der hochdramatischen Seria-Oper «Romulus und Ersilia» laufen am Morgen auf vollen Touren *(Eröffnungs-Ensemble der Introduktion)*. Corilla, die Primadonna, trägt eine Arie vor *(Cavatina mit ❧ Cabaletta)*, die übrigen Protagonisten aber streiten sich bereits um ihre Solostücke; so verlangt Luigia, die Seconda donna, vom Komponisten ein neues Rondò *(Stretta der Introduktion)*. Da erscheint die allseits gefürchtete Mamma Agata, die Mutter und Managerin Luigias, und legt sich für das Rondò ins Zeug *(Buffa-Cavatina mit Cabaletta)*. Doch auch die Primadonna hat ihren Helfer: Proclo, ihren Mann, der streng darauf bedacht ist, die übrigen Sänger in ihren Schatten zu stellen. Daraus entspinnt sich ein übler Zwist, auf dessen Höhepunkt Mamma Agata erklärt, daß sie, die Primadonna, noch vor kurzem an der Seite ihres Mannes einen Verkaufsstand betrieben habe. Er setzt sich empört zur Wehr und zählt die Verdienste Corillas als Sängerin auf *(ariós gebauter «lyrischer Teil» der Arie mit ❧ Cabaletta)*. Schließlich weigert sich die große Sängerin, zusammen mit der Seconda donna, eben Luigia, in einem Duett zu singen; Mamma Agata freilich opponiert ihr bissiger denn je *(Buffa-Duett mit ❧ Stretta)*. Doch überraschend macht sich Dorotea, die Darstellerin des Romulus, zum Mittelpunkt der Aufregungen; sie kündigt der Truppe ihre Dienste, rauscht blasiert von dannen und läßt ihre Hosenrolle unbesetzt zurück. Doch Mamma Agata anerbietet sich, die Charge zu übernehmen. Beim Korrepetieren eines Duetts mit dem Tenor schält sich indessen sofort heraus, daß sie von musikalischen Zusammenhängen nicht viel mehr versteht als eine Krähe und auch ungefähr den gleichen Wohlklang produziert *(❧ lyrischer Abschnitt des Buffa-Terzetts)*. Jetzt räumt der Tenor auf Nimmerwiedersehen das Theaterfeld *(Stretta des Buffo-Terzetts)*. Doch für ihn springt Proclo ein, der Gatte der Primadonna, der zur allgemeinen Überraschung über ein geschultes Baßorgan verfügen will. Wie dem auch sei: Er ist als Premierensänger so unentbehrlich wie Mamma Agata und spielt diese Karte sehr geschmacklos in der alten Kontroverse zwischen seiner Frau sowie der Tochter Mamma Agatas aus. Weiteres Öl ins Feuer gießt die Verteilung der Post mit guten und schlechten Verträgen, guten und schlechten Rezensionen früherer Aufführungen. Hier zeigt sich vor allem der Komponist von einer zimperlichen Seite *(ariós gebauter «lyrischer Teil» des Concertatos)*. Am Ende hat jeder jeden gekränkt und jedem einen Grund gegeben, die Teilnahme an der Hauptprobe zu verweigern. Diese Weigerung scheint um so mehr am Platz, als ein Bankrott des Unternehmers zu befürchten ist und eine Zahlung von Gehältern nicht so bald in Aussicht steht *(Stretta des Concertatos)*.

2. Akt: Trotz dieser heiklen Lage riskiert es Mamma Agata, vom Impresario unter vier Augen einen Vorschuß zu erpressen, stößt aber deshalb auf taube Ohren, weil ihr angedrohter Rückzug aus der Truppe keinen allzu schmerzlichen Verlust bedeuten würde *(Buffo-Duett mit Stretta)*. Die Bühnenprobe findet schließlich doch noch statt, aber die Darbietungen Proclos und Mamma Agatas lassen jeden in der Runde ein Fiasko prophezeien *(es erklingen mehrere Sequenzen aus der Oper in der Oper, «Romulus und Ersilia»; anschließend lyrische Hälfte des Final-Ensembles)*. Dann trifft die Hiobsnachricht ein, der Stadtrat habe die Subvention gestrichen. Doch Mamma Agata will ihren Schmuck versetzen, um die Aufführungen gleichwohl zu ermöglichen. Für diesen Entschluß erhält sie ausnahmsweise einhelliges Lob: «Viva la Mamma!» *(Stretta finale)*.

IL DILUVIO UNIVERSALE (DIE SINTFLUT)

Opera seria in drei Akten (erweiterte Fassung 1834)

Libr.: Domenico Gilardoni; **UA:** 28. 2. 1830, Teatro San Carlo, Neapel; **Ort und Zeit der Handlung:** Epoche und Schauplatz der biblischen Noah-Geschichte

Hauptpersonen: *Sela,* Cadmos Frau (s.), *Ada* (ms.), *Cadmo,* Oberhaupt der Satrapen (t.), *Noè* (Noah) (bs.)

Ouvertüre ◉

1. **Akt:** Auf Gottes Geheiß hat die Familie Noahs die Arche erbaut; doch betet sie zu ihrem mächtigen Beschützer, daß er der übrigen Menschheit die Sintflut ersparen möge *(◉ Eröffnungsstück der Introduktion: Preghiera-Ensemble)*. Sela, die Frau des heidnischen Satrapen Cadmo, der Noahs Sippe ausrotten will, liebt ihren Gatten, ist aber zum Glauben Noahs übergetreten. Nun muß sie damit rechnen, von Cadmo verstoßen zu werden, was ihr Glaubensfeuer dämpft *(◉ lyrischer Teil der Cavatina)*. Doch in der Nähe des Propheten spürt sie wieder Gottes Kraft *(◉ Cabaletta der Cavatina)*. Als eine Truppe ihres Mannes Feuer in die Arche legen will, beruft sie sich auf ihre eigene Autorität als Frau des Fürsten und hebt seine Weisung auf *(◉ Stretta der Introduktion)*. — Cadmo entgegnet ihre Gefühle, doch da ihm Glaubensfragen völlig verschlossen sind, kann er sich ihre ständigen Besuche beim Propheten nur mit einer Liaison erklären *(lyrischer Teil der Cavatina und ◉ Cabaletta [Fassung 1834])*. Die Meldung der Soldaten, Sela habe gegen seinen Auftrag opponiert, die Arche zu verbrennen *(◉ Männerchor)*, bestätigt seinen Verdacht. Ada, die vorgibt, mit Sela befreundet zu sein, in Wahrheit aber Cadmos Hand begehrt, ergreift die günstige Gelegenheit, die Ehe ihrer Rivalin zu untergraben. Sie behauptet, Sela unterhalte ein Verhältnis mit einem der Noah-Söhne *(Fassung 1834:* ◉ *lyrischer Abschnitt des Duetts)*. Cadmo entschließt sich wirklich, seine Frau für ihren Ungehorsam zu bestrafen *(Fassung 1834: Stretta des Duetts. Originale Fassung: Cavatina mit Cabaletta Cadmo)*. — Soldaten des Herrschers umstellen den Wohnort von Noahs Familie *(◉ Männerchor)*. Sela sucht den Propheten auf, um ihn vor Cadmos nunmehr rücksichtslosem Zorn zu warnen. Noah empfiehlt ihr dringend,

sich seiner Familie anzuschließen, da die Sintflut nahe sei; doch Sela sträubt sich gegen den Gedanken, die Katastrophe zu überleben, während ihr Gatte und ihr kleiner Sohn ertrinken sollen (◈ *einteiliges lyrisches Duett*). Da wird die Familie Noahs von den Soldaten zusammengetrieben, und Cadmo selbst tritt seiner vermeintlich treulosen Frau zornig entgegen (◈ *lyrischer Teil des Concertatos*). Ihre Verteidigung ist vergeblich (◈ *Arioso des Concertatos*); Cadmo befiehlt, die Sippe Noahs zu verhaften, und will sie zusammen mit seiner Frau hinrichten lassen (◈ *Stretta des Concertatos*).

2. Akt *(Preludio des Orchesters):* Ada hat allen Grund zu hoffen, daß ihr Plan gelingen werde *(lyrischer Teil der Arie und* ◈ *Cabaletta [Fassung 1834])*. Sela bittet ihren Mann um die Erlaubnis, ihr Kind ein letztes Mal sehen zu dürfen, bevor sie sterbe *(Duett-Arioso)*. Cadmo verweigert ihr dieses Recht (◈ *lyrischer Abschnitt des Duetts*) und sagt ihr ferner, daß er Ada — die sie nach wie vor für ihre Freundin hält — heiraten werde. Wie er vermutet hat, ist sie erst jetzt gebrochen (◈ *lyrische Stretta des Duetts*). — Noahs Familie glaubt auch im Kerker an die Bereitschaft Gottes, sie zu erretten (◈ *Preghiera-Ensemble*). Cadmo, der die Gefangenen aufsucht, äußert höhnisch seine Zweifel an den Möglichkeiten ihres unsichtbaren Helfers. Noah fleht zu Gott, er möge die Sünder erleuchten ... da wird er plötzlich selbst erleuchtet und von Sintflutvisionen heimgesucht, die nicht einmal Cadmo ganz geheuer sind *(teilweise deklamierte* ◈ *lyrische Arie Noahs mit Chor, zunehmend strettahaft)*.

3. Akt *(◈ Preludio des Orchesters [Ballettmusik]):* Dennoch ordnet Cadmo die Vorbereitungen für seine Trauung mit Ada an. Die Gäste haben sich bereits zum ersten Tanz entschlossen *(◈ Chor)*, als Sela wundersam befreit im Saal erscheint. Gott hat die Ketten der Gefangenen gelöst und Noah aufgefordert, sich mit den Seinen in der Arche einzurichten. Sela aber zieht es vor, zusammen mit Cadmo und ihrem Sohn zu sterben. Nun bittet sie ihren Mann, diesen Beweis ihrer Treue anzuerkennen (◈ *einteilige lyrische Arie*). Cadmo hingegen erklärt sich nur dann bereit, sie wieder in Liebe aufzunehmen, wenn sie den Gott Noahs verfluche. Als sie es tut, strömen die ersten Wellen der Sintflut herein *(durchkomponiertes Finale)*.

DOM SÉBASTIEN
(DON SEBASTIANO)
Große Oper in fünf Akten

Libr.: Eugène Scribe; **UA:** 11.11.1843, Opéra, Paris; **Ort und Zeit der Handlung:** Lissabon/Marokko, 1587

Hauptpersonen: *Zayda,* Tochter des Gouverneurs von Fez/Marokko (ms.), *Dom Sébastien,* König von Portugal (t.), *Camoëns,* Dichter (br.), *Dom Antonio,* Onkel Sébastiens (t.), *Juam de Sylva,* Großinquisitor (bs.)

1. Akt (◈ *Preludio des Orchesters):* Im Hafen Lissabons wird die Abfahrt der Truppen von König Sébastien nach Afrika vorbereitet, wo der Monarch die Moslems schlagen will *(Chor)*. Antonio, sein Onkel, der in der Zeit seiner Abwesenheit das Zepter führen wird, sowie der Großinquisitor hoffen, daß er mit seinem ganzen Heer vernichtet werden möge: dann könnten sie in Zukunft allein regieren. Der Dichter Camoëns wünscht eine Audienz beim König; die beiden Aristokraten weisen ihn zynisch ab, doch Dom Sébastien, ein hitziger junger Schwärmer, kommt selbst hinzu und hört sich noch so gern die Lebensgeschichte des Autors unsterblicher Verse an (◐ *einteilige, abwechslungsweise lyrische und cabalettahafte Cavatina*). Anschließend bittet Camoëns den König, ihn nach Marokko begleiten und seine Taten besingen zu dürfen. Da wird die Marokkanerin Zayda, eine angebliche Hexe, zum Scheiterhaufen geführt *(Trauermarschszene)*. Ungeniert hebt der König das Urteil des Großinquisitors auf und ordnet die Rückkehr der jungen Frau in ihre Heimat an. Als sie ihm dankt, verlieben sich die beiden ineinander (◐ *lyrischer Teil des Concertatos*). Dann erklingt das Aufbruchssignal; der König ist froh erregt *(Stretta I des Concertatos als Cabaletta Sébastiens)* und fordert Camoëns auf, den Ausgang des Feldzugs zu prophezeien. Aus unverbindlichen Schlachtvisionen (freudiges Echo der Krieger: *Stretta II des Concertatos)* entstehen im Geist des Dichters Bilder einer grauenvollen Niederlage, die er jedoch sofort mit Siegestönen überspielt *(Repetition der Stretta I durch Camoëns und den Chor)*. Dann schiffen sich die Truppen ein *(Repetition der Stretta II durch alle Sänger)*.

2. Akt *(Preludio des Orchesters):* Wieder bei ihrem Vater in Marokko, verzehrt sich Zayda in Liebeskummer. Der Zuspruch der Dienerinnen *(Frauenchor)* lenkt sie so wenig davon ab wie ein Ballett zur Feier ihrer Rettung, das ein Geschenk des Feldherrn Aboyaldos ist *(◐ Ballett)*. Dieser heißblütige Marokkaner begehrt sie zur Frau, jedoch vergeblich. Grimmig ruft er seine Leute in den Kampf gegen die eingedrungenen portugiesischen Truppen *(cabalettahafte Arie mit Chor)*. — Auf dem Schlachtfeld werden die Soldaten Dom Sébastiens förmlich dahingemäht *(Männerchor)*. Aboyaldos ist bereit, die Überlebenden zu verschonen, falls sie ihm sagen würden, wer der König sei. Ein schwerverwundeter Portugiese bezeichnet sich selbst als König, um diesem das Leben zu retten. Aboyaldos überläßt die falsche Königsleiche den Portugiesen, damit sie ihren Führer in der Heimat bestatten. Der wirkliche Sébastien wälzt sich indessen verletzt im Staube. Doch Zayda findet ihn und steht ihm bei *(Duett-Arioso)*. Nun, da er nicht mehr ein glänzender König, sondern geschlagen und entehrt, ja offiziell nicht mehr am Leben ist, bekennt sie ihm ihre Gefühle (◐ *lyrischer Abschnitt des Duetts)*. Sie wollen gemeinsam dem Schicksal trotzen (◐ *Stretta des Duetts)*. Da werden sie von Aboyaldos und seinen Leuten überrascht. Nur Zaydas eiliges Versprechen, daß sie ihn heiraten wolle, wenn er den Fremden nicht ermorde, hindert ihn an dieser Eifersuchtsreaktion. Die Marokkaner weisen Sébastien in die Wüste (vom Eheversprechen an bis hier: ◐ *durchkomponierte lyrische Szene)*. Da steht der König nun — völlig allein (◐ *Romanze)*.

3. Akt (◐ *Preludio des Orchesters)*: In Portugal erklären ihn die Interimsregenten, die das Ergebnis des Feldzugs mit Freude vernommen haben, so rasch wie möglich für tot. Auch Aboyaldos ist mit Zayda — nun seine Frau — in Lissabon, um einen Frieden auszuhandeln. Von Eifersucht auf jenen Unbekannten zerrissen, dessen Gefahr Zayda bewegen konnte, ihm, dem Verschmähten, ihre Hand zu reichen, hält er sie ohne Unterlaß wie eine Sklavin an seiner Seite. Dieses Verhalten schürt ihren Haß (◆ *lyrischer Abschnitt des Duetts*), und dieser wiederum schürt seine Eifersucht (◆ *Stretta des Duetts*). — Camoëns kehrt zu nächtlicher Stunde mittellos und allein nach Lissabon zurück, ist aber dennoch vom Anblick der Stadt gerührt (◆ *Romanze*). Dann bittet er, zutiefst beschämt, einen Passanten um ein Stück Brot. Der andere freilich hat ebenfalls keines, auch er ist mittellos und allein aus Afrika zurückgekehrt (◆ *lyrischer Abschnitt des Duetts*) ... Plötzlich erkennt ihn Camoëns: Es ist der König selbst; sie fallen sich in die Arme (◆ *Stretta des Duetts*). Da zieht der Trauerzug mit dem vermeintlichen Herrscher im Sarg vorbei (◆ *Trauermarsch-Szene*). Camoëns stört die Prozession und deckt den Irrtum auf. Beim Anblick des leibhaftigen Sébastien jubelt die Menge. Der Großinquisitor nennt ihn unverfroren einen Doppelgänger des echten Sébastien; der echte liege erstochen im Sarg; dies hier sei ein Verräter. Der allgemeinen Verwirrung (*Sprechgesang-Ensemble*) setzt er ein Ende, indem er den König verhaften läßt (*deklamierter Monolog Sylvas mit Chor*).

4. Akt (*Preludio des Orchesters*): Die Richter des Tribunals sind zum Verhör versammelt (*Männerchor*). Als Zeugin zugunsten Sébastiens erscheint Zayda. Sie beteuert die Identität des Angeklagten mit dem König und erzählt den Hergang der Verwechslung (Reaktionen im Gerichtssaal: ◆ *lyrischer Teil des Concertatos*). Abayaldos, außer sich vor Zorn, weil ihre Liebe zu seinem Rivalen immer noch triumphiert, erklärt ihr Zeugnis für erlogen und fordert für sie die Todesstrafe (*Stretta I des Concertatos*). Dieses Urteil ihres eigenen Gemahls kommt dem Inquisitor wie gerufen. Da er sie überdies als jene gleiche Afrikanerin erkannte, die schon einmal hätte sterben müssen, kann er die Richter dazu bewegen, über Zayda und den nach wie vor als Doppelgänger geltenden Sébastien die Todesstrafe zu verhängen (*Stretta II des Concertatos*).

5. Akt (*Preludio des Orchesters*): Der Großinquisitor ist mit dem Interimsherrscher, Dom Antonio, durchaus nicht so einig, wie es scheint. Er möchte vielmehr den spanischen Herrscher Philipp II. auch zum Herrscher über Portugal erheben und selbst als Vizekönig regieren. Doch eigentlich ist Dom Sébastien (an dessen Echtheit hinter den Kulissen niemand zweifelt) noch immer der legitime Monarch; wenn man ihn aber liquidiert, ist es sein Onkel, Dom Antonio. Deshalb benötigt der geistliche Intrigant ein Zeugnis Dom Sébastiens mit der Erklärung, daß er seine Rechte König Philipp übertrage. Er verfaßt das Dokument und gibt es Zayda, der er verspricht, sie und den König zu begnadigen, wenn er es unterschreibe. Sie, statt es zu lesen, überläßt sich ihrem Freudenrausch (◆ *einteilige lyrische Arie*) und eilt zu ihrem Geliebten (♦ *Arioso des Duetts*). Doch die Lektüre dämpft den Überschwang; die beiden Liebenden sind zu stolz, auf eine Würde zu verzichten, die dem König angeboren wurde (♦ *strettahafter lyrischer Duett-Teil*). Doch draußen warten bereits die Posten, um Zayda abzuführen. Der König, so erpreßt, will die Verzichterklärung unterschreiben. Zayda aber droht ihm andererseits mit Selbstmord, falls er sich unterwerfe (*lyrische Stretta des Duetts*). Da nähert sich Camoëns auf einem Schiff der Festung (♦ *Barcarole mit Männerchor*) und dringt in den Kerker ein, um seine Freunde zu entführen (♦ *Stretta-Terzett*). Sébastien wird unterwegs erschossen. Als sich sein Onkel triumphierend zum König erklärt, tritt ihm der Großinquisitor bedauernd entgegen und zeigt ihm das Dokument, mit dem der diesmal endgültig Tote Philipp zum Erben machte.

DON PASQUALE
Opera buffa in drei Akten
Libr.: Giovanni Ruffini und Gaetano Donizetti; UA: 3. 1. 1843. Théâtre Italien, Paris; **Ort der Handlung:** Rom
Hauptpersonen: *Norina*, eine arme junge Witwe, angeblich Doktor Malatestas Schwester Sofronia (s.), *Ernesto*, Neffe Don Pasquales (t.), *Doktor Malatesta* (br.), *Don Pasquale* (bs.)

Ouvertüre ♦
1. Akt: Der reiche Junggeselle Don Pasquale, der freilich nicht mehr der Jüngste ist, erwartet bei sich zu Hause Doktor Malatesta, seinen Arzt und Freund. Dieser hatte ihm versprochen, ihm eine geeignete Braut zu suchen (♦ *Arioso Don Pasquale*), und trifft nun endlich mit der frohen Kunde ein, er habe sie gefunden. Die Auserwählte, die in Schönheit und Charakter einem Engel gleiche (♦ *zweistrophige Romanze*), sei seine eigene Schwester Sofronia. Don Pasquale, außer sich vor Freude, träumt nun bereits von einer regen Kinderschar (♦ *Cabaletta Don Pasquale*). Wie gerufen läuft ihm sein Neffe Ernesto über den Weg (♦ *Arioso*), ein brotloser junger Mann, der bei ihm wohnt, von dem sich Don Pasquale aber trennen will. Vor ein paar Wochen versuchte er ihn vergeblich zur Heirat mit einer bestimmten, vermögenden Dame zu überreden. Doch Ernesto liebt Norina, eine arme, hübsche junge Witwe, und schlägt das Angebot seines Onkels auch jetzt wieder aus. Hierauf befiehlt ihm Don Pasquale, die Wohnung zu räumen und in Zukunft für sich selbst zu sorgen, da er seinerseits die Absicht habe, sich zu vermählen. Diese Veränderung entzieht Ernesto den letzten materiellen Boden für eine Vermählung mit seiner Geliebten (♦ *lyrischer Abschnitt des Duetts*). Als er dazu erfährt, daß Malatesta, sein und Norinas eigener Freund, die Heirat Don Pasquales selbst in die Wege geleitet hat, schlägt seine Verzweiflung in Empörung um (♦ *Stretta des Duetts*). — Norina liest in ihrer Wohnung ein romantisches Gedicht von der Verführung eines Ritters durch eine Schöne (*lyrischer Teil der Cavatina*) und hält sich selbst für mindestens ebenso talentiert, Männerherzen zu knechten (♦ *Cabaletta*). Da erhält sie einen Brief Ernestos: verraten von Malatesta, vertrie-

ben von seinem Onkel, wolle er einsam in die Fremde ziehen. Doch Malatesta, der sie just in diesem Augenblick besucht, vermutet, daß er nicht so rasch verschwinden werde, und unterbreitet ihr seinen Plan: sie soll den alten Junggesellen glauben machen, daß sie seine, Malatestas, Schwester sei, und sich zum Schein mit ihm vermählen. Da sich der Arzt von diesem Streich Nutzen für die Beziehung der Liebesleute verspricht, willigt Norina ein *(lyrischer Anfang des Duetts)*. Als Richtschnur für das Verhalten «Sofronias» legen sie fest, daß sie die Unschuld vom Lande zu mimen habe *(Buffa-Fortsetzung des Duetts)*, und schwelgen in Schadenfreude *(◆ Stretta des Duetts)*.

2. Akt *(◆ Preludio des Orchesters)*: Im Hause Don Pasquales rüstet sich Ernesto für den Aufbruch in die große weite Welt. Obwohl ihm die Trennung von seiner Geliebten überaus nahegeht *(◆ lyrischer Teil der Arie)*, spricht er sie in Gedanken von der Verpflichtung, ihm über Länder und Meere hinweg die Treue zu bewahren, los *(◆ Cabaletta der Arie)*. Da erscheinen Malatesta und Norina. Noch verbirgt ein Schleier ihre Züge, aber Don Pasquale ist bereits von ihrer zierlichen Gestalt und der von ihr gezeigten Angst um ihre Keuschheit außerordentlich entzückt *(◆ einteiliges lyrisches Terzett)*. Als sie den Schleier lüftet, durchfährt ihn ein wonniger Schrecken, weil ihm Malatesta wirklich nicht zuviel versprochen hatte. Auf ihr verlegenes Bekenntnis hin, sie wisse nicht einmal, was das Theater und andere Stätten vulgärer Vergnügungen seien, diktiert er dem von Malatesta aufgebotenen

— falschen! — Notar *(Beginn des Ensembles in mehreren Sätzen)* die Übertragung der Hälfte seines Besitzes auf ihren Namen. Daß dies ein Fehler war, zeigt sich sofort, nachdem die Unterschriften des «Brautpaars» sowie der Zeugen — darunter der überraschend hereingeplatzte, von Malatesta in letzter Minute orientierte Ernesto — auf dem Papier versammelt worden sind. Norina bändelt vor den Augen Don Pasquales, ihres «Ehemannes», mit Ernesto an *(◆ lyrischer Teil des Concertatos)* und macht von ihrem Recht Gebrauch, eine unendliche Menge neuer Diener anzustellen. Schließlich verhöhnt sie das unattraktive Äußere ihres «Gemahls» und droht ihm sogar mit körperlicher Züchtigung *(Stretta des Concertatos)*.

3. Akt: Die Dienerschaft nimmt eine Unzahl Mode- und Luxusartikel entgegen, die ihre Herrin angefordert hat *(Chor)*. Don Pasquale überrascht Norina, wie sie gerade ins Theater gehen will. Als er ihr das verbietet, ohrfeigt sie ihn *(◆ lyrischer Abschnitt des Duetts)* und lacht ihn aus *(◆ Stretta des Duetts)*. Absichtlich läßt sie bei ihrem Weggang einen Liebesbrief Ernestos fallen: eine Einladung zum Rendez-vous im Garten während des vorgeschützten Theaterbesuchs. Jetzt findet Don Pasquale, er habe den bitteren Kelch der Demütigung geleert, und ruft nach seinem «Schwager», Doktor Malatesta. Bevor er kommt, tratschen die Diener über die Vorkommnisse *(◆ Chor)*. Malatesta, der sich über das Verhalten seiner «Schwester» zornig zeigt, und Don Pasquale fassen den Entschluß, die beiden Sünder im Garten zu überraschen *(lyrischer Abschnitt des Buffo-*

Duetts) und hierauf Norina die Tür zu weisen (♠ *Stretta des Buffo-Duetts).* — Im Garten erwartet Ernesto seine Geliebte (♠ *Serenade mit Männerchor).* Als sie gekommen ist, vergessen beide Welt und Zeit (♠ *einteiliges lyrisches Duett).* Da tauchen ihre Verfolger auf. Malatesta — der die ganze Szene mit den beiden abgesprochen hat — stellt sich empört und kündigt «Sofronia», seiner «Schwester», den Einzug Ernestos und seiner Verlobten, Norinas, in der Villa Don Pasquales an. Dieser ist zunächst verdutzt, denn davon hatte ihm sein «Schwager» nichts gesagt. Doch als sich seine «Frau» entrüstet weigert, ihr Reich mit einer zweiten Herrscherin zu teilen, sieht er im Vorschlag Malatestas ein Mittel zum Zweck, «Sofronia» hinauszuekeln. Jetzt stimmt er dem Plan begeistert zu, ja, um den Erfolg zu sichern, verspricht er Ernesto eine erkleckliche Mitgift. Da enthüllt ihm Malatesta die Identität Sofronias mit Norina. Don Pasquale muß zu seinen eigenen Beschlüssen ja und amen sagen und sich von seinen «Freunden» darüber belehren lassen, daß ein alter Junggeselle von den Frauen keine Liebe zu erwarten habe (♠ *Cabaletta finale Norina, zum Quartett erweitert).*

IL DUCA D'ALBA
(LE DUC D'ALBE)

Große Oper in vier Akten (Fassung Salvi/Ponchielli/Bazzini/Dominiceti)

Libr.: Eugène Scribe (italienische Übersetzung: Angelo Zanarvini); **UA:** 22. 3. 1882, Teatro Apollo, Rom (entstanden 1839 und folgende Jahre; **Ort und Zeit der Handlung:** Brüssel, 1573

Hauptpersonen: *Amelia,* Tochter Egmonts (s.), *Marcello* (t.), *Herzog Alba,* sein Vater (br), *Sandoval,* ein spanischer Offizier (br.), *Daniele,* Bierbrauermeister (bs.)

1. **Akt** (♠ *Preludio des Orchesters):* Im spanisch besetzten Brüssel protzen die Soldaten des siegreichen Königs Philipp II. und seines Kriegsrechtsverwalters in Flandern, des Herzogs Alba, mit ihren Erfolgen; die Einwohnerschaft hingegen lechzt nach der früheren Autonomie *(♠ einmal wiederholter Chor).* Amelia, die Tochter des flandrischen Freiheitskämpfers Egmont, welcher von Alba hingerichtet wurde, hat diesem blutige Rache geschworen; nun ist sie ein führender Kopf des flämischen Widerstandes gegen die spanischen Unterdrücker. Traurig und verschlossen wie gewohnt erblickt man sie auf dem Hauptplatz Brüssels *(♠ Arioso).* Unmittelbar darauf erscheint der Herzog mit seiner Gefolgschaft. Unter den stummen Flüchen des Volkes betreten sie den Regierungspalast *(Orchestermarsch mit Chor).* Die Okkupanten zwingen Amelia zum Vortrag eines Liedes; sie improvisiert ein Seemannsstück, das einen versteckten Aufruf an die Brüsseler zur Rebellion enthält *(deklamierender Einleitungsteil, lyrischer Teil und Cabaletta der Arie).* Da

zeigt sich Herzog Alba überraschend vor dem Regierungspalast; alles wird stumm. Voller Haß betrachten ihn Amelia sowie ein anderes Oberhaupt der Verschwörung, der Bierbrauermeister Daniele. Alba selbst empfindet ein gewisses sadistisches Mitleid mit seinen Opfern *(♠ lyrisches Terzett)*. Ein junger Mitverschworener Amelias, der eben erst eintraf und den Herzog nicht bemerkte, schimpft vernehmlich über die spanische Tyrannei und wird von Alba zur Rede gestellt. Doch der Diktator weiß, daß der Rebell sein Sohn Marcello ist, den seine eigene, inzwischen verstorbene Frau aus seinem Haus entfernte und in aller Heimlichkeit Graf Egmont, seinem alten Widersacher, zur Erziehung anvertraute. So hört er sich Marcellos Haßtiraden gegen ihn und seinen Auftraggeber, König Philipp, duldsam an *(♠ lyrischer Abschnitt des Duetts)* und warnt ihn einzig vor dem Umgang mit Amelia. Doch auch dieser Hinweis stößt auf taube Ohren *(♠ Stretta des Duetts)*.

2. Akt: In Danieles Bierbrauerei — zu nächtlicher Stunde ein Besammlungsort der Freiheitskämpfer — naht der Feierabend *(Arbeiter-Trinklied [Männerchor], ♠ lyrisches Solo Daniele mit Chor und Wiederaufnahme des Trinklieds, anschließend neues ♠ lyrisches Solo Danieles [Aufruf zum Feierabend])*. Als erste der Verschwörer kommt Amelia. Sie hat ein schlechtes Gewissen, weil sie sich trotz ihrer Trauer um den toten Vater zu Marcello hingezogen fühlt *(♠ Romanze)*. Dieser gesellt sich ihr und Daniele bei, es ist sein erster Abend unter den Fabrikgenossen *(arios gebautes, strettahaftes Terzett)*. Unter vier Augen bekennt er ihr seine eigenen, ebenfalls starken Gefühle für sie *(♠ lyrischer Abschnitt des Duetts)*. Doch für Amelia sind Pflicht und Neigung erst vereint, als ihr Marcello schwört, den Tod ihres Vaters rächen zu wollen *(♠ Stretta des Duetts)*. Nun betreten immer mehr Verschwörer die Bierbrauerei *(lyrische Ensembleszene)*. Als alle beisammensitzen, stimmen sie ein Preislied auf die Freiheit an *(♠ lyrischer Teil des Concertatos)*. Da klopft es an die Tür: Soldaten des Herzogs Alba wollen das Gebäude inspizieren. Die Patrioten setzen die Maschinen in Betrieb und täuschen eine Nachtschicht vor. *(Wiederaufnahme des Trinklieds vom Anfang der Szene)*. Doch die spanischen Soldaten entdecken ein Waffenlager, das Spiel ist aus. Alle Verschwörer werden festgenommen — nur Marcello nicht, was ihn bei seinen Freunden verdächtig macht *(Stretta des Concertatos)*.

3. Akt *(♠ Preludio des Orchesters)*: Verdüstert sehnt sich Herzog Alba nach der Liebe seines Sohnes *(♠ lyrischer Teil der Arie)*. Da erhält er eine Meldung König Philipps: Er wird nach Lissabon abberufen, um die Portugiesen gleich zu unterjochen wie die Flamen; der Auftrag erfüllt ihn mit neuem Schwung *(Cabaletta der Arie)*. Doch wie er Marcello darüber aufklärt, daß er sein Vater sei, wird er von ihm verletzend zurückgestoßen *(♠ lyrischer erster Teil* und *♠ lyrische Stretta des Duetts)*. Sein letzter Trumpf ist die Errichtung des Schafotts vor dem Regierungspalast, wo er Amelia enthaupten lassen will *(Chor aus dem Hintergrund)*. Nun kann er Marcello nämlich erpressen: Er verspricht ihm die Begnadigung Amelias

und ihrer Komplizen, falls er ihn Vater nenne. Natürlich geht der widerspenstige Sohn auf die Bedingung ein, und Herzog Alba heißt die Todeskandidaten vor ihn treten. Als ihm Amelia bekennt, warum sie ihm den Tod geschworen habe — aus Liebe zu ihrem Vater —, trifft sie ihn an seiner wunden Stelle: Sein eigener, vergötterter Sohn ist nicht zum geringsten Opfer für ihn bereit (♦ *Arioso des Concertatos*). Die Enthüllung, daß die Patrioten ihre Rettung einer Intervention Marcellos zu verdanken hätten, frischt ihren alten Argwohn gegenüber ihrem Kameraden auf *(einteiliges lyrisches Concertato)*.

4. Akt *(Preludio des Orchesters):* Marcello fühlt sich immer eingeengter und bangt um die Zukunft seiner Beziehung zu Amelia *(♦ Romanze)*. Als er ihr gegenübersteht, wirft sie ihm Verrat an ihr und ihren Freunden vor. Er verteidigt sich erregt, ohne den Grund der Sympathie des Herzogs für ihn zu nennen *(♦ Duett-Arioso)*, beteuert ihr aber, daß seine Racheschwüre immer noch gültig seien *(♦ lyrischer Abschnitt des Duetts: Marscharioso).* Überrascht trägt sie ihm auf, den Herzog zu ermorden. Jetzt muß er ihr wohl oder übel sagen, daß der Tyrann sein Vater ist. Damit gehen ihre Wege auseinander; er kann sie nicht zum Preis erwerben, den sie dafür verlangt, sie sieht das Blut ihres Vaters unwillkürlich auch an seinen Händen haften *(Stretta des Duetts).* — Unmittelbar vor Albas Abfahrt nach Portugal *(Triumphchor, Wiederaufnahme des Orchestermarschs des 1. Aktes,* ♦ *einteilige lyrische Abschiedsarie Albas)* will ihn Amelia niederstechen, aber Marcello stürzt sich dazwischen und wird von der Waffe seiner Geliebten tödlich verletzt *(Sterbeszene:* ♦ *lyrisches Terzett).* So hat er seinem Vater das ersehnte Liebesopfer dargebracht und auch die Schuld Amelias gesühnt.

Die Fassung von Thomas Schippers, uraufgeführt am 11. 6. 1959, verzichtet auf folgende Stücke: 1. Akt: ♦ *Stretta des Männerduetts,* 2. Akt: ♦ *lyrisches Solo Danieles,* ♦ *Stretta des Liebesduetts,* 3. Akt: ♦ *Preludio des Orchesters* und *Rezitativ der Arie,* worin die Vorgeschichte der Oper erläutert wird, 4. Akt: ♦ *lyrischer Teil des Liebeduetts (Marscharioso).* Ferner präsentiert der 4. Akt (bei Schippers zum 3. gehörig) nicht die von Donizetti vorgesehene, bewegende Romanze «Angelo casto e bel», sondern ein Stück, das früher in der Partitur enthalten war, dann allerdings vom Komponisten in die «Favoritin» abgeschoben wurde: die allgemein bekannte, eher monotone Romanze Fernandos, «Spirto gentil». Daß der «Herzog Alba» heutzutage stets in dieser havarierten Form erklingt, ist rätselhaft.

L'ELISIR D'AMORE
Opera buffa in zwei Akten

Libr.: Felice Romani; **UA:** 12. 5. 1832, Teatro della Canobbiana, Mailand; **Ort der Handlung:** Italien

Hauptpersonen: *Adina* (s.), *Giannetta* (s.), *Nemorino* (t.), *Belcore* (br.), *Dulcamara* (bs.)

1. Akt *(Preludio des Orchesters):* Mäherinnen und Mäher, darunter Adina,

Giannetta und Nemorino, halten in der Hitze unter einem Baum Siesta *(Einleitungschor der Introduktion)*. Beklommen betrachtet Nemorino Adina, die, statt zu plaudern, liest. Sie ist gebildet, er ist dumm, und da er sie liebt, muß er befürchten, daß er sie schwerlich mit Seufzern allein werde erobern können (♠ *einteilige lyrische Cavatina)*. Adina erzählt den Dorfbewohnern, was sie gelesen hat: die Sage von Tristan, der die Leidenschaft der heiß und vergeblich begehrten Isolde nur mit Hilfe eines Zaubertranks erwecken konnte *(einteilige lyrische Cavatina)*. Da hört man das Geratter von Tambouren; ein Regiment Soldaten erreicht das Dorf. Ihr Führer Belcore schreitet geraden Weges auf Adina zu, stellt sich ihr vor, indem er seine Qualitäten rühmt (♠ *einteilige lyrische Cavatina)* — und bittet um ihre Hand. Sie weist ihn nicht gerade ab, fordert indessen eine Bedenkzeit *(Stretta der Introduktion)*. Nemorino steht dennoch unter dem Eindruck größter Gefahr und bittet sie seinerseits um Erhörung. Sie stellt sich kalt und meint, in Liebesdingen sei die Unbeständigkeit ihre Natur — und seine Natur, entgegnet Nemorino, sei es, um sie zu werben, bis er sterbe (♠ *lyrischer Abschnitt des Duetts)*. Für solche Reden hat Adina nur Kopfschütteln übrig (♠ *lyrische Stretta des Duetts)*. — Der in der Gegend herumhausierende Quacksalber Dulcamara hat sich mit seiner fahrbaren Apotheke auf dem Dorfplatz eingerichtet *(Chor)* und rührt nun die Werbetrommel für seine allesheilenden und erst noch spottbilligen Medikamente (♠ *Buffa-Cavatina* mit ♠ *Cabaletta)*. Einer der ersten Patienten, die sich an ihn wenden, ist Nemorino: Ob er in seinem Sortiment zufällig auch das Liebeselixier der Königin Isolde habe? Selbstverständlich hat er es. Für Nemorinos ganze Barschaft überreicht er ihm die Flasche (♠ *arios gebauter lyrischer Duett-Teil)*, merkt aber an, die Folgen des Zauberwassers würden sich erst nach einer Wirkungszeit von vierundzwanzig Stunden zeigen; dann nämlich, sagt er zu sich selber, sei er über alle Berge. Und er bittet Nemorino, das Geschäft vertraulich zu behandeln, denn er verkaufte ihm nur gewöhnlichen Bordeaux-Wein! Gleichwohl beteuert er ihm, daß ihm — in einem Tag — das ganze weibliche Geschlecht zu Füßen liegen werde (♠ *Stretta des Duetts)*. Kaum allein gelassen, trinkt Nemorino und ist begeistert vom guten Aroma der Medizin und von der Wärme, die sie ihm einflößt. Während er mit gelockerter Stimme ein Liedchen trällert, spaziert Adina einher. Trotz der Abfuhr, die sie ihm erteilte, sieht sie ihn — zu ihrem nicht geringen Ärger — glänzend aufgelegt. Um sich an ihm zu rächen und seine Gesinnung zu prüfen, setzt sie ihn ihrer giftigen Zunge aus. Er aber sonnt sich in der Aussicht auf die isoldische Hörigkeit, die er ihr drohen sieht (♠ *lyrischer Abschnitt des Duetts)*, und läßt sich nicht erschüttern. Sie schwört ihm Rache (Stretta des Duetts). Wie gerufen erscheint Belcore und erneuert seinen Antrag — jetzt willigt sie ein. Doch Nemorino lacht sich nur weiter ins Fäustchen *(lyrisches Buffo-Terzett)*. Da wird Belcore eine Order überreicht: Seine Soldaten müssen das Dorf entgegen früheren Befehlen schon morgen wieder verlassen. Adina erklärt sich zur Vorverschiebung der Hochzeit auf heute abend bereit. Für Nemorino öffnet sich ein Abgrund: So tritt in seinen Augen der Zauber des Mittels zu spät in Kraft. Seine flehentliche Bitte an Adina, nur einen einzigen Tag zu warten, seine Verzweiflungsseufzer an die Adresse des Doktors, der gar nicht zugegen ist, sowie die offensichtliche Rauschkomponente seiner Verzweiflung (◆ *lyrischer Teil des Concertatos*) geben ihn allgemeinem Gelächter preis *(Stretta des Concertatos)*.

2. Akt: Die Dörfler singen ein Trinklied zu Ehren des Brautpaars *(Chor)*. Dulcamara rezitiert zusammen mit Adina eine ziemlich offene Besprechung zwischen einer Gondoliera und einem liebesbedürftigen Kunden aus dem Senat (◆ *Buffo-Duett mit Chor [Barcarole], dann Wiederaufnahme des Eröffnungschors der Szene)*. Unterdessen sucht Nemorino Beistand bei Dulcamara. Der ist nicht um Rat verlegen: Eine zweite Flasche «Liebestrank» werde die Wirkung der ersten beschleunigen. Doch Nemorino ist bankrott — und Dulcamara muß sich empfehlen. Da tritt Belcore auf den Plan und meint zu seinem Rivalen, wenn er sich seiner Truppe anschließen wollte, könnte er sein Liebeselend rasch vergessen; auch bekäme er sofort den ersten Sold. Das zweite Argument schlägt ein: Mit diesem Geld kann Nemorino eine neue Flasche Elixier bezahlen (◆ *lyrischer Abschnitt des Duetts)*, und deshalb willigt er ein *(Stretta des Duetts)*. — Giannetta erzählt den Dörflerinnen, Nemorinos Onkel sei gestorben und habe diesem seinen Besitz vererbt — es handle sich um Millionen (◆ *lyrisches Solo mit Frauenchor)*. Kaum haben die Mädchen den Krösus erspäht, umringen sie ihn und flöten ihm Komplimente ins Ohr. Nicht nur er selber, sondern auch Adina ist verdutzt — und ganz besonders der Scharlatan Dulcamara, der mit einer solchen Wirksamkeit seines Medikaments allerdings nicht gerechnet hatte *(lyrischer Abschnitt des Quintetts)*. Derweilen wird Nemorino von allen Seiten zum Tanz gebeten (◆ *Stretta des Quintetts)*. Dulcamara, der erkennt, wie sehr Adina die Szene zu Herzen geht, und neue Geschäfte wittert, berichtet ihr vom wunderbaren Präzedenzfall Nemorinos, der sich für ihre Person bestätigen könnte *(lyrischer Abschnitt des Duetts)*. Sie allerdings durchschaut den Schwindel; Dulcamara fühlt sich bloßgestellt *(Stretta des Duetts)*. Inzwischen hat Nemorino begriffen, daß ihn Adina liebt, und überläßt sich dem Glück dieses Gedankens (◆ *Romanze)*. Da kommt sie selber und vertraut ihm an, sie habe ihn vom Militärdienst freigekauft *(lyrischer Teil der Arie)*. Zum eigentlichen Bekenntnis ihrer Gefühle ist es von da ein kurzer Weg *(Duett-Arioso der Brückenpassage; Rumpfcabaletta der Arie [originale Fassung] bzw. vollwertige Cabaletta [1839 nachkomponiert])*. Belcore überrascht die Liebenden bei ihrer ersten Umarmung, ist aber über den glimpflichen Ausgang seines Abenteuers nicht einmal so unzufrieden. Dulcamara zieht von dannen — ebenso gefeiert wie als er kam *(Wiederaufnahme seiner Cabaletta aus dem 1. Akt als Stretta finale)*.

L'ESULE DI ROMA

Opera seria in zwei Akten (originale Fassung)

Libr.: Domenico Gilardoni; **UA:** 1.1.1828, Teatro San Carlo, Neapel; **Ort und Zeit der Handlung:** Rom unter der Regierung des Kaisers Tiberius
Hauptpersonen: *Argelia,* Tochter Murenas (s.), *Settimio* (t.), *Publio* (br.), *Murena* (bs.)

Vorgeschichte: Gemeinsam mit zwei Gesinnungsgenossen, Flavio und Seiano, hat der Senator Murena den Liebhaber seiner Tochter Argelia, den Volkstribun Settimio, bei der Justiz verleumdet. Settimio wurde lebenslänglich aus Rom verbannt. Er floh in den Kaukasus, entdeckte einen kranken Löwen und befreite ihn von einem Dorn in seiner Pranke. Von nun an lebte er mit ihm zusammen gutnachbarlich in einer Höhle, wurde jedoch des Einsiedlerlebens ohne Argelia bald wieder satt und pilgerte nach Italien zurück. — In Brindisi stößt er auf Flavio, einen der drei Verräter, der ihm sterbend seine Schuld bekennt und Dokumente überreicht, welche ihn selbst, Seiano und Murena ihres Frevels überführen, Settimio aber von jedem Makel befreien. Mit diesen Papieren glaubt er die Rückkehr nach Rom wagen zu können, obwohl er sich dadurch laut dem Gesetz des Todes schuldig macht.

1. Akt *(Preludio des Orchesters):* Von einer kriegerischen Unternehmung kehrt auch Settimios Freund, der Feldherr Publio, nach Rom zurück; das Volk erwartet ihn zur Siegesfeier *(◆ Eröffnungschor der Introduktion).* Murena, von Gewissensqualen heimgesucht, weil er Settimio und damit auch Argelia, dessen Geliebte und seine eigene Tochter, ins Unglück stürzte, droht den Verstand zu verlieren *(lyrischer Teil der Cavatina und ◆ Cabaletta).* Zu allem Elend hat er Publio vor dessen Weggang in den Krieg die Hand des Mädchens zugesichert, obwohl er wußte, daß Argelia immer noch für Settimio schwärmte. Schon trifft der Triumphzug des Feldherrn ein *(Chor).* Publio denkt inmitten aller Huldigungen froh erregt an seine schöne Braut *(einteilige lyrische Cavatina).* Murena schickt sich schweren Herzens in den allgemeinen Wunsch, die Trauung noch heute zu vollziehen *(◆ Stretta der Introduktion [Duett mit Publio und Chor]).* — Auf Hinterwegen hat sich auch Settimio ins Zentrum der Stadt hineingetraut. Beklommen denkt er an den Augenblick zurück, als er Argelia geächtet verlassen mußte *(◆ lyrischer Teil der Cavatina),* beklommener stellt er sich vor, daß sie bereits mit einem andern vermählt sein könnte *(◆ Cabaletta).* Doch ein heimlicher Besuch bei ihr zerstreut diese Sorge, und ihre Freude beim Wiedersehen beweist ihm die unveränderte Stärke ihrer Gefühle *(◆ Duett-Arioso).* Beide erneuern ihre Treueschwüre *(◆ Stretta des Duetts).* Aber der widerrechtlich Heimgekehrte wurde bereits entdeckt; Soldaten erscheinen und führen ihn ab. In ihrer Verzweiflung setzt Argelia ihr ganzes Vertrauen in Publio. Ihm, der sie liebt und heiraten will, bekennt sie ihre Gefühle für seinen Freund und bittet ihn, die Todesstrafe von ihm abzuwenden. Publio stellt seinen eigenen Anspruch sofort zurück, kann aber nur ein weiteres, letztes Treffen

Argelias mit Settimio vor dessen Hinrichtung erlangen. Als Settimio ihr nun die Dokumente überreicht, die ihm das Leben retten könnten, sieht sich Argelia vor einer gräßlichen Alternative: Wenn sie Settimios Unschuld beweist, beweist sie die Schuld Murenas, liefert also ihren Vater dem Verbrechertod in der Arena aus; wenn sie hingegen ihren Vater deckt, muß ihr Geliebter sterben, obwohl er sich gar nicht verschuldet hat *(Duett-Arioso des Terzetts)*. Delirierend platzt Murena in die verhängnisvolle Besprechung der Liebenden. Trotz seiner geistigen Verwirrung erkennt er den Ernst der Lage *(● lyrischer Abschnitt des Terzetts)*. Stammelnd bekennt er seine Schuld und bittet Settimio um Vergebung, ist allerdings nicht bereit, sich dem Gericht zu stellen. Vielmehr beschwört er ihn, zusammen mit Argelia zu fliehen. Settimio aber ist sich bewußt, daß Publio, sein Freund, dem er die jetzigen, flüchtigen Augenblicke der Freiheit verdankt, für seine Rückkehr in den Kerker haftet *(lyrische Stretta des Terzetts)*. So bleibt er im Haus Murenas, bis ihn die Wache holt.

2. Akt *(Preludio des Orchesters)*: Freunde Murenas machen sich Sorgen, weil sein Wahnsinn stetig wächst *(● Männerchor)*. Er sieht Settimio bereits von wilden Tieren zerfleischt *(● lyrischer Teil der Arie)* und würde nun lieber selber sterben, fürchtet sich aber vor den Folterqualen in der Unterwelt *(● Cabaletta)*. Dennoch beschließt er, sich dem Gericht zu stellen, um Settimio zu retten, sucht in dieser Absicht seine Tochter auf *(● lyrischer Abschnitt des Duetts)* und bittet sie um die Beweispapiere, die sie behalten hat. Reflexhaft zerreißt sie die Dokumente, die ihren Geliebten retten könnten, und begreift entsetzt das volle Ausmaß ihrer Opfertat *(● Stretta des Duetts)*. — Murenas Freunde beklagen das Unglück *(Chor)* und teilen Argelia mit, das Unvermeidliche sei nun im Gange. Sie lehnt sich verzweifelt gegen das Schicksal auf *(● arios gebauter erster Teil und lyrischer zweiter Teil der Aria finale)*. Doch in der Arena schreckt der Löwe, der Settimio verschlingen sollte, vor ihm zurück und leckt ihm dann ergeben die Hand — es ist sein alter Höhlenmitbewohner aus dem Kaukasus! Gleichzeitig versucht Murena außerhalb der Arena das Verhängnis durch ein Schuldbekenntnis ohne schriftliche Beweise abzuwenden. Aber er hätte zu spät gebeichtet, wenn nicht der Löwe gewesen wäre. Nun liegen die Karten auf dem Tisch; der Kaiser muß die wahren Übeltäter richten, drückt aber im Falle des greisen, verstörten Murena ein Auge zu. Nur die Senatorswürde wird ihm abgesprochen. Settimio aber kann sich mit Argelia vermählen *(Freudenreaktion Argelias: Cabaletta finale)*.

FAUSTA
Opera Seria in zwei Akten (leicht erweiterte originale Fassung)

Libr.: Domenico Gilardoni; **UA:** 12. I. 1832, Teatro San Carlo, Neapel; **Ort und Zeit der Handlung:** Rom, ca. 328

Hauptpersonen: *Fausta*, die zweite Frau des Kaisers Konstantin (s.), *Beroe* (ms.), *Crispo*, Sohn des Kaisers aus erster Ehe (t.), *Costantino (Konstantin der Große)*, römischer Kaiser (br.), *Massimiano*, Amtsvorgänger Konstantins und Vater Faustas (bs.)

Ouvertüre ♠ (1832 nachkomponiert)
1. Akt: Crispo, der Sohn des Kaisers Costantino aus dessen erster Ehe, kehrt als erfolgreicher Feldherr nach Rom zurück: er hat die Gallier besiegt *(Eröffnungschor der Introduktion)*. Mit einer der Gefangenen, Beroe, verbinden ihn zarte Gefühle. Die zweite Frau des Kaisers aber, Fausta, hat sich ebenfalls in ihn verliebt. Nun betet sie heimlich zur Göttin Venus, daß sie das Bild des Stiefsohns, den sie verbotenermaßen begehrt, vor ihrem Blick verschleiern möge (♠ *Preghiera)*. Als sie gemeinsam mit ihrem Gatten Crispo begrüßt, kann sie sich nur mit Mühe zwingen, unbeteiligt zu erscheinen (♠ *lyrisches Terzett)*. Anschließend bittet Crispo seinen Vater um die Erlaubnis, sich mit Beroe vermählen zu dürfen, und Costantino ist bereit, die Trauung noch heute zu vollziehen. Fausta jedoch verlangt mit einer fadenscheinigen Begründung die Verschiebung auf den nächsten Tag. Der Kaiser, an ihre seltsamen Launen gewöhnt, erfüllt ihr den Wunsch (♠ *Stretta der Introduktion)*. — Faustas Gesellschafterinnen bedauern ihre gedrückte Stimmung *(Frauenchor)*. Ihr Gatte sucht sie auf und wirft ihr die Kälte vor, die sie ihm stets bezeige; schon bei der Heirat habe sie das Jawort zögernd ausgesprochen (♠ *lyrischer Abschnitt des Duetts)*. Als sie sich wehrt, der Trauung Crispos mit Beroe beizuwohnen, ist der Kaiser so erstaunt, daß sie sich neu entschließt, um keinen Argwohn zu erwecken (♠ *lyrische Stretta des Duetts)*. In einem Gespräch mit Crispo bekennt sie ihm ihre Gefühle; er weist sie entsetzt zurück (♠ *Duett-Arioso des Concertatos)*. Sie droht ihm mit Machenschaften gegen Beroe; er bittet sie auf den Knien, seine Freundin zu verschonen — da steht der Kaiser unter der Tür. Der Anblick, der sich ihm bietet, weist auf eine Liebesszene hin, und eben diesen Verdacht bestätigt die abgewiesene Fausta, indem sie behauptet, ihr Stiefsohn habe ihr einen Antrag gemacht (♠ *lyrischer Teil des Concertatos)*. Crispo beteuert seine Unschuld, will Fausta aber nicht verraten; deshalb schenkt ihm Costantino keinen Glauben und befiehlt ihm, ins Exil zu gehen *(Stretta des Concertatos)*.
2. Akt: Im Park des Schlosses besammeln sich Schurken, welche im Auftrag von Faustas Vater, dem früheren Kaiser Massimiano, den Costantino entmachtet hat, diesen und Crispo noch vor dem Tag seiner Hochzeit ermorden wollen *(lyrischer Männerchor und* ♠ *Cabaletta Massimiano)*. Auch Crispo verbringt die letzten Stunden vor dem Exil im nächtlichen Dunkel des Parks. Da sucht ihn Beroe auf, um sich von seiner Unschuld zu überzeugen und an seiner Seite auszuwandern. Plötzlich stoßen die Verschwörer auf das Liebespaar; Massimiano sieht sich entdeckt, findet indessen eine Möglichkeit, aus seiner heiklen Lage Kapital für das Komplott zu schlagen. Er lockt den Kaiser in den Park, und Crispo, der annehmen muß, es wiederum mit den Verschwörern zu tun zu haben, zieht sein Schwert. Aber im Schein der Fackeln stellt sich heraus, daß er die Waffe gegen den eigenen Vater gerichtet hat. Nun ist der Kaiser überzeugt,

daß ihn sein Sohn nicht nur mit Fausta habe betrügen, sondern auch ermorden wollen. Crispos Beteuerungen (♠ lyrischer Teil der Arie [1834 nachkomponiert] und ♠ Cabaletta) sind wieder vergeblich; jetzt ist der Kaiser entschlossen, ihn vor Gericht zu stellen. — Obwohl ihn Costantino vor dem Tribunal beschwört, sich zu rechtfertigen (♠ lyrischer Teil der Arie [1833] nachkomponiert), ist Crispo immer noch nicht bereit, Faustas Intrige zu enthüllen. Als der Senat das Todesurteil über ihn verhängt, bricht Costantino zusammen (♠ lyrische Cabaletta). Beroe sucht Fausta auf, läßt sie erkennen, daß sie über ihre Schuld im Bilde ist (lyrischer Abschnitt des Duetts), und will sie mit dieser Warnung dazu bewegen, das Verhängnis abzuwenden (♠ lyrische Stretta des Duetts). — Fausta aber glaubt Crsipo gerade durch seine Bedrohung endlich in der Hand zu haben. Im Gefängnis bietet sie ihm an, ihn zu befreien, sofern er bereit sei, zusammen mit ihr zu fliehen. Crispo jedoch will lieber sterben als seine Ehre beflekken, zumal er sich mit einem Gift versehen hat, durch das er der Schande des Hinrichtungstodes entgehen kann. Fausta, die ihn unbedingt erpressen will, entreißt ihm das Gift. Da kommen Schergen des Kaisers mit Massimiano. Dieser hat sich des Todesurteils bemächtigt, um es vollstrecken zu können, bevor sich der Kaiser, wie er vermutet, eines Besseren besinnen wird. Crispo wird abgeführt. Als Fausta den Grund erfährt, trinkt sie das Gift, das Crispo vor der Entehrung hätte bewahren können, ohne die geringsten Skrupel selbst. Nun hofft sie auf die Vereinigung mit ihrem Stiefsohn im Paradies (♠ lyrischer Teil der Aria finale). Mittlerweile haben es einige Helfer Massimianos mit der Angst zu tun bekommen und dem Kaiser das Komplott verraten. Dieser stürzt sich mit der Begnadigung ins Verlies — und muß erfahren, daß sein Sohn bereits enthauptet worden ist. Boshaft enthüllt ihm die sterbende Fausta, daß sich Crispo auch an ihr durchaus nicht vergangen habe (Cabaletta finale).

Zu den Erweiterungen: Von Donizettis Reformideen, die hinter der *Fausta* stecken, war am 27. November 1981, bei ihrer ersten Aufführung seit über hundert Jahren in Rom, buchstäblich nichts zu spüren. Nachdem Donizetti mit diesem Werk dem Publikum von Neapel, das seine stilistisch völlig entgegengesetzten «Opern der neuen Kürze» leidenschaftlich liebte, epische Melodien in der Art Bellinis präsentieren wollte, aber in knapper dramatischer Form, erlebten die Römer Theatergäste des neuen Jahrhunderts eine nicht endenwollende Sammlung unerträglich langsam ausgeführter Kantilenen — die reinste Bellini-Oper, aber eben: nicht als Oper, sondern als Konzert (die Aufführung liegt als Plattenaufnahme vor, siehe Diskographie).

Der Grund liegt auf der Hand: Eine beträchtliche Anzahl Nummern, mit denen die *Fausta* nach ihrer Weltpremiere, bei Wiedergaben in anderen Städten, teils von Donizetti selbst, teils nur von den Aufführungsleitern ergänzt worden war, um dem von Fall zu Fall verschiedenen Geschmack der Hörer und Sänger entgegenzukommen, wurde in die Römer *Fausta*

integriert! Diese zwar wohlgemeinte, doch unüberlegte Berücksichtigung opportunistischer Kriterien des letzten Jahrhunderts hat das Werk getötet (obwohl es auch so bemerkenswert erfolgreich war).
Einige der dabei vorgenommenen Erweiterungen sind indessen lebhaft zu begrüßen. Die von Donizetti 1832 für die Mailänder Scala nachkomponierte Ouvertüre ist nicht nur ein brillantes, seinerzeit in aller Welt beliebtes Stück: durch das Zitat des lyrischen Teils der Aria finale dient sie auch dem dramatischen Ganzen, indem sie den Bogen des Bühnengeschehens schließt. Zweitens ist der 1833 für das La Fenice nachkomponierte neue lyrische Teil der Arie Costantinos im 2. Akt, «T'amo ancora, ancor dal ciglio», deutlich expressiver als die ursprüngliche Fassung, «Se di regnar desío» (doch hätte sich Donizetti sicher nicht träumen lassen, daß man dereinst in Rom das neue Stück und das zu Recht ersetzte alte hintereinander (!!) darbieten würde). Drittens behebt der 1834 für Turin nachkomponierte lyrische Teil der Arie Crispos im 2. Akt den rätselhaften Mißstand, daß in der originalen Fassung an dieser Stelle ein gähnendes Loch besteht. Hingegen ist der Einbezug der Glockenspielarie aus dem *Castello di Kenilworth* (Amelia, 3. Akt) als Cavatina Faustas ein indiskutabler Fehlgriff. Abgesehen davon, daß sie stilistisch als Fremdkörper wirkt (Oper der neuen Kürze) und überdies in ihrer salonhaften Glätte ihre Familie schlecht vertritt, zerstört sie die Reformidee des Komponisten, statt einer Cavatina einen leidenschaftlich deklamierten Monolog zu bringen und dadurch die Handlung zu beschleunigen. (Unsinnigerweise erklang in Rom ein Rezitativ mit gleichem Inhalt wie im ursprünglichen Monolog, hierauf die überflüssige Cavatina und schließlich erst noch der Monolog!) Das ebenfalls in Rom hinzugenommene, mörderisch lange Duett Crispos mit seinem Vater im 1. Akt, das erstmals 1841 in Mailand zu hören war, ist ein zusammengesetztes Stück, dessen zwei Hälften sich schlechterdings nicht vertragen (lyrischer Teil von Nellos Duett mit Ghino aus *Pia de Tolomei*, Stretta von Cadmos Duett mit Sela aus der Genoveser Fassung des *Diluvio Universale*). Und schließlich der Mängel der letzten Erweiterung: Der lyrische Teil des 1833 für Venedig nachkomponierten Duetts Faustas mit Crispo im 2. Akt erklingt als Duett Marias mit Leicester im 2. Akt der *Maria Stuarda* in melodisch reichergänzter Form und ist in dieser Fassung heute zu bekannt, als daß es die Hörer in der «Pseudo-Fausta»-Version begeistern könnte. Überdies zwingt die Aufnahme dieses Duetts zur Streichung des originalen zwischen Fausta und Beroe.
Es ist zu hoffen, dass der Oper *Fausta*, die ihre Lebensfähigkeit im letzten Jahrhundert vielfach bewiesen hat, bald auch in diesem Jahrhundert Recht widerfährt.

LA FAVORITA (LA FAVORITE)
Opera seria («Große Oper» in vier Akten

Libr.: Alphonse Royer und Gustave Vaëz; **UA:** 2. 12. 1840, Opéra, Paris; **Ort und Zeit der Handlung:** Spanien, 14. Jahrhundert

Hauptpersonen: *Leonora di Guzman,* Mätresse des Königs (ms.), *Ines,* ihre Vertraute (s.), *Fernando,* Sohn des Priors von San Giacomo di Compostella (t.), *Don Gasparo,* Gefolgsmann des Königs (t.), *Alfonso XI.,* König von Kastilien (br.), *Baldassare,* Prior des Klosters Sankt Johannes von Compostella (bs.)

Ouvertüre ◆

1. Akt: Im Kloster Sankt Johannes von Compostella ziehen sich die Mönche zum Morgengebet zurück *(◆ Männerchor).* Dem Prior, Baldassare, mißfällt das Verhalten seines Sohnes, des Klosternovizen Fernando; er argwöhnt Glaubensprobleme. Fernando aber ist nur verliebt *(◆ zweistrophige Romanze Fernandos innerhalb des Duetts).* Nachdem der Prior vergeblich versuchte, Näheres zu erfahren *(Arioso Baldassares innerhalb des Duetts),* verweist er ihn zornig aus dem Kloster (gelassene Reaktion Fernandos: ◆ *Cabaletta innerhalb des Duetts).* — Auf der sogenannten Löweninsel, wo sich Fernando gewöhnlich mit seiner Geliebten trifft, erwarten ihre Damen, angeführt von Ines, seine Ankunft *(Frauenchorarie Ines mit Stretta).* Kaum eingetroffen, bittet er Ines, ihm endlich zu sagen, wer seine Geliebte sei — doch sie verschweigt es ihm einmal mehr (in Wahrheit ist sie die Mätresse des spanischen Königs Alfons XI.). Das freudige Wiedersehen mit ihr *(◆ Duett-Arioso)* hindert ihn nicht, auch ihr die Frage zu stellen; sie gibt so wenig Auskunft wie gewöhnlich und widersetzt sich auch seinem Antrag, seine Frau zu werden *(lyrischer Abschnitt des Duetts).* Da wird sie zum König zitiert und bittet Fernando, ihr von jetzt an fernzubleiben *(Stretta des Duetts).* Daraus schließt ihr Geliebter, daß ihr hoher Rang, für den ihr Umgang mit König Alfonso spricht, eine Verbindung mit ihm verbiete, und beschließt, sich ihr durch militärische Taten ebenbürtig zu zeigen *(◆ Cabaletta).*

2. Akt *(◆ Preludio des Orchesters).* Im Palast von Alcazar, beim Anblick der üppigen maurischen Gärten, die andere vor ihm pflanzten *(◆ Arioso),* erhält Alfonso die Nachricht, daß Fernando an der Spitze seiner Truppen einen entscheidenden Sieg über die Mohren errungen habe. Doch da er ihn nicht selbst errungen hat, kann er sich nicht darüber freuen. Hingegen hofft er, gegen den Willen Baldassares seine Ehe mit der Tochter dieses Geistlichen — also der Schwester Fernandos — scheiden zu können, um sein Verhältnis mit Leonora zu legalisieren *(◆ lyrischer Teil der Cavatina* und ◆ *Cabaletta).* Sie aber reagiert auf alle Zeichen seiner Liebe mit Gleichgültigkeit *(Duett-Arioso,* ◆ *lyrischer Teil* und ◆ *lyrische Stretta des Duetts).* Auch eine tänzerische Darbietung zu ihren Ehren *(◆ Ballett)* vermag sie nicht zu erheitern. Inzwischen hat Don Gasparo, ein Helfer des Königs, einen anonymen Liebesbrief an Leonora abgefangen, den ihr Ines hätte überbringen sollen — er stammt natürlich von Fernando.

Trotz massivstem Druck Alfonsos verrät sie den Namen ihres Geliebten nicht. Da erscheint der nicht zuletzt politisch mächtige Baldassare und droht mit dem Bann über den König und seine Geliebte, wenn diese vierundzwanzig Stunden später immer noch am Hofe sei (◆ *lyrischer Teil und Stretta des Concertatos*).

3. Akt (*Preludio des Orchesters*): Zur Siegerehrung empfängt der König Fernando (*Arioso*) und verspricht ihm die Gewährung eines Wunsches. Als Leonara den Saal betritt, wünscht er sich ihre Hand. Der König — ohne zu ahnen, daß er der Mann ihrer Träume ist — gebietet ihr leise strikten Gehorsam (*Arioso*) und ordnet scheinbar generös die Trauung der beiden an. In Wahrheit will er seine widerspenstige Mätresse durch die Verschacherung an den erstbesten Freier dafür bestrafen, daß sie ihn nicht zu lieben vermochte. Anderseits will er Fernando, den er um seinen Erfolg beneidet, durch die Vermählung mit einer Hure entehren (◆ *lyrisches Terzett mit stark solistischem Anteil Alfonsos*). Doch Leonora ist außerstande, von der Ahnungslosigkeit ihres Geliebten zu profitieren. Deshalb faßt sie den Entschluß, ihm heimlich mitzuteilen, wer sie sei, und ihm erst dann vor den Altar zu folgen, wenn er sie trotzdem akzeptieren kann (◆ *lyrischer Teil der Arie* und ◆ *Cabaletta*). Ines jedoch, der sie den Auftrag gibt, Fernando zu unterrichten, wird durch Don Gasparo isoliert, bevor sie mit ihm sprechen konnte. — Schon ist der Hof zur Trauung bereit (*Chor*). Zuvor ernennt der König Fernando zum Fürsten von Montreal; die Höflinge flüstern sich zu, mit diesem Zückerchen versuche Don Alfonso dem Karrieristen die Ehe mit seiner Mätresse schmackhaft zu machen ... (*anschließend Wiederaufnahme des Chors*). Während der Trauung lästern die Höflinge weiter (◆ *Männerchor mit* ◆ *Stretta, Solo Don Gasparo*). Erst nachdem das Jawort ausgesprochen ist, erfährt Fernando von ihnen und vom hinzugekommenen Baldassare das Geheimnis um seine Frau. Aufgebracht bezichtigt er den König, seinen Ruf zerstört zu haben (*lyrischer Teil des Concertatos*), und wirft ihm den Orden vor die Füße (*Stretta des Concertatos*). Dann verläßt er den Hof und seine verzweifelte Gattin und kehrt ins Kloster zurück.

4. Akt (◆ *Preludio des Orchesters*): Dort rufen die Mönche zum Rückzug in den Frieden Gottes auf (◆ *Chor;* ◆ *Solo Baldassares mit Chor*). Fernando ringt vergeblich mit diesen Frieden, weil seine Gedanken stets bei Leonora sind (*Romanze*). Dann zieht er sich gleichwohl zum Gebet zurück. Sein trauriger Gesang, vermischt mit dem der Brüderschaft, erreicht Leonora, die ihm ins Kloster folgte (◆ *Szene Leonora mit Männerchor [Solo Fernando] aus dem Hintergrund*). Nach dem Gottesdienst entdeckt er sie im Klostergarten, völlig geschwächt und in der verzweifelten Hoffnung, daß er ihr vergeben möge. Als sie ihm auch erzählt, daß sie gehindert worden sei, ihn über ihre Stellung aufzuklären, fühlt er die alte Liebe für sie wiedererwachen (*Duett-Arioso und* ◆ *lyrischer Abschnitt des Duetts*), und er schlägt ihr vor, gemeinsam mit ihm zu fliehen (*Stretta des Duetts*). Aber sie bricht zusammen und ist tot.

LA FILLE DU RÉGIMENT
(LA FIGLIA DEL REGGIMENTO)

Opéra comique in zwei Akten (französische Version)

Libr.: J.-H. Vernoy de Saint-Georges und J.-F.-A. Bayard; **UA:** 11.2.1840, Opéra Comique, Paris; **Ort und Zeit der Handlung:** ein Dorf im Tirol, 1815 (das Jahr der letzten Napoleonischen Kriege)

Hauptpersonen: *Marie,* Marketenderin des 21. Französischen Regiments (s.), die *Marquise von Birkenfeld* (ms.), *Tonio,* ein junger Tiroler (t.), *Sulpice,* Offizier des Regiments (bs.)

Ouvertüre

1. Akt: Die Bewohner eines Dorfes im Tirol fürchten sich vor dem ganz in der Nähe stationierten 21. Regiment der Napoleonischen Truppen. Frauen beten zur Jungfrau Maria *(Chor-Eröffnungsszene).* Die Marquise von Birkenfeld, die ihren Sitz in der Gegend hat und diesen vor den Feinden räumen mußte, befindet sich in einem Zustand trostloser Hysterie *(zweistrophiges Lied mit Chorrefrain; Stretta der Eröffnungsszene).* Sulpice, ein reifer Offizier, tauscht mit der jungen Marketenderin des Regiments, Marie, welche als Kind von ungenau bekannter Herkunft unter den Soldaten aufgewachsen ist, Erinnerungen *(◆ strettaartiges Duett mit ariosem Zwischenteil).* Da wird der junge Tonio aus dem Tirol ins Lagergefängnis geführt *(Soldatenchor),* doch weil er einst der Marketenderin das Leben gerettet hat — wobei er sich prompt in sie verliebte —, erlangt sie seine Befreiung und singt zur Feier der Stunde den Regimentsgesang *(◆ zweistrophiges Lied mit Refrain des Männerchors).* Da ruft die Glocke zum Appell *(◆ strettahafter Männerchor).* Tonio bleibt zurück; Marie und er bekennen sich ihre gegenseitige Liebe *(◆ lyrischer Abschnitt des Duetts mit Wiederholung des Hauptteils; dazwischen und am Ende: ◆ Stretta des Duetts).* Ein Gespräch der Marquise mit Sulpice führt zum Ergebnis, daß Marie eine von ihr seit Jahren vergeblich gesuchte, nahe Verwandte ist: der Sproß einer Ehe ihrer Schwester mit dem mittlerweile toten Offizier Robert, behauptet die Marquise; der Sproß einer wilden Ehe zwischen dem gleichen Ehrenmann und ihr selbst, lautet die Fassung des wirklichen Lebens. Jedenfalls hat sie das Recht, das Mädchen aus den Händen der Soldaten zu «befreien» und seine in diesem Milieu gründlich verfehlte Erziehung in ihrer noblen Villa nachzuholen. Tonio hat sich inzwischen als Soldat ins Regiment aufnehmen lassen, um Marie für immer nahe zu sein *(◆ Männerchor [«Rataplan»] und lyrisches Solo Tonios).* Nun bittet er seine Waffenbrüder — Maries «Väter» — um ihre Hand. Sie reagieren anfangs so eifersüchtig wie richtige Väter, doch als sie erfahren, daß Marie seine Gefühle teilt *(◆ Chor der Brückenpassage),* willigen sie ein. Tonio ist im siebten Himmel *(◆ Cabaletta).* Da wird bekannt, daß Marie die Truppe verlassen muß — und ihr Geliebter ist gezwungen, bei den Soldaten zurückzubleiben. Die Betrübnis ist allgemein *(◆ lyrischer Teil des Concertatos [zweistrophige Romanze Maries als Einleitungsblock])* und ebenso der Haß auf die Marquise *(Stretta des Concertatos).*

Zwischenaktmusik (Tyrolienne)

2. Akt: Wenigstens Sulpice, der alte Knabe, der als Begleiter bei Marie bleiben durfte, lockert die vornehme Langeweile unter dem Dach der Marquise ein wenig auf. So stört sie auf seinen Antrieb die salonhaft-schwelgerische Romanze, die sie mit ihrer «Tante» am Klavier zu singen hat, durch plötzliche Abschweifungen in die Regimentsgesänge *(Buffo-Terzett)*. Doch das sind heitere Episoden — im allgemeinen versetzt sie die Sehnsucht nach Tonio und den Soldaten in unerträgliche Melancholie *(♠ lyrischer Teil der Arie)*. Doch plötzlich dringt eine Anzahl ihrer einstigen rauhen Gefährten in das parfümgeschwängerte Reich der Marquise ein; Marie empfängt sie mit offenen Armen *(♠ Cabaletta der Arie)*. Die Soldaten ziehen sich zurück, um Tonio mit seiner Geliebten sowie mit Sulpice allein zu lassen. Natürlich haben sich die drei viel zu erzählen *(strettaartiges Terzett mit ariosem Mittelteil)*. Schließlich hält Tonio bei der Marquise um die Hand des Mädchens an *(♠ zweistrophige Romanze)*. Sie aber hat mit ihrer «Nichte» andere Pläne: Marie soll sich mit dem Sohn der supervornehmen Herzogin von Krakentorp vermählen, deren Familie bereits zur Unterzeichnung des Heiratsvertrages im Hause erwartet wird. Sulpice vertraut sie ihre mütterliche Sorge um das Wohlergehen ihrer Tochter an: Eben weil das Kind — bekennt sie ihm errötend — nicht ihre Nichte, sondern ihre Tochter sei, und zwar — bekennt sie ihm noch mehr errötend — aus einer wilden Ehe mit einem Soldaten, wolle sie dafür sorgen, daß sie in die «bessere Gesellschaft» aufgenommen werde. Aber bevor die Brautleute unterschreiben — Marie, der Sulpice inzwischen sagte, daß die Marquise ihre Mutter sei, will sich aus kindlicher Liebe opfern —, erscheint das Regiment mit Tonio an der Spitze wiederum im Salon *(♠ Männerchor und ♠ cabalettahaftes Solo Tonios)*. Die vornehmen Gäste und namentlich Maries angehende Schwiegermutter, die supervornehme Herzogin von Krakentorp, erfahren entsetzt den früheren Beruf der jungen Dame: Marketenderin *(♠ lyrische Arie Maries)*. Die Heirat kommt nicht zustande — hauptsächlich deshalb, weil sich die Marquise schließlich selber für die Herzenswünsche ihrer Tochter wehrt *(♠ Stretta finale concertata [Wiederaufnahme der Cabaletta Maries])*.

Die italienische Version, im Uraufführungsjahr von Donizetti selber eingerichtet, kommt ohne folgende Stücke aus: Coupletarie der Marquise im ersten Akt, Romanze Tonios im zweiten Akt. Dafür singt Tonio bei seinem ersten Auftritt eine Buffa-Cavatina (ohne Cabaletta), worin er seinen Entschluß erklärt, Soldat zu werden, damit er Marie heiraten könne.

FURIOSO ALL'ISOLA
DI SAN DOMINGO
Opera semiseria in zwei Akten

Libr.: Iacopo Ferretti; UA: 2. 1. 1833, Teatro Valle, Rom; **Ort der Handlung:** die Antilleninsel San Domingo

Hauptpersonen: *Eleonora,* Gattin Cardenios (s.), *Marcella,* Tochter Bartolomeos (s.), *Fernando,* Bruder Cardenios (t.), *Cardenio* (br.), *Kaidamà* (br.), *Bartolomeo,* Fabrikant (bs.)

FURIOSO ALL'ISOLA DI SAN DOMINGO 447

1. Akt *(Preludio des Orchesters)*: Bartolomeo, Inhaber einer Fabrik, die Sklaven beschäftigt — unter ihnen Kaidamà, den arbeitsscheuen Neger —, ertappt seine Tochter Marcella, wie sie Cardenio, einem verrückten Portugiesen, der auf der Insel lebt, Verpflegung bringen will *(Duett-Ariosi Marcella und Bartolomeo innerhalb der Introduktion)*. Da sieht man den Neger über die Felsen eilen: Cardenio hielt ihn soeben für seinen Rivalen aus früherer Zeit und drohte ihn zu ermorden *(einteilige Buffa-Cavatina innerhalb der Introduktion)*. Anschließend zeigt sich Cardenio selbst: Gerade in schmerzliche Passivität versunken, denkt er an Eleonora, seine treulose Frau *(♠ zweistrophige Romanze innerhalb der Introduktion)*. Er hat sich auf San Domingo zurückgezogen, um einen Seitensprung zu vergessen, den sie begangen hatte; die Inselbewohner bedauern ihn *(Stretta der Introduktion)*. Da bricht ein Ungewitter aus. Unweit der Küste sieht man ein Schiff in Seenot *(Chor)*, das schließlich versinkt. Unter den Überlebenden, die sich ans Ufer retten können, ist Eleonora, welche Cardenios Unglück verschuldet hat. Jetzt quälten sie solche Gewissenbisse, daß es ihr fast erwünscht gewesen wäre, in den Fluten zu ertrinken *(Arioso, lyrischer Teil der Cavatina und ♠ Cabaletta)*. Marcella und Bartolomeo nehmen sich ihrer an. — Cardenio gibt sich in der Einsamkeit der tropischen Inselnatur den immer gleichen bitteren Gedanken hin *(Monolog mit ♠ Arioso)*. Als sich Kaidamà herangetraut, hält ihn Cardenio für seine Ex-Geliebte und überhäuft ihn mit Zärtlichkeiten. Dann erkennt er ihn und bietet ihm zu essen an. Als der Neger die Gelegenheit ergreift und emsig schmatzt, hält er ihn wieder für seine Geliebte, dann aber auch, wie zu Beginn des Aktes, für seinen Rivalen, und wie gewöhnlich in diesem Falle setzt es Prügel ab *(♠ lyrischer Abschnitt des Duetts)*. Wieder etwas ruhiger, verlangt er von Kaidamà, ihm Eleonora zurückzugeben *(♠ Stretta des Duetts)*. — Aus einem neuen Schiff, das unbehelligt ankert *(♠ Männerchor)*, steigt Cardenios Bruder Fernando. Die in Europa lebende kranke Mutter der beiden hat ihn nach San Domingo geschickt, weil sie Cardenio vor ihrer letzten Stunde noch einmal sehen möchte. Sehnlichst hofft Fernando, daß es ihm gelingen möge, diese Begegnung zu vermitteln *(♠ lyrischer Teil der Cavatina und ♠ Cabaletta)*. Eleonora ist damit beschäftigt, Marcella ihre Geheimnisse anzuvertrauen *(arios gebauter lyrischer Duett-Teil)*, als einige Helfer des Fabrikanten die Freundinnen mahnen, sich in Sicherheit zu bringen; Bartolomeo werde gleich mit dem Verrückten vorüberkommen. Mittlerweile hat Marcellas Vater nämlich den Entschluß gefaßt, Cardenio persönlich zu betreuen. Mit klopfendem Herzen ziehen sich die beiden Damen in den Hintergrund zurück *(lyrische Stretta des Duetts)*. Cardenio erzählt dem Fabrikanten in seltener geistiger Klarheit seine Geschichte — von der Jugend bis zum Ehebruch Eleonoras *(Arioso des Concertatos)*. Als ihm bei dieser Stelle des Berichts die Augen übergehen, erblickt ihn Eleonora, die sich ihm — zusammen mit Marcella, Bruder Fernando und dem Neger — vorsichtig

genäht hat (◆ *lyrischer Teil des Concertatos, anschließend Wiederaufnahme des Ariosos*). Auf die Begegnung mit Fernando reagiert Cardenio entzückt, auf die Begegnung mit Eleonora allerdings weniger freundlich: Man muß ihn hindern, sie niederzustechen (◆ *Stretta des Concertatos*).

2. Akt (*Preludio des Orchesters*): Kaidamà und einige Helfer konnten den Auftrag Bartolomeos, den spurlos verschwundenen Geisteskranken zu finden, noch nicht erfüllen (*lyrischer Chor und Stretta Kaidamà mit Chor*). Als sie die Fahndung wiederaufgenommen haben, taucht er just an einer Stelle auf, wo sie ihn nicht vermuten. Eleonora wagt sich nochmals an ihn heran, doch er erkennt sie nicht. In wachsender Panik bildet er sich ein, daß er das Augenlicht verloren habe (*Duett-Arioso*). Nachdem sie ihm diesen Wahn mit zärtlichen Worten ausreden konnte, geht er, anscheinend in vollem Bewußtsein ihrer Identität, mit ihr spazieren (*lyrischer Abschnitt des Duetts*), ja er erklärt sogar, er habe ihr verziehen (*lyrische Stretta des Duetts*). Doch unvermutet wird ihm die Vergangenheit wieder in aller Schärfe bewußt, und abermals zückt er den Dolch. Sein Bruder indessen ist prompt zur Stelle und entwindet ihm das mörderische Instrument. Eleonora flieht; Cardenio stürzt sich ins Meer; Fernando setzt ihm nach. Doch schon nach wenigen Minuten können Kaidamà und Bartolomeo den Inselbewohnern melden, die beiden Brüder hätten den Strand erreicht. Tatsächlich tritt Fernando wohlbehalten zu den Versammelten. Immer noch hofft er auf eine glückliche Wende im Schicksal Cardenios (*lyrischer Teil der Aria [Romanze] und* ◆ *Cabaletta*). — Bartolomeo schickte Kaidamà zu einem Stammeshäuptling der Insel, damit er diesem zwei Pistolen überbringe. Da läuft ihm Cardenio über den Weg. Da er in besonders klarer geistiger Verfassung ist, bittet er seinen Prügelknaben um Verzeihung für das bei ihm erlittene Ungemach. Doch Kaidamà denkt an die Striemen auf seinem Rücken und verzeiht ihm nicht (◆ *lyrischer Abschnitt des Duetts*). Da luchst ihm sein ewiger Quäler die beiden Pistolen ab (◆ *Stretta des Duetts*). Mit dieser Beute geht er zu Eleonora. Trotz ihrem Flehen (◆ *lyrischer Teil der Arie*) weigert er sich, mit ihr ein neues Leben zu beginnen, und schlägt ihr statt dessen einen feierlichen Doppelselbstmord vor. Um ihre Schuld zu sühnen, erklärt sie sich einverstanden; doch erneut interveniert Fernando im richtigen Augenblick. Jetzt ist Cardenio bereit, die Schuld seiner Frau und seine eigenen Perversionen zu begraben, was Eleonora selig macht (◆ *Cabaletta finale*).

Anmerkung: Erstaunlicherweise wird die Oper stets mit einer Variante aufgeführt, die das formale Konzept zerstört. Das Liebesduett des 2. Aktes wird vor der Stretta abgebrochen, worauf die Sturmmusik des 1. Aktes erklingt und in das Rezitativ der Arie Fernandos übergeht. Dafür wird die Stretta am Schluß der Oper gesungen, sei es als Ersatz (!) für Eleonoras herrliche Cabaletta finale (so in Spoleto), sei es als «Brückenpassage» vor diesem Stück, womit man zwei verschiedene Stretta-Teile zusammenhanglos verknüpft (so in Siena, siehe Diskographie).

GABRIELLA DI VERGY
(Fassung 2)
Opera seria in drei Akten

Libr.: A. L. Tottola; Überarbeiter unbekannt; **UA:** 9. 11. 1978, Belfast; **Ort und Zeit der Handlung:** Château d'Autrei, Burgund, 13. Jahrhundert

Hauptpersonen: *Gabriella* (s.), *Almeide, Schwester Fayellos* (ms.), *Raoul* (t.), *Fayello* (br.), *König Filippo (Philippe) II. von Burgund* (bs.)

Vorgeschichte: Raoul und Gabriella liebten einander. Doch auch Fayello, Schloßherr von Autrei, begehrte ihre Hand. Da wurde Raoul (durch Schergen Fayellos?) überfallen und entführt. Öffentlich galt er als tot. Fayello benützte den Irrtum, um Gabriella zur Heirat mit ihm zu bewegen; doch erst der Wunsch ihres sterbenden Vaters zwang sie zu diesem Schritt. Raoul indessen hatte sich kurz zuvor aus dem Gefängnis befreien können und war dem Heer des Königs beigetreten.

1. **Akt** *(Preludio des Orchesters):* Die Ehe Gabriellas mit Fayello wird geschlossen (◆ *Frauenchor*). Er aber empfindet den Schatten Raouls als unüberwindliche Mauer zwischen ihm und seiner Frau (◆ *lyrischer Teil der Cavatina*). Da wird ihm gemeldet, König Filippo sei in militärischer Bedrängnis und rechne mit seinem Beistand. In der Hoffnung, Gabriellas Herz durch einen kriegerischen Erfolg erobern zu können, verläßt er sie (◆ *Cabaletta der Cavatina*). Sie aber denkt nur an ihre Liebe zum totgeglaubten Raoul *(lyrischer Teil der Cavatina),* und auch die Nachricht, daß König Filippo dank Fayellos Hilfe die Feinde geschlagen habe (◆ *Frauenchor),* kann sie nicht für ihren Mann gewinnen *(Cabaletta der Cavatina).* Plötzlich erscheint Raoul, erzählt ihr von seinem Schicksal und wirft ihr die Heirat vor (◆ *lyrischer Abschnitt des Duetts).* Nachdem sie sich überzeugend gerechtfertigt hat, schwelgen die beiden in Erinnerungen an einstiges Liebesglück (◆ *lyrische Stretta des Duetts).* Schon rücken die Truppen des siegreichen Königs an *(Männerchor).* Filippo ist überglücklich, gesiegt zu haben (◆ *lyrischer Teil der Cavatina,* ◆ *Cabaletta und Wiederaufnahme des Männerchors).* Doch zu besonderem Dank verpflichtet fühlt er sich nicht Fayello, sondern Raoul, der ihn bei einer früheren Gelegenheit aus einer schlimmeren Gefahr gerettet hat. Durch die Vermählung mit Almeide, Fayellos Schwester, glaubt er Raoul den größten Dienst erweisen zu können und bittet Fayello um seine Genehmigung. Dieser, der sich bei der Rückkehr nicht gerade freute, seinen Rivalen frisch und frei in Gabriellas Nähe anzutreffen, billigt den Plan, weil ein vermählter Raoul in seinen Augen weniger gefährlich wäre *(arios gebautes Quintett).* Dann aber stellt er seine Frau zur Rede, erkannte er doch an ihrem Verhalten, daß sie seinem Nebenbuhler mittlerweile wieder so wie einst verfallen ist. Tatsächlich wirft sie ihm an den Kopf, er habe sie nur mit Gewalt heiraten können (◆ *lyrischer Abschnitt des Duetts).* Er schwört ihr grausame Rache (◆ *Stretta des Duetts).*

2. **Akt:** Die Soldaten feiern ihren Sieg *(Männerchor).* Raoul hingegen sehnt sich nach dem Tod (◆ *lyrischer Teil der Arie).* Erst die Meldung eines Die-

ners, Gabriella wünsche ihn zu sprechen, schenkt ihm neuen Mut (◆ *Cabaletta).* Doch es ist Almeide, die sein Rendezvous mit Gabriella eigenmächtig eingefädelt hat. Wie sie ihr nun bekennt, tat sie es in der Hoffnung auf ihren Beistand: Sie liebe Raoul und bitte sie, bei ihm für sie zu werben. Ungern fügt sich Gabriella dieser Pflicht; Raoul indessen ergreift die Gelegenheit, seine Gefühle für die Überbringerin der Liebesgrüße Almeides zu erklären, nicht für die Absenderin *(frei komponiertes Duett:* ◆ *arioser lyrischer Teil und arioser Stretta-Teil Raouls mit Einwürfen Gabriellas).* Doch Almeide lauscht im Hintergrund. Bitter enttäuscht, lockt sie Fayello auf die Spur der zärtlichen Begegnung. Dieser erscheint im heikelsten Augenblick (◆ *lyrisches Concertato).* Er würde Raoul am liebsten sofort hinrichten lassen, aber der König befiehlt ein Duell, in dem sich der Wille Gottes erweisen möge (◆ *Stretta des Concertatos).*

3. Akt *(Preludio des Orchesters):* Die beiden Rivalen schwelgen in ihrem Haß *(Duett-Arioso,* ◆ *lyrischer Teil und Stretta des Duetts)* und ziehen sich endlich zum blutigen Strauß zurück. Die Damen des Hofes beklagen den Zwischenfall *(Frauenchor). —* Gabriella, von Fayello eingesperrt, bangt um den Ausgang des Duells (◆ *lyrischer Arienteil).* Da kommt Fayello mit einer Schale und streckt ihr das ausgerissene Herz Raouls entgegen, den er bezwungen hat. Ihr schwinden die Sinne (◆ *Cabaletta finale).*

GEMMA DI VERGY
Opera seria in zwei Akten

Libr.: Emanuele Bidera; **UA:** 26. 12. 1834, Teatro alla Scala; **Ort und Zeit der Handlung:** die französische Provinz Berry, 1425
Hauptpersonen: *Gemma,* Frau des Grafen Vergy (s.), *Ida,* seine Verlobte (ms.), *Tamas* (t.), *Graf Vergy* (br.), *Guido,* Bruder Gemmas (bs.)

Ouvertüre ◆

1. Akt: Die Truppen des Grafen Vergy werden aus einer siegreich bestandenen Schlacht gegen England zurückerwartet *(Männerchor).* Als erster von Vergys Soldaten stößt ein gewisser Rolando zu den Versammelten. Ihnen und namentlich Guido — dem Bruder von Gemma, der Frau des Grafen — teilt Rolando mit, daß Vergy als Dank für seine Dienste die Sondererlaubnis bekommen habe, seine Ehe mit der unfruchtbaren Gemma aufzulösen, um seinem Haus in einer zweiten Ehe die Nachkommenschaft zu sichern. Guido bedenkt als einziger, wie sehr seine Schwester den Grafen liebt, so daß sie diesen Schlag schwerlich verwinden werde (◆ *lyrischer Teil der Cavatina* und ◆ *Cabaletta).* Die übrigen Schloßbewohner hingegen bedrängen Rolando mit Fragen über das Wirken der Jungfrau von Orléans, dank der man den Krieg gewann *(Choruntermalung der Cavatina).* Endlich besinnen sie sich auf die Tragödie ihrer Herrin und knien nieder, um für ihr Glück zu beten. Auf diese fromme Geste reagiert ein Sarazene, Tamas, der vor ein paar Jahren hierhin verschleppt worden war und den man seither für Sklavendienste mißbrauchte, mit schneidendem Hohn: Ob es nicht besser wäre, sich mit Taten statt mit Gebeten für Gemma zu wehren *(«lyrischer» Teil der Cavatina)*? Doch er verschweigt dem Gesinde, daß er sie selber liebt *(● Cabaletta)*. Wegen seiner Lästerworte will ihn Rolando töten. Aber Gemma eilt herbei und ruft die Männer zur Versöhnung auf. Seit mehreren Tagen plagen sie Ängste, die sie sich nicht erklären kann *(● lyrischer Teil der Cavatina)*. Die Meldung der Ankunft ihres Gatten befreit sie jedoch von aller Sorgenlast *(● lyrische Cabaletta)*. Da klärt sie ihr Bruder über Vergys Zukunftspläne auf *(● Duett-Arioso)*. Verzweifelt bittet sie Gott um Beistand in dieser Lage *(● lyrischer Abschnitt des Duetts)*. Jetzt muß ihr Guido das Ärgste sagen: Die neue Braut ist schon bestimmt und wird im Schloß erwartet *(● Stretta des Duetts)*. Nach dem Weggang der Geschwister stiehlt sich Tamas in die Halle. Als Willkommensgruß für den Grafen stößt er den Dolch, mit dem er soeben Rolando ermordet hat, in die Platte des Tisches *(Arioso)* und zieht sich zurück. Nun treffen die Krieger ein *(Männerchor)*. Beim Anblick des Dolches vermutet der Graf, daß Gemma in der Verzweiflung Selbstmord begangen habe *(● lyrischer Teil der Cavatina)*. Über den wahren Hergang aufgeklärt, ist er zunächst erleichtert, faßt aber das Blut Rolandos nicht als gutes Zeichen für seine Hochzeit auf *(● Cabaletta der Cavatina)*. — Der Hof besammelt sich zum Gericht über den Mörder *(Männerchor)*. Doch Tamas ist Vergy nicht mehr ganz geheuer; deshalb begnadigt er ihn und fordert ihn auf, in seine Heimat zurückzukehren. Tamas aber weist das Angebot zurück; er müsse bleiben, um ihn selbst, den Grafen, zu beseitigen *(Duett-Arioso des Concertatos)*. Sein Leben scheint nun endgültig verwirkt zu sein, als Gemma den Saal betritt und ihren Mann um Gnade für den Rebellen bittet *(● erster lyrischer Teil des Concertatos)*. Vergy, dankbar, sein schlechtes Gewissen ihr gegenüber erleichtern zu können, erfüllt ihr den Wunsch; Tamas ist wieder ein freier Mann. Für ihre persönliche Bitte aber, auf die Scheidung zu verzichten *(● zweiter lyrischer Teil des Concertatos)*, bleibt er taub. Als draußen Ida, seine Braut, und ihr Gefolge, zu vernehmen sind, schlägt Gemmas Schmerz in zornige Verzweiflung um. *(Stretta des Concertatos).*

2. Akt: Die Hochzeit wird vorbereitet *(Chor)*. Gemma läßt ihrem Mann durch Guido den Trauring zurückerstatten. Ihr Bruder ergreift die Gelegenheit, nochmals für sie zu bitten *(Arioso)*. Das rührt den Grafen *(● lyrischer Teil der Arie)*, doch der Gedanke an die Kinder, die ihm Ida schenken könnte, ist stärker als sein Bedürfnis, zu Gemma zurückzukehren *(● Cabaletta)*. — Kammerjungfern laden Ida ein, sich vor der Hochzeit noch ein wenig auszuruhen *(● Frauenchor)*. Plötzlich taucht Gemma neben ihr auf und droht sie umzubringen *(Duett-Arioso des Terzetts)*. Der Graf, im letzten Augenblick hinzugekommen, bittet sie um Erbarmen *(● lyrisches Terzett)*. Das reizt sie erst recht zum tödlichen Streich, doch Tamas, der sich hinter sie geschlichen hat, entreißt ihr den Dolch. Er will sie davor bewahren, Blut zu vergießen, das nur ihn selbst beflecken soll *(Quartett als Stretta des Terzetts).* — Während der

Hof zur Trauung schreitet *(Chor)*, sitzt Gemma im schwacherleuchteten Saal und brütet vor sich hin. Tamas steigert ihre dumpfe Qual zu Raserei, indem er ihr die Zeremonie beschreibt, die eben im Gange ist *(● lyrischer Abschnitt des Duetts)*. In diesem Zustand läßt sie sich überreden, mit ihm zu fliehen *(Stretta des Duetts)*. Wieder allein, lauscht Gemma auf die feierlichen Klänge aus der Kapelle *(● lyrisches Arioso)*. Plötzlich durchströmt sie eine himmlische und in der Tat mysteriöse Ruhe *(● lyrischer Teil der Aria finale [Preghiera])*. Doch wüster Lärm aus der Kapelle reißt sie wieder in die Wirklichkeit zurück; Tamas hat Vergy vor dem Altar ermordet. Von dessen Schergen eingekreist, gesteht er endlich den Beweggrund seiner Taten: Liebe zu seiner Herrin. Als sie das erfährt, verflucht sie ihn, worauf er sich selbst entleibt. Gemma, außer sich vor Schmerz, wehrt den noch gar nicht erhobenen Vorwurf ab, daß sie es gewesen sei, die Tamas zur Bluttat angestiftet habe *(● Cabaletta finale)*.

IL GIOVEDÌ GRASSO
(DER GRÜNE DONNERSTAG)
oder
IL NUOVO POURCEAUGNÀC
(DER NEUE POURCEAUGNAC)
Farce in einem Akt

Libr.: Domenico Gilardoni; **UA:** Herbst 1828, Teatro del Fondo, Neapel; **Ort der Handlung:** ein Dorf bei Paris

Hauptpersonen: *Nina*, Tochter des Kolonels (s.), *Camilla* (ms.), *Teodoro* (t.), *Ernesto Rousignac* (t.), *Sigismondo* (br.), *Kolonel* (bs.)

Inhalt *(Preludio des Orchesters):* Nina und Teodoro, zwei Liebende, sind aufs Schlimmste gefaßt *(Eröffnungsstück der Introduktion:* ● einteiliges lyrisches Duett*)*: Der Vater des Mädchens, der Kolonel, will seine Tochter mit Ernesto Rousignac, einem vermögenden Landbewohner, vermählen. Doch Sigismondo, ein Freund des Paars, hat einen guten Einfall: In Molières Stück «Monsieur de Pourceaugnac» besteht genau dieselbe Krisenlage; könnte nun nicht die Nachahmung der Intrige, mit der das Problem im Lustspiel behoben wird, im wirklichen Leben gleichfalls eine Lösung bringen? Alle sind begeistert *(● Stretta der Introduktion)*. Laut Molières Anweisungen muß Camilla, Sigismondos Frau, eine angeblich von Ernesto, dem unwillkommenen Bräutigam Ninas, abgeschobene frühere Freundin mimen. Camilla aber ist diese Rolle nicht ganz geheuer, kennt sie doch Sigismondos sprichwörtliche Eifersucht. Noch heute ist er überzeugt, sie sei mit einem Freund im Cabriolet herumgefahren, obwohl sie in Wahrheit sittsam zu Hause saß. Während sich die Verschwörer für die Posse vorbereiten, trifft Ernesto ein. Er ist durchaus nicht der Dummkopf vom Lande, den man in ihm vermutet, und schließt die Möglichkeit keineswegs aus, daß Nina ihr Herz bereits vergeben haben könnte *(lyrischer Buffo-Teil und ● Cabaletta der Cavatina)*. Deshalb unternimmt er den Versuch, das Stubenmädchen auszuhorchen. Da er dem Bauer, den alle erwarten, so gar nicht gleicht, enthüllt sie ihm arglos das ganze Komplott und erst noch Sigismondos Eifersucht. Nun zieht er sich zurück, um sich als Hinterwäldler zu verkleiden und die Komödie mitzuspielen — allerdings nicht nach Wunsch der Regisseure Molière und Sigismondo. Ninas Vater, der Kolonel, dem ein Geschäft gebietet, nach Paris zu fahren, warnt seine Tochter, sich seinen Plänen zu widersetzen (● *lyrischer Buffo-Teil* und ● *Cabaletta der Cavatina*). Kaum ist er gegangen, erscheint Ernesto — verkleidet als der, für den er gehalten wird. Laut Molières Konzept begrüßt ihn Sigismondo feierlich als guten alten Freund (● *Duett-Arioso des Terzetts*). Camilla tritt hinzu, um — ebenfalls nach Molières Konzept — die Rolle der von Ernesto angeblich betrogenen Freundin zu übernehmen (*lyrischer Abschnitt des Terzetts*). Jetzt aber geht Ernesto — statt entgeistert zu beteuern, daß er sie gar nicht kenne — auf ihren Vorwurf ein, erklärt sich schuldig, daß er sie verlassen habe, schwelgt in Erinnerungen an ihre «glückliche Liebe» — besonders an ihre gemeinsamen «Fahrten im Cabriolet» — und schlägt ihr die «Wiederaufnahme» ihrer Beziehung vor. Wie zu erwarten war, rast Sigismondo vor Eifersucht ... (*Stretta des Terzetts*). Anschließend begegnet Ernesto Nina. Diese, die ihre Ahnung bestätigt sieht, daß ihr Zukünftiger ein Einfaltspinsel sei, fragt ihn — nach Molières Konzept —, ob er nicht eine andere Liebste habe. Er aber, der eigentlich wieder verwirrt sein müßte, entgegnet gelassen, ja — und meint Camilla —, doch sei sie «mit einem Esel vermählt». Nina weiß weder aus noch ein (● *lyrischer Abschnitt des Duetts*). Peinlicherweise platzt das Stubenmädchen in die Szene, wundert sich über Ernestos grobschlächtige Aufmachung und fragt nach der Ankunft des Bräutigams. Daraus muß Nina schließen, daß er nicht Ernesto sei. Er läßt sie in diesem Glauben, verspricht ihr die Heirat mit Teodoro, auferlegt ihr aber Schweigen, um seine Intrige weiterspinnen zu können (● *Stretta des Duetts*). Er schreibt einen Liebesbrief an Camilla und überreicht ihn dem Diener, sobald er bemerkt, daß er von Sigismondo beobachtet wird. Natürlich ist er längst verschwunden, als der vermeintlich betrogene Gatte Einblick in die unerwünschte Huldigung an seine Gemahlin nimmt (*Buffa-Arie mit Cabaletta*). Da kehrt der Kolonel von seiner Mission zurück. Ernesto ergreift die Gelegenheit, die Possenspieler aufzuklären, daß er sie selbst zum Narren gehalten hat, und bittet Ninas Vater, sie mit Teodoro zu vermählen. Der Alte fügt sich grollend, die Liebenden sind entzückt (*lyrische Arie Ninas, zum Ensemble ausgeweitet, und Stretta finale*).

IMELDA DE LAMBERTAZZI
Opera seria in zwei Akten

Libr.: Andrea Leone Tottola; **UA:** 23. 8. 1830, Teatro San Carlo, Neapel; **Ort und Zeit der Handlung:** Bologna und Umgebung, 1275

Hauptpersonen: *Imelda Lambertazzi* (s.), *Lamberto Lambertazzi* (t.), *Orlando*, Vater der beiden (t.), *Bonifacio Gieremei* (br.)

Vorgeschichte: In Bologna führte der Parteienkrieg zwischen den Guelfen und Ghibellinen zu einer blutigen Fehde zwischen den Häusern Lambertazzi und Gieremei. Die Gattin Orlandos, des Oberhauptes der Lambertazzi, fiel dem Oberhaupt der feindlichen Familie, Rolando, in die Hände, der sie Hungers sterben ließ. Dann aber wendete sich das Blatt zugunsten der Lambertazzi. Rolando und Bonifacio Gieremei, Vater und Sohn, wurden mit ihrem Gefolge aus der Stadt vertrieben. Seitdem versetzen sie die Bürger durch Terror von außen in ständige Angst.

1. Akt *(Preludio des Orchesters):* Die Bürger von Bologna bitten die Lambertazzi, durch einen Friedensschluß mit den Gieremei dem blutigen Treiben ein Ende zu setzen *(◆ Chor mit ◆ Strettas).* Der alte Orlando empfindet den Wunsch als Zeichen der Schwäche *(◆ einteilige lyrische Cavatina),* geht aber schließlich darauf ein. Sein Sohn Lamberto hingegen hetzt die große Menge gegen die Friedenswilligen auf *(lyrischer Teil der Cavatina)* und kann sie dadurch wieder für sein Ziel gewinnen, die Gieremei gnadenlos auszurotten *(◆ Cabaletta).* Glücklicherweise ahnt er nicht, daß seine Schwester Imelda den Sohn des alten Gieremei und Mörders ihrer Mutter, Bonifacio, liebt *(◆ lyrischer Teil der Cavatina mit ◆ Cabaletta Imelda).* Diesem gelingt es, als Bote verkleidet bei Imelda vorzusprechen, unbeobachtet Küsse mit ihr zu tauschen *(Duett-Arioso, ◆ lyrischer Teil und ◆ lyrische Stretta des Duetts)* und zur Rechtfertigung seines Besuchs ein Schreiben der Gieremei an ihre Gegner zu hinterlassen. Darin ersuchen sein Vater und er Orlando und Lamberto, mit einem Gesandten der Gieremei im städtischen Ratshaus zu verhandeln. — Dort harren die Lambertazzi mit ihrer Gefolgschaft der kommenden Dinge *(◆ Einleitungschor der Introduktion).* Groß ist ihr Staunen, als Bonifacio — diesmal unverkleidet — selbst zur Diskussion erscheint *(◆ lyrischer Teil des Concertatos, anschließend Arioso).* Nachdem er sogar erwägenswerte Angebote machte, fragt ihn Orlando nach einer allfälligen Garantie für die Erfüllung seiner Versprechen. Er meint: Man könnte Imelda mit ihm vermählen. Die Lambertazzi — außer der Betroffenen, die froh errötet, was ihr Bruder wohl bemerkt, mit der den Friedensplan beherzt verteidigt — lehnen eine Blutsverwandtschaft mit ihren Feinden entrüstet ab. Jetzt schlagen alle die Versöhnung aus und heißen Bonifacio gehen *(Stretta des Concertatos).*

2. Akt *(Preludio des Orchesters):* Lamberto stellt seine Schwester zur Rede, doch sie will ihm nicht gestehen, daß sie den Sohn des Mörders ihrer Mutter liebt *(◆ lyrischer Abschnitt des Duetts).* Aber Lamberto zwingt ihr mit der Lüge, Bonifacio sei gestorben, und dem sofortigen Widerruf dieser Behauptung ein indirektes Geständnis durch ihr Verhalten ab. Dann schwört er ihr haßerfüllt, ihren Geliebten eigenhändig ermorden zu wollen *(◆ Stretta des Duetts).* Wenig später bietet sich Gelegenheit: Lamberto erfährt von einer geplanten Begegnung Imeldas mit ihrem Freund (Besprechung der Gieremei und innere Sammlung Bonifacios zum Treffen mit seiner Geliebten: *◆ Männerchor, lyrischer Teil der Arie und ◆ Cabaletta).* Sadistisch überrascht er seine Schwester vor der Ankunft Bonifacios am vereinbarten Ort. Er teilt ihr mit, daß er den alten Gieremei, den Vater ihres Freundes, heute ermordet habe und daß er ihr Treffen mit seinem Sohn dazu benützen wolle, nun auch ihn zu töten; der Ort sei umzingelt, ein Fluchtversuch wäre zum Scheitern verdammt. Dann zieht er sich zurück — und Bonifacio stellt sich ein. Nichtsahnend wirft er sich in ihre Arme *(Duett-Arioso und* ◐ *lyrischer Abschnitt des Duetts).* Sie klärt ihn über das ganze Verhängnis auf. Die beiden nehmen Abschied voneinander *(*◐ *lyrische Stretta des Duetts),* und Bonifacio verschwindet im Dunkel der Nacht. Mehr über sein Los erfährt man nicht. Imelda indessen rennt kopflos herum, steht plötzlich vor ihrem Vater, bekennt sich zu ihrer schuldhaften Liebe, bricht zusammen und ist tot *(durchkomponierte Szene).*

Anmerkung: Das unglaubhafte Ende, mit dem das Libretto — eines der besten aus Tottolas Feder — viel von seinem Reiz verliert, ist auf Verstümmelungen der Zensur zurückzuführen.

LA LETTERA ANONIMA
Farce in einem Akt

Libr.: Giulio Genoino; **UA:** 29. 6. 1822, Teatro del Fondo, Neapel; **Ort und Zeit der Handlung:** Neapel; der Sitz des Grafen Don Macario; frühes 19. Jahrhundert

Hauptpersonen: *Rosina,* die Nichte des Grafen (s.), *Lauretta,* ihre Kammerzofe (s.), *Melitta,* eine junge Witwe (ms.), *Filinto,* Bräutigam Rosina, ein Marinekapitän (t.), *Don Macario,* Graf (br.), *Giliberto,* Haushofmeister des Grafen (bs.)

Inhalt *(Preludio des Orchesters):* Heute soll sich Rosina, die Nichte des Grafen, mit Filinto, dem Marinekapitän, vermählen. Die Dienerschaft erwartet einen Extrasold, den ihr der Graf verweigert *(Introduktion des Männerchors mit Giliberto und dem Grafen;* ◐ *Arioso des Grafen),* während Rosina ohne Zaudern in die Tasche greift (rudimentärer lyrischer Arienteil und ◐ *Cabaletta,* beides noch zur Introduktion gehörig). Sie hat ein gutes Herz, wacht aber schrecklich eifersüchtig über die Treue ihres Verlobten. Dieser beschwört sie, ihm von jetzt an zu vertrauen, was sie ihm hoch und heilig verspricht *(Duett-Arioso,* ◐ *lyrischer Teil* und ◐ *Stretta des Duetts).* Als er ihr berichtet, daß der Vater ihrer Dienerin Lauretta, ein harmloser Schreibangestellter, schuldlos im Gefängnis sitze und daß Lauretta, um ihn zu befreien, vergeblich einen Bittbrief an eine vornehme Dame gerichtet habe, wird sie zwar aufs neue eifersüchtig, macht aber dennoch wieder einige Dukaten locker, um ihre Zofe zu unterstützen. Melitta, eine Mitbewohnerin des Hauses, gratuliert dem Grafen mit gespielter Freundlichkeit zur Heirat seiner Nichte; er und Giliberto zeigen sich von ihrem Charme bezaubert *(lyrischer Teil der Cavatina Melittas mit starkem Anteil der Männer und Cabaletta).* In Wahrheit jedoch will sie bewirken, daß die Feier platzt, da sie den Bräutigam, Filinto, heimlich selber liebt. Deshalb schrieb sie einen anonymen Brief, ließ ihn vom Vater Laurettas, dem Schreiber, kopieren, um nicht an der Handschrift erkannt zu werden, und adressierte ihn an den Grafen. Als die Familie versammelt ist, bemerkt der Graf den mit der Morgenpost erhaltenen, noch ungelesenen Brief und reicht ihn Rosina zur Lektüre. Diese muß daraus erfahren, daß ihr Bräutigam seit einem vollen Jahr mit einer gewissen Olympia aus Triest verheiratet sei. Die Eifersucht Rosinas treibt sofort die grellsten Blüten; jedermann glaubt Melittas anonymem Brief statt den Beteuerungen Filintos, daß die Olympia-Theorie erstunken und erlogen sei *(Quartett-Arioso,* ◆ *lyrischer Teil und Stretta des Quartetts).* Begreiflicherweise ist er von Rosinas abermals erwiesenem Vertrauensmangel zutiefst enttäuscht *(lyrischer Teil der Arie mit starker Beteiligung anderer Sänger und Cabaletta).* Melitta versucht vergeblich, den Argwohn ihrer Rivalin, die ihren Jähzorn bereits bereut, am Leben zu erhalten *(arios gebauter lyrischer Teil und* ◆ *Stretta des Duetts).* Derweilen senden Giliberto und der Graf die Dienerschaft mit Absagebriefen an die Hochzeitsgäste aus *(frei komponiertes Buffa-Duett mit Chor).* In letzter Minute kehrt Filinto von einem Erkundigungsgang zurück: Er hat sich Laurettas Bittbrief an jene vornehme Dame, die ihren Vater befreien sollte, vorlegen lassen und sofort entdeckt, daß ihn die gleiche Hand geschrieben hat wie den Verleumdungsbrief. Damit scheint Lauretta, nicht die wirklich Schuldige, das Lügenmärchen um Olympia erfunden zu haben *(von hier an: frei komponiertes Sextett).* In Wahrheit aber hat Lauretta, die des Schreibens gar nicht kundig ist, das Bittgesuch für ihren Vater, den Berufskopisten, diesem selbst diktiert. Doch jetzt bekennt die Intrigantin ihre Sünde, die ihr Rosina alsbald verzeiht *(lyrischer Teil der Arie und Cabaletta),* und abermals gelobt sie ihrem Bräutigam, sie werde nie mehr eifersüchtig sein *(Wiederaufnahme der* ◆ *Stretta des Liebesduetts).*

LINDA DI CHAMOUNIX

Opera semiseria in drei Akten (vollständige Pariser Version)

Libr.: Gaetano Rossi; **UA:** 19. 5. 1842, Kärntnertor-Theater, Wien; **Ort der Handlung:** Chamounix/Paris, gegen 1760 **Hauptpersonen:** *Linda* (s.), *Pierotto* (ca.), *Carlo,* Visconte di Sirval (t.), *Antonio,* Vater Lindas (br.), *Marchese di Sirval,* Onkel Carlos (bs.), *Präfekt* (bs.)

Ouvertüre

1. Akt: Die Glocken läuten zum Gottesdienst *(Chor).* Antonio kehrt von einem entscheidenden Gang zu Maddalena, seiner Frau, zurück. Als einer der Ärmsten des Dorfes hat er soeben auf dem Schlosse des Marchese di Sirval um materielle Hilfe gebeten, worauf ihm der Fürst den Vorschlag machte, Linda, seine Tochter, als Dienstmädchen zu beschäftigen. Nun hat Antonio ungute Vorgefühle, die er sich nicht erklären kann (◆ *zweistrophige Romanze).* Schon steht der Marchese unter der Tür. Aus unzweifelhaften Gründen zeigt er sich sehr begierig, seine neue Angestellte persönlich kennenzulernen (◆ *lyrischer Teil der Buffa-Cavatina).* Nur die rechtschaffenen alten Leute durchschauen ihn nicht und bitten ihn um Verzeihung, weil Linda nicht zu Hause ist (Zorn und simulierter

Gleichmut des Marchese: *Cabaletta der Cavatina).* Sie begab sich in der Hoffnung, Carlo, ihren Freund, zu treffen, an ihren gewohnten Zusammenkunftsort, fand aber lediglich einige Blumen, die er ihr hinterlegte. Carlo ist der Neffe des Marchese, behauptet jedoch, ein armer Maler zu sein, damit man ihn nicht verdächtigt, einem Mädchen nachzustellen, das er aus Standesgründen doch nie heiraten werde. Linda indessen träumt naiv von einem bescheidenen Bohémienleben an seiner Seite *(Cavatina: Arioso mit Cabaletta).* Da erscheint Pierotto, ein verträumter Melancholiker *(Romanze),* mit einer Schar anderer junger Leute. Zur Unterhaltung erzählt er von einem Mädchen, das sich verführen ließ, von seinem Freund verraten wurde und schließlich erfahren mußte, daß seine Mutter vor Enttäuschung über seinen Sündenfall gestorben war (● *zweistrophige Ballade mit Chorrefrain).* Linda bleibt schwer deprimiert zurück: Sie sieht sich bereits in einer ähnlichen Lage. Da kommt ihr Geliebter doch noch zum Rendezvous. Sie vertraut ihm ihre Ängste an (● *lyrischer Abschnitt des Duetts),* doch seine Liebesschwüre können sie beruhigen (● *lyrische Stretta des Duetts).* Inzwischen suchte der Präfekt von Chamounix Antonio auf, um ihn darüber aufzuklären, was Linda im Schloß erwartet. Der alte Vater ist in seinem Stolz verletzt, in seinem Glauben an die Redlichkeit der Welt erschüttert (● *Arioso des Duetts)* und bittet Gott um Hilfe (● *lyrischer Abschnitt des Duetts).* Doch der Präfekt hat einen guten Einfall: Einige Dorfbewohner ziehen nach Paris, da könnte man das Mädchen ihnen anvertrauen; in der mondänen Großstadt wäre sie am sichersten. Das findet auch Antonio, und beide schöpfen neue Hoffnung (● *Stretta des Duetts).* Pierotto wird zum Beschützer Lindas ernannt, und diese trennt sich von ihren Eltern (● *einteiliges lyrisches Concertato [Preghiera des Ensembles]).*

2. **Akt** *(Preludio des Orchesters):* Kaum hatte Linda Paris erreicht, folgte ihr Carlo nach, sagte ihr endlich, wer er sei, versprach ihr die Heirat, machte sie zur Mätresse und überließ ihr ein schmuckes Appartement. Linda, durch den ungewohnten Luxus aus dem Gleichgewicht gebracht, sieht wie eine Hure aus. Pierotto, der sie besucht, erschrickt denn auch gehörig, als sie ihre Geldschatulle öffnet, um ihn zu beschenken. Als sie ihm ihre Heiratspläne unterbreitet, reagiert er teils bedrückt — offenbar liebt er sie selbst —, teils scheint er Carlos schönen Worten zu mißtrauen (● *einteiliges lyrisches Duett).* Nachdem er gegangen ist, kommt der Marchese. Das Äußere Lindas und ihre veränderten Lebensumstände bringen ihn auf den Gedanken, daß sie für noch mehr Luxus auch für ihn zu haben sei. Sie aber zeigt ihm gehörig die Krallen *(Arioso und lyrischer Abschnitt des Buffa-Duetts).* Schließlich verhöhnt er die «Keuschheit», die sie vor ihm verteidigt, obwohl sie sie sichtlich verloren hat, und nimmt mit dreckigem Lachen den Hut *(Stretta des Buffa-Duetts). —* Der nächste Besucher ist Carlo im Hochzeitskleid. Mittlerweile hat ihn seine Mutter überredet, nicht mit einem Armeleutekind, sondern mit einer ihr genehmen, vornehmen Dame vor den Altar zu treten. Carlo

ist natürlich schon ein bißchen deprimiert *(Romanze)*, findet es aber ganz in Ordnung, sich Linda im Feststaat zu präsentieren (♠ *lyrischer Abschnitt des Duetts)* — über den Anlaß schweigt er sich aus —, sie trotz ihres Unbehagens um Zärtlichkeiten zu bitten und es ihr gnädig nachzusehen, als sie sich ihm entzieht (♠ *lyrische Stretta des Duetts)*. Nach seinem Weggang steht wahrhaftig auch Antonio unter der Tür — ohne sie zu erkennen. Allmählich ahnt sie den Eindruck, den sie erweckt, und kann sich denken, was ihr Vater sagen würde, wenn er wüßte, wer sie ist. Deshalb erfüllt sie seine Bitte, ihm ein Almosen zu überlassen, mit dem angelernten Mitleid einer fremden, reichen Dame. Doch wie er sich gerührt bei ihr bedankt (♠ *einteiliges lyrisches Duett)*, verliert sie die Herrschaft über sich selbst und spricht ihn als Vater an. Er fährt zurück, und wie er sie entsetzt betrachtet und erkennt, entlädt sich auch bereits sein erster Zorn. Da platzt Pierotto in die Szene und erzählt den beiden, daß er gerade Zeuge der Hochzeit Carlos geworden sei *(Arioso der Brückenpassage)*. Nun bricht für Lindas Vater — der offenbar weiß, daß Carlo die Wohnung gemietet hat — die ganze Welt zusammen. Nachdem er seine gebrochene Tochter halbwegs verfluchte, torkelt er weinend hinaus und überläßt sie ihrer wahnsinnsartigen Benommenheit (♠ *Arioso)*. Plötzlich gerät sie in Raserei, dieweil auf der Straße unter ihrem Fenster der Hochzeitszug Carlos vorüberzieht (♠ *Cabaletta Linda mit Beteiligung Pierottos)*.

3. Akt: Wieder in Chamounix. Die ausgewanderten Savoyarden kehren in ihr Heimatdorf zurück *(Einleitungschor und Brindisi)*. Das Gerücht von Lindas Wahnsinn ist ihr ins Dorf vorausgeeilt. Jetzt nimmt sich der Präfekt den Urheber ihres Unglücks, den treulosen Carlo, vor und redet ihm ins Gewissen *(Arioso und lyrischer Abschnitt des Duetts)*. So wachgerüttelt, ist er bereit, alles zu tun, um sie zu heilen *(Stretta des Duetts)*. Das heißt: Da er nun wieder ledig ist — warum, wird nicht gesagt —, will er sein Eheversprechen halten. Auch für den Marchese steht die Heirat Carlos mit Linda als unverrückbares Ereignis auf dem Terminkalender. Im übrigen muß er sich von den Dorfbewohnern Anspielungen auf sein Liebesleben in Paris gefallen lassen (♠ *Buffa-Arie mit Chor)*. Dann tritt Pierotto mit der geisteskranken Linda auf. Die Bürger von Chamounix sind entsetzt. Doch die vertrauten Klänge von Pierottos Mandoline (♠ *Szene)*, die Wiederholung von Carlos einstigen Liebesschwüren (♠ *Arie und* ♠ *Arioso)* und ein Gebet der um ihr Schicksal bangenden Lieben (*A-cappella-Quintett [Preghiera])* lösen den Zauber. Plötzlich sieht sie wieder klar, erkennt ihre Umwelt und ist mit Freuden bereit, zusammen mit Carlo vor den Altar zu treten *(lyrische Stretta finale: Duett)*.

Anmerkung: Wo das Textbuch Fragen offenläßt, stützt sich die Inhaltsanalyse auf eine Darstellung Donizettis (Brief an Toto von Weihnachten 1841, Z. 389, S. 570) und auf den Ausdruck der Musik.

LUCIA DI LAMMERMOOR
Opera seria in zwei Akten
Libr. Salvatore Cammarano; UA: 26. 9. 1835, Teatro San Carlo, Neapel; **Ort und Zeit der Handlung:** Schottland, Ende 17. Jahrhundert

Hauptpersonen: *Lucy (Lucia) von Lammermoor* (s.), *Edgar (Edgardo), Lord von Ravenswood* (t.), *Arthur (Arturo) Bucklaw* (t.), *Normanno*, Obmann der Garde der Lammermoors (t.), *Henry (Enrico) Ashton*, Lord von Lammermoor, Bruder Lucias (br.), *Raimondo*, Hofkaplan der Lammermoors (bs.)

Vorgeschichte: Ein blutiger Zwist verbindet die Familien von Lammermoor und Ravenswood. Die Ravenswood wurden geschlagen; der Vater des jetzigen Lords Edgardo fiel in einer Schlacht; Edgardo selber wurde von den Lammermoors um seinen Besitz gebracht. Aber ein Herrscherwechsel im schottischen Königshaus versetzte den siegreichen Lord Enrico von Lammermoor gleichwohl in eine schwierige Lage. Er braucht die Heirat seiner Schwester Lucia mit dem einflußreichen Sir Arturo, um sich weiterhin zu behaupten.

1. Teil des ersten Aktes *(Preludio des Orchesters):* Normanno, der opportunistische Helfer Enricos, hält seine Leute an, den Schloßbereich der Lammermoors nach Spuren der Feinde zu durchsuchen *(Chor mit Solo Normanno).* Dann klärt er seinen Herrn darüber auf, daß ernstlicher Verdacht bestehe, seine, Enricos, Schwester Lucia sei mit seinem Erzfeind, Edgardo von Ravenswood, zärtlich liiert (Zornreaktion Enricos: ◉ *lyrischer Teil der Cavatina).* Mittlerweile sind Normannos Späher tatsächlich im Herrschaftsbereich der Lammermoors Edgardo begegnet *(◉ Chor der Brückenpassage).* Enrico schwört blutige Rache *(Cabaletta der Cavatina).* — Im Schloßpark erwartet Lucia ein weiteres Mal Edgardo zum Rendezvous. Ihrer Gefährtin erzählt sie von einem Gespenst, das sich im Brunnen des Schloßparks regte. Es handelt sich um die Seele eines bisherigen Opfers der blutigen Fehde zwischen den beiden Häusern... *(◉ lyrischer Teil der Cavatina).* Dennoch hält sie an ihrer Liebe zum Feind ihres Bruders fest *(◉ Cabaletta der Cavatina).* Dann kommt Edgardo selbst, berichtet, daß er außer Landes gehen müsse, und bricht in Haß gegen die Sippe seiner Geliebten aus, die soviel Unheil über ihn brachte. Lucia lindert seinen Zorn *(◉ lyrischer Abschnitt des Duetts).* Dann tauschen die beiden Ringe aus, schwören einander ewige Treue *(Duett-Arioso der Brückenpassage)* und trennen sich voneinander *(◉ lyrische Stretta des Duetts).*

2. Teil des ersten Akts *(Preludio des Orchesters):* Während der Abwesenheit Edgardos fing Enrico, den Normanno fleißig unterstützte, die Liebesbriefe seines Gegners an Lucia ab. Zuletzt fingierten die beiden ein zärtliches Schreiben Edgardos an eine andere Frau, mit dem sie Lucia weismachen wollen, dass er ihr untreu sei. Enrico läßt Lucia zu sich kommen und kündigt ihr an, Arturo, der Bräutigam, den er für sie bestimmte, werde noch heute im Schloß erwartet. Sie reagiert mit Entrüstung *(Arioso des Duetts).* Dann zeigt er ihr den falschen Liebesbrief; Lucia schenkt ihm

Glauben und verzweifelt (◆ *lyrischer Abschnitt des Duetts*). Massive moralische Einschüchterungen — wenn sie, seine Schwester, ihn fallen liesse, habe er politisch ausgespielt — tragen das Ihre bei, Lucias Widerstand zu brechen (◆ *Stretta des Duetts*). Raimondo, der Hofkaplan, der Frömmigkeit mit Herrschaftstreue zu verbinden weiß, schlägt in die gleiche Kerbe wie Enrico *(lyrischer Teil der Arie)* — und hat Erfolg: Sie ist nun bereit, sich Gottes Willen zu unterwerfen (triumphales Lob des kompromißbereiten Priesters: ◆ *Cabaletta der Arie*). — Die Hochzeitsgäste sind versammelt *(Chor)*. Arturo tritt auf und schwört Lucia ewige Treue *(Arioso; Repetition des Chors)*. Lucia gibt sich keine Mühe, ihren Widerwillen zu verbergen; Enrico weist sie heimlich zurecht *(Arioso des Concertatos)*. Derart erpreßt, unterschreibt sie die Heiratsurkunde. Da steht Edgardo unter der Tür (◆ *lyrischer Teil des Concertatos*). Unter Berufung auf die Ringe, die er mit Lucia tauschte, erklärt er sich zu ihrem legitimen Bräutigam *(Wiederaufnahme des Ariosos)*. Aber der scheinbar humane Priester Raimondo zeigt ihm als erster den unterschriebenen Ehevertrag. Verzweifelt entreißt Edgardo Lucia den Ring, wirft ihn zu Boden, tritt darauf herum und verflucht ihre Liebe. Die Hochzeitsgäste sind empört *(Stretta des Concertatos)*. **2. Akt** *(Preludio des Orchesters):* Während der Hochzeitsnacht besucht Enrico seinen Feind auf dessen verwüstetem Landsitz und berichtet ihm, seine Geliebte liege nun im Ehebett (◆ *Duett-Arioso*). Edgardo fordert den Schurken zu einem Duell heraus. Die beiden wollen sich am nächsten Morgen «zwischen den Urnen der Ravenswoods» — der Ahnen Edgardos — treffen (◆ *Stretta des Duetts*). — Raimondo unterbricht den Jubelchor der Hochzeitsgäste und erzählt, Lucia habe ihren Gatten im Brautbett ermordet (◆ *lyrische Arie Raimondo*, ◆ *lyrische Stretta des Chors mit Solo Raimondo*). Lucia tritt auf, im Nachthemd, den blutigen Dolch in der Hand. Sie hat den Verstand verloren. Erst fühlt sie sich mit Edgardo idyllisch verbunden (◆ *Arioso*), dann hat sie den Eindruck, daß sich das Brunnengespenst zwischen sie stelle *(Einbruch im Arioso)*. Doch schließlich überwältigt sie die Vorstellung, sie trete mit ihrem Geliebten vor den Altar (◆ *lyrischer Teil der Arie*). Enrico kehrt zurück, wird über das Verhängnis aufgeklärt und wendet sich zornig an Lucia. Diese jedoch spricht ihm in einem Augenblick mysteriöser Klarheit die Alleinschuld zu (◆ *Arioso der Brückenpassage*). Dann dämmert sie in ihre wirre Sehnsucht nach Vereinigung mit ihrem Freund zurück (◆ *Cabaletta der Arie*). — Edgardo, der im Friedhof seiner Ahnen auf Enrico wartet, glaubt immer noch an einen willentlichen Treuebruch Lucias (◆ *lyrischer Teil der Aria finale*). Da melden ihm Leute des Schlosses von Lammermoor, daß sie im Sterben liege (◆ *Chorarioso mit Solo Edgardo*). Raimondo überbringt die Nachricht ihres Todes — da gibt sich Edgardo unter Mißachtung der frommen Reden des Priesters den Tod (◆ *Cabaletta finale*).

LUCREZIA BORGIA

Opera seria in einem Prolog und zwei Akten (erweiterte Fassung *1840*)
Libr.: Felice Romani; **UA:** 26. 12. 1833, Teatro alla Scala, Mailand; **Ort und Zeit der Handlung:** Venedig (Prolog), Ferrara (Folgeakte), Anfang 16. Jahrhundert
Hauptpersonen: *Lucrezia Borgia* (s.), *Maffio Orsini* (ca.), *Gennaro,* Sohn Lucrezias (t.), *Rustighello,* Helfer Don Alfonsos (t.), *Don Alfonso,* Herzog von Ferrara, vierter Gatte Lucrezias (bs.), *Gubetta,* Helfer Lucrezias (bs.)

Prolog *(Preludio des Orchesters):* Einige junge Offiziere in venezianischem Dienst, die eine Auftragsreise nach Ferrara unternehmen sollen, feiern rauschend ihren Abschied von der Lagunenstadt *(Chor).* Die Rede fällt auf die umstrittene Herrscherin von Ferrara, die Gattin des dortigen Fürsten Alfonso, Lucrezia Borgia. Orsini erzählt von seiner Freundschaft mit Gennaro, einer äußerst innigen Beziehung, die auf geheimnisvolle Weise mit Lucrezia zusammenhängt. Gennaro selbst ist die Geschichte offenbar peinlich; er hat sich aufs Ohr gelegt. In einer unlängst geschlagenen, blutigen Schlacht — so der Bericht Orsinis — fiel er verletzt zur Erde. Gennaro hob ihn auf und trug ihn in ein Wäldchen, wo er seine Wunden pflegte. Sie schworen einander Freundschaft in Leben und Tod, als sich ein schauerlicher alter Mann vor ihnen zeigte. Dieser prophezeite ihnen, daß sie in der Tat gemeinsam sterben würden, und ermahnte sie, die Nähe Lucrezias streng zu meiden (● *lyrischer Teil der Cavatina [Romanze]*). Die Offiziere beschließen, ihren nicht unbeträchtlichen Schrekken im Trubel des Festes zu vergessen (● *Cabaletta der Cavatina, zu Beginn als Chor*), und lassen Gennaro schlafend zurück. Da naht sich ihm die maskierte Lucrezia Borgia: Gennaro ist ihr Sohn aus einer früheren Beziehung, was sie bisher sowohl ihm selbst als auch Alfonso, ihrem vierten Mann, verschwiegen hat; anscheinend droht Gennaro durch seine Stellung im Stammbaum der Borgias ein politisch motiviertes Attentat. Jetzt sieht sie ihren Sohn zum erstenmal und fühlt sich durchaus sinnlich zu ihm hingezogen (● *Arioso* und ● *lyrischer Abschnitt der Cavatina*). Dabei wird sie während einiger Sekunden von Alfonso überwacht. Ihr Gatte ist ihr heimlich nachgereist und wittert im hübschen jungen Schläfer einen Nebenbuhler. Das könnte ihn selbst zum nächsten Opfer ihres Giftweins machen, starben doch ihre drei früheren Gatten, wie man vermutet, unter dem Einfluß dieses Getränks. In Anbetracht ihrer Vergangenheit hofft sie mit guten Gründen, daß sich Gennaro nie veranlaßt sehen möge, sie zu verfluchen (● *Cabaletta der Cavatina).* Da wacht er auf, verliebt sich augenblicklich in die Unbekannte, die seinen Schlaf behütet hat (● *Duett-Arioso),* und erzählt ihr die Geschichte seiner dunklen Herkunft *(lyrischer Abschnitt innerhalb des Duetts:* ● *zweistrophige Romanze).* Bei einem armen Fischer in Neapel wuchs er auf, bis eines Tages ein Krieger kam, ihm einen Brief seiner Mutter brachte — worin sie ihn bat, die Anonymität zu respektieren, die sie wahren müsse — und ihm einen adeligen Bildungsweg erschloß. Lucrezia ist zu

Tränen gerührt, als ihr Gennaro das Schreiben — ihr eigenes Schreiben! — zeigt: Er trägt es offensichtlich, wie er beteuert, immer auf seiner Brust *(lyrische Stretta des Duetts)*. Da kehren Gennaros Freunde betrunken zurück. Lucrezia stülpt sich die Maske über und will enteilen, doch die Offiziere halten sie zurück und treiben mit ihr ein böses Spiel. Sie klagen sie feierlich aller Verbrechen Lucrezia Borgias an, als ob sie selbst die legendäre Teufelin wäre *(● einteiliges lyrisches Concertato)*. Dann reißen sie ihr im Übermut die Maske ab und werden starr vor Schrecken, denn — sie ist's!

1. **Akt** *(Preludio des Orchesters):* In Ferrara, wo die Offiziere mittlerweile eingetroffen sind, brütet Alfonso Rache gegen Gennaro, den er noch immer für seinen Rivalen hält *(● lyrischer Teil der Cavatina und ● Cabaletta)*. Am frühen Morgen torkeln die Freunde, unzurechnungsfähig wie gewöhnlich, aus dem Festsaal, in dem sie die Nacht verbrachten. Einer von ihnen neckt Gennaro wegen seiner Liebe zu Lucrezia. Er, ungehalten, will das Gegenteil beweisen und entfernt vom Namenszug der Borgias am Palasteingang das «B», so daß sich das Wort «Orgia» (Orgie) liest. Nach dieser neuen Dummheit gehen die Freunde schlafen. Aber zwei Schergen des Herzogspaars lauern Gennaro auf; der eine, um ihn zu Alfonso — folglich, wie er meint, zum Tod —, der andere, um ihn zur Frau des Fürsten — folglich, wie er meint, zu sinnlichen Genüssen — abzuführen *(● lyrischer Abschnitt des Duettinos)*. Am Ende setzt sich der Scherge des Fürsten, ein gewisser Rustighello, mit einigen Helfern gegen seinen Konkurrenten durch *(Stretta des Duettinos mit Männerchor)*. — Lucrezia, die von der Schändung ihres Namens hörte, verlangt von Alfonso, daß er den Schuldigen hinrichten lassen werde, was er ihr gern gelobt: Er ist bereits im Bilde, daß es Gennaro war. Mit hämischer Freude läßt er ihn kommen. Lucrezia erschrickt zutiefst, als Gennaro seine Schuld gesteht und als sie der Fürst im Flüsterton an seinen Schwur erinnert. Unter vier Augen bittet sie ihn um Gnade *(● lyrischer Abschnitt des Duetts)*. Da platzt Alfonso der Kragen: Gennaro sei ihr Geliebter, er habe sie in Venedig an seiner Seite gesehen; er aber, Alfonso, werde seinen Schwur auf Biegen und Brechen halten. Sie droht mit Vergeltung, wobei sie ihn unauffällig an ihre drei früheren Ehemänner erinnert *(Stretta des Duetts)*. Alfonso bleibt ungerührt, bittet Gennaro wieder herein und heuchelt ihm Freundschaft vor. Als ihm der junge Mann berichtet, er habe einst den früheren Herzog, seinen, Alfonsos, Vater, aus einer Gefahr befreit *(● Terzett-Arioso)*, ist das für ihn gerade der rechte Vorwand, Wein zu servieren. Lucrezia selber muß ins Glas Gennaros Giftwein leeren. Nachdem der junge Mann nichtsahnend getrunken hat *(● lyrischer Abschnitt des Terzetts)*, entfernt sich Alfonso mit der zynischen Bemerkung, daß sie von nun an mit dem Jüngling treiben könne, was sie wolle. Da gibt sie Gennaro ein Gegengift und legt ihm ans Herz, Ferrara auf der Stelle zu verlassen *(● Stretta des Terzetts [Duett])*.

2. **Akt** *(● Preludio des Orchesters):* Jetzt ist Gennaro mehr denn je in sie

verliebt *(Romanze)*, will aber doch verreisen. Das Haus ist allerdings bereits von Schergen Alfonsos, die ihn ermorden sollen, umstellt *(lyrisches Solo Rustighello mit Männerchor und ◆ lyrische Stretta)*. Orsini bittet Gennaro, ihn heute abend an den Ball einer gewissen Prinzessin Negroni, die ihn bezaubert hat, zu begleiten und Ferrara erst am nächsten Morgen, aber dann mit ihm zusammen zu verlassen. Gennaros Beteuerung seiner Gefahr *(Duett-Arioso)* findet er lächerlich: Lucrezia habe sich nur als seine Beschützerin starktun wollen *(◆ lyrischer Abschnitt des Duetts)*. Gennaro bleibt hart und will sofort verreisen. Die Freunde nehmen Abschied voneinander, Orsini begibt sich schmollend zur Tür, Gennaro kann die Trennung nicht ertragen, sie fallen sich abermals in die Arme und beschließen, ihrem Schwur getreu zusammen zu bleiben und zu verreisen *(◆ Stretta des Duetts)*. Gemeinsam gehen sie an den Ball. Die Schergen Rustighellos wollen ihnen folgen, um Gennaro zu ermorden, doch Rustighello hält sie zurück: der Tod erwarte ihn auch im Festsaal *(arios gebauter Männerchor als Übergang zur nächsten Szene)*. — Das Bankett wirft hohe Wellen *(Brindisi-Chor mit Solo Orsini)*. Orsini will einige selbstgedichtete Verse verlesen; da provoziert ihn der Helfer Lucrezia Borgias, Gubetta, mit bissigen Zweifeln an seiner poetischen Begabung zu einem Zusammenstoß *(◆ arios gebaute Stretta der Szene mit Chor)*. Die Damen verlassen den Saal. Jetzt sind die Freunde mit Gubetta, der plötzlich versöhnlich scheint und Syrakuser Wein auftischen läßt, allein. Orsini darf sein Trinklied singen; alle — außer Gubetta — sprechen den Gläsern zu, doch aus dem Hintergrund ertönen Leichenklänge *(◆ zweistrophiges Brindisi Orsinis [Ballata] mit trauermarschartigem «Echo» des Hintergrundchors)*. Dann gehen die Lichter aus, Lucrezia erscheint im Saal: Sie habe sich nun bei ihnen für den Auftritt in Venedig durch einen vergleichbaren Auftritt hier in Ferrara revanchiert; sie seien vergiftet; draußen ständen fünf Särge für sie bereit. Da tritt Gennaro vor — von dem sie glaubte, er sei verreist — und fragt nach dem sechsten Sarg. Lucrezia schickt entsetzt die sterbenden Freunde ihres Sohnes hinaus und will Gennaro zwingen, das Gegengift einzunehmen. Doch weil die Dosis nur für einen reicht, lehnt er sie ab und droht ihr nun ebenfalls mit dem Tod: Er will sie erdolchen *(Duett-Arioso der letzten Szene)*. Da klärt sie ihn darüber auf, daß er ein Borgia sei *(◆ lyrischer Teil der Aria finale)*, und schließlich, als er schwach zu werden droht, gibt sie sich ihm sogar als Mutter zu erkennen. Er gerät ins Schwärmen — für eine rettende Wirkung des Gegengiftes ist es bereits zu spät — und trennt sich von ihr mit Worten heißer Liebe *(◆ Arioso)*. Als er zusammengebrochen ist, erscheint der rachelüsterne Alfonso. Ihm wirft sie an den Kopf, Gennaro sei «nur» ihr Sohn gewesen *(Cabaletta finale)* — was immer das nun in ihrem Falle bedeuten mag.

Die nachkomponierten Stücke: siehe Diskographie. Donizetti bevorzugte diese Fassung ohne Rondò finale (Z. 366, S. 545).

MARIA PADILLA
Opera seria in drei Akten

Libr.: Gaetano Rossi; **UA:** 26. 12. 1841, Teatro alla Scala, Mailand; **Ort und Zeit der Handlung:** Kastilien (Sevilla), 1352 **Hauptpersonen:** *Maria Padilla* (s.), *Ines Padilla* (ms.), *Don Ruiz di Padilla, Vater von Ines und Maria* (t.), *Don Luigi,* Verlobter Ines Padillas (t.), *Don Pedro,* im 1. Akt unter dem Namen Mendez, später kastilischer König (br.)

1. Akt *(☙ Preludio des Orchesters):* Man steht vor der Hochzeit Don Luigis mit Inez Padilla *(☙ Chor)* — die Liebe ist groß *(☙ lyrischer Teil der Cavatina* und ☙ *Cabaletta Ines).* Nur Ines' Schwester Maria ist mit sich selbst beschäftigt. Ihr Geist, durch Ehrgeizträume überreizt, spiegelte ihr gerade vor, sie stehe als Braut eines Königs vor dem Altar *(☙ Arioso und lyrischer Teil der Cavatina).* Um ihre Hirngespinste zu vertreiben, macht sie Ines darauf aufmerksam, daß Mendez komme, ein Freund des Hauses, den Maria liebt *(Cabaletta der Cavatina).* Dieser Mendez singt ein Hochzeitslied, das nur zu deutlich seine eigenen Gefühle für Maria ausdrückt *(☙ Romanze [Sortita] mit Ensemble).* Dann bricht die Gesellschaft zur Hochzeit auf. Maria schreitet ruhelos im Nachtkleid durch ihr Zimmer. Da stürzt ihre Kammerzofe herein: Mendez, der im übrigen durchaus kein Mendez sei, sondern Don Pedro, der künftige spanische König, schicke sich an, sie zu entführen. Maria reagiert durchaus nicht sonderlich entsetzt und heißt die Zofe gehen. Dann steigt Don Pedro durchs Fenster in ihr Gemach. Sie wirft ihm hochdramatisch die Ehrlosigkeit seines Verhaltens vor *(☙ lyrischer Abschnitt des Duetts)* und simuliert die Absicht, Selbstmord zu begehen. Doch das ist reine Erpressung; sie will ihn vielmehr verleiten, ihr beim Anblick eines Kreuzes ewige Treue zu versprechen *(Duett-Arioso der Brükkenpassage).* In seiner sexuellen Gier erfüllt er ihr diesen Wunsch. Sie gibt sich ihm hin *(☙ Stretta des Duetts).*

2. Akt: Jubel herrscht im kastilischen Königspalast. Seit nach dem Tod des früheren Königs Alfonso der neue Herrscher, Don Pedro, mit seiner Mätresse Einzug hielt, ist aus dem Hort der Tugend ein Bordell geworden *(☙ Chor).* Doch mittlerweile hat Marias Vater, Don Ruiz, ein treuer Feldherr des verstorbenen Alfonso, im Ausland Wind von der Sache gekriegt und ist nach Sevilla zurückgekehrt. Die Schande, die Maria über ihn und seine Familie brachte, hat sein ganzes Weltbild umgestülpt *(☙ lyrischer Teil der Cavatina),* und hinter seinem völlig unklaren Plan, Don Pedro zu vernichten, verbirgt sich keimender Wahnsinn *(☙ Cabaletta).* Maria sieht der Begegnung mit ihrem Vater in panischer Angst entgegen und vertraut sich Ines an *(☙ lyrischer Abschnitt des Duetts).* Erst als sie von ihr erfährt, daß sie der Vater noch nicht verfluchte, faßt sie neuen Mut. Sie will sich ihm zu Füßen werfen und ihm erklären, daß ihr Don Pedro die Heirat inzwischen auch schriftlich versprochen hat *(☙ lyrische Stretta des Duetts).* Aber der konservative Kern des Hofes wehrt sich gegen die Inthronisierung einer «Hure», und die Dinge nehmen ihren Lauf: Ihr Vater verschaffte sich Zugang zum König, um ihn mit Flüchen zu überhäufen *(arios gebauter erster Duett-Teil)*, und wird von Don Pedro zum Duell herausgefordert *(♦ Stretta des Duetts)*. Der Hof indessen setzt dem Herrscher eine neue Schranke: Ein König habe sich nicht mit dem Pöbel zu duellieren. Statt dessen wird der rasende Don Ruiz im Beisein seiner Töchter festgenommen *(Stretta concertata)*.

3. Akt: Nachdem Maria beim König seine Befreiung erlangte, vegetiert Don Ruiz geisteskrank in seinem Schloß dahin. Beklommen sucht ihn Maria auf *(Preludio des Orchesters)*; sie will nun versuchen, mit ihm zu sprechen. Stumpfsinnig trällert er in einem Zimmer nebenan ihr einstiges Lieblingslied; das zeigt ihr mit aller Klarheit, daß sie der Grund seines Wahnsinns ist *(Romanze Don Pedro aus dem Hintergrund und quasi a cappella ausgeführtes lyrisches Terzett der Schwestern mit Don Luigi)*. Wie sie ihm gegenübersteht, erkennt er sie nicht *(anschließend: Duett-Arioso)*. Erst als sie selbst das Lied ihrer Kindheit singt, scheint etwas Licht in seinen Geist zu dringen, und er bekennt der «Fremden», daß er gegen seinen Willen immer noch an seiner Tochter hänge *(♦ lyrischer Abschnitt des Duetts)*. Maria ergreift die Gelegenheit, ihm die Erklärung Don Pedros, daß er sie heiraten wolle, vorzulegen und zu erörtern. Doch wie er den Namen Don Pedros hört, befällt ihn wieder Raserei; er hat gerade genug verstanden, um zu wissen, daß das Blatt von seinem Erzfeind stammt, und wirft es ins Feuer. In diesem Augenblick wird draußen die vom Hof zur Braut Don Pedros bestimmte Bourbonenprinzessin Frankreichs jubelnd begrüßt. Und die Padilla hat das schriftliche Eheversprechen des Königs — ihr einziges Mittel, die Vermählung durchzusetzen — nicht mehr in den Händen *(Stretta des Duetts)*. — Im Königspalast rüsten sich die Notablen zur Zeremonie *(Chor)*. Wehmütig denkt Don Pedro an die verflossene schöne Zeit *(♦ lyrischer Teil der Arie [Romanze])*, ist allerdings nicht bereit, die aufgezwungene Heirat zu sabotieren *(Cabaletta)*. Dann finden sich die Gäste zur Trauung ein *(Chor)*. Doch zum allgemeinen Schrecken stürzt sich Maria vor die Füße des Monarchen, mahnt ihn an seinen Schwur und ruft in die Runde, die Krone gehöre ihr *(♦ lyrischer Teil der Aria finale mit Ensemble)*. Don Pedro wechselt sofort die Braut. Vergeblich versucht die freudenirre Maria ihrem stumpfen Vater zu erklären, was geschehen ist *(♦ Cabaletta finale)*.

MARIA DI ROHAN
Opera seria in drei Akten (vollständige Pariser Version)

Libr.: Salvatore Cammarano; **UA:** 15. 6. 1843, Kärntnertor-Theater, Wien; **Ort und Zeit der Handlung:** Paris unter der Herrschaft von Louis XIII und Kardinal Richelieu

Hauptpersonen: *Maria di Rohan* (s.), *Armando di Gondi* (ca.), *Riccardo di Chalais* (t.), *Enrico di Chevreuse* (br.)

Ouvertüre ♦

1. Akt: Nach einem ausgedehnten Machtkampf zwischen König Louis und seinem Minister, Kardinal Richelieu, schwingt Louis zur Freude seiner Gefolgschaft wieder obenauf (◆ *Chor*). Doch so erbaulich dieser Umschlag für die Königstreuen ist — darunter Riccardo —, so bedenklich ist er für die andern, für die Parteigänger des Ministers — darunter Enrico, der nun verhaftet wurde und die Todesstrafe zu befürchten hat. Maria di Rohan, welche Enrico auf Druck ihrer sterbenden Mutter heiraten mußte, obwohl sie Riccardo liebte, sieht nur noch einen Ausweg, ihren Mann zu retten: Ihr einstiger Freund, bekanntlich ein Günstling des Königs, soll sich bei Louis für ihn verwenden. Diesen Liebesdienst für seinen äußerlich begünstigten Rivalen kann sie nur deshalb von ihm erwarten, weil ihre Ehe auf Anweisung des Ministers während eines Jahres nicht bekanntgegeben werden durfte. So hat Riccardo keine Ahnung, daß sie verheiratet ist. Von ihr herbeibestellt, erwartet er sie mit klopfendem Herzen (◆ *lyrischer Teil der Cavatina [Romanze]* und ◆ *lyrische Cabaletta*). Zwar akzeptiert er ihren Auftrag ohne weiteres, erkundigt sich aber doch nach ihren Gefühlen und ist erschrocken, als sie ihm sagt, daß sie ihn nicht mehr lieben *dürfe*. Allein gelassen, bricht sie in Verzweiflung aus (◆ *lyrischer Teil der Cavatina*). Da erhält sie einen Zettel, dem sie entnehmen kann, Enrico sei bereits begnadigt worden. Die Uneigennützigkeit Riccardos rührt sie ungleich mehr als die Befreiung ihres Mannes (◆ *lyrische Cabaletta*). Dann zieht sie sich zurück. Gondi, ein flatterhafter junger Edelmann, verdächtigt Maria im Gespräch mit der versammelten Gesellschaft, sie sei die Mätresse von Kardinal Richelieu (◆ *zweistrophige Ballade mit Chorrefrain*). Riccardo, rechtzeitig hinzugetreten, fordert ihn entrüstet zum Duell heraus. Da kommt Enrico aus dem Gefängnis. Gerührt umarmt er Riccardo, dankt ihm für seine Rettung und sichert ihm seine Bereitschaft zu, sein Leben für ihn zu opfern (◆ *lyrischer Teil der Cavatina*). Ebenso euphorisch sehnt er sich danach, Maria umarmen zu können (◆ *lyrische Cabaletta*). Als auch sie hinzugekommen ist, enthüllt er den Versammelten, daß er ihr Gatte sei — denn heute ist ihr erster Hochzeitstag, an dem die Geheimhaltungspflicht entfällt. Riccardo fällt aus allen Wolken, seine Freundin möchte in den Boden sinken, und Enrico ist mit seinem Glück tragisch allein (◆ *lyrischer Teil des Concertatos*). Unter vielen Gratulationen an die Eheleute löst sich die Versammlung auf (*Stretta des Concertatos*).

2. Akt (◆ *Preludio des Orchesters*): Bei sich zu Hause wartet Riccardo auf die Stunde des Duells. Nachdem er Maria verloren hat, träumt er davon, zusammen mit seiner schwerkranken Mutter die Welt zu verlassen (◆ *Romanze*). Da sucht ihn Gondi auf und bittet ihn um einen kurzen Aufschub des Duells, da er zuvor von einer Freundin seiner Kindheit Abschied nehmen wolle (*einteilige lyrische Arie*). Dieses im Falle Gondis überraschend keusche Treffen gewährt ihm Riccardo mit beißendem Spott. Da kommt Maria: Um keinen neuen, gefährlicheren Gerüchten Vorschub zu leisten, trägt sie eine Maske. Ängstlich rät sie ihm zur Flucht, da Richelieu wieder die Oberhand über den König gewonnen habe. Doch bevor er

sich entscheiden kann, ertönt die Stimme ihres Mannes, der Riccardo zum Duell begleiten will, um ihm zu sekundieren. Rasch schiebt Riccardo seine Geliebte in die angrenzende Waffenkammer und schließt die Tür. Dann tritt Enrico ein und schreitet nach einer verächtlichen Prüfung des eher ästhetisch als mordhandwerklich begeisternden Degens, den Riccardo vorgesehen hat, zur Waffenkammer, um ihm einen neuen auszusuchen. Bevor er jedoch die Tür erreicht, entdeckt er die Maske Marias, die sie draußen liegenließ. Voreilig nimmt Riccardo sie und sich selbst in Schutz: Sie sei zwar irgendwann bei ihm gewesen, doch jedenfalls nicht aus Liebe. Enrico, stutzig geworden, reagiert zunächst mit Ironie (◆ *arios gebauter lyrischer Duett-Teil*), befaßt sich dann aber wieder mit dem Duell. Glücklicherweise hat er den Degen vergessen, will also die Waffenkammer nicht mehr betreten und muntert seinen Freund nur noch mit Worten auf (◆ *Stretta des Duetts*). Dann geht er ihm unverhofft zum Schauplatz des Duells voraus. Wieder mit seiner Geliebten allein, kann sich Riccardo nicht mehr beherrschen und entlockt ihr ein Geständnis ihrer ganzen Leidenschaft (◆ *lyrischer Abschnitt des Duetts*). Draußen mahnt die Kirchenglocke ans Duell, und einmal ruft ihn auch ein Bote Enricos, doch die Liebenden vergessen Welt und Zeit (◆ *lyrische Stretta des Duetts*).

3. Akt (◆ *Preludio des Orchesters*): Begreiflicherweise wirkt Maria am folgenden Morgen im Hause Enricos sehr zerknirscht. Enrico mußte für Riccardo kämpfen und ist verwundet, wenn auch nicht schwer. Gleichwohl denkt er nur an eines: seinen von Richelieu tatsächlich bedrohten Freund durch einen Geheimgang wegzubringen. Während er abseits Vorbereitungen trifft, bekennt Maria Riccardo ihre Gewissensnöte, für die er geringes Verständnis zeigt (◆ *lyrischer Teil und bruchlos angefügte lyrische Stretta des Duetts*). Verzweifelt wendet sie sich an Gott (◆ *lyrischer Teil der Arie [Preghiera]*) und tröstet sich schließlich mit dem Gedanken, daß ihre Mutter im Himmel, die sie einst zu dieser Ehe zwang, ein bitteres Ende verhüten werde (◆ *Cabaletta der Arie*). Doch nachdem Riccardo heil entronnen ist, erhält Enrico Post von Richelieu: einen Liebesbrief Riccardos an Maria, den er im Hinblick auf das Duell vor ihrem gestrigen Besuch verfaßte. Jetzt erinnert sich Enrico wieder an die bei seinem Freund entdeckte Maske seiner Frau und an Riccardos verräterisches Verhalten. Seinem Schrecken weicht der Schmerz (◆ *lyrischer Teil der Arie*), dem Schmerz die Wut (◆ *Cabaletta*). Er bestellt Maria zu sich ins Zimmer und macht ihr mit furchtbarer Ironie und immer größerem Sadismus deutlich, daß er alles weiß (◆ *arios gebauter lyrischer Abschnitt des Duetts*). Da schlägt eine Glocke; Maria entfährt ein Schrei. Enrico stutzt, dann aber leuchten seine Augen. Anscheinend haben die beiden gerade auf diesen Zeitpunkt ein weiteres Treffen festgelegt (◆ *arios gebaute Stretta des Duetts*). Und in der Tat, Riccardo steht unter der Tür (◆ *Terzetto finale in Stretta-Form*). Enrico holt Pistolen für das unvermeidliche Duell mit seinem Freund, zieht sich mit ihm zurück und tötet ihn.

MARIA DE RUDENZ
Opera seria in drei Akten (leicht erweiterte Fassung)

Libr.: Salvatore Cammarano; **UA:** 30. 1. 1838, Teatro La Fenice, Venedig; **Ort und Zeit der Handlung:** Aarau (Schweiz), 15. Jahrhundert

Hauptpersonen: *Maria de Rudenz* (s.), *Matilde di Wolff* (s.), *Enrico di Waldorf* (t.), *Corrado* (br.), *Rambaldo* (bs.)

Vorgeschichte: Graf Ugo von Bern, der etliche Verbrechen auf dem Gewissen hatte, mußte geächtet außer Landes gehen. Seinen kleinen Sohn Corrado ließ er bei einem Freund, Graf Waldorf, zurück, der ihn zusammen mit seinem eigenen Sohn Enrico erzog. Jedermann glaubte, daß sie Brüder seien, und erst im Angesicht seines Todes gab der alte Waldorf das Geheimnis weiter — wiederum nur an eine einzige Person: den Grafen Rudenz von Aarau. — So weigerte sich dieser, die Gefühle zu begünstigen, die zwischen Corrado und seiner Tochter Maria erwachten. Er klärte sie darüber auf, daß ihr Geliebter der Sohn eines Mörders sei; sie blieb indes dabei, ihr Leben mit ihm teilen zu wollen. Die Liebesleute flohen vor dem Grafen nach Venedig — wo Maria überraschend einen Seitensprung beging. Corrado simulierte Gleichmut, reiste mit ihr nach Rom und zeigte erst dort sein wahres Gesicht. Beim Besuch der Katakomben ließ er sie in der Gruft zurück, damit sie Hungers sterbe. Doch am Ausgang trug er einem Führer auf, das Mädchen zu suchen und zu befreien. Von dieser Stunde an reiste er ruhelos durch die Welt: Immerhin mußte er damit rechnen, daß Maria seiner Rache zum Opfer gefallen sei. — Inzwischen verstarb in Aarau der alte Rudenz und hinterließ in seinem Testament die Weisung, daß seine Nichte, Matilde di Wolff, an seinem ersten Todestag gemeinsam mit einem Mann ihrer Wahl die Herrschaft über das Fürstentum antreten solle — falls Maria, seine legitime Erbin, solange verschollen geblieben sei.

1. Akt *(Preludio des Orchesters):* Corrado, nach Aarau zurückgekehrt, wartet auf seinen vermeintlichen Bruder, Enrico di Waldorf. Aus der Kapelle von Schloß Rudenz erschallen Orgelklänge *(Solo Matilde mit Frauenchor):* Heute, am ersten Todestag des alten Grafen, soll Matilde zur Fürstin erhoben werden und sich vermählen. Der von ihr bestimmte Bräutigam ist niemand anderer als Corrado, der sich in sie verliebte (♦ *zweistrophige Romanze).* Enrico trifft ein, hört sich Corrados Leidensgeschichte an und ist zutiefst betreten, als er erfährt, daß er Matilde, die er heimlich selber liebt, an seinen «Bruder» verloren hat *(♦ Duett-Arioso Corrado, ♦ lyrischer Abschnitt des Duetts und Wiederaufnahme des Ariosos).* Doch er verbirgt ihm weiterhin seine Gefühle *(Stretta des Duetts).* — Auf Schloß Rudenz entdeckt Rambaldo, ein loyaler Gefolgsmann des offenbar ausgestorbenen Fürstengeschlechts, vor dem Gemälde seines Herrn, des toten Grafen, eine Fremde. O Wunder, es ist Maria, in letzter Minute zurückgekehrt. Doch sie betrübt ihn mit der Erklärung, daß sie auf ihren Herrschaftsanspruch verzichten und ihre immer noch starken Gefühle für ihren Geliebten, der sie verstieß, im Kloster von Aarau ersticken wolle *(♦ lyrischer*

Teil der Cavatina). Dort hoffe sie auf einen frühen Tod *(♦ Cabaletta).* Verbittert führt Rambaldo ihren Auftrag aus, den Angestellten zu verkünden, daß ihre Herrin verschollen geblieben sei und daß sie fortan Matilde zu gehorchen hätten; alle sind bedrückt *(Arie mit Männerchor).* Die Vorbereitungen für Matildes Krönung und ihre Vermählung mit Corrado schreiten indessen kräftig voran. Im Abseits beklagt sich Enrico über sein Los *(nachkomponierte Cavatina mit Cabaletta).* Wie Matilde mit dem Auserwählten eintritt, erkennt Rambaldo in diesem sofort Corrado und entfernt sich heimlich, um seine Herrin zu informieren. Wutentbrannt erscheint Maria, gerade bevor der Testamentsvollstrecker nicht nur ihren Thron, sondern auch ihren Geliebten der Rivalin zuerkennen will *(Arioso des Concertatos).* Doch durch ihr Kommen hat sie der Zeremonie die rechtliche Basis entzogen: Matilde ist «abgesetzt» *(♦ lyrischer Teil des Concertatos).* Die Dienerschaft stellt sich begeistert auf Marias Seite *(Wiederaufnahme des Ariosos).* Maria läßt Matilde verhaften und Corrado aus dem Schloß entfernen *(Stretta des Concertatos).*

2. Akt *(♦ Preludio der Baßklarinette mit Orchester)*: Marias Getreue wissen das Schloß umzingelt: Corrado plant die Entführung seiner Geliebten *(nachkomponierter Männerchor).* Enrico gesteht Maria, daß er Matilde liebe und seinen glücklicheren «Bruder» am liebsten ermorden würde; einzig die Blutsverwandtschaft halte ihn ab, gegen ihn vorzugehen *(lyrischer Teil der Arie).* Maria erkennt die günstige Gelegenheit, ihre Rivalin schachmatt zu setzen, erklärt seine Skrupel für überflüssig — warum, verschweigt sie ihm noch — und sichert ihm die Heirat mit Matilde zu (freudige Reaktion Enricos: *Cabaletta der Arie).* Dann teilt sie Corrado unter vier Augen mit, daß er der Sohn des Mörders Ugo sei und keineswegs der unbescholtenen Familie Enricos angehöre. Sie habe das Geheimnis bis heute bewahrt; wenn er sie aber länger verstoßen werde, wolle sie es verbreiten. Doch weder dieser Erpressungsversuch noch die Beschwörung früherer Zeiten *(♦ lyrischer Abschnitt des Duetts)* noch ihre Drohung, Matilde lebendig begraben zu wollen, ändert seine Haltung *(♦ Stretta des Duetts).* Statt dessen zieht er sein Schwert und sticht Maria nieder. Diese beschwört die Dienerschaft, Corrados Leben zu verschonen: Sie habe sich selbst getötet. Dann bricht sie zusammen.

3. Akt: Das Gesinde spricht von einem Geist, den es im Schloß gesehen haben will. Plötzlich sind Orgelklänge zu vernehmen: Corrado wird in der Schloßkapelle mit Matilde, die nun wieder Herrin ist, getraut *(Männerchor mit Zwischenspiel der Orgel).* Als Corrado aus der Kirche kommt, versperrt ihm Enrico haßerfüllt den Weg. Zu spät hat ihm Rambaldo die Papiere zugespielt, welche Corrados zweifelhafte Identität belegen. Zur Rache beschimpft ihn Enrico vor dem Hochzeitszug als Sohn eines Mörders. Obwohl ihn Corrado beschwört, seine noch reinen Hände nicht zu beflecken *(♦ lyrischer Abschnitt des Duetts),* besteht Enrico auf einem Duell *(Stretta des Duetts).* — Die Gesellschaft ist bereits beim Hochzeitstanz

(◆ *Chor*), als sich ein Page meldet und Matilde bittet, ihm ins Brautgemach zu folgen. Corrado kommt vom Duell zurück. Enrico ist gefallen. Da vernimmt man aus dem Hochzeitszimmer einen Schrei. Unter der Tür erscheint Maria (◆ *lyrischer Teil der Arie*). Jedermann hält sie für ein Gespenst; in Wahrheit aber ist sie ihrer Wunde nicht erlegen, da sie sie heimlich verbinden konnte. Nun hat sie — keineswegs als Gespenst — Matilde umgebracht. Corrado, über alles aufgeklärt, will sie erneut ermorden. Sie aber öffnet ihren Wundverband und blutet aus. Sterbend bekennt sie ihm, wie sehr sie ihn auch jetzt noch liebe (◆ *Cabaletta finale*).

MARIA STUARDA
Opera seria in drei Akten

Libr.: Giuseppe Bardari; **UA:** 30. 12. 1835, Teatro alla Scala, Mailand; **Ort und Zeit der Handlung:** die Schlösser Westminster und Fotheringhay (Gefängnis von Mary Stuart), 1587

Hauptpersonen: *Maria Stuarda (Mary Stuart)*, Königin Schottlands (s.), *Elisabetta (Elizabeth) I.*, Königin Englands (ms.), *Roberto, Graf Leicester* (t.), *Sir William Cecil* (br.), *Lord Talbot* (bs.).

Ouvertüre (1835 nachkomponiert; «Malibran-Fassung»)

1. Akt *(Preludio des Orchesters):* Königin Elisabetta wird im Westminsterpalast von einem Turnier zu Ehren des Botschafters Frankreichs zurückerwartet *(Chor).* Dieser trug ihr die Hand des französischen Königs an, doch da sie Leicester liebt, bekundet sie Mühe mit einer Heirat, die nur die Vernunft gebietet *(lyrischer Teil der Cavatina).* Lord Talbot bittet sie um Gnade für ihre Verwandte, die einstige Königin Schottlands, Maria Stuarda, die sie gefangenhält, weil sie vermutet, daß sie ihr die Herrschaft über England streitig machen wolle. Insgeheim freilich ist sie ihr vor allem deshalb abgeneigt, weil der von ihr begehrte Leicester anscheinend auf sie, ihre politische Konkurrentin, ein Auge geworfen hat (◆ *Cabaletta der Cavatina*). Bei einer vertraulichen Unterredung händigt Lord Talbot, der die Stuarda in ihrem Gefängnis besuchte, Leicester eine Botschaft und ein Bildnis von ihr aus. Dieser ist ihr in der Tat sinnlich verfallen *(Duett-Arioso)* und schwört einen heiligen Eid, daß er sie retten werde, koste es, was es wolle (◆ *Stretta des Duetts; beide Teile stark solistisch auf Roberto ausgerichtet*). Dann überreicht er Elisabetta ein Bittgesuch der Stuarda an die Monarchin: sie möge zu einer Besprechung zu ihr ins Gefängnis kommen. Leicester entwickelt soviel rhetorisches Feuer, um Elisabettas Einverständnis zu erlangen, daß ihr Verdacht auf amouröses Feuer zur Gewißheit wird (◆ *Duett-Arioso und* ◆ *lyrischer Abschnitt des Duetts*). Sie erklärt sich zum Besuch bereit — aber mit bösen Hintergedanken *(Stretta des Duetts).*

2. Akt *(Preludio des Orchesters):* Maria ist selig, weil sie ausnahmsweise im Gefängnispark spazierengehen darf, und träumt einer Wolke nach, die Frankreich, dem Land ihrer Jugend, entgegenzieht (◆ *lyrischer Teil der Cavatina*). Das Nahen des Jagdgefolges Elisabettas flößt ihr Grauen ein

(♠ Cabaletta der Cavatina; Malibran-Fassung: ohne lyrische Erweiterung). Leicester bereitet sie auf die Begegnung vor; sie bleibt beklommen und pessimistisch *(♠ lyrischer Abschnitt des Duetts)* und bittet ihn um Zurückhaltung, damit er nicht ihretwegen den eigenen Hals riskiere *(Stretta des Duetts).* Dann stehen sich die Widersacherinnen gegenüber *(♠ lyrischer Teil des Concertatos).* Marias Bitten um Gnade stoßen auf grimmigen Hohn der englischen Königin *(Duett-Arioso des Concertatos).* Schließlich kann sie nicht mehr an sich halten und beschimpft Elisabetta als illegitimes Kind Heinrichs VIII., ihres gemeinsamen Vaters, als das sie zu Unrecht herrsche. In Zorn und Schrecken löst sich die Versammlung auf *(Stretta des Concertatos).*

3. Akt *(Preludio des Orchesters):* Elisabettas «böser Geist», Lord Cecil, spricht so lange auf sie ein *(♠ Duett-Arioso des Terzetts),* bis sie, als Leicester den Saal betritt, das Todesurteil gegen die Stuarda unterschreibt. Durch die eisige Mißachtung seiner Bitten rächt sie sich nun an ihm für seine Liebe zu Maria *(♠ lyrischer Abschnitt des Terzetts).* Um ihren Triumph zu krönen, ordnet sie an, er habe der Enthauptung seiner Freundin beizuwohnen *(Stretta des Terzetts).* — Im Gefängnis überbringt Lord Cecil Maria Stuarda das Todesurteil. Talbot begleitet ihn in Priestertracht, um ihr die Sakramente zu erteilen. Sie beichtet ihm ihre Sünden, darunter einen Mord *(♠ lyrischer Abschnitt des Duetts, stark auf Maria ausgerichtet);* Talbot erläßt sie ihr im Namen Gottes *(♠ lyrische Stretta des Duetts).* Schaudernd bespricht Marias Gefolgschaft die Errichtung des Schafotts *(♠ Chor).* Sie selbst versucht sie mit ihrem Glauben an die Erlösung im Jenseits zu trösten *(♠ Arioso)* und fordert sie auf, gemeinsam zu beten *(♠ Preghiera mit Chor).* Unmittelbar vor ihrer Enthauptung betet sie auch für Elisabetta *(lyrischer Teil der Aria finale).* Leicester, der in der Verzweiflung gegen das Schicksal flucht, verheißt ihr ein Wiedersehen in einer besseren Welt *(lyrische Cabaletta finale).* Dann wird sie zum Schafott geführt.

MARINO FALIERO
Opera seria in drei Akten

Libr.: Emmanuele Bidera; **UA:** 12. 3. 1835, Théâtre Italien, Paris; **Ort und Zeit der Handlung:** Venedig, 1355

Hauptpersonen: *Elena,* Frau des Dogen (s.), *Fernando* (t.), *Israele Bertucci,* Leiter des Arsenals (br.), *Marino Faliero,* Doge von Venedig (bs.), *Steno,* Patrizier (bs.).

Ouvertüre

1. Akt: Schiffshandwerker erzählen einander bei ihrer Arbeit im Hafen von einem Gerücht, laut dem die Frau des Dogen Marino Faliero, Elena, einen Geliebten habe *(arios gebauter lyrischer Teil des Männerchors).* Viele der Männer sind Veteranen einer vor Jahren unter Marino als Feldherrn gewonnenen Schlacht und sympathisieren auch deshalb mit ihm, weil er als Freund des einfachen Volkes gilt und den Patriziern mit dem verhaßten Steno an der Spitze nur geringen Rückhalt bietet (Erinnerung an die Schlacht: *Stretta des Männerchors).* Israele, der Vorgesetzte der Hafenarbeiter, schwärmt ebenfalls von vergangenen Zeiten, als er ein siegreicher Kämpfer unter Faliero war (● *lyrischer Teil der Cavatina*). Da will der Erzfeind des Dogen, Steno, die Gondel sehen, die er zur Reparatur in die Werkstätte brachte; doch wie ihm Israele auseinanderlegt, zwangen ihn andere, offizielle Pflichten, den Auftrag zurückzustellen. Steno fährt mit Verwünschungen über die Arbeiter her; als er jedoch mit Schlägen droht, sieht er sich plötzlich selber einer Haßtirade ausgesetzt. Am Ende muß er vor der aufgebrachten Menge fliehen und schwört dem Volk und «dessen» Dogen unbeugsamen Widerstand (Schlußreaktionen der Hafenarbeiter: *Cabaletta der Cavatina als Stretta mit Chor*). — Das namentlich von Steno in Umlauf gesetzte Gerücht, das Elena einer Beziehung verdächtigt, ist keineswegs unbegründet, und ihr Geliebter ist ausgerechnet Fernando, Marinos vertrauter Freund. Nun hat er allerdings beschlossen, heimlich zu verschwinden, doch der Abschied von Venedig fällt ihm schwer (● *lyrischer Teil der Cavatina*). Sein einziger Trost ist der Gedanke, daß er Elena durch seine Flucht Kummer und Schande ersparen könne (● *Cabaletta*). Als er sie um ein Andenken bittet, zeigt sie sich unentschlossen, weil ihr davor graut, doch noch entdeckt zu werden (● *Duett-Arioso*). Enttäuscht erinnert er sie daran, daß er auf seinen Plan, sich mit dem Hauptzerstörer ihres guten Rufs, Steno, zu duellieren, nur auf ihr Drängen hin verzichtet habe. Nun solle sie ihm zumindest seinen letzten Wunsch nach einem Abschiedsgeschenk erfüllen (● *lyrischer Abschnitt des Duetts*). Da überreicht sie ihm ein Tuch als Zeichen ewiger Verbundenheit (*Stretta des Duetts*). Wie sich die beiden aber trennen wollen, werden sie vom Dogen überrascht. Zwar ist er bestürzt zu sehen, daß Elena weinte (● *Arioso*); leidet auch bitter unter der Vorstellung, in ganz Venedig als gehörnter Ehemann zu gelten, zweifelt indes auch jetzt nicht an der Unschuld seiner Frau und seines besten Freundes. Vielmehr ersucht er diesen, ihn heute abend an einen Ball im Hause eines mit Steno verbundenen Aristokraten namens Leoni zu begleiten. Da dieser Auftritt für Marino ein Spießrutenlaufen ist, kann sich Fernando der Bitte schlecht widersetzen, und er verschiebt den Zeitpunkt seiner Flucht. Anschließend spricht Israele beim Dogen vor, erzählt ihm vom ehrverletzenden Auftritt Stenos im Hafen und plädiert für einen von ihm, Marino, zu deckenden Aufstand des Volkes gegen das Patriziat (*Duett-Arioso*). Marino grübelt, kann sich aber nicht entscheiden (● *lyrischer Abschnitt des Duetts*). Als ihn Israele feige nennt, erklärt er sich bereit, beim Ball im Hause Leonis nochmals mit ihm darüber zu reden. Steno aber schwört er jetzt schon gnadenlose Rache (● *Stretta des Duetts*). — Die festlich maskierten Gäste schwelgen im Tanzvergnügen (*Chor; von nun an: mehrere meist tänzerische Sätze des Finales*), während sich Marino von Israele über die Anzahl und die Gesinnungstreue der Aufstandswilligen orientieren läßt. Und immer noch kann er sich nicht entscheiden. Da stürzt sich Elena an seine Seite. Steno selbst ist unter den Gästen und hat soeben in ihrer Nähe unmißverständliche Anspielungen gemacht (◆ *lyrischer Teil des Concertatos*). Jetzt kommt Fernando trotz ihrer Bitten auf seinen früheren Plan zurück und fordert Steno zum Duell heraus. Marino aber beschließt, den Aufstand zu akzeptieren (◆ *Stretta des Concertatos*).

2. Akt: Komplotteilnehmer streifen durch das nächtliche Venedig und warten auf das Signal zur offenen Revolte; im Hintergrund singt ein Gondoliere (◆ *Barcarole mit Männerchor*). Fernando hält sich an der vereinbarten Stelle für das Duell bereit. Obwohl ihn Todesahnungen quälen (◆ *lyrischer Teil der Arie*), ist er entschlossen, Steno umzubringen (*Cabaletta*). Auch Marino schleicht durch die Gassen, läuft einer Schar Verschwörer in die Hände und muß sich ungeachtet seiner Popularität dagegen wehren, doch als Haupt der Gegenseite eingeschätzt und umgebracht zu werden (◆ *lyrischer Teil der Arie*). Plötzlich vernimmt man Waffenlärm und wenig später einen Schrei: Fernando ist von Steno tödlich verwundet worden (◆ *Sterbeszene der Brückenpassage: Trauermarsch mit Soli und Chor*). Als er gestorben ist, erfüllt den Dogen, seinen Freund, ohnmächtige Wut auf die Patrizier (*Cabaletta der Arie*). Der Staatsstreich kann beginnen.

3. Akt: Elena wartet im Dogenpalast zusammen mit ihren Damen voller banger Vorgefühle auf ihren Mann (◆ *Frauenchor mit Solo*). Da überbringt ihr Marino die Nachricht vom Tod Fernandos. Doch auch sein eigenes Ende ist nah. Im Auftrag des «Rats der Zehn», der stärksten Instanz Venedigs, erscheinen vermummte Gestalten. Das Komplott ist aufgeflogen, die führenden Köpfe sind verhaftet, der Doge selbst wird ins Gefängnis abgeführt. Elena bleibt in Verzweiflung (*Arioso*), ungewisser Hoffnung auf den Beistand Gottes (*lyrischer Teil der Arie*) und in der schon eher gewissen Ahnung, nach ihrem Geliebten auch ihren Mann verlieren zu müssen (*Cabaletta*), im Zimmer zurück. — Im Gerichtssaal triumphiert der «Rat der Zehn» über die Angeklagten (*Männerchor*) und verurteilt sie zum Tode. Sie aber bekennen sich unerschrocken zu ihrer Sache, die Israele besonders beredt verteidigt (*cabalettahafter erster Teil, lyrischer zweiter Teil und* ◆ *lyrische Cabaletta der Arie*). Die Gelegenheit zu einer letzten Begegnung mit ihrem Mann nützt Elena aus, ihm ihren Ehebruch mit seinem Freund zu beichten (*Duett-Arioso*). Er aber besteht auch diese Prüfung und verzeiht (◆ *lyrisches Duett*). Dann wird er hingerichtet (*Melodram Elena*).

LES MARTYRS
Große Oper in vier Akten (französische Fassung des «Poliuto»)
Libr.: Eugène Scribe (Übersetzung und Erweiterung des Textbuchs von *Poliuto*); UA: 10. 4. 1840, Opéra, Paris
Veränderte Namen der Hauptpersonen: *Pauline, Polyeucte, Néarque, Sévère, Callisthène, Félix*

Zum Inhalt: siehe Poliuto. Untenstehend: Die neue Akteinteilung, das neue Nummerngefüge und die wichtigsten inhaltlichen Varianten: ([M] = nur in den Martyrs)

Ouvertüre ◆

1. Akt: ◆ *Chor der Christen; Preghiera Polyeucte,* [M] ◆ *Frauenchor* (Pauline kommt mit Begleiterinnen in die Katakomben, weil sie das Grab ihrer Mutter besuchen will); *lyrischer Teil der alten Cavatina Paolinas als isolierte, einteilige lyrische Arie* (bezieht sich hier nur auf das Grab ihrer Mutter, nicht auf die Taufe im Hintergrund; hier schwächer instrumentiert); *Taufchor* (im Gegensatz zum *Poliuto* der Arie nachgestellt und ohne inneren und äußeren Zusammenhang mit ihr); [M] *dramatisches und* ◆ *lyrisches Terzett mit Chor* (Polyeucte, Néarque und die Christen beten für Pauline, die an ihrem Glauben zweifelt).

2. Akt: [M] ◆ *lyrischer Teil der Cavatina Félix und Cabaletta der Cavatina mit Chor* (Félix, der Schwiegervater Polyeuctes, betätigt sich hier als Hauptverfolger der Christen und ruft den Fluch der römischen Götter auf sie herab); *Cabaletta Paulines* aus ihrer alten, im *Poliuto* geschlossenen Cavatina (inhaltlich gleiche Situation); *Triumphchor* (beim Empfang Sévères); ◆ *lyrischer Teil der Cavatina Sévère,* anschließend [M] ◆ *Ballett und* [M] ◆ *Arioso* (Begegnung der Liebenden) *als Brückenpassage der Cavatina;* [M] ◆ *Cabaletta Sévère* (inhaltlich gleiche Situation; der b-Teil des Stücks ist mit der alten Version identisch).

3. Akt: [M] ◆ *Preludio des Orchesters und Arioso Pauline* (sie betet zu den römischen Göttern um Erlösung aus ihrem Konflikt); ◆ *lyrischer Teil und* ◆ *lyrische Stretta des Duetts der Liebenden* (hier beide Teile superb erweitert); [M] ◆ *lyrischer Teil der Arie Polyeucte* (Liebesbekenntnis an Pauline); [M] ◆ *Cabaletta der Arie Polyeucte* (Situation identisch wie bei Poliutos lyrischer Cabaletta, die nicht in die *Martyrs* aufgenommen wurde); *Concertato*-Szene vor Gericht (praktisch identisch mit *Poliuto*).

4. Akt: [M] *Preludio des Orchesters;* [M] zum folgenden Terzett gehörig: *dramatisches Arioso Pauline* (sie bittet ihren Vater um Gnade für Polyeucte; er findet, Christ sei Christ, und weigert sich, den Schwiegersohn zu schonen); [M] *quasi a capella ausgeführter lyrischer Abschnitt des Terzetts und* [M] ◆ *Stretta des Terzetts* (Sévère kommt hinzu; Pauline kann ihn zugunsten seines Rivalen erweichen, doch Félix bleibt hart); Schlußblock der Oper: fast identisch mit *Poliuto* — mit üppigen Erweiterungen des ◆ *Eröffnungsariosos der Gefängnisszene sowie der* ◆ *lyrischen Hälfte des Bekehrungsduetts.*

OLIVO E PASQUALE
Opera buffa in zwei Akten
Libr.: Iacopo Ferretti; **UA:** 7.1.1827, Teatro Valle, Rom; **Ort der Handlung:** Lissabon

Hauptpersonen: *Isabella,* Tochter Olivos (s.), *Matilde,* Kammerjungfer Isabellas (s.), *Camillo,* Angestellter Olivos (ca.), *Monsieur Le Bross,* Handlungsreisender (t.), *Columella,* ein Italiener, Faktotum im Hause Olivos (t.), *Pasquale,* Bruder Olivos (br.), *Olivo,* Händler in Lissabon (bs.).

Ouvertüre ◆

1. Akt: Camillo, Fakturist im Lissaboner Handelsbüro Olivos, klagt der

Kammerjungfer seiner Freundin Isabella seine Leiden. Sosehr ihn das Mädchen liebt, wird er sie schwerlich heiraten können, da sie die Tochter seines Arbeitgebers ist, der nur an bessere Partien denkt *(♠ arios gebauter lyrischer Teil und ♠ Stretta des Duetts)*. Griesgrämig wie immer erscheint der gefürchtete Chef und fordert von sämtlichen Angestellten größeren Fleiß *(♠ Buffa-Cavatina mit ♠ Cabaletta)*. Isabella selber ist empört, weil sie ihr Vater mit Monsieur Le Bross, einem vermögenden Handelspartner des Hauses, verkuppeln möchte, der jetzt zum ersten Mal als Gast in Lissabon erwartet wird *(Cavatina mit Cabaletta)*. Camillo sichert ihr im Beisein ihrer Zofe ewige Treue zu *(♠ Duett mit ♠ Stretta; Anteil Matildes in der Stretta sekundär)*. Ein völlig entgegengesetztes Bild zu Olivo bietet Pasquale, sein Bruder und Kompagnon: ein schmächtiger, lebensuntauglicher Mensch, der sämtliche Angestellten ermuntert, weniger arbeitstüchtig zu sein *(♠ Buffa-Cavatina mit einkomponierter Cabaletta)*. Columella, ein schmieriger Italiener, der sich zum Ärger des Firmeninhabers eine geschmacklos parasitäre Stellung als «Mädchen für alles» erobern konnte, geht zum Empfang von Monsieur Le Bross im Lissaboner Hafen den beiden Brüdern voraus. — Der von Olivo vorgesehene Bräutigam Isabellas ist allerdings auch nicht bereit, die Katze im Sack zu kaufen. Nach stürmischer Seefahrt heil an Land gekommen *(♠ Chor der Matrosen)*, will er sein Leben, das er gerade als kostbar erfahren hat *(lyrischer Teil der Cavatina)*, keiner Xanthippe opfern *(♠ Doppelcabaletta)*. Olivo und Pasquale aber, die ihn feierlich begrüßen, preisen ihm Isabella als die attraktivste aller Bräute an *(♠ lyrischer erster, ♠ arios gebauter zweiter Teil* und *♠ Stretta des Quartetts)*. — Sie wartet zu Hause verzweifelt auf seine Ankunft *(von hier an: durchkomponiertes Finale in mehreren Sätzen)*. Als sie ihn sieht, fällt sie in Ohnmacht, was Monsieur Le Bross bedrückt, da er sich selbst sofort in sie verliebte *(lyrischer Teil des Concertatos)*. Vater Olivo droht Isabella mit Zwangsmaßnahmen *(Stretta des Concertatos)*.

2. **Akt**: Vergeblich beschwört Pasquale seinen unbeherrschten Bruder, den Willen des Mädchens zu respektieren *(Buffa-Duett mit Stretta)*. Isabella selber wagt es schließlich, ihrem Bräutigam zu beichten, daß sie seit längerer Zeit mit einem Geschäftsangestellten zärtlich verbunden sei. Monsieur Le Bross ist zwar enttäuscht *(Duett-Arioso)*, verzichtet indessen auf ihre Hand *(♠ lyrischer Abschnitt des Duetts)* und sichert ihr seine Hilfe zu *(♠ lyrische Stretta des Duetts)*. Matilde, Isabellas Zofe, die das Gespräch im Hintergrund belauschte, glaubt ihrer Herrin mit einer Intrige dienen zu können. Deshalb erzählt sie Columella, Isabella sei in ihn verliebt; er solle, wenn er sie heiraten wolle, bei Olivo, ihrem Vater, um sie freien. Doch Columella wird vom Herrn des Hauses, dem er ohnehin ein Dorn im Auge ist, gehörig eingeschüchtert *(Buffa-Arie Olivos mit Cabaletta)*. Sogar Pasquale ist entsetzt zu hören, daß seine Nichte für den Speichellecker Columella schwärme. Die ratlosen Brüder fordern Camillo auf, an ihrer Stelle mit ihr zu sprechen und sie davon abzubringen, die Ehre der

Familie mit einem Columella zu beflecken. Aber Camillo wirft ihr unabhängig vom Regiebuch seiner Herren vor, sie habe ihn selbst verraten. Dann werden die Hausbewohner zur Trauung des Mädchens mit Monsieur Le Bross zusammengerufen. Auf die entscheidende Frage sagt sie vernehmlich nein *(von hier an: Buffa-Sextett)*. Seinem edlen Schwur gemäß setzt sich der abgefertigte Bräutigam für ihre Vermählung mit dem Geliebten ein, doch sieht er diesen ebenfalls in Columella. Der Irrtum ist rasch geklärt, der Zorn Olivos aber bleibt so furchterregend wie zuvor *(Stretta des Sextetts)*. Da er Isabella eher in ein Kloster stecken will, als sie Camillo zur Frau zu geben, teilen die Liebesleute seinem sanften Bruder mit, daß sie um fünf Uhr nachmittags Selbstmord begehen würden, sofern Olivo seine Meinung bis dann nicht geändert habe. Doch Pasquales Überredungskünste sind vergeblich; schon erdröhnt der Todesschuß; Olivo zeigt sich — zu spät — verzweifelt. Doch da verlangt das Haupt der Verschwörung, Monsieur Le Bross, sein Ehrenwort, daß er die beiden verheiraten würde, wenn sie noch am Leben wären. Das sichert Olivo schluchzend zu, und wohlbehalten taucht Isabella mit ihrem Geliebten auf — sie haben selbstverständlich nur in die Luft geschossen. Olivo hält sich an sein Versprechen, Isabella ist im siebten Himmel *(Aria finale mit Cabaletta)*, und Herr Le Bross reist dorthin zurück, woher er gekommen ist.

IL PARIA
Opera seria in zwei Akten
Libr.: Domenico Gilardoni; **UA:** 12. 1. 1829, Teatro San Carlo, Neapel; **Ort der Handlung:** bei Benarez in Indien **Hauptpersonen:** *Neala*, Tochter Akebares (s.), *Idamore*, Sohn Zaretes (t.), *Zarete* (bs.—br.), *Akebare*, Hoherpriester Brahmas (bs.)

Grundsituation: Die Oper spielt in Indien. Zarete und Idamore, Vater und Sohn, gehören der verpönten Kaste der Parias an; man sagt, die Gottheit — Brahma — habe sie selbst verstoßen. Wenn sie ein Tempelrevier betreten, gilt dieses als so geschändet, daß sie zur Entsühnung sterben müssen. Zaretes Erzfeind ist der Oberpriester Akebare, der schon Massen von Parias hingerichtet hat. — Vor einigen Jahren trennte sich Idamore von seinem Vater. Nachdem es ihm gelungen war, die Spuren seiner Herkunft völlig zu verwischen — nicht einmal der Oberpriester ahnt, daß er der Sohn Zaretes und ein Paria ist —, stieg er zum führenden Feldherrn auf. Doch weil er dadurch Akebares politischen Einfluß schwächte, steht er gleichwohl auf der schwarzen Liste des Despoten. Dieser hat Neala, seine Tochter, ausersehen, zeit ihres Lebens als Jungfrau Brahma zu dienen. So sind ihm die zarten Gefühle, die sie mit Idamore verbinden, doppelt unerwünscht.

1. Akt *(Preludio des Orchesters):* Akebare und die Tempeldiener huldigen ihrem Gott (● *Chor mit Solo Akebare)*. Neala erzählt ihrem Vater von einem seltsamen Traum: Mitten in ihrem Dienst vor dem Altar verfärbten sich dessen Flammen, worauf sie von einem Paria ergriffen wurde (◆ *lyrischer Teil der Cavatina, später zum Ensemble ausgeweitet).* In diesem Traum sieht Akebare sofort ein Zeichen, daß seine Tochter, ihr Geliebter — der ihm selbst verhaßte Idamore — und ihre Beziehung magisch belastet seien. Und er faßt den teuflischen Entschluß, die beiden Liebenden zusammenzuführen und dadurch den Zorn der Gottheit auf sie zu lenken ... wobei er natürlich hofft, daß Brahma Neala verschonen möge. Das Mädchen ahnt noch nichts von seinem zweifelhaften Glück und sehnt sich nach einer Begegnung mit Idamore *(◆ Cabaletta der Cavatina).* Verbotenerweise hält sich auch Zarete im Bereich des Tempels auf. Er hofft auf ein Wiedersehen mit seinem Sohn *(◆ lyrischer Teil der Cavatina)* und ist erleichtert zu erfahren, daß Idamore soeben nach siegreich geschlagener Schlacht beim Tempel eingetroffen sei *(◆ Cabaletta der Cavatina).* Der junge Mann begibt sich sofort zum Treffpunkt mit seiner Geliebten im heiligen Hain. Er denkt daran zurück, wie sehr er Neala im Kriegsgetümmel vermißte *(◆ lyrischer Teil der Cavatina),* und gelobt sich, daß er sie zur Frau gewinnen wolle, selbst wenn er sie seinen höchsten Feinden, den Göttern, entreißen müßte *(◆ Cabaletta).* Doch nicht die Geliebte, sondern sein Vater kommt ihm entgegen und wirft ihm vor, er habe ihn dem Schicksal ungewisser Wanderschaften als Verfemter überlassen. Auf Idamores Geständnis, daß er Neala liebe, reagiert Zarete mit verständnislosem Zorn *(Duett-Arioso).* Als aus dem Tempel ein Fluchgesang gegen Zarete, den lange vergeblich gesuchten Paria-Führer, erklingt, wird Idamore erstmals bewußt, daß er sich seiner Sohnespflicht tatsächlich entzogen hat *(◆ Chor aus dem Hintergrund mit Soli Idamore und Zarete [lyrischer Abschnitt des Duetts]).* Nun ist er bereit, mit seinem Vater zu fliehen, bedingt sich aber ein letztes Treffen mit seiner Geliebten aus, um sie zu unterrichten *(Stretta des Duetts).* Die Männer vereinbaren Ort und Stunde ihrer Zusammenkunft für die Flucht.

2. Akt *(Preludio des Orchesters):* Doch Idamore kann der Versuchung des Priesters, der ihm gleich darauf die Hand seiner Tochter anträgt, nicht widerstehen. Zugleich ergibt sich für ihn ein neuer Konflikt. Er ist moralisch verpflichtet, seiner Geliebten anzuvertrauen, daß er ein Paria ist, muß aber befürchten, daß sie dann auf seine Hand verzichten werde. Dennoch bekennt er ihr seine Herkunft *(Duett-Arioso),* und sie enttäuscht ihn nicht. Nachdem sie ihn zuerst durchaus verstoßen wollte, schält sich für sie aus dem Paria der vertraute Freund heraus *(◆ lyrischer Abschnitt des Duetts).* Die beiden beschließen, seine Kaste zu verschweigen, und trotz des Verbrechens, das dieser Schritt aus geistlicher Sicht bedeutet, vor den Altar zu treten *(Stretta des Duetts).* Zarete indessen wartet vergeblich auf seinen Sohn. In seinem vom Wahnsinn bedrohten Geist entstehen Bilder früherer Gemetzel, die von Akebare unter den Parias angerichtet wurden *(◆ lyrischer Teil der Arie).* Ein Festgesang aus der Ferne kündigt Idamores Hochzeit mit Neala an *(◆ Chor der Brückenpassage).* Zornig verwirft Zarete seinen Sohn

(Cabaletta). — Kurz vor der Trauung (♦ *Hochzeitschor*) entdecken Tempeldiener den alten Paria, greifen ihn auf und führen ihn dem Oberpriester vor, der sich gerade anschickt, Idamore seinen falschen Segen zu erteilen *(einteiliges lyrisches Liebesduett)*. Strahlend entdeckt er in Zarete seinen alten Widersacher — und da er den Tempelbereich entweihte, kann er ihn hinrichten lassen. Erbittert blickt Zarete auf den Bräutigam, der ihn verraten hat *(♦ lyrischer Abschnitt des Quartetts)*, doch er verzichtet darauf, ihn ebenfalls zu verraten. Da bekennt sich Idamore schuldbewußt zu seinem Vater. Die beiden Parias werden hinausgezerrt; die Messer sind geschliffen *(♦ Stretta des Quartetts)*. Brahma hat sich gerächt.

PARISINA D'ESTE
Opera seria in drei Akten

Libr.: Felice Romani; **UA:** 17. 3. 1833; **Ort und Zeit der Handlung:** Das Lustschloß des Herzogs d'Este, Belvedere, nahe bei Ferrara (1. Akt), sowie der Hauptsitz in Ferrara selbst (folgende Akte), 14. Jahrhundert **Hauptpersonen:** *Parisina*, Azzos zweite Frau (s.), *Ugo*, Azzos Sohn aus erster Ehe (t.), *Azzo d'Este*, Herzog von Ferrara (br.), *Ernesto*, Ziehvater Ugos (bs.)

Vorgeschichte: Azzo, der Herzog von Ferrara, trieb seine Frau Matilde mit ständigen Eifersuchtsszenen in einen frühen Tod. Sein treuer Minister und Freund Ernesto mußte befürchten, daß er in seinem auch jetzt nicht gebändigten Zorn dem Knaben, den sie ihm geboren hatte, Ugo, nach dem Leben trachten könnte. So versteckte er das Kind, und als er es später wieder zum Vorschein brachte, erklärte er sich selbst zu seinem Vater. In diesem Glauben, den die Allgemeinheit teilte, wuchs Ugo am Hofe auf. An seiner Seite aber reifte Parisina, die Tochter eines mit Azzo befreundeten Fürsten, von der Gespielin seiner Kindheit zur begehrten jungen Frau. Doch auch der Fürst verliebte sich in Parisina und zwang sie schließlich, seine zweite Frau zu werden, obwohl ihr Herz für Ugo schlug. Diese gegenseitigen Gefühle blieben Azzo keineswegs verborgen. Nun macht er Parisina das Leben zur gleichen Hölle wie einst Matilde, was sie mit trotzig an den Tag gelegter Gleichgültigkeit erträgt. Ugo schickte er in einen seiner Kriege, um ihn von ihr zu trennen.

Ouvertüre ♦
1. **Akt:** Höflinge erzählen Ernesto in Belvedere, dem Lustschloß des Fürsten nahe Ferrara, von Azzos neuesten Wutanfällen (♦ *Männerchor*). Innerlich kochend wie gewohnt, erscheint der Herzog selbst. Ernesto übermittelt ihm die Nachricht von einer gewonnenen Schlacht. Azzo gibt Weisung, seine Frau darüber zu unterrichten; seine politischen Siege freuen ihn nur, wenn sie sich darüber freut (♦ *lyrischer Teil der Cavatina*). Aber er weiß, daß es ihm nie gelingen wird, ihr Herz zu erobern (♦ *Cabaletta*). Ugo, der zu den siegreichen Truppen gehört, erhielt von Azzo den Befehl, nicht nach Ferrara zurückzukehren. Doch seine Sehnsucht nach einer Begegnung mit Parisina trieb ihn trotzdem an den Hof. Ernesto

wirft ihm seinen Ungehorsam vor und fleht ihn an, auf Parisina zu verzichten, aber umsonst (♠ *lyrischer Teil und Stretta des Duetts als Cabaletta Ugos [Anteil Ernestos sekundär]).* — Die Ehrendamen Parisinas strengen sich an, sie auf die Siegesfeier einzustimmen *(Frauenchor).* Doch auch diese Mühe ist vergeblich. Parisina meint, das Weinen sei ihre Natur *(lyrischer Teil der Cavatina).* Eine Gruppe von Soldaten lädt sie im Namen ihres Mannes zum Festturnier nach Ferrara ein *(Männerchor der Brückenpassage).* Sie schlägt die Bitte ab, wobei sie heimlich den Tag verflucht, an dem sie Ugo kennenlernte *(♠ Cabaletta).* Einer der Soldaten bleibt zurück und lüftet sein Visier: es ist ihr Geliebter, der sich so in ihre Nähe schmuggeln konnte. Mit der trotzigen Behauptung, daß sie für ihn auch heute noch so keusch empfinde wie in der Kindheit, setzt er ihr solange zu *(zwei Ariosi Ugos),* bis sie ihm eingesteht, daß sie ihn «mehr als einen Bruder» liebe *(lyrischer Abschnitt des Duetts).* Dann schenkt sie ihm ihr tränenfeuchtes Taschentuch *(♠ lyrische Stretta des Duetts).* Als sie sich trennen wollen, werden sie von Azzo und Ernesto überrascht. Den Herzog übermannt die Eifersucht *(Arioso des Concertatos),* doch als ihn Parisina bittet, von einer Strafe für den widerrechtlich heimgekehrten Ugo abzusehen *(♠ lyrischer Teil des Concertatos),* lenkt er überraschend ein. Ja, er gestattet Ugo sogar die Mitfahrt auf einer der Barken, welche die Gesellschaft nach Ferrara bringen sollen *(Chorintermezzo wartender Gondolieri).* Doch jedermann gesteht sich ein, daß diese ungewohnte Großmut kaum etwas Gutes bedeuten könne *(Stretta des Concertatos).*

2. Akt: Ganz erstaunt erzählen sich die Damen, daß ihre Herrin bei der Ehrung des Turniergewinners endlich einmal gelächelt habe (♠ *Frauenchor* mit ♠ *lyrischer Stretta).* Nun: Parisina durfte eben Ugo die Trophäe überreichen. Selig müde, läßt sie sich entkleiden und bereits in ihren alten Lieblingstraum von einer paradiesischen Vereinigung mit ihrem Freund hinübergleiten (♠ *einteilige lyrische Arie [Romanze]).* Als sie eingeschlummert ist und mitten im ersehnten Traum den Namen Ugos haucht, wird sie von Azzo, der sich an ihr Bett geschlichen hat, belauscht. Er weckt sie brutal und wirft ihr schmerzlich triumphierend ihre unfreiwillig offenbarte Liebe vor (♠ *Duett-Arioso).* Doch diese Verletzung ihres Intimbereichs geht ihr zu weit; nun zeigt sie ihm erstmals ihren Haß. Er, außer sich, verheißt ihr eine Zukunft voller Qualen *(Stretta des Duetts).* — Im Hauptsaal des Schlosses lärmt noch das Fest *(Chor).* Wie vor kurzem Parisina schwelgt auch Ugo im Bewußtsein, daß er seinen Siegerkranz aus ihrer Hand erhielt *(lyrischer Teil der Arie).* Doch da erscheinen Azzos Schergen und führen ihn ab. Er, überzeugt, die schönste Stunde seines Lebens hinter sich zu haben, ist zum Tod bereit *(Cabaletta).* — Von Azzo einvernommen, schreckt er deshalb nicht davor zurück, ihn systematisch zu beleidigen. Ernesto glaubt, er könne die Lage retten, indem er die beiden darüber aufklärt, daß sie Sohn und Vater seien. Doch das Bewußtsein, daß Ugo die eigene Stiefmutter liebt und der Rivale seines Vaters ist, vermehrt die

Erbitterung *(● lyrischerTeil des Concertatos).* Neue Lästerworte Ugos gegen Azzo schlagen neue Wunden; diesmal sind sie unheilbar *(Stretta des Concertatos).*
3. Akt: Parisina siecht dahin, die Höflinge halten vergeblich Rat, wie man ihr helfen könne *(● lyrischer Chor* mit ● *lyrischer Stretta).* Sie fühlt sich nicht einmal mehr imstande, Gott zu bitten, daß er sie vor dem drohenden Unheil bewahre *(● lyrischer Teil der Aria finale).* Da kommt der Herzog in ihr verdunkeltes Zimmer, reißt den Vorhang auf und zeigt ihr den Kadaver des in aller Heimlichkeit enthaupteten Ugo auf dem Schafott. Sie bricht zusammen *(Cabaletta finale).*

I PAZZI PER PROGETTO
Farce in einem Akt

Libr.: Domenico Gilardoni; **UA:** 7. 7. 1830, Teatro del Fondo, Neapel; **Ort der Handlung:** ein Irrenhaus in Paris
Hauptpersonen: *Norina,* Gattin Blinvals (s.), *Cristina,* Geliebte Blinvals (ms.), *Eustacchio,* Militärtrompeter (br.), *Blinval,* Kolonel (bs. br.), *Darlemont,* Irrenhausleiter, Onkel Norinas (bs.)

Inhalt *(Preludio des Orchesters):* Darlemont, dem Leiter eines Irrenhauses, das nahe bei einer Kaserne liegt, wird eine neue Patientin überbracht: Cristina, welche sich unter den Fittichen ihres geizigen Vormundes zu einer literarisch höchst gebildeten, aber erotisch unterernährten Hyäne entwickelt hat *(● Introduktions-Ensemble).* Eine Liebesnacht mit einem Offizier aus der bestimmten Kaserne, einem Weiberhelden namens Kolonel Blinval, hat sie um ihren letzten gesunden Menschenverstand gebracht. Da trifft ein desertierter Militärtrompeter aus dem Regiment Blinvals, Eustacchio, ein und bietet dem Irrenhausleiter seine Dienste als «gelernter Mediziner» an, um in der Klinik seinen Verfolgern entgehen zu können *(● Auftrittsarie Eustacchios als Cabaletta buffa mit Chor [Stretta der Introduktion]).* Die nächste Besucherin ist Norina, die Nichte des Irrenhausleiters und Gattin Blinvals. Sie möchte erfahren, welchen ersten Seitensprung ihr Gatte nach seiner Entlassung aus langer Dienstzeit zu tun gedenkt *(lyrischer Teil der Cavatina und* ● *Cabaletta).* Sofort bestätigt Darlemont, ihr Onkel, diesen Verdacht, denn eben traf ja auch Cristina, seine frühere Mätresse, ein. Wenige Minuten später ist er wirklich selbst zur Stelle. Sofort entdeckt er den als Irrenarzt getarnten Deserteur Eustacchio. Dieser versucht ihn vergeblich zu überzeugen, daß seine Ähnlichkeit mit dem entlaufenen Trompeter reiner Zufall sei *(● arios gebauter lyrischer Teil des Buffo-Duetts).* Obwohl sein Vorgesetzter dieser Lüge keinen Glauben schenkt, teilt er ihm ganz vertraulich mit, er sei aus Liebeskummer hier. Der Gedanke, seine Frau Norina könnte zu einem seiner Dienstkollegen — ihrem Jugendfreund — zurückgefunden haben, lasse ihm keine Ruhe *(● Stretta des Buffo-Duetts).* Doch inzwischen hat Norina zusammen mit ihrem Onkel einen subtileren Plan ersonnen, um ihn für seine außerehelichen Abenteuer zu bestrafen. Zu Blinvals Schrecken spielen sie ihm vor, sie sei aus Kummer über seine Seitensprünge ernstlich verrückt geworden. Doch aus dritter Hand erfährt der Kolonel von der Intrige und spielt ihr nun selbst die gleiche Farce vor *(Buffo-Quartett mit ♦ Stretta).* Kaum hat Cristina erfahren, daß ihr Verführer im Hause weilt, lechzt sie danach, wieder verführt zu werden, und bittet Eustacchio, dem Kolonel ein Briefchen mit verruchten Andeutungen zuzuspielen. Eustacchio hingegen fühlt sich in der Nähe seines Vorgesetzten immer noch unbehaglich, lehnt den Auftrag ab und wird von Blinvals besessener Anbeterin beinahe gelyncht *(Buffo-Duett mit ♦ Stretta).* Schließlich setzt das Ehepaar Blinval in einer Chambre séparée sein Wahnsinnstheater fort. Doch da Norinas listiger Appell an das Gewissen ihres Mannes ohne Wirkung bleibt, begnügt sie sich mit der weniger feinen Methode, ihn eifersüchtig zu machen, und trägt eine Schnulze an ihren «Geliebten» vor. Allein, der Kolonel entlarvt den leeren Wohlklang dieser Huldigung durch kratzige Begleitakkorde auf dem Kontrabaß. Nach längeren Sticheleien, die keine Entscheidung bringen *(Arioso, lyrischer Teil und Stretta des Buffo-Duetts),* erklären sich beide für besiegt. Die Begnadigung des Militärtrompeters durch seinen Ertapper weitet die Versöhnung aus. Die «Patienten» — außer Cristina — können nach Hause gehen *(lyrischer Teil der Aria finale Norina und ♦ Cabaletta).*

PIA DE TOLOMEI
Opera seria in zwei Akten (originale Fassung)
Libr.: Salvatore Cammarano; **UA:** 18. 2. 1837, Teatro Apollo, Venedig; **Ort und Zeit der Handlung:** Siena und Umgebung, 1260

Hauptpersonen: *Pia* (s.), *Rodrigo,* ihr Bruder (ms.), *Ghino* (t.), *Nello,* Pias Mann (br.)

Vorgeschichte: Nello, ein Führer der Ghibellinen, heiratete Pia, ein Mädchen aus guelfischem Haus. Ihr Bruder Rodrigo fiel später in Nellos Hand; dieser behandelte seinen Schwager wie einen gewöhnlichen Guelfen und steckte ihn ins Verlies. Nun fühlt sich Pia zwischen ihrem Bruder, den sie befreien, und ihrem Gatten, dem sie gehorchen möchte, hin- und hergerissen. Überdies wird sie von Ghino, einem Kampfgefährten Nellos, mit Liebeswünschen bedroht. Gegenwärtig hält sich Nello auf dem Schlachtfeld auf. Helfer Rodrigos haben beschlossen, die Gunst der Stunde zu nutzen und ihn aus dem Kerker zu befreien. Rodrigo selbst schreibt Pia einen Brief, worin er ihr mitteilt, daß er sie in der kommenden Nacht heimlich besuchen wolle, und schickt einen Boten mit dieser Nachricht zu Nellos Haus.

1. Akt *(Preludio des Orchesters):* Daheimgebliebene Gefolgsleute Nellos, die nicht zuletzt die eheliche Treue seiner Frau zu überwachen haben, diskutieren das Erscheinen des geheimnisvollen Boten und denken bereits an eine Liebschaft zwischen ihr und einem Fremden *(♦ Männerchor).* Ubaldo aber, ein Helfer Ghinos, fing

Rodrigos Botschaft ab. Diese, ununterschrieben, wirkt in der Tat wie eine Verabredung zu einem nächtlichen Stelldichein. Ghino entbrennt in maßloser Eifersucht (◆ *Arioso* und ◆ *lyrischer Teil der Cavatina*). Im nächsten Augenblick wird er von Pias Kammerzofe wieder abgewiesen. Da gibt er Ubaldo den Brief an Pia zurück: Sie soll ihn erhalten, soll ihren Gast empfangen ... er aber und Nello werden zugegen sein (◆ *Cabaletta*). — Pias Kammerjungfern sprechen über ihre ständige Melancholie *(Frauenchor)*. Gerade denkt sie wieder an ihren Bruder, der im Gefängnis ihres Mannes sitzt *(lyrischer Teil der Cavatina mit Frauenchor)*. Doch da erhält sie den Brief Rodrigos und freut sich auf seinen Besuch, obwohl die Rache Nellos schrecklich wäre, wenn er ihn ertappen würde (◆ *Cabaletta*). — Ghino klärt Nello auf dem Schlachtfeld mit unzweideutigen Worten über den Besuch des Fremden auf, den Pia in der nächsten Nacht erwarte *(Duett-Arioso)*. Nello ist zutiefst erschüttert (◆ *lyrischer Abschnitt des Duetts*) und faßt den von Ghino gewünschten Entschluß, heimlich nach Hause zu gehen, Pia und ihren «Geliebten» zu überraschen und über beide schreckliches Gericht zu halten (◆ *Stretta des Duetts*). — Rodrigo wartet im Gefängnis auf seinen Befreier und freut sich auf die Begegnung mit seiner Schwester (◆ *lyrischer Teil der Cavatina*). Draußen wird die Wache abgelöst, und wirklich ist der neue Wärter der eingeschmuggelte Mann, der seine Ketten löst. Jetzt brennt er darauf, sich an den Ghibellinen in ehrbarem Waffenstreit rächen zu können (◆ *Cabaletta*). — Nun ist es Nacht. Die Schergen Nellos umstellen das Haus (◆ *Männerchor*). Nello und Ghino überraschen Pia wenige Augenblicke vor dem Besuch des Fremden. Nello erklärt sein Kommen mit einer Lüge: ein Freund, der in der Nähe wohne, brauche seine Hilfe, da er im Sterben liege; er habe sich aus Verzweiflung über den Ehebruch seiner Frau das Schwert in die Brust gestoßen *(Arioso des Concertatos)*. Pias Schrecken über Nellos Anspielungen und ihre Erleichterung, als sie erfährt, daß er sie wieder verlassen will, bestätigen seinen und Ghinos Verdacht (◆ *lyrischer Teil des Concertatos*). Die beiden ziehen sich zurück, Rodrigo betritt das Zimmer durch einen Geheimgang, Bruder und Schwester fallen sich in die Arme (◆ *einteiliges lyrisches Duett im Rahmen des Concertatos*) — da hört man bereits die Schritte Nellos und Ghinos, die den «Verführer» ertappen wollen. Rodrigo aber rettet sich in den Geheimgang, und die Belagerer treffen das Zimmer im gleichen Zustand wie vorher an. Natürlich zweifeln sie dennoch an Pias Treue, und diese hüllt sich in Schweigen, um ihren Bruder nicht zu verraten. Nello kann nur gewaltsam gehindert werden, Pia augenblicklich umzubringen *(Stretta des Concertatos)*.

2. Akt: Die Guelfen mit Rodrigo an der Spitze rüsten sich für die Entscheidungsschlacht (◆ *Männerchor*). Da meldet ein Bote, Nello habe seine Frau in einem Gefängnis im Sumpfgebiet der Maremme untergebracht, damit sie dort an Durst und Fieber sterbe. Rodrigo ist entsetzt (◆ *lyrischer Teil der Arie*), kann aber vorderhand zur Rettung seiner Schwester nichts

unternehmen, da die Feinde schon zum Angriff blasen (◆ *Cabaletta*). — Dafür stellt sich Ghino im Gefängnis Pias ein und läßt sein Opfer zwischen Tod und Freiheit wählen: Tod in der Gefangenschaft ihres Mannes, Freiheit in seinen Armen *(Duett-Arioso)*. Doch Pia ist Nello immer noch treu und bittet Ghino auf den Knien, ihr ihre verlorene Ehre zurückzugeben *(◆ lyrischer Abschnitt des Duetts)*. Da schreckt er vor den Konsequenzen seiner Tat zurück und sichert ihr die Rettung zu *(Stretta des Duetts)*. Nachdem er gegangen ist, erhält der Gefängniswärter eine Nachricht Nellos: Das Kriegsglück werde sich rasch entscheiden; wenn er bis zum nächsten Morgengrauen nicht an die Maremme gekommen sei, sei das ein Zeichen für seinen Tod. Dann aber dürfe ihn Pia nicht überleben; sie solle getötet werden. — Eremiten klagen in der Nähe des Schlachtfelds über das sinnlose Blutvergießen und sehen in einem Gewitter den Ausdruck von Gottes Zorn *(◆ Männerchor)*. Einer von ihnen wirft Nello seine barbarischen Ehemethoden vor, doch dieser beharrt auf seinem Recht *(lyrischer Teil der Arie)*. Da schleppt sich Ghino herbei; ein Guelfe hat ihn soeben tödlich verwundet. Er beichtet Nello seine Schuld und stirbt *(◆ Arioso der Brückenpassage)*. Nello erinnert sich an seine Weisung, Pia umzubringen, wenn er bis zum frühen Morgen nicht im Gefängnis erschienen sei, und bricht verzweifelt dorthin auf *(Cabaletta der Arie)*. — Doch Pias Wärter hat ihr bereits ein tödliches Gift gegeben. In immer noch zärtlicher Liebe denkt sie an ihren Mann *(◆ lyrischer Teil der Aria finale)*. Da stürzt er herein, verfolgt von einigen Guelfen, darunter Rodrigo, der ihn ermorden will. Mit ihren letzten Kräften hält ihn Pia davon ab und stirbt *(Cabaletta finale)*.

Anmerkung: Das Concertato des 1. Aktes wurde von Donizetti wegen seines Mißerfolgs an der Premiere für spätere Aufführungen ersetzt. Die neue, melodisch ärmere Version verzichtet auf die doppelte Überrumpelung Pias durch Nello und auf die Randepisode des Selbstmords von Nellos Freund. Der neue lyrische Ensembleteil folgt auf das Duett von Bruder und Schwester und drückt die peinlichen Gefühle der Beteiligten nach Nellos Einfall ins Zimmer aus. In der neuen Stretta ordnet Nello Pias Überführung an die Maremme an.

PIGMALIONE
Oper in einem Akt
Libr.: unbekannt; **UA:** 13. 10. 1960, Teatro Donizetti, Bergamo; **Ort der Handlung:** Griechenland
Hauptpersonen: *Galatea* (s.), *Pigmalione* (t.)

Inhalt *(Preludio des Orchesters):* Der Bildhauer Pigmalione steckt in einer Schaffenskrise. Nur die Liebe könnte ihm helfen, doch kein lebendiges Wesen entspricht seinem Ideal. Vergeblich sucht er beim Anblick seiner Skulpturen Trost *(◆ lyrischer Arienteil) mit ◆ Cabaletta)*. Nur eine bestimmte Frauenplastik, die er in der Regel vor sich selbst verbirgt, dürfte ihm helfen; deshalb enthüllt er sie und bricht bei ihrem Anblick in Entzücken aus *(Szene mit cabalettahafter Schlußepisode).* Wie er sich anschickt, an ihr zu feilen, hat er den Eindruck, sie bebe vor seinem Meißel *(neue cabalettahafte Episode).* Plötzlich berauschen ihn süße Klänge, die aus der Plastik zu tönen scheinen *(◐ Arioso des Orchesters).* Diese wird lebendig, und seine Wunschgestalt aus Marmor, Galatea, steht als Frau von Fleisch und Blut vor ihm, um ihn zu lieben *(frei komponiertes Schlußduett).*

POLIUTO
Opera seria in drei Akten
Libr.: Salvatore Cammarano; **UA:** 30. 11. 1848, Teatro San Carlo, Neapel; **Ort der Handlung:** Mytilene (Armenien) **Hauptpersonen:** *Paolina* (s.), *Poliuto,* ihr Gatte (t.), *Nearco,* Christenführer (t.), *Severo,* Prokonsul des römischen Kaisers (br.), *Felice,* Schwiegervater Poliutos, Gouverneur von Mytilene (t., manchmal bs.), *Callistene,* Hoherpriester Jupiters (bs.)

Vorgeschichte: Es ist die Zeit der Christenverfolgung im ganzen Römischen Reich, so auch im griechischen Armenien und in der Hauptstadt dieser Gegend, Mytilene. Im Einverständnis mit dem Gouverneur der Stadt, Felice, wollte seine Tochter Paolina die Gattin Severos werden, dessen leidenschaftliche Gefühle sie erwiderte. Da brauchte der römische Kaiser Severos Dienste als Feldherr und berief ihn ab, bevor man die Trauung vollziehen konnte. Später drang die Nachricht in die Stadt, Severo sei in einer Schlacht gefallen. Schließlich vermählte Felice die Tochter mit einem anderen Würdenträger von Mytilene, mit dem hohen Magistraten Poliuto. Doch auch der Hohepriester des Jupitertempels, Callistene, hatte ein Auge auf sie geworfen, so daß Poliuto in ihm ein Todfeind erwuchs. Da er seinen Haß mit Freundschaft tarnte, konnte er in Poliuto den Verdacht erwecken, Paolina sei in einen anderen verliebt. Und dies ist freilich wahr — sie hat Severo, ihren einstigen Verlobten, nie vergessen können.

Ouvertüre ◐
1. **Akt:** Poliuto sucht Trost bei den Christen von Mytilene, in deren Kreis er Eingang gefunden hat. Sie haben sich wie gewöhnlich in einer unterirdischen Höhle besammelt und müssen dennoch jederzeit mit ihrer Verhaftung rechnen *(◐ Chor).* Heute will sich Poliuto taufen lassen. Doch zuvor eröffnet er Nearco, dem Gemeindeleiter, daß er, von Eifersucht auf seinen unbekannten Rivalen zerrissen, den inneren Frieden vergeblich suche. Diesen erfleht er schließlich in einem Gebet *(Preghiera, gegen Ende als Duett).* Während die Brüderschaft im Hintergrund zur Taufe schreitet, dringt Paolina auf der Fährte ihres Mannes in die Höhle ein. Nearco bestätigt ihren Verdacht, daß Poliuto ins Lager der Christen übergetreten sei, und bittet sie um äußerste Verschwiegenheit. Beim Lauschen auf den Taufgesang *(Chor aus dem Hintergrund)* ergreift sie der christliche Geist *(◐ lyrischer Teil der Cavatina).* Als Poliuto wieder in das vordere Gewölbe kommt, wirft sie ihm dennoch

Verrat am Jupiterkult, dem offiziellen Glauben, und die Gefährdung seines Lebens vor. Da meldet einer der Glaubensbrüder, in Mytilene werde ein Stellvertreter des Kaisers erwartet, der die Verfolgung der Christen intensivieren solle. Es handle sich um — Severo ... der also immer noch lebt. Paolina kann ihre Erregung nur mühsam bezähmen (♠ *Cabaletta der Cavatina*). — Die Mytilener bereiten Severo einen glänzenden Empfang *(Chor)*. Die Aussicht auf das Wiedersehen mit Paolina, von der er annimmt, daß er sie heiraten könne, erfüllt ihn mit fiebriger Freude (Arioso, ♠ *lyrischer Teil der Cavatina*). Er stürzt sich förmlich auf Felice und erkundigt sich nach seiner Tochter. Dieser, zutiefst betreten, stellt ihm in Poliuto — ihren Gatten vor. Severo ist verzweifelt (♠ *Cabaletta der Cavatina*), die Menge aber feiert ihn weiter *(Wiederaufnahme des Chors)*, als wäre nichts gewesen.

2. Akt *(Preludio des Orchesters):* Callistene organisierte ein Treffen Severos mit Paolina, um ihre Ehe mit Poliuto weiter zu untergraben. Severo bittet Paolina auf den Knien, ihm ihre Liebe zu bekennen (♠ *lyrischer Abschnitt des Duetts);* sie verstellt sich, so gut sie kann, und weist ihn zurück *(lyrische Stretta des Duetts)*. Poliuto, vom boshaften Callistene herbeigelockt, sieht eben noch, wie sich die beiden trennen, und glaubt an einen Ehebruch. Da meldet ihm ein Bruder seiner Gemeinde, daß man Nearco verhaftet habe. Poliuto fühlt sich vom Heiligen Geist mit neuer Kraft erfüllt und richtet seine Gedanken auf die Not der Christen (♠ *lyrische Cabaletta*). — Im Jupitertempel thronen Callistene und Severo im Beisein der Priester und des Volkes als Richter über Nearco *(Chor)*. Sie wollen ihn zwingen, einen gewissen weiteren Christen, der, wie sie erfahren hätten, erst kürzlich getauft worden sei, zu denunzieren. Nearco verweigert jede Auskunft, Severo befiehlt die Folterung — da stellt sich Poliuto selbst. Paolina ist verzweifelt, das Volk ist entsetzt: dieser geschätzte Bürger soll ein Verschwörer sein (♠ *lyrischer Teil des Concertatos)?* Dennoch ist Severo durch das Gesetz gezwungen, nicht nur über Nearco, sondern auch über Poliuto das Todesurteil auszusprechen. Paolina bittet ihn verzweifelt um Gnade für ihren Mann, doch Poliuto, dessen Eifersucht schlimmer entbrennt denn je, hält sie zurück und überhäuft sie mit Hohn *(Stretta des Concertatos)*. Die beiden Christen werden abgeführt.

3. Akt *(Preludio des Orchesters):* Callistene rät den Priestern, auf Severo aufzupassen, da er, gedrängt von Paolina, ihren Mann verschonen könnte *(Arie mit Männerchor)*. — Der eingekerkerte Poliuto sieht im Traum das Paradies und unter den Erlösten seine Frau (♠ *Arioso*). Wie er erwacht, steht sie leibhaftig vor ihm, um ihn ein letztes Mal zur Abkehr vom christlichen Glauben zu überreden. Auf seine Weigerung hin beschließt sie ziemlich überraschend, selbst zum Christentum zu konvertieren (♠ *lyrischer Abschnitt des Duetts)*. Dank dieser Lösung finden sie sich endlich zusammen: in religiöser Ekstase *(Stretta des Duetts)*. — Gierig nach dem Blut der Christen, strömt das Volk in die Arena, wo Löwen die Opfer zerfleischen sollen *(Chor)*. Ihrem Entschluß gemäß bekennt sich Paolina an der

Seite ihres Mannes und im Beisein Callistenes ebenfalls zum Christentum. Verzweifelt versucht Severo seine Geliebte durch den Hinweis auf die Leiden ihres Vaters davon abzubringen, doch vergeblich *(arios gebautes lyrisches Quartett).* Dann erschallen die Trompeten — die Brüder beten zu Gott, die Menge schreit nach Blut, das Schauspiel kann beginnen *(Finale mit Doppelchor und Wiederaufnahme der Stretta des Bekehrungsduetts).*

RITA
Farce in einem Akt

Libr.: Gustave Vaëz; **UA:** 7. 5. 1860, Opéra Comique, Paris; **Ort der Handlung:** eine Herberge an der Straße zwischen Genua und Turin

Hauptpersonen: *Rita,* Herbergswirtin (s.), *Beppe,* ihr Mann (t.), *Gasparo,* ein Farmer aus Kanada (br.)

Inhalt *(Preludio des Orchesters):* Nach ihrer unerfreulichen Erfahrung mit ihrem ersten Mann, der sie bereits am Hochzeitstag verprügelte, dann aber eine Reise unternehmen mußte, auf der er angeblich umkam, ist die Herbergswirtin Rita selig, heute einen zweiten Mann zu haben, den sie selbst verprügeln kann und dabei durchaus zärtlich liebt *(● lyrischer Teil der Cavatina und ● Cabaletta).* Ausnahmsweise zeigt sie Beppe, diesem geprügelten Hund, ihre Gefühle *(● Duett-Arioso);* als er ihr aber beichtet, daß ihm soeben eine Tasse zu Boden gefallen sei, erhält er wieder einen Backenstreich *(zweimal ausgeführter cabalettahafter Mittelteil und Stretta des Duetts).* Da kommt ein protziger Gast herein, verlangt zu trinken und wundert sich über die Schramme an Beppes Wange. Dieser klagt ihm sein Leid; der Fremde rät ihm, Rita ebenfalls zu schlagen: in seinem Falle habe sich dieses Rezept glänzend bewährt *(zweistrophige Arie).* Bei der Deponierung seines Passes liest Beppe den Namen des Fremden: Gasparo ist's, der erste und mitnichten tote Gatte seiner Frau! Sogleich ersucht er ihn, sich seiner alten Rechte zu bedienen und sich an Ritas Seite im Gasthaus niederzulassen; er selbst will ledig in die prügellose Freiheit ziehen. Gasparo aber hat die Absicht, sich in Kanada, wo er seit Jahren als Farmer lebt, mit einer sanften Schönheit, seinem nächsten Prügelopfer, zu vermählen. Am Ende beschließen die beiden, um Rita zu spielen *(Duett-Arioso).* Da jeder vorgibt, dem anderen eine Gunst zu erweisen, indem er ihm die Wirtin überläßt, soll der Gewinner ihr glücklicher Gatte werden. Natürlich hoffen beide zu verlieren *(cabalettahafter Mittelteil des Duetts)* und helfen beim Spielen dem Zufall nach *(Begleitmusik: ● Orchester-Arioso).* So endet die erste Partie unweigerlich im Streit, die zweite *(Wiederholung der genannten Stücke)* ebenfalls, und Beppe schlägt vor, Halme zu ziehen, weil man sich dabei nicht betrügen könne. Diesmal siegt Gasparo — das heißt, er muß bei Rita bleiben. Die Reaktionen der beiden fallen entsprechend aus *(Stretta des Duetts und ● cabalettahafte Freudenarie Beppes).* Scheinbar pflichtergeben, aber in der Absicht, Beppe zu überlisten, bittet Gasparo seine «Witwe» um Wiederaufnahme an ihrer Seite.

Sie aber, die ihn wohl erkennt und sich vor seinen Prügeln fürchtet, zeigt ihm die kalte Schulter: sie kenne ihn nicht (◆ *lyrischer Abschnitt des Duetts mit strettahaftem Mittelteil).* Um ihr darzulegen, daß er sie — als wiedereingesetzter Ehemann — selbst dann nicht schlagen könnte, wenn er wollte, täuscht er eine Lähmung seines rechten Armes vor. Da überlegt sich Rita die Sache anders (◆ *lyrischer Abschnitt des Terzetts)* und anerkennt ihn als Gemahl. Darauf hat er nur gewartet; jetzt kann er, scheinbar aus Nostalgie, das einzige Beweisstück seiner Ehe mit der Wirtin, den Trauschein, zu sehen wünschen. Arglos zeigt sie ihm das Dokument — er nimmt es erfreut, steckt es in seine Tasche und schickt sich zum Gehen an. Da er den rechten Arm so gut bewegen kann wie irgendeiner, versetzt ihn Beppes Herausforderung zu einem Duell in keinerlei Panik. Als Beppe und Rita merken, daß die Lähmung eine Täuschung war und Beppe mithin diesem Messerstecher tragisch unterlegen wäre *(Stretta des Terzetts),* geben sie auf. Gasparo zieht seines Weges, Rita bleibt mit ihrem zweiten Mann zurück. Doch dieser hat beschlossen, sie in Zukunft nach dem Beispiel Gasparos zu verprügeln *(Wiederaufnahme von Gasparos Auftrittslied und* ◆ *Stretta finale).*

ROBERTO DEVEREUX
Opera seria in drei Akten

Libr.: Salvatore Cammarano; **UA:** 29. 10. 1837, Teatro San Carlo, Neapel; **Ort und Zeit der Handlung:** London, 1601
Hauptpersonen: *Elisabetta (Elisabeth) I.,* Königin von England (s.), *Sara,* Frau des Herzogs von Nottingham (ms.), *Roberto Devereux,* Graf von Essex (t.), *Herzog von Nottingham* (br.)

Vorgeschichte: Roberto hatte ein Verhältnis mit Elisabetta, der englischen Königin. Später verliebte er sich in ihre Freundin und erste Gesellschaftsdame, Sara, die seine Gefühle entgegnete. Die Königin erkannte wohl, daß seine Liebe zu ihr erstarb, doch ahnte sie nicht, wer ihre Rivalin war. In der Hoffnung, daß er in der Ferne wieder zu ihr finden würde, schickte sie ihn auf einen Feldzug nach Irland. Wenig später wurde Sara elternlos. Die Königin verfügte ihre Heirat mit dem Herzog Nottingham — dem besten Freund Robertos, den sie heimlich liebt!

Ouvertüre

1. Akt: Hofdamen sprechen über Saras ständige Niedergeschlagenheit (◆ *Frauenchor).* Sie weiß, warum ihr vor der Zukunft graut *(Romanze):* Ihre Gefühle für Roberto könnten sie verleiten, ihren Gatten Nottingham und erst noch ihre Freundin Elisabetta zu hintergehen! Ihre Beklemmung wächst, als ihr Elisabetta die Geschichte ihrer Liebe zu Roberto anvertraut und die Vermutung äußert, daß das Erkalten seiner Gefühle für sie mit einer Rivalin zusammenhänge. Zu Saras Schrecken schwört sie der Unbekannten grausame Rache. Dann versinkt sie in Erinnerungen an ihr vergangenes Glück *(♠ lyrischer Teil der Cavatina).* Roberto, belastet vom Vorwurf einiger Feinde, auf dem Feldzug Staatsverrat verübt zu haben, ist eben erst in London eingetroffen. Jetzt läßt er der Königin melden, daß er sie sprechen wolle. Schwankend zwischen der Hoffnung, wieder geliebt zu sein, und ihrem besseren Wissen *(♠ Cabaletta der Cavatina),* heißt sie ihn kommen. Roberto, der bereits im Bilde ist, daß Sara ihre Hand an Nottingham vergeben hat, verspürt zu Zärtlichkeiten gegenüber seiner ehemaligen Geliebten weniger Lust denn je, beteuert ihr aber feurig seine Unschuld am politischen Komplott *(Duett-Arioso).* Sie ruft ihm in Erinnerung, daß sie ihm einen Ring geschenkt und sich verpflichtet habe, ihm in jeder Lage — also auch in dieser — beizustehen, wann immer er ihr den Ring zukommen lassen werde *(Wiederaufnahme des Ariosos).* Dann versucht sie ihn in ihre alte Leidenschaft hineinzureißen... doch vergeblich *(♠ lyrischer Abschnitt des Duetts).* Als sie ihm die lange unterdrückte Frage nach einer Rivalin stellt, verneint er sie reichlich zaghaft. Sie reagiert mit rasender Wut, die trotz ihrem Ringgelübde wenig Gutes für den kommenden Prozeß verheißt *(Stretta des Duetts).* Mit dieser Sorge wendet er sich an Herzog Nottingham, den Ehemann seiner Geliebten und seinen eigenen Freund. Dieser erzählt Roberto, daß er Sara kürzlich überraschte, als sie zurückgezogen und unter Tränen ein blaues Tuch bestickte; das weise auf Liebe zu einem Rivalen hin... *(♠ lyrischer Teil der Cavatina).* Da wird der Herzog zur Verhandlung über Robertos politische Schuld oder Unschuld ins Parlament gerufen. Leidenschaftlich schwört er ihm, daß er ihn retten wolle *(♠ Cabaletta der Cavatina).* — Roberto eilt zu Sara und wirft ihr die Heirat vor. Sie klärt ihn über den Hergang der Dinge auf *(Duett-Arioso 1)* und legt ihm ans Herz zu fliehen. Bald sind sie versöhnt *(♠ Duett-Arioso 2).* Erst jetzt gesteht sie ihm, wie sehr sie in Gedanken immer bei ihm war *(♠ lyrischer Abschnitt des Duetts),* und schenkt ihm das bereits von ihrem Mann entdeckte blaue Tuch. Endlich entschließt er sich ihr zuliebe zur Flucht *(♠ Stretta des Duetts).*

2. Akt: Doch dieser Plan erweist sich als undurchführbar. Roberto steht unter strenger Kontrolle des Hofes. Höflinge klagen über sein Schicksal *(Chor).* Nachdem ihn die Lords zum Tode verurteilt haben, bittet Nottingham die Königin um Gnade für seinen Freund *(lyrischer Abschnitt des Duetts).* Sie aber zeigt sich entschlossen, das Urteil zu unterzeichnen *(♠ Stretta des Duetts).* Bei der Verlesung der Anklageschrift vor dem versammelten Hof zeigt sie Roberto das Beweisstück jenes Verrats, auf den es ihr ankommt: das blaue Tuch, das er inzwischen verloren hat. Dennoch ist er nicht bereit, den Namen seiner Freundin preiszugeben. Für Nottingham aber hat sich beim Anblick des Tuches der Nebel gelichtet *(♠ lyrischer Teil des Concertatos).* So zückt er plötzlich gegen seinen Freund, den er bisher durch dick und dünn verteidigt hat, das Schwert. Der von der Eifersucht verblendeten Elisabetta entgeht

dieser Widerspruch Mechanisch trennt sie die beiden Männer, verurteilt Roberto offiziell zum Tode (denkt aber immer an die Rettungsmöglichkeit des Rings!), und ihr Geliebter wird abgeführt *(◆ Stretta des Concertatos).*

3. Akt *(◆ Preludio des Orchesters):* Sara empfängt in ihrer Wohnung einen Brief Robertos aus dem Gefängnis. Beigelegt ist der rettende Ring, den sie so rasch wie möglich an Elisabetta weiterleiten soll. Obwohl sie sich durch diesen Liebesdienst verraten wird, ist sie sofort dazu bereit. Doch Nottingham kommt herein, entreißt ihr die Botschaft und erkennt, daß das von ihm bekämpfte Leben seines Freundes nur noch am Faden der Ringübergabe hängt. Sadistisch kostet er die Lage aus *(arios gebauter lyrischer Duett-Teil)* und sperrt seine Frau in ihren Gemächern ein *(◆ Stretta des Duetts).* — Roberto wartet im Gefängnis zuversichtlich auf die Begnadigung. Auch daß er sich mit Nottingham werde versöhnen können, bezweifelt er nicht, pflegte er doch mit Sara keinen Geschlechtsverkehr *(◆ lyrischer Teil der Arie).* Da öffnen Soldaten die Kerkertür und holen ihn zur Füsilierung ab. Er lehnt sich gegen sein Schicksal auf *(◆ Cabaletta).* — Elisabetta, umgeben von ihren Damen, die sie vergeblich zu trösten versuchen *(◆ arioser Frauenchor),* wartet in wachsender Panik auf einen Boten mit dem Ring. Schließlich ist sie sogar bereit, Robertos Leben zu retten, ohne den Ring bekommen zu haben *(◆ lyrischer Teil der Aria finale).* Da, endlich, vermochte sich Sara aus ihrer Gefangenschaft zu befreien, stürzt sich vor ihre Füße, bekennt ihre «Schuld» und gibt ihr den Ring. Doch draußen fallen bereits die tödlichen Schüsse. Nottingham kommt herein und sagt mit irrer Freude, er habe das Ende Robertos herbeigeführt. Die Königin befiehlt, das Ehepaar gefangenzunehmen. Von Schreckensvisionen heimgesucht, in denen das Blut Robertos über sie kommt, bricht sie zusammen *(◆ Cabaletta).*

ROSMONDA D'INGHILTERRA
Opera seria in zwei Akten
Libr.: Felice Romani; **UA:** 27. 2. 1834, Teatro della Pergola, Florenz; **Ort und Zeit der Handlung:** Schloß Woodstock, 12. Jahrhundert

Hauptpersonen: *Leonora,* Gattin König Enricos (s.), *Rosmonda,* Mätresse des Königs (s.), *Arturo,* Page des Königs (ca.), *Enrico (Henry),* König Englands (t.), *Clifford,* Vater Rosmondas (br.).

Ouvertüre ◆

1. Akt: König Enrico wird als Sieger von einem Feldzug gegen die Iren zurückerwartet *(Chor).* Leonora, seine Gattin, hat erfahren, daß er vor seinem Weggang eine unbekannte Schöne in einer Wohnung des Schlosses verstecken ließ und seinem Pagen Arturo den Auftrag erteilte, sie zu betreuen. Doch dabei hat sich der schüchterne Jüngling selbst in sie verliebt. Um sich an ihrem treulosen Mann und seiner Mätresse zu rächen, verspricht die Königin Arturo, dass er seine Angebetete zur Frau bekommen werde *(◆ lyrisches Duett und Cabaletta Leonora).* Dann wird der König als Sieger begrüßt *(Wiederaufnahme des*

Chors), denkt aber weniger an seine militärischen Trophäen als an die nächsten Schäferstündchen bei seiner Geliebten *(☙ lyrischer Arienteil und ☙ Cabaletta, anschließend ☙ Triumphmarsch des Orchesters).* Zu seiner bösen Überraschung trifft er auf Clifford, den sittenstrengen Vater seiner Freundin, einer gewissen Rosmonda. Um sie zu seiner Mätresse machen zu können, hatte er ihn ins Ausland geschickt; nun ist der alte Mann früher als vorgesehen nach England zurückgekehrt und hält Enrico eine Sittenpredigt wegen jener ominösen Dame, mit der er, wie man überall erzähle, eine wilde Ehe führe. Der König beruft sich auf seine Gefühle, Clifford indessen bleibt ungerührt. Zum Schrecken Enricos versichert er ihm, er selber wäre lieber tot, als eine solche Tochter gezeugt zu haben *(arios gebauter lyrischer Duett-Teil).* In seiner Feigheit fordert ihn der König auf, das Mädchen und sich von ihren Werten zu überzeugen *(Stretta des Duetts).* So wird Rosmonda den Konflikt mit ihrem Vater allein austragen müssen. — Nachdem Rosmonda monatelang nur mit Arturo zusammenlebte — den sie, wie er fühlt, durchaus nicht liebt —, ist sie so melancholisch wie ihr Gefährte *(Arioso und ☙ lyrischer Teil der Cavatina, in der zweiten Strophe zum Duett erweitert)* und sehnt sich nach «Edegardo» *(☙ Cabaletta).* Der König hat ihr seinen wahren Namen selbstverständlich nicht genannt, da sie zu einer so gefährlichen Beziehung kaum bereit gewesen wäre. Dann kommt Clifford, um die von ihm zum voraus verdammte Mätresse seines Gebieters kennenzulernen — und steht seiner Tochter gegenüber. Wie es sich der strenge Vater ahnungslos verheißen hat, bricht seine Welt zusammen *(☙ lyrischer Abschnitt des Duetts).* Als er jedoch Rosmonda darüber aufklärt, wer «Edegardo» sei, ist sie genauso empört wie er, zeigt sich entschlossen, ihrer Liebe zu entsagen, und wird vom Vater wieder akzeptiert *(☙ Stretta des Duetts).* Wie er sie aus dem Schloß entfernen will, versucht ihn der König daran zu hindern *(Arioso des Concertatos).* In den dramatischsten Augenblick der Debatte platzt Leonora selbst hinein *(☙ lyrischer Teil des Concertatos, anschließend Wiederaufnahme des Ariosos).* Enrico verkündet ihr seinen Entschluß, die Ehe mit ihr zu scheiden und Rosmonda auf den Thron zu bringen *(☙ Stretta des Concertatos).*

2. Akt: Die Rechtsberater des Königs erklären sich zwar bereit, den Schritt zu legalisieren, sprechen sich aber persönlich dagegen aus *(☙ Männerchor).* Die Königin selbst erinnert ihn daran, daß er das Reich aus ihrer Hand empfangen habe *(Duett-Arioso),* erinnert ihn auch an seine einstigen Liebesbeteuerungen *(☙ lyrischer Abschnitt des Duetts)* und droht ihm, als er auf seiner Absicht besteht, mit kategorischem Widerstand *(Stretta des Duetts).* Für den schwächlichen Arturo stehen die Dinge gut: Die Königin wird alles daransetzen, daß er Rosmonda heiraten kann *(☙ lyrischer Teil der Arie/Cabaletta).* Tatsächlich haben sich Clifford und Leonora inzwischen darauf geeinigt, daß Arturo heimlich mit Rosmonda fliehen und sie im Ausland heiraten solle. Sie als gefallenes Mädchen, sagt er zu seiner Tochter, könne über

einen «generösen Jüngling» glücklich sein, der ihre Schande verbergen wolle. Rosmondas Zögern freilich verrät die immer noch starken Gefühle, die sie für den König hegt, und ihre recht geringe Neigung zu Arturo. Schliesslich erklärt sie unverhohlen, daß es ihr lieber wäre, den Klosterschleier zu nehmen (◆ *lyrischer Teil der Arie*). Da regen sich in Clifford Affekte persönlicher Art: Ob sie darauf verzichten wolle, ihren Vater während seiner alten Tage zu umsorgen! Endlich gibt sie schweren Herzens nach (*Cabaletta*). Sie wird sich zu einer bestimmten nächtlichen Stunde im Schloßpark einfinden müssen und von Arturo mit Pferden erwartet werden. Heimlich verschwinden muß sie natürlich deshalb, um ihrem Geliebten entzogen zu werden, bevor er sie heiraten kann, und einzig deshalb war die Königin bereit, ihr Leben zu verschonen. So liegt es in ihrem eigenen Interesse, Enrico den Plan streng zu verheimlichen. Doch als er ihr wenige Augenblicke vor dem vereinbarten Zeitpunkt im Schloß begegnet und sie erneut umwirbt (*Duett-Arioso und* ◆ *lyrischer Abschnitt des Duetts*), verliert sie die Fassung, und beim Schlag der Glocke entfährt ihr ein Schrei, der das Projekt verrät (◆ *lyrische Stretta des Duetts*). — Eine Mannschaft Leonaras wartet im Park auf die Zusammenkunft der Verlobten, um ihre Flucht zu schirmen (◆ *Männerchor*). Da stellt sich heraus, daß der Monarch zum gegenteiligen Zweck ebenfalls Helfer mobilisierte. Leonora, überzeugt, Rosmonda habe die Entführung sabotiert, sucht sie am Treffpunkt auf und droht ihr mit dem Tod (◆ *Duett-*

Arioso und lyrische Stretta des Duetts). Als der König selber kommt, sticht sie Rosmonda nieder (*Sterbeszene:* ◆ *lyrisches Quintett*) und spricht dem König die Alleinschuld an diesem Verhängnis zu (*Cabaletta finale; beide Stücke aus der erweiterten Version «Eleonora di Guajenna» für Neapel [1837]*).

SANCIA DI CASTIGLIA
Opera seria in zwei Akten

Libr.: Pietro Salatino; **UA**: 4. 11. 1832, Teatro San Carlo, Neapel; **Ort und Zeit der Handlung**: Toledo, 990

Hauptpersonen: *Sancia,* Königin von Kastilien (s.), *Garzia,* ihr Sohn (ca.), *Rodrigo, Minister* (t.), *Ircano,* ein sarazenischer Prinz (bs.)

Vorgeschichte: Ircano, ein sarazenischer Prinz, und seine Mohrentruppen unterstützten die verwitwete Königin von Kastilien, Sancia, gegen die Gallier. In einer dieser Schlachten fiel, wie man glaubt, Garzia, Sancias Sohn. So ist der Königsthron verwaist. Ircano, der ihn an sich reißen will, warb mit geheuchelter Inbrunst um Sancias Liebe und hatte Erfolg. Rodrigo aber, ihr Minister, und mit ihm der ganze Hof lehnen die Heirat Sancias mit Ircano und damit seine Ernennung zum neuen kastilischen Herrscher entrüstet ab: einem Neger aus Nordafrika wollen sie nicht hofieren. Die Königin aber setzt sich — wenigstens vorübergehend — durch.

1. **Akt** (*Preludio des Orchesters*): Heute soll nun die Hochzeit sein. Verwundert fragen Ircanos Begleiter den Prinzen, warum er noch immer

bedrückt erscheine (◆ *Männerchor*). Er gesteht seine Sorge, Garzia könnte entgegen den Zeugenberichten dem Tod auf dem Schlachtfeld entronnen sein — in diesem Falle wäre Sancias Sohn der legitime Herrscher (◆ *lyrischer Teil der Cavatina*). Da meldet Rodrigo Sancias Entschluß, die Hochzeit zu verschieben. Ircano, der weiß, warum er drängt, droht mit Gewalt (◆ *Cabaletta der Cavatina*). — Sancia hat sich natürlich von ihren Beratern einschüchtern lassen und ist nun niedergeschlagen. Die Ehrendamen versuchen sie aufzumuntern (◆ *Frauenchor*), doch erst die Empfehlung aus ihrer Mitte, sie solle auf ihrem Willen bestehen, weckt ihre Lebensgeister. Ihre Gefühle sind stärker als sie *(lyrischer Teil der Cavatina)*, so will sie ihnen künftig mit Entschlossenheit zu ihrem Recht verhelfen *(Cabaletta)*. Doch als ihr der Minister wieder ins Gewissen redet, verfliegt ihr Elan aufs neue. Sie verteidigt ihren Freund, doch reichlich unbeherzt (◆ *Duett-Arioso*), und beim Gedanken an den ganzen Hof, der hinter Rodrigo steht, verläßt sie auch der letzte Mut (◆ *lyrischer Abschnitt des Duetts, anschließend Wiederaufnahme des Ariosos*). Statt die Heirat zu befehlen, fleht sie den Minister an, ihr keinen Stein in den Weg zu legen (◆ *lyrische Stretta des Duetts*). — Schließlich ist der Hof versammelt, um sich die Heiratserklärung der Königin anzuhören: Rodrigo und die würdevollen Granden sind schon jetzt empört (◆ *Einleitungschor des Concertatos mit Solo Rodrigo, anschließend Orchestermarsch*). Beim unvermeidlichen Zusammenstoß der stolzen Spanier mit Ircano muß Sancia von ihm eigens ermuntert werden, ihrem Entschluß Nachachtung zu verschaffen *(Arioso des Concertatos)*. Da steht Garzia unter der Tür. Die Höflinge jubeln: der Anspruch Ircanos ist null und nichtig geworden. Wie dieser wirkt auch Sancia nicht gerade glücklich, ihren verlorenen Sohn wiederzusehen (◆ *lyrischer Teil des Concertatos*). Garzia, enttäuscht, läßt sich erzählen, was geschehen ist, erkennt, daß ihn der Mohrenfürst bei seiner Mutter verdrängt hat, und befiehlt Ircano, vor dem nächsten Morgengrauen abzureisen *(Stretta des Concertatos)*.

2. Akt *(Preludio des Orchesters)*: Ircanos Truppe ist gar nicht so unzufrieden, endlich wieder an die frische Luft zu kommen (◆ *Männerchor*). Ircano aber stellt sich Sancia gegenüber verliebter denn je (◆ *lyrischer Abschnitt des Duetts*) und kann ihr das Einverständnis entlocken, den Krönungswein, mit dessen Genuß Garzia seine Treue zu den Gesetzen des Landes beeiden wird, zu vergiften (◆ *lyrische Stretta des Duetts*). — Garzia aber faßt den Entschluß, den Wunsch seiner Mutter zu erfüllen und ihr Ircano zum Mann zu geben (◆ *lyrischer Teil der Arie und Cabaletta*). — Als Sancia vor der fatalen Zeremonie die Giftampulle ins Gefäß entleeren will, um ihren Sohn zu töten, fällt ihr Blick auf eine Büste seines Vaters, ihres ersten Mannes, und sie schreckt vor ihrem Plan zurück (◆ *erster lyrischer Teil der Aria finale*). Das ahnte ihr Geliebter wohl voraus, weshalb er sie, verborgen, überwacht. Als sie das Gift zu Boden werfen will, schnellt er hervor, entreißt es ihr und gibt es mit eigenen Händen in den Trank. Für jeden weiteren Schritt ist es zu spät; schon tritt

der Hof zur Krönung an. Und jetzt erklärt Garzia seine Bereitschaft, aus Liebe zu seiner Mutter Sancias Heirat mit Ircano hinzunehmen. Sie, völlig erschlagen von ihrer Schuld, sieht keinen anderen Ausweg, als Garzia zu retten, indem sie sich selber tötet. Kaum will der Sohn die Schale mit dem tödlichen Gemisch ergreifen, kommt sie ihm zuvor und trinkt es selbst. Dann bekennt sie ihr Verbrechen, verschont indessen — in einer Mischung aus Haß und Liebe — auch Ircano nicht *(zweiter lyrischer Teil der Aria finale)*. Ihr letzter Trost ist aber immer noch ihr Glaube an seine Gefühle. So kann ihr Ircano, den sie vernichtet hat, zur Rache entgegenschleudern, er habe sie nie geliebt. Im vernichtenden Bewußtsein dieser Wahrheit, aber zugleich unter den mächtig wirkenden, magischen guten Wünschen des Volkes, das sie seit den ersten Tagen ihrer Liebe zu Ircano so gefürchtet hat, erleidet sie ihren qualvollen Tod *(● Cabaletta finale)*. Ircano wird abgeführt.

TORQUATO TASSO
Opera seria in drei Akten

Libr.: Iacopo Ferretti und Gaetano Donizetti; **UA:** 9. 9. 1833, Teatro Valle, Rom; **Ort und Zeit der Handlung:** Ferrara, 1597/1586

Hauptpersonen: *Eleonora d'Este*, die Schwester des Fürsten (s.), *Eleonora di Scandiano* (ms.), *Roberto Geraldini* (t.), *Torquato Tasso* (br.), *Fürst Alfonso d'Este* (br.), *Don Gherardo* (bs.)

1. Akt *(Preludio des Orchesters)*: Höflinge sprechen über Menschlich-Allzumenschliches, das sich im Schlosse des Fürsten Alfonso d'Este ereignet *(● Männerchor)*. Ein älterer Geck, der Edelmann Don Gherardo, macht sich an sie heran, um zu erfahren, ob Torquato Tasso, der Dichter im Dienst des Fürsten, dessen Schwester oder seine eigene Angebetete liebe *(● lyrischer Teil der Buffa-Cavatina mit Männerchor)*. Weil beide in Frage kommenden Damen Eleonora heißen, ist die Affäre nur für Hausspione zu durchschauen, wie sie Don Gherardo gegenüberstehen. Doch keiner der Männer will ihm Auskunft geben *(Cabaletta der Cavatina mit Männerchor)*. Helfen kann ihm nur Roberto Geraldini, der Sekretär des Fürsten, der auf Tassos dichterischen Ruhm und seine menschliche Ausstrahlung grenzenlos neidisch ist. Dabei ist Roberto dieser Ausstrahlung genauso verfallen wie Tassos verschiedene Anbeterinnen, und der Gedanke, ihn zu verderben, erfüllt ihn mit einer sadistischen Lust *(● Arioso, lyrischer Teil und Cabaletta der Cavatina)*. — In seiner Wohnung läßt sich Torquato von seiner Neigung zu Eleonora d'Este, der Schwester des Fürsten, für sein Hauptwerk inspirieren: das Epos «Befreites Jerusalem» *(Arioso)*. Roberto, der den Dichter mit dem Nachweis stürzen könnte, daß er als gemeiner Angestellter seine Herrin liebt, belauscht ihn, wie er Verse rezitiert, in denen er «seine» Eleonora offen besingt *(weiteres Arioso)*. Indessen verschweigt das Gedicht ihren Familiennamen, so daß man Tasso wieder nicht auf eine der beiden fraglichen Damen behaften kann. Immerhin sind die Verse geeignet, Verdacht zu erwecken, und Roberto schlägt dem

Autor in geheuchelter Besorgnis vor, er solle sie verbrennen *(Duett-Arioso)*. Tasso aber sieht in ihnen «Fleisch von seinem Fleisch» *(◆ lyrischer Abschnitt des Duetts)* und will sie nur vom Sekretär vernichten lassen, da er findet, dieser — offenbar sein bester Freund — habe ein solches Opfer verdient. Ja, der Gedanke, daß Roberto seine Liebespoesie ins Feuer werfen könnte, erfüllt ihn sogar mit Wonne *(◆ Stretta des Duetts)*. Roberto freilich spielt die belastenden Verse Don Gherardo zu, der immer noch nicht weiß, ob Tasso «seine» Eleonora mit dem Familiennamen Scandiano oder die Schwester des Fürsten liebt. Obwohl die Ode Tassos auch keine Klarheit schafft, bestärkt sie seinen Verdacht, und als ihm Roberto rät, das Blatt dem Fürsten vorzulegen, der dann dem losen Treiben jedenfalls ein Ende setzen werde, ist er sofort dazu bereit. — Eleonora d'Este liest in einem Tasso-Werk und kokettiert mit ihrer reizvoll-gefährlichen Lage, jederzeit die Gefühle des einerseits großen, andererseits allzu geringen Mannes entgegennehmen zu können *(lyrischer Teil der Cavatina und ◆ Cabaletta)*. Von ihr herbeibestellt, sucht er sie auf und trägt ihr einen Abschnitt vor, der sich so offen wie jene anderen Strophen, die nun beim Fürsten liegen, auf sie bezieht *(lyrischer Abschnitt des Duetts)*. Das reißt sie zum Bekenntnis ihrer — leider nicht besonders tiefen — Liebe hin *(strettahaftes Endstück dieses Duett-Teils)*. Sie schwören einander ewige Treue *(Stretta des Duetts)*. Da überreicht ihr ein Page einige Zeilen des Fürsten, worin er sie warnt, sich mit dem Dichter einzulassen; Tassos delikate Verse liegen dem Zettel bei.

Robertos Verrat ist offensichtlich. Zornig stellt Tasso den Intriganten zur Rede *(Arioso des Concertatos)*. Aber Robertos teils verlegene, teils unbewußt feurige Freundschaftsbeteuerungen *(◆ lyrischer Abschnitt des Concertatos)* und das Dazwischentreten des Fürsten, der die Fehde schlichtet, weil er von der Kunst des Dichters weiter profitieren möchte, erlauben es dem Betrüger, sich aus der Schlinge zu ziehen. Der Auftritt endet mit allgemeiner Versöhnung *(Stretta des Concertatos)*.

2. Akt: Wiederum sind die Speichellecker des Hofes versammelt und besprechen das Geschehene *(◆ lyrischer Männerchor mit Stretta)*. Wiederum gesellt sich ihnen Don Gherardo bei, diesmal begleitet von seinem Schwarm, Eleonora di Scandiano. Er ist nun ebenfalls im Bilde, daß die Angebetete des Dichters nicht sein eigenes Idol, sondern die Schwester des Fürsten ist. Diese Erkenntnis trägt er der Scandiano — die sich durchaus nicht ungern in Versen Tassos verewigt gesehen hätte — tölpelhaft vor. Dafür erhält er von ihr den schmählichsten Korb, den sie ihm je erteilte. Die Höflinge lachen ihn aus *(◆ Männerchor)*. Sein Zorn entlädt sich in Haß auf Tasso, der, titel- und würdenlos, doppelt soviel Respekt genießt *(◆ lyrischer Teil der Buffa-Arie)*. Als er jedoch den Spöttern Geld verspricht, falls sie Torquato und seine Geliebte bei zärtlichem Umgang ertappen könnten, scharen sie sich begeistert hinter ihn *(◆ Stretta der Buffa-Arie [vorwiegend Männerchor])*. Die Falle aber stellt wieder der Sekretär. Er macht Eleonora d'Este weis, daß er noch immer der zuverlässigste Hel-

fer ihres Geliebten sei, und arrangiert für sie ein Treffen mit Torquato zu nächtlicher Stunde im Park *(lyrischer Abschnitt des Duetts)*. Da ihr das Abenteuer mittlerweile zu gefährlich wurde, will sie dem Dichter raten, den Hof zu verlassen *(● Stretta des Duetts)*. — Verzweifelt lehnt sich Tasso gegen diesen Vorschlag auf *(Duett-Arioso)* und bittet sie schließlich, ihn ins Ausland zu begleiten — eine Idee, die ihr verrückt erscheint *(arios gebauter lyrischer Abschnitt des Duetts)*. Als er sich von ihr trennen will *(● lyrische Stretta des Duetts)*, sieht er sich von Roberto, Don Gherardos Spähern und dem Fürsten eingekreist. Nun ist er dieser seiner Ehre schuldig, Tasso zu bestrafen, er läßt ihn gefangennehmen *(lyrischer Teil des Concertatos)*. Roberto, dessen Plan gelungen ist, empfindet ein nostalgisches Gemisch von Reue- und Triumphgefühlen *(● Stretta des Concertatos)*.

3. Akt *(Preludio des Orchesters):* Die mittlerweile siebenjährige Gefangenschaft hat Tassos Geist getrübt. Er träumt im Kerker zusammenhanglos von der Vergangenheit *(● erster lyrischer Arienteil)*. Da holen ihn Höflinge in die Freiheit *(von hier an: mehrere Chorepisoden);* man will ihn in Rom zum Dichter krönen. Überglücklich, wieder anerkannt zu sein, wünscht er sofort zu Eleonora geführt zu werden. Die Männer indessen müssen ihm sagen, daß sie gestorben sei. Nun ist sein Lebenswille gebrochen *(zweiter lyrischer Arienteil mit Chor)*. Er ist bereit, den Lorbeerkranz entgegenzunehmen, hält aber den Ruhm für ebenso vergänglich wie die Gekrönten selbst *(● Cabaletta finale)*.

UGO CONTE DI PARIGI
Opera seria in zwei Akten

Libr.: Felice Romani; **UA:** 13. 3. 1832, Teatro alla Scala, Mailand; **Ort und Zeit der Handlung:** Laon, Frankreich, Ende des 10. Jahrhunderts

Hauptrollen: *Bianca*, Prinzessin von Aquitanien (s.), *Adelia*, ihre jüngere Schwester (s.), *Emma*, Königin-Mutter Frankreichs (s.), *Louis (Luigi) V,* König Frankreichs (ca.), *Hugo Capet (Ugo),* Graf von Paris (t.), *Folco d'Anjou* (br.)

Vorgeschichte: Lotario, ein Karolingerkönig Frankreichs, starb auf dunkle Weise. Am Hofe von Laon wissen nur zwei Bescheid: die Königin-Witwe Emma und ein Prinz des Hauses, Folco d'Anjou. Dieser verleitete Emma zur Vergiftung ihres Mannes, weil ihm der Tod Lotarios erbrechtliche Möglichkeiten erschloß, selbst zu regieren. Dann aber setzte sich doch nicht seine Partei, sondern die Anhängerschaft des damals noch minderjährigen Sohnes von Lotario und Emma, Luigi, durch. Einem Feldherrn von erprobter Treue, Ugo, Graf von Paris, wurde das Karolingerzepter bis zur Mündigkeit Luigis anvertraut. Ihm wie auch Luigi schwor Folco Rache. — Im Aquitanierreich, das die Normannen heftig bekriegen, herrscht eine kränkelnde Königin. Sie ist ebenfalls Witwe und hat zwei Töchter. Mit der älteren von diesen, der künftigen Herrscherin Aquitaniens, Bianca, soll sich Luigi — so wollen es die französischen Diplomaten — vermählen. Ugo wird nach Aquitanien geschickt, um Bianca zur Vermählung abzuholen. Dabei verliebt er sich in Adelia, ihre jüngere

Schwester. Diese entgegnet seine Gefühle, und weil den beiden entgeht, daß sich auch Bianca, die Braut des Königs, in ihn verliebte, knüpfen sie eine Beziehung an. — In Frankreich angekommen, macht Bianca dem Hof die Hölle heiß. Von ihrer Liebe zu Ugo erfüllt, die sie verheimlicht, kann sie für ihren Bräutigam, den knabenhaften Luigi, nur Ekel empfinden, den sie offen zeigt. Die Königin-Mutter, Emma, beschwört ihren Sohn, die Aquitanierin nach Hause zu schicken. Doch Folco sieht in der heiratsunlustigen, zürnenden Bianca ein Instrument, den Hof zu entzweien, Luigi und Ugo zu stürzen und endlich selbst die Macht zu ergreifen. Deshalb empfiehlt er dem Prinzen, auf der Trauung zu bestehen — ein Rat, den dieser gern beherzigt, weil er Bianca liebt. Sie fühlt die Eheschlinge um ihren Hals enger und enger werden und bittet Adelia, ihre Schwester, nach Frankreich zu kommen, um ihr zu helfen.

Ouvertüre ◈

1. **Akt:** Die Krönung ist im Gange. Höflinge feiern die Wiederbelebung der Herrschaft der Karolinger *(Männerchor)*. Folco weiß es besser und lacht sich ins Fäustchen (◈ *einteilige lyrische Cavatina und Wiederholung des Männerchors*). Luigi verkündet als oberstes Ziel seiner Regentschaft die Klärung der Todesumstände Lotarios, seines Vaters *(Quartett-Arioso)*. Ugo aber weist ihn darauf hin, daß die Bekämpfung der Normannen vorderhand dringlicher sei (◈ *Arioso Ugos als lyrischer Abschnitt des Quartetts)*, und der naive junge König ist auch damit einverstanden (◈ *Stretta des Quartetts und zweite Wiederholung des Einleitungschors)*. — Bianca, Luigis Braut, die in der Kirche erwartet wird, hält sich statt dessen in ihren Gemächern auf und hadert mit dem Schicksal (◈ *lyrischer Teil der Cavatina)*. Da melden ihr einige Damen zu ihrer Freude die Ankunft Adelias (◈ *lyrische Cabaletta)*. Sofort bedrängt sie ihre Schwester mit der Bitte, ihrem ungeliebten Bräutigam zu sagen, ihre Mutter hätte sie geschickt und wolle, da sie im Sterben liege, nochmals beide Töchter um sich haben, so daß sie ihn bitte, seine Braut für ein paar Tage zu entlassen. Dann nennt ihr Bianca den wichtigsten Grund dieser Intrige: Liebe zu Ugo (◈ *lyrischer Abschnitt des Duetts)*. Adelia ist keineswegs erbaut, in ihrer ungestümen Schwester eine unterlegene Rivalin zu entdecken, doch aus Angst schweigt sie darüber und sichert ihr zu, alles zu unternehmen, um sie nach Hause zurückzubringen (◈ *lyrische Stretta des Duetts)*. Aber Luigi, mit Folco hinzugetreten, lehnt unter dessen Einfluß Adelias Bitte ab und mahnt seine Frau an den Altar, der auf sie warte (◈ *Arioso)*. Als Gegendienst verspricht er ihr, sie selbst nach Aquitanien zu geleiten, sobald die Ehe geschlossen sei (◈ *lyrischer Abschnitt des Quartetts)*. Als sie neue, peinlich konstruierte Argumente für die sofortige Abfahrt sucht, wirft er ihr vor, in einen andern verliebt zu sein. Nun zeigt sie sich zutiefst verletzt *(lyrische Stretta des Quartetts)*. — Ugo begegnet Adelia. Diese, von wachsender Panik erfüllt, beschwört ihren Freund, nichts mehr von ihrer geplanten Heirat verlauten zu lassen, beteuert ihm aber, daß sie ihn immer

noch liebe («*lyrischer*» *Abschnitt des Duetts*). Bevor sie sich näher erklären kann, melden ihr Damen das Kommen Biancas, und die Liebenden müssen sich trennen (*Stretta des Duetts*). Auch Folco und der König sind wieder zur Stelle. Luigi erklärt, er wolle Ugo zur Bekämpfung der Normannen nach Aquitanien schicken *(von hier an: Arioso des Concertatos)*. Damit die Königin auch menschlichen Beistand finde, solle Adelia Ugo begleiten. Folco sieht Bianca außer sich vor Wut und hält die Stunde für gekommen, den Ausbruch herbeizuführen. Der Vater der Schwestern, sagt er überraschend, der frühere aquitanische König, habe vor seinem Tod den Wunsch geäußert, daß Ugo Adelia heiraten solle. Luigi meint, dies habe augenblicklich zu geschehen. Adelia fleht Ugo heimlich an, sein Jawort zu verweigern (♦ *lyrischer Teil des Concertatos*). Sehr gegen seinen Willen lehnt er die Heirat ab *(Wiederaufnahme desAriosos)*. Der König aber triumphiert: jetzt wisse man endlich Bescheid. Ugo und Bianca liebten einander; einzig deshalb sabotierte Bianca die Heirat mit ihm, Luigi, und einzig deshalb weise Ugo Adelias Hand zurück! Bianca bestätigt diesen Vorwurf ohne weiteres. Ugo jedoch versichert dem König, daß er ihre Neigung ganz und gar nicht teile. Skeptisch will Luigi von ihm wissen, wer denn die Dame seines Herzens sei. Wieder nimmt Ugo Rücksicht auf die übergroße Angst Adelias und schweigt. Der König erklärt ihn zum Lügner und Staatsverräter und läßt ihn verhaften *(Stretta des Concertatos)*.

2. Akt (♦ *Preludio des Orchesters)*: Hilflos denkt Ugo im Gefängnis über das Vorgefallene nach (♦ *Arioso)*. Da sucht ihn Bianca auf. Sie schlägt ihm vor, mit Hilfe der ihm nach wie vor ergebenen französischen Truppen und ihrer eigenen Leute gegen Luigi vorzugehen. Ugo jedoch ist nach wie vor der treue Diener der Karolinger, und lehnt den Vorschlag entrüstet ab. Als sie ihn nach dem Namen ihrer Rivalin fragt (♦ *Duett-Arioso des Terzetts*), erscheint Adelia im Verlies und gibt ihr damit unfreiwillig Antwort (♦ *lyrischer Abschnitt des Terzetts*). Da dringen ugotreue Soldaten, Aufständische aus dem Heer des Königs, in den Kerker ein, um ihren Führer zu befreien. Ugo, der Biancas Unbereitschaft erkennt, seine Gefühle für ihre Schwester zu akzeptieren, benützt das Angebot der Soldaten und sucht gemeinsam mit Adelia das Weite (♦ *Stretta des Terzetts*). — Die Damen des Hofes beklagen den Krieg zwischen den königstreuen und den rebellischen Heereseinheiten *(Frauenchor)*. Doch überraschend melden einige Vasallen (♦ *Männerchor)* das Ende des Blutvergießens: Ugo habe zur Versöhnung mit dem König aufgerufen. Da tritt er auch schon selber vor Luigi, Seite an Seite mit Adelia, die nun bereit ist, den Schutz des Königs gegen die Racheabsichten Biancas in Anspruch zu nehmen. Luigi setzt die Hochzeit zwischen ihnen auf den gleichen Abend fest (♦ *lyrischer Teil der Arie*). Mit Bianca aber will er brechen und sie streng bewacht zur Landesgrenze bringen lassen *(Cabaletta der Arie)*. — Nicht nur sie ist die Verliererin der Intrige, sondern auch Folco, welcher die Macht seiner Feinde befestigt sieht. Zur Rache versieht er Bianca mit einem Gift; sie soll es in Ugos Meßkelch leeren, damit er noch während der Trauung sterbe. Schon will sich Bianca in die Kapelle schleichen, als sie eine Frauenstimme seufzen hört. Die Königin-Mutter, Emma, der ihre einstige Bluttat keine Ruhe läßt, irrt faselnd durch die Gemächer *(Szene Emma,* ● *Cabaletta Bianca [Duett]).* Es kommt zur gegenseitigen Beichte zwischen den beiden Frauen; Bianca erzählt von ihrem geplanten, Emma von ihrem längst vollzogenen Mord *(●lyrisches Duett).* Dennoch will sich Bianca, als sie den Chor der Hochzeitsgäste vernimmt, in die Kapelle stürzen. Emma schreit um Hilfe, die Gesellschaft strömt herbei. Hastig trinkt Bianca selbst das Gift, das sie für Ugo bestimmte, und triumphiert: nicht einmal mehr der Himmel könne sie retten. Nun überlasse sie Adelia ihre Liebe — aber auch ihren Haß *(Cabaletta finale).*

DIE OPERN IN DER CHRONOLOGISCHEN FOLGE IHRER ENTSTEHUNG

* im Opernführer enthalten (Seitenzahl kursiv)
O Uraufführungen, die die Entstehungschronologie durchbrechen (chronologisch)
Im Sachregister sind unter dem Namen des Komponisten für alle Opern sämtliche Seiten des Buches erwähnt, auf denen von ihnen die Rede ist.

I. FRÜHPHASE
Frühphase 1
prägender Einfluß Mayrs und Rossinis. Ansatzweise Eigenstil

1 **Il Pigmalione*** *Oper in einem Akt*

   Librettist: unbekannt. **Libretto-Quelle:** Ovid, *Metamorphosen*, 10. Buch (Basis-Quelle). **Uraufführung:** 13. 10. 1960, Teatro Donizetti, Bergamo. Entstanden 1816 in Bologna.

2 **Olimpiade** *Oper*

   Librettist: unbekannt. Möglicherweise Pietro Metastasio (altes Textbuch). **Uraufführung:** anscheinend keine. Entstanden 1817 in Bologna. Partitur verloren.

3 **L'Ira d'Achille** *Oper in einem Akt*

   Librettist: unbekannt. **Libretto-Quelle:** Homer, *Ilias*, 1. Buch (Basis-Quelle). **Uraufführung:** anscheinend keine. Entstanden 1817 in Bologna.

4 **Enrico di Borgogna** *Opera semiseria in zwei Akten*

   Librettist: Bartolomeo Merelli. **Libretto-Quelle:** unbekannt. **Uraufführung:** 14. 11. 1818, Teatro San Luca, Venedig. Entstanden 1818 in Bergamo und/oder Venedig.

5 **Una Follia** *Farce in einem Akt*

   Wahrscheinlich identisch mit der Farce **Il Ritratto parlante**
   Librettist: Bartolomeo Merelli. **Libretto-Quelle:** unbekannt. **Uraufführung:** 15. 12. 1818, Teatro San Luca, Venedig. Entstanden 1818 in Bergamo und/oder Venedig. Partitur verloren.

6 **Le Nozze in Villa** *Opera buffa in einem Akt*

   Librettist: Bartolomeo Merelli. **Libretto-Quelle:** unbekannt. **Uraufführung:** Karneval 1820/21, Teatro Vecchio, Mantua. Entstanden 1819 in Bergamo. Autograph verloren.

7   **Piccioli Virtuosi ambulanti** oder **Piccoli Virtuosi di Musica ambulanti**
    Opera buffa (Farce) in einem Akt
    Librettist: Bartolomeo Merelli. **Libretto-Quelle:** unbekannt.
    Uraufführung: Sommer 1819, Bergamo, durch Zöglinge der Musikschule
    Mayrs. Autograph der Introduktion im Donizetti-Museum, Bergamo.
    Wahrscheinlich stammt die Oper nur zum Teil von Donizetti.

8   **Il Falegname di Livonia** oder **Pietro il Grande, Czar della Russia**
    Opera buffa in zwei Akten
    Librettist: Gherardo Bevilacqua-Aldovrandini. **Libretto-Quelle:** ein
    Lustspiel von Alexandre Duval (Basis-Quelle). **Uraufführung:** 26. 12. 1819,
    Teatro San Samuele, Venedig, mit Giovanni Battista Verger (Carlo).
    Entstanden 1819 in Bergamo und/oder Venedig.

    O Uraufführung der **Nozze in Villa** (→ Nummer 6), Karneval 1820/21.
    Teatro Vecchio, Mantua.

9   **Zoraide di Granata** *Opera seria in zwei Akten*
    Librettist: Bartolomeo Merelli (zweite Fassung 1824: Überarbeitung durch
    Iacopo Ferretti). **Libretto-Quelle:** ein Roman von Florian Gonzales
    (Basis-Quelle). **Uraufführung:** 28. 1. 1822, Teatro Argentina, Rom, mit
    Frau Mazzanti *(Abenamet)*, Domenico Donzelli *(Almuzir)*. Uraufführung
    der Revision: 7. 1. 1824, gleiches Theater, mit Luigia Boccabadati
    (Zoraide), Rosmunda Pisaroni *(Abenamet)*, Domenico Donzelli *(Almuzir)*.
    Entstanden 1821/22 (?) in Bergamo/Rom (?). Revision entstanden
    1823/24 (?) in Neapel/Rom (?).
    Empfehlenswerte Fassung: 1824er Revision.

10 **La Zingara** *Opera seria (eigentlich semiseria) in zwei Akten*
    Librettist: Andrea Leone Tottola. **Libretto-Quelle:** ein Intermezzo in zwei
    Akten von Rinaldo di Capua. **Uraufführung:** 12. 5. 1822, Teatro Nuovo,
    Neapel, mit Giacinta Canonici *(Zigeunerin)*. Entstanden 1822 in Neapel.

11 **La Lettera Anonima*** *Farce in einem Akt*
    Librettist: Giulio Genoino. **Libretto-Quelle:** wahrscheinlich ein
    Theaterstück von Genoino selbst. **Uraufführung:** 29. 6. 1822, Teatro del
    Fondo, Neapel, mit Giovanni Battista Rubini *(Filinto)*. Entstanden 1822 in
    Neapel.

12 **Chiara e Serafina** oder **I Pirati** *Opera semiseria in zwei Akten*
    Librettist: Felice Romani. **Libretto-Quelle:** René Charles Guilbert de
    Pixérécourt, *La Cisterne*. **Uraufführung:** 26. 10. 1822, Teatro della Scala,
    Mailand, mit Marietta Gioja-Tamburini *(Lisetta)*, Antonio Tamburini
    (Picaro). Entstanden 1822 in Mailand/Bergamo (?).

13 **Alfredo il Grande** *Opera seria in zwei Akten*
    Librettist: Andrea Leone Tottola. **Libretto-Quelle:** unbekannt.
    Uraufführung: 2. 7. 1823, Teatro San Carlo, Neapel, mit Elisabetta Ferron
    (Amalia). Entstanden 1823 in Neapel.

14 **Il fortunato Inganno** *Opera buffa in zwei Akten*
    Librettist: Andrea Leone Tottola. **Libretto-Quelle:** unbekannt.
    Uraufführung: 3. 9. 1823, Teatro Nuovo, Neapel. Entstanden 1823 in
    Neapel.

    ○ Uraufführung der revidierten **Zoraide di Granata** (→ Nummer 9)
    7. 1. 1824, Teatro Argentina, Rom.

15 **L'Ajo nell'Imbarazzo*** *Opera buffa in zwei Akten*
    Librettist: Iacopo Ferretti. **Libretto-Quelle:** eine Komödie von
    Giovanni Giraud. **Uraufführung:** 4. 2. 1824, Teatro Valle, Rom, mit
    Antonio Tamburini *(Don Giulio)*. **Uraufführung** als *Don Gregorio*
    (erweiterte Fassung): 11. 6. 1926, Teatro del Fondo, Neapel. Entstanden
    1823/24 in Rom.
    Empfehlenswerte Fassung: 1826er Revision.

16 **Emilia di Liverpool** oder **L'Eremitaggio di Liverpool**
    Opera semiseria in zwei Akten
    Librettist: Giuseppe Checcherini. Das Melodrama von Scatizzi, *Emilia di
    Liverpool* (Basis-Quelle). **Uraufführung:** 28. 7. 1824, Teatro Nuovo,
    Neapel. Entstanden 1824 in Neapel. (In der Fastenspielzeit 1828 wurde am
    gleichen Theater eine revidierte Fassung uraufgeführt.)
    Empfehlenswerte Fassung: 1828er Revision.

17 **Alahor di Granata*** *Opera seria in zwei Akten*
    Librettist: unbekannt. **Libretto-Quelle:** vielleicht Ginès Perez de Hita,
    Guerras civiles de Grenada. **Uraufführung:** 7. 1. 1826, Teatro Carolino,
    Palermo, mit Elisabetta Ferron *(Zobeida)*, Berardo Winter *(Alamar)*,
    Antonio Tamburini *(Alahor)*, Marietta Gioja-Tamburini *(Muley-Hassem)*.
    Entstanden 1825 in Palermo. Partitur angeblich verloren.

18 **Il Castello degl'Invalidi** *Farce in einem Akt*
    Librettist, Libretto-Quelle: unbekannt. **Uraufführung:** früh im Jahre
    1826 (?), Teatro Carolino Palermo (?). Entstanden 1826 (?) in Palermo.
    Autograph und alle Unterlagen verloren.

19 **Elvida** Opera seria in einem Akt

Librettist: Giovanni Federico Schmidt. Libretto-Quelle: keine, Stoff frei erfunden. Uraufführung: 6. 7. 1826, Teatro San Carlo, Neapel, mit Henriette Méric-Lalande *(Elvida)*, Giovanni Battista Rubini *(Alfonso)*, Luigi Lablache *(Amur)*. Entstanden 1826 in Neapel.

20 **Gabriella di Vergy** (Fassung 1) Opera seria in zwei Akten

Librettist: Andrea Leone Tottola (altes Textbuch für den Komponisten Micchele Enrico Carafa, Uraufführung 1816). Libretto-Quelle: du Belloy, *Gabrielle de Vergy*. Uraufführung: anscheinend keine in der originalen Form; Uraufführung einer Fälschung (Pasticcio) 29. 11. 1869, Teatro San Carlo, Neapel. Entstanden 1826 in Neapel. Inhalt siehe Nr. 59: Gabriella di Vergy (Fassung 2).

21 **La bella Prigioniera** Farce in einem Akt

Librettist, Libretto-Quelle: unbekannt. Uraufführung: anscheinend keine. Entstanden 1826 (?) in Neapel (?)/Rom (?). Partitur verloren.

22 **Olivo e Pasquale*** Opera buffa in zwei Akten

Librettist: Iacopo Ferretti. Libretto-Quelle: *Olivo e Pasquale*, Komödie von Antonio Sografi. Uraufführung: 7. 1. 1828, Teatro Valle, Rom, mit Giovanni Battista Verger *(Le Bross)*. Entstanden 1826 in Rom.

23 **Otto Mesi in Due Ore** oder **Gli Esiliati in Siberia** Opera romantica in drei Teilen

Librettist: Domenico Gilardoni. Libretto-Quelle: *Elisabeth* ou *Les exilés en Sibérie*, Roman von Sophie Cottin (Basis-Quelle); *La fille de l'exilé* ou *Huit mois en deux heures*, Bühnenstück von René Charles Guilbert de Pixérécourts. Uraufführung: 13. 5. 1827, Teatro Nuovo, Neapel. Entstanden 1827 in Neapel. Uraufführung einer revidierten, 1834 entstandenen Fassung mit neuen Texten Iacopo Ferrettis am 28. 2. 1835, Teatro Carignano, Turin.

24 **Il Borgomastro di Sardaam*** Opera buffa in zwei Akten

Librettist: Domenico Gilardoni. Libretto-Quelle: ein Stück von Anne Honoré Joseph Mélesville, Jean-Toussaint Merle und Eugène Cantiran de Boirie. Uraufführung: 19. 8. 1827, Teatro Nuovo, Neapel, mit Karoline Unger *(Marietta)*, Berardo Winter *(Pietro der Zimmermann)*. Entstanden 1827 in Neapel.

25 Le Convenienze ed Inconvenienze teatrali*, später oft (vor allem im deutschen Raum) Viva la Mamma! *Farce in einem Akt*, später erweitert zur *Opera buffa in zwei Akten*
Librettist: Gaetano Donizetti. **Libretto-Quelle**: zwei Komödien von Antonio Sografi, *Le convenienze teatrali* und *Le inconvenienze teatrali*.
Uraufführung: 21. 11. 1827, Teatro Nuovo, Neapel (Farce); 20. 4. 1831, Teatro Canobbiana, Mailand (Opera buffa). Farce entstanden 1827 in Neapel.
Empfehlenswerte Fassung: die Opera buffa.

Frühphase 2
Entwicklung eines ausgeprägten Eigenstils. Ansatzweise «Oper der neuen Kürze»

26 L'Esule di Roma* oder Il Proscritto *Opera seria in zwei Akten*
Librettist: Domenico Gilardoni. **Libretto-Quelle**: unbekannt.
Uraufführung: 1. 1. 1828, Teatro San Carlo, Neapel, mit Adelaide Tosi *(Argelia)*, Giovanni Battista Rubini *(Settimio)*, Luigi Lablache *(Murena)*. Entstanden 1827 in Neapel.

O Uraufführung der revidierten Emilia di Liverpool (→ Nummer 16), Karneval 1828, Teatro Nuovo, Neapel.

27 Alina Regina di Golconda oder La Regina di Golconda *Opera buffa in zwei Akten*
Librettist: Felice Romani. **Libretto-Quelle**: ein Roman von Stanislas Jean de Bouffler, *La reine de Golconde* (Basis-Quelle).
Uraufführung: 12. 5. 1828, Teatro Carlo Felice, Genua, mit Adelaide Comelli-Rubini *(Alina)*, Giovanni Battista Verger *(Volmar)*. Entstanden 1828 in Genua.

28 Gianni di Calais *Opera semiseria in drei Akten*
Librettist: Domenico Gilardoni. **Libretto-Quelle**: ein Roman von C. V. d'Arlincourt. **Uraufführung**: 2. 8. 1828, Teatro del Fondo, Neapel, mit Adelaide Comelli-Rubini *(Matilde)*, Giovanni Battista Rubini *(Gianni)*, Antonio Tamburini *(Rustano)*. Entstanden 1828 in Neapel.

29 Il Giovedì Grasso* oder Il Nuovo Pourceaugnac *Farce in einem Akt*
Librettist: Domenico Gilardoni. **Libretto-Quelle**: unbekannt.
Uraufführung: Herbst 1828, Teatro del Fondo, Neapel, mit Adelaide Comelli-Rubini *(Nina)*, Giovanni Battista Rubini *(Ernesto)*, Luigi Lablache *(Sigismondo)*. Entstanden 1828 in Neapel.

30 Il Paria* *Opera seria in zwei Akten*

Librettist: Domenico Gilardoni. **Libretto-Quelle:** eine Tragödie von Casimir Delavigne. **Uraufführung:** 12. 1. 1829, Teatro San Carlo, Neapel, mit Adelaide Tosi *(Neala)*, Giovanni Battista Rubini *(Idamore)*, Luigi Lablache *(Zarete)*. Entstanden 1828/29 (?) in Neapel.

31 Il Castello di Kenilworth* oder Elisabetta al Castello di Kenilworth
Opera seria in drei Akten

Librettist: Andrea Leone Tottola. **Libretto-Quelle:** *Kenilworth*, Roman von Walter Scott (Basis-Quelle). **Uraufführung:** 6. 7. 1829, Teatro San Carlo, Neapel, mit Adelaide Tosi *(Elisabetta)*, Luigia Boccabadati *(Amelia)*, Antonio David *(Leicester)*, Berardo Winter *(Warney)*. Entstanden 1829 in Neapel. 1830 für eine Mailänder Ausstellung revidiert (Umwandlung der Rolle Warneys für Bariton usw).
Empfehlenswerte Fassung: 1830er Revision!

32 Il Diluvio Universale* *Azione tragica-sacra (Opera seria) in drei Akten*

Librettist: Domenico Gilardoni (Entwurf von Donizetti). **Libretto-Quellen:** *Die Bibel;* Lord Byron, *Heaven and Earth,* eine Tragödie des Padre Ringhieri, *Il diluvio* u. a. **Uraufführung:** 28. 2. 1830, Teatro San Carlo, Neapel. Entstanden 1829 (?)/30 in Neapel; Arbeitsunterbruch zur Komposition der Farce *Pazzi* (→ Nr. 33). Eine erweiterte *Diluvio*-Fassung für das Teatro Carlo Felice, Genua, wurde im Karneval 1833/34 uraufgeführt.
Empfehlenswerte Fassung: 1833/34er Revision!

33 I Pazzi per Progetto* *Farce in einem Akt*

Librettist: Domenico Gilardoni. **Libretto-Quelle:** unbekannt.
Uraufführung: 7. 2. 1830, Teatro del Fondo, Neapel, mit Luigia Boccabadati *(Cristina)*, Luigi Lablache *(Darlemont)*. Entstanden 1830 in Neapel.

○ Fertigstellung/Uraufführung **Il Diluvio Universale** (→ Nummer 32), 28. 2. 1830, Teatro San Carlo, Neapel.

34 Imelda de Lambertazzi *Opera seria in zwei Akten*

Librettist: Andrea Leone Tottola. **Libretto-Quelle:** unbekannt.
Uraufführung: 23. 8. 1830, Teatro San Carlo, Neapel, mit Berardo Winter *(Lamberto)*, Antonio Tamburini *(Ubaldo)*. Entstanden 1330 in Neapel.

II. MITTELPHASE
Prägender Einfluß Bellinis. Sporadische Wiederaufnahme der «Oper der neuen Kürze»

35 **Anna Bolena*** *Opera seria in zwei Akten*

Librettist: Felice Romani. Libretto-Quelle: unbekannt. Uraufführung: 26. 12. 1830, Teatro alla Scala, Mailand, mit Giuditta Pasta *(Anna)*, Giovanni Battista Rubini *(Percy)*. Entstanden 1830 in Mailand/am Comersee.

O Uraufführung des revidierten **Castello di Kenilworth** (→ Nummer 31) während der gleichen Karnevalssaison in Mailand.

O Uraufführung der revidierten **Convenienze**, 20. 4. 1831, Teatro della Canobbiana, Mailand.

36 **Francesca di Foix** *Opera semiseria in einem Akt*

Librettist: Domenico Gilardoni. Libretto-Quelle: Farce von Favert und Saint-Amans, *Ninette à la cour*. Uraufführung: 30. 5. 1831, Teatro San Carlo, Neapel, mit Luigia Boccabadati *(Francesca)*, Antonio Tamburini *(Graf)*, Marietta Gioja-Tamburini *(Page)*. Entstanden 1831 in Neapel.

37 **La Romanziera e l'Uomo Nero** *Opera buffa (Farce) in einem Akt*

Librettist: Domenico Gilardoni. Libretto-Quelle: unbekannt. Uraufführung: Sommer 1831, Teatro del Fondo, Neapel, mit Luigia Boccabadati *(Chiarina)*, Antonio Tamburini *(Carlino)*. Entstanden 1831 in Neapel.

38 **Gianni di Parigi** *Opera comica (buffa) in zwei Akten*

Librettist: Felice Romani (altes Textbuch für die Oper von Francesco Morlacchi, 1818). Libretto-Quelle: Das Textbuch von Saint-Juste für Boieldieus Oper *Jean de Paris* (1812). Uraufführung: 10. 9. 1839, Teatro alla Scala, Mailand. Entstanden 1831 in Neapel.

39 **Fausta*** *Opera seria in zwei Akten*

Librettist: Domenico Gilardoni (nach dessen Tod von Donizetti fertiggestellt). Libretto-Quelle: unbekannt. Uraufführung: 12. 1. 1832, Teatro San Carlo, Neapel, mit Giuseppina Ronzi de Begnis *(Fausta)*, Giovanni Basadonna *(Crispo)*, Antonio Tamburini *(Costantino)*. Entstanden 1831 in Neapel.

40 **Ugo Conte di Parigi*** *Opera seria in zwei Akten*
Librettist: Felice Romani. **Libretto-Quelle:** unbekannt.
Uraufführung: 13. 3. 1832, Teatro alla Scala, Mailand, mit Giuditta Pasta *(Bianca)*, Giulia Grisi *(Adelia)*, Domenico Donzelli *(Ugo)*. Entstanden 1832 in Mailand.

41 **L'Elisir d'Amore*** *Opera comica (buffa) in zwei Akten*
Librettist: Felice Romani. **Libretto-Quelle:** *Le philtre*, das Textbuch von Eugene Scribe für Adams Oper (1831). **Uraufführung:** 12. 5. 1832, Teatro della Canobbiana, Mailand. Entstanden 1832 in Mailand.

42 **Il Furioso all'Isola di San Domingo*** *Opera semiseria in drei Akten*
Librettist: Iacopo Ferretti. **Libretto-Quelle:** Cervantes, *Don Quichote*, 1. Teil, Kapitel XVII ff. (Basis-Quelle). **Uraufführung:** 2. 1. 1833, Teatro Valle, Rom, mit Giorgio Ronconi *(Cardenio)*. Entstanden 1832 in Neapel/Rom; Arbeitsunterbruch für Komposition der *Sancia* (→ Nr. 43).

43 **Sancia di Castilla*** *Opera seria in zwei Akten*
Librettist: Pietro Salatino. **Libretto-Quelle:** unbekannt.
Uraufführung: 4. 11. 1832, Teatro San Carlo, Neapel, mit Giuseppina Ronzi de Begnis *(Sancia)*, Giovanni Basadonna *(Rodrigo)*, Luigi Lablache *(Ircano)*. Entstanden 1832 in Neapel.

O Fertigstellung/Uraufführung **Furioso**, 2. 1. 1833, Teatro Valle, Rom.

44 **Parisina d'Este*** *Opera seria in drei Akten*
Librettist: Felice Romani. **Libretto-Quelle:** Lord Byron, *Parisina*.
Uraufführung: 17. 3. 1833, Teatro della Pergola, Florenz, mit Gilbert Duprez *(Ugo)*. Entstanden 1832 in Florenz.

45 **Torquato Tasso***, später auch **Sordello il Trovatore** oder **Sordello**
Opera seria (stilistisch semiseria) in drei Akten
Librettist: Iacopo Ferretti (starke Beteiligung des Komponisten).
Libretto-Quelle: Werke über Torquato Tasso von Giovanni Rosini, Goethe und anderen. **Uraufführung:** 9. 9. 1833, Teatro Valle, Rom, mit Giorgio Ronconi *(Tasso)*. Entstanden 1833 in Rom.

46 Lucrezia Borgia* *Opera seria in zwei Akten und einem Prolog*
Andere, von der Zensur verlangte Titel für «revidierte» Libretti: **Alfonso di Ferrara, Eustorgia di Romano, Giovanna Prima di Napoli, La Rinnegata, Elisa da Fosco, Nizza di Granata, Dalinda**
Librettist: Felice Romani. **Libretto-Quelle:** Victor Hugo, *Lucrèze Borgia*.
Uraufführung: 26. 12. 1833, Teatro alla Scala, Mailand, mit Henriette Méric-Lalande *(Lucrezia)* und Marietta Brambilla *(Orsini)*. Entstanden 1833 in Mailand. Für eine Neueinrichtung 1840 am gleichen Theater mit weiteren Stücken ergänzt.
Empfehlenswerte Fassung: 1840er Revision!

O Uraufführung des revidierten **Diluvio Universale** (→ Nummer 32) Karneval 1833/34, Teatro Carlo Felice, Genua.

47 Rosmonda d'Inghilterra* *Opera seria in zwei Akten*
Zensurierte Fassung 1837, Neapel: **Eleonora di Gujenna**
Librettist: Felice Romani (altes Textbuch für eine Oper Carlo Coccias, 1829). **Libretto-Quelle:** Die Legenden um Fair Rosamund (Basis-Quelle).
Uraufführung: 27. 2. 1834, Teatro della Pergola, Florenz, mit Fanny Tacchinardi-Persiani *(Rosmonda)*, Anna Delserre *(Leonora)*, Giuseppina Merola *(Arturo)*, Gilbert Duprez *(Enrico)*. Entstanden 1834 in Mailand (?)/ Genua (?)/Florenz.

48a Maria Stuarda* *Opera seria in drei Akten*
Librettist: Giuseppe Bardari. **Libretto-Quelle:** Schiller, *Maria Stuart*.
Uraufführung: 30. 12. 1835, mit Änderungen des Komponisten nach den Stilvorstellungen jener neuen Schaffensphase (III 1), *«Malibran-Fassung»;* Teatro alla Scala, mit Maria Malibran *(Stuarda)*. Entstanden 1834 in Neapel.

48b **Buondelmonte** *Opera seria in zwei Akten*

(**Maria Stuarda** mit von der Zensur erzwungenem neuem Text. Vorher als Alternativ-Libretto erwogen: **Giovanna di Napoli**)
Librettisten: Pietro Salatino und Gaetano Donizetti. **Libretto-Quelle:** ein unvollendetes Textbuch Felice Romanis. **Uraufführung:** 18. 10. 1834, Teatro San Carlo, Neapel, mit Giuseppina Ronzi de Begnis *(Elisabetta)*, Anna Delserre *(Irene)*. Entstanden 1834.
Empfehlenswerte Fassung: die originale, evtl. mit Ouvertüre der *Malibran-Fassung*.

49 **Marino Faliero*** *Opera seria in drei Akten*
    Librettist: Emanuele Bidera. **Libretto-Quelle:** Lord Byron, *Marino Faliero* (Basis-Quelle); eine Tragödie gleichen Namens von Casimir Delavigne. **Uraufführung:** 12. 3. 1835, Théâtre Italien, Paris, mit Giulia Grisi *(Elena)*, Giovanni Battista Rubini *(Fernando)*, Antonio Tamburini *(Israele)*, Luigi Lablache *(Marino)*. Entstanden 1834 in Neapel, anschließend Arbeit an *Gemma di Vergy* (→ Nummer 50); Fertigstellung 1834 (?)/35 (?) in Neapel (?)/Mailand (?)/Paris (?).

50 **Gemma di Vergy*** *Opera seria in zwei Akten*
    Librettist: Emanuele Bidera. **Libretto-Quelle:** das Drama von Alexandre Dumas, *Charles VII chez les grands vassaux*. **Uraufführung:** 26. 12. 1834, Teatro alla Scala, Mailand, mit Giuseppina Ronzi de Begnis *(Gemma)*. Entstanden 1834 in Neapel (?)/Mailand (?).

    O Uraufführung der revidierten **Otto Mesi** (→ Nummer 23), 28. 2. 1835, Teatro Carignano, Turin
    O Uraufführung des **Marino Faliero** (→ Nummer 49), 12. 3. 1835, Théâtre Italien

51 **Lucia di Lammermoor*** *Opera seria in drei Akten*
    Librettist: Salvatore Cammarano. **Libretto-Quelle:** Walter Scott, *The Bride of Lammermoor*. **Uraufführung:** 26. 9. 1835, Teatro San Carlo, Neapel, mit Fanny Tacchinardi-Persiani *(Lucia)*, Gilbert Duprez *(Edgardo)*. Entstanden 1835 in Neapel.

III. SPÄTPHASE
Spätphase 1
«*Oper der neuen Kürze*»

52 **Belisario*** *Opera seria in drei Akten*
    Librettist: Salvatore Cammarano. **Libretto-Quelle:** Jean-François Marmontel, *Bélisaire*. **Uraufführung:** 4. 2. 1836, Teatro La Fenice, Venedig, mit Karoline Unger *(Antonina)*, Celestino Salvatori *(Belisario)*. Entstanden 1835/36 (?) in Neapel/Mailand (?)/Venedig (?).

    O Bereinigung und Uraufführung der **Maria Stuarda** (→ Nummer 48a) als *Malibran-Fassung*, 30. 12. 1835, Teatro alla Scala, Mailand.

53 **Il Campanello (di Notte** oder **dello Speziale)*** *Farce in einem Akt*
    Librettist: Gaetano Donizetti. **Libretto-Quelle:** ein Vaudeville von Léon-Lévy Brunswick, Mathieu-Barthélémy Troin und Victor Lhérie, *La sonnette de nuit*. **Uraufführung:** 1. 6. 1836, Teatro Nuovo, Neapel. Entstanden 1836 in Neapel.

54 **Betly** oder **La Capanna Svizzera*** *Opera giocosa (Farce)*
in einem Akt, später erweitert zur Opera buffa in zwei Akten
Librettist: Gaetano Donizetti. **Libretto-Quelle:** das Textbuch von
Mélesville und Eugène Scribe zur Oper *Le Chalet* von Adolphe Adam.
Uraufführung: 24. 8. 1836, Teatro Nuovo, Neapel. Entstanden 1836 in
Neapel. Uraufführung der reich erweiterten zweiaktigen Version
29. 10. 1837, Teatro Carolino, Palermo.
Empfehlenswerte Fassung: die Opera buffa.

55 **Pia de Tolomei*** *Opera seria in zwei Akten*
Librettist: Salvatore Cammarano. **Libretto-Quelle:** Dante, *Purgatorio*,
5. Gesang (Basis-Quelle). **Uraufführung:** 18. 2. 1837, Teatro Apollo,
Venedig, mit Fanny Tacchinardi-Persiani *(Pia)*, Giorgio Ronconi *(Nello)*.
Entstanden 1836/37 (?) in Neapel/Genua (?)/Mailand (?)/Venedig (?).
Arbeitsunterbruch zugunsten *Assedio di Calais* (→ Nummer 56).

56 **L'Assedio di Calais*** *Opera seria in drei Akten*
Librettist: Salvatore Cammarano. **Libretto-Quelle:** du Bellois, *Le siège
de Calais*. **Uraufführung:** 19. 1. 1836, Teatro San Carlo, Neapel, mit
Paolo Barroilhet *(Eustacchio)*. Entstanden 1836 in Neapel.

O Fertigstellung und Uraufführung der **Pia de Tolomei** (→ Nummer 55),
18. 2. 1837, Teatro Apollo, Venedig.

Spätphase 2
Schwanken zwischen selbstgewählten Extremen

57 **Roberto Devereux*** oder **Il Conte d'Essex** *Opera seria in drei Akten*
Librettist: Salvatore Cammarano. **Libretto-Quelle:** Die Tragödie von
François Ancelot, Elisabeth d'Angleterre. **Uraufführung:** 29. 10. 1837,
Teatro San Carlo, Neapel, mit Giuseppina Ronzi de Begnis *(Elisabetta)*,
Almerinda Granchi *(Sara)*, Giovanni Basadonna *(Roberto)* und Paolo
Barroilhet *(Nottingham)*. Entstanden 1837 in Neapel.

58 **Maria de Rudenz*** *Opera seria in drei Akten*
Librettist: Salvatore Cammarano. **Libretto-Quelle:** die Tragödie von
François Ancelot, *La nonne sanglante*. **Uraufführung:** 30. 1. 1838, Teatro
La Fenice, Venedig, mit Karoline Unger *(Maria)*, Napoleone Moriani
(Enrico), Giorgio Ronconi *(Corrado)*.

59 Gabriella di Vergy (Fassung 2)* *Opera seria in drei Akten*
Librettist: Andrea Leone Tottola (vgl. mit Fassung 1, → Nummer 20); der neue 1. Akt von einem unbekannten Librettisten. **Libretto-Quelle:** *Gabrielle de Vergy,* Tragödie von Pierre du Bellois. **Uraufführung:** 9. 11. 1978, Belfast (Opera Rara unter der Leitung von Alun Francis). Entstanden 1838 in Neapel.

60a Poliuto* *Opera seria in drei Akten*
Librettist: Salvatore Cammarano. **Libretto-Quelle:** *Polyeucte,* Tragödie von Corneille. **Uraufführung:** 30. 11. 1848, Teatro San Carlo, Neapel, mit Eugenia Tadolini *(Paolina),* Filippo Colini *(Severo).* Entstanden 1838 in Neapel.

60b Les Martyrs* *Grand opéra in vier Akten*
(umgearbeitete Fassung des **Poliuto**)
Librettist: Eugène Scribe. **Libretto-Quelle:** das Poliuto-Libretto von Cammarano; Corneille, *Polyeucte* (Basis-Quelle). **Uraufführung:** 10. 4. 1840, Opéra, Paris, mit Gilbert Duprez *(Polyeucte).* Entstanden 1839/40 in Paris.

61 Il Duca d'Alba (Le Duc d'Alba)* *Opera seria (ursprünglich Grand opéra) in vier Akten*
Von Donizetti nicht vollendet; nach seinem Tod von seinem Schüler Matteo Salvi und einer überragenden Expertengruppe (Antonio Bazzini, Cesare Dominiceti und Amilcare Ponchielli) als italienische Opera seria fertiggestellt.
Librettist: Eugène Scribe (später italienisch in drei Akten von Zanardini).
Uraufführung der Salvi-Zanardini-Version: 22. 3. 1882, Teatro Apollo, Rom. Entstanden 1839 in Paris und während der folgenden Jahre.
11. 6. 1959 Uraufführung einer stark gekürzten Fassung von Thomas Schippers, Teatro Nuovo, Spoleto.
Empfehlenswerte Fassung: die Salvi-Ponchielli-Version.

O Uraufführung des **Gianni di Parigi** (→ Nummer 38), 10. 9. 1839, Teatro alla Scala, Mailand.

62 La Fille du Régiment* *Opéra comique in zwei Akten*
Librettisten: Jules-Henry Vernoy de Saint-Georges und Jean-François-Alfred Bayard. **Libretto-Quelle:** unbekannt. **Uraufführung:** 11. 2. 1840, Opéra comique, Paris. Entstanden 1839/40 (?) in Paris. Uraufführung einer von Donizetti veränderten und gekürzten italienischen Version am 3. 10. 1840, Teatro alla Scala, Mailand.
Empfehlenswerte Version: die originale französischsprachige Fassung.

○ Fertigstellung und Uraufführung von **Les Martyrs** (→ Nummer 60b), 10. 4. 1840, Opéra, Paris.

63 **La Favorita (La Favorite)*** *Grand opéra in vier Akten* (ursprünglich: **L'Ange de Nisida** in drei Akten)

Librettisten: Alphonse Royer und Gustave Vaëz. **Libretto-Quelle:** Baculard d'Arnaud, *Le comte de Comminges*. **Uraufführung** 2. 12. 1840, Opéra, Paris, mit Rosine Stoltz *(Léonore)*, Gilbert Duprez *(Fernand)*, Paolo Barroilhet *(Alphonse)*. Entstanden: 1839 *(Ange de Nisida)* und 1840 *(Favorite)* in Paris. **Empfehlenswerte Fassung:** eine Aufführung in italienischer Sprache.

64 **Adelia** oder **La Figlia dell'Arciere*** *Opera seria in drei Akten*

Librettisten: Felice Romani (altes Textbuch für die Oper Carlo Coccias, 1834); ergänzt durch Girolamo Marini. **Libretto-Quelle:** das französische Stück *Adèle de Lusignan* ou *La fille de l'archer*. **Uraufführung:** 11. 2. 1841, Teatro Apollo, Rom, mit Giuseppina Strepponi *(Adelia)*. Entstanden 1840/41 in Paris/Rom.

65 **Rita** oder **Le Mari battu*** *Opéra comique in einem Akt*

Librettist: Gustave Vaëz. **Libretto-Quelle:** unbekannt. **Uraufführung:** 7. 5. 1860, Opéra Comique, Paris. Entstanden 1841 in Paris.

66 **Maria Padilla*** *Opera seria in drei Akten*

Librettist: Gaetano Rossi (starke Mitarbeit Donizettis). **Libretto-Quelle:** die Tragödie von François Ancelot, *Maria Padilla*. **Uraufführung:** 26. 12. 1841, Teatro alla Scala, Mailand, mit Sophie Löwe *(Maria)*, Domenico Donzelli *(Ruiz)*, Giorgio Ronconi *(Don Pedro)*. Entstanden 1841 in Paris/Mailand.

67 **Linda di Chamounix*** *Opera semiseria in drei Akten*

Librettist: Gaetano Rossi. **Libretto-Quelle:** *La Grâce de Dieu* von d'Ennery und Lemoine. **Uraufführung:** 19. 5. 1842, Kärntnertor-Theater, Wien, mit Eugenia Tadolini *(Linda)*, Marietta Brambilla *(Pierrotto)*, Napoleone Moriani *(Carlo)*. Entstanden 1842 in Mailand/Wien. Uraufführung einer in Paris erweiterten Version am 17. 11. 1842, Théâtre Italien, Paris. **Empfehlenswerte Fassung:** die vollständige Pariser Version!

68 **Don Pasquale*** *Opera buffa in drei Akten*

Librettisten: Giovanni Ruffini und Gaetano Donizetti. **Libretto-Quelle:** das Libretto Anellis für Pavesis Oper *Ser Marc'Antonio* (1810). **Uraufführung:** 3. 1. 1843, Théâtre Italien, Paris, mit Luigi Lablache *(Don Pasquale)*, Giulia Grisi *(Norina)*, Antonio Tamburini *(Malatesta)*. Entstanden 1842 in Paris. Unmittelbar nach der Vollendung des Rohentwurfs oder zur gleichen Zeit (?) Arbeit an *Caterina Cornaro* (→ Nummer 69).

69 Caterina Cornaro* *Opera seria in zwei Akten und einem Prolog*
Librettist: Giacomo Sacchero. **Libretto-Quelle:** das Textbuch von Saint-Georga, *La reine de Cypre*. **Uraufführung:** 12. 1. 1844, Teatro San Carlo, Neapel, mit Fanny Goldberg *(Caterina)*, Gaetano Fraschini *(Gerardo)* und Filippo Coletti *(Lusignano)*. Entstanden 1842 in Paris (halbvollendeter Rohentwurf) und 1843 in Wien. Unmittelbar nach halber Vollendung des Rohentwurfs Arbeit an *Maria di Rohan* (→ Nummer 70).

70 Maria di Rohan* oder **Il Conte di Chalais** *Opera seria in drei Akten*
Librettist: Salvatore Cammarano (altes Textbuch für Opern von Lillo und Federico Ricci: *Un Duello sotto Richelieu*). **Uraufführung:** 15. 6. 1843, Kärntnertor-Theater, Wien, mit Eugenia Tadolini *(Maria)*, und Giorgio Ronconi *(Enrico)*. Entstanden 1842 in Paris (vollendeter Rohentwurf) und 1843 in Wien. Uraufführung einer erweiterten Version am 14. 11. 1843, Théâtre Italien, Paris.
Empfehlenswerte Fassung: die vollständige Pariser Version!

O Ausarbeitung und Uraufführung des **Don Pasquale** (→ Nummer 68), 3. 1. 1843, Théâtre Italien, Paris

O Ausarbeitung der **Caterina Cornaro** (→ Nummer 69)

O Ausarbeitung und Uraufführung der **Maria di Rohan** (→ Nummer 70), 15. 6. 1843, Kärntnertor-Theater, Wien

71 Dom Sébastien, Roi du Portugal* *Grand opéra in fünf Akten*
Librettist: Eugène Scribe. **Libretto-Quelle:** nicht genau bekannt. **Uraufführung:** 13. 11. 1843, Opéra, Paris, mit Rosine Stoltz *(Zaida)*, Gilbert Duprez *(Dom Sébastien)*, Paolo Barroilhet *(Camoëns)*. Entstanden 1843 in Wien und Paris. Abschrift der publizierten Pariser Edition in der Kommunalbibliothek Neapel.

O Uraufführung der **Caterina Cornaro** (→ Nummer 69), 12. 1. 1844, Teatro San Carlo, Neapel.

O Uraufführung des **Poliuto** (→ Nummer 60a), 30. 11. 1848, Teatro San Carlo, Neapel.

O Uraufführung der **Rita** (→ Nummer 65), 7. 5. 1860, Opéra Comique, Paris.

O Uraufführung der gefälschten **Gabriella di Vergy** (Fassung 1) (→ Nummer 20), 29. 11. 1869, Teatro San Carlo, Neapel.

○ Uraufführung des **Duca** (Fassung Salvi) (→ Nummer 61), 22. 3. 1882, Teatro Apollo, Rom.

○ Uraufführung des **Duca** (Fassung Schippers) (→ Nummer 61), 11. 6. 1959, Teatro Nuovo, Spoleto.

○ Uraufführung des **Pigmalione** (→ Nummer 1), 13. 10. 1961, Teatro Donizetti, Bergamo.

○ Uraufführung der **Gabriella di Vergy** (Fassung 2) (→ Nummer 59), 9. 11. 1978, Belfast.

HAUPTLINIEN DER STILISTISCHEN ENTWICKLUNG

PHASE	«OPER DER NEUEN KÜRZE» (Einfluß auf Verdi)		OPERN IM BELLINI-STIL
	Dominanz der Männerstimmen		Dominanz der Frauenstimmen
	Eher wenige Doppel-Nummern		Eher viele Doppel-Nummern
	Eher wenig Stimmakrobatik		Eher viel Stimmakrobatik
	Vorwiegend knappe, energische Melodien		Vorwiegend lange, ruhige Melodien
	Üppig aufgetragene Orchestersüße (instrumentale Klangmalereien in Terzen und Sexten)		Übersichtliche Orchester-Stimmgewebe ohne allzu üppige Süßigkeit
	Begleitung der Stücke meist durch uniforme, äußerst kräftige Orchesterrhythmen		Häufig «halbkreisförmig» trippelnde Begleitfiguren des Orchesters (Wellenbänder)
	Vorwiegend kräftig-lyrische Solisten-Ensembles (zwei Stimmen und mehr)	Vorwiegend kräftig-lyrische Arien und Duette	Vorwiegend verhalten-lyrische Solisten-Ensembles (zwei Stimmen und mehr)
	«Bodenlastige» Orchesterrhythmen (häufig unpunktiert)	Federnde Orchesterrhythmen (häufig punktiert)	
	Klangausbrüche häufig an voraussehbaren Stellen	Klangausbrüche vorwiegend intuitiv verteilt	
I 1	IL BORGOMASTRO DI SARDAAM		
I 2		L'ESULE DI ROMA	
	GIANNI DI CALAIS[1]		
		IL PARIA	
		IL CASTELLO DI KENILWORTH	
		I PAZZI PER PROGETTO[2]	
		IMELDA DE LAMBERTAZZI	
II			ANNA BOLENA
	GIANNI DI PARIGI		

							FAUSTA[3]
							UGO CONTE DI PARIGI L'ELISIR D'AMORE[4]
IL FURIOSO (1. TEIL)				SANCIA DI CASTIGLIA			
IL FURIOSO (2. TEIL)				PARISINA D'ESTE			
TORQUATO TASSO							
			← LUCREZIA BORGIA				
					ROSMONDA D'INGHILTERRA →		
					MARIA STUARDA →		
	MARINO FALIERO						
		← GEMMA DI VERGY					
				← LUCIA DI LAMMERMOOR			
III 1							
			BELISARIO				
			IL CAMPANELLO[2]				
			BETLY[2]				
			PIA DE TOLOMEI				
			L'ASSEDIO DI CALAIS				
III 2							
				GABRIELLA DI VERGY			
				LA FILLE DU RÉGIMENT			

[1] Eher viele Nummern
[2] Nummern-Anzahl dem Farcen-Usus entsprechend
[3] Männerstimmen ebenbürtig; eher wenige Nummern
[4] Männerstimmen überwiegend

↔ zwischen zwei Stilen

→ ausgeprägt stärkere Zuwendung zu einem der beiden Stile

ALUN FRANCIS
INTERPRETATION NACH
HANDSCHRIFTLICHEN PARTITUREN

Beim Dirigieren des klassischen Opern-Repertoires steht der heutige Orchesterleiter vor einem wahren Dilemma. Die meisten dieser Opern wurden auf Schallplatte aufgenommen oder am Radio wiedergegeben und sind somit jedermann zugänglich. Er sieht sich deshalb vor dem Problem, sich entweder dem allgemein anerkannten Stil anzupassen oder aber das Risiko einzugehen, als exzentrisch angesehen zu werden, falls er den von Schallplatte und Tonband festgelegten Pfad verläßt.

Bei einer Oper des 20. Jahrhunderts ist es natürlich einfacher, den authentischen Stil der Musik zu entdecken; sind doch oft noch Leute am Leben, die mit den Komponisten zusammenarbeiteten. Sogar beim Puccini-Repertoire gibt es immer noch direkte persönliche Verbindungen mit heute, und deshalb ist es für Spekulationen nicht so ergiebig, wobei natürlich ohne gründliche Vertiefung in die Partituren immer noch Raum für Spekulation vorhanden ist. Bei Komponisten früherer Jahrhunderte bestehen keine solchen Verbindungen. Deshalb ist hier der Dirigent versucht, zu spekulieren oder allenfalls den Kurzweg einzuschlagen, indem er einfach die neueste Aufnahme oder Aufführung kopiert und so die wichtigen Entscheidungen einem Kollegen überläßt.

Im Falle von Donizetti haben sich viele Dirigenten nur mit den sechs bekanntesten Opern beschäftigt, deren Stil durch zahlreiche Aufführungen und Einspielungen sehr gut dokumentiert ist. Aber ist dies wirklich der Weg, zu einem wahren Verständnis von Donizettis Stil zu gelangen? Als ich begann, seine unbekannten Opern zu bearbeiten, wurde mir bewußt, daß der einzige Weg zu einem objektiven, sachlichen Verständnis seiner Musik darin bestand, direkt aus seinem handschriftlichen Manuskript zu lesen (trotz der sehr schlechten Handschrift) und zudem die Aufführungspraktiken der italienischen Oper des 19. Jahrhunderts im Detail zu studieren. Es soll jedoch niemand die Aufnahmen anhören, die ich von diesen Werken gemacht habe, und sie als einzig richtige Wahrheit betrachten. Jeder Dirigent muß diese Opern für sich selbst entdecken.

In den letzten sieben Jahren habe ich eine große Zahl der weniger bekannten Opern Donizettis dirigiert. Ich habe in der Folge erkannt, daß bei den vielgespielten Opern zahlreiche schwerwiegende Falschinterpretationen üblich sind, zu denen all die «Routine»-Aufführungen, meine eigenen wie die vieler anderer, Anlaß gegeben haben. Aufgrund meines Studiums der Autographen haben sich mir eine Anzahl Schlußfolgerungen zu technischen und stilistischen Problemen bei Donizetti ergeben.

1. Tempi

Einige meiner Beobachtungen galten den Tempi der schnelleren Cabaletten und Ensembles. In vielen Fällen unterscheidet sich die Klavierversion der Opern Donizettis von der Partitur in hohem Maße. Eine im Klavierauszug in Achtelsnoten geschriebene Phrase kann in den Streicherstimmen der Originalpartitur in Sechzehnteln erscheinen, d. h. jede Achtelsnote wird durch zwei Sechzehntelsnoten der gleichen Tonhöhe ersetzt. Aus dieser Information ergibt sich eine total andere Sicht des zu wählenden Tempos. Wenn man bedenkt, daß Donizetti direkt in die Partitur schrieb und daß sich die Gechwindigkeit, mit der die Streicher eine Passage von Sechzehnotsnoten spielen können, nur in beschränktem Maße verändern läßt, drängt sich der Schluß auf, daß der Komponist oft eher dem Orchester als den Singstimmen erlaubte, das Tempo dieser Passagen zu diktieren. Ein lebhaftes Tempo, das sich vom Klavier wie von den Streichern einhalten läßt, ist vielleicht für die Blasinstrumente unspielbar. Eine sorgfältige Analyse der Bläser- und Streicher-Stimmen könnte demnach für die Wahl der Tempi solcher Musik klare Limiten setzen. Zieht man ferner die begrenzten Möglichkeiten der Singstimmen in Betracht, ergeben sich klare Schlußfolgerungen zu den Tempi.

Die langsameren Stücke, wie z. B. die lyrischen Teile der Cavatinen bereiten viel weniger Probleme, wobei auch hier Donizettis Tempoangaben über den Streicher-Passagen (und seine Hinweise auf die zu verwendende Bogenführung) die Geschwindigkeiten mitbestimmen. Im allgemeinen herrscht aber in diesen langsameren Arien viel mehr Freiheit bei der Tempowahl.

2. Rezitative

Diese stellen die größten stilistischen Probleme bei der Aufführung. Im allgemeinen gab Donizetti nur wenige Anweisungen für die Intensität, mit welcher Begleitakkorde gespielt werden sollen. Um dieses Problem zu lösen, habe ich verschiedene Leitlinien benutzt. Vorerst, als natürlichste, die dramatische Betonung der Wörter. Wenn die Wörter in Zorn gesungen wurden, spielte ich den Begleitakkord lauter, wenn in

Kummer und Schmerz, so klang der Akkord gedämpfter. Aber dies konnte nur für eine sehr beschränkte, exakt definierte Anzahl von Fällen gelten. Es gibt zu viele Möglichkeiten, dieselben zwei Wörter zu interpretieren (z. B. «Mio Padre»). Es besteht die Möglichkeit, diese Wörter in Zorn, Gram, Enttäuschung, Mitleid, als Frage, als Antwort usw. zu singen. Es ergibt sich daraus klar, daß nur eine vollständige Analyse der Psychologie des betreffenden Dramas dazu ermächtigt, auch nur einen einzigen Akkord korrekt wiederzugeben. Doch diese analytische Methode läßt in einzelnen Fällen immer noch Fragen zur Intensität der Begleitakkorde offen. Gewiß hatte Donizetti beim Schreiben die besondere Klangfarbe jedes Akkordes genau im Ohr. Deshalb hat auch jeder Interpret die Pflicht, genau diesen Ton zu finden, um den Vorstellungen des Komponisten treu zu bleiben.

Es ist notwendig, zur gesamten Partitur zurückzukehren. Fast alle Rezitative Donizettis sind allein von Streichinstrumenten begleitet, und ich habe eine detaillierte Studie über die Anordnung dieser Akkorde in der Gesamtpartitur gemacht. Eine Musterfiguration kam zum Vorschein, die darauf hindeutet, daß Akkorde über mehr als zwei Oktaven nach einer intensiveren Ausführung verlangen. Auch die Akkorde, welche von den ersten Violinen geteilt gespielt werden müssen, fordern im allgemeinen eine stärkere Betonung. Dies bezieht sich ebenfalls auf Akkorde, in welchen die ersten Violinen auf der E-Saite spielen.

Diejenigen, welche meine Schallplatten von Donizettis Opern gehört haben, werden bemerkt haben, daß ruhige Akkorde im unteren Register selten «trocken» gespielt werden. Ich würde deshalb von einer rein persönlichen Perspektive aus sagen, daß ich es für nötig empfand, diese Akkorde ein bißchen zu verlängern, um ihnen eine Spur von lyrischem Charakter mitzugeben und auch, um jeden Eindruck eines Abbruchs auszuschließen. Die Rezitative in *Ugo Conte di Parigi* sind dafür die besten Beispiele.

Begleitakkorde, welche als Auftakt eine Sechzehntelsnote enthalten, wurden von mir immer «trocken» gespielt (der Auftakt-Sechzehntel vergleichsweise kurz). Dagegen erfordern Begleitakkorde in der Mitte oder am Schluß eines Rezitatives detailliertere Studien. Die Figur ♪♩♩ könnte man mit kurzen Sechzehntelsnoten «trocken» spielen oder aber ausgedehnter und rhythmisch betonter. Das Libretto pflegt den geeigneten Stil jederzeit festzulegen. Wo eine breitere Ausführung dieser Akkorde verlangt wird, spielte ich sie stark rhythmusbetont, auch wenn kein rhythmischer Pulsschlag durch die Rezitative als Ganzes hindurchströmt.

Donizetti setzte die Begleitakkorde unter die dazugehörigen Noten der Sängerstimmen, obwohl wir von Aufführungspraktiken her wissen, daß man die Akkorde oft (jedoch nicht immer) nach den Sängernoten spielte, besonders wenn diese Vorschläge enthalten. Abweichung von dieser Praxis kommt für mich nur dann in Frage, wenn das Nachsetzen des Akkordes einen dramatischen Vorgang allzusehr verschleppen würde.

3. Unregelmäßigkeiten in der orchestralen Begleitung

Die Eile, in der Donizetti viele seiner Opern schrieb, läßt oft verschiedene Interpretationen zu, besonders im Hinblick auf die Orchesterdynamik in Arien und Ensembles. Angesichts der Notwendigkeit, daß die Singstimmen zu jeder Zeit hörbar sein müssen, wendete ich bei der Bestimmung der Dynamik mancher Passagen die gleichen Kriterien an wie bei der Bestimmung der Intensität der Rezitativ-Akkorde. Wie beim frühen Verdi pflegte ich persönlich die Kopfmelodien schwungvoller Cabaletten ein bißchen markanter zu intonieren, als wenn sie — Takte später — die Singstimme übernimmt. Mir scheint, daß eine starke Betonung des rhythmischen Pulses am Anfang dieser Cabaletten unmittelbar deren Stil herstellt. Zudem war es meine Praxis, die impulsgebenden Noten der tieferen Instrumente während der fraglichen Einleitungstakte leicht zu verlängern. Ich möchte jedoch hinzufügen, daß dies eine rein persönliche Eigenheit ist.

Ungewißheiten betreffend die Länge der Noten, insbesondere in Antwort-Phrasen, treten bei Donizetti nicht in größerem Umfang auf als etwa bei Beethoven. Die siebten und einundzwanzigsten Takte des Orchester-Vorspiels zu *Maria de Rudenz* bereiten dem Dirigenten dasselbe Dilemma wie beispielsweise die neunzehnten und einundzwanzigsten Takte des Violinkonzertes von Beethoven; doch hier und anderswo gehen die Schwierigkeiten nicht über das Maß hinaus, in dem sie sich beim Vortrag der Symphonien oder des Klarinettenkonzerts von Mozart präsentieren. Persönlich habe ich mich für eine Vereinheitlichung der Unregelmäßigkeiten entschieden, da es mein Glaube ist, daß holprige Akkordendungen keinem Komponisten dienen.

Das sind denn nun einige wenige Beobachtungen technischer Art zum Umgang mit den handschriftlichen Manuskripten von Donizetti. Sicher ist eines: Erst nach dem Studium solcher Probleme ist der Dirigent von unbekannten Donizetti-Opern fähig, über die Interpretation dieser Werke nachzudenken und seine Schlüsse auf die bekannteren Opern des Komponisten zu übertragen.

DISKOGRAPHIE

OPERN-GESAMTAUFNAHMEN

Wenn nichts anderes vermerkt, handelt es sich um ungekürzte Einspielungen. Bei Live-Aufnahmen sind Ort und Jahr der Aufführung vermerkt.
Die Bezeichnungen in der Klammer bedeuten:
1. Ziffer Anzahl der Platten
m. mono
s. stereo
l. mit Libretto
* gegenwärtig vergriffen

L'AJO NELL'IMBARAZZO
S. Baleani (Gilda), S. Mariategui (Enrico), M. Gonzalez (Don Giulio), R. McKee (Don Gregorio), K. Montgomery (Dir.), Wexword Festival 1973 MRF 149 (3, s./l.)
vollständige erweiterte Fassung Don Gregorio (mit Gildas einteiliger Cavatina)

D. Gatta (Gilda), S. Gioia (Enrico), G. Mazzini (Don Giulio), R. Capecchi (Don Gregorio), A. Camozzo (Dir.), Bergamo, 1959 MEL 152 (2, m./l.)
originale Fassung: ohne die Cavatina Don Giulios im 1. Akt und ohne das Liebesduett, das Terzett und das Quartett/Quintett des 2. Aktes, dafür mit einer doppelteiligen, sehr schönen Cavatina Gildas

ANNA BOLENA
L. Gencer (Anna), G. Simionato (Giovanna), A. Bertocci (Percy), P. Clabassi (Enrico), G. Gavazzeni (Dir.), RAI Mailand, 1958 RPL 2407/09 (3, m./l.)
ohne die Ouvertüre, ohne die Cabaletta Smetons im 1. Akt und ohne die Arie Percys im 2. Akt; empfindliche Striche im Terzett

M. Callas (Anna), G. Simionato (Giovanna), G. Raimondi (Percy), N. Rossi-Lemeni (Enrico), G. Gavazzeni (Dir.), Mailand 1957 BJR 109 (3, m./l.)
Fassung wie oben

gleiche Fassung und Besetzung
Cetra LO 53 (3, m./l.)

gleiche Fassung und Besetzung
MRF 42 (3, m./l.)

E. Souliotis (Anna), M. Horne (Giovanna), J. Alexander (Percy), N. Ghiaurov (Enrico), S. Varviso (Dir.)
Decca SET 446/49 (4, s./l.)

B. Sills (Anna), S. Verrett (Giovanna), S. Burrows (Percy), P. Plishka (Enrico), J. Rudel (Dir.) EMI SLS 878* (4, s./l.)

L'ASSEDIO DI CALAIS
Studio-Erstaufnahme sollte demnächst erscheinen

BELISARIO
M. Zampieri (Antonina), S. Toczyska (Irene), V. Terranova (Alamiro), R. Bruson (Belisario), G. Masini (Dir.), Buenos Aires, 1981 HRE 385 (2, s.)

L. Gencer (Antonina), M. Pecile (Irene), U. Grilli (Alamiro), G. Taddei (Belisario), G. Gavazzeni (Dir.), Venedig, 1968
MRF 37 (2, s./l.)

BETLY
A. Tuccari (Betly), G. Gentile (Daniele), N. Catalani (Max), G. Morelli (Dir.), Rom, 1953 Nixa PLP 585* (1, m.)
Farcen-Version in einem Akt: ohne die lyrischen Teile der Duette Betly/Daniele und Betly/Max im 1. Akt; ohne Männerchor und Brindisi, ohne Terzett und ohne die lyrischen Teile des Männerduetts sowie der Aria finale im 2. Akt

IL BORGOMASTRO DI SARDAAM
A. Philippo (Marietta), P. Langridge (Flimann), P. van den Berg (Zar), R. Capecchi (Wambett), J. Schaap (Dir.), Operastichting Zaanstad, 1973 OPR 7 (2, m.)

IL CAMPANELLO
E. Bruno De Sanctis (Serafina), A. Rinaldi

(Enrico), A. Mariotti (Don Annibale),
E. Gracis (Dir.) DGG 139123* (1, s.)

C. Scarangella (Serafina), R. Capecchi
(Enrico), S. Bruscantini (Don Annibale),
A. Simonetto (Dir.), RAI Turin, 1949
Cetra 50027* (1, m.)
Studio-Neuaufnahme ist in Vorbereitung

IL CASTELLO DI KENILWORTH
J. Price (Elisabetta), Y. Kenny (Amelia),
M. Arthur (Leicester), C. du Plessis
(Warney), A. Francis (Dir.), Camden Festival, 1977 MRF 143 (2, s./l.)

CATERINA CORNARO
M. Caballé (Caterina), J. Carreras (Gerardo), L. Saccomani (Lusignano), C. F. Cillario (Dir.), London, 1972 MRF 99 (2, s./l.)

L. Gencer (Caterina), J. Arragal (Gerardo),
R. Bruson (Lusignano), C. F. Cillario (Dir.),
Neapel, 1972 MRF 96* (2, s./l.)

LE CONVENIENZE
ED INCONVENIENZE TEATRALI
R. Capecchi (Mamma Agata), B. Rigacci
(Dir.), Siena, 1963 VOCE 5 (3, m.)
vollständige zweiaktige Version (zusammen
mit einer nicht sehr originalgetreuen englischsprachigen Wiedergabe der ursprünglichen Farce in einem Akt)

A. Colzani (Mamma Agata), J. Lopez Cobos
(Dir.), Venedig, 1970 OPR 410* (3, m.)
vollständige zweiaktige Version (zusammen
mit Pigmalione und Giovedì grasso)

DON PASQUALE
R. Peters (Norina), C. Valletti (Ernesto),
F. Guarrera (Malatesta), F. Corena (Don
Pasquale), Th. Schippers (Dir.), New York,
1956 RHR 111 (2, m.)

G. Sciutti (Norina), J. Oncina (Ernesto),
T. Krause (Malatesta), F. Corena (Don Pasquale), I. Kertesz (Dir.)
Decca 6.35295 (2, s./l.)

A. Saraceni (Norina), T. Schipa (Ernesto),
A. Poli (Malatesta), E. Badini (Don Pasquale), C. Sabajno (Dir.)
EMI 3 C 153 03555/56 (2, m.)

L. Popp (Norina), F. Araiza (Ernesto),
B. Weikl (Malatesta), E. Nesterenko (Don
Pasquale), H. Wallberg (Dir.)
Eurodisc 300382-435 (2, s./l.)

A. Maccianti (Norina), U. Benelli (Ernesto),
M. Basiola (Malatesta), A. Mariotti (Don
Pasquale), E. Gracis (Dir.)
DGG 2726084 (2, s./l.)

B. Sills (Norina), A. Kraus (Ernesto),
A. Titus (Malatesta), D. Gramm (Don Pasquale), S. Caldwell (Dir.in)
EMI 3 C 165 03372/73 (2, s./l.)

A. Noni (Norina), C. Valletti (Ernesto),
M. Borriello (Malatesta), S. Bruscantini
(Don Pasquale), M. Rossi (Dir.)
LPS 3242 (2, s.)

Die Cabaletta Ernestos im 2. Akt ist häufig
nicht vorhanden

DOM SÉBASTIEN
(DON SEBASTIANO)
F. Barbieri (Zayda), G. Poggi (Dom Sébastien), E. Mascherini (Camoëns),
C. M. Giulini (Dir.), Florenz, 1955
MRF 113 (3, m./l.)
veränderte italienischsprachige Version: ohne
die Arie Zaydas und das Terzett des 5. Aktes,
dafür mit dem lyrischen Teil des Concertatos
aus dem Belisario (!)

IL DUCA D'ALBA (LE DUC D'ALBE)
C. Mancini (Amelia), A. Berdini (Marcello),
G. Guelfi (Duca), F. Previtali (Dir.), RAI
Rom, 1951 MEL 157 (3, m./l.)
die begrüßenswerte Salvi/Ponchielli-Version,
ohne das Terzett im 2. Akt und ohne die
Cabaletta des Duca im 3. Akt

die gleiche Aufführung VOCE 33 (3, m.)

M. Krilovici *(Amelia)*, O. Garaventa *(Marcello)*, S. Carroli *(Duca)*, O. de Fabritiis *(Dir.)*, Brüssel, 1979 MRF 170 *(3, s./l.)*
Schippers-Version! siehe unter MEL 002

I. Tosi *(Amelia)*, R. Cioni *(Marcello)*, L. Quilico *(Duca)*, Th. Schippers *(Dir.)*, Spoleto, 1959 MEL 002 *(2, m./l.)*
Uraufführung der Schippers-Version mit indiskutablen Strichen (Liste der weggefallenen Stücke im Opernführer)

L'ELISIR D'AMORE
I. Cotrubas *(Adina)*, P. Domingo *(Nemorino)*, I. Wixell *(Belcore)*, G. Evans *(Dulcamara)*, J. Pritchard *(Dir.)*
Philips 79210 *(2, s./l.)*

R. Scotto *(Adina)*, C. Bergonzi *(Nemorino)*, M. Sereni *(Belcore)*, F. Corena *(Dulcamara)*, F. Molinari-Pradelli *(Dir.)*, Lecce, 1968
HRE 315 *(2, m.)*

J. Sutherland *(Adina)*, L. Pavarotti *(Nemorino)*, S. Malas *(Belcore)*, D. Cossa *(Dulcamara)*, R. Bonynge *(Dir.)*
Decca SET 503/05 *(3, s./l.)*
mit der 1839 nachkomponierten Cabaletta Adinas im 2. Akt

R. Carteri *(Adina)*, L. Alva *(Nemorino)*, R. Panerai *(Belcore)*, G. Taddei *(Dulcamara)*, T. Serafin *(Dir.)*
EMI 3 C 163 03198/99 *(2, s./l.)*

M. Freni *(Adina)*, N. Gedda *(Nemorino)*, M. Sereni *(Belcore)*, R. Capecchi *(Dulcamara)*, F. Molinari-Pradelli *(Dir.)*
EMI SLS 925* *(2, s./l.)*

H. Güden *(Adina)*, G. di Stefano *(Nemorino)*, R. Capecchi *(Belcore)*, F. Corena *(Dulcamara)*, F. Molinari-Pradelli *(Dir.)*
Decca 6.35217 *(2, s./l.)*

A Noni *(Adina)*, C. Valletti *(Nemorino)*, A. Poli *(Belcore)*, S. Bruscantini *(Dulcamara)*, G. Gavazzeni *(Dir.)*
Cetra LPO 2050 *(3, m./l.)*

LA FAVORITA (LA FAVORITE)
F. Cossotto *(Leonora)*, L. Pavarotti *(Fernando)*, G. Bacquier *(Alfonso)*, R. Bonynge *(Dir.)* Decca D 96 D 3 *(3, s./l.)*

F. Barbieri *(Leonora)*, G. Raimondi *(Fernando)*, C. Tagliabue *(Alfonso)*, A. Questa *(Dir.)* Cetra LPO 2020 *(3, m./l.)*
ohne das Ballett

G. Simionato *(Leonora)*, G. di Stefano *(Fernando)*, E. Mascherini *(Alfonso)*, R. Cellini *(Dir.)*, Mexico City, 1950
Cetra LO 2* *(3, m.)*
Fassung wahrscheinlich wie BJR 148

S. Verrett *(Leonora)*, A. Kraus *(Fernando)*, J. Morris *(Alfonso)*, E. Queler *(Dir.in)*, New York, 1975 BJR 148 *(3, s./l.)*
ohne die Cabaletta Fernandos am Ende des 1. Aktes und ohne das Ballett

G. Simionato *(Leonora)*, G. Poggi *(Fernando)*, E. Bastianini *(Alfonso)*, A. Erede *(Dir.)* Decca 6.35382 *(3, s./l.)*
Fassung wie BJR 148

FAUSTA
R. Kabaiwanska *(Fausta)*, G. Giacomini *(Crispo)*, R. Bruson *(Costantino)*, D. Oren *(Dir.)*, Rom, 1981 HRE 381 *(3, s.)*
mit den im Opernführer erwähnten, bei Einstudierungen des letzten Jahrhunderts, die der Weltpremiere folgten, hinzugenommenen Stücken, dafür ohne das Duett Beroes mit Fausta im 2. Akt der originalen Fassung

LA FILLE DU RÉGIMENT (LA FIGLIA DEL REGGIMENTO)
J. Sutherland *(Marie)*, L. Pavarotti *(Tonio)*, R. Bonynge *(Dir.)*
Decca SET 372/73 *(2, s./l.)*
originale französische Version

M. Freni *(Maria)*, A. Kraus *(Tonio)*, N. Sanzogno *(Dir.)*, Venedig, 1975
HRE 288 *(2, m.)*
die von Donizetti eingerichtete italienische Version (siehe Opernführer)

L. Pagliughi *(Maria)*, C. Valletti *(Tonio)*,
M. Rossi *(Dir.)*   Cetra LPS* 3213 *(2, s./l.)*
Fassung wie HRE 288

IL FURIOSO ALL'ISOLA
DI SAN DOMINGO
G. Tucci *(Leonora)*, N. Filacuridi *(Fernando)*, U. Savarese *(Cardenio)*, A. Mariotti *(Kaidamà)*, F. Capuana *(Dir.)*, Siena, 1958
   MEL 156 *(3, m.)*
ohne die Introduktion des 2. Aktes; einzelne kleinere Striche; Verschiebung der Stretta des Liebesduetts laut Anmerkung im Opernführer

R. Talarico *(Leonora)*, V. Lucchetti *(Fernando)*, G. Colmagro *(Cardenio)*, Ch. Williams *(Kaidamà)*, B. Campanella *(Dir.)*, Spoleto, 1967   MHS 1543/44* *(2, s./l.)*
ohne die Cavatine Kaidamàs und ohne den Männerchor bei der Ankunft Fernandos im *1. Akt*; ohne die Introduktion, ohne die Cabaletta von Fernandos Arie, ohne die Stretta des Männerduetts und ohne die gesamte (!) Aria finale im *2. Akt*; im übrigen wie oben

GABRIELLA DI VERGY
(Fassung 2)
M. Andrew *(Gabriella)*, M. Arthur *(Raoul)*, C. du Plessis *(Fayello)*, J. Tomlinson *(Filippo)*, A. Francis *(Dir.)*   OR 3 *(3, s./l.)*
mit Ausschnitten aus der ersten Fassung 1826

GEMMA DI VERGY
M. Caballé *(Gemma)*, G. Casellato-Lamberti *(Tamas)*, R. Bruson *(Vergy)*, A. Gatto *(Dir.)*, Neapel, 1975   MRF 122 *(3, s./l.)*
M. Caballé *(Gemma)*, L. Lima *(Tamas)*, L. Quilico *(Graf Vergy)*, E. Queler *(Dir.in)*
   CBS 79303 *(3, s./l.)*
ohne die beiden gemischten Chöre des 2. Aktes; weitere, kleinere Striche und Manipulationen an der Partitur

IL GIOVEDÌ GRASSO
J. Oncina *(Ernesto)*, E. Löhrer *(Dir.)*
   OPR 410* *(3, m.)*
zusammen mit Convenienze und Pigmalione

LA LETTERA ANONIMA
B. Pecchioli *(Rosina)*, P. Bottazzo *(Filinto)*, R. Panerai *(Don Macario)*, F. Caracciolo, RAI Neapel, 1972   UORC 146* *(1, m.)*
ohne den lyrischen Teil des Quartetts

LINDA DI CHAMOUNIX
M. Carosio *(Linda)*, G. Raimondi *(Carlo)*, G. Taddei *(Antonio)*, C. Badioli *(Marchese)*, A. Simonetto *(Dir.)*, RAI Mailand, 1953
   MRF 115 *(3, m./l.)*
ohne das Liebesduett des 2. und ohne das Männerduett des 3. Aktes

A. Stella *(Linda)*, C. Valletti *(Carlo)*, G. Taddei *(Antonio)*, R. Capecchi *(Marchese)*, T. Serafin *(Dir.)*
   Philips 6706005* *(3, s./l.)*

M. Rinaldi *(Linda)*, A. Kraus *(Carlo)*, R. Bruson *(Antonio)*, M. Ferrin *(Marchese)*, B. Bartoletti *(Dir.)*, Genua, 1975
   HRE* *(3, s.)*
ohne die Stretten der Männerduette im 1. und im 3. Akt

M. Rinaldi *(Linda)*, A. Kraus *(Carlo)*, R. Bruson *(Antonio)*, C. Cava *(Marchese)*, G. Gavazzeni *(Dir.)*, Mailand, 1972
   HRE 266* *(3, s.)*
Fassung wie in der oben erwähnten Aufführung

LUCIA DI LAMMERMOOR
J. Sutherland *(Lucia)*, R. Cioni *(Edgardo)*, R. Merrill *(Enrico)*, J. Pritchard *(Dir.)*
   Decca 6.35315 *(3, s./l.)*

M. Callas *(Lucia)*, G. di Stefano *(Edgardo)*, R. Panerai *(Enrico)*, H. von Karajan *(Dir.)* Berlin, 1955   BJR 113 *(3, m./l.)*
ohne die Arie Raimondos im 1. Akt und ohne das Männerduett im 2. Akt
Besetzung wie oben   Cetra LO 18 *(3, m./l.)*

M. Caballé *(Lucia)*, J. Carreras *(Edgardo)*, V. Sardiniero *(Enrico)*, J. Lopez Cobos *(Dir.)*   Philips 6703038 *(3, s./l.)*

M. Callas *(Lucia)*, G. di Stefano *(Edgardo)*,
T. Gobbi *(Enrico)*, T. Serafin *(Dir.)*
EMI 3C 13700942/43 *(2, m./l.)*
Fassung wie unter BJR 113

M. Callas *(Lucia)*, G. Campora *(Edgardo)*,
E. Sordello *(Enrico)*, F. Cleva *(Dir.)*,
New York, 1956   MEL 10 *(2, m./l.)*
Fassung wie unter BJR 113

M. Callas *(Lucia)*, F. Tagliavini *(Edgardo)*,
P. Capucilli *(Enrico)*, T. Serafin *(Dir.)*
EMI 163 00509/10 *(2, m./l.)*
Fassung wie unter BJR 113

A. Moffo *(Lucia)*, C. Bergonzi *(Edgardo)*,
M. Sereni *(Enrico)*, G. Prêtre *(Dir.)*
RCA 26.35122 *(3, s./l.)*

R. Peters *(Lucia)*, J. Peerce *(Edgardo)*,
G. Tozzi *(Enrico)*, E. Leinsdorf *(Dir.)*
RCA VICS 6001 *(2, s./l.)*
Fassung wie unter BJR 113

R. Scotto *(Lucia)*, L. Pavarotti *(Edgardo)*,
P. Capucilli *(Enrico)*, F. Molinari-Pradelli
(Dir.), RAI Turin, 1968   HRE 361 *(2, m.)*
Fassung wie unter BJR 113

B. Sills *(Lucia)*, C. Bergonzi *(Edgardo)*,
P. Capucilli *(Enrico)*, T. Schippers *(Dir.)*
EMI SLS 797 *(3, s./l.)*

J. Sutherland *(Lucia)*, L. Pavarotti
(Edgardo), S. Milnes *(Enrico)*, R. Bonynge
(Dir.)   Decca SET 528/30 *(3, s./l.)*

A. Moffo *(Lucia)*, L. Kozma *(Edgardo)*,
G. Fioravanti *(Enrico)*, C.F. Cillario *(Dir.)*
Ar XF 85917 R *(3, s./l.)*

LUCREZIA BORGIA
M. Caballé *(Lucrezia)*, S. Verrett *(Orsini)*,
A. Kraus *(Gennaro)*, E. Flagello *(Alfonso)*,
J. Perlea *(Dir.)*   RCA RL 42833 *(3, s./l.)*
ohne Vorspiel und Romanze und ohne die
Sterbeszene Gennaros im 2. Akt
(1840 nachkomponiert)

J. Sutherland *(Lucrezia)*, M. Horne
(Orsini), J. Aragall *(Gennaro)*, I. Wixell
(Alfonso), R. Bonynge *(Dir.)*
Decca 6.35421 *(3, s./l.)*
ohne die Cabaletta Lucrezias im Prolog
(1840 nachkomponiert)

J. Sutherland *(Lucrezia)*, H. Tourangeau
(Orsini), J. Brecknock *(Gennaro)*, M. Delvin *(Alfonso)*, R. Bonynge *(Dir.)*, Houston,
1975   MRF 121 *(2, s.)*
Fassung wie Decca

M. Caballé *(Lucrezia)*, J. Berbié *(Orsini)*,
A. Vanzo *(Gennaro)*, K. Paskalis *(Alfonso)*,
J. Perlea *(Dir.)*, American Opera Society,
1965   VOCE 7 *(2, m.)*
Fassung wie RCA, doch fehlt auch die Cabaletta Lucrezias im Prolog

MARIA PADILLA
L. McDonald *(Maria)*, D. Jones *(Ines)*,
G. Clark *(Ruiz)*, C. du Plessis *(Pedro)*,
A. Francis *(Dir.)*   OR 6 *(3, s./l.)*

J. Price *(Maria)*, M. Elkins *(Ines)*, G. Drago
(Don Ruiz), C. du Plessis *(Don Pedro)*,
K. Montgomery *(Dir.)*, London, 1973
BJR 1351 *(3, s./l.)*

MARIA DE RUDENZ
K. Ricciarelli *(Maria)*, A. Cupido *(Enrico)*,
L. Nucci *(Corrado)*, E. Inbal *(Dir.)*
CBS 79345 *(3, s./l.)*
ohne die nachkomponierte Arie Enricos im
1. Akt und ohne den nachkomponierten
Männerchor am Anfang des 2. Aktes

M. Andrew *(Maria)*, R. Greager *(Enrico)*,
C. du Plessis *(Corrado)*, A. Francis *(Dir.)*
MRF 140 *(2, m./l.)*
mit den nachkomponierten Stücken

MARIA DI ROHAN
V. Zeani *(Maria)*, E. Tei *(Riccardo)*,
M. Zanasi *(Enrico)*, F. Previtali *(Dir.)*,
Neapel, 1967   OPR 401* *(m.)*

R. Sitran *(Maria)*, N. Tagger *(Riccardo)*,
A. Colzani *(Enrico)*, E. Gracis *(Dir.)*, Bergamo, 1957   **MEL 151** *(2, m./l.)*
ohne die beiden Arien Gondis und ohne das Liebesduett des 3. Aktes

R. Scotto *(Maria)*, U. Grilli *(Riccardo)*,
R. Bruson *(Enrico)*, G. Gavazzeni *(Dir.)*,
Venedig, 1974   **MRF 103** *(2, m./l.)*
ohne die Ouvertüre

MARIA STUARDA
B. Sills *(Maria)*, E. Farrell *(Elisabetta)*,
S. Burrows *(Leicester)*, A. Ceccato *(Dir.)*
MCA-ATS 20010 *(3, s./l.)*

J. Sutherland *(Maria)*, H. Tourangeau *(Elisabetta)*, L. Pavarotti *(Leicester)*,
R. Bonynge *(Dir.)*   **Decca 6.35313** *(3, s./l.)*
Malibran-Fassung ohne die Ouvertüre

M. Caballé *(Maria)*, M. Vilma *(Elisabetta)*,
J. Carreras *(Leicester)*, N. Santi *(Dir.)*,
Paris, 1972   **HRE 296** *(3, s.)*
ohne die Ouvertüre

M. Caballé *(Maria)*, S. Verrett *(Elisabetta)*,
E. Gimenez *(Leicester)*, C.F. Cillario *(Dir.)*
MRF 13 *(3, s.)*
ohne die Ouvertüre, mit weiteren kleineren Strichen

MARINO FALIERO
M. Roberti *(Elena)*, A. Mori *(Fernando)*,
A. Ferrin *(Marino)*, A. Camozzo *(Dir.)*
OPR 4* *(3, m.)*
ohne den zweiten, lyrischen Arienteil und ohne die lyrische Cabaletta Israeles im 3. Akt

LES MARTYRS
L. Gencer *(Pauline)*, O. Garaventa *(Polyeucte)*, R. Bruson *(Sévère)*, G. Gelmetti *(Dir.)*, Venedig, 1978   **VOCE 16** *(3, m.)*

OLIVO E PASQUALE
E. M. Gibbs *(Isabella)*, G. Mastino *(Le Bross)*, G. Sarti *(Pasquale)*, J. del Carlo

(Olivo), B. Rigacci *(Dir.)*, Barga, 1980
GB 2005/7 *(3, m./l.)*

PARISINA D'ESTE
M. Caballé *(Parisina)*, J. Pruett *(Ugo)*,
L. Quilico *(Azzo)*, E. Queler *(Dir.)*, New York, 1974   **BJR 134** *(3, s./l.)*
mit unvollständiger Ouvertüre, ohne die Stretta des Frauenchors und ohne den gemischten Frauenchor im 2. Akt

I PAZZI PER PROGETTO
A. Baldasserini *(Norina)*, G. Ceccarini *(Eustacchio)*, G. Savoiardo *(Blinval)*,
A. Kaiser *(Dir.in)*, Barga, 1977
UORC 357* *(1, m.)*

PIA DE TOLOMEI
L. Cuberli *(Pia)*, R. Casellato *(Ghino)*,
G. Fioravanti *(Nello)*, B. Rigacci *(Dir.)*,
RAI Mailand, 1976   **MRF 145** *(2, m./l.)*
mit dem nachkomponierten Finale des 1. Aktes (siehe Anmerkung im Opernführer); ohne Männerchor und ohne Arie Rodrigos am Anfang des 2. Aktes

PIGMALIONE
O. Santunione *(Galatea)*, D. Antonioli *(Pigmalione)*, A. Gatto *(Dir.)*, Bergamo, 1960
MEL 029 *(1, m.)*
zusammen mit dem Miserere *Donizettis für Papst Gregor XVII. (1841/42)*

die gleiche Aufführung, zusammen mit Convenienze *und* Giovedì grasso
OPR 410* *(3, m.)*

POLIUTO
M. Callas *(Paolina)*, F. Corelli *(Poliuto)*,
E. Bastianini *(Severo)*, A. Votto *(Dir.)*, Mailand, 1960   **BJR 106** *(2, m./l.)*
mit jenem lyrischen Terzett, mit dem der 1. Akt der Martyrs endet (siehe Anmerkung im Opernführer; hier als Bestandteil der Brückenpassage der Cavatina Paolinas); weitere kleinere Änderungen

gleiche Aufführung   **MRF 31** *(2, m./l.)*

gleiche Aufführung   **ARPL 32442** *(3, m./l.)*

ROBERTO DEVEREUX
M. Caballé *(Elisabetta)*, L. Chookasian *(Sara)*, J. Oncina *(Roberto)*, W. Alberti *(Nottingham)*, C.F. Cillario *(Dir.)*, New York, 1965   MRF 82 *(3, s.)*

B. Sills *(Elisabetta)*, B. Wolff *(Sara)*, R. Ilosfalvy *(Roberto)*, P. Glossop *(Roberto)*, Ch. Mackerras *(Dir.)*
    MCA-ATS 20003 *(3, s./l.)*

M. Caballé *(Elisabetta)*, S. Marsee *(Sara)*, J. Carreras *(Roberto)*, V. Sardinero *(Nottingham)*, J. Rudel *(Dir.)*, Aix-en-Provence, 1978   HRE 231 *(3, s.)*

ROSMONDA D'INGHILTERRA
M. Andrew *(Leonora)*, Y. Kenny *(Rosmonda)*, R. Greager *(Enrico)*, C. du Plessis *(Clifford)*, A. Francis *(Dir.)*, Queen's University Festival, 1975   MRF 127 *(3, s./l.)*

RITA
G. Sciutti *(Rita)*, D. Cestari *(Beppe)*, M. Cortis *(Gasparo)*, R. Leibowitz *(Dir.)*
    Cetra Vergara 2.004-N* *(1, m.)*

TORQUATO TASSO
J. Price *(Eleonora d'Este)*, B. Brewer *(Roberto)*, C. du Plessis *(Tasso)*, K. Montgomery *(Dir.)*, Camden Festival, 1974
    OPR 9* *(2, m.)*
ohne die Cavatina mit Cabaletta Eleonoras

andere (schwächere) Aufführung in gleicher Besetzung, London, 1974
    MRF 135 *(3, s./l.)*

UGO CONTE DI PARIGI
J. Price *(Bianca)*, Y. Kenry *(Adelia)*, D. Jones *(Luigi)*, M. Arthur *(Ugo)*, C. du Plessis *(Folco)*, A. Francis *(Dir.)*
    OR 1 *(3, s./l.)*

OPERN-QUERSCHNITTE
(nur aus Gesamtaufnahmen)

DON PASQUALE
Kertesz *(Dir.)*   Decca SET 337 *(1/s.)*
Wallberg *(Dir.)*   Eurodisc 203477 *(1/s.)*

ELISIR D'AMORE
Bonynge *(Dir.)*   Decca 6.35295 *(1/s.)*
Serafin *(Dir.)*   EMI 063 03198 *(1/s.)*
Märzendorfer *(Dir.)*   Ar 201028-250 *(1/s.)*

LA FAVORITA
Bonynge *(Dir.)*   Decca 6.42493 *(1/s.)*

LUCIA DI LAMMERMOOR
Lopez Cobos *(Dir.)*   Philips 6570155 *(1/s.)*
Serafin *(Dir.)*; mit Capucilli
    EMI 063 00772 *(1/s.)*
Bonynge *(Dir.)*   Decca 6.41644 *(1/s.)*
Cillario *(Dir.)*   Ar K 87 627 *(1/s.)*

MARIA STUARDA
Bonynge *(Dir.)*   Decca 6.42319 *(1/s.)*

ferner:
EMILIA DI LIVERPOOL
Opera semiseria in 2 Akten (Fassung *1828*)
Querschnitt mit erzählenden Verbindungskommentaren
J. Sutherland *(Emilia, s.)*, W. McAlpine *(Kolonel Villars, t.)*, D. Dowling *(Claudio, br.)*, J. Pritchard *(Dir.)*.   Voce 30 *(1, m.)*

OPERN-FRAGMENTE

NE M'OUBLIEZ PAS
fünf Stücke für die nie fertiggestellte Opéra comique in 3 Akten, Textbuch von Saint-Georges
M. Elkins *(Henriette, ms)*, A. Olivier *(André, t.)*, C. du Plessis *(Franz, br.)*, J. Judd *(Dir.)*   OR 4 *(1, s./l.)*
zusammen mit einem Arien-Recital
M. Elkins (siehe unten)

ARIEN-RECITALS
(mit Stücken
von Donizetti allein)

Cavatina mit Cabaletta Eleonora d'Este aus Torquato Tasso; Cavatina mit Cabaletta Gemma aus Gemma di Vergy; Cavatina mit Cabaletta Antonina aus Belisario; Aria finale mit Cabaletta Parisina aus Parisina d'Este
M. Caballé (s.), C.F. Cillario (Dir.)
RCA LSC 3164 (1, s.)

Arie mit Cabaletta Graf Vergy aus Gemma di Vergy; lyrischer Teil der Cavatina Israele aus Marino Faliero; Cavatina mit Cabaletta Nottingham aus Roberto Devereux; Cavatina mit Cabaletta Alfonso aus La Favorita; die (ursprünglich zum Terzett erweiterte) lyrische Arie Alfonsos aus dem 3. Akt der gleichen Oper; Romanze Antonio aus Linda di Chamounix; Arie mit Cabaletta Enrico aus Maria di Rohan; Romanze Camoëns aus Don Sebastiano; Auftrittsromanze Lusignano aus Caterina Cornaro
R. Bruson (br.), B. Martinotti (Dir.)
ANC 25007 (1, s.)

Cavatina mit Cabaletta Imelda aus Imelda de Lambertazzi; Romanze Zayda aus dem 2. Akt von Dom Sébastien; Canzone Olivieros aus Gianni di Parigi; Arie mit Cabaletta Ada aus der Genoveser Fassung des Diluvio Universale
M. Elkins (ms.), J. Judd (Dir.) OR 4 (1, s./l.)

OPERN-OUVERTÜREN
(Donizetti allein)

Don Pasquale, Linda di Chamounix, Maria di Rohan, Marino Faliero, Les Martyrs
C. Scimone (Dir.)   Erato STU (1, s.)

GESAMMELTE
BALLETTMUSIK

La Favorite, Les Martyrs, Dom Sébastien, L'Assedio di Calais
A. De Almeida (Dir.)   Phil. 9500673 (1, s.)

LIEDER
(Zugehörigkeit der Lieder
zu Zyklen: siehe Opusliste)

Su l'onda tremula, A mezzanotte, La sultana, L'amor mio (L. Ticinelli, s.); Lamento per la morte di V. Bellini, Il sospiro, Lu tradiemento (W. Borelli, ms.); Il barcaiuolo, La corrispondenza amorosa, L'amor funesto (E. Palacio, t.); Amore e morte, Amor marinaro, Occhio nero incendiator (A. Romero, bs.), L. Silvestri, Klavier
Joker SM 1225* (1, s.)

Lu tradiemento, La canocchia, Me voglio fa 'na casa
R. Bruson (br.), C. Streppard (Klavier)
ABR 1016 (1, s.)
zusammen mit Liedern von Gluck, Picinni, Verdi u. a.

La corrispondenza amorosa, Una lacrima, La mère et l'enfant; Ne ornerà la bruna chioma (Cavatina mit Cabaletta für Sopran und Klavier)
R. Scotto (s.), W. Baracchi (Klavier)
RCA RL 31564 (1, s.)
zusammen mit Liedern von Rossini, Bellini und Verdi

Il sospiro, A mezzanotte, J'attends toujours
J. Sutherland (s.), R. Bonynge (Dir.)
Decca D125D3 (3, s./l.)
zusammen mit Liedern von Rossini, Bellini, Verdi u. a.

Lu tradiemento, La canocchia (M. Heath, br.), Ninna Nanna (S. Denham, s.)
Donizetti Editions DS 001 (1, s.)
zusammen mit Liedern und instrumentaler Kammermusik (siehe unten)

GEISTLICHE MUSIK

Requiem für Bellini (1835)
G. Tucci *(s.)*, A. Cazzarini *(ms.)*, G. Sinimberghi *(t.)*, P. Maero *(br.)*, I. Sardi *(bs.)*, F. Molinari-Pradelli *(Dir.)* MRF 12* *(3, m.)*
zusammen mit Rossinis Petite Messe Solennelle

V. Cortez *(ms.)*, L. Pavarotti *(t.)*, R. Bruson *(br.)*, P. Washington *(bs.)*, G. Fackler *(Dir.)*
     Decca SDD 566 *(1, s.)*

M. Arroyo *(s.)*, S. Marsee *(ms.)*, C. Montané *(t.)*, A. White *(br.)*, R. Hall *(bs.)*, J. Rudel *(Dir.)*   OPR 414* *(1, m.)*
L. Gencer *(s.)*, M. Pecile *(ms.)*, A. Moretti *(t.)*, A. Cassis *(br.)*, A. Ferrin *(bs.)*, G. Gavazzeni *(Dir.)*   HRE 250* *(2, m.)*
Die schönsten Stücke des Tenors wurden der Sopranistin übertragen; mehrere indiskutable Striche. Zusammen mit Bellinis a-moll-Messe

Messa di Gloria e Credo (1837)
H. Mané *(s.)*, G. Vighi *(ms)*, P. Maus *(t.)*, M. Machi *(bs.)*, R. Bader *(Dir.)*
    Schwann AMS 3520 *(1, s.)*
mit einem Cum sancto aus der Bergamasker «Meisterschüler-Zeit» (ca. 1817—1820)

Ave Maria (Offertorium)
für Kaiser Ferdinand I. (1842)
Redbridge Young Musicians, E. Graham
zusammen mit Liedern und instrumentaler Kammermusik
    Donizetti Editions DS 1 *(1, s.)*
Miserere
für Papst Gregor XVI. (1841/42)
u. a. mit M. Rinaldi *(s.)*, G. Fioroni *(ms.)*, E. Palacio *(t.)*, A. Ferrin *(bs.)*, F. Previtali *(Dir.)*   VOCE 15 *(1, m.)*
mit Pigmalione (Aufführung 1960)
Miserere (1820), Fassung I. Máriássy)
J. Paszthy *(s.)*, Z. Bende *(br.)*, J. Maklari *(Dir.)*   Hungaroton SLPX 12147

INSTRUMENTALE KAMMERMUSIK

CONCERTINOS
a) C-Dur für Englischhorn und Orchester

H. Holliger *(Englischhorn)*, D. Starek *(Dir.)*
mit Werken von Haydn, Reicha und Rossini
    Philipps 9500564 *(1, s.)*

H. Holliger *(Englischhorn)*, P. Maag *(Dir.)*
mit Werken von Bellini, Cimarosa und Salieri   DGG 2535417 *(1, s.)*

b) C-Dur für Flöte und Orchester
c) d-moll für Violine, Violoncello und Orch.
d) F-Dur für Oboe und Orchester
e) G-Dur für Oboe d'amore und Orchester
f) B-Dur für Klarinette und Orchester
alle Rias Sinfonietta, D. Starek *(Dir.)*
g) «Concertino» für Klarinette und Klavier
    Schwann 2028 *(1, s.)*

Russo/Ignacio   Orion 78311 *(1, s.)*

GESAMMELTE KLAVIERMUSIK
ZU ZWEI HÄNDEN/
ZU VIER HÄNDEN
P. Spada   RCA RL 31577-79 *(3 × 1 s.)*

P. Spada, G. Cozzolino
    RCA RL 31441 u. 31542
    (1 × 1 s. u. 1 × 2 s.)
Ausschnitte:
die gleichen Interpreten

SINFONIAS
D-Dur für Streicher
P. Angerer *(Dir.)*   Claves 0709 *(1, s.)*

SONATEN
a) g-moll für Flöte und Harfe
Buxtorf/Eisenhoffer Mixtur VG 3050 *(1, s.)*
Graf/Holliger   Claves 0708 *(1, s.)*
Kassner/Hofmeister   Mars 207741 *(1, s.)*
Larrieu/Mildonian   Mixtur OA 7295 *(1, s.)*
wie oben   Bell. BR 6327015 *(1, s.)*

Mason/Duggan
b) c-moll für Flöte und Klavier
    Donizetti Editions DS 001 *(1, s.)*
Bryan/Keys   **Orion 76245** *(1, s.)*
Douglas/Rogers   **Orion 79350** *(1, s.)*
Kallend/Elms
c) F-Dur für Oboe und Klavier
    Donizetti Editions DS 001 *(1, s.)*
Small/Elms
    Donizetti Editions DS 001 *(1, s.)*

STREICHQUARTETTE
a) Nummern 1 bis 6
Amati-Quartett   **ARCL 327002** *(3, s.)*

b) Nummer 2 A-Dur
Tonhalle-Quartett   **Schwann 1016** *(1, s.)*

c) Nummer 4 D-Dur
Academy St. Martins-in-the-Fields
    Decca 6.35147 *(1, s.)*

d) Nummer 13 A-Dur
Alberni-Quartett   **CRD 1066** *(1, s.)*

TRIOS
a) für Violine, Cello und Klavier in E-Dur
Shave/Forster/Elms
    Donizetti Editions DS 001 *(1, s.)*

b) für Flöte, Fagott und Klavier in As-Dur
Jones, Eversden, Elms
    Donizetti Editions DS 001 *(1, s.)*

WERKVERZEICHNIS
(vollendete Opern: siehe «Die Opern in der chronologischen Folge», S. 499)

Vorbemerkung: *Da eine gründliche Opusliste mehr als 30 Seiten füllen würde und da die Bücher von Zavadini, Weinstock und Ashbrook solche umfassende Listen bereits enthalten (die Differenzen sind höchst gering), werden in diesem Werkverzeichnis nur noch jene Kompositionen detailliert erfaßt, deren Bedeutung keinem Zweifel unterliegt.*

UNVOLLENDETE OPERN
(nur relativ weit gediehene Manuskripte)
ADELAIDE
Opera buffa (ca. 1834); Librettist unbekannt. Weite Teile verwendete Donizetti für die gleichfalls nie vollendete Opera seria *L'Ange de Nisida* (siehe unten)
L'ANGE DE NISIDA
Opera seria in französischer Sprache (1839/40); Librettisten: Alphonse Royer/Gustave Vaëz. Diese Arbeit wurde von den drei Autoren in die *Favoritin* umgewandelt
NE M'OUBLIEZ PAS
Opéra comique in drei Akten (1843/folgende Jahre?); Librettist: J.-H. Vernoy de St-Georges. Sechs vollendete Nummern

KANTATEN UND HYMNEN
(nur solche von unzweifelhafter künstlerischer oder biographischer Bedeutung)
Wenn nichts anderes erwähnt, ist die Besetzung für Gesang und Orchester
KANTATE
zur Geburt Maria Carolina Augustas, Tochter des Prinzen von Salerno, Leopoldo, und seiner Frau Maria Clementina von Österreich; UA: 6. 4. 1822 in Neapel *(Gesang und Klavier)*
ARISTEA
szenische Kantate oder Azione pastorale; Text von G. F. Schmidt; UA: 30. 5. 1823, Teatro San Carlo, Neapel
I VOTI DEI SUDDITI
Festkantate (Azione pastorale) zur Amtseinsetzung des neuen Königs beider Sizilien, Francescos I.; Text von G. F. Schmidt; UA: 5. 5. 1825, Teatro San Carlo, Neapel
LA PARTENZA
Kantate zur Abfahrt des sizilianischen Generalleutnants Ugo delle Favare nach Neapel; UA: 23. 6. 1825, Teatro Carolino, Palermo
SAFFO
Kantate für Virginia Vasselli; entstanden 1828 *(Gesang und Klavier)*
CANTO XXXIII
aus Dantes «Göttlicher Komödie» (die Ugolino-Episode), Kantate für den Bassisten Luigi Lablache; entstanden 1828 *(Gesang und Klavier)*
INNO REALE
Hymnus zur Einweihung des Theaters Carlo Felice in Genua; dort UA 7. 4. 1828
IL FAUSTO RITORNO
Kantate zur Rückkehr Francescos I. und seiner Gemahlin von einer Spanienreise; Text von D. Gilardoni; UA Sommer 1830, Teatro San Carlo, Neapel
KANTATE
zur Hochzeit Ferdinands von Österreich (des künftigen Kaisers) mit Maria Anna Carolina von Sardinien-Piemont; vollendet am 24. 1. 1831 in Mailand; UA 27. 2. 1831 in Turin
INNO
zur Hochzeit des Königs beider Sizilien, Ferdinandos II., mit Maria Cristina von Sardinien/Piemont; UA: 21. 11. 1832 in Voltri bei Genua

LA PREGHIERA D'UN POPOLO
Kantate zum Geburtstag Maria Teresas, der zweiten Gattin Ferdinandos II.; UA: 31. 7. 1837 (am Tag nach Virginias Tod) im Teatro San Carlo, Neapel
KANTATE
zu einer Geburt Maria Teresas; UA: August 1838, Teatro San Carlo, Neapel
IL GENIO
Kantate zum 78. Geburtstag Giovanni Simone Mayrs; UA: 14. 6. 1841 in Bergamo
CRISTOFORO COLOMBO
Kantate für den Bariton Paolo Barroilhet; UA: März 1845, Opéra

GEISTLICHE WERKE
(nur solche von unzweifelhafter künstlerischer oder biographischer Bedeutung)
Wenn nichts anderes erwähnt, ist die Besetzung für Gesang und Orchester.
MISERERE
geschrieben während der Einstudierung der Zoraide di Granata; handschriftliche Datierung: 18. 1. 1822
MESSA DA REQUIEM
für Vincenzo Bellini (1835)
MESSA DA REQUIEM
für Nicola Zingarelli (1837)
MESSA DA REQUIEM
für den Abate Fazzini (1837)
MISERERE
für Papst Gregor XVI. (1841; 1842 revidiert)
AVE MARIA (OFFERTORIO)
für Kaiser Ferdinand I.; Besetzung: Sopran («Engel»), 4stimmiger Chor («Kirche») und 6 Instrumente (1842)
OFFERTORIO-MISERERE
erstes Pflichtstück für die Hofkapelle Kaiser Ferdinands I.; UA: 14. 4. 1843 in Wien
CHRISTUSPARAPHRASEN
zweites Pflichtstück für die Hofkapelle Kaiser Ferdinands (entstanden 1829, revidiert 1843/44 in Paris und Wien)
AVE MARIA (OFFERTORIO)
nach einem Dante-Text (1844)
Ferner:
MISERERE
(1820; von István Máriássy zusammen mit weiteren, unmittelbar darauf entstandenen Stükken zu einem «50. Psalm» zusammengestellt; siehe Diskographie)

LIEDER
(nur die von Donizetti selbst herausgegebenen Alben)
Im allgemeinen sind die Lieder für Sopran oder Tenor und Klavier gesetzt
NUITS D'ÉTÉ À PAUSILIPPE (1836)
1 Voga voga il vento tace (Il Barcajuolo), Barcarola
2 Colle piume sul cimiero (Il Crociato), Romanze
3 Quando notte sarà oscura (A Mezzanotte), Arietta
4 Vedi là sulla collina (La Torre di Biasone), Ballade
5 Quann'a lo bello mio (La Conocchia), Canzone napoletana
6 L'aube naît et la porte est close (Le Crepuscule), Romanze
7 Tuo fin che il sol rischiara (Il Giuramento), Duett-Notturno
8 Vedi come in sul confine (L'Aurora), Duett-Notturno
9 O profumo delicato (L'Alito di Bice), Duett-Notturno
10 Sì t'amo, a te nascondere (Amor Voce del Cielo), Duett-Notturno

11 Uno sguardo di nera pupilla (Uno Sguardo ed una Voce), Duett-Notturno
12 Mesci mesci e sperda il vento (I Bevitori), Brindisi-Duett

SOIRÉES D'AUTOMNE À L'INFRASCATA (1837)
1 Or ch'io sono a te rapita (La Lontananza), Arietta
2 Corri destrier (L'Amante spagnuolo), Arietta
3 Odi d'un uom che muore (Amore e Morte), Arietta
4 Me voglio fa na casa (Amor marinaro), Canzonetta napoletana
5 Quì dove mercè negasti (Il Fiore), Duettino pastorale
6 Sarà più fida Irene (L'Incostanza d'Irene), Duettino für zwei Soprane (am 29. 11. 1826 Virginia Vasselli zugeeignet)

UN HIVER À PARIS (1838)
1 Era l'ora che i cieli (Il Pescatore), Ballade
2 Dormi fanciullo mio (La Ninna Nanna), Ballade
3 Era notte e la campana (Il Trovatore in Caricatura), Ballade
4 Là sedeva sull'erto verone (La Sultana), Ballade
5 Dunque addio mio caro amore (L'Addio), Duettino
Eine Neuedition unter dem Titel RÊVERIES NAPOLITAINES enthält zudem folgende Stücke:
a) Doman quando la Squilla (L'ultima Notte d'un Novizio), Ballade
b) Ils disent tous (La Folle de Sainte Héléna), Ballade

MATINÉES MUSICALES (1841)
1 Ah quanto in me tu puoi (Il tuo Pensiero è il mio), Romanze
2 Corridor, più ratto assai (Il Cavallo arabo), Bolero
3 Dio che col cenno moderi, Preghiera
4 Vieni la barca è pronta (La Gondoliera), Barcarola
5 O dolci righe (La Corrispondenza amorosa), Romanze
6 Fin dalla culla intrepida (La Negra), Romanze
7 Io resto fra le lagrime (L'Addio), Duett
8 Non giova il sospirar (La Gelosia), Duett-Scherzo
9 Il sol discende (La Campana), Quartettino für zwei Tenöre und zwei «Bässe»
10 Rataplan convien partir (La Partenza del Reggimento), Quartettino für zwei Tenöre und zwei «Bässe»

INSPIRATIONS VIENNOISES (1842)
1 Fra l'erbe cosparse (La Zingara), Arietta
2 Non m'ami più, Romanze
3 Odi, Elisa, questa è l'ora (L'Ora del Ritorno), Arietta
4 Donna infelice, stanca d'amore (Il Sospiro), Melodia
5 Morta! e ieri ancor (E morta), Scena
6 Qual colomba che fugge (La Predestinazione), Duettino
7 Che vuoi di più?, Duettino

INSTRUMENTALMUSIK
Die meisten Stücke stammen aus dem Zeitraum 1815—1821

ORCHESTERMUSIK
Sieben in Bologna komponierte «Sinfonien».
Ferner von biographischem Interesse:
L'INCENDIO
Sinfonia, uraufgeführt am Benefizkonzert vom 19. 3. 1819 zugunsten der Opfer einer Feuersbrunst in Bergamo

TRAUERSINFONIA
zum Gedenken an den bergamaskischen Geigenlehrer Antonio Capuzzi
TRAUERSINFONIA
zum Gedenken an die Sopranistin Maria Malibran, uraufgeführt am 17. 3. 1837 in der Mailänder Scala
GRAN MARCIA MILITARE IMPERIALE
für Sultan Abdul-Medjid-Khan (den Arbeitgeber Giuseppes), entstanden 1840
MARCIA MILITARE
für die bergamaskische Blaskapelle Francescos, entstanden 1840

CONCERTI(NI)
Donizettis Stücke dieser Gattung sind auf der Platte Schwann 2028 allem Anschein nach vollständig erfaßt (siehe Diskographie)

KLAVIERMUSIK
Zur Platten-Gesamtaufnahme von Donizettis Klaviermusik siehe Diskographie

STREICHQUARTETTE

1) Es-Dur; 2) A-Dur; 3) c-moll; 4) D-Dur; 5) e-moll; 6) g-moll; 7) f-moll; 8) B-Dur; 9) d-moll; 10) g-moll; 11) c-moll; 12) C-Dur; 13) A-Dur
Die obenstehenden Quartette stammen aus dem Zeitraum 1817—1821. Folgende Streichquartette lassen sich entstehungschronologisch nicht erfassen, stammen aber aus der gleichen Periode: 14) D-Dur; 15) C-Dur; 16) F-Dur; 17) h-moll
Donizettis letzte Streichquartette: 18) D-Dur (1825); 19) e-moll (1836)

STREICHQUINTETTE
Drei undatierte Werke, eines unvollständig

SONATEN, TRIOS
Die in der Diskographie vereinigten Stücke stellen eine repräsentative Auswahl dar

FACHWÖRTERVERZEICHNIS

DIE DOPPELNUMMER BEI DONIZETTI

OBER-BEGRIFFE DER DOPPEL-NUMMERN	DIE TEILE DER DOPPELNUMMERN IM CHRONOLOGISCHEN ABLAUF					
	Rezitativ	Arioso	lyrischer Teil	Brücken-passage	darin Arioso	Cabaletta/Stretta
Zweiteilige Cavatinen und Arien	●	⌀	●	⊗	⌀	●
Zweiteilige Solistenensembles *(von Duetten bis Sextetten)*	●	⊗	●	●	⌀	●
Darunter Concertati	●[1]	⊗	●	●	⊗	●
Zweiteilige Chöre	○	○	●	*nur wenige Übergangstakte*	○	●

● *immer vorhanden*
⊗ *oft vorhanden*
⌀ *selten oder schwach vorhanden*
○ *nie vorhanden*

[1] fast immer mit Einleitungschor

A-capella-Stücke: Vom Orchester unbegleitete Gesangsensembles (Deutung der Romantik). Die nahezu und wirklich a capella ausgeführten Stücke Donizettis (→ *Martyrs, Linda, Maria Padilla*) gleichen denen Verdis stark, indem sie die Stimmen ähnlich ungeschönt (also durchaus nicht vor allem in → Terzen und → Sexten) und hochkompliziert verschränken.

Aria: «Arie» ist zunächst ein Oberbegriff, der deutlich abgegrenzte, längere Solostücke erfaßt. Bei Donizetti gibt es indessen drei Unterbegriffe für drei verschiedene Arientypen: → Cavatina (Auftrittsarie, gewöhnlich doppelteilig), → Romanze (einteilige lyrische Arie, manchmal mit nachgeschickter → Cabaletta) sowie die Arie im engeren Sinne, von der im folgenden die Rede ist. Solche Arien erscheinen nie im ersten Akt (dort heißen sie Romanzen oder Cavatinen). Es sind die (meist doppelteiligen) Solonummern der wichtigsten Sänger (Protagonisten), die erst dann erklingen, wenn der Konflikt des Dramas bereits zu einer gewissen Entfaltung gekommen ist, wenn sich die Hoffnung der betreffenden Figuren in der Regel schon zerschlagen hat (siehe dazu → Cavatina). Somit schließen die Arien oft, auf jede einzelne Figur bezogen, den psychologischen und dramatischen Bogen, der mit der Cavatina der gleichen Figur eröffnet worden war. Dies hat zur Folge, daß, bei gleichem Doppelnummerbau (Rezitativ—lyrischer Teil—Brückenpassage—Cabaletta) der → lyrische Teil, der der Beschreibung psychischer Strukturen dient, häufig ergreifender wirkt, die Cabaletta aber, welche die Figur in der Bereitschaft zum Handeln zeigt, meist nicht so beschwingt wie in der Cavatina. Klassische Arien im engeren Sinne sind die Wahnsinnsarie Lucias, die Arien des Baritons im zweiten Akt von *Gemma* und *Maria di Rohan* und nahezu alle solistischen Szenen am Schluß der tragischen Opern (→ [Opera] Seria) mit ihren typischen Final-→ Rondòs (den Cabaletten dieser Arien).

Arioso: So heißen jene Glieder von Belcanto-Doppelnummern, die zwar volle → Melodien präsentieren, doch verglichen mit den ausgebauten Nummernhälften (→ lyrischer Teil beziehungsweise → Stretta und → Cabaletta) kürzer sind und fließend in den nächsten Abschnitt übergehen. So können sie im → Rezitativ versanden, dem sie entsprungen sind (klassisches Beispiel: die Ariosi der Duette im ersten *Roberto*-Akt), oder sie können als Rückgrat von Brückenpassagen den lyrischen Abschnitt mit dem Stretta-Teil verbinden, wie zum Beispiel in den meisten → Concertato-Szenen Donizettis zwischen *Fausta* und *Lucia*. (Das berühmte Streitgespräch der Königinnen am Schluß des zweiten *Maria-Stuarda*-Aktes ist ein solches [Duett-]Arioso, kein eigentliches Duett!). Während sie sich melodisch von den geschlossenen Nummernteilen kaum unterscheiden, sind sie als handlungstragendes Bindeglied zwischen den Nummernteilen von erheblich größerer musikdramatischer Bedeutung als die «eigentlichen» Stücke selbst. Sie treten denn auch am häufigsten bei Konfrontationen der Figuren, also in Ensembleszenen (→ Duetten, → Terzetten, → Quartetten, → Quintetten, → Sextetten und → Concertati), seltener in Soloszenen (→ Arien und → Cavatinen) auf. Aus dieser Erwägung wurden im Opernführer zur besseren Übersicht die kürzeren Ariosi, vor allem in Soloszenen, selten registriert. Daß sich die Stimmen der Sänger in ariosen Solistenensembles unregelmäßig, selten oder nie berühren (siehe Streitgespräch der Königinnen in der *Stuarda*), ist im Zweifelsfall ein weiteres Kriterium zur Unterscheidung arioser Teile von den «durchgeführten» Nummernblöcken.

Belcanto: eigentlich «Schöner Gesang». Bezeichnet heute in der Regel die Opernmusik der italienischen Meister des letzten Jahrhunderts von Rossini (1. Generation) über Bellini, Donizetti, Mercadante und Pacini (2. Generation) bis Verdi (3. Generation).

Brindisi: Der reguläre Ausdruck für ein Trinklied. Naturgemäß sind die Brindisis immer für Chor geschrieben, weisen diesem aber in der Regel nur den Refrain zu, während die Strophe solistisch gesungen wird. Ausdrucksmäßig, manchmal auch stilistisch, gleichen die Brindisis→ Cabaletten mit Chor (klassisches Beispiel: das Trinklied Orsinis im 2. Akt der *Lucrezia Borgia*). Couplet-Arien Donizettis ohne alkoholische Begleitumstände (so Maries Regimentslied in der *Fille du Régiment* und Gondis amouröse Anekdote in der ersten Szenenfolge von *Maria di Rohan*) zeigen gewöhnlich dasselbe Bild.

Brückenpassage: Dieses Verbindungsstück von → lyrischem Teil und → Cabaletta oder → Stretta einer Doppelnummer ist das wichtigste dramatische Scharnier der Donizetti-Oper überhaupt. Hier erfolgt der Wechsel von der Vertiefung ins eigene Seelenleben, dem die Figuren in der ersten Nummernhälfte hingegeben waren, zur Bereitschaft, ihr Schicksal persönlich mitzugestalten, der sie in der Cabaletta oder Stretta Ausdruck geben. Gewöhnlich führt ein äußeres Ereignis diesen Gesinnungswandel herbei, so daß in der Brückenpassage oft auch dramatisch viel geschieht (zum Beispiel im Duett Enricos mit seiner Schwester in der *Lucia*, wo an dieser Stelle der unheilbringende Bräutigam naht). — Die musikalische Behandlung der Brückenpassage wechselt von Fall zu Fall: bei Solostücken (→ Arien und → Cavatinen) besteht sie manchmal nur in einem → Rezitativ (so in der zweiten Arie Maria di Rohans), manchmal in einer vom Orchester hitzig vorgetragenen → Motivsequenz, gewöhnlich als → Crescendo (etwa in der Brunnenarie Lucias), manchmal enthält sie einen Chor (zum Beispiel in der Auftrittsarie Enricos in der *Lucia*) und manchmal, seltener, fällt sie weg (zum Beispiel in der Arie Ernestos im *Don Pasquale*). In den doppelteiligen Solistenensembles (→ Duetten, → Terzetten, → Quartetten, → Quintetten, → Sextetten) verzichtet Donizetti nie auf ihre Dienste; wenn es sich um → Concertati handelt, enthalten die Brückenpassagen fast immer längere → Ariosi (Musterbeispiel: das Streitgespräch der Königinnen im Concertato des zweiten *Maria-Stuarda*-Aktes, das als Duett-Arioso Bestandteil der Brückenpassage zwischen der lyrischen Ensemblehälfte und der Stretta des Ensembles ist). — Der frühe bis mittlere Verdi gebrauchte die Brückenpassagen zu ein und denselben musikdramatischen Zwecken, bei Solo-Doppelnummern überdies im gleichen Stil: mit jenen hitzigen Motivsequenzen, die an solchen Stellen schon bei Donizetti häufiger erschienen waren als einfache Rezitative. Indessen verzichtete Verdi in Brückenpassagen von stärker besetzten Stücken fast immer auf Ariosi.

(Opera) Buffa: Heitere Oper mit glücklichem Ende. Französische Buffa-Opern heißen Opéras comiques. Für den → Belcanto schuf Rossini das gültige Buffa-Modell mit einer dazugehörigen typischen Sprache, deren Melos stärker auf der natürlichen Rede beruht als in der ernsten Oper (→ [Opera] Seria). Im Gegensatz zu den Seria-Opern verwenden die Buffas gewöhnlich Cembalo-→ Rezitative (ihre französischen Schwestern gesprochene Dialoge) und räumen Figuren aus den unteren Gesellschaftsschichten (Bürgern und Angestellten) einen beträchlich größeren Spielraum ein. Donizettis Buffa-Opern empfingen im Laufe ihrer Entstehung zunehmend den Stempel des jeweils gepflegten Seria-Stils (das *Elisir* ist im Bellini-Stil gehalten, die *Fille du Régiment* im Stil der Gruppe um die Seria *Assedio di Calais*, der *Don Pasquale* in jenem der Seria *Caterina*).

Cabaletta: Der meist in rascherem Tempo gesungene, in sich geschlossene zweite Teil von Solo-Doppelnummern (→ Arien und → Cavatinen), der mit dem ersten → lyrischen Teil gewöhnlich durch eine Brückenpassage verbunden ist. Da dieser Teil im Gegensatz zur lyrischen Nummernhälfte vor allem dem Ausdruck extrovertierter Gefühle und klarer Entschlüsse dient, ist seine Melodik in der Regel männlicher, markanter, «schlagerhafter» als jene des ersten Teils, besonders in den Cavatinen, wo die noch kaum entwickelte dramatische Situation verschiedene Verhaltensweisen der Figuren möglich macht. Die oft → punktierten, aber auch in unpunktierter Form gewöhnlich sehr vitalen Rhythmen betonen den volkswirksamen Charakter der Cabaletten; die diesen Teilen strikter als den ersten Nummernhälften unterlegte → Liedstruktur (a-b-a') bewirkt den gleichen Effekt. Melodisch war Donizetti bei der Gestaltung der Cabaletten (namentlich in Cavatinen) sehr oft am glücklichsten inspiriert, was Stücke wie die Cabaletta Don Pasquales, in der er sich nach Kindern sehnt («Un fuoco insolito»), Maries berühmtes «Salut à la France» aus der *Fille du Régiment* und Titel wie «Potessi vivere» (die Cabaletta Enricos aus der *Rosmonda*, «Un fatal presentimento» (die Cabaletta von Graf Vergys Auftrittsarie in *Gemma*) und das gewaltige «Si, ma fra poco» (Enricos zweite Cabaletta in *Maria di Rohan*) als kleine Auswahl belegen mögen. Die Cavatinen und Arien der Baritone und Bässe (so die beiden letztgenannten) weisen meist besonders fulminante Cabaletta-Melodien auf. Die typische Cabaletta des frühen Verdi lehnt sich stark an solche Stücke Donizettis an, welche in gleicher Männlichkeit und Schlagkraft weder bei Mercadante noch bei einem anderen Vertreter der mittleren Garde des → Belcanto anzutreffen waren. — Doch die erwähnten Eigenschaften definieren nur das Bild der typischen Cabaletta bei Donizetti; daneben gibt es in seinem Schaffen ausgeprägt lyrische zweite Arienteile, die sich von den ersten nur im Bau, nicht aber in der Stimmung unterscheiden (so die Cabaletta von Giovannas Arie im zweiten Akt der *Anna Bolena*, die des Kaisers Konstantin im zweiten *Fausta*-Akt, die Cabaletta der Auftrittsarie Biancas im *Ugo* und jene von Gemma di Vergys entsprechendem Stück). Das Bauprinzip der Cabaletta aber ist bei fast allen diesen Stücken gleich: Der erste melodische Durchgang in der Liedform (a-b-a') leitet zu einer sich deutlich unterscheidenden zweiten Hauptmelodie und diese zur Wiederaufnahme des Liedblocks über, der also zweimal erklingt. Die Übergangsmelodie, die eine interne Brückenpassage bildet, ist fast immer ausgesprochen lyrisch, wird fast immer als → Crescendo vorgetragen und pflegt die Stimmen anderer Solisten oder des → Chors mit einzubeziehen, wenn diese die Bühne vorher betreten haben.

Cavatina: Die Doppelarie (selten in einem Teil, etwa in *L'Elisir d'Amore*, → Introduktion), mit der die Hauptpersonen erstmals vor dem Publikum erscheinen, in der sie diesem ihre — meist unerfüllbaren — Wünsche eröffnen und dabei unfreiwillig ihre charakterlichen Veranlagungen entblößen. Als Bühnenfiguren einer modernen Zeit sprechen sie meistens nicht zum Publikum, sondern zu Freunden gleichen Geschlechts, die nahezu immer Nebenfiguren der Oper sind.

Dadurch wirken die Cavatinen meist dramatischer und stärker durchkomponiert als die im weiteren Verlauf der Oper gesungenen → Arien. Die → lyrischen Teile der Cavatinen klingen in der Regel oberflächlicher, die → Cabaletten ausdrucksvoller als jene der Arien, was dramaturgisch sinnvoll ist: dort hoffen die Figuren, hier verzweifeln sie. Typische Cavatinen sind die Auftrittsarien Lucias («Brunnenarie»), Maria Stuardas und Elisabettas im *Roberto Devereux*, um nur die berühmtesten anzuführen.

Chor: Die meisten Chöre bestehen bei Donizetti in einem geschlossenen lyrischen Teil, doch sind sie auch in → arioser Form vertreten, erscheinen häufig in → Brückenpassagen und begleiten die Gesänge der Solisten. Manche geschlossenen Chöre weisen auch → Stretten auf, die in der Mehrzahl ebenfalls lyrisch sind (Paradebeispiel: *Parisina*, 3. Akt). Im Opernführer werden aus Gründen größerer Klarheit nur jene Chöre erwähnt, die das Gewicht geschlossener Nummern haben (etwa der ungeschlossene Einleitungschor des ersten *Roberto*-Aktes), geschlossene Nummern sind (etwa der Trauerchor im 3. Akt der *Maria Stuarda*) oder die Solisten ebenbürtig begleiten (so wird der Anteil des Chors an Guidos Cavatine in *Gemma di Vergy* festgehalten, sein Anteil an der nächsten Cavatine dieser Oper aber nicht).

Concertato: Ein neuerer Begriff der Opernsprache; meint in der Regel stark besetzte Solisten-Ensembles mit Chor. Da Donizetti seine Figuren mehrheitlich einzeln und hintereinander einführt, wobei sie Auftrittsarien (→ Cavatinen) oder → Duette singen, erfolgt das erste größere Ensemble in der Regel dann, wenn die Figuren erstmals aufeinanderprallen, wenn der Hauptkonflikt des Dramas ausgetragen wird (meist in der Mitte der Oper am Ende des 1. Aktes). Im Opernführer wird der Begriff gezielt für solche dramatischen Schlüsselensembles verwendet (so ist das erste große Ensemble der *Anna Bolena* nur als Quintett vermerkt und erst das zweite als Concertato). Die so bezeichneten, zentralen Ensemblestücke sind gewöhnlich in der umfangreichsten Doppelnummerform geschrieben, die das Schaffen Donizettis kennt (Eröffnungschor—→ Arioso—→ lyrischer Teil des Concertatos—Arioso der → Brückenpassage—→ Stretta des Concertatos). Berühmtheit erlangten vor allem die lyrischen Teile der Concertati des Komponisten, für welche der halbseriöse Unterbegriff des «Largo concertato» stark verbreitet ist. Ein solches «Largo concertato» (d. h. der lyrische Teil der Concertato-Doppelnummer) ist das berühmte *Lucia*-Sextett. (Zu den Concertato-→ Stretten und zu den Concertati französischer → Großer Opern siehe unter diesen Fachausdrücken).

Couplet-Arie: → Brindisi.

Crescendo: Im → Belcanto wurde der Begriff «Crescendo» für die Erscheinung, daß ein genau bestimmter Abschnitt einer Komposition zunehmend lauter erklingt, unter dem Einfluß Rossinis zum Schlagwort für ein → motivisches oder

→ melodisches Element, das mehrmals hintereinander unverändert, aber immer lauter vorgetragen wird. Donizetti brauchte die Crescendi namentlich in → Ouvertüren, in → Brückenpassagen und in den Übergangsteilen zur Wiederholung der → Stretten und → Cabaletten.

Deklamation: Jene Orchester-→ Rezitative, die ungewöhnlich dramatisch, manchmal auch mit den Rhythmusfiguren durchstrukturierter Nummern begleitet werden und die den Solistenstücken auch melodisch näherstehen als ein gewöhnliches Rezitativ. Typisch deklamierte Stellen finden sich bei Donizetti namentlich in den französischen → Großen Opern; besonders bekannt sind Baldassares feurig deklamierte Reden im Concertato des 2. Aktes der *Favoritin*.

Diatonisch heißen jene Stufen, die entstehen, wenn man die Oktave in fünf Ganztonschritte und zwei Halbtonschritte unterteilt.

Duett: Duette sind (Doppel-)Nummern für zwei Solisten (manchmal bestehen sie auch in einem einzigen lyrischen Teil, etwa das Liebesduett des *Don Pasquale* sowie das erste der *Caterina*). Da sie in der Regel handlungsintensiver sind als → Arien und selbst dramatischer als → Cavatinen (die bereits gelegentlich Duettansätze zeigen), weisen sie meist ein reicheres Formengefüge auf als diese Solonummern. Ein längeres Einleitungs- → Arioso vor dem geschlossenen → lyrischen Teil ist fast schon die Regel, und manchmal enthält auch die → Brückenpassage zur → Stretta ein Arioso. In jeder Hinsicht typische Donizetti-Duette sind jene von Bruder und Schwester in *Gemma di Vergy* sowie *Lucia*. Näheres zur → Stretta der Duette siehe dort.

Farce: Opera→ Buffa von halber Länge in einem Akt, gewöhnlich in Inhalt und musikalischer Qualität noch eine Spur leichter als abendfüllende komische Opern. Bei Donizetti freilich halten sie in der Regel das gleiche Niveau wie diese *(Giovedì Grasso, Pazzi)* und tragen ebenfalls den Stempel des jeweils gepflegten Seria-Stils (so die famosen Farcen *Betly* und *Camparello* den das *Assedio di Calais*, die oft gespielte Farce *Rita*, eine Opéra comique [→ (Opera) Buffa], den der *Maria Padilla*).

Große Oper: So heißen französische → Seria-Opern in vier bis fünf Akten mit meist historischem Inhalt, die seinerzeit den Bedarf der Opéra von Paris nach opulentem Augentheater deckten. Ihr prominentester Vertreter war Giacomo Meyerbeer; die ersten repräsentativen Werke dieser Gattung waren D.-F.-E. Auberts *Stumme von Portici*, Rossinis *Wilhelm Tell* und Meyerbeers *Robert der Teufel*. Da auch die beiden französischen Meister der Großen Oper unter dem Einfluß Rossinis standen, waren die Belcanto-Doppelnummern darin nie geradezu verpönt, doch spielten sie eine untergeordnete Rolle. Eigentliche → Cavatinen gab es kaum, die → Stretten und → Cabaletten erschienen, wenn überhaupt, in einer verfremdeten Form (weniger schlagerhaft, weil → deklamierter und in der Regel ohne den typischen Übergangsteil zur Repetition); vor allem aber fehlte das die Handlung krönende Ensemle in der Mitte (→ Concertato), weil möglichst viele Massenszenen einzurichten waren und bisweilen jeder Akt mit einer solchen endete, was jedesmal ein Hauptensemble bedingte. (Dennoch werden im Opernführer bei den Großen Opern und beim im gleichen Stil geschriebenen *Assedio di Calais* auch jene Ensembles am Schluß der Akte als Concertati bezeichnet, die ihrer Stellung gemäß eigentlich keine sind, indessen das gleiche stilistische Muster zeigen.) Absolut unerläßlich war ferner ein langes Ballett, das möglichst sinnvoll in die Handlung eingebettet wurde und dessen Musik vom Opernkomponisten beizusteuern war. —Von Donizettis vier als «Große Opern» bezeichneten Werken entsprechen nur zwei — die *Martyrs* und der *Dom Sébastien* — in vielen Zügen diesem Modell. Die *Favoritin* hingegen ist eine verkappte Seria-Oper in italienischem Stil, der *Herzog Alba (Duca d'Alba)* wurde nie vollendet, weist aber melodisch gleichfalls überwiegend italienische Züge auf. Diese beiden Großen Opern werden deshalb heute meist in Donizettis Muttersprache aufgeführt.

Introduktion: Die erste Szenenfolge einer Oper gilt vor allem dann als Introduktion (eigentlich «Einführung»), wenn eine größere Anzahl Figuren daran beteiligt ist. Eingefaßt wird sie in diesem Falle von einem Eröffnungschor und einer abschließenden → Stretta. Donizetti sah in ihr ein Mittel, die Handlung rascher und dramatischer zu exponieren als mit einer langen Reihe doppelteiliger Auftrittsarien (→ Cavatinen). So singen die Hauptpersonen des *Elisir* nach dem Eröffnungschor der Introduktion drei → Cabaletta-freie Cavatinen, worauf die zu dritt gesungene Stretta gleichsam die Cabaletta aller drei Arien ist und überdies die Introduktion beschließt. Mit der gelegentlich am Schluß der Introduktion vollzogenen Summierung zweier Cabaletta-Teile (wie im *Borgomastro* oder im *Castello*) wird das Doppelnummernschema nicht durchbrochen: die erste Cabaletta schließt den Kreis des eingefügten solistischen Auftrittsstücks, die zweite Cabaletta schließt — immer als Stretta — den mit dem Einleitungschor eröffneten übergeordneten Kreis der Introduktion. — Der frühe Verdi schrieb im allgemeinen keine solchen Introduktionen, beherzigte aber oft im späteren Verlauf der Opern das Prinzip, überflüssige Stretta-Teile zu streichen (so in *Nabucco, Attila* und *Masnadieri*). In seinem Spätwerk wurde dies zum eisernen Gesetz.

Kantilene: besonders innige, wohlklingende → Melodie.

Koloraturen: Technisch virtuose Ausschmückungen der Gesangspartien. Donizetti war zeit seines Lebens bemüht, im Dienste des Ausdrucks die Koloraturen zu reduzieren; wie in vielen anderen Bereichen (→ Cabaletta, → Stretta, → Introduktion, → Preludio, → Rezitativ, → Brückenpassage) bahnte er auch hier das Feld für Verdis umfassende Opernreform. Im Falle zweier reifer Bühnenwerke setzte er überbordende Koloraturen offenbar gezielt als expressives

Mittel ein: in der *Rosmonda* und in der *Maria Padilla*. Konzessionsbedingte Ziergesänge sind im Zeitraum seiner verbissenen Konkurrenzierung Bellinis allerdings auch zu vermerken *(Anna Bolena, Ugo Conte di Parigi)*. Im allgemeinen aber bekämpfte er künstlerisch zwecklose Koloraturen und haßte ein mit solchen überladenes → Rondò finale, wie es die erste Interpretin seiner *Lucrezia Borgia* von ihm verlangte.

Leitmotiv: Als Leitmotive dürfen bei Donizetti — wo es selten nur → Motive wie bei Richard Wagner sind — mehrmals zitierte Opern- → Melodien gelten, die einen definierten psychologischen Zusammenhang umreißen. Die Definition wird dann gegeben, wenn die betreffende Melodie erstmals erklingt (so in der großen Leitmotiv-Oper *Linda* die Stretta des Liebesduetts [Symbol der später verratenen Liebe], im *Belisario* die Cabaletta Antoninas [Symbol der Rachegelüste dieser frustrierten Frau] und im *Roberto Devereux* die Cabaletta Nottinghams sowie erneut die Stretta des Liebesduetts [Symbole für die tragische Rivalität von Freundschaft und Liebe in diesem Werk]).

Liedform: Verarbeitungsart für → Melodien, die Donizetti fast immer in → Cabaletten, aber auch meist in → Stretten, → lyrischen Teilen und → Ariosi gebrauchte. Die Melodie erklingt in originaler Form (Teil a), dann folgt ihr eine verwandte Zweitmelodie (Teil b), und schließlich wird die erste wiederaufgenommen, gelegentlich abgewandelt (Teil a').

Lyrischer Teil der Doppelnummer: Der erste, in sich geschlossene Teil der einzelnen Doppelnummer. Der zweite Teil, die → Cabaletta oder → Stretta, wird mit dem ersten gewöhnlich durch eine → Brückenpassage (mit oder ohne → Arioso) zur Einheit verbunden. Der lyrische Teil dient vor allem zur Beschreibung passiver Seelenzustände der Bühnenfiguren, während die nachgeschickte, von den gleichen Sängern ausgeführte zweite Nummernhälfte vorwiegend aktive Seelenzustände oder Entschlüsse charakterisiert. Die äußere Geschlossenheit der lyrischen Nummernhälfte kommt bei → Arien (beziehungsweise → Cavatinen und → Romanzen) vorwiegend durch die Berücksichtigung der → Liedform (a-b-a') und durch die Auflösung im Schlußakkord zustande, bei Ensemblestücken mehrerer Solisten (→ Duett, → Terzett, → Quartett, → Quintett, → Sextett und → Concertato) überdies durch die Verschränkung der Stimmen, die systematisch und über längere Strecken vollzogen wird (demgegenüber wird sie bei → Ariosi unsystematisch, schwach oder nicht gepflegt, und diese führen immer fließend in den nächsten Nummernabschnitt über).

Melodie: In sich geschlossene, organisch strukturierte Folge von Tönen, die bei Donizetti meist aus zweimal vier Takten besteht, wie in der Wiener Klassik.

Motiv: Sehr kurze Folge von Tönen, die (im hier gemeinten Falle) eine melodische Einheit bildet, aber nicht als → Melodie betrachtet werden kann.

Ouvertüre: Als Ouvertüren oder Sinfonias werden nur jene Orchester-Vorspiele bezeichnet, die eine Oper als abgeschlossenes Stück eröffnen, die also nicht nach mehr oder weniger zahlreichen Takten in die erste Bühnenszene überleiten (solche nur halbausgebauten Stücke heißen → Preludios). Bei der Komposition von Ouvertüren stand Donizetti lange unter dem Einfluß Rossinis, von dem er die spezifischen → Crescendo-Funktionen übernahm. Erst 1834 *(Gemma di Vergy)* begann er das Drama der Oper durch die Gegenüberstellung lyrischer und strettahafter Melodien in der Ouvertüre abzubilden. In den Ouvertüren zweier später Werke, *Poliuto (Martyrs)* und *Maria di Rohan*, verband Donizetti mehrere Melodien der folgenden Oper zu hochdramatischen Tongemälden.

Preghiera: Preghieras (Gebete) sind → lyrische Arien- oder Ensembleteile, die, wie der Ausdruck sagt, die Bühnenfiguren beim Beten zeigen. Besonders bekannt ist heute die Chorpreghiera Maria Stuardas im 3. Akt.

Preludio (des Orchesters): Ein kürzeres, → motivisch oder → melodisch gebautes instrumentales Vorspiel zu einer einzelnen (Doppel-)Nummer oder einer Doppelnummernfolge, manchmal zu ganzen Opernakten oder (als → Ouvertüren-Ersatz) zu Opern überhaupt. Preludios vor einzelnen Nummern kommen vor allem bei → Cavatinen (so das berühmte Harfensolo vor der «Brunnenarie» Lucias), seltener auch bei → Arien im engeren Sinne vor (eines der schönsten vor der großen Szene Konstantins im zweiten *Fausta*-Akt). Die musikalisch kühnsten Preludios stehen bei Donizetti in Opern mit Wahnsinnsszenen wie *Lucia, Maria Padilla* und *Linda di Chamounix*. Dort kündigen sie in skizzenhafter Form dramatische und geistig-psychische Veränderungen an (zum Beispiel das Preludio des zweiten *Lucia*-Akts und jenes beim ersten Auftritt Antonios in der *Linda*). Im Zuge der musikdramatischen Reformen, die Donizetti «Richtung Verdi» unternahm, eröffnete er viele seiner Opern nicht mit einer ausgebauten Ouvertüre, sondern «nur» mit einem fließend in die erste Szene überleitenden Preludio (so in *Lucia, Lucrezia Borgia* und *Caterina Cornaro*). Verdi befolgte dieses Prinzip, indem er zwar abgeschlossene Opern-Vorspiele schrieb, doch diese «Ouvertüren» stark verkürzte, so daß sie ebenfalls wie Preludios wirken *(Ernani, Macbetto, Rigoletto* usw.*)*. — Im Opernführer werden zur besseren Übersicht für den Laien nur jene Preludios angemerkt, die ganze Akte eröffnen.

Punktierte Rhythmen: Gemeint sind hier Folgen von Rhythmusfiguren des Orchesters, bei denen eine oder verschiedene Noten um einen bestimmten Längenanteil gedehnt und andere entsprechend verkürzt erklingen. Daraus ergibt sich der Eindruck eines elanvollen Federns, der besonders für die starke Wirkung extrovertierter → Cabaletten oder → Stretten ausschlaggebend ist (siehe die unter diesen Stichworten angeführten Stücke «Salut à la France», «Potessi vivere», «Si, ma fra poco», «Di me stesso son signore» usw.). Im gleichen Interesse wandte Verdi solche Rhythmen an, mehrheitlich ebenfalls in Cabaletta-Teilen (besonders häufig im *Attila*).

Quartett: Quartette sind (Doppel-)Nummern für vier Solisten; einteilig treten sie selten auf. Für sie gilt dasselbe wie für die → Terzette.

Quintett: Quintette sind (Doppel-)Nummern für fünf Solisten; einteilig treten sie selten auf. Es handelt sich meist um → Concertati in vollausgebauter Form.

Rezitativ: Sprechgesang, der in Geschwindigkeit und Betonung stark der natürlichen Rede verpflichtet ist, besonders im Secco-Rezitativ, das nur vom Cembalo begleitet wird. Bühnenwirksamer, aber auch stilisierter wirkt das überwiegend von den Streichern unterstützte Orchester-Rezitativ; es neigt denn auch bei Donizetti jederzeit zum Umschlag in noch dramatischer instrumentierte, noch pathetischer gefärbte → Deklamation oder in → Ariosi. Im → Belcanto wurde des Secco-Rezitativ am häufigsten in → Buffa-Opern, weniger häufig in → Semiseria-Opern verwendet. Die musikdramatischen Reformen Donizettis bewegten ihn erst in seiner letzten Semiseria, *Linda di Chamounix* sowie in seiner letzten Buffa, *Don Pasquale*, zum vollständigen Verzicht auf Secco-Rezitative (*La Fille du Régiment* und *Rita* mit ihren gesprochenen Dialogen sind keine typischen Buffa-Opern, sondern Opéras comiques; siehe → [Opera] Buffa und → Farce). Bei Verdi kommen sie nur in einer einzigen Oper, *Il Giorno di Regno*, einer Buffa, vor.

Romanze: Romanzen sind bei Donizetti lyrische Arienteile von bald melodisch, bald harmonisch besonders elegischer Prägung. Sie können Bestandteil von → Cavatinen oder von → Arien sein; manchmal erscheinen sie isoliert, und isolierte lyrische Arienteile werden fast immer mit diesem Ausdruck bedacht (berühmtestes Beispiel: die Romanze Fernandos, «Spirto gentil», im vierten Akt der *Favoritin*).

Rondò finale: So heißt im → Belcanto die → Cabaletta finale der Primadonna. Das Recht dieser Dame auf das letzte Stück der Oper ging oft mit dem Recht auf möglichst viel überflüssigen stimmlichen Zierat (→ Koloratur) einher, so daß diese Gattung im Gesamtwerk Donizettis zu den zweifelhaftesten gehört (*Lucrezia Borgia, Parisina* usw.). Im Laufe der Entwicklung Donizettis zum Musikdramatiker indessen baute er gerade diese Stücke zu psychologischen Meisterstudien aus (besonders eindrücklich in *Roberto Devereux, Maria de Rudenz* und in der zweiten Fassung der *Gabriella*). In dieser Form verdienen sie den letztlich nicht gerade schmeichelhaften Ausdruck «Rondò finale» allerdings kaum.

(Opera) Semiseria: Eigentlich halbernste Oper — eine Kreuzung zwischen → Seria- und → Buffa-Oper. Mit der Buffa-Oper teilt sie das glückliche Ende, den Einbezug von Haupt- und Nebenfiguren (Chor) aus einer tieferen Gesellschaftsschicht, den Einbezug mindestens einer Rolle, die in Rossinis Buffa-Stil geschrieben ist, sowie die Secco-Rezitative. Derweilen bewegt sich der Inhalt, ähnlich wie in der Seria-Oper, größtenteils im hochdramatischen Bereich und auf der Schwelle zur Tragödie. In dieser Gattung blieb Donizetti außer im letzten, krönenden Semiseria-Werk, *Linda di Chamounix*, auffällig konventionell. — Donizettis Seria genanntes Jugendwerk *La Zingara* ist offensichtlich falsch bezeichnet; es handelt sich nach jedem fachlichen Kriterium, das hier und unter Seria erläutert wird, um eine Semiseria.

(Opera) Seria: Die wörtlich übersetzt ernste — nicht tragische! — Oper trug diesen Namen vor dem Erscheinen Bellinis und Donizettis durchaus zu Recht: Die Komponisten und Librettisten der Ära Rossinis unterwarfen sich im allgemeinen dem Wunsch der Zensoren nach Happy-Ends. Erst die Opern der Bellini-Generation mit ihrem schauerlichen, oft blutigen Bühnengeschehen ließen den Begriff der Seria zum Synonym für «tragische Oper» werden (zwei späte Serias Donizettis, *Adelia* und *Maria Padilla*, mußten indessen auf Zensurgeheiß doch wieder glücklich enden). Somit lassen sich die Serias Donizettis nur durch stilistische Eigenschaften völlig exakt von seinen → Semiseria- und → Buffa-Opern trennen: Sie haben weder Secco-→ Rezitative, noch sind bestimmte Rollen in Rossinis Buffa-Stil geschrieben; die Handlung ist immer hochdramatisch und wurzelt zutiefst im tragischen Bereich; die Hauptpersonen sind immer Aristokraten. —Die Seria-Oper war die bevorzugte Gattung des Komponisten. Sein formenschöpferisches Denken, seine psychologische Gestaltungskunst, sein dramaturgisches Genie und seine melodische Kraft erreichten hier — vom *Esule di Roma*, seiner ersten ausgereiften Seria, bis zur *Maria di Rohan* — ihre vollendetste Blüte. So sind die meisten stilistischen Phänomene, die dieser Fachwortkatalog umfaßt — gerade auch was die Reformgedanken des Meisters und damit den Einfluß seiner Musik auf Verdi betrifft (→ Preludio, → Koloraturen, → Brückenpassage, → Cabaletta usw.) —, am besten anhand der Seria-Werke zu überprüfen. — Im Falle des *Torquato Tasso* wurde der Ausdruck Seria von Donizetti bereits modern für eine Oper mit tragischem Schluß bezeichnet. Stilistisch hingegen ist der *Tasso* ein klassisches Semiseria-Werk.

Sexten: Grundsätzliches → Terzen. Die übereinanderliegenden Töne der Sexten sind voneinander um doppelt so viele → diatonische Stufen entfernt wie jene der Terzen, wodurch das Klangbild ähnlich süß, der Ausdruck sinnlichen Verlangens aber noch gesteigert wirkt. Sie kommen bei Donizetti besonders erregend in → lyrischen Teilen von → Concertati (*Fausta, Lucia, Don Pasquale*) sowie in parallel gesungenen lyrischen Liebes- → Duetten vor (*Don Pasquale, Caterina Cornaro* [das erste Liebesduett], *Maria di Rohan* [das zweite Liebesduett]).

Sextett: Sextette sind (Doppel-)Nummern für sechs Solisten; einteilig treten sie selten auf. Für sie gilt dasselbe wie für die → Quintette.

Sinfonia: → Ouvertüre.

Sortita: Einteilige lyrische Auftrittsarien von nicht besonders schwärmerischem Charakter, die somit weder → Cavatinen noch → Romanzen sind, werden bisweilen verlegenheitshalber «Sortitas» («Auftrittsarien») genannt. Die bekannteste Sortita Donizettis ist Giovannas kurze Selbstanklage vor der Romanze Smetons und der Cavatine Annas in *Anna Bolena*.

Stretta: Stretten sind → Cabaletten für mehrere Solosänger oder für → Chor allein. Der deutsche Ausdruck «Engführung» und andere Auslegungen des Terminus Stretta haben mit der Stretta Donizettis wenig oder nichts zu tun. Stretta heißen hier ganz lapidar die zweiten, mehrheitlich dramatischen Hälften doppelteiliger → Duette, → Terzette, → Quartette, → Quintette, → Sextette und → Concertati, wie die Cabaletten eben auch nichts anderes als die zweiten, mehrheitlich dramatischen Teile von → Cavatinen und → Arien sind. Wie bei der Cabaletta wird der melodische Hauptblock der Stretta — meist in der einfachen → Liedform (a-b-a') geschrieben — regelmäßig wiederholt, und das Verbindungsglied ist auch hier eine → crescendohaft vorgetragene Übergangsmelodie. Kompliziert wird dieser Vorgang in der Regel dadurch, daß einer oder mehrere Solisten nach der Ausführung des Hauptblocks durch ihre(n) Partner erst einen zweiten, gleichgebauten Hauptblock singen, bevor die Übergangsmelodie zur Repetition erklingt. Manchmal wird nur der erste Hauptblock repetiert (so im Terzett von *Ugo Conte di Parigi*), manmal nur der zweite (so im Duett Elisabettas mit Roberto im *Roberto Devereux*) und manchmal beide zusammen (so im Terzett der *Anna Bolena*). In jenen Stretten, wo alle Solisten den Hauptblock gemeinsam singen (so in den Männerduetten von *Don Pasquale* und *Caterina Cornaro*), fällt der zweite Hauptblock weg, und es erklingt sofort die Übergangsmelodie. Wenn aber in einem Duett der Hauptblock solistisch gesungen wird, worauf der Partner keinen zweiten Hauptblock übernimmt, sondern allein die Übergangsmelodie, handelt es sich um eine Cabaletta des Solisten, nicht um die Stretta eines Duetts (zum Beispiel in der Auftrittsnummer Ugos in der *Parisina*). — Ausdrucksmäßig sind die Stretten der Duette Donizettis in der Regel lyrischer, breiter und weniger reich an Elementareinfällen als die Cabaletten (verglichen mit den Stretten größerer Ensembles sind sie lyrischer, ebenso breit und reicher an Elementareinfällen). Die impulsivsten, Cabaletta-ähnlichsten Stretten sind jene von Männerduetten, wo die Beteiligung des Baritons erneut als zündender Funke wirkt: Stücke mit so bezeichnenden Titeln wie «Corriamo a vittoria» *(Maria di Rohan)*, «Sul campo della gloria» *(Belisario)*, «Del ciel che son punisce» *(Pia de Tolomei)* und «Di me stesso son signore» *(Duca d'Alba)*. Die Stretten oder strettahaften Teile von Verdis Männerduetten klingen oft verblüffend ähnlich *(Giorno di Regno, Corsaro, Don Carlo, Otello)*. In Donizettis Liebesduetten hingegen wirkt sein Stretta-Stil in starkem Gegensatz zu Verdi ungemein verhalten und wendet gewöhnlich für die Orchesterfiguren das rhythmische Muster gleichmäßig klopfender Viertel an (bekanntestes

Beispiel: das «Veranno a te sull'aure», die lyrische Stretta des Liebesduetts aus der *Lucia*).

Terzen: Jene Akkorde, die zusammen mit den → Sexten hauptverantwortlich für das brennend süße Klangbild verschiedener Werke Händels, Mozarts, Rossinis, Bellinis, Chopins und vor allem Donizettis sind (die Liste der Meister läßt sich verlängern). Daß Donizetti mehr als alle andern zu diesen Akkorden griff, um seinem überbordend sinnlichen Lebensgefühl Ausdruck zu geben, wurde ihm von seinen Feinden stets besonders negativ, von seinen Freunden stets besonders positiv angerechnet. Letztlich scheiden sich bei Donizetti hier die Geister. — Die Töne der Terzen sind voneinander um drei → diatonische Stufen entfernt.

Terzett: Terzette sind (Doppel-)Nummern für drei Solisten; einteilig treten sie selten auf. Sofern sie nicht bereits als → Concertati verwendet werden (wie im zweiten Akt-Finale des *Roberto Devereux*), sind sie im allgemeinen gleich stark ausgebaut wie die Duette, demnach stärker als die Solostücke (Arien und Cavatinen), schwächer als die Concertati.

Vorspiel: → Preludio.

REGISTER

Vorbemerkungen: Erfaßt sind nur die Namen oder Titel von Personen, Werken und Theatern. Es konnten nur musikalische Werke berücksichtigt werden; die Titel folgen den Namen der Komponisten. Von Donizetti bleiben jene Kompositionen unerwähnt, die nur im Werkverzeichnis enthalten sind. Aus den Anmerkungen zur Biographie werden nur jene Stellen erwähnt, die neue Informationen bringen. Es fehlen auch jene Titel und Namen, die einzig in der Bibliographie bzw. Diskographie Erwähnung gefunden haben, sowie die Mehrzahl der Titel und Namen in anderen Teilen des Buches, die sich auf neuere Aufführungen beziehen. Von den historischen Opernfiguren sind nur die bekanntesten aufgeführt. Kursive Zahlen verweisen auf Abbildungen.

Abdul Medjid, *türkischer Sultan ab 1830* 257, 319, 362
Académie (Royale) de Musique, siehe Opéra
Accursi, Michele, *Rechtsanwalt und politischer Aktivist* 179, 216, 222, 224, 227, 230, 235, 238, 248f., 250, 252f., 260, 287, 293, 296, 308, 314, 328, 331, 335, 339f., 375, 381, 384f., 394
Adam, Adolphe Charles, *Komponist (1803—1856)* 227, 233, 506, 509
Le Chalet 509
Le Philtre 506
Agazzi, Paolo, *Impresario in Bergamo* 94, 120f.
Alba, Herzog Ferdinand, *Feldherr (1507—1582)* 234, 433
Alfonso XI. *aragonischer König von 1252—1284* 249, 443
Amadei(o), Giovanni Battista, *Baumeister* 19
Ancelot, François, *Schriftsteller* 509, 511
Andral, Gabriel, *Arzt (1797—1876)* 334, 360
Anelli, Angelo, *Librettist (1761—1820)* 389, 511
Ann Boleyn, *zweite Gattin von König Henry VIII. (1507—1536)* 128f., 411
Anna (Maria Anna Carolina von Savoyen-Piemont), *österreichische Kaiserin, Gattin Ferdinands I.* 282, 286, 323, 390
Anton, *Diener Donizettis* 339, 344—348
Appiani-Strigelli, Gräfin Giuseppina, *Musikliebhaberin* 131, 165, 247, 265, 268, 272, 279, 288, 387
Appony, Graf Rudolf, *österreichischer Botschafter in Paris (und Frau)* 348, 350, 361f., 394
Arlincourt, Charles Victor Prévôt d', *Schriftsteller* 503
Ashbrook, William, *Musikwissenschaftler* 13f., 370, 374f., 377, 380, 383f., 394ff., 401
Auber, Daniel François Esprit, *Komponist (1782—1871)* 328, 544
(La) Muette de Portici 328, 544

Bach, Johann Sebastian, *Komponist (1685—1750)* 20f., 34, 306

Baculard d'Arnaud, François Thomas, *Schriftsteller* 511
Barbaja, Domenico, *Impresario in Neapel, zeitweise auch in Mailand und Wien (1778—1841)* 53f., 91, 95, 99, 107, 109, 115f., 122ff., 191, 196, 209, 224
Barbiera, Raffaello, 380
Bardari, Giuseppe, *Librettist (1817—1861)* 172, 470, 507
Barroilhet, Paolo, *Bariton (1810—1871)* 210f., 218, 251, 306, 509, 511f., 534
Basadonna, Giovanni, *Tenor* 145, 505f. 509
(Rota-)Basoni, Giovannina, *Tochter von Rosa (Rota-)Basoni,* siehe Scotti
(Rota-)Basoni, *Baronin Rosa* 269, 311, 314, 317f., 355ff., 362f.
Bassi, Antonio, 187, 193
Bassus, Tommaso Franceso Maria von 20, 30
Bayard, Jean François Alfred, *Librettist (1796—1853)* 239, 445, 510
Bazzini, Antonio, *Violinist und Komponist (1818—1897)* 433, 510
Beethoven, Ludwig van, *Komponist (1770—1827)* 27, 29, 84, 155, 271, 274, 280, 283, 390, 519,
9. Symphonie 155
(de) Begnis, Giuseppe, *Baß und Gatte Giuseppina Ronzis (1793—1849)* 40, 136
Béhier, Louis Jules, *Pariser Polizeiarzt* 355, 359, 361
Belisar, *oströmischer Feldherr (505—565)* 186, 415
Bellini, Vincenzo, *Komponist (1801—1835)* 14, 76f., 78, 80—86, 88, 94, 98, 100—107, 112, 122—142, 144—147, 150—152, 157, 162, 164, 167, 169, 175—181f., 182, 184f., 187, 192, 194f., 200, 209, 229, 246, 267, 276f., 274, 278f., 315, 331, 386, 441, 505, 514f., 540f., 546, 549, 551
Adelson e Salvini 77
Beatrice di Tenda 151f., 208, 213
Bianca e F(G)ernando 80, 82ff., 86, 91, 100, 102ff., 218, 274
I Capuleti ed i Montecchi 122ff., 130, 137
Norma 137ff., 141f., 146, 152, 175
Il Pirata 104, 112
I Puritani 176f., 184, 238
La Sonnambula 131ff., 137, 151f., 195, 274

La Straniera 112, 127, 131f., 151, 157
Zaira 122f., 130, 137, 142
Belloy, Dormand du (Pierre Laurent Buirette), *Schriftsteller* 502, 509f.
Benevento, Aniello, *Rechtsanwalt* 204f., 338
Berlioz, Héctor, *Komponist (1803—1869)* 231, 241ff., 247, 253
Benvenuto Cellini 231
Bertoli, Alessandro, *Amateur-Violonist* 39
Bertoni, Ferdinando Giuseppe, *Komponist* 21
Bevilacqua-Aldovrandini, Marchese Gherardo, *Librettist* 43, 500
Bidera, Giovanni Emanuele, *Librettist (1784—1858)* 175, 450, 471, 508
Boccabadati-Gazzuoli, Luigia, *Sopranistin (1799?/1800—1850)* 120f., 500, 504f.
Boieldieu, François Adrien, *Komponist (1775—1834)* 505
Jean de Paris 505
Boirie, Eugèn Cantiran de, *Schriftsteller* 502
Bonaparte, Napoléon (Napoleon I.), *Feldherr und Kaiser Frankreichs (1769—1821)* 29f., 34ff., 44, 238, 252, 257, 260f., 298, 381, 445
Bonaparte, Louis-Napoléon (Napoléon III.), *Neffe des Feldherrn und späterer Kaiser Frankreichs (1808—1873)* 238
Bordogni, Giulio Marco, *Tenor und Gesanglehrer (1788—1856)* 339
Borgia, Lucrezia *(1480—1519)* 166f., 461
Bouffler, Stanislas Jean de, *Schriftsteller* 503
Brambilla, Marietta, *Kontraaltistin* 309, 507, 511
Branciforti, Herzog Giuseppe, *Theaterintendant* 73f.
Brunswick, Léon Lévy, *Librettist (1805—1859)* 508
Bulwer, Edward George, Lord Lytton, *Schriftsteller (1803—1873)* 210, 236
Byron, Lord George Noël Gordon, *Dichter (1788—1824)* 36, 150, 152, 182, 183, 374, 504, 506, 508

Calmeil, Juste Louis Floran, *Arzt (1798—1895)* 360
Cammarano, Salvatore, *Librettist* 179ff., 182, 184, 195f., 201, 208, 210ff., 218, 224, 276, 289, 295, 297, 301, 413, 415, 459, 465, 468, 481, 484, 487, 508ff., 512
Camões, Louiz de, *Dichter (1524—1580)* 303, 428
Cannonici, Giacinta, *Sopranistin* 56, 500
Capuzzi, Antonio, *Violinlehrer (1755—1818)* 32, 43, 536
Carafa de Colobrano, Michele Enrico, *Komponist (1787—1872)* 86, 502
Carchen, Gerolamo, *Arzt* 364

Carlo, Alberto, *Prinz von Sardinien-Piemont* 106, 363
Carlo, *Diener Donizettis* 324f.
Carlo Felice, *König von Sardinien-Piemont* 100, 105
Carnevali, Anna, *Musikliebhaberin* 48, 57, 61, 65, 68, 85
Carnevali, Clementina, *Tochter Annas* 48, 61, 68
Carnevali, Edvige, *Tochter Annas* 48, 61, 68
Carnevali, Paolo, *Gatte Annas* 85
(Del) Carretto, Marchese Francesco Saverio, *Polizeiminister* 184
Cervantes (Saavedra), Miguel de, *Dichter (1524—1580)* 506
Charles siehe Karl
Chechenrini, Giuseppe, *Librettist (1777—1840)* 501
Cherubini, Luigi, *Komponist (1760—1842)* 24, 84, 193
Chopin, Frédéric (Fryceryk), *Komponist (1810—1849)* 27, 238, 551
Cimarosa, Domenico, *Komponist (1749—1801)* 23, 26, 73
Il Matrimonio segreto 73
Cobianchi, Gaetano *(und Frau)* 381
(Rossini-)Colbran, Isabella, *Sopranistin, Gattin Rossinis (1785—1845)* 53
Coccia, Carlo, *Komponist (1782—1873)* 166, 499, 500, 507, 511
Rosmonda d'Inghilterra 166, 507
La Figlia dell'Arciere 250, 511
Coletti, Filippo, *Bariton (1811—1894)* 323f., 512
Colleoni, Bartolomeo, *Feldherr (1400—1475)* 19
(Rubini-)Comelli, Adelaide, *Sopranistin, Gattin des Tenors* 105f., 111, 503
Commons, Jeremy, *Musikwissenschaftler* 387
Coppola, Pier Antonio, *Komponist (1793—1877)* 193
Corneille, Pierre, *Dichter (1606—1684)* 218, 510
Cosenza, Giovanni Carlo, Baron von, *Schriftsteller* 330, 332
Cottin, Sophie, *Schriftstellerin* 502
Coussy, Auguste de, *Bankier* 178f., 227, 229, 237, 239f., 243, 247, 249f., 252f., 256, 259f., 288, 293, 314, 337f., 341, 348, 356f., 360, 362, 375, 382—385, 390, 394
Coussy, Zélie de, *Gattin Augustes* 178, 191f., 239f., 247, 249f., 252f., 255f., 260, 263, 277, 288, 293, 337ff., 341, 348, 350, 361f., 375, 381—385, 390, 394

Dante Alighieri, *Dichter (1265—1321)* 99, 309, 509, 533
David, *Vater und Sohn, Tenöre* 84, 105, 504
Delavigne, Casimir, *Schriftsteller (1793—1843)* 504, 508

Deleide(i), Luigi («Nebbia»), *Maler* 121
Delessert, Gabriel Abraham Margueritte, *Polizeipräfekt von Paris (1786—1853)* 355f., 359, 361f., 394
Delserre (Del Serre), Anna, *Mezzosopranistin* 173f., 507
Devereux, Robert, Graf von Essex *(1567—1601)* 201f., 487
Dolci, Antonio, Maestro di musica *(1798—1869)* 106f., 121, 126, 186—191, 193, 197, 214, 228f., 232f., 235, 245, 247, 250, 260f., 268f., 283, 285, 314, 318ff., *321*, 322, 325, 330, 350, 357, 363, 371, 373, 377, 380, 382f., 385—388, 395
Dominiceti, Cesare, *Komponist (1821—1888)* 433, 510
Donizetti-Tondi, Angela, *Frau Giuseppes* 36, 102, 316, 318
Donizetti, Andrea, *Vater Gaetanos (1765—1835)* 30f., 43, 45—48, 52, 60, 66, 75, 87, 90, 92f., 96, 108f., 111, 113, 119—122, 124ff., 146, 176, 186ff., 191, 199, 204, 206, 228, 233f., 246, 265, 273, 371, 373
Donizetti, Andrea, *Sohn Giuseppes und Neffe Gaetanos (1818—1864)* 44, 111, 168, 176, 316, 318, 341—344, *345*, 346—348, 352—357, 359—363, 365
Donizetti-Nava, Domenica, *Mutter Gaetanos (1765?—1836)* 30f., 45, 76, 87, 90, 98, 108f., 111, 113, 120f., 124ff., 176, 186ff., 190f., 193, 199, 204, 206, 233, 246
Donizetti, Filippo Francesco, *Sohn Gaetanos (Juli—August 1828)* 115f., 196, 204, 370f.
Donizetti, Francesco, *Bruder Gaetanos (1792—1848)* 29, 37, 44, 76, 86, 109, 126, 176, 186ff., 190f., 193, 197, 215, 229, 245, 259, 269, 314, 316, 331, 357, 360, 362, 364, 371
Donizetti, (Domenico) Gaetano Maria, *Komponist (1797—1848) 1, 219, 345*

Opern *(Beitrag im Opernführer: Seitenzahlen fett gedruckt)*
Adelaide 249, 533
Adelia 250ff., 255ff., 259, 261, 270, **405—407**, 511, 549
(L')Ajo nell'Imbarazzo 65f., 68f., 75, 77, 82—85, 120, 336, **407—409**, 501
Alahor di Granata 75f., 80f., 83ff., 96, **409—411**, 501
Alfredo il Grande 62f., 70, 501
Alina, Regina di Golconda 101, 105ff., 111, 129, 503
(L')Ange de Nisida 240, 244, 249, 511, 533
Anna Bolena 11, 13, 127—138, 145, 147, 151, 185, 267, 280, 322, 373, **411—413**, 505, 514f., 542f., 546, 550
(L')Assedio di Calais 149, 196ff., 210f., 218, 220, 232, 271, 373, **413—415**, 509, 514f., 541, 544f.
Belisario 149, 185ff., 189ff., 193f., 197, 211, 215, 234, 266, 273, **415—417**, 508, 514f., 546, 550
(La) bella Prigioniera 502
Betly 197, 210, 239f., 242, 248, 319, 373, **417f.**, 509, 514f., 544
(Il) Borgomastro di Saardam 93f., 96, 102, 104, 110f., 135, 144, 373, **419f.**, 502, 514f., 545
Buondelmonte 173f., 176, 507
(Il) Campanello 197, 239f., 373, **420f.**, 508, 514f., 544
(Il) Castello degli Invalidi 501
(Il) Castello di Kenilworth 113ff., 120, 124, 129, 135, 195, **422f.**, 504f., 514f., 545
Caterina Cornaro 149, 294—298, 301f., 309ff., 320, 323, 326ff., 330, 373, **423—425**, 511f., 541, 544, 547, 549f.
Chiara e Serafina 59f., 125, 129, 138, 500
(Le) Convenienze ed Inconvenienze teatrali 95, 117, 197, **425—427**, 503, 505
(Il) Diluvio Universale 116—122, 154f., 162, 172, 272, 373, 442, **427f.**, 504, 507
Dom Sébastien 149, 297—308, 319, 326—329, 332, 356, 384, 390, **428—431**, 512, 545
Don Pasquale 294—298, 300, 302f., 309, 315, 330, 332, 337, 373, 389f., **431—433**, 511f., 541f., 544, 548ff.
(Il) Duca d'Alba 149, 234, 236f., 240, 249, 265, 273, 311, 331, 357, 390, **433—435**, 510, 512, 545, 547, 550
(L')Elisir d'Amore 139ff., 197, 227, 229f., **435—437**, 506, 514f., 541f., 545
Elvida 82—85, 502
Emilia di Liverpool 66ff., 84, 501, 503
Enrico di Borgogna 41—44, 86, 499
(L')Esule di Roma 96—99, 102, 110, 112, 128f., 245f., 257, 373, **438f.**, 503, 514f., 549
(Il) Falegname di Livonia 43f., 93, 500
Fausta 136f., 139, 143f., 150, 158, *159*, 166, 246, **439—442**, 505, 514f., 540, 542, 547, 549
(La) Favorita 149, 249—254, 259, 261, 263, 306, **443f.**, 511, 544f., 548
(La) Fille du Régiment 11, 239—242, 247, 252, 288, 332, **445f.**, 510, 514f., 540ff., 547f.
(Una) Follia 43, 499
(Il) fortunato Inganno 63, 95, 501
Francesca di Foix 132f., 505
(Il) Furioso all'Isola di San Domingo 13, 142—149, 151, 153, 158, *159*, 163f., 166f., 209, 240, 374, **446—448**, 506, 514f.
Gabriella di Vergy (erste Fassung) 88, 96, 127, 218, 371, 502, 512

Gabriella di Vergy (zweite Fassung) 149, 218, 220, 231, **449f.**, 510, 512, 514f., 548
Gemma di Vergy 149, 175f., 179, 184f., 194, 210, 244, 266, 330, **450—452**, 508, 514f., 540, 542ff., 547
Gianni di Calais 109ff., 144, 503, 514f.
Gianni di Parigi 134f., 144, 175, 262, 505, 510, 514f.
(Il) Giovedì Grasso 111, **452f.**, 503, 544
Imelda de Lambertazzi 123f., 129, 135, 195, **453—455**, 504, 514f.
(L')Ira d'Achille 39, 499
(La) Lettera anonima 58, 77, 111, **455f.**, 500
Linda di Chamounix 272ff., 280, 282, 285f., 296, 304, 309, 315, 376, 386ff., **456—458**, 511, 539, 546ff., 549
Lucia di Lammermoor 11, 180f., 184ff., 189, 194f., 212, 216, 230, 237, 242, 244, 319, 359, **459f.**, 508, 514f., 540f., 543f., 547, 549, 551
Lucrezia Borgia 11, 165ff., 169, 176, 209, 226, 266, 309, **461—463**, 507, 514f., 540, 546ff.
Maria Padilla 263ff., 267—270, 272f., 286, 291f., 301, 385ff., **464f.**, 511, 539, 544, 546f., 549
Maria (di) Rohan 149, 295—300, 302, 304, 306, 309, 315, 320, 322ff., 328ff., 390, **465—467**, 512, 540ff., 547, 549f.
Maria (de) Rudenz 11, 149, 212f., 215, 218, 220, 232, 266, 295, 378, **468—470**, 509, 519, 548
Maria Stuarda 11, 172ff., 176, 187f., 442, **470f.**, 507f., 514f., 540f., 543, 547
Marino Faliero 175ff., 186, 192, **471—473**, 508, 514f.
(Les) Martyrs 227, 229, 231f., 236, 240—243f., 247, 251, 258, 390, **473f.**, **(484—486)**, 510f., 539, 545, 547
Ne m'oubliez pas 288, 389, 391, 533
(Le) Nozze in Villa 43f., 499f.
Olimpiade 39, 499
Olivo e Pasquale 88ff., 93, 96, **474—476**, 502
Otto Mesi in due Ore 91f., 502, 508
Il Paria 111f., 114f., 122, 129, 135, **476—478**, 504, 514f.
Parisina d'Este 149ff., 153ff., 157, 160f., 163, 166f., 215f., 259, 374, **478—480**, 506, 514f., 543, 548, 550
(I) Pazzi per Progetto 119f., 373, 389, **480f.**, 504, 514f., 544
Pia de Tolomei 149, 194—199, 212, 215, 217, 226, 232, 266, 384, 442, **481—483**, 509, 514f., 550
(I) piccoli Virtuosi ambulanti 43, 500
(Il) Pigmalione 38, 86, **483f.**, 499, 512
Poliuto 149, 218, 220f., 224, 226f., 229, 231f., 236, 249, 266, **484—486**, 512
Rita 263, 265, 267, 275, 357, **486f.**, 511f., 544, 548

Roberto Devereux 11, 149, 201f., 204, 208—212, 214f., 227, 229, 295, 315, 319, 326, 377, **487—489**, 509, 540, 543, 546, 548, 550f.
(La) Romanziera e l'Uomo nero 132f., 505
Rosmonda d'Inghilterra 166, 168f., 172, 176, 181, 194f., 263, **489—491**, 507, 514f., 542, 546f.
Sancia di Castiglia 145f., 149f., 166f., 169, 173, 185, **491—493**, 506, 514f.
Torquato Tasso 149, 152f., 155, 160, 163, 166, 175, 209, **493—495**, 506, 514f., 549
Ugo Conte di Parigi 133ff., 142ff., 166, 168, 246, **495—498**, 506, 514f., 518, 542, 546, 550
La Zingara 92, 500, 549
Zoraide di Granata 46f., 49—52, 60ff., 64, 75f., 88, 147, 500

Kantaten und Hymnen
Aristea 62f., 533
Canto XXXIII aus Dantes «Göttlicher Komödie» 99, 533
(Il) fausto Ritorno 123, 533
Inno reale 105, 533
Kantate zur Geburt der Tochter von Prinz Leopoldo 57f., 533
Kantate zur Hochzeit Ferdinands von Habsburg 133, 533
Kantate zum 78. Geburtstag Mayrs 261, 534
(La) Partenza 73, 533
(La) Preghiera d'un Popolo 203, 214, 534
(I) Voti dei Sudditi 69, 533

Lieder (Sammlungen)
Matinées musicales 259, 384, 535
Nuits d'été à Pausilippe 192, 376, 534
Soirées d'Automne à l'Infrascata 208, 379, 535

Einzellieder
Lamento zum Tode Bellinis 185, 376
Sarà più fida Irene 89f., 379
Tu mi chiedi se t'adoro 382

Geistliche Musik
Ave Maria (Offertorio) 282, 286, 534
Messa (di) Gloria e Credo 213, 215, 534
Messa da Requiem für Bellini 185, 534
Messa da Requiem für Zingarelli 200, 534
Messa da Requiem für Fazzini 211, 215, 534
Miserere (1822) 51, 53, 534
Miserere (1843) 298, 390, 534
Parafrasi del «Cristo» 304, 391, 534

Orchestermusik
L'Incendio (Sinfonia) 43, 535
La Partenza (Sinfonia) 39
Trauersinfonia zum Tode Capuzzis 43, 536

Kammermusik
Sinfonia zum Tode Bellinis 185, 376
Streichquartett Nr. *1* 39, 536
Streichquartett Nr. *19* 192, 376, 536
Donizetti, Giuseppe, *Bruder Gaetanos, Militär-Kapellmeister (1788—1856)* 28f., 36f., 44, 95ff., 102, 111, 113, 121, 168, 176, 186f., 190f., 193, 228, 238, 257, 259, 300, 314f., 316, 318ff. *321* 341ff., 356—359, 362, 364, 385, 390, 393
(Tironi-)Donizetti, Maria Antonia, *Schwester Gaetanos (1795—1823)* 29, 37, 76
Donizetti, Maria Rachele, *Schwester Gaetanos (März—April 1800)* 29
Donizetti, Maria Rosalinda, *Schwester Gaetanos (1790—1811)* 29, 37, 76
Donizetti-Vasselli, Anna Virginia, *Gattin Gaetanos (1808—1837)* 48, 76, 79, 81, 89—94, 96, 101, 103, 107ff., 113, 115f., 124, 126f., 141f., 149ff., 163, 176, 178, 190f., 197, 200f., 207, 209, 212ff., 216ff., 220, 223, 228f., 233f., 246, 250, 266, 269, 277, 283, 290f., 314, 319, 323, 329, 331, 341, 353, 363, 370f., 373, 377—380, 382, 386, 389, 395, 533
Donzelli, Domenico, *Tenor (1790—1873),* 84, 245, 500, 506, 511
Dumas père, Alexandre, *Dichter (1802-1870)* 508
Duponchel Charles, *Direktor der Opéra* 222f., 231, 234, 238
Duprez, Gilbert Louis, *Tenor (1800—1896),* 181, 242, 251, 306, 506ff., 510ff.
Duval, Alexandre, *Schriftsteller (1767—1842)* 500

Elisabeth I., *Königin von England (1533—1603)* 113f., 172f., 201f., 422, 470, 487
Ennery, Adolphe Philippe d', *Schriftsteller und Librettist (1811—1899)* 511
Elßler Fanny, *Tänzerin (1810—1884)* 315

Fair Rosamund, *Mätresse Henrys II.* 166, 489, 507
Faliero, Marino, *venezianischer Doge (1274—1355)* 471
Favare, Marchese Ugo delle, *sizilianischer Generalleutnant* 72ff., 533
Favart, Charles Simon, *Schriftsteller (1710—1792)* 505
Fazzini, Abbate 211, 534
Fenice, Teatro La, siehe Teatro La Fenice
Ferdinand I., *österreichischer Kaiser ab 1835 (1793—1875)* 133, 281ff., 285ff., 298f., 304, 323, 327, 335, 339, 342, 344, 347f., 350, 361ff., 388, 390f., 533f.

Ferdinando (IV.) I., *König beider Sizilien (1751—1825)* 30, 35, 53, 69f.
Ferdinando II., *König beider Sizilien ab 1830* 132f., 145, 171ff., 178, 198, 202, 209, 216f., 232f., 225, 226, 236, 240f., 266, 324, 378, 533f.
Ferlotti, Santina, *Sopranistin* 166
Ferretti, Iacopo, *Librettist (1784—1852)* 46ff., 57, 61, 63f., 65f., 69, 88ff., 142—145, 148f., 153, 156, *182,* 197, 210, 260, 289, 338, 374, 376, 407, 446, 474, 493, 500ff., 506
Ferron, Elisabetta, *Sopranistin* 70—74, 81, 501
Florimo, Francesco, *Leiter der Konservatoriums-Bibliothek Neapel (1800—1880)* 81, 103ff., 107, 138, 209, 310
Forini, Girolamo, *Komponist* 387
Lutaldo da Vicolungo 387
Francesco I., *König beider Sizilien (1777—1830), König ab 1825* 69f., 72, 74, 82, 84f., 89, 123, 132f., 533
Franz Karl, Erzherzog, *Bruder Ferdinands I.* 281, 286
Fraschini, Gaetano, *Tenor* 323, 512

Gay de Lavalette, Sofia 230
Genoino, Gulio, *Schriftsteller und Zensor (1778—1856)* 58, 455, 500
Ghezzi, Teodoro, *Maler* 113, 191, 204ff., 260, 291, 310, 338, 353
Giampieri (Giampietro), Innocenzo, *Bibliothekar* 214f., 376, 378
Gilardoni, Domenico, *Librettist (?—1831)* 80, 91ff., 96ff., 106, 109, 111, 116f., 119, 132, 136f., 165, 419, 427, 438f., 452, 476, 480, 502—505
Gioj(i)a-Tamburini, Marietta, *Mezzosopranistin, Gattin des Baritons* 71f., 500f.
(De) Giovanni, *Komponist* 326
Giraud, Graf Giovanni, *Schriftsteller* 501
Gluck, Christoph Willibald, *Komponist (1714—1787)* 21, 24, 110
Goethe, Johann Wolfgang von, *Dichter (1749-1832)* 27, 153, 374, 506
Goldberg, Fanny, *Mezzosopranistin* 301, 512
Gonzales, Florian, *Schriftsteller* 500
Goya, Francisco José de, *Maler (1746—1828)* 303
Granchi, Almerinda, *Mezzosopranistin* 210, 379, 509
Gregor XVI. (Bartolomeo Alberto Cappellari), Papst *(1765—1846), Papst ab 1832* 247, 251f., 534
Grisi, Giuditta, *Mezzosopranistin, Schwester Giulias (1805—1840)* 123, 130
Grisi, Giulia, *Sopranistin (1811—1869)* 177, 506, 508, 511

Halévy, Jacques Fromental Elias,
 Komponist *(1799—1862)* 241
 Le Drapier 241
Händel, Georg Friedrich, Komponist
 (1685—1759) 117, 138, 551
Haydn, Franz Joseph, Komponist
 (1732—1809) 21, 27, 29, 39, 84, 274,
 390
Heine, Heinrich, *Dichter (1797—1856)*
 230, 238, 359, 381
Henry II., *englischer König (1133—1189)*
 166, 195, 489
Henry VIII., *englischer König*
 (1491—1547) 127ff., 411
Herz, Léo(n), *Musikredaktor* 326
Homer, *altgriechischer Dichter (8. Jhdt.*
 v. Chr.) 499
Hugo, Victor, *Dichter (1802—1885)* 165,
 297, 507
Hummel, Johann Nepomuk, Komponist
 (1778—1837) 27

Italiener Theater, siehe Théâtre Italien
Ivanoff, Nikolai Kusmic, *Tenor*
 (1810—1880) 326

Jacovacci, Vincenzo, *Impresario in Rom*
 245, 247, 251, 257, 266, 289
Justinian I., *oströmischer Kaiser (482—565)*
 415

Karl der Kühne, *Herzog von Burgund*
 (1433—1477) 405
Kärntnertor-Theater, Wien 53, 55, 69f.,
 256, 274, 279, 299, 315, 323, 326f., 329,
 455, 465, 511f.
Konstantin der Große, *römischer Kaiser (ca.*
 285—337) 439

Lablache, Luigi, *Baß (1794—1858)* 84, 98f.,
 112, 120f., 145, 154, 177, 502f., 506,
 508, 511, 533
Lachner Franz, *Komponist (1803—1890)*
 295
(Méric-)Lalande, Henriette, *Sopranistin*
 (1798—1867) 84, 98, 502, 507
Lamartine, Alphonse de, *Dichter*
 (1790—1869) 318
Lanari, Alessandro, *Impresario in Florenz,*
 zeitweise auch in Venedig (1790—1892)
 141f., 146, 150, 153—155, 157,
 160—163, 166, 168, 194, 199
Lanner, Joseph, *Komponist (1801—1843)*
 285, 300
Lannoy, Baron Heinrich Eduard von,
 Komponist (1787—1853) 305, 358f.
Lasso, Orlando di, *Komponist*
 (1532—1594) 61

Lenzi, Carlo, *Kirchenkapellmeister*
 (1735—1805) 21, 27
Leicester, Robert Dudley Graf von
 (1532—1588) 114, 172, 422, 470
Lemoine, Gustave, *Schriftsteller* 511
Leo XII. (Annibale della Gegna), Papst
 (1760—1829), Papst ab 1823 82,
Leopoldo, Prinz von Salerno, *Bruder*
 Francescos I. (1790—1851) 57, 99, 171,
 533
Lhérie, Victor, *Librettist* 508
Lillo, Giuseppe, *Komponist (1814—1863)*
 512
 Un Duello sotto Richelieu 512
Liparini, Caterina, *Sopranistin* 71f.
Lotto Lorenzo, *Maler (1480—1556)* 20, 29
Louis XIII, *König Frankreichs*
 (1601—1643) 209, 465
Louis XVI, *König von Frankreich*
 (1754—1793) 19, 26, 29
Louis-Philippe, «*Bürgerkönig», König*
 Frankreichs ab 1830 (1773—1850) 231,
 235, 238, 243, 252, 259, 363
Löwe, Sofia, *Sopranistin (1816—1866)* 511
Löwenstein-Wertheim-Freudenberg,
 Gräfin Charlotte Sophie von
 (1803—1874) 305, 338, 340, 345, 351ff.,
 357f., 395
Lucca, Francesco, *Verleger (1802—1872)*
 245, 247, 251, 382f.
Lumley (Levi), Benjamin, *Impresario in*
 London 328
Luzio, Alessandro, *Musikwissenschaftler*
 380

Maffei, Andrea, *Dichter* 185
Mahmud II., *türkischer Sultan (1785 bis*
 1839), Sultan bis 1830 96
Malibran, Maria Felicita Garcia,
 Sopranistin (1808—1836) 187f., 329,
 470, 507f.
Marchesi, Tommaso, *Maestro di Musica* 37
Maria Anna Carolina, siehe Anna
Maria Carolina Augusta, *Tochter des*
 Prinzen von Salerno, Leopoldo 58, 99,
 171, 533
Maria Clementina von Österreich, *Gattin*
 des Prinzen Leopoldo von Salerno 57f., 533
Maria Cristina von Savoyen-Piemont,
 Königin beider Sizilien, erste Gattin
 Ferdinandos II. (1812—1836) 172f., 533
Maria Isabella, *Königin beider Sizilien,*
 Gattin Francescos I. (1789—1848) 72f.,
 85, 123, 198, 533
Maria Stuart, *Königin Schottlands*
 (1542-1587) 172f., 470
Maria Teresa, *Königin beider Sizilien,*
 zweite Gattin Ferdinandos II. 202, 534
Marie-Amélie, *Königin Frankreichs, Gattin*
 von Louis-Philippe (1782—1866) 243f.

REGISTER 561

Marie-Antoinette, *Königin Frankreichs, Gattin von Louis XVI (1755—1793)* 57, 129
Marini, *Sopranistin* 280
Marini, Girolamo Maria, *Librettist* 250, 405
Marini, Ignazio, *Baß (1811—1873)* 511
Marmontel, Jean François, *Schriftsteller (1723—1799)* 508
Maroncelli, Piero, *Gesanglehrer und politischer Aktivist (1795—1846)* 38, 45, 286
Mattei, Padre Stanislao, *Maestro di musica (1750—1825)* 32ff., *33*, 36ff., 86, 156
Mayr-Venturali, Angela, *erste Gattin Mayrs* 27
Mayr-Venturali, Lucrezia, *zweite Gattin Mayrs, Schwester von Angela* 27
Mayr, Johann Simon (Giovanni Simone), *Maestro di musica und Komponist (1763—1845)* 19—32, *33*, 34, 37, 39f., 46, 50, 52, 54ff., 62, 66, 73, 75, 85f., 93f., 97f., 100, 103, 107, 119, 125f., 139, 147f., 168, 197, 200f., 213ff., 228f., 232f., 245ff., 250, 260f., 269, 271, 311, 325, 339, 351, 364, 370f., 373, 387, 499, 534
Amor non ha Ritegno 31
Atalia 54
(Il) piccolo Compositore di Musica 31, 125
Medea in Corinto 24, 103
Che Originali! 73
(La) Rosa rossa e la Rosa bianca 24
(La) Rocca di Frauenstein 32
Mecchetti, Pietro, *Impresario in Wien* 323
Mélesville, Anne Honoré Joseph, *Schriftsteller* 502, 509
Melzi, Graf Gaetano, *Musikliebhaber* 102f., 130f., 138, 165, 247, 265, 332
Mendelssohn-Bartholdy, Felix, *Komponist (1809-1847)* 373
Mercadante, Giuseppe Saverio Raffaele, *Komponist (1795—1870)* 14, 57, 68, 77f., 111, 147, 165f., 192, 209, 236, 266ff., 270, 272f., 275, 278, 277, 279f., 283, 291, 301, 315, 386f., 540
Apoteosi d'Ercole 57
(I) Briganti 192
(La) Vestale 280
Merelli, Bartolomeo, *Impresario und Librettist (1794—1879)* 41, 43, 46, 48f., 256, 261f., 266, 279, 302, 323, 329f., 332, 499f.
Méric-Lalande, Henriette, siehe Lalande
Merle, Jean Toussaint, *Schriftsteller* 502
Merola, Giuseppina, *Kontraaltistin* 149f., 154, 166, 168f., 257, 374, 507
Metastasio, Pietro (Pratassi), *Librettist (1698—1782)* 499
Metternich, Prinz Clemens von, *Staatskanzler Österreichs (1773—1859)* 35f., 42, 45, 49, 128, 188, 210, 235, 250, 270, 272, 279, 281, 284—287, 294, 363

Metternich, Prinzessin Clemens von 285f.
Meyerbeer, Giacomo, *Komponist (1791—1864)* 236ff., 243, 308, 311, 314f., 325, 328, 389, 544
Robert le Diable 544
(Le) Prophète 308, 311, 314, 389
Mitivié, Jean, *Arzt (1796—1871)* 343f., 360
Molière (Poquelin), Jean Baptiste, *Dichter (1622—1673)* 237, 243, 336
Monterasi, Lorenzo 338f., 365
Monteverdi, Claudio, *Komponist (1567—1643)* 138
Morabito, Don Francesco, *Theaterintendant* 74
Moreau de Tours, Jacques-Joseph, *Arzt (1804—1884)* 346, 351ff., 364
Moriani, Napoleone, *Tenor* 280, 289f., 509, 511
Mozart, Wolfgang Amadeus, *Komponist (1756—1791)* 11, 25f., 29, 39, 61, 84, 138, 155, 271, 286, 390, 519, 551
Don Giovanni 11
(Le) Nozze di Figaro 11, 26
Requiem 84
Mozart-Weber, Constanze, *Gattin Mozarts (1762—1842)* 155
Morlacchi, Francesco, *Komponist (1784—1841)* 505
Gianni di Parigi 505
Moscheles, Ignaz, *Komponist (1794—1870)* 27
Murat-Bonaparte, Joachim, *Marschall (1767—1815)* 30
Muzzarelli, Gräfin Bianca 378
Muzzarelli, Abbate 319

Napoléon I., siehe Bonaparte
Napoléon III., siehe Bonaparte
Nourrit, Adolphe, *Tenor (1802—1839)* 218, 266

Opéra (Académie Royale de Musique), Paris 70, 179, 196, 222, 226f., 230—233, 235—238, 241—244, 247, 249—252, 254, 256, 296f., 303—308, 310f., 328, 331f., 391, 428, 443, 473, 510f., 544
Opéra Comique, Paris 239, 241f., 244, 256, 288, 296, 332, 389, 445, 486, 510ff.

Pacini, Antonio, *Verleger* 178
Pacini, Giovanni, *Komponist (1796—1867)* 51f., 72, 102f., 111, 278, 369, 540
(Il) Barone di Dolsheim 72
Cesare in Egitto 51
Margherita 103
Saffo 280
Paër, Ferdinando, *Komponist (1771—1839)* 24

Paganini, Nicolò, *Violonist und Komponist (1782—1840)* 47
Paisiello, Giovanni, *Komponist (1740—1816)* 23
Pasta-Negri, Giuditta, *Sopranistin (1797—1865)* 127, 130, 132, 135, 137f., 150ff., *313*, 331, 505f.
Paterni, Giovanni, *Impresario in Rom (1779—1837)* 46, 61, 63, 66, 68f., 80, 142, 148
Pavesi, Stefano, *Komponist (1779—1850)* 389, 511
Ser Marc Antonio 389, 511
Perez de Hita, Ginés, *Schriftsteller* 501
Persiani-Tacchinardi, Fanny, *Sopranistin (1812—1867)* 166, 181, 184, 194f., 282, 329, 507ff.
Persiani, Giuseppe, *Komponist und Gatte Fannys (1799—1869)* 166, 184, 194
Persico, Tomasso, *Musikalienhändler* 205f., 240f., 244, 266, 268, 275f., 291, 299, 301, 210, 301, 310, 337f.
Pesenti, *Domherr* 21, 22
Peter I. der Große, *russischer Zar (1672—1725)* 43, 93, 419
Petrarca, Francesco, *Dichter (1304—1374)* 206
Pezzoli-Grattaroli, Marianna 44, 364
Philipp II., *spanischer König (1527—1598)* 234
Piccinni, Nicola Vincenzo, *Komponist (1728—1800)* 21, 24
Pillet, Léon, *Direktor der Opéra* 231, 241, 247, 249, 308, 311, 314, 328, 331, 385, 392
Pisaroni-Carrara, Benedetta Rosamunda, *Kontraaltistin (1793—1872)* 64, 500
Pius VII. (Graf Luigi Barnaba Chiaramonti), Papst *(1740—1823)*, Papst ab *1800* 47, 49, 61
Pixérécourt, René Charles Guilbert de, *Schriftsteller* 500, 502
Ponchielli, Amilcare, *Komponist (1834 bis 1886)* 433, 510
Pourcelot, Antoine, *Krankenpfleger Donizettis* 360, 362f.
Prividali, Luigi, *Musikjournalist* 103, 120, 125, 130, 138, 155f., 162, 184, 194

Quarenghi, Antonio, *Musikliebhaber* 121

Ricci, Federico, *Komponist (1809—1877)* 512
Un Duello sotto Richelieu 512
Richelieu, Armand Jean du Plessis, *Kardinal (1585—1642)* 209f., 295, 465
Ricord, Philippe, *Arzt (1800—1889)* 334, 343, 345f.
Ricordi, Giovanni, *Verleger (1785—1853)* 34, 139, 147, 155f., *158*, 161f., 170ff., 174f., 184, 193f., 245, 247, 256, 262, 265, 282, 294
Rinaldo da Capua, *Komponist (1710—1771)* 500
Ringhieri, Padre Francesco, *Schriftsteller* 504
Robert, Edouard, *Impresario in Paris* 155ff., 160f., 164
Romani, Felice, *Librettist (1788—1865)* 58ff., 77, 80, 100f., 103, 105, 122, 125f., 129, 134, 137—140, 142, 144, 147—152, 162, 165f., 168f., 170, 172, 174ff., 180f., 182, 250, 405, 461, 478, 489, 500, 505ff., 511
Roncalli, Graf 284f.
Ronconi, Giorgio, *Bariton (1810—1890)* 148f., 153, 163, 211, 309, *313*, 329f., 411, 435, 495, 503, 506, 509, 511f.
Ronzi-de Begnis, Giuseppina, *Sopranistin (1800—1853)* 40, 136f., 144ff., 149, 156, 166, 170f., 173f., 176, 179, 194, 210, 215, 218, 257, 282, *313*, 505—509
Rosini, Giovanni, *Schriftsteller (1776—1855)* 506
Rossi, Giovanni, *Impresario in Mailand und Venedig* 154, 157, 160
Rossi, Gaetano, *Librettist (1774—1855)* 165f., 168, 264, 274, 385, 455, 464, 511
Rossini-Colbran, Isabella, siehe Colbran
Rossini, Gioacchino Antonio, *Komponist (1792—1868)* 11, 14, 24—27, 29, 37f., 46f., 50—56, 64ff., 77, 80, 84, 86, 88, 94, 104f., 112, 117, 122f., 139, 155f., 167, 169, 177f., 182, 208, 228f., 240, 258, 268, 271, 274—277, *278*, 279, 281, 305, 387, 499, 540f., 543f., 547, 549, 551
Aureliano in Palmira 72f.
(Il) Barbiere di Seviglia 11, 72, 288, 294, 298
(La) Cenerentola 45f., 210
(La) Donna del Lago 80
Elisabetta, Regina d'Inghilterra 80, 114
(La) Gazza ladra 315
Guillaume Tell 156, 544
(L') Italiana in Algeri 72
Matilde di Shabran 47, 51
Mosè 117
Otello 58, 105
Stabat Mater 274f., 281, 283, 323
Tancredi 24ff., 58, 55, 81, 208
Zelmira 55, 274
Royer, Alphonse, *Librettist (1803—1875)* 230, 237, 240, 443, 511, 533
Rubini-Comelli, Adelaide, siehe Comelli
Rubini, Giovanni Battista, *Tenor (1795—1854)* 84, 98, 105, 111f., 129f., 132—135, 153, 157, 262, *313*, 500, 502f., 505, 508
Ruffini, Giovanni, *politischer Aktivist und Librettist (1807—1881)* 293, 330, 332, 431, 511

REGISTER 563

Sacchèro, Giacomo, *Librettist* 423, 512
Salatino, Pietro, *Librettist* 145, 173, 491, 506f.
Saint-Amans 505
Saint-Georges, siehe Vernoy
Saint-Just, Godard d'Ancour de, *Librettist* 505
Salvatori, Celestino, *Bariton (1804—1875)* 190, 508
Salvi, Matteo, *Komponist (1816—1887)* 277, 283, 302, 433, 510, 512
Sampieri, Marchese Francesco 34
San Carlo, siehe Teatro San Carlo
Santangeli, Nicola, *Innenminister in Neapel* 209, 214, 216, 240
Savi(j), Luigi, *Komponist (1803—1842)* 271
Scala, La, siehe Teatro alla Scala
Scatizzi, Stefano 501
Schiller, Johann Christoph Friedrich von, *Dichter (1759—1805)* 172, 185, 507
Schippers, Thomas, *Dirigent (1930—†)* 435, 510, 512
Schlesinger, Maurice (Moritz Adolf), *Verleger (1797—1871)* 253f.
Schmidt, Giovanni Federico, *Librettist (1775?—1835)* 62, 82, 84, 114, 165, 502, 533
Schubert, Franz Peter Seraph, *Komponist (1797—1828)* 84, 286, 300
Italienische Lieder 84
Scott, Sir Walter, *Dichter (1771—1832)* 180, 504, 508
Scotti, Baronin Maria Giovannina Ginevra, *Tochter von Rosa (Rota-)Basoni* 269, 291, 325, 356f., 362f., 386
Scribe, Augustin Eugène, *Librettist (1791—1861)* 222f., 227, 234, 241, 258, 297, 303f., 331, 383, 385, 392, 428, 433, 473, 506, 509f., 512
Sebastião, *König von Portugal († 1578)* 297, 428
Severini, Carlo, *Impresario in Paris* 155ff., 160f., 164
Seymour, Jane, *dritte Gattin Henrys VIII.* 128, 411
Shakespeare, William, *Dichter (1564—1616)* 122, 196
Sografi, Antonio Simone, *Schriftsteller (1759—1818)* 502f.
Solera, Temistocle, *Librettist (1815—1878)* 246, 272
Sophie, *Gattin des Erzherzogs Franz Karl* 281
Spadaro del Bosch, Graf Luigi 198, 202f., 319
Spadaro del Bosch, Teresina, *Frau Luigis* 198, 202
Spontini, Gasparo, *Komponist (1774—1851)* 24
Fernando Cortez 24
(La) Vestale 24

Stendhal (Marie Henry Beyle), *Dichter (1783—1842)* 64, 66
Sterlich, Marchesa Adelaide de, *Mutter Caterinas und Giovannas* 291, 320, 389
Sterlich, Marchesina Caterina de 291, 320, 322?, 325?, 341?, 389, 392
Sterlich, Marchesina Giovanna de 291, 311, 320, 322?, 325?, 341?, 389, 392
Stol(t)z, Rosine, *Mezzosopranistin (1815—1903)* 249, 251, 511f.
Strepponi, Feliciano, *Komponist* 376
(Verdi-)Strepponi, Giuseppina, *Sopranistin, Gattin Verdis (1815— 1897)* 257, 383f.,511

Tacchinardi-Persiani, Fanny, siehe Persiani
Tadolini-Savonardi, Eugenia, *Sopranistin (1809—?)* 245, 280, 282, *313*, 323f., 329, 510ff.
Tamburini, Antonio, *Bariton (1800—1876)* 71f., 111, 149, 177, 500f., 503ff., 508, 511
Tamburini-Gioj(i)a, Marietta, siehe Gioj(i)a
Tasso, Torquato, *Dichter (1544—1595)* 152f., 493
Teatro alla Scala, Mailand 23, 58ff., 102, 104, 112, 129f., 137f., 146, 154, 157, 160, 164, 167, 170, 174f., 176, 179, 187, 247, 256, 261f., 266, 270, 274f., 302, 442, 450, 461, 464, 470, 495, 505—508, 510f.
Teatro Apollo, Rom 256, 266, 289, 405, 433, 500, 510ff.
Teatro Apollo, Venedig 199, 481, 509
Teatro Argentina, Rom 46, 61, 64, 322, 500
Teatro della Canobbiana, Mailand 139, 425, 435, 503, 506
Teatro Carcano, Mailand 126, 129f., 132, 411
Teatro Carignano, Turin 502, 508
Teatro Carlo Felice, Genua 100, 104, 503f., 507, 533
Teatro Carolino, Palermo 69—74, 81, 409, 501, 509, 533
Teatro del Fondo, Neapel 58, 91, 111, 133, 452, 455, 480, 500f., 503ff.
Teatro della Pergola, Florenz 141f., 151, 160, 478, 489, 506f.
Teatro La Fenice, Venedig 23, 65, 122, 126, 142, 146, 150f., 153f., 157, 160f., 180, 185, 189f., 194, 199, 208, 213ff., 266, 315, 386, 415, 442, 468, 508f.
Teatro Nuovo, Neapel 55, 57, 66, 68, 91, 95, 111, 197, 319, 417, 419f., 425, 500—503, 508f.
Teatro Nuovo, Spoleto 510, 512
Teatro Riccardi (heute Teatro Donizetti), Bergamo 32, 245f., 483, 499, 512
Teatro San Angelo, Venedig 23
Teatro San Benedetto 23

Teatro San Carlo, Neapel 23, 24, 58, 62f., 82, 91f., 102f., 111f., 115f., 121, 133, 136, 142, 145f., 170—174, 179, 181, 196ff., 203, 208, 210, 215, 218, 266, 276, 287, 291, 297, 299, 301, 309f., 311, 320, 413, 422f., 427, 438f., 453, 459, 476, 484, 487, 491, 501—510, 512, 533f.
Teatro San Luca, Venedig 23, 41ff., 499
Teatro San Mosè, Venedig 23
Teatro San Samuele, Venedig 500
Teatro Sociale (di Società), Bergamo 32, 43
Teatro Valle, Rom 61, 65, 90, 142, 146ff., 152, 163, 407, 446, 474, 493, 501f., 506
Teatro Vecchio, Mantua 499f.
Théâtre Italien (des Italiens), Paris 24, 134, 155, 157, 160, 162, 170, 175, 177, 222, 225, 227, 230, 244, 296, 298, 304, 306f., 332, 336, 431, 471, 508, 511f.
Théâtre de la Renaissance, Paris 237, 240, 243f., 249
Tiepolo, Giovanni Battista, *Maler (1696—1770)* 19
Thomas, August, *leitender Bankangestellter* 323
Tiberius, *römischer Kaiser (42 v. Chr. bis 37 n. Chr.)* 438
Tomini, Graf 113
Tortoli, Francesco, *Impresario in Neapel* 66, 68
Tosi, Adelaide, *Sopranistin (?—1859)* 98, 102f., 105, 112, 115, 503
Toto, siehe Vasselli
Tottola, Andrea Leone, *Librettist (?—1831)* 55f., 62f., 65f., 113f., 123, 137, 165, 195, 422, 449, 453, 455, 501f., 504, 510
Troin, Mathieu-Barthélemy 508
Turina (-Cantù), Giuditta *(1803—1871)* 123, 130, 138, 150ff.

Unger, Caroline, *Sopranistin (1803—1877)* 154f., 157, 190, 374, 502, 508f.

Vaccai, Nicola, *Komponist (1790—1848)* 122, 130
  Giulietta e Romeo 122, 130
Vaëz (van Nieuvenhuysen), Gustave, *Librettist (1812—1862)* 230, 237, 240, 262, 443, 486, 511, 533
Varese (Varesi), Felice, *Bariton (1813—1889)* 309, 326f., 380
Vasselli, Antonio («Toto»), *Wundarzt und Rechtsgelehrter (1795—1870)* 48, 57, 61, 75, 78, 90, 109, 125, 151, 203—207, 214f., 217, 220f., 247, 250, 253, 255f., 259f., 266, 276f., 290, 299, 316, 318ff., 322f., 327ff., 338, 341, 353, 370, 373, 377f., 380, 382ff., 386f., 390, 394f., 458
Vasselli-Marchetti, Isabella, *Gattin Totos (1818?—1903?)* 217, 255, 266, 322f.

Vasselli, Luigi, *Rechtsgelehrter, Vater Totos (ca. 1770—1832)* 48, 89, 92, 108, 141, 146, 149, 176
Vasselli-Costanti, Rosa, *Mutter Totos (1768?—?)* 48, 92, 108, 141, 146, 149, 151, 176, 178, 190, 205f., 217, 255, 266, 322f.
(Donizetti-)Vasselli, Virginia, *Schwester Totos*, siehe Donizetti
Vatel, *Impresario in Paris* 336, 384, 514f., 539—542, 545, 547, 549
Verdi, Giuseppe, *Komponist (1813-1901)* 11, 14, 271f., 315, 322, 381
  Attila 545, 548
  (Il) Corsaro 550
  Don Carlo 550
  (I) Due Foscari 322
  Ernani 315, 547
  Falstaff 11
  (Un) Giorno di Regno 548, 550
  Macbetto 547
  (I) Masnadieri 545
  Nabucco 271f., 274f., 315, 384, 545
  Otello 550
  Rigoletto 547
  (La) Traviata 384
Verdi-Strepponi, Giuseppina, siehe Strepponi
Verger, Giovanni Battista, *Tenor (1796—?)* 106, 500, 502f.
Vernoy de Saint-Georges, Jules Henri, *Librettist (1801—1875)* 239, 288, 291, 389, 445, 410, 512, 533
Vial, Antonietta, *Sopranistin* 376
Visconti, Herzog Carlo di Modrone, *Theaterintendant in Mailand* 164f., 167, 170, 174f., 187, 261
Vittorio Emanuele I., *König von Sardinien-Piemont (abgedankt 1821)* 35

Wagner, Richard, *Komponist (1813—1883)* 235, 237, 243f., 253f., 546
  (Das) Liebesverbot 236, 243
  Rienzi 236f., 254
Wagner-Planer, Minna, *Gattin Wagners (1809—1866)* 235, 237, 243f., 254
Weber-Lange, Aloysia, *Sopranistin* 155
Weinstock, Herbert, *Musikwissenschaftler* 13, 14, 370, 374, 377, 380, 384, 394f., 401
Winter, Berardo, *Tenor* 71f., 501f., 504

Zanardini, Angelo, *Librettist (1820—1893)* 433, 510
Zancla, Paolo, *Impresario* 40f.
Zavadini, Guido, *Musikwissenschaftler* 12f., 395
Zingarelli, Nicola Antonio, *Komponist (1752—1837)* 23f., 77, 200, 386, 534